에스더서에 반하다

감추시며 일하시는 하나님

다함

도서출판 다함은

1. 다윗과 아브라함의 자손

아브라함과 다윗의 자손으로, 하나님 구원의 언약 안에 있는 택함 받은 하나님 나라 백성을 뜻합니다.

2. 마음과 뜻과 힘을 다하여 하나님을 사랑하라

구약의 언약 백성 이스라엘에게 주신 명령(신 6:5)을 인용하여 예수님이 가르쳐 주신 새 계명
(마 22:37, 막 12:30, 눅 10:27)대로 마음과 뜻과 힘을 다해 하나님을 사랑하겠노라는 결단과 고백입니다.

사명선언문

1. 성경을 영원불변하고 정확무오한 하나님의 말씀으로 믿으며, 모든 것의 기준이 되는 유일한 진리로 인정하겠습니다.
2. 수천 년 주님의 교회의 역사 가운데 찬란하게 드러난 하나님의 한결같은 다스림과 빛나는 영광을 드러내겠습니다.
3. 교회에 유익이 되고 성도에 덕을 끼치기 위해, 거룩한 진리를 사랑과 겸손에 담아 말하겠습니다.
4. 하나님 앞에서 부끄럽지 않도록 항상 정직하고 성실하겠습니다.

에스더서에 반하다

감추시며 일하시는 하나님

초판 1쇄 인쇄 2026년 03월 10일
초판 1쇄 발행 2026년 04월 06일

지은이 | 한병수

펴낸이 | 이웅석
펴낸곳 | 도서출판 다함
등 록 | 제402-2018-000005호
주 소 | 경기도 군포시 산본로 323번길 20-33, 701-3호(산본동, 대원프라자빌딩)
전 화 | 031-391-2137
팩 스 | 050-7593-3175
블로그 | https://blog.naver.com/dahambooks
이메일 | dahambooks@gmail.com

ISBN 979-11-997350-1-9 (04230) | 979-11-90584-17-3 (세트)

말씀에
반하다
08

에스더서에 반하다

ESTHER

한병수 지음

Fall in love with Esther

감추시며 일하시는 하나님

E

다함
도서출판

To my Esther, Young Hee,
whose name I whisper wherever the wind rests.

목차

추천사

성경 가운데 에스더서는 유난히 조용한 책입니다. 하나님의 이름도, 기도도, 제단도, 기적도 없습니다. 그 침묵 때문에 이 책은 오랫동안 오해받아 왔고, 때로는 정경성마저 의심받아 왔습니다. 그러나 『에스더서에 반하다: 감추시며 일하시는 하나님』은 바로 그 침묵을 신학의 출발점으로 삼습니다. 이 책의 가장 큰 미덕은 '숨어계시는 하나님'(Deus Absconditus)에 대한 깊은 성찰에 있습니다. 저자는 하나님이 이름을 감추신 이유가 무능해서가 아니라, 오히려 인간의 자유로운 선택과 역사의 우발성 속에서 가장 정교하게 일하시기 위함임을 설득력 있게 보여줍니다.

　이 책은 전통적인 의미의 주석서라기보다, 본문에 깊이 뿌리내린 신학적 독해이자 영적 성찰에 가깝습니다. 히브리어 본문에 대한 세심한 주해, 페르시아 제국의 역사적 맥락, 고대와 현대의 에스더 연구 성과들을 바탕으로, 저자는 에스더서가 무엇을 말하는가보다, 이 책이 우리로 무엇을 보게 만드는가를 묻습니다.

특히 인상적인 점은 '우연'과 '반전'을 해석하는 저자의 시선입니다. 왕의 불면, 우연히 펼쳐진 궁중 연대기, 뒤늦게 기억되는 충성, 엇갈린 잔치의 자리들 -이 모든 것은 우발적 사건처럼 보이지만, 저자는 그것들을 섭리의 언어로 읽어냅니다. 에스더서에서 하나님은 개입하지 않는 분이 아니라, 너무 깊이 개입하시기에 오히려 드러나지 않는 분으로 묘사됩니다. 이 책은 바로 그 '감추어진 통치'의 신학을 차분하면서도 힘 있게 풀어냅니다.

특히 저자의 문체는 가히 일품입니다. 논증은 절제되어 있으면서도 표현은 서정적입니다. "역사의 실타래를 엮으시는 보이지 않는 손길"이나 "우연들의 교향곡" 같은 표현들은 독자의 상상력을 자극하기에 충분합니다. 이는 학문적 정확성과 설교적 울림이 조화롭게 어우러진 저자만의 독특한 아우라입니다. 저자는 독자를 가르치려 들기보다, 본문 곁으로 조용히 데려가 함께 바라보게 합니다. 그래서 이 책은 읽는 이로 하여금 에스더서를 이해했다는 느낌보다, 다르게 보게 되었다는 경험을 남깁니다.

기적이 보이지 않는 시내, 하나님의 이름이 쉽게 불리지 않는 일상을 살아가는 이들에게 이 책은 특별한 울림을 줍니다. 하나님이 침묵하시는 것처럼 느껴질 때, 그 침묵이 곧 부재를 의미하지는 않는다는 사실을 이 책은 세밀한 연구와 깊은 묵상을 통해 가르칩니다. 에스더서가 그러하듯, 우리의 삶 또한 하나님의 이름이 명시되지 않은 자리에서 가장 정교하게 엮이고 있을지 모릅니다.

설교를 위한 주석서를 넘어, 하나님을 갈망하는 영혼을 위한 경건한 독서로서 목회자와 설교자, 신학도를 비롯한 모든 경건한 신자에게 곁에 두어야 할 특별한 명품 저서가 될 것입니다.

류호준 (백석대학교 신학대학원 은퇴 교수, 다니엘의 샘 원장)

이 책을 통해 '역사신학' 교수의 성경 읽기를 경험해 보십시오. 그가 에스더를 읽는 것에서 저자가 맞닥뜨리고 있는 오늘의 현실이 주는 도전과 그가 만나고 있는 학생들이 던지는 질문과 그가 천착한 교회 역사를 거쳐간 신앙 선배들의 음성이 들립니다. 성경신학자나 목회자, 혹은 선교사가 텍스트를 읽는 방식과 다르며, 다양한 주석들을 정리한 또다른 주석에 머물지 않습니다. 저자가 이해한 에스더서가 아니라 저자를 매료시킨 에스더서에 관한 것이고, 에스더서가 말하는 모든 것을 망라하는 대신에 에스더서에 의해 저자가 설득된 방식이 담긴 책입니다. 본서에 녹아 있는 따스함과 자상함은 그의 성품에 따른 것일테고, 논리의 꼼꼼함과 탄탄함은 학자로서의 수양의 산물일 것입니다. 수학과 역사(교의) 전공자이면서 내러티브를 다루는 솜씨가 예사롭지 않은 것은 다년간의 담임 목회와 설교 사역 덕분이 아닌가 싶습니다. 맛깔난 문장과 균형 잡힌 해석, 따스한 격려와 묵직한 도전, 상투적이지 않는 희망 등을 담은 이 책은, 설교나 성경공부를 위한 참고 자료로서뿐만 아니라, 그 자체로 한 권의 경건 서적으로도 그 가치가 충분합니다.

박대영 (광주소명교회 책임목사, 「묵상과 설교」 책임편집)

이 책은 책 제목 그대로 에스더에 반하게 하는 책입니다. 사실 에스더는 재미있는 스토리를 가지고 있지만 성경 66권 중에서 주변부에 속하는 책으로 주로 취급되었습니다. 이런 책을 한병수 교수는 구절구절 탁월하게 묵상하고 주해하여 에스더의 깊고 넓은 세계로 우리를 몰입하게 합니다. 한 교수는 수천 년 전에 일어났던 사건을 마치 얼마 전에 우리 가까이에서 일어났던 사건인 것처럼 독자들에게 설명합니다. 일반 성경 주석에서 종종 보이는 지나친 상세함이 없어서 에스더의 핵심 메시지를 쉽게 파악하게 만드는 것도 이 책의 큰 장점입니다. 이것은 설교 준비에 시간이 없는 목사들에게 매우 큰 도움을 줄 것입니다. 에스더를 읽기 원하는 모든 성도에게 이 책은 당분간 최고의 길잡이가 될 것이라고 확신합니다. 이 책을 통하여 성경의 아름다움과 풍성함이 많은 이들에게 전달되기를 간절히 소망하면서 진심으로 이 책을 추천합니다.

이성호 (고려신학대학원 교회사 교수)

에스더서는 일단 펴면 단숨에 읽을 수밖에 없습니다. 다른 데 한눈 팔 새 없이 손에 땀을 쥐게 만드는 내용이 전개되기 때문입니다. 구약성경에는(그리고 성경전서에는) 여성의 이름을 달고 있는 두 권의 책이 있습니다. 룻기와 에스더서입니다. 하지만 두 책은 달라도 너무 다릅니다. 에스더서는 한 마디로 말해서 사선(死線)에 놓인 에스더라는 여성을 중심으로 이야기가 펼쳐집니다. 고대 근동의 거대 제국이라는 웅상한 스케일과 온갖 영광으로 장식한 왕궁이라는 화려한 무대 위에서 에스더는 히틀러의 악랄한 만행을 연상시키는 인종 학살(genocide)이라는 섬뜩한 주제를 한 몸으로 이겨내야 합니다.

에스더서는 문학의 시각으로 본다면 문학 중에 가장 빛나는 문학입니다. 에스더서의 내러티브에는 기가 막히는 역전이 반복되면서 몇 번이나 판이 뒤집힙니다. 어엿한 왕비는 폐비로 추락하고, 평범한 여성이 왕비로 비상합니다. 내로라는 세도가는 갑자기 사지로 떨어지고, 고령의 노인이 일약 제2인자로 승격됩니다. 에스더서의 스토리텔링은 역사와 인성이라는 양면의 틀과 함께 숨 막히는 긴박감 속에서 전개됩니다. 오랜 역사의 심연에서는 아말렉과 이스라엘 사이의 끈질긴 얽힘이 뛰쳐나오고, 악한 인간의 내면에서는 수단 방법을 가리지 않는 권력에의 야망이 끓어오릅니다.

이런 에스더를 한병수 박사가 작심하고 설명해 줍니다. 이것은 일반적인 설교가 아니라 주해에 가까운 설교입니다. 에스더서 열 장을 30회의 설교로

분할하는데, 한 설교가 대략 다섯 절 전후로 구성되어 있어서 접근하는 데 부담이 없습니다. 한병수 박사는 설교마다 각 절을 따라가면서 내용을 설명해 주는 방식을 사용합니다. 이 장점은 문맥의 흐름을 그대로 살려준다는 것입니다. 이에 더하여 본문에 나오는 단어의 의미, 단어의 결합, 문장의 구조 등을 세밀하게 살핍니다. 이런 방식은 눈이 본문에서 벗어나지 않게 하는 효과를 자아냅니다. 구약 원어를 참조한 것도 중요한 장점 가운데 하나입니다. 마지막에 부록으로 넣은 사역(私譯)을 기존 한역 성경과 비교해서 읽으면 큰 유익을 얻습니다.

한병수 박사의 에스더서 설교는 성경을 문학적으로 재구성하고 있다는 느낌을 불러일으킵니다. 다르게 말하자면 에스더서 설교는 소설 같은 해설입니다. 장소, 시간, 역사적 배경, 환경, 장면의 분위기, 등장인물의 됨됨이, 동작, 사물 등 무엇을 묘사하든지 현란한 문학적 표현들을 한껏 구사하여 대하드라마를 시청하는 것 같은 짜릿한 인상을 줍니다. 에스더서의 문학이 한병수 박사의 문학으로 겹쳐진 것입니다. 이렇게 함으로써 에스더서가 저 멀리 역사의 건너편에 있는 책이 아니라 우리의 눈앞에 현실감 있게 읽힙니다.

게다가 한병수 박사는 에스더서 설교에서 다다익선(多多益善)의 전략을 활용합니다. 자신의 역량을 통틀어 해설할 수 있는 만큼 최대한 해설합니다. 풍부한 수량(水量)을 가진 질 좋은 깊은 샘이 쉼 없이 물을 솟아내는 것 같은 필치로 글을 써내기에 에스더서 설교는 표현이나 내용이 한병수 박사의 이전 어떤 저서보다 더욱 넉넉하고 더욱 널찍합니다. 해설의 질량이 어찌나 무거운지 이 책에서는 일 초의 무게, 한 뼘의 무게, 찰나에 깃든 생각의 무게, 말 한 마디의 무게, 발걸음 한 동작의 무게, 편지 한 장의 무게마저도 느껴집니다.

한병수 박사는 호화로운 문학 장치를 사용하는 중에 적실한 메시지를 찾아내며 현실적 적용점을 제시하는 것을 간과하지 않습니다. 이 책은 시대를 관통하는 통찰력이 깃든 설교입니다. 생각과 신학이 곁들인 주해입니다. 매일같이 모순, 갈등, 당혹, 압박, 위협 이런 것들이 버젓이 벌어지는 현실 속에서 신앙을 지키는 것이 어떤 의미를 가지는지 보여줍니다. 한병수 박사의 에스더 설교는 믿음을 지키는 것은 때때로 공간을 초월하고 시간을 탈피해야 할 것임을 알려줍니다. 믿음을 지키는 것은 일상, 재물, 부귀, 신분, 인격, 그리고 심지어 생명의 상실을 각오해야 할 것과 무관하지 않음을 가르쳐줍니다. 이런 점에서 에스더서 설교는 오늘날의 신자에게 에스더의 길을 따르도록 강력하게 촉구하는 결단 요청서입니다.

조병수 (프랑스 위그노 연구소 대표, 합동신학대학원대학교 전임 총장/ 명예교수)

이 책의 저자인 한병수 목사님과는 8년 전 담임목사와 성도라는 관계로 인연을 맺었습니다. 매주 주일 설교를 통해 깊이 새겼던 목사님의 말씀을 책으로 다시 만나게 되니 감회가 새롭습니다.

목사님은 설교를 준비하실 때 늘 원문을 찾아 다시 번역한다는 것을 알고 있습니다. 한국어 번역 과정에서 놓치게 된 의미는 없는지, 단어의 어원과 반복 사용 여부, 문장의 능동/수동태, 어순까지 꼼꼼하게 살피셨습니다. 이러한 강해 설교는 비록 진도는 더디게 진행되었지만, 말씀을 세심하게 읽고 묵상하는 귀한 훈련이 되었습니다.

이번에 쓰신 『에스더서에 반하다』도 마찬가지입니다. 한국어에는 드러나지 않은 단수형과 복수형의 미묘한 차이, 동사가 현재분사로 서술되었기 때문에 읽어낼 수 있는 반복성과 지속성 등을 파악하면 말씀의 깊이가 더해집니다. 그뿐만 아니라 잘 짜인 문학 작품으로 에스더서를 읽을 수 있다는 점도 알게 됩니다. 왕비 와스디의 폐위는 에스더의 왕비 책봉으로, 아하수에로 왕의 잠 못 들던 밤은 모르드개의 공로 발견으로 절묘하게 연결됩니다. 모르드개를 없애려던 하만의 악한 계획이 도리어 하만을 몰락하게 만드는 기막힌 반전이 나타납니다. 이를 통해 "하나님은 어떠한 인기척도 없이 우연들의 교향곡으로 응답해 주"시며, "인간의 악은 자신이 만든 경로를 따라 돌아오"
게 됨을 배웁니다.

　목사님은 설교하실 때 당신의 개인적인 이야기를 잘 하시지 않는 편입니
다. 그러나 가끔 설교를 준비하며 느끼셨던 감정들-가슴 뭉클함이나 눈물-을
나누실 때가 있습니다. 성도로서 그 감동의 깊이를 함께 느껴보고 싶을 때가
있는데, 이 책 속에는 어김없이 그러한 목사님의 감동의 흔적들이 담겨 있습
니다. 그래서 이 책은 천천히, 조금씩 음미하며 읽어야 할 것 같습니다.

　얼마 전 졸업생이 찾아왔습니다. 근황을 이야기하다가 인생 고민을 나누
길래 슬그머니 전도를 해 보았습니다. 그 제자의 말이 자신은 성경에 나오는
초현실적인 사건들을 믿을 수 없어서 교회에 나가지 않는다 하더군요. 지금
생각해 보니 그 졸업생에게 에스더서를 읽어보라고 권하고 싶습니다. 하나
님도 등장하지 않고 초현실적 기적도 나타나지 않는 에스더서. 잘 짜인 문학
작품같이 이야기 속에 하나님께서 일하심을 깨달을 수 있지 않을까요? 그리
고 이 『에스더서에 반하다』도 추천하고 싶습니다. 세상을 나타난 것과 감추
어진 것으로 양분해서 살펴볼 수 있는 안목, 우연 속에 깃들어 있는 하나님
의 인도하심을 이해할 수 있는 좋은 가이드가 될 것이라 믿기 때문입니다.

주재우 (전북대학교 국어교육과 교수)

감사의 글

성경의 모든 책이 하나님의 이름을 찬양으로 수놓을 때, 에스더서는 입을 닫습니다. 그 어느 페이지 안에서도 하나님은 거명되지 않으시고 기도의 흔적도 없으며 제단의 연기도 피어오르지 않습니다. 그러나 하나님이 계시지 않는 듯한 이 이야기 속에서 그분의 섭리는 가장 깊은 숨을 내쉽니다. 이사야와 바울의 두 입술이 쏟아낸 증언, "너희가 듣기는 들어도 깨닫지 못할 것이요 보기는 보아도 알지 못할 것이라"는 신비가 침묵의 에스더서 안에서 그 구체적인 형체를 얻습니다.

그러나 하나님의 보이지 않는 손길은 하만에게 무릎을 꿇지 않는 모드르개의 완고한 거절 뒤에서, 왕에게로 나아가는 에스더의 떨리는 발걸음 뒤에서, 왕이 뒤척이는 불면의 밤 뒤에서, 하만의 교수대가 그 주인을 삼키는 아이러니 뒤에서 조용히 역사의 실타래를 엮습니다. 우리가 감지할 수 없는 곳에서, 우리의 이해를 초월하는 방식으로, 하나님은 구원의 그물을 보이지 않을 정도로 촘촘하게 짜십니다. 이런 하나님의 섭리를 아는 자는 심지어 이 이야기에 등장하는 인물들 중에도 없습니다. 에스더도 자신이 고아에서 왕비가 되는 모든 과정이, 왕이 와스디를 폐위한 사건이, 심지어 자신의 민족적 정체성을 숨겼던 모든 순간이, 한 민족 전체의 구원을 위한 하나님의 정교한 준비라는 사실을 오래도록 몰랐던 것 같습니다.

에스더서 안에서 하나님은 어떠한 인기척도 없이 우연들의 교향곡을 통해 응답해 주십니다. 왕의 연대기가 우연히 펼쳐진 그날 밤, 모르드개의 활약이 우연히 발견된 그 순간, 이 모든 우연의 연쇄는 가장 정교한 필연의 증거일 것입니다. 어쩌면 이것이 진정한 믿음의 성숙이 아닐까 싶습니다. 하나님의 이름이 크게 외쳐지지 않아도, 기적이 천둥처럼 요란하지 않아도, 그분이 우리의 일상 곁에서 걷고 계심을 아는 것, 침묵 속에서 섭리를 읽어내는 것, 보이지 않는 것에서 하나님을 보는 것 말입니다. 이 책은 우리에게 묻습니다. 당신의 삶에서 하나님의 이름이 명확하게 들리지 않을 때, 그것을 그분의 부재로 여기는가? 아니면 침묵이 또 다른 언어임을, 보이지 않음이 더 깊은 임재의 방식임을 깨닫는가? 가장 위대한 은총은 종종 가장 조용히 다가오기 때문에 눈으로 보지 못하고 귀로 듣지 못합니다. 생각을 굴려도 깨닫지를 못합니다. 하나님을 사랑하는 자들을 위해 예비된 것들은 도무지 감지할 수 없는 방식으로 이미 우리의 이야기 속에 씨앗으로 심겨 있습니다. 우리는 훗날에 회고하며 침묵 속에 울려퍼지던 그 음성을 듣게 될 것입니다.

이 책을 쓰는 동안, 저는 기묘한 경험을 했습니다. 하나님의 이름이 한 번도 등장하지 않는 성경을 읽으면서 오히려 그분의 임재라는 거대한 경건의 바다에 빠지는 듯했습니다. 에스더서 전체를 처음부터 끝까지 번역하며 읽고 또 읽으며 보낸 시간들은 고대 텍스트를 분석하는 학문적인 여정만이 아니라 하나님 보는 법을 다시 배우고 그분의 음성 듣는 법을 새롭게 익히는 수업 시간 같았습니다. 에스더서 연구라는 교실에서 저는 제 삶의 다른 어떤 격동적인 순간보다 더 큰 하나님의 임재와 은밀한 섭리를 체험한 것 같습니다. 이 성경은 뭔가를 주장하지 않습니다. 증명하지 않습니다. 단지 보여줄 뿐입니다. 그리고 보는 눈을 가진 자에게 모든 것이 증거로 보이도록 만듭니다. 에스더서 전체를 건너온 제 눈에는 이제 세상이 다르게, 인생이 다르게 보입니다. 이름이 불리지 않았을 뿐, 명시되지 않았을 뿐, 하나님은 모든 순간의 결 속에, 모든 만남의 틈새에, 모든 우연처럼 보이는 사건의 이면에 항상 계시다는 확신을 갖습니다. 평범한 일상이 하나님의 임재 현장이고 제가 만나는 모든 사람은 그분의 임재를 전달하는 고귀한 우체부와 같습니다.

이 해설서는 에스더서 본문에 대한 학술적인 분석이 아닙니다. 침묵 속에서 배운 섭리의 언어에 대한 책입니다. 보이지 않는 것을 보는 법, 들리지 않는 것을 듣는 법, 하나님의 이름이 불리지 않는 곳에서도 그분의 현존을 읽어내는 법에 대한 책입니다. 고대 문헌의 생생한 현장감을 살리기 위해 작가적 상상력을 활용한 부분들도 많습니다. 이 책을 읽으면서 여러분도 발견하게 되기를 바랍니다. 당신의 일상이 얼마나 거룩한 땅인지, 당신이 만나는 사람들이 얼마나 귀한 하늘의 전령인지, 그리고 하나님의 이름이 크게 외쳐지지 않는 순간들이 사실은 그분이 얼마나 깊이 일하시는 때인지를 말입니다. 이 책을 쓰면서 저에게 막힌 부분을 뚫어준 우연한 대화, 필요한 순간에 방문한 통찰, 지칠 때마다 나타난 격려의 손길들을 제공해 주신 모든 분들에게 진심으로 감사를 드립니다.

2026년 범사에 하나님을 인정하고 싶은 날에
한병수

서론[1]

에스더서, 성경에서 우연과 반전과 격동이 절묘하게 어우러진 최고의 드라마다. 너무도 극적이라 기독교의 역사 속에서는 에스더서에 대한 부정적인 견해를 가진 사람들도 있다. 부정적인 견해의 이유는 그 책에 하나님의 이름이 등장하지 않고, 그리스도 예표와 복음이 부재하고, 에스더가 구약과

1 　내가 참조한 문헌들은 다음과 같다. Herodotus, *Histories* (Cambridge: Harvard University Press, 1920); Josephus, *Jewish Antiquities* (Cambridge: Harvard University Press, 1937); Eusebius, *Chronicorum*, PG 19; Rabanus Maurus, *Expositio in librum Esther*, in *Patrologia Latina*, vol. 109 (Jacques Paul Migne, 1864); Johannes Brenz, *Operum reverendi et clarissimi theologi, D. Ioannis Brentii, praepositi Stutgardiani*, vol. 2 (Tubingae: Gruppenbachius, 1576); Marvin Brenenman, *Exra, Nehemiah, Esther* (Nashville: Broadman & Holman, 1993); Santes Pagnini, Esthera: ex Interpreta (Lugduni Batavorum: Ex officina Iohannis Paetsij, 1586); 목회와 신학 편집부 엮음, 『에스더, 어떻게 설교할 것인가?』(서울: 두란노 아카데미, 2009); Karen H. Jobes, *Esther, The NN Application Commentary* (Grand Rapids: Zondervan, 1999); Michael V. Fox, *Character and Ideology in the Book of Esther: Second Edition with a New Postscript on A Decade of Esther Scholarship* (Eugene: Wipf and Stock, 2010); Jon D. Levenson, *Esther: A Commentary, The Old Testament Library* (Louisville: Westminster John Knox Press, 1997); Edwin M. Yamauchi and Elaine Phillips, *Ezra, Nehemiah, Esther, The Expositor's Bible Commentary* (Grand Rapids: Zondervan, 2010); Timothy S. Laniak, *Shame and Honor in the Book of Esther, SBL Dissertation Series 165* (Atlanta: Society of Biblical Literature, 1998); 유대 학자들의 온라인 에스더 해석들 (https://www.sefaria.org/Esther.1. 1?lang=bi&with=Commentary&lang2=en); Roland G. Kent, *Old Persian: Grammar, Texts, Lexicon* (New Haven: American Oriental Society, 1953)

신약에서 한 번도 인용되지 않고, 율법주의 및 민족주의 조장이 뚜렷하고, 부림절을 토라에 추가하여 하나님의 법을 가감하는 듯하고, 복수를 위한 폭력성과 증오를 부추기고 있다고 그들이 생각하기 때문이다. 유다인들 내에서도 부림절이 모세의 율법에 추가되는 듯하다는 점과 과도한 민족적 축제가 다른 민족들로 하여금 유다인을 미워하게 한다는 탈무드의 지적(Brenenman, 344)으로 인해 에스더서의 정경성을 의심하는 사람들이 있다. 교부들 중에서도 니케아 공의회의 주역이고 알렉산드리아의 주교였던 아다나시우스(Athanasius, 293-373)는 에스더서를 구약성경 목록이 아닌 외경 목록에 넣고 경독서의 용도로만 적합한 책이라고 평가했다.

독일의 종교개혁자 마르틴 루터(Martin Luther, 1483-1546)는 그의 『식탁담화』(Tischreden)에서 "에스더서가 너무 유대적인 방식으로 쓰였고 유대적인 것들이 너무 많지만 정작 그리스도에 대한 것은 충분하지 않다"는 이유로 "매우 강하게"(so sehr) 거부하며 이 책이 "성경 안에 아예 없었으면 좋겠다"는 격문(WA. Tr 1, 208)을 쏟아냈다. 나는 유다인에 대한 루터의 민족적인 거부감이 그의 에스더서 평가를 휘어지게 했다고 생각한다. 이는 민족의 숨통을 끊은 앗수르 제국에 대한 적개심과 복수심 때문에 니느웨 선교에 대한 하나님의 명령을 거부한 요나의 실패와 유사하다. 성경의 객관적 읽기는 모든 종류의 편견을 제거할 때 가능하다.

에스더서 주석은 종교개혁 시대와 정통주의 시대에 희귀하다. 이는 이 책에 대한 루터의 부정적인, 혹은 소극적인 태도의 영향일 가능성이 높다. 루터가 싫어한 것으로서, 에스더서 안에 담긴 강한 유다인의 민족주의 색채는 실제로 하나님에 대한 신앙과 무관하지 않다. 필립스(Elaine A. Philips)가 잘 지적한 것처럼 계몽주의 이후에 확립된 종교적 의도와 세속적 민족주의 사이의 "이분법이 고대에는 생각할 수 없는 것"이었기 때문이다. 고대에는 "공동체에 대한 충성심이 그것을 존재하게 한 신에 대한 충성심"과 결부되어 있다(Philips, 422).

루터와는 달리, 아우구스티누스는 에스더서가 하나님의 강한 섭리를 가르치는 책이라고 확신했다. 무엇보다 유다인 랍비들의 얌니아 회의(90)와 기독교의 카르타고 회의(397)는 이 책을 정경으로 확증했다. 중세의 프랑크족 대주교 겸 신학자인 라바누스(Rabanus Maurus, 780-856)는 에스더서가 히브리 성경에 포함된 것을 존중하며 "신비로운 형태로 그리스도와 교회의 감추어진 비밀들을 많이 담지하고 있다"고 평가한다(Rabanus, 635). 이와 유사하게 루터와 동시대의 루터파 신학자인 브렌쯔(Johannes Brenz, 1499-1570)는 에스더서 안에 "가장 어려운 시대의 정점에서 보존된 하나님의 교회의 뛰어난 본보기가 담겨 있다"고 이해했다.

에스더서 본문은 히브리 성경에 포함되어 있다. 동시에 두 개의 중요한 헬라어 번역본이 있는데 하나는 요세푸스 역본(Ant. 11:184-296)이고 다른 하나는 70인 경이다. 특이한 점은 히브리어 마소라 텍스트(Masoretic Text)의 에스더서 안에서는 발견되지 않는 하나님의 이름이 70인 경의 헬라어 에스더서 안에는 빈번하게 나오고 신앙적인 색채도 담겼다는 사실이다. 게다가 70인 경에는 모르드개의 묵시적인 꿈과 기도, 에스더의 기도, 왕을 알현하는 에스더의 모습, 하만 음모의 반전에 대한 설명 등도 본문에 추가되어 있다. 이는 에스더서 본문을 확정함과 해석함에 있어 어려움을 준다. 필립스는 "70인 경의 역자들이 서사를 보강해야 한다는 강박을 느꼈다는 사실 자체가 상당히 일찍부터 이 서사가 정경적 지위를 가졌음을 암시하며, 종교적 내용의 부족을 이유로 문제가 있었음도 나타내며, 추가된 내용의 성격이 흥미롭긴 해도 히브리어 본문의 핵심적인 서사를 함부로 수정하면 안 된다는 미묘한 암시일 수도 있음"을 지적한다(Philips, 412). 나는 에스더서 해설서를 쓰면서 70인 경이 아니라 마소라 텍스트를 본문으로 삼아 번역하고 해석한다.

에스더서의 가장 유명한 특징은 거룩한 숨김이다. 이것을 이해하기 위해서는 모세의 세계관이 필요하다. 모세는 모든 일을 둘로 구분하되 하나는 "감추어진 일"로서 "우리 하나님께 속하였"고 다른 하나는 "나타난 일"로서

"영원히 우리와 우리 자손에게 속"했다고 가르친다(신 29:29). 이어서 모세는 나타난 율법으로 말미암는 의와 감추어진 믿음으로 말미암는 의를 소개하며 이 두 갈림길이 인류의 심장을 관통하게 됨을 가르친다. 인류의 역사는 감추어진 일과 나타난 일 사이로 지나간다. 발밑에서는 신비의 물결이 깊고도 조용히 흘러가고, 눈앞에서는 햇살을 맞이한 물길이 반짝인다. 감추어진 일은 하나님의 심연이다. 아무도 헤아릴 수 없는 깊이이며 인간의 계산과 통계를 무력하게 만드는 영역이다. 그러나 그곳은 혼돈이 아니라 하나님만 아시는 최적의 조율로 보존되고 있다. 드러난 일은 그 심연이 우리에게 다가온 파편이다. 우리가 발을 디디고 걸을 수 있도록 펼쳐진 땅이며 따라가야 할 길이며 마침내 순종해야 할 율법의 얼굴이다. 드러난 것을 붙잡고 성실하게 순종할 때 감추어진 신비는 저 멀리 있는 별처럼 우리에게 빛으로 다가온다. 보이지 않는 우주의 맥박과 우리의 작은 심장이 어느 순간 박자를 맞추듯이 하나님의 감추어진 뜻과 우리의 드러난 발걸음이 하나의 화음으로 빚어진다. 비밀과 드러남, 심연과 표면, 인간은 그 사이에서 때로는 즐기며 때로는 긴장하며 산다.

드라마 같은 우리 인생의 대부분은 계시된 하나님의 법으로 해석된다. 그러나 법으로 해석되지 않는 감추어진 영역도 경험한다. 이때 우리는 당황한다. 억울함을 호소한다. 불평과 원망을 쏟아낸다. 이는 우리의 상식과 논리와 합리로 해석되지 않는 감추어진 영역과 충돌할 때에 나타나는 일반적인 현상이다. 욥의 경우를 보면, 동방에서 가장 의로운 사람에게 너무도 끔찍한 재앙이 우박처럼 쏟아진다. 이는 논리 단절적인 현상이다. 그런데도 그의 친구들은 이성의 칼을 꺼내서 하나님의 법에 따른 권선징악 혹은 인과응보 개념을 기준으로 욥의 인생을 해부한다. 이런 시도에서 그들은 인생의 감추어진 부분은 모조리 간과했다. 이런 간과로 말미암아 그 친구들이 도달한 결론은 욥의 재앙이 그의 죄에 대한 하나님의 징계였다. 이런 결론은 하나님과 마귀의 대화, 마귀에게 허락된 권한의 범위, 갈대아 사람들의 약탈에 대한 마귀의 작용 같은 감추어진 일들이 생략된 착오였다. 인생과 세상을 온전히 이해하기 위해서는 감추어진 부분과 나타난 부분을 동시에 고려해야 한다. 요셉의 생애에도 형제들의 미움, 노예로 팔림, 감옥생활 같은 고난은 드러난 것이지만 때가 이르기 전에는 그 모든 것들을 통해 하나님이 선을 이루시고 많은 백성의 생명을 구원하려 하시는 의도가 감추어져 있다. 예수님의 십자가 사건은 그런 상황의 절정이다. 나타난 부분은 실패와 절망처럼 보이지만 성경과 선지자의 예언에 담긴 하나님의 언약이 실현된 성취와 승리라는 오래 감추어진 부분은 부활 이후에야 밝혀진다. 예수님은 바울의 말처럼 "은밀한 가운데 있는 하나님의 지혜"로서 감추어진 것이며 무려 "만세 전에 미리 정하신 것"이기 때문에 세상의 어떠한 통치자나 지혜자도 알지 못하였다(고전 2:7-8). 그러나 믿음의 눈으로 보면 영원과 예수님의 시대 사이에 있는 성경의 모든 나타난 계시는 그동안 감추어진 예수님을 가리키고 있다(요 5:39)는 말씀도 충분히 이해된다. 성경을 읽는다는 것은 보이는 계시를 통한 보이지 않는 예수님 읽기를 의미한다.

에스더서 안에서 우리는 만물과 역사의 감추어진 부분, 즉 자신의 존재와 간섭을 숨기시는 하나님을 발견한다. 하나님은 자신의 이름에 대한 한 번의 거명조차 막으신다. 그러나 가장 조용할 때가 가장 강력한 때이고 가장 감추어진 순간이 가장 뚜렷한 통치의 시간이다. 가장 거대한 소리는 인간이 들으면 생존할 수조차 없기 때문에 귀를 막으시고, 가장 강렬한 빛도 인간이 보면 실명할 수 있어서 가리신다. 같은 맥락에서 하나님은 보이지 않는 방식으로 역사의 골짜기와 인간의 심연에 당신의 뜻을 심으신다. 우리가 알지 못하는 중에 길은 끊어지고 까닭 모를 기다림이 이어지되 설명할 수 없는 평안이 가슴에 스며든다. 드러난 통치는 인간의 힘으로 제어될 수 있겠지만 은밀한 통치는 인간의 계산과 조작이 미치지 못하는 자리에서 진행된다. 누구도 방해하지 못하는 통치의 보이지 않음은 하나님의 명백한 부재가 아니라 오히려 가장 온전한 임재의 방식이다.

세상이 보는 에스더 이야기는 고아 소녀의 기구한 운명이 한 제국의 운명을 바꾼 극적인 성공담에 불과하다. 이는 신성한 존재의 이름이 거세된 채, 잔혹한 권력 다툼 속에서 펼쳐지는 기막힌 우연들, 절묘한 타이밍들, 그리고 운명을 거스르는 한 여인의 용기가 이 이야기의 표면을 장식하기 때문이다. 에스더서 안에는 하늘에서 내리는 만나의 기적도 없고 거대한 물속에 길이 생기는 홍해의 갈라짐도 없다. 그러나 하나님은 계시를 주시거나 꿈을 꾸게 하시거나 환상을 보게 하시거나 기적을 체험하게 하시는 일로 자신을 나타내지 않으셔도 우리와 항상 함께 계시면서 일하신다. 인간의 선택과 행위라는 무대 뒤에 자신의 존재를 감추시는 하나님의 조용한 일하심이 있다. 조용하고 은밀해서 하나님의 섭리는 더욱 번뜩인다. 하나님은 에스더의 지혜와 용기를 쓰시고 모르드개의 기지와 신념을 통해 일하신다. 그들은 하나님의 직접적인 명령에 따라 움직이지 않고 자신들의 처지와 민족의 위기를 보고 자발적인 선택을 따라 행동한다. 그런데 이러한 그들의 자유가 더 크고 완벽한 하나님의 통치 속에 편입된다. 겉으로는 인간의 노력과 우연의 연속처럼 보이지만 실제로는 거대한 신적 계획의 정교한 퍼즐 조각들이 하나의 서사를 촘촘하게 구성한다. 하나님은 우리에게 무관심한 분도 아니시고 멀리 계시지도 않으신다. 우리의 일상, 우리의 고뇌, 우리의 작은 선택들 속에 스며들어 계시면서 침묵과 은밀함 중에 더욱 견고하고 뚜렷한 통치의 빛을 발하신다.

물론 에스더서 안에는 하나님의 지문과 발자국이 없다. 눈에 보이는 무대 위에서는 제국의 권력과 인간의 계략이 모든 것을 주도하는 것처럼 활개친다. 그러나 보이지 않는 무대 뒤에서는 그분께서 보이지 않는 손으로 역사의 모든 장면을 이끄시며 조용히 일하신다. 우리의 삶도 에스더서 상황과 유사하다. 우리의 일상 속에서 하나님은 보이지 않으시고 간섭하지 않으시고 멀리 계시고 우리에게 아무런 관심이 없으신 것처럼 느껴진다. 그래서 외롭고, 그래서 서운하고, 그래서 불안하다. 그런데 에스더 이야기는 속삭이듯 우리에게 들려준다. 하나님은 우리가 눈 깜빡이는 순간에도, 숨 고르는 찰나에도, 침 삼키는 동안에도, 우리를 보고 계시며 지키고 계신다고!

노아의 홍수, 모세의 출애굽, 예수님의 기적과 같은 이야기는 초자연적 사건 속에서 하나님의 화끈한 임재를 뚜렷하게 드러낸다. 그러나 그런 사건들이 우리의 실질적인 삶에는 적용되지 않는 성경 속에서의 먼 이야기일 뿐이라고 여겨진다. 우리가 사는 현실에는 하늘이 갈라지지 않고 바다가 쪼개지지 않으며 기적의 불이 떨어지지 않기 때문이다. 하지만 에스더서 내용은 우리의 구체적인 삶에 고스란히 적용된다. 보이지 않아도, 들리지 않아도, 느껴지지 않아도, 하나님은 우리의 마음과 모든 생각과 말과 행실을 살피신다. 그리고 우리를 가장 선한 길로 이끄신다. 이를 위해서 하나님은 세상의 만물과 사건과 시간을 엮으시고 보이지 않는 손길로 우리의 길을 빚으시고 이탈하지 않도록 세심하게 돌보신다.

온 세상과 역사가 감추어진 일과 나타난 일로 구분되어 있더라도 우리는 두 영역을 믿음의 두 손으로 붙잡고 살아가야 한다. 그럴 때, 개인과 민족의 절망 앞에서도 소망의 하루를 살아간다. 믿는 자에게만 보이는 이중적인 정체성이 있다. 바울의 말처럼, 믿음으로 보면 "우리는 속이는 자 같으나 참되고 무명한 자 같으나 유명한 자요 죽은 자 같으나 보라 우리가 살아있고 징계를 받는 자 같으나 죽임을 당하지 아니하고 근심하는 자 같으나 항상 기뻐하고 가난한 자 같으나 많은 사람을 부요하게 하고 아무것도 없는 자 같으나 모든 것을 가진 자"(고후 6:8-10)로 자신을 인식하게 된다. 감추어진 부분을 고려하면 세상이 달라지고 자신의 인생도 달라진다. 슬픔이 기쁨으로, 절망이 희망으로, 불평이 감사로, 고난도 유익으로 바뀌는 반전이 일어난다.

히브리 성경은 세 부분, 즉 토라(תּוֹרָה, Torah, 율법/가르침), 네비임(נְבִיאִים, Nevi'im, 예언서), 케투빔(כְּתוּבִים, Ketuvim, 성문서)으로 구성되어 있다. 에스더서는 케투빔에 포함되어 있다. 케투빔에 포함되어 있는 책들 중에는 유다인이 특별한 절기에 낭독하는 다섯 권의 책(아가, 룻기, 예레미야 애가, 전도서, 에스더)

이 있는데 에스더서는 유대 민족이 하만의 음모에서 구원받은 사건을 기념하는 부림절(아달월 14일과 15일)에 낭독된다. 낭독 중에 하만의 이름이 나오면 청중은 발로 바닥을 구르거나 함성을 질러서 하만의 이름이 묻은 음향을 상쇄하려 한다. 부림절에 유다인은 화려한 잔치를 벌여 기쁨을 나누고 가난한 이들에게 음식이나 선물도 제공한다. 아이들은 이날에 에스더나 모르드개 분장을 하고 거리를 행진한다. 그리고 에스더서는 애가와 다니엘서 사이에 위치한다. 애가는 이스라엘 백성의 멸망을 애도하고 에스더서는 하만의 멸망을 기뻐한다. 유다인을 위한 에스더서의 중요성은 "모든 예언서와 성문서는 메시아가 오면 폐지될 것이지만 에스더서는 폐지되지 않을 것"(Hilkhot Megillah, 2:18)이라고 한 마이모니데스(Maimonides, 1138-1204)의 말에 잘 나타난다.

에스더서의 저자는 누구일까? 1세기의 유다인 역사가인 요세푸스(Flavius Josephus, 37-100)와 2세기의 교부인 알렉산드리아의 클레멘스(Clemens of Alexandria, 150-215)는 모르드개를 지목한다. 중세의 뛰어난 유다인 주석가 이븐 에즈라(Ibn Ezra)도 "화평하고 진실한 말로 편지를 써서 … 유다 모든 사람에게"(에 9:30) 보낸 모르드개가 에스더서 저자라고 주장한다. 게다가 에스더서 안에는 페르시아 궁중의 세부적인 사정, 관습, 인물 등을 매우 생생하고 상세하게 묘사하고 있는데 이는 모르드개 같은 페르시아 고위 관료가 아니면 알기 어려운 것들이기 때문이다. 그러나 에스라와 느헤미야 또한 왕실 서기관과 페르시아 궁전의 고위직에 올라 페르시아 문화와 행정과 풍습에 익숙했을 것이기 때문에 에스더서 저자의 유력한 후보로 거론된다. 나는 에스더서 자체의 내증(에 9:30)에 근거하여 모르드개가 저자일 것이라고 생각한다. 물론 거의 같은 지식과 경험을 가진 에스더가 이 책의 저자일 가능성도 있다고 생각한다.

에스더서의 시기적인 배경은 기원전 5세기 경에 아하수에로(Xerxes I, B.C. 486-465)가 페르시아 제국을 통치하던 기간이다. 겉으로 보기에는 제국의 화려한 권력이 절정에 달한 때였지만 시선을 세계사의 다른 무대에 돌려보면 인류 문명이 격변하던 시기였다. 조베스(Karen H. Jobes)가 정리한 것처럼, 이 시기에 공자(Confucius, B.C. 551-479)는 동아시아 지역의 사상적 기반을 마련했고, 페리클레스(Pericles, B.C. 495-429)는 아테네의 민주정치 기반을 갖추었고, 소포클레스(Sophocles, B.C. 497-406)는 고대 그리스 비극을 완성하고 서양 연극의 근본적인 틀을 확립했고, 헤로도토스(Herodotus, B.C. 484-425)는 신화 중심적인 세계관을 벗어나 자료와 증언에 근거한 인과적 역사관을 확립하는 역사학의 아버지가 되었으며, 피타고라스(Phytagoras, B.C. 570-495)는 만물이 수라고 믿으며 우주와 자연을 수학적 질서로 설명하려 했다(Jobes, 26-28). 이 시기는 소크라테스(Socrates, 470-399)가 철학의 기초석을 깐 때이기도 하다. 이렇듯 세계 곳곳에서 문명의 불길이 타올랐다. 동서양을 막론하고 인간의 이성과 사상, 정치와 예술은 눈부신 성취를 이루었다. 그러나 그 어느 곳에서도 하나님을 찾는 민족은 보이지 않던 시대였다. 세계 곳곳에서 문명의 불꽃이 화려하게 타올랐던 기원전 5세기, 인간은 스스로의 힘으로 영광을 추구하고 있었지만 하나님은 보이지 않는 손길로 페르시아 궁정 안에서 자기 백성의 미래를 빚으신다.

이스라엘 역사를 보면, 기원전 586년에 남유다는 바벨론에 의해 멸망하고 포로로 끌려갔다. 이후 기원전 539년에는 페르시아가 바벨론을 정복했고 페르시아 왕 고레스 2세가 유대 사람들로 하여금 예루살렘 지역으로 돌아가 성전을 다시 세우라고 명령했다. 일부의 유다인은 본향으로 돌아가 성전과 성벽을 재건했다. 그러나 적잖은 유다인은 바벨론과 페르시아 지역에 정착했다. 에스더서는 1차 포로 귀환 시기와 2차 포로 귀환 시기 사이에 아직 돌아오지 않고 페르시아 수산성에 머물러 있던 유다인 이야기를 소개한다. 아하수에로 왕의 아버지인 다리우스 1세는 페르시아 제국의 지경을 넓히고자 그리스와 전투를 감행했다. 그러나 아테네와 스파르타 연합군에 의해 패하였다. 이에 아버지의 숙원을 이루기 위해 아하수에로 왕은 3년을 꼼꼼하게 준비하여 그리스 원정을 나섰으나 그도 패하였다. 이후에 그는 수산성을 비롯한 여러 도시에서 향락의 세월을 보내다가 암살을 당하며 인생을 마감한다. 이러한 정치적 상황 속에서 에스더서는 흩어진 나그네와 같이 살아가는, 세상이 주목하지 않는 이스라엘 백성을 주목한다. 이 책의 백미는 유일하게 하나님을 알고 그를 의지하며 경외하는 민족의 씨를 말리려고 한 정치적 음모의 잔혹함 속에서도 그 민족을 한 치의 오차도 없이 정밀하게 지키시는 하나님의 언약적인 사랑과 섭리의 은밀함에 있다.

또 하나 주목할 것은 에스더서 이야기의 잔치라는 특징이다. 이 서사는 마이클 폭스(Michael V. Fox)가 아래와 같이 잘 분석한 것처럼 10개의 잔치로 직조되어 있다(Fox, 156-158).

1. 귀족들을 위한 아하수에로의 잔치 (1:2-4)
2. 수산성의 모든 남자들을 위한 아하수에로의 잔치 (1:5-8)
3. 여성을 위한 와스디의 잔치 (1:9)
4. 에스더의 왕후 즉위 잔치 (2:18)
5. 하만과 아하수에로의 잔치 (3:15)
6. 하만과 왕을 위한 에스더의 첫 번째 잔치 (5:4-8)
7. 하만과 왕을 위한 에스더의 두 번째 잔치 (7:1-9)
8. 모르드개 등극을 축하하는 전국 유다인의 잔치 (8:17)
9. 전국 유다인의 첫째 날 부림절 잔치 (9:17, 19)
10. 수산성 유다인의 둘째 날 부림절 잔치 (9:18)

에스더서 전체는 잔치로 시작해서 잔치로 종결된다. 서사의 흐름도 잔치라는 구조적 장치를 통해 희비가 극적으로 엇갈리고 성패가 극적으로 갈라진다. 언뜻 보아도, 1-2번과 9-10번이 대비되고, 3번과 4번이 대비되고, 5번과 8번이 대비되고, 6번과 7번이 대비된다. 각각의 잔치는 섭리가 지나가는 디딤돌로 작용한다. 와스디의 잔치는 에스더의 등용으로 이어지고, 하만의 잔치는 그의 몰락으로 끝나는 것처럼 잔치라는 표면적인 인간의 행위 뒤에는 하나님의 보이지 않는 손길이 역사하고 있다. 잔치가 기쁨과 축제의 자리에서 갈등과 위기의 장으로 변했다가, 다시 구원과 승리의 장으로 돌아오는 극적인 전환은 하나님의 계획이 성취되는 정교한 과정이다.

성경에서 잔치는 대체로 부정적인 의미로 언급된다. 대표적인 경우가 전도서 7장 2절이다. 거기에서 전도자는 "초상집에 가는 것이 잔칫집에 가는 것보다 낫다"고 선언한다. 이와는 반대로, 대부분의 사람들은 잔칫집 출입을 선호한다. 성경은 출생보다 죽음이 낫다(전 7:1)고 말하지만 세상은 죽음보다 출생이 낫다고 생각한다. 기호의 차이가 극심하다. 세상은 지금 웃고 지금 즐기고 지금 소유하는 것이 복이라고 생각한다. 그러나 성경은 마지막을 기억하고 하나님 앞에 서도록 준비하는 것이 복이라고 가르친다. 세상은 출발선을 주목하고 성경은 결승선을 바라본다. 세상은 잔치의 웃음을 좇지만 성경은 초상집의 눈물에서 영원을 강조한다. 진실로 연회에서 세상의 음악에 취하는 것보다 장례에서 하나님의 음성을 듣는 것이 더 소중하다. 이처럼 성경은 세상을 거꾸로 보는 지혜를 우리에게 가르친다. 세상의 허무한 잔치가 아니라 하나님 앞에서의 향기로운 이름으로 종결되는 복된 인생을 제안한다.

성경과 세상 사이에 관점의 대립에 대한 사례들은 많다. 기독교는 약함을 자랑하고 세상은 강함을 자랑한다. 기독교는 낮아짐을 선호하고 세상은 높아짐을 기뻐한다. 기독교는 목숨을 잃어도 좋다고 생각하나 세상은 자기가 살기 위해서는 남의 목숨을 빼앗아도 된다고 생각한다. 기독교는 고난을 영광의 첩경으로 여기며 환영하나 세상은 고난의 그림자도 밟기를 싫어한다. 기독교는 나중 되는 것을 꺼려 하지 않지만 세상은 먼저 되는 것만 좋아한다. 기독교는 지극히 작은 사람도 위대한 주님처럼 대하지만 세상은 사람이 작으면 짓밟으려 한다. 이런 기호의 차이를 따라, 기독교는 장례를 좋아하고 세상은 잔치를 좋아한다.

사실 사람들의 잔치는 인생의 찬미이고 쾌락과 방탕의 상징이다. 그런데 인간이 주인인 잔치는 허망과 멸망으로 치닫는다. 아모스 6장은 호화로운 잔치를 벌이다가 하나님의 심판을 맞이한 이스라엘 백성의 몰락 이야기를 소개하고 예수님의 비유에도 어리석은 부자가 먹고 마시고 즐기는 잔치의 인생을 살다가 그날 밤에 허망하게 영혼을 빼앗기는 이야기가 등장한다(눅 12:19-20). 이와는 달리, 전도자는 인생의 본질적인 허무를 지적한다. 인생의 절정을 보여주는 잔치는 허무라는 인간의 실존을 가리고 허영을 키우며 하나님의 존재도 망각하게 한다. 이와는 달리, 초상집은 죄의 삯으로서 죽을 수밖에 없는 인생의 허망한 실존을 드러내고 하나님을 경외하게 한다. 에스더에 등장하는 10개의 잔치들은 두 종류의 잔치를 절묘하게 대비한다. 인간의 허영과 과시와 쾌락에 매달리는 잔치와 하나님의 구원을 기뻐하는 공동체의 축제가 나란히 언급된다. 모든 믿음의 사람들이 결국 도달하는 신앙과 삶의 종착지는 새 예루살렘 안에서 펼쳐질 어린 양의 혼인잔치 사건이다. 에스더의 잔치는 그 마지막 날의 잔치를 앙망하게 한다.

레벤슨(Jon V. Levenson)은 10회의 잔치들에 반영된 에스더서 서사의 극적인 대비를 재구성해 다음과 같은 도표로 요약한다(Levenson, 8).

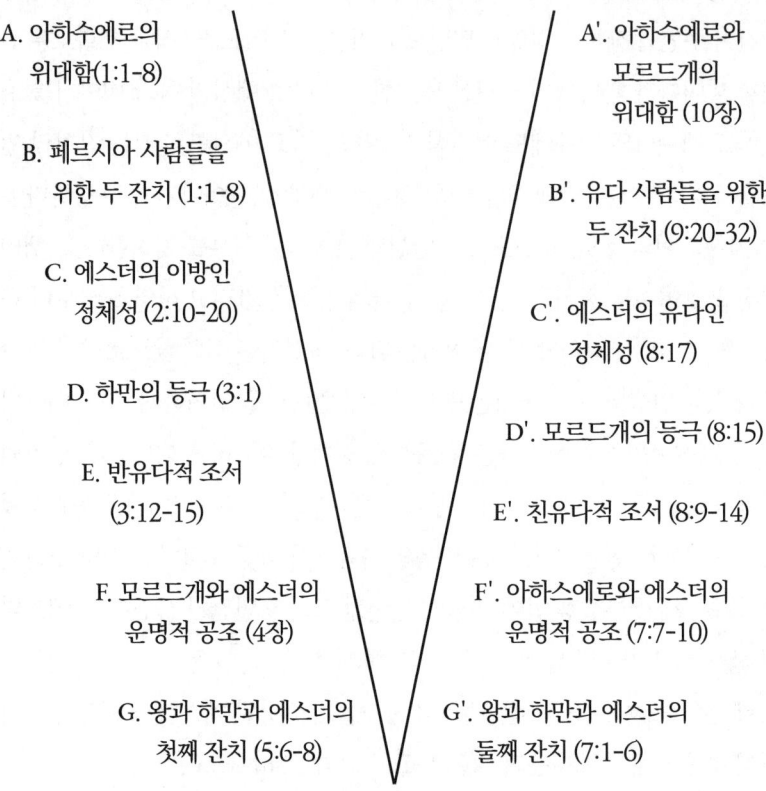

A. 아하수에로의
위대함(1:1-8)

A'. 아하수에로와
모르드개의
위대함 (10장)

B. 페르시아 사람들을
위한 두 잔치 (1:1-8)

B'. 유다 사람들을 위한
두 잔치 (9:20-32)

C. 에스더의 이방인
정체성 (2:10-20)

C'. 에스더의 유다인
정체성 (8:17)

D. 하만의 등극 (3:1)

D'. 모르드개의 등극 (8:15)

E. 반유다적 조서
(3:12-15)

E'. 친유다적 조서 (8:9-14)

F. 모르드개와 에스더의
운명적 공조 (4장)

F'. 아하스에로와 에스더의
운명적 공조 (7:7-10)

G. 왕과 하만과 에스더의
첫째 잔치 (5:6-8)

G'. 왕과 하만과 에스더의
둘째 잔치 (7:1-6)

레벤슨의 도표 (일부 수정)

레벤슨의 도표를 설명하면 이러하다. 첫째, 아하수에로의 위대함(1:1-8)과 아하수에로 및 모르드개의 위대함(10장)이 대비된다. 둘째, 페르시아 사람들의 두 잔치(1:1-8)와 유다 사람들의 두 잔치(9:20-32)가 대비된다. 셋째, 에스더가 이방인의 정체성을 취함(2:10-20)과 이방인이 유다인의 정체성을 취함(8:17)이 대비된다. 넷째, 하만의 등극(3:1)과 모르드개의 등극(8:15)이 대비된다. 반 유다인 조서(3:12-15)와 친 유다인 조서(8:9-14)가 대비된다. 다섯째, 모르드개와 에스더의 운명적인 반전(4장)과 아하수에로와 에스더의 운명적인 .

반전(7:1-6)이 대비된다. 여섯째, 세 사람의 첫 번째 잔치(5:6-8)와 세 사람의 두 번째 잔치(7:1-6)가 대비된다. 일곱째, 이 모든 대비들의 정점에서 아하수에로와 하만과 모르드개의 극적인 궁중 이야기(6장)가 전개된다. 10회의 잔치와는 대비되게 금식도 주목해야 한다는 레벤슨의 강조도 우리는 주목해야 한다. 화려한 잔치와 수척한 금식은 심히 대조된다. 그런데 놀랍게도 진정한 잔치는 금식의 결과이고 금식은 진정한 잔치의 원인이다. 금식은 곡기를 끊고 목숨을 걸고 철저히 자기를 부인하는 의식인 동시에 자신의 생명조차 하나님께 맡기는 전적인 의존이다. 자아의 부재를 통해 하나님의 거룩한 임재가 준비되고, 죽으면 죽겠다는 자신의 비움으로 하나님의 적극적인 개입을 준비한다.

에스더서 신학의 또 다른 특징은 "우연의 연속"이다. 에스더서는 우리의 삶을 지배하는 수많은 우연과 사건들이 신적인 섭리의 방식일 수 있다고 가르친다. 에스더서 안에서 하나님의 그림자도 보이지 않았던 우연들이 지나고 보니 섭리였다. 와스디가 왕의 명령에 불응하여 폐위되는 것, 그 왕후의 빈자리에 에스더가 발탁되는 것, 모르드개가 왕을 시해하기 위한 무리들의 음모를 엿듣고 제보하여 에스더와 함께 시해를 방지한 것, 왕의 생명을 구했어도 아무런 보상이 없었다는 것, 그런데도 궁중 일기에는 기록으로 남았다는 것, 왕이 불면증에 시달리다 역대 일기를 읽되 그 많은 페이지 중에서도 하필 모르드개가 자신의 시해를 막은 기록에 시선이 닿은 것, 하만이 왕의 총애를 받아 그의 교만이 하늘을 찌르게 된 것, 모르드개 때문에 그의 민족을 말살하려 한 하만의 광기, 왕이 자신의 생명을 구한 자에게 줄 보상의 내용을 하만에게 물은 것, 왕이 제공할 수 있는 최고의 보상을 하만이 제안한 것, 에스더가 마련한 잔치 자리에서 하만이 그녀를 강간하는 듯한 자세를 취한 것, 바로 그 순간을 왕이 목격하게 된 것, 하만이 모드르개 제거를 위해 준비한 나무에 자신이 매달리게 된 것, 유다인을 말살하기 위해 작성된 조서가 오히려 유다인을 멸하려는 자들을 멸하라는 조서로 대체되는 것 등은 모두 우발적인 사건의 모습을 띤 섭리적 필연이다.

언약적 신의와 언약적 대립도 중요한 특징이다. 언약적 신의는 유다 지파와 베냐민 지파 사이의 호의적인 관계를 가리킨다. 원래 유다와 베냐민은 배다른 형제였다. 그러나 야곱의 시대에 유다는 자신의 목숨을 담보로 베냐민을 구원했다. 사사들의 시대에는 유다 지파가 베냐민 지파를 앞장서서 공격했다. 왕정 시대에는 베냐민 지파 출신의 이스라엘 왕 사울이 유다 지파 출신의 다윗을 괴롭혔다. 이런 대립의 시대를 지나 분열 왕국 시대에는 유다 지파와 베냐민 지파는 형제처럼 운명을 공유하여 남유다 왕국을 형성한다. 에스더의 시대에는 베냐민 지파 사람인 모르드개와 에스더가 자신의 목숨을 걸고 유다인 전체를 구원했다. 이처럼 두 지파의 신의와 사랑의 역사는 아름다운 노래처럼 감미롭다. 언약적 대립은 이스라엘 민족과 아말렉 족속 사이의 적대적인 관계를 가리킨다. 하나님은 모세의 시대부터 "여호와가 아말렉과 더불어 대대로 싸우리라"(출 17:16)라는 입장을 밝히셨다. 광야의 여정에서 이스라엘 백성의 지친 낙오자만 골라서 죽이는 아말렉의 비열함을 지적하며 "천하에서 아말렉에 대한 기억을 지워" 버릴 것이라고 모세는 말하였다(신 25:17-19). 그리고 하나님은 이스라엘 왕 사울에게 아말렉 족속을 멸하여 천하에 기억됨이 없게 하라고 명하셨다. 사울은 아말렉 왕인 아각을 제외한 그 족속을 몰살했다. 아각은 사무엘에 의해 처형된다. 다윗도 아말렉과 싸워 승리하며 전리품을 나누었다(삼상 30장). 그런데 그의 씨가 마르지 않고 혈통이 이어지고 이어져 하만까지 이르렀다. 하만은 아말렉 족속의 아각 사람이다. 이제는 그가 이스라엘 백성을 말살하려 한다. 그러나 모르드개와 에스더에 의해 하만이 제거된다. 아말렉 족속의 말살을 명하신 하나님의 말씀은 역사 속에 면면히 이어져 에스더의 시대까지 이르렀다.

그리고 심리적인 특징은 에스더서 전체를 관통하는 명예와 수치의 반전이다. 이 책은 권력과 명예에 대한 아하수에로 왕의 과시와 더불어 시작된다. 와스디의 거절은 그 영예를 실추시킨 사건이다. 무너진 영예의 회복을 위해 와스디가 폐위되고 에스더가 왕후로 발탁된다. 그런데 에스더는 멸망한 민족의 한 포로였다. 고대 근동 시대에 한 민족의 피난과 포로됨은 라니악(Timothy S. Laniak)의 말처럼 영예의 상실과 신적인 형벌의 증거로 여겨졌다(Laniak, 173). 에스더는 신분이 수치였다. 게다가 그녀는 부모 없이 자란 고아였다. 에스더의 경우는 수치가 영예 회복의 열쇠가 된다는 역설을 극명하게 보여준다. 하만의 경우에도 모든 사람이 무릎을 꿇는 최고의 영예를 누렸지만 모르드개 한 사람의 무릎 꿇지 않음 때문에 수치심에 휩싸인다. 이에 하만의 모략으로 모르드개는 패망의 문턱까지 가지만 자신의 옷을 찢고 자신에게 재를 뿌리는 수치를 지나 결국 하만의 권력과 지위를 차지하는 영예의 회복을 맞이한다. 레벤슨의 분석처럼, 왕후가 된 고아 에스더와 총리가 된 피난민 모르드개의 반전 인생은 포로가 된 이스라엘 민족의 수치가 변하여 영적인 영예의 회복을 맞는다는 운명을 잘 보여준다(Levenson, 16, 56.).

상황적인 특징은 경계와 주변의 작용이다. 필립스는 영예와 권력이 왕궁의 내부에 속한 자들의 선유물과 같지만 에스더서 서사의 전개는 왕궁 안과 밖의 경계에서 펼쳐지고 있다는 기막힌 사실을 지적한다(Philips, 407). 역사는 중심이 아니라 경계에서 역동한다. 왕궁의 안과 밖에 만나는 출입문은 그 경계의 대표적인 상징이다. 모르드개는 왕궁의 그 출입문에 앉아 있는 인생으로 묘사된다(에 9:19). 그런 사람이 왕의 총리가 되어 왕궁의 중심부로 들어간 것은 공간적 경계의 이동을 보여준다. 그리고 내시는 경계를 넘나들며 왕궁의 안과 밖을 중개하는 대표적인 직분이다. 내시들의 활약으로 에스더는 왕궁 밖에서 안으로 이동한다. 에스더는 히브리식 이름(하닷사)과 바벨론식 이름(에스더)을 동시에 가진 경계인이 된다. 그녀는 존재 자체로 정체성의 경계를 넘나들며 유다와 페르시아 사이를 연결한다. 라니악의 지적처럼 에스더는 "부름을 받지 아니하고 안뜰에 들어가서 왕에게 나가면 오직 죽이는 법"(에 4:11)의 경계도 넘어간 여인이다(Laniak, 165). 고아가 왕후로 변한 것은 사회적 신분의 경계를 넘어선 사건이다. 그리고 그녀가 포로라는 변방에서 제국의 중심부로 이동한 것은 정치적 경계의 이동을 증거한다.

다른 성경과의 비교에서 발견되는 특징은 여러 학자들에 의해 분석되고 라니악에 의해 잘 정리된 요셉과 에스더, 룻과 에스더 사이의 유사성과 대조성에 있다는 사실이다. 요셉은 "용모가 빼어나고 아름다운" 남자이고(창 39:6) 에스더는 "용모가 곱고 아리따운 처녀"(에 2:7)라는 점이 유사하다. 요셉은 보디발과 간수와 바로의 호의를 얻었고(창 39:4, 21; 41:37) 에스더는 헤개와 아하수에로 왕의 호의를 얻었다(에 2:9, 15, 17)는 점도 유사하다. 요셉은 바로의 옆에서 서열 2위인 동시에 최고의 실세였고(창 41:40-44), 에스더는 왕의 최측근인 동시에 그 옆에서 나라의 절반도 가질 정도의 권위를 가졌다(에 5:3)는 점도 유사하다. 요셉은 자신을 팔아넘긴 원수 같은 형제들과 함께 식탁을 나누었고(창 37:25) 에스더는 자신의 민족을 없애려는 원수인 하만과 함께 먹고 마셨다(에 3:15)는 점도 유사하다. 이방 왕국과 하나님의 백성 모두에게 임하는 번영 (창47:13-26; 에 10:1-3)에 있어서도 요셉과 에스더 이야기는 유사하다. 그리고 요셉과 에스더가 모두 낮은 위치에서 시작하여 궁정에서 고위직을 얻게 된다는 역전의 구조도 유사하다. 둘 다 이스라엘 정체성을 가졌는데 이방의 왕궁을 누빈다는 점도 유사하다.

에스더와 요셉 이야기의 대비점도 많다. 요셉은 자신의 정체성을 드러내며 살고 에스더는 숨기면서 산다. 요셉은 꿈을 해석하는 하나님의 지혜와 은사로 말미암아 제국의 권부로 들어가고 에스더는 왕의 취향과 미모로 제국의 심장을 출입한다. 요셉은 드러난 하나님을 계시하고 에스더는 숨은 하나님을 계시한다. 요셉은 꿈을 해석하고 정책을 제안하는 능동적인 태도로 사건을 이끌지만 에스더는 삼촌의 요청과 조언에 따라 움직이며 대체로 지시를 받고 수동적인 태도로 반응한다. 요셉은 제국의 총리가 되어 가족을 지키지만 에스더는 제국의 왕후가 되어 민족 전체를 구원한다. 요셉은 억울한 고난과 낮아짐 속에서 높아지고 에스더는 뜻밖의 높아짐 속에서 민족적인 위기를 돌파한다. 이상의 유사점과 대조점을 볼 때, 우리는 에스더에 하나님의 이름이 없고 하나님의 섭리가 명시되어 있지 않더라도 다른 성경 및 다른 성경 인물과의 긴밀한 교류가 있다는 사실에 근거하여 이 책을 정경에 반드시 들어가야 할 하나님의 말씀으로 간주해야 한다.

에스더서는 룻기와 더불어 여성의 이름이 서명이 된 대표적인 성경이다. 에스더와 룻은 다양한 면에서 대조된다. 에스더서 안에는 하나님의 이름이 없고, 룻기 안에는 여러 번 등장한다. 가족사를 다루는 룻 이야기는 작고, 제국과 민족을 다루는 에스더 이야기는 크다. 에스더는 남성 중심의 권력구조 안에서 움직이는 여성이고 룻은 여성들의 관계가 이끄는 이야기의 중심이다. 에스더는 위기의 드라마요 룻은 회복의 드라마다. 에스더의 선택은 위기 앞의 순종이고 룻의 선택은 자발적인 헌신이다. 에스더는 유다 사람이고 룻은 이방 사람이다. 에스더는 이방에 머물렀고 룻은 유다에 머물렀다. 에스더는 이방인 왕 아하수에로와 결혼했고 룻은 유다인 유력자 보아스와 결혼했다. 에스더는 숨겨진 정체성을 드러내고 룻은 새로운 정체성을 수용한다. 그런데 에스더와 룻은 둘 다 하나님의 구원 역사에 동원된다. 에스더는 하나님의 백성인 유다인을 보존하고 룻은 하나님의 백성을 구원하실 메시아의 혈통을 보존한다. 에스더는 파멸에서 벗어나는 보존이고 룻은 미래를 여는 희망이다. 두 여인은 대체로 수동적인 태도를 취하되, 에스더는 사촌 오빠 모르드개의 코치를 받고 룻은 시어머니 나오미의 코치를 받아 행동한다.

구약성서 내의 위치 면에서의 특징은 70인 경과 기독교 전통에서 에스더 이야기가 성경 역사서의 끝이라는 사실이다. 역사의 끝은 인류의 종말과도 연결된다. 에스더서 서사는 하만과 그를 따르는 무리들의 몰락과 에스더와 그녀의 백성인 유다인의 회복으로 종결된다. 악의 세력은 심판을 받고 선의 세력은 구원을 받는 에스더 이야기는 마치 하나님을 대적하는 모든 자들이 아무리 높은 권세를 가지고 많은 부를 소유하고 화려하고 멋진 삶을 누리는 것 같아도 종말에는 불의 심판을 받지만 하나님을 따르는 모든 자들은 아무리 비천하고 연약하고 무지하고 억울한 삶을 살아도 결국에는 구원을 받는 구속사와 대단히 유사하다. 하만이 지극히 높은 장대 위에서 죽음을 당하는 것은 마치 악의 무리들이 하나님과 영원히 단절되는 영원한 사망에 이르는 것과 대응된다. 모르드개가 왕복을 입고 왕이 타는 말을 타고 왕의 머리에 쓰던 왕관을 쓰고 왕이 하사한 하만의 반지와 집까지 인수하고 영광과 즐거움과 기쁨과 존귀함을 가지는 것은 성도가 왕 같은 제사장이 되고 심지어 왕 중의 왕이시며 만주의 주이신 예수님과 같아질 종말의 영광과 유사하다.

위기의 서막

I.

폐위와 등극:
하나님의 무대 설정

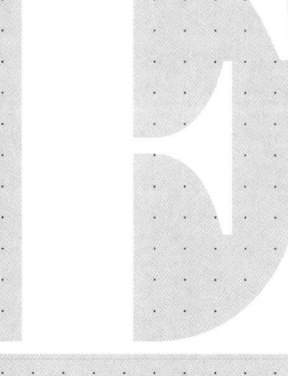

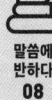

¹이 일은 아하수에로 왕 때에 있었던 일이니 아하수에로는 인도로부터 구스까지 백이십칠 지방을 다스리는 왕이라 ²당시에 아하수에로 왕이 수산 궁에서 즉위하고 ³왕위에 있은 지 제삼년에 그의 모든 지방관과 신하들을 위하여 잔치를 베푸니 바사와 메대의 장수와 각 지방의 귀족과 지방관들이 다 왕 앞에 있는지라 ⁴왕이 여러 날 곧 백팔십 일 동안에 그의 영화로운 나라의 부함과 위엄의 혁혁함을 나타내니라

❖ ❖ ❖

¹이 일은 아하수에로의 때에 일어났다 그 아하수에로는 인도에서 구스까지 백이십칠 지방을 다스렸다 ²그 시절에 아하수에로는 수산 성에 있는 왕좌에 앉았고 ³통치의 삼 년 차에 그는 그의 모든 대신과 신하를 위하여 잔치를 베풀었고 바사와 메대의 장수와 각 지방의 귀족들과 대신들은 그의 얼굴을 향하였다 ⁴그는 많은 날 곧 백팔십 일 동안에 영화로운 자기 왕국의 풍요함과 아름다운 자기 위엄의 영예를 드러냈다

01 위대한 허영

이 본문은 에스더 이야기의 시간적인 배경을 제공한다. 그리고 세속적인 왕의 위대한 허영을 언급하며 영예를 둘러싼 당시의 상황을 설명한다. 아하수에로 왕이 통치한지 얼마 되지 않아서 방대한 영토를 점령했다. 수많은 종류의 대신들을 세워 조직적인 통치를 하게 된 왕의 치적과 왕국의 풍요함을 드러내고 자랑하기 위해 거대한 규모의 잔치가 펼쳐진다. 하나의 공동체 안에서 가장 높은 자리에 오른 왕이 추구하는 궁극적인 가치로서 영예는 누구에게 돌리는 게 마땅할까?

> ¹이 일은 아하수에로의 때에 일어났다
> 그 아하수에로는 인도에서 구스까지 백이십칠 지방을 다스렸다

에스더서 본문의 첫 구절인 "이 일은 ~일어났다" 문구는 룻기의 시작과 동일하다. "아하수에로, 혹은 아하쉬바로쉬"(אֲחַשְׁוֵרוֹשׁ)는 고대 페르시아어

"Xšayārša"의 히브리어 음역이며 70인 경에는 "아르타크세르크수"(Ἀρταξέρξου)로 번역된다. 이 이름은 "진리의 통치자, 정의로 다스리는 왕, 혹은 위대한 왕"을 의미한다. 그는 이름의 의미로도 자신의 위대함을 나타내고 싶어 하는 성향을 나타낸다. 그런데 이 아하수에로는 세속의 역사에서 누구인가? 필립스의 지적처럼 "70인 경 본문은 에스더 사건을 아르타크세르크수의 치세(464-425) 하에 두었다"는 게 특이하다(Philips, 426). 나아가 요세푸스는 고레스(Kῦρος)가 바로 "긴손"(Μακρόχειρ)이라는 별명을 가지고 제국을 40년간 통치한 아르타크세르크수라고 주장한다(Anti., 11:1-2). 유세비우스는 자신의 『연대기』(Chronicon)에서 아하수에로를 크세르크세스(486-465)가 아니라 70인 경의 입장을 따라 "아르타크세르크세스"(Artaxerxes)로 칭하였고 고레스에 대한 언급 없이 그가 40년을 통치한 왕이라고 적시한다(Chronicorum, PG 19:142).

그러나 나는 아하수에로와 동시대의 역사가인 헤로도토스(Herodotus, B.C. 484-425)의 『역사』(Ἰστορίαι) 7권에 근거하여 아하수에로가 크세르크세스(Xerxes)일 것이라고 추정한다. 거기에는 에스더서 1장의 기록처럼 크세르크세스가 다스린 지역이 인도에서 구스에 이르는 넓은 범위라고 언급되어 있기 때문이다. 아하수에로는 아버지 다리오 1세(Darius I, BC 522-486)의 아들이며 당시 세계 최대의 왕국인 페르시아 제국의 네 번째 왕이며 또한 전성기의 왕이었다. 그리고 바벨로니아 연대기(Babylonian Chronicles)와 페르세폴리스 행정문서(Persepolis Fortification & Treasury Tablets) 및 고대 그리스의 다양한 사가들(Curtius Rufus, Diodorus Siculus, Ctesias of Cnidus, Herodotus 등)의 문헌들에 나오는 거의 확정적인 즉위 연도(BC 486)와 암살 연도(BC 465)를 고려할 때 아하수에로의 통치 기간은 기원전 486-465년(20년)일 것이라고 추정된다. 헤로도토스는 아하수에로가 충동적인 성격을 가졌으며 교만과 오만이 가득하고 감정적인 변덕이 심하다고 평가한다(Ἰστορίαι, 7.61-95). 에스더서 안에서는 아하수에로가 허영심과 과시욕이 강하고 변덕과 충동성이 심하고 권위 위임형 통치를 수행하는 왕이며 왕후에 대한 사랑이 지극한 순애보의 남편으로 묘사된다.

에스더 이야기의 배경이 된 아하수에로의 페르시아 제국은 고대 세계에서 가장 광대한 제국 중 하나였다(이하의 설명은 헤로도토스의 『역사』 제3권과 7권과 9권에 근거함). 영토가 동쪽으로 인더스강, 서쪽으로 이집트와 리비아와 트라키아, 북쪽으로 캅카스와 흑해 북안의 스키타이, 남쪽으로 아라비아와 에티오피아 일부까지 이르렀다. 그는 아버지 다리우스 1세가 정비해 놓은 통독령 체제를 계승했다. 그리고 자신의 칭호를 "왕들의 왕"이라고 했다. 다양한 민족과 언어로 구성된 제국에서 각 민족은 일정한 자치와 종교의 자유를 누렸지만 세금과 군사력 제공의 의무는 동일했다. 종교는 주로 조로아스터교적 전통을 따랐지만 다양한 민족의 종교를 용인했다. 유다인 공동체도 이 시기의 페르시아 제국 안에서 살아갔다. 당시 제국의 군대는 육군만이 아니라 거대한 해군도 보유했고 군인의 수는 백만에 가까운 규모로서 과장된 수치로 느껴질 정도로 막강했다. 이처럼 제국의 위세는 정점에 달하였다. 동시에 쇠퇴의 길목으로 접어든 시기였다. 그리스 침공에 실패했고 지방의 반란이 잦았으며 왕실의 암투로 인해 제국의 권위도 이따금씩 흔들렸다.

제국을 다스리는 "아하수에로는 인도에서 구스까지 백이십칠 지방을 다스렸다." 행정구역 단위를 보면, 현재의 한국은 8개의 도로, 미국은 50개의 주로, 중국은 23개의 성으로 구성되어 있다. 그런데 페르시아 제국은 127 지방으로 이루어져 있다. 왕이 다스리는 영토의 넓이는 곧 그의 권위와 영예의 무게였다. 그러나 제국의 크기가 축복인 것만은 아니었다. 거대한 제국을 통치함에 있어서 발생하는 문제는 쉽게 예상된다. 정보의 전달은 수도에서 멀리 떨어진 변방까지 수개월이 걸리기도 했고, 그 길목마다 왜곡되기 일쑤였다. 법과 관습은 땅의 넓이만큼 다양했고 중앙과 지방의 권력은 언제나 미묘한 조율을 요구했다. 수많은 관리가 필요했다. 그러나 그들의 온전한 통제는 불가능에 가까웠다. 분파가 생겨나고 부패가 스며드는 것은 거대한 제국의 숙명처럼 국가 운영의 발목을 붙들었다. 국경선은 길게 뻗어 있었고 그만큼

많은 군사가 필요했다. 그들을 상시에 유지하기 위해 막대한 국방비가 들어갔고 이는 제국의 재정을 무겁게 짓눌렀다. 게다가 변방의 총독이나 군대가 독립을 꿈꾸며 반란을 도모했다. 제국 내에서는 서로 다른 민족과 종교와 문화가 얽혀 내분과 갈등이 빈번하게 발생한다. 그러나 그 광대한 영토는 또 다른 풍요의 샘이기도 했다. 기름진 토지는 농산물을 길러냈고 산맥과 대지는 광물의 보고였다. 수많은 지방에서 세금이 흘러들어 국고의 배는 불렀으며 교역로를 따라 외부에서 들어오는 국부의 증대도 막대했다. 127개의 지방들 사이에 발생하는 무역과 교류의 동선은 대단히 복잡하고 제국의 혈액순환 같은 이 교류의 안정적인 유지는 왕에게 주어진 숭고한 책무였다.

역사의 기록은 아하수에로의 아버지인 다리우스 1세 치하에서 발생한 제국 운영의 어려움을 증언한다. 그는 제국을 20개의 "사트라피"(Satrapy) 구역으로 나누어 행정의 효율성을 도모했다. 이는 아하수에로 치하의 페르시아 제국이 127개의 "지방들"(메디나, מְדִינָה)로 나누어진 것과 구별된다. 그런데 어떤 구역의 총독은 황제의 눈 밖에서 독자적인 세력을 형성했다. 이런 사례를 방지하기 위해 왕은 "왕의 눈과 귀"라는 감찰관 제도를 마련해서 시행했다. 당시의 페르시아 제국은 인도에서 이집트와 그리스 접경까지 이르렀기 때문에 수도 수사(Susa)에서 변방까지 명령을 전달할 때 수개월이 걸렸다고 한다. 이를 해결하기 위해 약 2,700km에 이르는 "왕의 길"(Royal Road)을 닦았으나 너무 길어서 도로망 유지는 왕에게 막대한 비용이 드는 무거운 짐이었다. 제국의 언어는 복잡했다. 수십 개의 민족이 각자의 말과 문화를 보유하며 공존했기 때문이다. 효율적인 행정을 위해 제국은 아람어를 공용어로 삼았으나 민족과 언어가 교차하는 곳마다 작은 균열이 발생하곤 했다. 이 모든 현실에도 불구하고 아하수에로가 그 넓은 제국을 다스리고 있다는 사실은 그 자체로 장엄한 표지였다. 그것은 단순한 권력이 아니라 제국을 지탱하는 지혜와 전략, 그리고 시대를 꿰뚫는 통치력의 증표였기 때문이다.

"그 시절에" 아하수에로는 수산 궁에서 제국의 왕으로 즉위했다. "그 시절에"(בַּיָּמִים הָהֵם)는 에스더 이야기와 역사적 배경의 연계성을 강조하는 문학적 표현이다. 에스더 이야기는 소설이 아니라 역사적 시간 속에서 펼쳐진 실화를 기술한다. 아하수에로가 앉은 "왕좌"(כִּסֵּא מַלְכוּתוֹ)는 권력의 안정과 정통성과 주권의 상징이다. 그러므로 즉위는 왕좌에 앉는 행위만이 아니라 제국 전체의 권위를 상징한다. 그러나 이후에 전개되는 이야기 속에서 왕의 권력은 탐하는 자들의 조작과 간신들의 설득과 기막힌 우연에 의해 크게 흔들린다. 제국에서 확고해 보이는 권세와 흔들리는 실제의 대립은 "왕좌"에서 극명하게 드러난다. 왕좌는 왕위의 계승만이 아니라 행정과 군사와 민생과 문화의 통치 시스템도 관장하는 자리이다. 그 왕좌에 앉는다는 것은 또한 제국의 농업과 군대와 광물과 세금과 무역로가 모두 그의 손아귀에 들어옴을 의미한다. 이러한 제국의 권좌에 오른다는 것은 무한한 영광인 동시에 반란, 부패, 내부 갈등, 외적의 침입을 떠안는 일이기도 하다.

아하수에로가 왕좌에 앉은 곳은 "수산 성"이었다. 여기에서 "성"(בַּבִּירָה)이라는 말은 일반적인 도시를 가리키지 않고 "유다인이 거주하는 도시" 혹은 "왕과 왕의 관리들이 살던 곳"이라고 파그니니(Santes Pagnini)는 주장한다(Pagnini, 51). 그러나 크고 작은 백성이 그 안에 살고 있다는 5절은 이런 주장을 가볍게 반박한다. 70인 경은 "궁"을 시민들의 "도시"(πόλις)로 번역한다. 페르시아 제국에는 여러 개의 수도가 있었기 때문에 계절과 정치적인 필요에 따라 왕이 거처를 옮기는 게 용이했다. 바빌론(Babylon)은 정복 이후에 행정과 학문의 중심지가 되었으며, 페르세폴리스(Persepolis)는 다리우스 1세가 건설한 의식적, 종교적 수도였고 페르시아 제국의 상징적인 궁전 역할을 하였으며, 엑바타나(Ecbatana)는 시원한 기후로 왕의 피서지 역할을 하는 여름 수도였다. 그런데 아하수에로가 왕좌에 오른 수산은 정치의 중심지로 바빌론과 매대 지역과의 연결이 용이하여 실질적인 통치에 중요한 수도였다. 다리우스 1세는 수산에 왕의 궁전과 관청을 대규모로 건설했다.

라바누스는 수산의 유래를 소개한다. 그에 의하면, "수산"은 그 도시가 "수산 강에 접해 있기 때문"에 붙여진 이름이다. 수산 강은 "밝고 화려한 돌과 금 기둥, 연못, 그리고 보석으로 유명했고, 또한 빛나는 별들이 박힌 하늘의 형상을 비롯하여 인간의 머리로서 이해하기 어려운 다른 것들이 있었다"고 한다(Rabanus, 637). 이런 강을 낀 수산 성은 페르시아 제국의 위상을 돋보이게 하는 최적의 도시였다.

수산 성에는 비문들이 있는데, 켄트(Roland G. Kent)의 책에 수록되어 있는 비문에는 다음과 같은 내용이 기록되어 있다. "나는 다리우스, 위대한 왕, 모든 종류의 사람들을 포함하는 국가들의 왕, 이 아득하고 광대하고 위대한 지구의 왕이다 … 이 궁전을 지은 다리우스 왕이 말한다. 이 궁전은 내가 만들었다"(Kent, 138-144). 이 비문에서 우리는 당시 페르시아 제국의 왕이 된다는 것은 흔한 정치적 통치자가 아니라 신적 질서를 대리하여 지구 전체를 다스리는 보편적인 왕이라는 관념의 반영을 확인한다. 동시에 이 비문은 페르시아 제국의 광대한 다민족적 현실을 표현한다. 이는 왕의 권위가 군사력의 우위만이 아니라 제국 내의 각 민족이 인정하고 복속하는 질서 위에 세워져 있음을 강조한다. 그리고 다리우스 1세가 궁전을 빼앗은 것이 아니라 건축한 주체라고 밝힌 것에서는 제국의 왕이 정복자나 파괴자가 아니라 문명과 질서를 세우는 건설자와 같음을 드러낸다.

이는 고대 근동의 전통에서 신전을 세우는 자로서의 왕 개념과 위상과도 연결된다. 다른 비문을 보면, 다리우스 1세의 종교성도 확인된다. "위대한 아후라마즈다, 신들 중에서 가장 위대한 신 … 그가 이 지구를 창조했고 저 하늘을 창조했고 사람을 창조했고 사람을 위해 행복을 창조했고 다리우스 왕을 만드셨다 … 아후라마즈다가 이 위대하고 좋은 사람들이 소속된 왕국을 나에게 베푸셨다. 아후라마즈다의 은총으로 내가 왕으로서 다스리는 나라들은 페르시아, 엘람, 바빌로니아, 아시리아, 아라비아, 이집트, 사르디스, 이오니아, 메디아, 아르메니아, 카파도키아, 파르티아, 드란기아나, 아리아, 코라스미아, 박트리아, 소그디아나, 간다라, 사타기디스, 신드, 스쿠드라, 에디오피아 등이다"(Kent, 138). 이 비문에서 보듯이, 페르시아 왕은 신의 은총으로 즉위하고 모든 나라를 다스리는 온 지구의 왕이 되었다고 확신한다.

페르시아 왕들의 종교성에 대한 언급들은 성경에도 있다. 에스라서 안에서 페르시아 왕 고레스는 "하늘의 하나님 여호와"를 향하여 "세상의 모든 나라를 내게 주"신 분이라고 고백했다(스 1:2-3). 다리우스 왕은 "하늘의 하나님께 향기로운 제물을 드려 왕과 왕자들의 생명을 위하여 기도하게" 했다(스 6:10). 아닥사스다 왕도 "진노가 왕과 왕자의 나라에 임하"지 않도록 "하늘의 하나님의 전을 위하여 하늘의 하나님이 명령하신 것은 삼가 행하라"고 명하였다(스 7:23).

수산 궁의 비문을 더 읽어보면, "나무는 레바논, 금은 사르디스 및 박트리아, 옥수수 빛 보석은 사르디스 및 박트리아, 목재는 인도와 간다라, 상아는 구스와 인도와 아라코시아에서 왔다"(Kent, 144)는 언급도 확인된다. 이는 수산 성의 건축 자재들이 제국의 전역에서 온 것임을 보여준다. 에스더서 안에서 아하수에로의 왕권이 인도에서 구스까지 미친다는 말은 수산 성을 지은 자재들의 출처와도 연결된다. 온 나라들의 자재가 동원된 수산 성에서 왕이 된다는 것은 온 나라들의 통치자가 됨을 의미한다. 그런 시절에 아하수에로는 왕으로 즉위했다.

3통치의 삼 년 차에 그는 그의 모든 대신과 신하를 위하여 잔치를 베풀었고
바사와 메대의 장수와 각 지방의 귀족들과 대신들은 그의 얼굴을 향하였다

아하수에로는 "통치의 삼 년 차에" 잔치를 베풀었다. 이 정도의 기간은 고

대 페르시아 제국에서 왕권 장악과 평정의 시험기에 해당한다. 시험이 끝나고 왕권의 안정기에 접어든 3년 차는 왕의 정치적 권위를 과시하기 좋은 시점이다. 통치의 3년 차쯤 되면, 반란 가능성은 거의 사라지고 127 지방으로 이루어진 거대한 제국 전체를 하나의 질서 아래에 묶어내는 자신의 통치는 확고히 서고 이제 왕권에는 어떠한 흔들림도 없다는 정치적 메시지를 전하기에 적합하기 때문이다. 이 대목에서 라바누스는 영적인 해석을 시도한다. 즉 통치의 삼 년 차에 잔치를 베푼 왕의 행위를 예수님의 영적인 만찬과 연결한다. 라바누스는 시대를 셋으로 구분하되 첫째는 율법 이전, 둘째는 율법 아래, 셋째는 은혜 아래의 시대라고 한다. 3년 차의 잔치를 예수님과 연결하는 근거는 셋째 시대에 성부와 성령으로 말미암아 성자께서 육체로 오셨으며 "우리에게 생명으로 들어가는 길을 열어 주셨으며 당신의 신실한 자들에게 가장 풍성한 영적 만찬(spirituals epulas)을 베푸셨기 때문이다"(Rabanus, 639). 이는 합리적 이성의 논리적 추론을 벗어난 풍유적 해석이다.

왕은 "잔치"(미쉬테, מִשְׁתֶּה)를 베풀었다. "미쉬테"는 "마시다"를 의미하는 동사 "שָׁתָה"(샤타)에서 왔다. 이는 고대 근동 지역에서 잔치가 마시는 행위 즉 포도주와 같은 음료를 마시는 각종 모임에서 비롯된 행사임을 시사한다. 고대 근동 사회에서 잔치는 흔한 식사 모임이 아니라 중요한 사회적, 정치적, 종교적 기능을 가진 의례였다. 잔치의 가장 고전적인 형태는 신에게 고기를 제물로 바친 후 그 고기를 나누어 먹고 포도주를 나누어 마시는 제사의 연장선에 있다(출 24:11). 그리고 이삭과 아비멜렉 사이의 계약에서 보듯이(창 26:30), 잔치는 중요한 계약을 맺거나 갱신하는 장소였다. 잔치는 또한 결혼이나 생일이나 수확기 등 인생의 중요한 순간에 가족과 공동체가 모여 유대를 다지기 위해서도 펼쳐졌다. 이처럼 고대의 잔치는 다양한 기능을 수행했다.

나아가 잔치는 아하수에로 왕처럼 자신의 부와 권력과 관대함을 신하들과 백성들이 보도록 과시하고 그들로 하여금 왕에게 충성을 다짐하게 만드는 정치적인 행사였다. 이로써 참석한 모든 사람들을 하나로 묶어주는 연대의 끈이었다. 페르시아 제국의 광대한 영토와 고귀한 보물과 화려한 건축물은 대체로 시각적인 업적이다. 그런데 "잔치"는 제국의 부와 힘을 시각적인 과시만이 아니라 미각적인 체험도 제공한다. 같은 음식을 같은 자리에서 먹는 행위는 그 자체로 "우리"라는 정체성을 형성한다. 밥상을 나눈다는 것은 짙은 친밀감과 깊은 연대의 상징이다. 그래서 주께서 원수의 목전에서 다윗에게 밥상을 차려 주시고 함께하신 것은 주님과의 연대 때문에 원수가 필히 패하고 다윗은 은총의 기름과 영광의 잔을 넘치게 누리는 결과로 이어진다(시 23:5). 북과 남과 동과 서로부터 많은 사람들이 아브라함, 이삭, 야곱과 더불어 천국의 잔치에 앉을 것이라는 예수님의 말씀(마 8:11)도 "우리"라는 정체성을 형성하는 대표적인 사례이다.

잔치가 가진 정치적 효능들 중의 하나는 위계의 시각화에 있다. 좌석 배치, 먼저 따라주는 잔, 먼저 나오는 특별식은 서열의 시각적 공론화를 가능하게 하며 그 서열을 어떠한 설명이나 설득도 없이 체험하게 함으로써 저항을 줄이고 수용성을 높이는 효과도 가져온다. 잔치가 아닌 포상의 방식은 특정한 공신이나 충성된 신하에게 개인적인 상을 주어서 은혜 입은 자와 그렇지 못한 자의 구분이 뚜렷하고 자칫하면 불만이나 경쟁을 유발할 위험성도 있다. 그러나 잔치는 특정한 인물만이 아니라 모든 신하들을 대상으로 한다. 그들 사이의 질투나 경쟁보다 모두가 함께 왕의 영광을 먹고 마신다는 공동체적 경험을 제공한다. 당연히 중앙의 권위에 대한 충성심도 강화된다.

게다가 먹고 마시는 "잔치"는 왕이 정치적인 주권자가 아니라 백성에게 생명을 공급하는 자라는 메시지도 전달한다. 왕이 잔치를 배설한 것은 권력이든 부이든 명예이든 자원 흐름의 원천이 왕이라는 사실을 각인시켜 준다. 그리고 선물을 받으면 빚이 생기듯이 왕의 식탁에 참여하면 충성의 채무자가 된다. 참여한 신하들의 충성은 정치적 거래가 아니라 의리와 체면의 인격적인 문제로 전환된다.

그리고 잔치는 비공식적 대화가 많은 정보의 시장이다. 특별히 왕은 잔치에서 지방관과 장수들의 표정을 살피고 동맹의 상태나 긴장의 지점을 읽어내며 인사와 병참 정책을 미세하게 조정할 데이터를 확보한다. 그리고 잔치는 왕과 신하와 백성이 함께 이룩한 제국의 전리품을 전시하고 공유하는 자리이기 때문에 제국의 구성원 전체의 결속력과 연대의 강한 동기를 부여한다. 그리고 잔치의 자리에서 내린 칙령이나 약속은 다수의 증인 앞에서 이루어져 정치적 구속력을 형성하고 말 바꾸기가 어려워져 왕과 신하 모두의 책임성을 강화한다. 잔치의 부작용이 있다면 과도한 과시가 반감과 시기심을 유발하고 음주가 판단력과 결정력을 잠식하여 치명적인 실수를 저지르게 만든다는 사실이다.

"잔치"라는 것은 한 나라와 시대의 종합적인 문화를 대변한다. 잔치에서 갖추어야 할 복장이나 예법이나 음주나 건배의 순서와 같은 제국의 식탁 규범은 관습과 언어가 다른 고위직 간부들도 거기에 편입시켜 문화적 동화를 유도하기 좋다. 반대로 불참하는 자나 배제된 자에게는 정치적인 경고가 발동된다. 아하수에로 왕은 광범위한 계층을 "위하여"(?) 잔치를 베풀었다. 참여한 귀빈들의 면면을 보면 구성이 정교하다. 제국의 핵심 세력들은 "그의 모든 대신과 신하" 같이 왕을 직접 보좌하는 중앙 권력층과 "바사와 메대의 장수" 같은 제국 방위의 중추인 군사 권력층과 "각 지방의 귀족들과 대신들" 같은 제국의 광대한 지방을 통치하는 지방 권력층 등으로 구성되어 있다. 중앙과 군사와 지방의 피라미드 구조는 제국 운영의 틀이며 이러한 계층들이 초대된 잔치가 그저 화려한 향연이 아니라 충성의 서약과 권력의 결속을 위해 계산된 정치적 전략이다. 수산 성의 잔치는 제국의 모든 권력층이 왕의 권위 아래 있음을 드러내고 여러 민족과 지역을 아우르는 다층적 엘리트를 한자리에 둠으로써 참여한 모든 이들이 하나의 왕국 이미지를 목격하게 한다.

왕이 잔치에 초대한 귀빈들은 "그의 얼굴을 향하였다"(לִפְנָיו). 고대 근동 지역에서 왕의 얼굴 앞에 선다는 것은 왕의 권위와 지위를 인정하고 존경을 표하는 행위였다. 그래서 이 문구는 귀빈들이 왕의 권력에 복종하며 그의 명령에 따를 준비가 되어 있음을 보여준다. 왕의 얼굴을 향하는 것은 왕의 총애를 받는 특별한 위치에 있음도 의미하기 때문에 큰 영광으로 여겨졌다. 모든 박수와 술객보다 지혜와 총명이 열 배나 뛰어난 다니엘과 세 친구가 느부갓네살의 얼굴을 향하여 서게 된 이유와 의미(단 1:18-20)도 귀빈들의 경우와 유사하다. 반례도 존재한다. 나단 선지자의 경우, 다윗의 얼굴을 향하여 선다는 것은 왕의 치명적인 범죄를 지적하는 일이어서 목숨이 달린 위험을 나타낸다(삼하 12:1-15). 동시에 다윗 편에서는 나단을 하나님의 종으로서 신뢰하고 있다는 의미도 나타낸다.

⁴그는 많은 날 곧 백팔십 일 동안에 영화로운 자기 왕국의 풍요함과
아름다운 자기 위엄의 영예를 드러냈다

아하수에로 왕이 베푼 산치의 기간은 "많은 날 곧 백팔십 일 동안"이다. 180일간이나 잔치를 베풀 수 있었다는 것은 페르시아 제국의 엄청난 재력과 조직력을 보여준다. 그런데 잔치의 길이가 과도하다. 에스더서 외의 성경에서 가장 긴 연회는 솔로몬이 성전을 봉헌할 때 벌인 14일의 잔치였다(왕상 8:65). 외경 중 유딧서에 나오는 앗시리아 왕 느부갓네살이 벌인 잔치의 길이도 기껏해야 3일이었다(Judith, 12:10-20). 그래서 180일의 잔치에 대해 11세기경에 편집된 미드라쉬(Midrash)는 잔치의 기간만이 아니라 모든 권력들을 모아 충성 맹세를 요구한 정치적 회합의 기간으로 본다(Esther Rabbah, 2:1-2). 그러나 나는 에스더서 저자가 잔치의 기간을 180일로 표기한 것을 그대로 존중한다. 에스더서 저자는 180일을 "많은 날"(מִים רַבִּים)이라고 표기한다. 이는 저자가 보기에도 잔치의 길이가 당시의 잔치 문화에 비추어 볼 때 과했음을 나타낸다.

180일 잔치의 비용은 얼마일까? 매일 수천 명의 귀빈들께 공급되는 고급

요리와 포도주 같은 음식비는 얼마이며, 사냥 행사, 음악가, 무용수, 공연하는 이들에게 지불하는 오락비는 얼마이며, 각종 보화와 직물로 궁전을 화려하게 꾸미기 위해 동원된 장식비는 얼마이며, 참석한 자들이 참석한 후 돌아갈 때 제공된 값비싼 선물비는 얼마이며, 수많은 하인과 요리사와 시종들에 대한 인건비는 또 얼마인가? 1971년에는 이란의 마지막 왕 모하메드 레자(Moḥammad Rezā, 1919-1980)가 고대 페르시아 제국의 건국 2,500주년을 기념하여 화려한 잔치를 벌였는데 당시 세계에서 가장 호화로운 파티 중의 하나였다. 학자들은 이러한 사례를 참조하고 페르시아 제국의 재정에 대한 헤로도토스의 역사적 기록과 당시 제국의 조세 수입액과 화폐 가치의 변동을 고려하여 페르시아 제국의 연간 수입의 약 10-15% 정도이고 현대 가치로는 수천억 원에서 수조 원의 잔치였을 것이라고 추정한다.

180일이라는 잔치의 긴 시간은 단지 먹고 마시는 데만 쓰였을 가능성이 낮다. 잔치의 비정상적 길이를 이해하기 위해 우리는 잔치의 시점이 이집트와 바벨론의 반란을 진압한 이후인 동시에 3년 동안 그리스 원정을 준비하고 떠나기 직전임을 고려해야 한다. 제국 전역에서 수도 수산으로 고위 인사들이 모여드는 데만 상당한 시간이 걸렸을 것이며 이들을 한 자리에 모은 왕은 이 기간을 그리스 원정을 위한 군사회의, 전략 논의, 병력과 물자 동원계획 확정 등의 중요한 목적에 활용했을 가능성이 높다. 헤로도토스의 기록에 의하면, 왕은 자신에게 주어진 선택이 "우리의 제국이 그리스의 통치 하에 놓이는 것과 그들의 땅이 페르시아 제국의 먹잇감이 되는 것" 중의 하나이며 "우리의 전쟁에 중도는 없다"는 절명의 각오로 원정을 준비하고 있다(Ἱστορίαι, 7:11). 왕은 지방 세력들의 충성심을 결집하고 다가올 대규모의 그리스 원정을 위한 군사적 준비 원정의 성공을 기원하는 정치적 목적을 달성하기 위해 왕의 권력과 제국의 힘을 과시하는 180일의 잔치를 마련했다.

그러나 에스더서 저자는 반란이나 원정의 준비에 대한 언급이 없이 잔치의 과도한 기간을 아하수에로 왕의 "영화로운 자기 왕국의 풍요함과 아름다운 자기 위엄의 영예" 과시와 연결한다. 과시의 내용은 크게 둘로 구분된다. 첫째는 왕국에 대한 과시이고 둘째는 자신에 대한 자랑이다. 먼저 "왕국"(מַלְכוּת)은 주로 정치적, 경제적 영역을 가리킨다. "풍요함"(עֹשֶׁר)은 물질적 부와 경제적 번영을 의미한다. "영화"(כָּבוֹד)는 장엄함과 빛남과 영광을 의미한다. 그리고 자신과 관련된 것으로서 "위엄"(תִּפְאֶרֶת)은 지도자의 위엄을 나타내고 "영예"(הָדָר / גָּדוֹל 계열)는 명예와 존귀를 의미하고 "아름다움"(יָקָר)은 고귀함, 장식적 아름다움 등을 의미한다. 이 구절에는 유사한 단어들과 의미들이 중첩되어 있다. 고대 근동 문헌이나 성경에는 위엄이나 영광을 강조할 때 같은 의미 군의 단어들이 열거된다. 저자는 기나긴 잔치의 목적과 관련하여 왕의 전략적 계산을 생략하고 인간의 허세와 허영의 절정을 드러내려 한다. 마치 제국의 풍요와 왕의 영예를 자랑하기 위해서는 술과 춤과 맛이 가득한 잔치의 분위기를 무려 6개월이나 유지해야 하는 것처럼 묘사한다.

  왕은 제국의 풍요와 자신의 영예를 보이려는 잔치의 성과를 제대로 얻었을까? 대리석 궁전에 울려 퍼진 웃음은 곧상 무너질 것처럼 덧없이 흩어졌고 값비싼 향료는 공기를 무겁게 만들었을 뿐 마음의 공허를 채우지는 못하였다. 성경이 말하는 참된 풍요와 영예는 전혀 다른 모습으로 이 세상에 찾아온다. 그것은 조용히, 겸손하게, 때로는 아무도 눈치채지 못하는 곳에서 피어난다. 높은 보좌가 아니라 낮은 마루에서, 권력적인 웃음이 아니라 나눔의 미소에서, 넘치는 포도주가 아니라 흘려보낸 눈물에서 드러난다. 진정한 풍요와 영예는 자기 높임이 아니라 자기 비움에서, 과시가 아니라 섬김에서, 허무가 아니라 영원 속에서 비로소 자신의 모습을 드러낸다. 그것은 화려한 궁전의 벽을 허물고, 금으로 된 잔을 깨뜨리며, 세상의 헛된 영광을 과감히 지나간다. 하나님의 나라도 신비한 방식으로 다가온다. 큰 소리로 자신을 알리지 않고, 화려하게 빛나지 않으며, 세상의 잣대로는 초라해 보이는 길을 통해 세워진다. 에스더 이야기가 증명하듯 하늘의 영광은 인간의 계산을 넘어선다. 왕의 허영으로 시작된 잔치가 결국에는 하나님이 이루시는 구원의 서막이 된 것처럼 보이지 않는 손은 가장 예기치 못한 곳에서 역사한다.

라바누스는 이 풍요롭고 장기적인 잔치의 풍유적인 의미를 언급한다. 즉 이 잔치는 "그리스도 예수에 의해 제공되고 믿음의 각 사람에게 그 경륜의 방식을 따라 너그럽게 분배되는 영적인 부의 방대함과 최고급의 생필품"을 암시하는 것이라고 한다(Rabanus, 637). 이방인의 왕과 예수님을 연결하는 해석에 대한 그의 의도가 흥미롭다. 라바누스는 예수님의 존재와 사역의 예표로서 특정한 사람보다 특정한 행위를 선호하고 주목한다. 사람이 좋다고 해서 그의 모든 행위가 용인되는 것은 아니기 때문이다. 이런 그의 관점은 그의 시대에 다윗과 우리아의 아내를 예수님과 교회의 예표라고 주장하는 사람에 대한 반박이다. 이런 관점에 근거하여 그는 성경에 나오는 거룩한 인물들의 나쁜 모습에 대해서는 주저함 없이 비판한다. "므리바 물에 대한 모세의 의심, 송아지 우상을 만듦에 있어서 아론의 거짓말, 솔로몬의 정욕, 에스겔의 오만함, 베드로의 부인, 사울의 신성모독" 등도 "우리 구세주에 대한 적절한 예표"라고 주장하는 자들에게 그는 특정한 사람이 아니라 "선한 행실과 올바른 가르침"이 예수님의 진정한 예표라고 강조한다(Rabanus, 638). 이방인의 왕에게서 선한 행실이 나온다면 그 순간에는 그도 선의 원천이신 예수의 향기라고 주장한다.

사람들은 눈에 보이는 가시적인 풍요와 영예의 자랑에 집착한다. 그러나 성경은 그 모든 풍요와 영예의 배후에 계신 하나님을 주목한다. 하나님은 사람이 보기에 아무리 화려하고 아름답고 눈부신 제국의 왕을 "죽이기도 하며 살리기도 하며 상하게도 하며 낫게도 하"시며(신 32:39), "여호와는 스올에 내리게도 하시고 거기에서 올리기도 하"시며(삼상 2:6), "때와 계절을 바꾸시며 왕들을 폐하시고 왕들을 세우시"는 분(단 2:21)이시다. 에스더서 전체를 보더라도 아하수에로의 잔치는 거대한 나라를 그에게 주신 하나님의 승리를 기념하는 잔치와 대비된다. 세상이 기뻐하는 잔치와 하나님의 백성이 기뻐하는 잔치의 묘한 대조가 에스더서 본문의 처음과 끝을 둘러싸고 있다.

왕이 배설한 잔치는 참석한 자들의 진정한 교류와 사랑이 없었고 권력과 세상의 모든 보석과 인간의 찬사를 모아 굳건히 쌓아 올린 허영의 제단에 불과했다. 위대함을 향한 인간의 욕망은 얼마나 치열한가! 왕은 자신의 이름을 세월보다 오래 남기려고 전쟁을 터뜨리고 학자들은 자신의 이론을 진리라 우기며 저술에 몰두하고 예술가는 캔버스에 자신의 영혼을 붓으로 채색하고 정치가는 연단에서 역사의 주인이 자신인 것처럼 단언한다. 그러나 그 모든 위대함의 이면에는 언제나 허세라는 그림자가 드리워져 있다. 허영은 마치 가장 화려한 왕관에 가려진, 그 무게로 인한 목의 통증과도 같다. 자신에게 왕관을 씌운 인간의 허영은 자신을 가두는 거대한 감옥이며 세상의 모든 것을 가졌지만 정작 자신의 마음은 공허한 왕의 비극적인 초상이다. 게다가 인간이 쌓아 올린 모든 위대함은 결국 하나님 앞에서는 한낱 유치한 놀이에 불과하다. 우리는 모래성에 밝은 태양이 있고 견고한 성벽이 있다고 외치지만 조수가 밀려오면 곧장 바다의 먹잇감이 되고 허무하게 흩어진다.

본문에서 왕의 위대한 허영을 읽으녀 두 사람이 떠오른다. 첫째는 벨사살 왕이 떠오른다. 그는 바벨론 제국의 왕이었다. 그도 천 명의 귀족들을 위한 잔치를 베풀었다. 그는 "예루살렘 성전에서 탈취하여 온 금, 은 그릇을 가져오라"고 명하였고 그것으로 그 귀족들과 왕후들과 후궁들과 더불어 술을 마시면서 그는 "금, 은, 구리, 쇠, 나무, 돌로 만든 신들을 찬양"했다(단 5:4). 그러자 갑자기 사람의 손가락이 나타나 글자가 써졌고 왕의 얼굴은 잿빛으로 변하였고 그는 무릎이 서로 부딪칠 정도로 두려웠다. 이에 다니엘은 벨사살과 그의 부친 느부갓네살이 제국의 왕이 된 것은 그들의 능력이나 자랑의 근거가 아니라 "지극히 높으신 하나님"이 그들에게 "나라와 큰 권세와 영광과 위엄"을 주신 것이라고 설명한다. "백성들과 나라들과 언어가 다른 모든 사람들이 그의 앞에서 떨며 두려워"한 이유도 하나님 때문이다. 그런데도 "마음이 높아지며 뜻이 완악하여 교만을 행하므로" 느부갓네살의 왕위가 폐하였고 그의 영광도 빼앗기고 말았는데 벨사살은 "그의 아들이 되어서 그것을 다 알고도 아직도 마음을 낮추지 아니하고 도리어 자신을 하늘의 주재보다 높이며 그의 성전 그릇을 왕 앞으로 가져다가 왕과 귀족들과 왕후들과 후궁들이 다 그것으로 술을 마시"며 "신상들을 찬양하고 도리어 왕의 호흡을 주장하시고 왕의 모든 길을 작정하시는 하나님께는 영광을 돌리지 아니한" 점을 다니엘은 지적했다(단 5:18-23). 결국 벨사살 왕은 그날 밤에 사망했다. 아하수에로 왕의 잔치도 제국의 풍요함과 자신의 영광을 베푸신 하나님을 기념해야 했다. 그러나 그는 바벨론 제국의 패악을 그대로 답습했다. 그런데도 하나님은 이전과는 달리 왕에게 죽음의 재앙을 내리지 않으시고 그 잔치를 통해 자기 백성의 구원을 이루신다.

둘째는 전도자 솔로몬이 떠오른다. 그는 "다윗의 아들 예루살렘 왕"이었다. 솔로몬 시대에 이스라엘 영토는 가장 크게 넓어졌다. 가장 많은 나라들과 외교적 관계를 구축했고 해상 무역과 육로를 장악하여 자신이 직접 통치하지 않는 지역까지 실질적인 영향력을 행사했다. 게다가 아하수에로 왕과는 달리 그의 지혜는 "네 앞에도 너와 같은 자가 없었고 네 뒤에도 너와 같은 자가 일어나지" 않을 것(왕상 3:12)이라고 하나님이 말씀하실 정도로 인류의 역사를 통틀어 가장 지혜롭고 총명한 왕이었다. 당시에도 "동방 모든 사람의 지혜와 애굽의 모든 지혜보다 뛰어"났기(왕상 4:30) 때문에 솔로몬의 지혜는 이방 제국의 모든 지혜를 합한 것보다도 위대했다. 그럼에도 불구하고 그는 "이것도 바람을 잡으려는 것인 줄을 깨달았다"(전 1:17). 지혜와 지식만이 아니라 거대한 건축과 아름다운 조경과 막대한 재산과 문화적 향유와 성적인 쾌락에 있어서 그는 타의 추종을 불허했다. 그런데도 그는 "내 손으로 한 모든 일과 내가 수고한 모든 것이 다 헛되어 바람을 잡는 것이며 해 아래에서 무익한 것"이라고 고백한다(전 2:11). 나아가 하나님을 경외하며 순종하는 것이 인생의 방향임을 천명한다. 거대한 잔치를 통해 드러난 아하수에로 왕의 의식과는 참으로 판이한 고백이다.

본문을 신앙의 눈으로 읽으면 덧없이 지나가는 왕의 위대한 치적과 지고 한 영예가 아니라 다른 진리가 발견된다. 그를 역사의 무대에 잠시 올리신 하나님의 권능과 위엄이 그의 위대함을 통해 드러난다. 왕의 화려한 잔치는 비교할 수 없도록 화려한 하늘나라 잔치의 회색 그림자에 불과하다. 본문에 드러난 왕의 모습은 예수님의 모습과도 대조된다. 왕의 잔에는 포도주가 강처럼 흘러 허영을 적시지만 예수님의 손에는 생명수가 은은하게 흘러 영혼들의 갈증을 해소한다. 왕의 보좌는 금과 은으로 치장되어 있으나 예수님의 자리는 영원한 빛으로 눈부시다. 왕은 자신을 높이려고 하나 예수님은 스스로 자신을 낮추신다. 왕은 찬란한 복장으로 인간의 초라한 본색을 가리지만 예수님은 종의 형상으로 하늘의 신령한 신분을 가리신다. 궁전의 풍악은 속히 멈추지만, 하늘의 찬송은 영원히 지속된다. 왕의 180일 잔치를 보면서 영원히 지속되는 하늘의 잔치를 생각한다. 예수님 자신을 내 인생의 잔치로 여기며 나의 인생은 주님의 이름을 연주하는 풍악이고 싶다.

에 1:5-9

5이 날이 지나매 왕이 또 도성 수산에 있는 귀천간의 백성을 위하여 왕궁 후원 뜰에서 칠 일 동안 잔치를 베풀새 6백색, 녹색, 청색 휘장을 자색 가는 베 줄로 대리석 기둥 은고리에 매고 금과 은으로 만든 걸상을 화반석, 백석, 운모석, 흑석을 깐 땅에 진설하고 7금 잔으로 마시게 하니 잔의 모양이 각기 다르고 왕이 풍부하였으므로 어주가 한이 없으며 8마시는 것도 법도가 있어 사람으로 억지로 하지 않게 하니 이는 왕이 모든 궁내 관리에게 명령하여 각 사람이 마음대로 하게 함이더라 9왕후 와스디도 아하수에로 왕궁에서 여인들을 위하여 잔치를 베푸니라

❖ ❖ ❖

5이 날들이 끝나고 왕이 또 수산 성에서 발견되는 큰 자로부터 작은 자까지 모든 백성을 위하여 왕궁 정원의 뜰에서 칠 일 동안 잔치를 베풀었다 6백색 아마포와 청색 휘장이 가는 베와 자주색 줄에 매어 은 고리와 대리석 기둥들 위에 걸렸고 금과 은으로 된 의자들은 화반석, 백석, 운모석, 흑석으로 된 바닥에 놓였고 7금으로 된 잔들로 마시게 하였는데 그 잔들은 다른 잔들과 달랐으며 왕의 손아귀에 있는 왕실의 포도주는 아주 풍부했다 8마심에는 법을 따르지만 강요함은 없었는데 이는 왕이 그의 집에 있는 모든 담당 관리에게 [명하여] 각 사람이 마음대로 하도록 정하였기 때문이다 9왕후 와스디도 아하수에로 왕에게 속한 왕실 궁궐에서 여자들의 잔치를 베풀었다

두 잔치

1장 전체는 아하수에로 왕의 권력과 페르시아 제국의 위용을 강조하며 이후 에스더와 모르드개, 그리고 하만의 등장을 위한 배경이다. 아하수에로는 180일의 잔치가 끝나기가 무섭게 새로운 잔치를 배설한다. 이번에는 기간과 대상이 바뀌었다. 즉 시민들을 위한 7일간의 잔치였다. 권력층을 위해서는 6개월의 잔치를 제공하고 백성들을 위해서는 1/25도 안 되는 7일의 잔치를 마련했다. 이런 차이는 왕의 정치적 관심사를 드러낸다. 왕의 일차적인 관심사는 백성들의 안전과 평화와 행복이 아니었다. 그에게 중요한 것은 민심보다 권력의 기반이다. 그는 자신의 권력을 보존해 줄 고관들의 즐거움을 1순위로 여기는 왕이었다. 반년 동안 끊이지 않는 술잔의 부딪힘과 금빛 휘장 아래에서 흐르는 권세의 노래 가득한 잔치는 제국의 권력층을 위한 무대였고 왕의 눈길은 고관과 장수와 대신들의 행복한 얼굴 위에 오래 머물렀다. 두 번째 잔치는 모든 시민들을 위한 연회였다. 겉으로는 백성에게 베푸는 관용처럼 보이지만 실상은 거대한 180일 잔치의 그림자에 불과했다. 백성의 위화감 무마용일 가능성이 높다. 180일과 7일의 두 잔치는 제국의 성격을 비추는 거울이다.

6개월과 7일, 권력의 무게는 이런 계산법을 통해 드러난다. 권력을 지키는 자의 시선이 위로는 오래 머물고 아래로는 잠시만 내려온다. 그러나 역사는 질문한다. 더 오래 기억되는 것은 무엇인가? 권력층의 찬미인가 백성의 신음인가? 시간이 흐르면 왕의 술잔은 비워지고 휘장의 색상은 바래고 권력의 향연은 사라진다. 그러나 잔치의 길이 속에 드러난 정치의 편애는 오래 기억된다. 나아가 역사의 저울은 화려한 연회의 중심이 아니라 그 그림자에 가려진 변방의 신음을 더 무겁게 취급한다. 찬미의 노래보다 눈물의 메아리가, 승리의 포성보다 희생의 침묵이 더 큰 울림이다. 앞으로 언급될 한 민족의 신음, 한 여인의 간절한 기도, 편애와 차별에 희생된 자들의 침묵, 이런 것들은 보이지 않는 잉크로 역사의 페이지에 기록된다. 그 잉크는 시간이 지나도 바래지 않고 오히려 시대가 갈수록 그 선명도는 짙어지고 한 시대의 솔직한 초상화가 된다. 권력은 자신의 영광을 적지만 역사는 권력이 저지른 아픔을 기억하는 쪽을 선택하기 때문에 진정으로 오래 기억되는 것은 권력의 광휘가 아니라 그 광휘가 드리운 어둠의 질량이다. 180일의 쾌락보다 하루의 진실이 더 오래 기억된다. 금으로 만든 술잔보다 한 방울의 억울한 눈물이 더 깊이 새겨진다.

7일의 잔치가 180일의 잔치와 비교될 때에는 초라해 보이지만, 그 자체로는 결코 작은 규모가 아니었다. 잔치의 장소인 왕실 정원에는 잔치에 필요한 고가의 화려한 물건들이 가득했다. 이 두 번째 잔치는 왕의 권세가 지배층을 넘어 일반 시민에게도 미치고 있음을 보여준다. 백성을 위한 잔치가 필요한 이유는 고관들이 아무리 중요해도 결국 백성에 대한 정치적 무관심과 홀대는 정권의 몰락을 필히 가져오기 때문이다. 독자는 여기에서 왕의 절대적인 권위를 절감한다. 그리고 왕후가 마련한 그녀의 독자적인 잔치에 대한 언급이 이어진다. 왕과 왕후가 주최한 세 번의 화려하고 풍요로운 잔치 묘사가 이후 와스디의 폐위(1:10-22)와 유다인 말살 음모(3장)와 같은 극적인 사건들과 대비를 이루면서 이야기의 긴장감은 더욱 고조된다.

> 5이 날들이 끝나고 왕이 또 수산 성에서 발견되는 큰 자로부터 작은 자까지
> 모든 백성을 위하여 왕궁 정원의 뜰에서 칠 일 동안 잔치를 베풀었다

이 구절에는 잔치의 시간적 상황(180일의 잔치 이후), 주최(왕), 대상(수산의 모든 백성), 범위(큰 자로부터 작은 자까지) , 기간(7일간의 잔치), 장소(왕궁 정원의 뜰) 등의 중요한 사안들이 모두 언급되어 있다. 즉 제국의 중앙과 지방과 국경의 권력들을 위한 잔치를 끝마친 후 왕은 수산 성에 거주하는 모든 백성을 위한 잔치를 왕실 정원의 뜰에서 베풀었다. 왕실의 정원은 수산의 모든 시민이 참여해도 될 정도의 규모였다. 라니악의 말처럼, "페르시아 왕들은 그들의 인상적인 정원과 공원으로 유명했다"(Laniak, 202). 왕은 담당하는 관리들을 시켜 수산의 시민들로 하여금 왕실의 자랑인 정원에서 어떠한 제한도 없이 마음대로 먹고 마시도록 했다. 시민들도 왕의 위엄과 왕실의 풍요를 만끽할 수 있도록 배설된 잔치였다.

먼저 잔치의 길이를 주목하고 싶다. 이 구절에서 우리는 권력들의 잔치가 왜 6개월이나 걸렸는지, 그 이유를 짐작하게 된다. 권력층을 향한 왕의 정치적 기울기도 반영된 것이지만, 거리적인 측면을 보자면 수산 성에 사는 모든 백성은 가까운 곳에 있기 때문에 이동의 시간이 필요하지 않아 모두가 7일 동안 잔치에 참석해도 제국의 풍요를 만끽한다. 그러나 먼 곳에서 수산까지 방문하는 127개 지방의 귀빈들은 잔치 참여의 기간만이 아니라 당시의 열악한 교통 환경 속에서 오고 가는 여정의 오랜 기간도 필요하다. 그래서 그 모든 귀빈들이 다 참석하는 잔치를 마치려면 6개월 정도는 족히 필요했다. 물론 127개 지방에서 오더라도 180일 잔치의 길이는 과도하다.

참여한 대상은 "큰 자로부터 작은 자까지 모든 백성"이다. 이는 이 잔치가

사회적 계층의 차이를 무시하고 모두를 포함하는 행사임을 드러낸다. 백성을 주빈으로 삼은 이 잔치는 왕의 후덕함과 부의 풍요와 차별 없음을 보여준다. 특별한 권력들만 초대하지 않고 모든 계층의 지배층을 초대한 첫 번째 잔치처럼, 이번에도 왕은 자신이 총애하는 소수의 특정한 백성이 아니라 "큰 자로부터 작은 자까지"(מִגָּדוֹל וְעַד־קָטָן) 어느 계층의 시민도 배제됨이 없이 모두를 초대했다. 당시 페르시아 사회는 엄격한 계층 구조를 가지고 있었지만, 왕의 잔치에는 신분의 격차나 권력의 서열이 고개를 들지 못하였다. 이런 면에서 아하수에로는 모든 제국 백성의 공정하고 관용적인 황제였다. 이로 보건대, 그는 지배층과 백성 모두의 지지를 얻어내는 전략가의 면모도 갖추었다. 그러나 부정적인 시각으로 보면, 왕은 소수 지배층의 인정만이 아니라 다수의 백성 모두에게 자신의 위엄과 영예를 과시하여 인정받고 싶어 하는 기질이 다분하다.

게다가 "왕궁 정원의 뜰"이라는 공개적인 장소에서 백성을 위한 잔치가 열린 것은 권력의 개방성과 왕의 범국민적 관용도 드러낸다. 큰 자만이 아니라 작은 자도 왕실의 정원까지 출입할 수 있다는 것은 왕이 백성 친화적인 사람이며 그의 권력은 은폐된 비밀이 아니라 지극히 작은 자에게도 미치는 공적이고 공개적인 권력임을 보여준다. 휘장을 찢으시며 권세의 심장부인 지성소, 즉 천국의 안방까지 개방하신 하나님의 열린 권세에 비하면 여전히 개방성은 미력하다. 이 잔치는 개방성과 포용성 속에서도 모든 백성이 왕의 은총 아래에 있는 자라는 위계 질서를 은근히 강조한다. 이는 또한 다른 민족들의 눈에 페르시아 제국이 부하고 안정적인 나라이며 그들로 하여금 제국의 체제를 지지해도 될 정당성을 강화한다. 즉 주변 민족이나 잠재적인 반역 세력을 저지하는 정치적인 압박인 동시에 백성이 행복하고 존중받는 그런 제국에 합류하고 싶은 마음을 자극하는 유화책의 일환으로 작용한다. 이처럼 왕실 정원에서 펼쳐진 잔치는 권력의 공개성, 왕의 포용성, 제국의 통합, 풍요와 번영의 과시, 위계 질서의 확인, 국제적 홍보와 정치적 메시지를 모두 담아내는 장치였다.

> 6백색 아마포와 청색 휘장이 가는 베와 자주색 줄에 매어 은 고리와
>
> 대리석 기둥들 위에 걸렸고 금과 은으로 된 의자들은
>
> 화반석, 백석, 운모석, 흑석으로 된 바닥에 놓였고

이 구절은 연회장의 화려한 장식에 대한 설명만이 아니라 페르시아 제국의 권세, 부유함, 왕의 위엄과 권위도 드러내는 설명이다. "백색 아마포와 청색 비단"을 먼저 언급한다. 이 값비싼 직물들을 휘장으로 썼다는 것은 왕의 부와 권세를 확연히 드러낸다. 이런 휘장은 고대 왕궁에서 내부의 공간을 나누는 도구였고 햇빛과 바람을 막는 기능을 가졌으며, 정치적인 의미로는 권력의 중심부와 주변의 시각적 구분을 보여주는 장치였다. 휘장은 언제든지 열려 백성에게 은혜를 베푸는 줄구인 농시에 언제는지 닫히면 쉽게 접근할 수 없는 신분의 장벽으로 작용한다. 은혜와 거리감을 동시에 보여주는 이 휘장이 바람을 만나면 화려하게 휘날려서 가시적 웅장미도 연출한다.

휘장의 재질은 아마포와 비단을 이루어져 있고 색상은 "백색"(חוּר)과 "청색"(תְּכֵלֶת)으로 구성되어 있다. 고대 근동에서 "청색"은 왕권과 제사장적 권위를 나타낸다. 하늘과 관련된 색이기 때문에 신의 권위를 나타낸다. 백색은 인간 세계에서 가장 보편적인 순결과 의로움의 색이기 때문에 흰옷은 페르시아 귀족들이 즐겨 입는 옷이었다. 두 색상은 지상적인 순결과 천상적인 권위의 결합과 조화를 나타낸다. 이런 색상의 휘장으로 인해, 왕의 연회장은 마치 순결한 인간과 위대한 신이 만나는 공간인 것처럼 연출된다. 나아가 백색은 누구나 접근할 수 있는 땅의 보편성과 평등성을 나타내고, 청색은 접근하기 어려운 하늘의 고귀함과 신성함을 상징한다. 그러므로 색상에 있어서도 왕실의 정원은 개방성과 권위성을 동시에 나타낸다.

직물들은 "가는 베와 자주색 줄"로 묶여졌고 "은 고리와 대리석 기둥들" 위에 걸려 왕궁의 상층부를 장엄하게 감싸고 고결하게 물들인다. "가는 베"(בוץ)는 제사장의 의복(출 28장)에도 사용된 고급 소재로서 고대 근동에서 순결과 정결과 부의 상징으로 사용된다. "자주색 줄"(אַרְגָּמָן)은 성막의 휘장과 성전 장식에도 쓰이던 색채인데 그 값비싼 빛깔은 왕과 귀족만이 누릴 수 있는 위엄의 색이었다. 정결과 위엄, 순수함과 화려함이 하나의 매듭으로 묶인 이 장식은 왕의 웅대한 권위와 찬란한 영광의 시각적 과시를 가능하게 한다.

왕실의 윗부분도 이토록 화려한데 왕실의 바닥은 그보다 더 눈부시다. 거기에는 "금과 은으로 된 의자들"이 있다. 이 의자는 왕실의 호화로운 가구를 가리킨다. 금과 은을 깔고 앉는다는 것은 당시의 페르시아 제국이 세계에서 모은 재물의 정점에 오른다는 느낌을 제공한다. 그 의자들이 놓인 바닥은 그보다 더 화려하다. 화반석과 백석과 운모석과 흑석으로 포장되어 있다. 희귀한 보석들을 흔하고 평범한 타일처럼 소비하고 있다. 각기 다른 빛과 질감을 지닌 보석들이 만드는 색의 향연은 바닥을 보는 이의 눈을 어지럽게 할 정도로 다채롭다. 이처럼 왕의 잔치에는 온갖 보석들로 마련된 바닥에 금과 은의 의자들이 도열해 있고 왕실의 윗부분은 정교한 매듭과 다채로운 색상과 우아한 곡선을 그리는 휘장들로 장식되어 있다. 그 모든 빛과 색채와 곡선이 어우러진 공간 속에서 백성들은 마치 우주적 조화의 심장부와 세계 질서의 중심에서 왕의 잔치가 펼쳐지는 듯한 환희와 경외심에 압도된다.

라바누스는 이 구절에 대해서도 영적인 해석을 시도한다. 그는 왕실의 정원을 주님의 교회라고 이해한다. 그리고 휘장을 구성하고 있는 "아마포는 육체의 고행을, 자주색은 순교의 피를, 은은한 백색은 육체의 순결을, 대리석 기둥은 신성한 교사들의 견고함을 상징"하는 것이라고 설명한다. 정원의 바닥에 깔린 보석들(화반석, 백석, 운모석, 흑석)은 "하나님의 택한 백성에게 그들이 하나님의 말씀을 묵상하고 진리를 탐구할 때에 내적인 관상의 평화를 제공하는 것"이라고 한다. 그리고 다양한 보석으로 꾸며진 정원의 바닥은 "다양한 미덕으로 장식된 성도들의 겸손"을 뜻한다고 한다(Rabanus, 640). 라바누스 해석처럼 왕실의 정원을 보고 주님의 정원을 떠올리는 것은 유익하다.

7금으로 된 잔들로 마시게 하였는데 그 잔들은 다른 잔들과 달랐으며
왕의 손아귀에 있는 왕실의 포도주는 아주 풍부했다

마시는 도구로서 "금으로 된 잔들"이 언급된다. 헤로도토스의 기록에 의하면, 아하수에로 왕이 그리스 원정에서 패하고 아테네를 떠날 때 남긴 것들, 즉 "금은으로 만든 화려한 침대와 금은으로 만든 식탁, 그리고 연회의 모든 장엄한 모습을 보고 눈앞에 펼쳐진 화려함"에 파우사니아스는 놀랐다고 한다(Herodotus, 9:82). 여기에서 "잔"(כלי)은 "그릇, 도구, 기물" 등을 가리킨다. 왕실의 정원에 진열된 금잔들의 형태와 문양은 서로 달랐다고 한다. 어떤 것은 공작의 날개를 탁본하고 어떤 것은 포도의 덩굴을 휘감았다. 낯선 신들의 얼굴도 금잔의 피부였다. 각각의 금잔은 마치 제국이 집어삼킨 나라의 초상화 같은 잔이었다. 이 다양한 금잔들은 제국의 힘이 땅의 정복을 넘어 문화적 지배까지 달성했고 차별이 아닌 포용의 모습을 지녔지만 실제로는 정복된 국가들의 정체성을 유리잔 하나의 장식으로 소비하는 지배력을 나타낸다.

금잔은 성전의 기물에도 사용된다. 그러나 아하수에로의 금잔은 하나님을 섬기기 위함이 아니라 왕의 쾌락을 위함이다. 이는 성전의 영광을 흉내 낸 바벨론적 사치라고 보아도 무방하다. 금잔이 술을 마시고 마신 술은 금빛을 머금어 더 황홀하게 흔들린다. 사람들은 그 빛을 마시는 기분으로 잔을 기울인다. 그리고 빛의 무게와 권세의 냄새를 들이킨다. 금은 땅 깊은 곳에서 수천 년의 인내 끝에 얻어진 금속, 오직 왕과 권력의 손에만 쥐어지는 물질이다. 그런 잔이 백성의 손에도 쥐어진다. 왕의 큰 관용이다. 금잔이 기울어질 때마다 음료가 아니라 제국의 힘, 왕의 권세, 부의 정점이 백성의 식도를 적

시고, 금잔을 들고 건배사를 외칠 때마다 마치 세상의 중심에 선 듯한 착각이 목구멍을 파고든다.

그러나 금잔이 주는 황홀은 잠시 우주적 조화를 비추는 듯하지만, 결국 그 빛은 사람의 입술에 닿자마자 깨어지는 유리 조각처럼 허무하다. 첫 잔이 비워지면, 금잔의 무게는 손에 오래 남고 술의 향기는 금세 증발한다. 무엇이 진정한 영광인가? 금잔인가, 그 안의 술인가, 아니면 술을 마시며 서로 눈을 마주치는 인간의 얼굴인가? 왕의 금잔과는 달리, 성전의 금잔은 거룩함을 담는 그릇이다. 사람의 욕망을 들이키는 것이 아니라 하나님의 영광을 음미하는 그릇이다.

아하수에로의 창고에는 그런 "포도주가 아주 풍부했다(רַב)." 빵은 생명이 몸으로 들어가고 포도주는 기쁨이 마음으로 들어가는 것이라고 한다. 그런 포도주가 많다는 것은 포도주에 대한 왕의 애착과 마음의 기쁨을 갈망하는 왕의 기호를 증거한다. 사실 잔치가 열리면 음악도 곧 잦아들고 장식은 화려해도 눈은 곧장 지루하다. 음식은 풍성해도 배부름과 함께 기호가 떠나간다. 그러나 와인은 마셔도, 마셔도, 끝없이 들어간다. 급기야 잔치의 중심으로 들어와, 손에서 손으로 건너가고, 입술에서 입술로 이어지며, 잔치의 공기를 술렁이게 한다. 왕은 잔치를 열지만 황태자는 와인이다. 왕이 권세로 자리를 마련해도 사람들의 마음을 여는 것은 붉고 향기로운 와인이다. 붉은 향기가 퍼질 때 권위는 무장을 해제하고 낯선 자와 낯선 자가 웃음으로 이어진다. 사람들의 혀도 풀어주고 마음의 빗장도 풀어주고 순간의 세계를 낙원처럼 황홀하게 한다. 포도밭의 햇살과 흙의 깊이를 머금은 와인은 잔 속에서 일어나 사람들의 눈빛을 밝히고 목소리에 경쾌함을 더하며 권세를 가진 지배층과 이름 없는 촌부를 똑같이 지배한다. 잔치의 권력은 왕에게 속하지만, 잔치의 흥은 와인이 지휘한다.

왕실에 가득한 포도주의 처분권은 "왕의 손아귀에"(כְּיַד הַמֶּלֶךְ) 있다. 즉 포도주의 소유와 소비의 권리는 왕의 손에서만 서식한다. 그래서 왕이 원하기만 하면 언제든지 마음대로 얼마든지 들이킨다. 다른 이에게도 자유롭게 선사하며 포도주의 주권을 마음대로 휘두른다. 그러나 아무리 향기롭고 달달한 와인이라 할지라도 왕실의 정원을 떠나는 순간 취기와 공허만 백성의 어깨를 짓누른다. 그러나 마르지 않는 포도주가 하나님의 손에 있다면 이야기가 달라진다. 어디를 가도, 무엇을 해도, 누구와 있어도, 세월이 흘러도 목마름이 없다. 하늘의 포도주는 권력이 만든 금잔이 아니라 갈보리의 은총으로만들어진 새 언약의 잔에 채워진다. 포도주 종류가 중요하고 그 포도주의처분권도 중요하다. 땅의 포도주가 만드는 왕의 잔치는 찰나의 영광과 허망을 남기고 어둠 속으로 떠나지만 하늘의 포도주가 이끄는 하나님의 잔치는영원한 만족의 새벽을 맞이한다.

8마심에는 법을 따르지만 강요함은 없었는데 이는 왕이 그의 집에 있는
모든 담당 관리에게 [명하여] 각 사람이 미음대로 하도록 징하였기 때문이다

왕실의 정원에서 포도주를 마실 때에는 "법도를 따랐지만 강요함은 없었다"(כָּדָת אֵין אֹנֵס)고 한다. 법도와 강요함이 절묘하게 대비된다. 주도는 술을 마시는 법이 아니라 술을 대하는 마음의 법도라고 한다. 주도는 술이 방탕의 선을 넘어가지 않게 지켜주는 울타리다. 법도를 따라 잔을 채우는 손길에는 존중을, 잔을 비우는 순간에는 겸손을 구비해야 한다. 무례한 술은 사람을 쓰러지게 만들지만 정중한 술은 사람을 일으킨다. 잔을 돌리는 것은 의례적인음용이 아니라 사람과 사람이 서로를 인정하는 인사요 침묵 속에 교환하는위로의 나눔이다. 주도는 취하지 않음이 아니라 넘치지 않음에 있고, 술은 비워도 마음은 가득 남는 것이 주도의 내용이다. 그런데 술 마심의 법도는 강요함이 아니라고 한다. 법도가 있는 술자리는 무너지지 않고 강요가 없는 술자리는 아름답다. 술자리는 질서와 자유의 두 날개로 황홀하게 비상한다. 세

상의 모든 잔치도 그러하다. 법도는 자유 안에서 숨 쉬고 자유는 법도 안에서 비로소 자유롭다. 법도는 자유를 지켜내고 자유는 법도를 완성한다. 그러나 법도가 없는 자유는 방종이 되고 강요만 가득한 법은 쇠사슬이 된다. 법도는 함께 가지고 손 내미는 길이요, 강요는 홀로 서게 만드는 배척이다.

법도는 있으나 강요는 없다는 표현은 포도주의 제공만이 아니라 성령의 충만에도 적용된다. 술 취함과 성령으로 취함은 비슷하다. 성령의 취함은 강제로 밀어 넣는 열광도 아니고 억지로 드러내는 광란도 아니다. 바람이 불듯, 물이 스미듯, 성령은 임하신다. 상하고 통회하는, 그러나 자유로운 심령 위에 임하신다. 성령은 강압의 기세가 아니라 부드러운 호흡으로 임하신다. 문밖에서 노크하며 우리가 문 열기를 기다리지, 우리의 의지를 무시한 채 우리의 영을 점유하지 않으신다. 하나님은 성령으로 부어 우리의 잔을 넘치게 하시지만, 결코 우리의 손을 잡고 억지로 올리지는 않으신다. 강요된 순종이 아니라 자발적인 사랑의 반응을 원하신다.

왕은 주도의 테두리 안에서 "각 사람이 마음대로 마시게 하라"고 명하였다. "각 사람"(אִישׁ וְאִישׁ)은 빈부귀천, 남녀노소 중 수산 성의 시민권을 가진 어느 누구도 마시는 축제에서 배제되지 않았음을 의미하는 낱말이다. 진실로 왕의 잔치는 특권을 위한 자리가 아니라 모두를 위한 자리였다. 잔을 드는 굳은살과 손가락에 끼운 보석이 같은 술빛 속에서 빛나며 서로를 비추었다. 축제의 참모습은 그 화려한 잔과 금빛 기둥이 아니라 누구도 제외되지 않는 자리, 소외된 이름이 하나도 없는 순간이다. 술은 술이지만 그 술을 나누는 자리는 사람과 사람을 묶는 새로운 언어였다. 왕의 관용 아래, 각 사람은 자유롭게 웃었고 그 웃음은 서로를 향한 초대처럼 다가갔다. 일상의 잔치인 우리의 식탁은 누구를 배제하고 삶이라는 잔치의 명단에는 누구의 이름이 빠졌는가? 가난하고 작고 연약한 자가 배제되어 있다면 가치와 의미에 있어서도 세속의 잔치보다 못한 인생이다.

"마음대로(כִּרְצוֹן) 마시게 하라"는 말은 왕의 관용이 내린 놀라운 명령이다.

술의 종류와 분량과 때를 불문하고 마음대로 먹을 수 있는 권한이다. 본래 술의 소유권과 처분권은 왕에게 있었으나 이제 왕은 수산 성의 모든 이들에게 그 권한을 양도한다. 이 명령은 가벼운 허락이 아니었다. 억지로 권하지 않는 잔, 자유롭게 들어 올리는 손길, 그 속에 관용의 향기가 피어난다. 관용은 질서의 파괴가 아니라 질서의 경계 안에서 피는 자유의 밑천이다. 둑이 있기에 강물이 흐르고 악보가 있기에 음악이 감미로운 것처럼 권한이 왕에게 속했다는 인지 속에서 관용이 제공하는 자유는 더 자유롭다. 현실에서 무엇이든 "마음대로" 하는 것은 왕에게만 주어진 권한이다. 그런데 왕의 명령은 그 권한이 이제 백성의 것이라고 선언한다. 왕의 권한을 공유하는 것은 가장 위대한 관용이다. 이런 관용은 자유를 보증하는 동시에 방종을 방지한다. 억지로 채운 술은 쓰지만 스스로 따른 잔은 달듯이, 강제 없는 주도와 존중 안의 자유는 사람과 사람 사이를 잇는 가장 깊은 술잔이다. 술의 달콤함은 술의 종류 때문이 아니라 존중받는 자유에서 오는 기쁨 때문이다.

아하수에로는 법도가 있지만 강요는 없는 잔치, 각 사람이 마음대로 마시는 잔치가 되도록 "모든 담당 관리에게"(עַל כָּל־רַב בֵּיתוֹ) 명하였다. 잔치는 백성이 얼마나 많은 술을 마시든지, 얼마나 값비싼 술을 마시든지, 누구와 마시든지, 정원 어디에서 마시든지, 마음대로 마심에 있어서 진실로 자유롭다. "더 마시라"고, "그만 마시라"고 재촉하는 방해자가 없다. 왕의 눈치만이 아니라 어떠한 공무원의 눈치도 살피지 않아도 되는 상황이다. 술잔의 기울기는 각 사람의 의지에 따라 변하였고 웃음은 자유로운 숨결처럼 정원 곳곳을 활보했다. 왕실의 모든 책임자가 지금은 왕이 아니라 백성을 위해 존재한다. 그들의 임무는 권세를 지키는 것이 아니라 백성의 자유를 보장하는 일이었다. 아하수에로의 연회는 화려한 궁전에서 벌어진 술판이 아니라 질서와 자유가 만나 이루어진 하나의 작품처럼 법도가 기쁨을 보호했고 강요 없는 자유는 웃음을 피워냈다. 이처럼 포도주를 마음대로 마시고 모든 관원이 백성을 위하는 이 잔치 자리에서 수산 성의 백성은 모두가 왕이었다.

하나님 나라의 잔치는 어떠할까? 하늘 잔치의 황태자도 와인이다. 그러나 종류가 다른 황태자다. 사라지지 않는 기쁨, 깨어나도 여전히 떠나지 않는 향기, 마셔도 목마르지 않게 하는 예수라는 하늘의 포도주가 있다. 하늘 잔치에도 법도가 있는데 진리와 빛, 사랑과 거룩이 바로 그것이다. 그 법도는 속박이 아니라 초대이며 억지로 마시라고 재촉하지 않고 자원하는 심령이 잔을 들 때까지 기다린다. 하나님의 잔치에는 누구도 배제됨이 없다. 부한 자든 빈한 자든, 남자이든 여자이든, 노인이든 아이이든, 국적과 혈통을 불문하고 각 사람이 그 자리에서 생명의 포도주를 마음대로 마시는데 이는 하늘의 포도주가 모자람이 없기 때문이다. 다윗의 고백처럼 주께서 상을 차리시고 은총의 기름을 각 사람의 머리에 부으셔서 각자의 잔이 넘치기 때문이다(시 23:5).

천국의 잔치에 대해 하나님은 "너희는 와서 사 먹되 돈 없이, 값 없이 와서 포도주와 젖을 사라"고 명하신다(사 55:1). 이 말씀은 인간 경제의 근본을 거스른다. 이 세상의 모든 것에는 값이 매겨진다. 그러나 이 잔치의 초대에서 돈과 값은 전혀 무익하다. 구원에 대한 목마름이 초대의 유일한 자격이고 통행료는 값을 낼 수 없다는 진실한 고백이다. 천국의 가장 풍성한 잔치에는 텅 빈손으로 와야 입장이 가능하고 가장 값진 선물은 그것을 사려는 모든 시도를 포기할 때 주어진다. 천국의 잔치 자리에서 모든 성도는 왕의 권한을 잠시 누리는 것이 아니라 왕 같은 제사장이 되어 영원히 왕 노릇 하는 왕으로서 참여한다.

하늘의 포도주가 땅의 것과는 비교할 수 없을 정도로 좋다는 것은 가나의 혼인잔치 중에 물을 포도주로 만드신 주님의 기적을 경험한 연회장이 "사람마다 먼저 좋은 포도주를 내고 취한 후에 낮은 것을 내거늘 그대는 지금까지 좋은 포도주를 두었다"(요 2:10)며 쏟아낸 감탄에서 확인된다. 하늘의 포도주는 취한 이후에도 그 좋음이 식별될 정도로 확연한 고급이다. 세상의 장터에는 없는 천국의 극상품 포도주를 주님은 마음대로 마시라고 명하신다. 돈 없는 사람도 오고 값을 지불하지 않더라도 마시라고 권하신다.

포도주가 넘치고 값없이 마음대로 먹을 수 있는 왕의 잔치에 참여한 백성들은 얼마나 즐겁고 좋았을까? 이들은 땅 위에서 가능한 모든 영광을 모은 자리, 즉 대리석 기둥과 금은의 평상, 값진 보석을 깐 마당, 자색 줄로 매단 휘장이 보여주는 제국의 권력과 부의 한가운데 앉아 최고의 음식과 포도주를 맛보았다. 그러나 천국의 잔치에서 누리는 기쁨은 휘장이나 평상이 아니라 어린 양이 등불이 되는 빛 그 자체에서 온다. 아버지의 집으로 돌아온 탕자가 받는 포옹에서 오고, 한 영혼이 구원받을 때 하늘에서 울려 퍼지는 찬송에서 온다. 그것은 외부의 조건에 흔들리지 않고 영혼 깊은 곳에서 우러나는 확신의 기쁨이다. 우리의 잔치는 사랑으로 마련되고, 영원으로 채워지고, 구속의 기쁨으로 흐뭇하다. 그러므로 일시적인 영광을 누리는 잔치보다 영원한 생명을 나누는 잔치에서 더 큰 기쁨과 감격이 터져 나오는 것은 당연하다. 값없이 주어지는 생명수를 마시는 기쁨은 값비싼 포도주를 마시는 기쁨을 당연히 압도한다. 그런데 과연 우리의 상태는 그러한가?

[9]왕후 와스디도 아하수에로 왕에게 속한 왕실 궁궐에서
여자들의 잔치를 베풀었다

왕의 잔치가 언급된 이후에 왕후의 잔치가 나란히 언급된다. 왕의 잔치는 지배층과 피지배층 모두를 위해 마련된 잔치였다. 그러나 왕후의 잔치는 여자들을 위한 잔치였다. 잔치의 대상이 묘한 대비를 이루는 구절이다. 이 구절에서 왕후 와스디가 처음으로 등장한다. "와스디"(וַשְׁתִּי)는 "아름다움 혹은 선함"을 의미하는 이름이다. 그녀의 출신이나 성경에 대해 저자는 침묵한다. 와스디가 잔치를 벌인 장소는 "왕실 궁궐"이다. 이 구절에서 와스디 "또한"(גַּם) 잔치를 열었기 때문에 왕의 잔치와 왕후의 잔치가 같은 왕실의 다른

공간에서 동시에 열렸음이 분명하다. 이는 페르시아 제국의 궁중에서 남성과 여성이 따로 잔치를 즐기는 것이 하나의 문화로서 용인된 것임을 보여준다. 여성들의 잔치에 대한 기록은 헤로도토스나 크세노폰 같은 다른 고대 문헌들 안에서도 발견된다. 그리고 왕후가 왕과 동등하게 잔치를 주관할 만큼 위상이 높았음을 나타낸다. 와스디는 왕의 곁에 있는 장식품 같은 인물이 아니라 자기 권역에서 독립적인 권위를 행사할 수 있는 위치에 있음도 보여준다. 그럼에도 불구하고 이 잔치의 장소가 "왕에게 속했다"(לַמֶּלֶךְ)는 저자의 언급에서 우리는 와스디가 잔치를 베풀지만 그 권한은 철저히 왕의 질서와 권위 아래 있음을 확인한다.

왕의 잔치와 왕후의 잔치는 조화일까 아니면 대립일까? 남자들의 잔치에는 황금 기둥에 걸린 비단 휘장이 바람을 삼키듯 흔들리고 힘과 권위의 냄새가 가득하다. 그러나 여자들의 잔치는 권력의 칼날 같은 긴장 대신에 여성들의 웃음과 서로의 눈빛이 꽃처럼 흩날린다. 군사와 정치가 아니라 삶과 몸과 운명의 비밀을 나누는 목소리가 교차한다. 정원의 뜰은 제국의 질서를 드러내는 장엄한 무대이고 왕실 궁궐은 보이지 않는 내면의 세계를 품은 은밀한 공간이다. 에스더서 1장 전체의 맥락을 보면, 두 잔치 사이에서 미묘한 대립과 미세한 균열이 감지된다. 왕의 잔치와 왕후의 잔치가 겉으로는 나란히, 그러나 속으로는 서로 다른 강을 따라 흘러간다. 하나는 권력의 강물, 다른 하나는 자유의 샘물, 두 흐름의 만남은 폭풍의 서곡처럼 조용히 시작되고 있다. 왕의 권력에 왕후는 어떻게 반응할까? 왕이 부른다고 해서 왕후가 자신의 자유를 던지고 달려가 권력의 장신구가 될까?

에스더서 1장 1-9절의 내용은 에스더서 전체 이야기의 서곡이다. 마치 온 세상을 대변하는 듯한 페르시아 제국의 웅장한 공간적 배경을 묘사한다. 왕궁은 웅장하고 아름답고 음식은 푸짐하고 포도주는 향기롭고 관계는 평화롭고 사람들의 대화는 자유로운 잔치의 분위기, 왕실에서 펼쳐지는 이 잔치에서 모든 계층의 사람들이 어떠한 배제나 대립이나 갈등이나 분쟁도 없이 제국의 유익을 공유하는 모습은 천국과 흡사하다. 이는 이후에 펼쳐지는 이야기가 마치 온 세상에서 일어나는 구원의 거대한 드라마인 것처럼 나타내기 위한 서사적 몸풀기와 같다.

에 1:10-15

¹⁰제칠일에 왕이 주흥이 일어나서 어전 내시 므후만과 비스다와 하르보나와 빅다와 아박다와 세달과 가르가스 일곱 사람을 명령하여 ¹¹왕후 와스디를 청하여 왕후의 관을 정제하고 왕 앞으로 나아오게 하여 그의 아리따움을 뭇 백성과 지방관들에게 보이게 하라 하니 이는 왕후의 용모가 보기에 좋음이라 ¹²그러나 왕후 와스디는 내시가 전하는 왕명을 따르기를 싫어하니 왕이 진노하여 마음속이 불 붙는 듯하더라 ¹³왕이 사례를 아는 현자들에게 묻되 (왕이 규례와 법률을 아는 자에게 묻는 전례가 있는데 ¹⁴그 때에 왕에게 가까이 하여 왕의 기색을 살피며 나라 첫 자리에 앉은 자는 바사와 메대의 일곱 지방관 곧 가르스나와 세달과 아드마다와 다시스와 메레스와 마르스나와 므무간이라) ¹⁵왕후 와스디가 내시가 전하는 아하수에로 왕의 명령을 따르지 아니하니 규례대로 하면 어떻게 처치할까

❖ ❖ ❖

¹⁰왕의 마음이 포도주로 좋아진 일곱째 날에 아하수에로는 왕의 면전에서 섬기는 므후만, 비스다, 하르보나, 빅다, 아박다, 세달, 가르가스 일곱 내시에게 명하였다 ¹¹왕실 면류관을 쓴 왕후 와스디를 왕의 면전으로 데려와 백성과 고관들이 그녀의 미모를 보게 하라고 하였는데 이는 왕후의 용모가 아름답기 때문이다 ¹²그러나 왕후 와스디는 내시들의 손으로 [전달된] 어명을 따라서 오기를 거절하니 왕이 심히 노하였고 그의 속에서는 진노가 타올랐다 ¹³왕은 정세를 아는 지혜로운 자들에게 말하였다 이는 왕의 발언이 법과 판결을 아는 자들 앞에 있는 게 관례이기 때문이다 ¹⁴그에게 가까운 자는 가르스나, 세달, 아드마다, 다시스, 메레스, 마르스나, 므무간 즉 바사와 메대의 일곱 고관들로, 왕의 얼굴을 보는 자들이고 제국에서 첫째 자리에 앉은 자들이다 ¹⁵"법대로 하면 왕후 와스디에 대하여 무엇을 조치해야 하나?" 이는 그녀가 내시들의 손으로 [전달한] 아하수에로 왕의 명령을 준행하지 않았기 때문이다

03   미모 제국

파스칼(Blaise Pascal, 1623-1662)은 "클레오파트라의 코가 조금만 짧았다면 지구의 모든 표면이 바뀌었을 것"(Le nez de Cléopâtre, s'il eût été plus court, toute la face de la terre aurait change, Pensées, Vanité 32)이라고 했다. '코의 길이'라는 작은 생물학적 우연이 제국의 패권 다툼, 곧 세계의 지도를 다시 그리는 결과를 낳았으니 이는 이성이 통제하는 필연의 역사가 아니라 감정적 우연의 폭력적인 지배였다. 파스칼의 가정법은 어떻게 "브라질의 한 나비의 날갯짓이 텍사스에 돌풍을 일으킬 수 있는지"에 대한 로렌츠(Edward Lorenz, 1917-2008)의 질문과 공명한다. 이 두 문장은 인류의 거대한 운명이 어떻게 지극히 작은 신체적 특징이나 개인의 사사로운 감정에 의해 좌우될 수 있는지, 역사적 사건의 거대한 결과가 얼마나 사소하고 우연적인 원인에서 비롯될 수 있는지를 잘 보여준다. 이러한 공명의 출발점은 성경이다. 성경에는 기원전 5세기에 미모를 뽐내라는 왕의 명령을 거부하는 왕후의 "아니오" 한마디가 제국 전체를 뒤흔든 이야기가 있다. 황제의 권위에 도전한 여인, 술자리의 장난감이 되기를 거부한 와스디의 당당함은 궁전을 넘어 전 제국으로 파문을 일으킨다. 페르시아 궁전의 화려한 기둥들 사이로 미세한 바람이 불어왔고, 그 바람은 와스디의 거부와 함께 제국 전체를 휩쓸고 지나간다. 그 바람 속에서 새로운 역사, 새로운 운명이 시작된다.

10왕의 마음이 포도주로 좋아진 일곱째 날에 아하수에로는 왕의 면전에서 섬기는 므후만, 비스다, 하르보나, 빅다, 아박다, 세달, 가르가스 일곱 내시에게 명하였다

백성을 위한 왕의 잔치가 이제 마지막 날을 맞이한다. 그런데 바로 이날 절정에 도달한 잔치의 분위기가 완전히 뒤집힌다. 이 사건은 왕후에 대한 왕의 명령에 의해 촉발된다. 아하수에로 왕은 자신의 면전에서 섬기는 일곱 내시를 왕후에게 보내며 하명한다. 요세푸스 판본에는 내시들을 한 번이 아니라 "반복해서" 보냈다고 한다(Anti., 11:191). 왕후를 데려오기 위해 하나가 아니라 일곱의 내시를 보낸 이유는 무엇일까? 왕의 말이 사적인 부탁이 아니라 제국의 공식 명령임을 드러내기 위함이다. 이는 왕후조차 왕의 절대 권력 앞에서 복종해야 함을 만천하에 과시하는 정치적 행위였다. 고대 근동에서 일곱은 완전함과 충만함을 나타낸다. "일곱 내시"는 왕의 권세가 충만하고 완벽하게 집행되고 있음을 보여준다. 이는 마치 제국의 모든 권위를 동원하여 왕후를 소환하는 듯한 양상이다. 동시에 왕후의 거절은 제국 전체의 기강을 허무는 반역으로 비친다.

명령을 내린 이유는 왕의 마음이 좋았기(בטוב) 때문이다. 고대 히브리 사상에서 "마음"(לב)은 가냘픈 감정이 아니라 의지와 판단의 중심을 의미한다. 왕의 마음을 좋게 만든 원인은 와인이다. 앞에서 살핀 것처럼 와인은 잔치의 영웅이고 축제와 기쁨의 상징이다. 그러나 동시에 방탕과 취기와 판단력 상실을 드러내는 부정적인 코드로도 사용된다. 포도주는 왕의 마음에 즐거움을 주고 이성을 꺼내 가며 늘 이중적인 얼굴을 드러낸다. 잔치를 빛내는 동시에

몰락의 그림자도 드리운다. 포도주로 인한 마음의 즐거움은 몰락의 씨앗으로 돌변한다. 왕이 내린 명령은 좋은 마음에서 나온 듯하지만 포도주가 내린 명령이다. 포도주와 거래한 왕은 이제 포도주의 힘에 기대어 무언가를 결정하고 이런 결정이 습관이 되고 나아가 포도주가 왕을 지배하게 된 것이었다. 웃음과 환호 속에서 채워지고 비워지던 술잔이 어느새 부부의 균열과 나라의 혼란으로 이어지는 파멸의 문빗장을 푼다.

명령이 내려진 시점은 "일곱째 날"(הַשְּׁבִיעִי יוֹם)이었다. 창조의 시대에는 일곱째 날이 하나님의 마음을 지극히 좋게 만든 안식의 날이었다. 잔치의 일곱째 날은 술판의 흥이 절정에 달한 날이었다. 왕의 하명을 받은 내시들의 숫자가 "일곱"인 것도 특이하다. 완전수가 포함된 잔치의 일곱째 날에 완전수가 담긴 일곱의 내시들을 통하여 재앙의 먹구름이 제국에 드리운다. 인간의 손에 들어온 날과 수의 완전함은 최고의 축복이 아니라 최악의 적신호를 깜빡인다. 존재의 질서와 세상의 평화를 약속하는 날이 재앙이 등판하는 날로 바뀌었다. 잔치의 왕좌에 앉은 포도주와 권력, 그리고 완전수의 상징 사이에서 제국은 조용히 몰락의 미끄럼을 탄다.

왕명을 하달하는 내시들의 활동을 보면서 우리는 페르시아 제국의 권력이 작동하는 원리를 발견한다. 제국은 왕이 다스리는 겉모양을 취하지만 실제로는 내시라는 권력의 문고리를 통해서 움직인다. 금빛 왕관, 번쩍이는 곤룡포, 호화로운 잔치와 날카로운 명령, 이 모든 것은 권세의 상징이다. 그러나 그 겉모습은 거울에 비친 허상일 가능성이 높다. 왕이 술에 취해 마음이 흔들리는 순간, 제국의 바퀴는 내시들의 손으로 굴러간다. 왕명도 내시들에 의해 조율된다. 내시들은 "왕의 면전에서 섬기는" 자들이다. 직역하면, "왕의 얼굴을(הַמֶּלֶךְ אֶת־פְּנֵי) 섬기는" 자들이다. 왕의 얼굴 앞에서 움직이는 자들, 이들은 내시라 불리지만 왕의 눈빛과 숨결을 읽고 귀에 스며든 백성의 속삭임을 담아 왕정과 궁정 사이, 세상과 권력 사이를 이어주는 교각이다. 그들의 손끝에서 왕의 명령은 형체를 얻고 그들의 귀에서 제국의 소문은 여과된다.

이후에 내시들 중 헤게는 에스더를 총애하고 하닥은 그녀의 수족처럼 움직이며 에스더서 서사를 이어가는 결정적인 교각으로 기능한다.

저자는 일곱 내시들의 실명(므후만, 비스다, 하르보나, 빅다, 아박다, 세달, 가르가스)을 거론한다. 이는 에스더서 성경이 역사적인 소설이나 드라마의 대본이 아니라 역사적 실재임을 나타낸다. 그리고 많은 내시들 중에서도 일곱 내시들은 정치적인 무명의 인물들이 아님을 나타낸다. 역사의 기록에서 이름이 불리는 것은 그가 중요한 의미의 한 조각이기 때문이다. 역사의 강은 묵묵히 흘러간다. 그 물결 아래에서 무수한 이야기가 빛을 받았다가 지워진다. 그러나 때로 그 깊은 강물 속에서 하나의 작은 파문도 일어난다. 무명의 모래알이 아닌, 빛을 머금은 조약돌 하나가 스스로의 존재를 증언하며 수면 위로 떠오른다. 제국의 역사에서 일곱의 내시들, 왕궁의 어두운 복도에서 늘 그림자로 거닐던 그들의 숨결, 그들의 작은 몸짓 하나가 역사의 직물 속에 촘촘히 박힌 매듭이다. 저자는 그들을 "내시"라는 익명의 덩어리가 아닌, 각자의 이름을 가진 온전한 인격체로 그려낸다. 이와는 달리, 기라성 같은 지방의 고관들은 보통명사 하나가 역사적 흔적의 전부였다.

이름은 영혼의 지문이고 존재의 외침이며 삶의 흔적에 찍히는 깊은 인장이다. 역사에 기록된 이름은 그 사람이 숨 쉬고 고민하고 소망하던 모든 순간의 종합이며 보이지 않는 곳에서 묵묵히 수행하던 작은 역할의 무게를 짊어진다. 그들의 이름은 역사의 빈틈을 메우는 섬세한 실타래와 같다. 무후만과 그 동료들의 이름이 수천 년의 세월을 건너 우리에게 다가오는 것은 그들의 존재가 결코 사라지지 않는 불멸의 가치를 지녔다고 귀띔한다. 이름의 어원적인 의미에 학술적인 논쟁은 있지만, 대체로 므후만(מְהוּמָן)은 "충성된 자"를 의미하고, 비스다(בִּזְתָא)는 "전리품"을 의미하고, 하르보나(חַרְבוֹנָא)는 "당나귀 기사"를 의미하고, 빅다(בִּגְתָא)는 "포도주 착즙기"를 의미하고, 아박다(אֲבַגְתָא)는 "신에게서 주어진 자"를 의미하고, 세달(זֵתַר)은 "별"을 의미하고, 가르가스(כַּרְכַּס)는 "심각함"을 의미한다. 페르시아 제국의 왕실을 구성하는 의미의 조각들이 다채롭다.

우리는 어떤 의미의 이름인가? 현대의 거대한 도시에서 우리는 모두 번호가 되어간다. 주민번호, 사원번호, 고객번호! 개인의 고유함은 점점 사라지고 우리는 통계 속의 한 점, 자료 속의 한 줄이 되어간다. 직장에서, 학교에서, 심지어 가족 안에서도 우리는 때때로 역할로, 직책으로, 기능으로 인식되고, 필요에 의해서만 존재하는 것처럼 느껴진다. 이런 현실 속에서도 우리의 수고와 우리의 고통은 종종 인간의 헛된 칭찬을 갈망한다. 우리가 어디에 있든지 인정의 눈길이 닿기를 기다린다. 그런데 사람은 우리를 몰라줘도 된다. 이는 주님께서 모세에게 말씀하신 것처럼 "내가 이름으로도 너를" 아시기(출 33:17) 때문이다. 예수님도 "자기 양의 이름을 각각 불러 인도하여 내"신다(요 10:3)고 밝히신다. 이런 성경의 말씀은 세상의 모든 서러운 익명성을 깨뜨린다.

창조주 하나님이 한 사람을 이름으로 아신다는 것은 무명의 모든 눈물과 외로움과 서운함을 다 제거할 징도로 충분한 분량의 은총이다. 세상의 평판은 바람 같고, 사람들의 기억은 물 위의 그림자와 같고, 인간의 박수 소리는 덧없이 소멸된다. 모두가 시간이 지나면 잊히고 세대가 바뀌면 사라진다. 그러나 주님의 기억은 영원하다. 내가 행한 모든 것, 나의 고뇌, 나의 소명은 하늘의 목록에 기록되어 있다. 그러므로 내 이름이 역사의 명단에 기록되지 않더라도 하나님의 의식에만 또렷이 새겨져 있다면 그것으로 충분하다. 하나님은 우리에 대해 군중 속의 하나가 아니라 당신의 친구로, 종교 시스템의 부품이 아니라 사랑받는 개인으로, 우리 각자를 이름으로 부르시고 개별적인 관계를 맺으신다. 이런 하나님께 나는 왕 중의 왕이신 그분의 면전에서 날마다 섬기는 하늘의 내시이고 싶다. 하나님 나라의 역사책에 이름이 기록되는 사람이고 싶다. 하나님께 심히 작더라도 의미의 한 조각이고 싶다.

11왕실 면류관을 쓴 왕후 와스디를 왕의 면전으로 데려와 백성과 고관들이
그녀의 미모를 보게 하라고 하였는데 이는 왕후의 용모가 아름답기 때문이다

왕의 잔치가 날마다 깊어가던 그 마지막 날, 술의 향기는 궁정을 뒤덮고 권세의 무게가 금빛 잔마다 출렁였다. 그러나 왕의 허영심은 온갖 보석과 휘장으로 장식된 제국의 위엄, 번쩍이는 대리석 기둥으로 세워진 왕실의 권위, 불굴의 용기와 충성심을 구비한 군사들과 관원들 등의 과시로는 채워지지 않는 욕망의 허기였다. 그 허기의 끝에서 왕은 내시들을 불러 왕후 와스디를 데려오라고 명령한다. 왕의 의도에 대해서는 그녀의 "미모"(יֹפִי)를 잔치에 참여한 모든 이들에게 보이기 위한 것이라고 저자는 명시한다. 여기에서 "전시하다 혹은 보이다"(רָאָה)는 동사는 왕이 1장 4절에서 자신의 부를 전시할 때에 사용한 낱말이다. 이는 마치 왕후를 소유물의 하나로 여김과 일반이다. 왕후가 불쾌하게 여길 수 있는 대목이다.

제국의 보물창고 아랫목에 숨겨둔 가장 눈부신 진주를 꺼내듯이 왕은 와스디를 자신의 권력 박람회에 전시하려 했다. 와스디의 미모는 왕의 마지막 자랑이자 과시의 정점이며 잔치의 완성이다. 이 장면에는 술의 취기와 권력의 취기가 교차한다. 만취된 왕의 눈은 흐리지만 과시는 더욱 또렷하다. 사람의 눈길을 모으려는 그의 허영심은 결국 가장 가까운 아내도 장신구의 하나로 만들었다. 왕후는 더 이상 하나의 인격체가 아니라 왕의 과시를 완성할 최후의 아이템에 불과했다. 그렇게 왕의 허영심은 선을 넘어간다. 이러한 왕은 하만이 본받고 싶어 하는, "공적인 명예를 뻔뻔하게 추구하는 전형적인 인물"이다(Laniak, 206). 그런데 와스디의 미모 과시는 잔치의 절정인 동시에 몰락의 씨앗이다. 황후 자신보다 그녀의 미모를 소환한 왕의 명령은 와스디의 거부를 불러왔고 제국의 화려함 속에서 드러난 첫 균열은 그 순간에 생겨났다. 왕이 진실로 드러내고 싶어 한 것은 제국의 영광이 아니라 자신의 허세였다. 그것이 무너질 때 제국의 운명은 새로운 동선으로 갈아타게 된다.

왕이 왕관을 쓴 미모를 잔치의 마침표로 삼았다는 것이 의미하는 바는 외모에 대한 왕의 덧없는 집착이다. 와스디는 왕에게 왕실 보물고에 가장 값진 소장품의 하나였다. 그러나 왕실의 화려한 미모, 왕의 눈을 사로잡은 이 정교한 표면은 곧 사라질 허상이요 헛된 증기였다. 그는 영원하지 않은 것을 영원한 것으로 착각했다. 그의 집착은 본질이 아닌 가장 얄팍한 껍데기에 걸려 넘어진다. 예나 지금이나 사람들은 외형을 붙잡고 빛나는 표면을 숭배하며 살아간다. 그러나 성경은 외적으로 "고운 것도 거짓되고 아름다운 것도 헛되다"고 가르친다(잠 31:30). 성경의 이런 가르침을 따라 베드로는 "너희의 단장은 머리를 꾸미고 금을 차고 아름다운 옷을 입는 외모로 하지 말라"고 경고한다(벧전 3:3). 그럼에도 불구하고 외모에 집착하면 두로 왕이 용모의 아름다움 때문에 마음이 교만하게 된 것처럼(겔 28:17) 스스로 높아지는 문제가 발생한다. 외모 때문에 감정의 희비가 엇갈리고 삶의 태도가 좌우되면 그는 이미 페르시아 왕처럼 허영의 인질이다.

12그러나 왕후 와스디는 내시들의 손으로 [전달된] 어명을 따라서 오기를 거절하니 왕이 심히 노하였고 그의 속에서는 진노가 타올랐다

왕후는 왕의 명령을 따라 왕실의 면류관을 쓰고 왕의 면전으로 나가 백성과 고관들의 눈에 자신이 전시되는 것을 "거절한다"(תְּמָאֵן). 이 동사의 뉘앙스는 단호하고 고의적인 거절이다. 이 거절의 목적어는 "오는 것"(בוֹא)이고 와야 함은 "왕의 명령에 따른"(בִּדְבַר הַמֶּלֶךְ) 것이고 그 명령은 "내시들의 손으로"(בְּיַד הַסָּרִיסִים) 전달된 것이었다. 왕이 만취된 상황을 고려하면 명령을 구두로 전달했을 것 같은데 "내시들의 손으로" 전해진 명령이기 때문에 친서로 전달했을 가능성도 있다. 전달의 구체적인 방식은 중요하지 않다. 왕의 명령과 내시의 전달과 왕의 면전에 나아오는 것은 모두 연결되어 있다. 왕후는 나

아오는 것이 싫어서 내시들의 어명 전달이 불쾌했고 왕의 명령을 거역했다.

왕후는 잔치의 마지막 날 왕과 고관들과 백성의 시선이 자신을 주목하는 자리에 왜 나가지 않았을까? 이에 대해 오르 카다쉬(Ohr Chadash)는 왕이 내시에게 왕비를 강제로 데려와도 되는 권한을 주겠다는 뜻이라고 해석한다. 그리고 와스디가 느부갓네살의 증손녀요 바빌론의 마지막 왕 벨사살의 딸이어서 그녀에게 전리품의 하나인 듯한 모멸감을 주고 과거의 제국을 폄하하고 지금의 제국을 드높이기 위한 것이라고 주장한다. 탈무드는 왕의 명령이 와스디가 벌거벗은 채 왕실의 면류관만 쓰고 나오라는 명령으로 이해하고 보석을 걸치지 않아도 아름다운 와스디의 미모 자체를 왕이 보여주려 했다고 주장한다(Megillah, 5:11). 이런 주장보다 나는 요세푸스 판본의 기록을 더 주목한다. 거기에는 왕후가 "낯선 이들에게 페르시아 사람들의 여인들을 보이지 말라는 법을 준수하기 위한" 것이라고 명시되어 있다(Anti., 11:191). 하지만 주된 이유는 왕후의 지위와 체면 때문이다. 페르시아 왕실에서 왕후는 왕의 아름다운 부속물이 아니라 제국의 명예를 대표하는 존재였다. 만취된 왕과 고관들과 백성 앞에서 자신을 보여주는 일은 왕후의 품위와 권위의 손상을 일으키기 쉽다. 앞에서 밝힌 유다인의 견해가 맞다면, 왕관을 쓰고 나오라는 것은 다른 의상을 걸치지 않고 왕관만 쓰고 나타나게 하려는 치욕적인 요구였기 때문에 거부했다. 어떤 이유 때문이든 왕후는 늦게 오거나 미루는 것이 아니라 오는 것 자체를 단호히 거부했다. 이는 성경에서 여성의 주체성과 저항을 보여주는 대단히 드문 장면이다.

왕후의 발걸음이 멈추어 선 그 자리에서 제국의 권위는 틈이 벌어지기 시작했다. 내시들의 손을 타고 전달된 왕의 명령은 공허한 대기 속에서 허공을 맴돌 뿐이었다. 왕후의 거절은 왕의 격노를 촉발했다. 왕은 "심히"(מְאֹד) 진노했고 왕의 내면에는 진노가 불처럼 "타올랐다"(בָּעֲרָה). '아내에게 무슨 말 못할 사정이 있나 보다' 하고 덮어주면 되는데 그는 극도의 분노를 터뜨렸다. 이는 제어할 수 없는 화산처럼 억눌린 화로 속에 잠자던 불길이 공기를 만나

번쩍이는 순간에 대한 저자의 설명이다. 유사한 표현을 반복했고 왕의 격노를 생생하게 묘사하는 불길 은유까지 쓴 것은 우발적인 짜증이 아니라 사람의 통제를 벗어난 분노임을 나타낸다. 온 세상을 다스리는 왕은 이처럼 자신의 감정 하나 다스리지 못하였다. 천하를 누비던 왕이지만 그의 진노는 가슴 속 좁은 울타리를 벗어나지 못한 채 그 안에서만 활활 타올랐다. 그의 자아는 천하보다 더 넓고 더 다루기 어려운 영토였다. 그러하기 때문에 지혜자의 말처럼 마음을 다스리며 노하기를 더디 하는 자는 천하의 모든 성을 빼앗는 용사보다 더 위대하다(잠 16:32). 이는 칼보다 깊은 통찰이고 왕관보다 무거운 진실이다.

사실 왕의 분노는 당연했다. 이는 왕후가 자신의 체면과 권위에 균열이 가지 않도록 거절한 것은 당시 왕의 체면과 절대적인 권위에 균열을 내는 일이었기 때문이다. 이 사건은 비록 인도에서 구스까지 127 지방의 광대한 영토를 통합하고 다스리는 왕이지만 자신의 마음도 다스리지 못하고 가장 가까이에 있는 왕후도 통제하지 못하는 권력의 허상을 극명하게 드러낸다. 이 사건을 계기로 왕의 명령, 왕후의 거절, 왕의 치욕, 제국 권위의 동요라는 서사가 형성된다. 와스디의 거부는 이후에 등장하는 에스더의 태도와 대비된다. 와스디는 제국의 권력 행사에 불참했고 에스더는 제국의 권력 한복판에 참여하여 변혁을 일으키기 때문이다. 이는 왕이 극도로 싫어하는 와스디의 처신으로 인해 정반대의 처신을 보이는 에스더를 극도로 좋아하게 하셔서 에스더를 제국의 심장으로 이끄시는 하나님의 은밀한 섭리라고 나는 생각한다. 이런 섭리를 통하여 하나님은 와스디의 경우와는 달리 왕이 에스더를 움직이지 않고 에스더가 왕을 움직이는 반전까지 가능하게 만드신다.

¹³왕은 정세를 아는 지혜로운 자들에게 말하였다
이는 왕의 발언이 법과 판결을 아는 자들 앞에 있는 게 관례이기 때문이다

이 구절은 페르시아 궁정의 통치 메커니즘, 인간 권력의 한계와 아이러니, 그럼에도 불구하고 멈추지 않고 도도히 굴러가는 신적인 역사의 수레바퀴 등을 보여준다. 아하수에로 시대에 왕의 명령을 왕후가 거절한 것은 초유의 사건이다. 이 거절 한 마디가 궁전의 기둥을 흔들었다. 빛나는 등불 아래 대신들의 얼굴은 얼음처럼 굳었고 황금 술잔 위의 포도주만 멎은 듯 출렁였다. 어명은 곧 법이건만, 그것이 부정당한 순간 제국의 시간은 돌처럼 멈추었다. 여인의 침묵 하나에 무너지는 권위, 이런 난처함은 제국의 허영을 비추는 불편한 거울이다. 왕의 얼굴에 드리워진 그늘, 한 번도 상상해 본 적 없는 거절의 그림자가 침묵 속에서 왕의 위신과 제국의 권위를 흔들었다. 낯선 상황은 언제나 인간의 실상을 드러낸다. 황제의 옷을 입었어도 아하수에로는 한 인간에 불과했다.

그러나 왕은 칼을 휘두르듯 결단하는 자가 아니었다. 그는 관례를 떠올렸다. 관례는 낯선 파도를 맞이할 때 내리는 닻처럼 처음 만나는 사건으로 다가가는 검증된 방법이기 때문이다. 그리고 그는 법의 안전한 길을 더듬었다. 여기에 왕의 성향이 드러난다. 그는 술기운에 돌발적인 요구를 왕후에게 하였으나 그녀의 거절을 대처함에 있어서는 감정적인 대응보다 차분한 법치를 택하였다. 왕은 대단한 사람이다. 앞 절에서 왕은 분명히 쉽게 다스릴 수 없는 격한 분노에 휩싸였다. 왕후를 참수형에 처할 것처럼 왕의 심장은 순식간에 불길처럼 치솟았다. 그럼에도 불구하고 칼을 뽑지 않고 지혜로운 자들을 소환했다. 결정적인 순간에 그는 법의 궤도를 따라 움직이는 왕이었다. 이제 왕의 분노는 개인의 불만이 아니라 공적인 법률의 언어로 번역된다.

페르시아 황제는 옥좌에 앉아 제국의 심장을 관리하는 사람이다. 그러나 통제의 손길이 닿지 않는 곳이 있었는데 그것은 수천 년의 역사가 겹겹이 쌓아 올린 법률과 관습의 돌담이다. 왕의 칙령보다 더 깊은 뿌리를 내린 고대의 관례는 왕조가 바뀌고 시대가 흘러도 여전히 변치 않는 페르시아 제국의 영혼이다. 신하들은 왕의 눈을 피해 법전의 낡은 양피지를 펼쳤고 지혜로운 자들은 왕의 격정을 잠재우기 위해 오래된 격언들을 떠올렸다. 왕의 권위는 하늘을 찌를 듯 높았으나 통치의 발목은 땅의 법에 묶여 법의 궤도를 벗어나지 못하였다. 왕도 그 경계 안에 머물기를 원하였다.

"지혜로운 자들"(חֲכָמִים)은 "정세를 아는" 자들이다. "정세"를 의미하는 히브리어 "에트"(עֵת)는 "때, 혹은 시기"를 의미한다. 이 구절에서 "때를 안다"라는 말은 "정치적인 상황이 돌아가는 판도를 읽는다"라는 의미로 사용된다. 그리고 "지혜로운 자들"은 "법과 판결(דָּת וָדִין)을 아는 자들"이다. 이들은 아마도 국제 정세와 법률과 관습을 잘 아는 행정 전문가일 가능성이 높다. "왕의 발언"(דְּבַר הַמֶּלֶךְ)이 이런 지혜자들 "앞에" 놓이고 분석과 검증을 거치고 지혜로운 대처에 대한 자문을 왕이 얻는다는 것은 페르시아 제국이 법치주의 성격과 절대주의 문화가 어우러진 나라임을 암시한다. 동시에 당시의 세계에서 패권을 장악한 왕조의 왕이 아내 문제 하나로 망설이며 자문해야 하는 장면은 페르시아 제국의 허상도 은근히 드러낸다. 와스디의 폐위와 에스더의 등판은 바로 이 "법과 판결을 아는 자들"의 자문 절차를 통해 전개된다. 즉 하나님의 계획은 인간 권력의 체제와 허점을 통해서도 얼마든지 성취된다. 악도 선으로 바꾸시는 하나님의 역사는 악의 어떠한 방해가 있더라도 꿋꿋이 전진한다.

¹⁴그에게 가까운 자는 가르스나, 세달, 아드마다, 다시스, 메레스, 마르스나, 므무간 즉 바사와 메대의 일곱 고관들로,

왕의 얼굴을 보는 자들이고 제국에서 첫째 자리에 앉은 자들이다

이 구절은 왕에게 조언하는 지혜자들 중에서도 가장 가까운 자들의 구체적인 명단을 소개한다. 가르스나, 세달, 아드마다, 다시스, 메레스, 마르스나, 므무간이 왕에게 가까운 7인의 핵심 귀족이다. 헤로도토스는 다리우스 1세가 왕위에 오를 때 그를 도운 7인의 귀족이 있었다고 한다. 이들은 "왕의 얼굴을 직접 볼 수 있는 특권"을 가졌으며 왕의 곁에서 국정을 논의하는 최고의 의회 역할을 수행했다(Ἱστορίαι, 3:84, 8:67). 이는 에스더서 저자의 기록과 상통한다.

여기에 기록된 7인은 "바사와 메대의 일곱 고관들"로 구성되어 있다. 이것을 이해하기 위해서는 역사적인 설명이 필요하다. 고대 근동의 패권을 놓고 경쟁하던 두 강대국은 메대와 바사였다. 메대는 이란 고원 북서부에 위치한 고대 왕국이며, 바사는 메대의 남쪽에 위치한 부족 국가였다. 그런데 기원전 550년경, 바사의 왕이었던 고레스 2세(Cyrus the Great)는 메대를 정복하고 아케메네스 왕조를 시작한다. 그는 메대의 멸망보다 메대 왕국의 통치 체제와 귀족들을 포용하는 정책을 좋아했다. 바사와 메대의 귀족들이 함께 제국의 최고 자리에 앉았다는 것은 두 민족의 동등한 지위와 통합을 상징한다. 메대인의 반발을 없애고 새로운 제국에 대한 충성을 이끄는데 기여했다. 바사와 메대의 7인은 고레스가 이룬 왕조의 정통성을 공포하는 상징적인 존재였고 왕의 폭주를 막고 제국의 안정성을 유지하는 역할을 수행했을 것으로 추정된다.

7인의 고관들은 두 가지의 특징을 가졌는데 첫째는 "왕의 얼굴을 보는 자들"이다. 왕의 얼굴을 본다는 것은 왕의 권력에 직접 접근하는 특권을 의미한다. 왕의 정책에 직접적인 영향을 끼치는 이들이다. 숨결의 거리를 넘어 눈

빛의 교차 속에서 왕의 의지가 방향을 잡도록 관여하기 때문이다. 왕 앞에 서는 순간 그들의 말은 곧 칼날이 되고 침묵은 곧 서명과도 같다. 그들은 왕의 귀에 속삭이고 왕의 심장을 흔들며 왕국의 길을 변경한다. 왕의 얼굴을 본다는 것은 특권인 동시에 죽음을 무릅쓴 위험이다. 어전은 생사가 갈라지는 현장이다. 이는 하나님의 얼굴을 보는 것과 유사하다. 어린아이들의 "천사들이 하늘에서 하늘에 계신 내 아버지의 얼굴을 항상" 본다(마 18:10)는 예수님의 말씀에서 우리는 작은 자들이 하나님의 얼굴을 보는 듯한 특권을 가졌음을 확인한다. 요한은 사람들 중에 예수님만 하나님을 보았다고 기록한다(요 1:18). 반면, 하나님은 모세에게 "네가 내 얼굴을 보지 못하리니 나를 보고 살 자가 없다"고 말씀하셨다(출 33:20). 하나님의 얼굴을 본다는 것도 특권인 동시에 죽음이다.

두 번째 특징으로 바사와 메대의 7인은 "제국에서 첫째 자리에 앉은 자들이다." 이들은 페르시아 제국의 지혜자들 중에서 구성된 최고위 의회였다. 그들은 평범한 신하가 아니었고 그들의 자리는 그저 황금으로 장식된 의자가 아니었다. 권력의 무게가 내려앉은 자리, 왕의 말보다 앞서 그의 숨결을 읽는 자리였다. 왕이 홀로 군림하는 것처럼 보이지만 그의 곁에는 언제나 일곱의 그림자가 있다. 왕의 눈길이 머무는 곳, 왕의 마음이 기우는 순간을 포착하는 자들, 그들은 제국의 균형추인 동시에 왕의 의지가 흘러가는 첫 번째 통로였다. "첫째 자리에 앉는다"는 것은 제국의 맥박과 가장 가까운 곳에 있음을 의미한다. 물론 "첫째"는 그 자리의 높음인 동시에 깊은 심연이다. 자리가 높을수록 언제든지 추락할 수 있는 가장 가파른 벼랑이기 때문이다. 제국의 정책은 이 최고위 회의에서 시작되어 왕좌의 얼굴을 거쳐 저 광활한 127지방으로 흘러간다. 그 흐름의 첫 물결이 그들의 손에서 시작된다. 바사와 메대의 7인은 제국의 권력과 운명이 교차하는 관문이다. 왕의 얼굴과 백성의 삶 사이를 잇는 보이지 않는 다리였다. 이들의 권력은 정치적인 것을 넘어, 제국의 뿌리 깊은 문화와 관습에 기반을 둔 것이었다. 페르시아 왕은 그들의 동의 없이는 중요한 결정을 내릴 수 없었으며 왕위를 계승하는 과정에도 그들의 지지와 협력은 필수였다. 이 구절에서 우리는 제국의 절대왕정 뒤에 견제와 균형의 원리가 작용하고 있었음을 확인한다.

¹⁵"법대로 하면 왕후 와스디에 대하여 무엇을 조치해야 하나?" 이는 그녀가 내시들의 손으로 [전달한] 아하수에로 왕의 명령을 준행하지 않았기 때문이다

왕은 자신의 명령을 거부한 와스디를 법대로 다루고자 한다. 왕의 명령과 왕후의 거절과 법은 절묘하게 연결되어 있다. 여기에서 저자는 왕의 명령이 내시들의 손을 거쳐 왕후에게 전달된 것이라는 언급을 반복하며 하명의 절차적 적법성을 강조한다. 실제로 내시들의 발소리를 따라 어명은 우아하게 걸어갔고 모든 절차는 적법했다. 사적인 부탁이 아니라 법에 준하는 공적인 어명이다. 이처럼 왕은 법을 지켰으나 왕후는 적법한 명령을 어겼다는 점이 대조된다. 그런데 합법적인 왕이 불순종한 아내를 왜 사랑으로 품지 않았을까? 왕에게 사랑의 의미는 사랑이 아니라 소유였기 때문이다. 그래서 그의 명령은 사랑을 담지 못한 채, 오직 힘만 뽐내는 초라한 구걸에 불과했다. 그의 권력은 부드러운 품이 아니라 자신의 얼굴을 비추어줄 거울만 원하였기 때문이다. 그래서 왕은 왕후를 품는 대신 법의 갑옷으로 무장했다. 그는 법의 잣대를 들어 자신의 감정을 재단했고 사랑과 이해가 머물 한 치의 여백조차 허용하지 않고 차단했다.

이처럼 사랑은 법보다 작았고 자존심은 제국보다 컸다. 왕의 명령은 일상적인 부름이 아니라 그의 무한한 자존심을 향한 숭배였고 술 취한 눈동자가 욕망하는 유희였다. 왕후의 거절은 감정적인 불순종이 아니라 굳건해 보이던 법의 성벽을 흔드는 작은 숨이었고 가장 깊은 곳에 숨어 있던 왕의 나약함을 퍼 올리는 삽이었다. 아내를 품을 줄 모르는 왕과 왕후의 자유를 감당

하지 못하는 제국이 서로 어울린다. 왕의 명령은 왕좌의 무게만큼 무거웠던 반면, 그의 마음은 깃털처럼 가벼웠다.

상한 자존심을 만회하기 위해 왕후에게 무슨 화끈한 조치를 취해야 하는데 그러면 복수심이 들킬까 봐 면피용 차원에서 "법대로"(כְּדָת) 하려고 했다는 사실은 왕의 옹졸한 내면을 고발한다. 왕은 법치라는 가면 뒤에서 자신이 얼마나 옹졸하고 상처를 얼마나 쉽게 받는지를 스스로 고백한다. 화끈한 조치를 취하고 싶은 앙심과 체통을 지키려는 계산이 서로를 껴안는다. 여기에서 법은 합의된 정의가 아니라 상한 자존심의 투영이다. 자존심과 복수심을 가리기 위해 문자로 직조된 베일이며 감정의 광기를 가리는 가장 편리한 이름이다. 이런 현상은 사울과 다윗의 관계에도 나타난다. 다윗이 골리앗을 무찌른 후 백성에게 사랑을 받자 사울은 질투심과 두려움에 사로잡혀 다윗을 죽이려고 했다. 그러나 다윗에게 "여호와의 싸움을 싸우라"는 어명을 내리며 전쟁터에 보내거나 자신의 딸 미갈과의 합법적인 혼인을 명분으로 다윗의 목숨을 쪼개려고 했다(삼상 18:17-21). 이처럼 성스러운 전쟁의 임무와 결혼의 아름다운 제도도 얼마든지 살해의 흉기로 악용된다.

한 여인의 미모 문제가 제국을 흔드는 이야기를 읽으며 하나님의 섭리를 떠올린다. 천국은 모든 씨보다 작은 겨자씨 한 알과 같다고 성경은 가르친다(마 13:31-32). 한 줌의 누룩이 가루 서 말의 밀가루 전부를 부풀게 한다는 천국의 비유(마 13:33)도 동일한 교훈을 가르친다. 미미한 시작이 엄청난 결과로 이어진다. 다윗의 물맷돌 하나가 골리앗을 꺾고, 과부의 두 렙돈이 부자들의 모든 헌금보다 크고, 한 아이의 작은 도시락이 거대한 군중을 먹인 사건도 천국의 비밀, 하나님의 오묘한 섭리를 잘 드러낸다. 와스디의 거절, 에스더의 간택, 모르드개의 충성, 하만의 분노, 민족의 위기, 구원의 역사, 이 각각의 가늘고 사소해 보이는 실들은 하나의 거대한 서사를 구성한다. 세상은 큰 것이 작은 것을 지배하나, 하나님의 나라에는 작은 것이 큰 것을 지배한다. 우리의 작은 순종이, 작은 선택이, 작은 희생이 하나님의 손안에서는 큰 역사의 출발점이 된다. 몸이 작다고, 힘이 약하다고, 지위가 낮다고, 재물이 없다고 위축되지 말고 하나님의 위대한 역사를 기대하라.

에 1:16-22

16므무간이 왕과 지방관 앞에서 대답하여 이르되 왕후 와스디가 왕에게만 잘 못했을 뿐 아니라 아하수에로 왕의 각 지방의 관리들과 뭇 백성에게도 잘못하였나이다 17아하수에로 왕이 명령하여 왕후 와스디를 청하여도 오지 아니하였다 하는 왕후의 행위의 소문이 모든 여인들에게 전파되면 그들도 그들의 남편을 멸시할 것인즉 18오늘이라도 바사와 메대의 귀부인들이 왕후의 행위를 듣고 왕의 모든 지방관들에게 그렇게 말하리니 멸시와 분노가 많이 일어나리이다 19왕이 만일 좋게 여기실진대 와스디가 다시는 왕 앞에 오지 못하게 하는 조서를 내리되 바사와 메대의 법률에 기록하여 변개함이 없게 하고 그 왕후의 자리를 그보다 나은 사람에게 주소서 20왕의 조서가 이 광대한 전국에 반포되면 귀천을 막론하고 모든 여인들이 그들의 남편을 존경하리이다 하니라 21왕과 지방관들이 그 말을 옳게 여긴지라 왕이 므무간의 말대로 행하여 22각 지방각 백성의 문자와 언어로 모든 지방에 조서를 내려 이르기를 남편이 자기의 집을 주관하게 하고 자기 민족의 언어로 말하게 하라 하였더라

❖ ❖ ❖

16므무간이 왕과 대신들 앞에서 말하였다 "왕후 와스디는 왕에게만 잘못한 것이 아니라 아하수에로 왕의 모든 지방에 있는 모든 대신들과 모든 백성에게도 잘못한 것입니다 17이는 왕후의 행위가 모든 여인들에게 퍼지면 아하수에로 왕이 오라고 명하여도 왕후 와스디는 그의 면전으로 오지 않았다고 그들이 말하면서 그들도 그들의 눈으로 그들의 주인들을 멸시하게 될 것이기 때문입니다 18이날에 왕후의 일을 들은 바사와 메대의 귀부인들은 왕의 모든 대신에게 말할 것입니다 그러면 멸시와 분노가 가득할 것입니다 19만일 왕에게 좋으시면 와스디가 아하수에로 왕의 면전으로 나오지 못하도록, 그리고 그 왕후의 자리를 그녀보다 아름다운 다른 여인에게 주도록 왕께서는 왕의 조서를 내리시고 그것이 바사와 메대의 법률에 기록되어 변개함이 없게 하십시오 20왕의 포고령이 광대한 왕국 전역에 들려져서 큰 자로부터 작은 자까지 모든 여인들이 그들의 주인들을 존경할 것입니다" 21그 말이 왕과 대신들의 눈에 좋게 여겨졌고 왕은 므무간의 말대로 행하였다 22그는 모든 남자가 자기 집에서 통치하는 자와 자기 민족의 언어대로 말하는 자가 되게 하려고 모든 지방들에 문서들을 보내되 각 지방마다 그 글자대로, 각 민족마다 그 언어대로 [발송했다]

제국의 가벼움

16므무간이 왕과 대신들 앞에서 말하였다
"왕후 와스디는 왕에게만 잘못한 것이 아니라 아하수에로 왕의 모든 지방에 있는
모든 대신들과 모든 백성에게도 질못한 것입니다

고대의 페르시아 왕실에서 일어난 일이 어느 포로 출신의 고아와 연결되어
있다는 사실에서 우리는 하나님의 섭리를 발견하고 이 세상의 모든 일이 우
리 개개인의 인생과 무관하지 않음을 깨닫는다. 본문에서 왕의 일곱 고관들
중의 하나인 므무간은 왕의 분노와 고뇌를 읽고 왕후를 어떻게 처벌해야 할
지를 조언한다. 먼저 왕후의 문제점을 지적한다. 그에 의하면, 그녀는 왕에
게만 잘못하지 않고 "왕의 모든 지방에 있는 모든 대신들과 모든 백성에게
도" 잘못했다. 먼저 므무간의 조언은 와스디의 행위를 왕의 절대적인 권위
에 도전하는 심각한 위협으로 규정한다. 나아가 왕후의 불복종이 왕궁을 넘
어 제국 전체로 퍼질 수 있는 위험성도 강조한다. 그가 보기에 어명에 대한
거부는 제국 전체의 질서를 거부하는 불순종의 씨앗이다. 즉 왕의 명령에

대한 거부는 제국의 모든 지역에 있는 모든 대신들과 모든 남자의 말에 대한 거부의 씨앗이고 이는 제국의 사회적 근간을 뒤흔드는 심각한 도발이다. 이처럼 므무간의 혀는 작은 불씨를 산불로 키우고 왕의 수치에 제국의 운명을 덧칠한다. 마치 므무간의 경우를 고려한 것처럼, 야고보는 작은 지체인 혀가 너무도 많은 나무를 태우는 "불의의 세계"라고 했다(약 3:5-6). 혀가 늘 말썽이다.

므무간은 왕후의 거절을 모든 민족에 대한 반역으로 이해한다. 이를 위해 "모든"(כל)이라는 단어를 과도하게 사용한다. 한 문장 안에 쓰인 "모든 지방," "모든 백성," "모든 집," "모든 남자"라는 표현에서 그의 억지가 느껴진다. 그 억지 속에서 권력의 문이 열리고 그 문틈으로 그의 야망이 들어선다. 왕의 분노는 그의 연료이고 왕의 허영은 그의 무대이고 그 무대에서 과장의 북을 두드리며 왕의 귀를 현혹한다. 과장 속에서 그는 길을 닦으며 출세를 모색한다. "모두"라는 단어에 제국을 실어 나르며 자신의 이름을 왕의 기억에 새기려고 한다. 이것은 순진한 조언이 아니라 분노의 순간을 정치의 발판으로 삼는 혀의 기술이다. 실제로 격동의 상황을 이용해 자신의 정치적 입지를 굳히고 왕의 신임을 얻기 위하여 왕의 감정을 자극하는 동시에 자신의 조언이 제국 전체의 안정을 위한 것이라는 명분을 내세워 왕의 결정을 유도하고 있다. 그러나 내가 보기에는 왕의 넓은 아량으로 왕후의 약함을 덮으라는 조언 한 마디면 족하였다. 왕과 왕후도 부부인데 문제가 생기면 사랑의 언어로 풀어야지 권력의 언어를 동원하면 되겠는가!

17이는 왕후의 행위가 모든 여인들에게 퍼지면 아하수에로 왕이 오라고 명하여도
왕후 와스디는 그의 면전으로 오지 않았다고 그들이 말하면서
그들도 그들의 눈으로 그들의 주인들을 멸시하게 될 것이기 때문입니다

므무간은 계속해서 과장의 정치학을 구사한다. 여기서도 한 여인의 거절을 제국의 분열로, 사적 사건을 공적 위기로 부풀린다. 그리고 남자의 명령을 거절하는 행위의 주체는 왕후에서 "모든 여인들"(כָּל־הַנָּשִׁים)로 확대될 것이라고 확신한다. "적은 누룩이 온 덩어리에 퍼진다"(고전 5:6)는 바울의 경고를 생각하면 어느 정도 타당한 말이지만 므무간의 의도는 순수하지 않다. 그는 왕후가 왕의 명령을 거부한 것처럼 모든 여인들이 "그들의 주인들"(בַּעְלֵיהֶן)이 내리는 명령을 거부하고 멸시할 것이라며 호들갑을 떤다. 므무간의 말에서 왕과 왕후의 관계는 주인들과 여인들의 관계와 상응한다. 므무간의 인식에 따르면, 왕은 왕후의 주인이고 왕후는 왕의 소유물에 불과하고, 남자도 여인의 주인이고 여인은 남자의 소유물에 불과하나.

만약 므무간의 말이 제국의 전통과 법률을 대변하는 것이라면, 당시의 페르시아 제국이 가부장적 사회였고 남성이 정치적 지도력, 도덕적 권위, 재산 통제 등에서 독점적인 역할을 수행하는 남성 위주의 국가임을 증거한다. 가정에서 가부장적 권위는 오랜 벽돌로 쌓아 올린 굳건한 성벽처럼 무거운 침묵으로 위계와 질서를 유지하며 겹겹이 쌓인 권위의 무게 속에서 각자의 자리를 지정한다. 그 무게 아래에서 아버지는 견고한 기둥이 되어 생계라는 지붕을 떠받치고 아들은 그 뒤를 이을 굳은 맹세로 태어난다. 그러나 그 안에는 개인의 목소리가 지워지고 자유로운 날갯짓이 꺾이는 고독한 희생이 신음한다. 남자는 강인해야 하고 여자는 조신해야 한다는 보이지 않는 쇠사슬은 각자의 영혼을 휘감고, 부드러운 감정은 깊은 곳에 묻히고, 약한 모습은 드러낼 수 없는 죄악으로 간주된다. 한 사람의 삶은 오로지 집단의 명예를 위해 소비되며 진정한 자신은 상실할 채 각자에게 할당된 가면을 쓰고 살아간

다. 그 질서의 무게가 모두의 어깨를 누르지만 누구도 감히 그 무게에 대해 작은 불평도 내지 못하고 침묵만이 자욱하다. 침묵의 미덕은 곧 순종의 미덕이 되고, 질문은 불경한 것이 되고, 이의는 반역으로 간주된다. 이렇게 당시의 역사는 정해진 길을 묵묵히 걸으며 개개인의 꿈과 희망은 불온한 역모로 간주되고 어느 미지의 땅에 조용히 매장된다.

한 가정의 지붕 아래에 드리워진 가부장적 질서의 그림자는 실로 거대한 제국의 광대한 영토까지 뒤덮는다. 평범한 가정 사건은 제국 전체의 사회적 위기로 번지고 가정에서 남편 권위의 붕괴는 제국의 시스템 전체의 붕괴를 낳는다는 논리가 제국의 하늘까지 닿아, 보이지 않는 끈으로 묶인 집안의 질서는 제국의 모든 남자에게 통용된다. 그런데 므무간의 혀에서 나온 가부장적 질서가 내 눈에는 제국의 위엄이 아니라 남자의 불안으로 읽힌다. 그의 외침은 위엄의 표출이 아니라 불안이 꺼낸 비명이다. 와스디의 거절은 관성적인 '아니오'가 아니었다. 거대한 페르시아 제국의 심장부에 던져진, 왕의 경직된 권위과 남자의 과도한 지위에 대한 의문 부호였다. 와스디가 거울처럼 비추고 있는, 통제할 수 없는 여성의 자유로운 의지가 남자들의 눈에는 공포였다. 그 공포는 왕궁에서 시작되어 제국에 둥지를 튼 모든 가정의 문지방을 넘으려고 했다. 어쩌면 이것을 감지한 므무간이 왕의 분노를 이용하여 왕의 권위를 위함이 아니라 자신의 두려움과 불안의 법제화를 시도한 것인지도 모르겠다.

왕후는 왕을 멸시했고 그 사건은 제국의 모든 여인들이 "그들의 눈으로"(בְּעֵינֵיהֶן) 자신들의 주인을 멸시하는 근거가 될 것이라는 주장에서 나는 여인의 눈초차도 제국을 위협하는 주체일 수 있다는 므무간의 극도로 예민한 불안을 감지한다. 그는 여인의 손이 아니라, 여인의 입술이 아니라, 심지어 여인의 눈조차도 제국의 명치를 베는 칼날일 수 있다고 의식한다. 눈길 하나를 반역으로 해석하고 시선 하나를 제국의 균열로 확대한다. 그러나 여인의 눈은 거울이다. 그 거울 속에서 남자는 여성의 주인이 아니라 두려움에 흔들리는 자아를 보기 때문에 더 두렵고 불안하다.

게다가 여인의 눈빛은 왕의 권위로도, 제국의 법으로도 결코 가둘 수 없는 저항의 불꽃이다. 이것은 왕좌만을 향하지 않고 가정의 닫힌 문 뒤에서 남편을 행해서도 던져질지 모르는 차가운 시선이다. 므무간의 과장은 이러한 불안을 덮으려는 초라한 시도에 불과하다. 한 여인의 용맹한 '아니요'가 불러온 파장이 무서워서 모든 여인들의 입을 봉하고 날개도 꺾고 눈까지 덮으려고 한다. 하지만 진정한 위엄은 두려움과 불안을 숨기는 데 있지 않고 타인의 목소리를 듣고 그 자유를 인정하는 용기에서 비롯된다. 므무간의 혀가 만들고자 한 불안의 법은 제국의 위엄이 아닌 불안한 남자의 초상이다. 예나 지금이나 여인의 째려보는 눈은 우주 하나쯤은 쉽게 얼리고 마비되게 만들 정도로 강력하다. 어찌 일국의 법이나 왕 하나의 어명으로 제어될 수 있겠는가!

> 18이날에 왕후의 일을 들은 바사와 메대의 귀부인들은
> 왕의 모든 대신에게 말할 것입니다 그러면 멸시와 분노가 가득할 것입니다

므무간은 왕궁 안에서 이루어진 왕후의 거절을 제국 단위로 보편화한 이후에 그 거절이 가장 강력한 영향을 미칠 구체적인 대상에 대해 언급한다. "바사와 메대"(פָרַס־וּמָדַי), 이것은 페르시아 제국 전체를 가리키는 공식 명칭이다. 즉 제국 전역에 있는 귀족들의 아내들은 왕후의 일을 듣고 맹렬한 "멸시와 분노"를 왕의 모든 대신에게 쏟아내 왕국 전체를 어지럽게 할 것이라고 우려한다. 여기에서 나는 "듣는다"(שָׁמַע)는 단어를 주목하고 싶다. 여인들이 왕후의 일을 듣는 것으로도 범국가적 여파가 발생할 것이라는 므무간의 우려는 여성에 대한 그동안의 사회적 억압이 대단히 컸음을 반증한다. 그가 보기에는 왕후의 입에서 일어난 사태가 제국의 모든 지역에 있는 여인들의 귀속에 스며들면 제국에 치명적인 파문이 일어난다. 이것은 참으로 부실한 진

단이다.

　여인의 거절 한 마디가 제국의 모든 여인들로 하여금 막대한 "멸시와 분노"(בִּזָּיוֹן וָקָצֶף)를 쏟게 만든다는 이토록 무서운 결과를 낳는다면, 그동안 그들에게 강요된 침묵의 세월은 얼마나 길었던가! 침묵을 강요당한 시간만큼, '듣는다'는 여인들의 행위가 남성에게 무섭게 다가온다. 이런 맥락에서 므무간의 말은 오래 억눌린 목소리가 한 줄기의 바람만 타도 불길처럼 번질 수 있다는 은밀한 자백이다. 그는 모든 여인들의 입을 봉하고 눈을 덮는 것에 만족하지 않고 귀도 닫으려고 한다. 변혁은 귀에서 일어나기 때문이다. 이는 믿음이 들음에서 나오는 것처럼(롬 10:17) 누구도 막지 못하는 변혁이다. 므무간은 그런 변혁을 조기에 차단하기 위해 제국의 법을 주무르려 한다. 여인들의 귀 단속을 하려고 국법까지 만지는 신하가 제국을 움직이는 최고의 책사라니!

　게다가 므무간은 와스디의 행위에 대한 소문의 확산으로 "왕의 모든 대신"(כֹּל שָׂרֵי הַמֶּלֶךְ)이 큰 피해를 볼 것이라고 강조한다. 이는 왕권을 지탱하는 기반 자체가 흔들릴 수 있다는 위기감을 자극하는 발언이다. 이런 자극으로 그는 명운을 건 법 제정의 필요성을 강조하고 왕의 신속한 조치를 촉구한다. 그러나 므무간의 말투는 권력의 밑바닥을 드러내고 만다. 므무간을 비롯한 고관들의 권력은 사실 왕의 절대성에 기대어 유지되는 허약한 것임을 보여준다. 그는 수많은 대신들이 각자의 가정에서 누리는 군림의 허울을 왕후의 거절이 벗겨낼지 몰라서 걱정한다. 이런 걱정은 사실 가장이 갖추어야 할 인격적 자질에 대한 성찰과 구비와 성숙으로 이어져야 마땅하다. 그러나 그는 강압적인 법의 신속한 제정에 매달린다. 법의 엄중함은 대신들의 연약함을 감추는 가면이고 제국의 위엄은 그들의 사적인 공포가 만들어낸 거대한 허상은 아닌지 의심하게 된다.

¹⁹만일 왕에게 좋으시면 와스디가 아하수에로 왕의 면전으로 나오지 못하도록, 그리고 그 왕후의 자리를 그녀보다 아름다운 다른 여인에게 주도록 왕께서는 왕의 조서를 내리시고 그것이 바사와 메대의 법률에 기록되어 변개함이 없게 하십시오

이 구절에서 므무간은 왕후 와스디의 지위 박탈, 대체를 통한 질서의 회복, 법제화를 통한 불가역성 확보를 제안한다. 왕후의 자리에서 밀려나는 와스디, 왕후의 빈자리를 메우기 위한 더 아름다운 여인의 발탁, 그리고 와스디의 돌아올 가능성을 차단하는 왕실의 조서 반포와 법제화, 이 서슬 퍼런 제안의 첫머리에 "만일 왕에게 좋으시면"(אִם־עַל־הַמֶּלֶךְ טוֹב) 문구가 등장한다. 이 문구에는 아부의 끈적한 냄새가 진동한다. 존중의 가면 아래에서 므무간은 왕의 권위를 더욱 굳건히 세워 주겠다는 달콤한 유혹을 속삭인다. 아부는 왕의 귀를 차지한다. 왕은 아부를 편애한다. 그러면 진실은 숨죽이고 거짓은 제국의 문서가 되어 돌이킬 수 없는 법문으로 굳어진다. 이처럼 아부는 한 사람의 귀를 즐겁게 하고 무수한 사람들의 목을 저벅하게 위협한다.

므무간은 먼저 왕에게 와스디가 아예 "왕의 면전으로 나오지 못하도록" 조서를 내리라고 제안한다. 이는 왕의 면전으로 나오라는 어명의 거절에 상응하는 보복성 조치였다. 이제 조서 한 줄이면 와스디의 미모는 더 이상 황금의 전각을 밝히지 못하고 칼날에 베인 꽃잎처럼 흩어진다. 그녀의 권세도 바람에 꺼진 등불처럼 밤의 어둠 속으로 사라진다. 궁궐의 대리석을 오가던 그녀의 몸은 왕궁에서 추방되고 그녀의 이름조차 기록에서 지워진다. 한 번의 거절이 이처럼 영원한 단절로 이어진다. 이런 조치로 인해 여인의 자유로운 거절 가능성도 영원히 차단된다.

거절은 과연 영원히 닫힌 창문 앞에 서 있는 잔인한 고독이다. 이는 너무도 가혹한 일이지만 영적인 세계의 준엄한 질서도 암시한다. 하나님은 때로 우리를 부르시고 때로는 손을 펴시면서 찾으신다. 그러나 우리는 듣기를 싫어하고 하나님의 손길도 수시로 뿌리친다. 하나님의 교훈은 멸시의 대상이

되고 그분의 따뜻한 책망은 거부의 벽에 부딪힌다. 결국 지혜자의 기록처럼 "너희가 재앙을 만날 때에 내가 웃을 것이며 너희에게 두려움이 임할 때에 내가 비웃"는 하나님의 보응이 돌아온다(잠 1:24-26). 예수님의 말씀처럼, 하나님의 부르심과 지키심은 한 번이 아니었다. "암탉이 그 새끼를 날개 아래에 모음 같이 내가 네 자녀를 모으려 한 일이 몇 번이더냐"(마 23:37). 우리가 불러도 더 이상 듣지 않으시고 우리가 부지런히 찾아도 그분을 만날 수 없는 결과는 우리 스스로가 초래한 단절이다(잠 1:28). 우리가 하나님을 찾을 때보다 하나님이 우리를 찾으실 때가 더 중요하다. 우리의 시간보다 하나님의 시간이 깊고, 우리의 갈망보다 그분의 부르심이 더 유익하다. 예수님의 이름을 거절하면 그 이름으로 다가오신 하나님과 영원히 단절된다.

므무간은 왕후의 빈자리를 보다 더 "아름다운 다른 여인"(רְעוּתָהּ הַטּוֹבָה)으로 채우라고 제안한다. 왕후의 미모를 자랑하지 못한 실패의 빈자리를 더 큰 자랑으로 채우라는 제안이다. 이는 와스디의 미모를 자랑하려 했던 왕의 기호를 간파한 신하의 영리한 제안이다. 왕후의 거절로 차가워진 궁전의 공기를 환기할 달콤한 제안이다. 그의 제안은 그저 달콤한 말이 아니라 왕의 찢어진 자존심을 보듬는 연고였고 동시에 더 화려한 미모를 향한 왕의 갈증을 채우는 잔이었다. 므무간은 평소에 왕의 심기를 꿰뚫어 보고 왕의 숨결을 따라 신속하게 리듬을 바꾸는 민첩한 신하였다. 그 왕에 그 신하인가? 그는 말을 아끼고 때를 기다리다 가장 필요한 순간에 마이크를 잡고 타격감 있는 해법을 제안했다. 왕의 미묘한 표정 변화, 사소한 한숨, 그 한숨이 떨어지는 지점, 눈빛의 그늘에 숨겨진 욕망까지 읽어내고 왕의 비위를 지혜롭게 관리하던 평소의 그 노련한 기술을 그는 십분 발휘했다.

이 제안은 동시에 비록 므무간이 의도하지 않은 것이지만 하나님의 섭리 속에서는 에스더의 역사적인 등판을 준비하는 제안이다. 므무간의 입술에서 흘러나온 제안은 권력의 술잔에 젖어 있었으나 그 말은 그가 알지 못하는 길을 마련한다. 인간의 얄팍한 술책 뒤에는 하나님의 깊은 섭리가 지나간다. 인간의 계획은 순간을 메우려고 하지만 하나님의 계획은 세대를 꿰뚫는다. 와스디의 빈자리는 우연한 공백이 아니라 역사의 물줄기가 바뀌는 필연적인 여백이다. 보이지 않는 손은 역사를 움직이며 한 소녀를 왕궁으로 안내한다. 수많은 여인들 속에서 에스더는 자신도 모르는 거대한 운명과 마주치게 된다. 하나님의 백성을 살리는 구원 이야기의 무대가 그녀로 인해 마련된다. 사실 와스디의 폐위는 에스더의 인생과 무관한 일이었다. 그러나 하나님의 계획 속에서는 오래전부터 절묘한 짝이었다. 우리와 무관해 보이는 모든 순간의 일들도 하나님의 거룩한 계획 아래 놓여 있음을 우리는 기억해야 한다. 우리의 작은 선택과 우연한 만남이 모여 하나님의 위대한 이야기를 구성하기 때문이다. 지금도 우리는 그 이야기의 한순간을 살아간다.

므무간은 두 가지의 내용을 담은 왕의 조서를 반포하는 것만이 아니라 "바사와 메대의 법률에 기록되어 변개함이 없게" 하라고도 제안한다. "바사와 메대의 법률"(דָּתֵי פָרַס־וּמָדַי), 남편에 대한 아내의 거부라는 문제의 재발을 방지하기 위해 제국 전체를 단속하는 불변적인 국법을 만들라고 한다. 참으로 못난 제안이다. 결국 와스디의 부재는 제국의 안정과 질서가 되고 그녀의 발언은 법의 문장 속에 투옥된다. 돌에 새겨진 명령은 차갑고 무정하다. 양피지 위에 흘러내린 글자들은 검은 먹빛으로 굳어 한 여인의 목소리를 영원히 봉쇄한다. 바사와 메대의 법률은 제국 전체의 공적 질서를 유지하는 근간이기 때문에 왕조차 함부로 바꿀 수 없는 절대적인 권위를 가진다고 한다. 다니엘의 책을 보더라도 "왕께서 세우신 금령과 법도는 고치지 못할 것"이라는 점은 "메대와 바사의 규례"였다(단 6:15). 법의 효력은 특정한 계층이나 지역이 아니라 궁궐의 가장 깊숙한 곳부터 가장 먼 변방까지 제국의 전역과 구성원 모두에게 적용된다. 법의 빛은 모두에게 똑같이 비추고 그 냉정한 그림자는 제국 전체를 하나의 질서로 묶어낸다. 그러나 변개함 없는 법은 제국의 발전적인 역사를 저지하는 올무임에 분명하다.

²⁰왕의 포고령이 광대한 왕국 전역에 들려져서
큰 자로부터 작은 자까지 모든 여인들이 그들의 주인들을 존경할 것입니다"

므무간은 왕의 포고령이 낳을 효과에 대해서도 빠뜨리지 않고 첨부한다. 즉 법제화된 왕의 포고령은 "모든 여인들이 그들의 주인들을 존경할 것"이라는 기막힌 효과가 기대된다. 므무간은 제국의 그 누구에 대해서도 예외가 없다는 취지로 "큰 자로부터 작은 자까지"(מִגָּדוֹל וְעַד־קָטָן)라는 적용의 촘촘한 범위까지 언급한다. 제국의 가장 높은 귀부인도, 가장 미천한 하녀도 남편이나 주인을 존경해야 한다. 이런 효과에는 므무간이 제안한 포고령의 궁극적인 목적이 잘 드러난다. 즉 남자는 여자의 주인(בַּעַל)이며 여자는 그녀의 주인인 남자를 존경해야 한다는 목적이다. 여자는 자신의 주인인 남자를 두려움과 존경으로 섬겨야 하고 남자의 권위는 집집마다 성벽처럼 세워져야 한다는 것이었다. 왕의 포고령은 가정마다 흐르는 강물의 방향을 정하는데 남자는 배 위의 키잡이로 서고 여자는 그 물결에 몸을 맡겨야 한다고 지시한다. 므무간은 이러한 가부장적 질서의 법제화를 제안했다.

그러나 "존경"(יְקָר)은 한 사람의 내적인 가치에 상응하는 상대방의 호의적인 태도를 가리킨다. 상대방의 성실성과 진정성에 비례하고 마음이 닿는 자리에서 싹트는 감정이다. 마음과 마음이 만나 피어나는 꽃이며 인격과 인격이 서로 비출 때 생겨나는 정중한 호감이다. 진정한 존경은 명령하는 목소리가 아니라 즐거이 고개를 숙이게 만드는 상대방의 인품에서 촉발된다. 타인의 가치를 먼저 알아보고 기꺼이 마음을 여는 태도이며 그 가치를 만난 시선들의 은은한 열광이다. 존경은 억압의 무게가 아니라 자유로운 관계에서 자라난다. 그래서 베드로는 아내를 "귀히 여기라"(벧전 3:7)고 했고 바울은 "아내를 사랑하며 괴롭게 하지 말라"(골 3:19)고 가르친다. 그러나 법으로 강요된 존경은 자발적인 존경이 아니라 쇠사슬에 묶인 예속의 몸짓이다. 마음의 흐름을 가둔 폭력이며 억압된 공포가 만들어낸 허상의 추앙이다. 남자의 권위를 법으로 세우고 여자의 존경을 명령하는 순간, 존경은 남자의 인격적인 부실함과 부당한 명예욕의 부끄러운 반증이다. 법의 주먹으로 여인들의 존경을 강요하는 군주와 신하들의 모습은 페르시아 제국의 가부장적 허세를 만천하에 드러낸다.

²¹그 말이 왕과 대신들의 눈에 좋게 여겨졌고 왕은 므무간의 말대로 행하였다

므무간의 제안은 "왕과 대신들의 눈에 좋게 여겨졌다(בטוב)." "눈"(עין)이라는 표현은 그들의 좋음이 표면적인 것에 근거하고 있음을 고발한다. 왕과 대신들은 한 사람의 편향된 조언만 듣고 성급하게 동조했다. 책사들이 빈약하다. "지략이 없으면 백성이 망하여도 모사가 많으면 평안을 누"린다(잠 11:14)는 지혜를 무시했다. 므무간의 제안은 왕과 대신들의 귀에 닿자마자 깊은 공명을 일으켰다. 그의 말은 즉시 어명의 옷을 입고 어떠한 반론이나 이의도 없이 실행으로 옮겨졌다. 므무간과 왕과 대신들의 도덕적인 수준은 동일했다. 므무간의 논리는 왕의 불합리한 감정에 법의 정당성을 선사했고, 대신들의 이기적인 욕망에 정교한 명분을 제공했다.

이 조용한 합의 속에서 제국은 움직였고 권력은 자신의 민망한 본색을 드러냈다. 그들이 합의한 좋음은 이익의 다른 이름이다. 조서와 법제화의 합의로 왕에게는 꺾인 권위의 만회라는 이익이, 대신들의 손에는 가정과 제국의 질서를 명분으로 자신들의 남성적 지배력을 공고히 하는 이익이 주어진다. 그들은 욕망을 법이라는 신성한 이름으로 포장하고 이기심을 질서라는 그럴듯한 명분으로 위장한다. 사적인 이익을 위한 이 굳건한 동맹 앞에서 양심의 가책이나 도덕적 고민은 사치였다. 와스디의 존엄성은 그들의 이익 계산기 앞에서 어떠한 변수도 아니었다. 한 여인의 목소리는 그들의 공통된 이익을 위해 소비되는 제물에 불과했다.

"므무간의 말대로"(כִּדְבַר מְמוּכָן) 행한 주체는 대신들의 흡족한 표정들을 확인한 왕이었다. 제국이 작동되는 원리가 이러하다. 신하가 제안하고 왕이 실행한다. 이 표현에서 제국의 민낯이 드러났다. 명령하는 자가 순종하고 순종해야 할 자가 명령하는 곳이었다. 왕관을 쓴 자는 옥좌에 앉아 있었지만 진짜 권력은 그 주위를 맴돌았다. 왕은 대신들의 얼굴을 읽는 자였고 므무간은 왕의 마음을 사용하는 신하였다. 신하의 혀 놀림으로 왕은 군림하는 자가 아니라 조언자의 말에 이끌리는 그림자가 되고 므무간은 그림자 뒤에서 권력을 움직이는 조타수가 된다. 므무간은 악법을 고안하는 머리였고 왕은 그것을 반포하는 입이었고 대신들은 그것을 집행하는 몸이었다. 그들은 하나의 유기적인 생물처럼 움직였다. 의견의 조율이 필요하지 않을 정도로 그들의 망가진 양심은 비루하게 일치했다. 그들의 일치는 논리나 도덕이 아닌 어둠의 심연에서 이루어진 본능의 연대였다. 그들 사이에는 반대가 불경처럼 여겨졌고 의구심은 반역의 싹이었다. 그들은 서로를 닮아가며 하나의 짐승이 되었고 그들의 왕국은 마치 살아있는 괴물처럼 욕망과 교만을 숨처럼 들이켰다. 그들은 각자의 이익을 탐닉하며 흡족한 미소를 교환하며 자신들의 합의를 만끽한다.

그러나 제국의 미래는 울상이다. 사실 "다수를 따라 악을 행"할 수도 있다(출 23:2)는 말씀처럼, 대신들이 므무간의 제안에 모두 동의를 했다고 옳은 것은 아니었다. 진리는 다수결로 결정되지 않는다는 점을 왕은 신중하게 고려하지 못하였다. 한 여인의 입을 봉쇄하기 위해 취한 그들의 즐거운 조치는 제국의 실핏줄을 타고 퍼져서 곳곳에 소리 없는 다수의 울음을 만들 것이 분명하다. 그런데도 명령의 방향이 뒤바뀐 곳에서는 책임의 무게가 사라진다. 왕은 "므무간의 말대로" 했을 뿐이라는 발뺌이 늘 준비되어 있다. 므무간은 왕에게 건의했을 뿐이라는 변명을 늘 소지하고 있다.

²²그는 모든 남자가 자기 집에서 통치하는 자와

자기 민족의 언어대로 말하는 자가 되게 하려고 모든 지방들에 문서들을 보내되

각 지방마다 그 글자대로, 각 민족마다 그 언어대로 [발송했다]

왕은 조서를 내리고 제국의 모든 지방에 발송했다. 그 조서는 "각 지방마다 그 문서대로, 각 민족마다 그 언어대로" 제작된 것이었다. 여기에서 우리는 페르시아 제국이 광활한 영토를 가졌고 다민족과 다국어로 이루어진 나라임을 확인한다. 왕은 조서의 수령에 어떠한 지방이나 민족도 배제됨이 없게 하기 위하여 "문서"(כְּתָב)와 "언어"(לָשׁוֹן)를 구분하며 다양한 글쓰기의 양식과 다양한 언어를 모두 동원한다. 악습은 성실하고 꼼꼼하다. 왕의 조서는 종이 조각이 아니라 거대한 제국의 심장에서 만들어진 독이었다. 그 독이 제국 전체에 골고루 퍼지도록 왕은 자신의 역량을 최대치로 발휘한다. 악은 게으르지 않다. 한 영혼을 파괴하고 한 사회를 병들게 하는 일에 극도의 심혈을 기울인다. 지도층의 탐욕이 담긴 조서는 모든 지방의 문자와 모든 민족의 언어를 삽시간에 장악한다. 조서에 담긴 내용은 두 가지인데, 하나는 "모든 남자가 자기 집에서 통치하는 자(שׂרר)"가 되게 하려는 탐욕이고 다른 하나는 모든 남자가 "자기 민족의 언어대로 말하는 자"가 되게 하려는 내용이다.

첫째, 왕은 가정의 질서를 "통치"라는 개념으로 규정하고 그 통치의 권한을 남자에게 부여한다. 이는 인간의 타락 이후에 여자에게 주어진 형벌로서 남편이 다스릴 것이라는 성경의 관점(창 3:16)에서 보면 타당하다. 그럼에도 불구하고 형벌로 주어진 남편의 다스림은 군림이나 지배가 아니라 사랑과 섬김에 기초한 언약적 책임이다. 그리스도 안에서는 가정의 풍경이 더더욱 달라진다. 가정의 질서는 힘의 논리를 거부하며 사랑의 섬세한 움직임 속에서 새로 태어난다. 남편이 아내를 다스리는 것이 아니라 아내가 남편에게 복종한다. 이런 복종의 관계에서 주도권은 남편의 손아귀가 아니라 아내에게 있다는 사실이 중요하다. 다스림과 복종은 닮은 꼴인 듯한데, 뉘앙스의 미묘

한 차이가 가져오는 의미의 차이는 지대하다. 가정을 완전히 다른 빛으로 물들인다. 남편은 다스리려 무력의 손을 들지 않고, 아내는 사랑에 응답하여 자신을 내어준다. 남편이 아내를 다스리는 굳건한 손길 대신, 아내가 남편에게 복종하는 부드러움 발걸음이 먼저 시작된다. 이것은 결코 패배의 몸짓이 아니라 깊은 신뢰와 사랑에서 비롯된 주도권의 선언이다. 그녀의 복종은 겉으로 드러나는 굴복이 아니라 내면의 진실한 존경이다. 지배가 없는 가정에서 참된 권위가 서고 강제가 없는 가정에서 참된 자유가 배양된다. 복종이 주도권이 되고 사랑이 질서가 되는 세계, 그곳이 바로 주님께서 세우신 가정이다. 그러나 페르시아 제국에서 여인들의 복종은 자유로운 영혼의 춤이 아니라 의무라는 이름의 무거운 사슬이다. 남자가 통치자가 된 가정에는 복종 대신에 지배가, 사랑 대신에 규율이 활보한다. 세상의 법은 남자의 주권을 보장하나 주님의 법은 아내에게 복종의 주도권을 허락한다. 강요된 순종이 아닌 자발적인 내어줌이 진정한 가정의 질서를 꽃피운다.

둘째, 왕은 모든 남자가 "자기 민족의 언어대로 말하는 자"가 되도록 지시한다. 이는 하나의 가정 안에도 다양한 민족이 출입하고 다양한 언어가 사용되고 있음을 보여준다. 하나의 페르시아 공용어가 아니라 여러 언어들이 사용되는 것은 127개의 지방으로 이루어진 거대한 제국의 특징이다. 그런데 남자가 "자기 민족의 언어대로"(כִּלְשׁוֹן עַמּוֹ) 말한다는 것은 남자가 속한 가족이나 공동체 안에서는 그 남자의 언어 외에 다른 언어를 쓰지 말아야 함을 의미한다. 언어는 곧 숨결이다. 숨을 막는 조서는 곧 생명을 억압한다. 그러나 억눌린 소리는 결코 지워지지 않고 밤마다 베개에 스며드는 꿈결로, 아이의 입술에 번지는 노래로, 몰래 흘러나와 다시 제국의 공기를 부유한다.

포고령 이전의 아이들은 아빠의 말로 역사를 배우고 엄마의 언어로 사랑을 속삭였다. 서로 다른 언어들이 모여든 가정은 획일화된 집이 아니라 다양한 소리로 가득한 작은 우주였다. 그러나 왕의 명령은 그 우주를 파괴하려 한다. 왕의 조서를 따라 남편은 아내에게 "네 언어를 버리고 내 언어를 따르라"

고 강요한다. 아내의 언어 속에는 어린 시절의 추억, 어머니의 자장가, 그리운 고향의 풍경이 가득했다. 그런데 왕은 남자가 속한 공동체의 언어만이 옳다고 선언했다. 이는 언어의 다름을 인정하지 않고 오직 하나의 목소리만 강요하는 폭력이다. 이런 언어의 억압은 의견의 다름을 억누르고 특정한 의견의 단일화를 강요하는 단계로 필히 악화된다.

성경은 다양한 언어를 존중한다. 오순절에 하나님의 큰 일이 선포될 때에도 제자들은 "다른 언어들로" 말하였다(행 2:4). 요한의 증거에 따르면, "각 나라와 족속과 백성과 방언에서 아무도 능히 셀 수 없는 큰 무리가" 큰 소리로 하나님과 어린 양을 찬양한다(계 7:9-10). 모두 하나의 언어가 아니었다. 이러한 천국의 모습과 페르시아 제국의 분위기는 판이했다. 특정한 언어만 선호하고 다른 언어는 배제했다. 가정의 질서에 대해 전국에 각 민족의 언어로 국법을 내렸지만 남편의 언어만 쓰라는 명령, 부부의 사랑이 없는 명령은 시끄러운 꽹과리에 불과하다(고전 13:1).

에스더서 1장 16-22절에서 우리는 페르시아 제국의 결정적인 문제를 발견한다. 첫째, 제국은 두려움에 기반한 통치 체제였다. 므무간과 대신들은 한 여인의 불순종이 제국 전체의 근간과 질서를 무너뜨릴 것이 두려웠다. 이는 제국의 권위가 진정한 존경이나 사랑이 아니라 강제와 공포에 의존하고 있음을 보여준다. 둘째, 변개할 수 없는 법의 경직성에 사로잡혀 있다. 회개, 영서, 수정의 여지가 없는 완고한 법체계는 지혜롭지 못한 결정도 되돌릴 수 없게 만들기 때문에 효능보다 부작용이 크다. 셋째, 강제로 존경과 사랑을 만들려는 우매함을 드러낸다. 진정한 관계의 본질에 대한 무지도 드러낸다. 인간의 마음은 통제할 수 없다는 사실을 외면한다. 본문은 나라가 크고 국부가 막대하고 국력이 막강해도 인간에 대한 기본적인 이해조차 없는 제국의 실상을 고발한다.

에 2:1-7

¹그 후에 아하수에로 왕의 노가 그치매 와스디와 그가 행한 일과 그에 대하여 내린 조서를 생각하거늘 ²왕의 측근 신하들이 아뢰되 왕은 왕을 위하여 아리따운 처녀들을 구하게 하시되 ³전국 각 지방에 관리를 명령하여 아리따운 처녀를 다 도성 수산으로 모아 후궁으로 들여 궁녀를 주관하는 내시 헤개의 손에 맡겨 그 몸을 정결하게 하는 물품을 주게 하시고 ⁴왕의 눈에 아름다운 처녀를 와스디 대신 왕후로 삼으소서 하니 왕이 그 말을 좋게 여겨 그대로 행하니라 ⁵도성 수산에 한 유다인이 있으니 이름은 모르드개라 그는 베냐민 자손이니 기스의 증손이요 시므이의 손자요 야일의 아들이라 ⁶전에 바벨론 왕 느부갓네살이 예루살렘에서 유다 왕 여고냐와 백성을 사로잡아 갈 때에 모르드개도 함께 사로잡혔더라 ⁷그의 삼촌의 딸 하닷사 곧 에스더는 부모가 없었으나 용모가 곱고 아리따운 처녀라 그의 부모가 죽은 후에 모르드개가 자기 딸 같이 양육하더라

❖ ❖ ❖

¹이러한 일들 이후에 아하수에로 왕의 분노가 그쳤을 때 그는 와스디와 그녀가 행한 것과 그녀에게 선고된 것을 기억했다 ²왕의 시종인 소년들이 말하였다 "왕을 위하여 아름다운 용모의 처녀 소녀들을 찾게 하십시오 ³즉 왕은 자신의 왕국의 모든 지역에서 관리들을 임명하게 하시고 그들로 아름다운 용모의 모든 처녀 소녀를 수산 성 여인들의 집으로 소집하게 하시고 여인들을 감독하는 왕의 내시 헤개의 손에 [넘겨] 그녀들의 미용품을 주게 하십시오 ⁴왕의 눈에 좋은 소녀가 와스디 대신에 왕후가 될 것입니다" 그 일이 왕의 눈에 좋게 여겨져서 그렇게 행하였다 ⁵수산 성에 한 유다 사람이 있는데 그의 이름은 모르드개, 그는 기스의 아들 시므이의 아들 야일의 아들이며 베냐민 사람이다 ⁶그는 바벨론 왕 느부갓네살이 사로잡아 간 유다 왕 여고냐와 함께 사로잡아 보낸 포로들과 더불어 예루살렘에서 사로잡혀 갔다 ⁷그리고 그는 그의 삼촌의 딸인 하닷사 즉 에스더를 양육하는 자가 되었는데 이는 그녀에게 아버지와 어머니가 없었기 때문이다 그녀는 외모가 아름답고 용모가 좋은 소녀였다 모르드개는 그녀의 아버지와 그녀의 어머니가 죽었을 때 그녀를 딸로서 자기에게 데려갔다

05 아름다운 에스더

분노의 폭풍이 잦아들고 왕의 기억 속에는 폐위된 왕후의 그림자가 아련하다. 이에 왕의 신하들은 왕에게 아름다운 처녀들을 모아 새로운 왕후를 간택하여 와스디의 부재를 채우고 왕의 권위 회복의 해법으로 삼으라고 제안한다. 이 제안이 수락되자, 왕좌의 곁을 채울 새로운 별을 찾으려는 움직임이 바빠진다. 이제 제국의 모든 땅에서 살아가는 순결한 꽃들이 수산 성으로 모여든다. 그 물결 속에는 먼 유다 땅에서 포로로 끌려온 한 유다인이 있다. 그리고 그의 슬하에는 부모 잃은 슬픔을 안고도 빛나는 미모를 지닌 하닷사, 곧 에스더가 딸처럼 자라고 있었는데 운명의 실타래가 조용히 엮어지는 서곡처럼 이야기는 새로운 국면으로 접어든다.

¹이러한 일들 이후에 아하수에로 왕의 분노가 그쳤을 때
그는 와스디와 그녀가 행한 것과 그녀에게 선고된 것을 기억했다

왕의 격정은 와스디 폐위와 조서 반포와 가부장적 권위의 법제화로 인해
풀어졌다. 이후에 그는 와스디와 그녀에게 내렸던 판결을 떠올린다. 판결의
끝에 새로운 왕후의 필요성이 매달려 있음도 기억한다. "분노"(חֵמָה)는 인간
의 가슴에서 가장 뜨겁게 타오르는 불꽃이다. 때로는 정의를 향한 열정으로,
때로는 파괴로 향하는 광기로 우리 앞에 나타난다. 플라톤은 이성이 마부가
되어 감정의 말을 제어해야 한다고 주장한다. 분노는 그 말들 중 가장 사나
운 흑마로 고삐를 놓는 순간 우리를 벼랑으로 몰고 간다. 세네카는 분노를
"잠깐의 광기"로 규정한다. 그것은 이성의 마비를 가져오고 사람을 짐승으로
바꾸는 독약이다. 현자는 분노와 무관한 사람이다. 왜냐하면 세상의 모든 일
은 필연의 법칙을 따라 일어나며 거기에 분노하는 것은 돌이 아래로 떨어지
는 것에 화를 내는 것만큼 어리석기 때문이다. 근대에 이르러 분노는 새로운
옷을 착용한다. 니체는 분노를 힘에의 의지가 좌절될 때 분출되는 생명력의
절정으로 이해한다. 까뮈에게 분노는 부조리한 세계에 대한 인간의 반항이
다. 그런 반항을 통하여 비로소 인간의 존엄을 확인한다. 그런데 하나님의 의
로운 분노는 사랑과 더불어 성경 전체를 관통한다. 그것은 하나님의 무관심
이 아니라 사랑의 또 다른 얼굴이기 때문이다. 거룩한 분노는 정의에 대한 열
정이며 피조물에 대한 깊은 관심의 표현이다.

본문에서 분노의 문맥적인 의미는 기억 지우개다. 분노가 치솟았을 때 마
비된 기억이 그 분노가 멈추자 다시 가동된다. 분노는 우리 안의 가장 연약
하고 상처받은 부분이 내지르는 비명이다. 밖으로 나온 분노가 사람의 분별
력과 판단력에 미치는 영향력은 지대하다. 분노가 치솟을 때, 분별의 기여는
멈추고 판단의 축은 흔들린다. 분노에 대한 성경의 꾸지람은 엄중하다. 왜냐
하면 분노는 지혜를 가리고 사람을 우매하게 만들기 때문이고(잠 14:29), 다

툼을 일으키고 잘못을 많이 저지르기 때문이고(잠 29:22), 분노는 어리석은 자의 거처이고(전 7:9), 하나님의 의를 이루지 못하게 만들기 때문이다(약 1:20). 그러나 분노가 그치면 하얗게 질린 세상의 색깔도 제자리로 돌아오고 눈앞에 펼쳐진 공허함도 어디에서 비롯된 것인지를 깨닫는다. 분노 이전에 소중했던 관계의 흔적, 분노로 짓밟힌 신뢰의 파편, 그리고 자신을 향한 깊은 후회의 그림자도 줄줄이 찾아온다.

왕의 머리에도 진노의 마지막 불씨가 꺼진 이후에야 기억이 찾아왔다. 기억의 중심에 와스디가 있다. 지나간 아내를 떠올릴 때마다 왕의 옆구리는 허전했다. 그녀의 빈자리가 크게 느껴졌기 때문이다. 사라진 그녀는 미모보다 더 큰 공허를 남겼고 왕의 권세도, 금실로 수놓은 왕복도, 산해진미 가득한 수라상도, 황금으로 장식된 침상도 그 공허 앞에서는 무색했다. 옆구리에 웅크리고 앉은 허전함의 광기가 밤이면 더 심해진다. 이는 화려한 잔치를 열어도, 수많은 미녀들을 불러 모아도 해소되지 않는 인격적 교감의 허기였다. 왕후의 존재 자체가 그에게는 자신의 왕국과 맞먹는 익미였다. 앞으로 에스더가 왕과 제국에서 차지하게 될 의미의 무게는 이런 맥락에서 가늠된다.

2왕의 시종인 소년들이 말하였다
"왕을 위하여 아름다운 용모의 처녀 소녀들을 찾게 하십시오

왕의 머리에서 기억의 문이 조금씩 열리는 순간, 그 절묘한 타이밍에 왕의 시종들이 새로운 왕후 간택을 제안한다. 왕의 필요와 신하들의 제안이 에스더의 운명적인 등장을 가능하게 하는 결정적인 계기로 작용하는 타이밍도 절묘하다. 신하들은 마치 왕의 속마음을 엿본 것처럼 즉시 머리를 조아리고 말하였다. 궁궐에 다시 기쁨의 꽃을 피우라고! 그들의 목소리는 예리한 칼날처럼 왕의 고단한 회상을 베어냈다. 그들의 제안은 공허한 왕좌를 채우라는

게 아니라 과거의 기억에서 나와 새로운 권위와 질서를 세우라는 무언의 암시였다. 이에 왕의 고뇌는 새로운 희망으로 갈아타고, 개인적인 아픔은 국가적인 필요라는 거대한 명분 아래에서 희석되고, 왕의 텅 빈 옆자리는 더 이상 후회의 공간이 아니라 미래를 위한 새로운 준비의 무대로 전환된다.

제안의 내용은 먼저 "아름다운 용모의 처녀 소녀들"을 찾으라는 것이었다. 이 제안에 담긴 왕후의 요건들은 다양하다. 즉 왕후가 될 후보자는 첫째로 아름다운 용모를 갖추어야 하고, 둘째로 처녀여야 하고, 셋째로 소녀여야 한다. "아름다운 용모"(טובות מראה)는 햇살처럼 눈부신 미소인가, 달빛처럼 차가운 눈매인가? 곱게 빗은 모발인가, 아니면 입가에 스치는 작은 점 하나인가? 미모가 왕에게는 권위를 상징하는 최고의 표시였다. 미모는 권력이 바라는 욕망의 피부인 동시에 왕의 눈을 사로잡을 유력한 덫이었다. "처녀"(בְּתוּלָה)는 남자들의 지난 소유 흔적이 없어야 하고 미래도 오직 왕 한 사람을 기다리는 하얀 백지여야 한다는 요건이다. 즉 왕의 여인이 되기 전까지 그녀는 누구의 것도 아니어야 한다. "소녀"(נַעֲרָה)는 생명력, 유연함, 그리고 미래가 있는 젊음을 가리킨다. 그녀의 나이는 권력이 마음대로 조각할 수 있는 부드러운 흙이었다. 경험과 지혜는 배제되고 신선함과 순수만 최고의 덕목으로 여겨졌다. 이처럼 왕의 취향을 저격하는 시종들의 제안은 완벽하게 아름다운 외모를 통해 와스디의 폐위로 잃어버린 왕의 자존심을 회복하고 순결한 처녀를 통해서는 격분한 판결의 흠을 씻어내고 어린 소녀를 통해서는 제어하지 못한 와스디의 거절을 만회하는 완전한 통제를 선물하려 한다.

왕후 간택을 제안한 시종들은 중년이나 노년이 아니라 청년보다 어린 "소년"(נַעַר)이다. 그들은 비록 중년의 관록도, 노년의 지혜도, 권력의 무게를 재어본 손도, 제국의 운명을 헤아릴 시선도 없었으나, 제국의 최신 트렌드나 새파란 욕망의 기류는 누구보다 더 예민하게 감지했다. 국가의 거대한 명분보다 젊은 여인의 향기와 미소가 왕좌를 어떻게 물들일지 상상하는 나이였다. 그들은 왕후의 빈자리를 권력의 상실로 해석하지 않고 가장 아름답고 생동

감 넘치는 새로운 이야기의 시작으로 이해했다. 그들의 제안은 정치적 논리가 아니라 순수한 본능으로 왕의 빈자리를 보듬었다. 늙은 왕의 마음에서 이미 소진된 젊음의 불씨를 되살렸다.

3즉 왕은 자신의 왕국의 모든 지역에서 관리들을 임명하게 하시고 그들로
아름다운 용모의 모든 처녀 소녀를 수산 성 여인들의 집으로 소집하게 하시고
여인들을 감독하는 왕의 내시 헤개의 손에 [넘겨] 그녀들의 미용품을 주게 하십시오

이 구절은 후속 조치 차원의 두 번째 제안이다. 시종들은 비록 어리지만 영리했다. 새로운 왕후를 찾으라는 방향만 제시하지 않고 구체적인 방법과 절차 제시에도 치밀했다. 먼저 "왕국의 모든 지역에서" 이 사안을 별도로 전담할 책임자를 임명해야 한다. 이는 제국의 중심인 수산 성만이 아니라 지방과 광활한 땅끝까지 눈길을 뻗쳐 최고의 미인을 찾겠다는 발상이며 마치 미스 페르시아 진선미를 뽑으려는 양상이다. 수도에서 가장 외진 변방까지 그물처럼 펼쳐진 제국의 행정망이 이제는 "미모"라는 새로운 자원을 조사하기 위해 발맞추어 움직인다. 지방 총독들은 전쟁의 준비나 세금의 징수보다 자신의 구역에서 뛰어난 용모의 처녀를 물색하고 그 명단을 확보해야 하는 초유의 임무에 돌입한다. 각 지역은 가장 아리따운 처녀를 내세워 중앙의 눈도장을 받으려고 한다. 미모는 이제 국가에 바쳐져야 할 제물이자 지방의 명예가 걸린 특산물로 등극한다. 미모 수집이 뭐라고, 국가적인 사업으로 키우는가! 이게 무슨 신종 난리인가!

시종들의 치밀한 제안은 온 제국에 그림자를 드리웠다. 전국 각지의 관리들이 뿌린 투망에 걸리는 것은 살아서 호흡하는 아름다움 그 자체였다. 이제 문제는 그 수많은 미모들을 두어야 할 장소였다. 각 지역에 세워진 책임자를 통해 발굴된 제국의 모든 미인들이 소집되는 곳은 "수산 성 여인들의 집"이

었다. 제국의 뜨거운 햇살 아래에서 피어난 다양한 꽃들, 사막의 모래처럼 갈색 피부에 격정적인 눈동자를 가진 여인, 북쪽 산지의 차가운 바람이 스민 흰 피부의 미인, 비옥한 강변의 온기로 빚어진 부드러운 얼굴들, 이 모두가 "여인들의 집"(בֵּית הַנָּשִׁים)이라는 이름의 낯선 대기실로 운집한다. 전국 127도에서 발굴된 미인들은 얼마나 많았을까? 그만큼의 다양한 꿈과 두려움도 함께 "여인들의 집"으로 끌려오지 않았을까? 어떤 이는 가문의 영광을 기대하고, 어떤 이는 가난의 사슬을 단절할 꿈을 품고, 어떤 이는 바람에 실려 흘러가는 하나의 잎사귀 신세로 정처 없이 오지는 않았을까? 수산 성에 둥지를 튼 이 공간은 화려한 집결지인 동시에 창살 없는 감옥이다. 앞으로 전개되는 이야기를 보면, 수산의 그 "여인들의 집"은 역사가 기억도 하지 못할 수많은 이름들을 삼킨 채, 오직 하나의 이름을 위해 존재하는 곳인지도 모르겠다.

전국에서 수집된 미모의 원석들은 이제 한 남자의 손에 쥐어진다. 그의 이름은 "헤개"(הֵגֶא), 왕의 내시이며, "여인들의 집"이라는 화려한 공방의 장인이다. 그는 마치 광산에서 캐낸 금덩이를 정련하듯 각지에서 올라온 소녀들의 낯선 미모를 장엄한 금고에 어울리는 형태로 바꾸는 변신의 달인이다. 그의 임무는 고향의 흙을 묻힌 채로 찾아온 그들에게 제국 수도의 향기를 스며들게 하는 것이었다. 그의 손길은 차갑고도 정확하다. 사막의 볕에 탄 거친 피부에는 지중해의 올리브오일과 우유의 향기를 스민 보습의 비법을, 산지에서 거칠게 자란 두발에는 궁정의 귀부인들 사이에서 유행하는 가장 세련된 올림머리 스타일을, 지방 사투리로 수줍게 웃던 입가에는 수산 궁정의 회랑에서 통용되는 우아한 말투와 은은한 미소를 처방한다. 그리고 궁정의 암호 같은 예법도 가르치고 왕을 대면할 때의 자세와 시선, 그리고 왕의 마음을 움직일 수 있는 비법도 주입한다.

그러나 헤개는 전국에서 온 소녀들이 자신을 스스로 꾸미는 재능도 존중하여 자유롭게 사용할 "미용품"(תַּמְרוּקִים)을 그들에게 제공한다. 이것은 그냥 화장품이 아니라 선택의 권리였다. 헤개가 부여한 엄격한 규칙과 세련된 기준의 그늘 아래에서 작지만 확고한 자유의 영역을 허락한 일종의 선물이다. 이는 마치 화가에게 무한한 팔레트를 선사하는 셈이었다. 이것은 고향의 냄새를 제국의 궁정에 어울리는 향기로 덧칠할 수 있는 도구였다. 사막에서 온 소녀는 그녀의 얼굴에 그리운 노을이 스며들게 하고, 포도밭을 일구며 자란 소녀는 그녀의 입술에 익은 포도의 붉은빛을 더하고, 북쪽 호수에서 온 소녀는 그녀의 눈가에 안개의 은은한 그림자를 드리운다. 소녀들은 서로의 미용 비법을 교환하고 머리칼을 땋아주며 자신들의 거울 속 모습을 다듬는다. 이렇게 각자 자신만의 작은 저항이자 고유한 매력이 헤개의 교실에서 배운 표준화된 미모의 법칙들 사이로 스며든다. 이는 강제가 아닌 유도이고 억압이 아닌 허용이다. 이로써 모든 소녀가 똑같이 빛나는 대신 각자의 방식으로 빛날 수 있고 그 빛들 사이에서 한 소녀의 독보적인 광채가 왕의 마음을 장악하게 된다.

⁴왕의 눈에 좋은 소녀가 와스디 대신에 왕후가 될 것입니다"
그 일이 왕의 눈에 좋게 여겨져서 그렇게 행하였다

시종들의 마지막 제안은 왕의 기호를 간택의 궁극적인 기준으로 제시한다. 모든 절차와 규정, 모든 준비와 단장을 관통하는 궁극적인 법칙은 미모의 객관적인 기준도, 처녀의 순수성도, 체계의 치밀함도 아닌 오직 한 사람의 주관적인 기호였다. 모든 공식을 무력하게 만드는 마법의 주문은 기호의 출구인 "왕의 눈"(עֵינֵי הַמֶּלֶךְ)이었다. 제국의 운명조차 왕의 눈동자에 달려 있다는 사실을 어린 시종들은 치밀하고 대담하게 드러냈다. 시종들의 이 마지막 제안은 전국에서 걸러져 올라온 수만 개의 별들, 헤개의 손길이 빚어낸 화려한 조각들, 그 모든 것을 단지 "왕의 눈"이라는 주관적인 감정의 저울에 올려놓겠다는 선언이다. 동시에 왕의 승인을 가능하게 만들 타격감이 가장 큰 제안이다. 당시 왕의 마음은 더 이상 논의의 대상이 아닌 최종 판결의 법정이다. 그것은 합리적인 근거를 거부하는 감정의 독재였고 동시에 누구도 반박할 수 없는 권력의 논리 자체였다. 그 어떤 미모도, 그 어떤 절차도, 그 어떤 분량도 왕의 가슴을 뛰게 만들지 못하면 모든 게 무익하다.

이 제안은 왕에게 모든 것을 허용한다. 이 제안에 따르면, 왕은 이성의 편견 없이, 정치적 계산 없이, 순수하게 자신의 본능과 감각에 따라 선택할 수 있는 절대적인 자유를 행사하는 것이 가능하다. 텅 빈 옆자리, 짓밟힌 자존심, 치솟던 분노, 이 모든 고통의 원인을 깨뜨릴 최고의 한방이 왕의 귀에 들어왔다. 이제 왕은 잃어버린 것을 후회하는 대신 자신의 마음에 드는 새로운 것을 선택하는 주인의 자리에서 고개를 끄덕인다. 이제 그는 모든 것을 통제할 수 있다는 느낌을 다시금 되찾았다. 그의 얼굴은 만족의 미소를 머금었다. 가장 아름다운 존재를 선택하는 행위 자체가 곧 그의 절대적인 권위가 되는 순간이기 때문이다. 왕은 시종들의 제안대로 행하였다. 이 문장에서 "행하다"(עשה)는 동사의 주어는 왕이었다. 물론 신하들을 시켜서 했겠지만 왕을 행위의 주체로 표기한 저자의 의도는 적극적인 승인과 신속한 조치에 담긴 왕의 기호를 드러내기 위함이다.

칼로 일어선 자는 칼로 망하듯이 미모로 일어선 자는 미모로 몰락한다. 허세 가득한 아하수에로 왕은 와스디의 미모 때문에 일어난 제국의 혼돈을 겪은 이후에도 정신을 못 차렸다. "왕의 마음에 드는 소녀"가 아니라 "왕의 눈에 좋은 소녀"를 왕후로 삼으라는 시종들의 제안은 왕이 사람의 중심을 보지 않고 외모를 보는 군주임을 암시한다. 시종들은 왕의 곁을 지키면서 그가 사람의 중심보다 껍질의 화려함에 빠지는 군주라는 사실을 정확히 간파했다. 같은 맥락에서 저자는 "왕의 눈"이라는 표현을 두 번이나 적시했다. 그러나 그들의 제안은 비록 왕의 귀를 즐겁게 하였지만 왕의 나약함을 정확히 찌른 점이었다. 미인을 얻어도 왕은 사랑이 아니라 시각적 쾌감에 머무는 사람이다. 영혼의 울림보다 눈부신 화장발을, 내면의 깊이보다 표면의 윤기를 선호한다. 그러나 제국의 왕좌는 다시금 위험한 토대 위에 세워진다. 오늘은 왕의 눈을 사로잡은 미모도 내일은 새로운 빛에 가려지기 마련이기 때문이다. 한 번 미모는 영원한 미모가 아니며, 와스디의 미모가 무너진 것처럼 새로운 왕후의 미모도 언젠가는 무너질 모래성에 불과하다. 이처럼 외모로 쌓아 올린 권력은 외모의 변덕으로 무너지기 쉽다. 물론 왕의 미모 지향적인 기질도 하나님의 섭리 안에서는 요긴한 도구로 사용된다.

> 5수산 성에 한 유다 사람이 있는데 그의 이름은 모르드개,
> 그는 기스의 아들 시므이의 아들 야일의 아들이며 베냐민 사람이다

지금까지 저자는 에스더 이야기의 주연들이 등판할 시대적인 배경을 소개했다. 이제 이야기는 다른 국면으로 접어든다. 모르드개와 에스더가 무대에 올라온다. 아버지와 딸, 혹은 사촌 오빠와 여동생 관계인 두 사람의 소개는 와스디와 아하수에로의 경우와는 달리 아주 세세하다. 왕과 왕후의 이야기는 짧고 화려하게 지나갔다. 술잔이 부딪히는 소리, 격정의 분노, 조서의 낭독, 그 모든 장면이 급하게 지나갔다. 그러나 에스더와 모르드개 두 사람의 소개는 느린 속도로 지나간다. 그들의 뿌리를 따라가고 그들의 상처를 헤아리며 잃어버린 부모와 혈통의 사슬까지 세밀하게 기록한다. 왜 이토록 세세할까? 이들의 배경이 곧 서사의 비옥한 토양이 되기 때문이다. 제국의 화려한 궁정이 아닌 포로의 땅에서 살아남은 유다인의 가문, 권력의 자리에 앉은 왕과 왕후가 아닌 유리된 땅에서 뿌리내린 이방인의 자손, 하나님은 바로 그 자리에서 구원의 씨앗을 틔우신다. 무대 위의 두 사람은 화려하지 않다. 그러나 이들의 슬픈 배경은 하나님 나라의 빛을 머금은 어둠이다.

먼저 모르드개 이야기가 시작된다. "모르드개"(מָרְדֳּכַי)는 바벨론 제국의 수호신인 "마르둑"(מְרֹדָךְ)에서 유래한 이름이다. 이는 "마르둑에 속한 사람" 혹

은 "작은 사람"을 의미한다. 이는 모드드개가 바벨론의 우상을 숭배한 자라는 뜻이 아니라 바벨론 포로 이후 이스라엘 백성의 현실을 드러낸다. 그의 부모나 조부모가 그에게 바벨론식 이름을 지어준 것은 제국 안에서 생존하기 위한 전략이고, 현지 사회에 적응하기 위한 선택이며, 당시 흩어진 유다인의 일반적인 관행을 보여준다. 다니엘의 바벨론식 이름도 "벨드사살"(בֵּלְטְשַׁאצַּר), 즉 "벨(마르둑)이여, 그의 생명을 혹은 왕을 지키소서"를 의미한다. 바벨론의 포로였던 다니엘의 이 이름도 히브리 정체성과 무관하고 오히려 마르둑과 결부되어 있다. 하닷사의 이름인 "에스더"(אֶסְתֵּר)도 "아스다롯"(עַשְׁתָּרוֹת) 여신의 이름과 연결되어 있다. 바벨론의 신 이름과 철저한 히브리 정체성이 절묘하게 대비된다. 마르둑의 이름을 품은 자가 왕의 총리가 되고 바벨론 여신의 이름을 가진 여인이 제국의 왕후가 되었으나 그들이 하나님의 백성을 죽음의 문턱에서 살려낸다. 이처럼 이름도 없으신 하나님은 우상의 이름들이 난무하는 제국에서 그것들을 도구로 삼아 당신의 백성을 구하신다.

모르드개는 수산 성에서 사는 "유다 사람"(אִישׁ יְהוּדִי)이다. 동시에 그는 "베냐민 사람"(אִישׁ יְמִינִי)이다. 그는 유다 사람인가 아니면 베냐민 사람인가? 유다 사람인 동시에 베냐민 사람이다. 지파로 따지면 그는 베냐민 사람이고, 베냐민 지파와 유다 지파가 남유다 왕국 안에서 하나 된 백성이고 함께 포로로 끌려와 같은 처지에 놓여 있기 때문에 큰 지파인 유다의 대표성을 따라서는 유다 사람이다. 저자는 이러한 모르드개 소개를 통하여 에스더 이야기에 두 지파의 역사적 사연이 스며들어 있음을 암시한다. 처음으로 두 지파가 얽힌 사연은 족장 시대에 유다가 자신의 목숨까지 포기하며 베냐민을 구원한 사건이다. 두 번째 사연은 왕정 시대에 베냐민 지파 출신의 이스라엘 왕인 사울이 유다 지파 출신의 후계자 다윗 왕을 괴롭힌 사건이다. 세 번째 사연은 분열 왕국 시대에 유다와 베냐민 두 지파가 긴밀한 정치적 결합을 통해 남유다 왕궁을 세운 사건이다. 네 번째로, 포로기 시대의 에스더서 안에서는 두 명의 베냐민 사람이 그 지파가 포함된 모든 유다인을 구원하는 사건이 소개된다. 두 지파의 관계는 유다의 희생적인 베냐민 구원에서 살벌한 왕권 대립으로 돌아서고 다시 훈훈한 지파 연합으로 회복되고 베냐민의 보상적인 유다 구원으로 절정에 도달한다. 두 형제 지파의 역사적인 관계성 이야기는 성도들 사이에서 전개되는 개별적인 관계의 여정과 하나님 나라의 발전과 상태의 변화와 최종적인 모습을 잘 보여준다.

저자는 모르드개 소개에서 선진들의 이름을 세 명이나 열거한다. 즉 그는 "기스의 아들 시므이의 아들 야일의 아들"이다. 야일의 아들로만 소개해도 충분한데, 두 조상들의 이름까지 열거하는 이유는 무엇인가? 두 이름들의 나열은 모르드개의 배경을 평범한 개인사가 아니라 사울 왕조의 그림자와 다윗 왕조와의 긴장 속에 두려는 저자의 의도적 장치라고 나는 생각한다. "기스"(קִישׁ)라는 이름은 곧바로 이스라엘 역사의 태조 사울의 아버지 기스를 떠올리게 한다(삼상 9:1). "시므이"(שִׁמְעִי)는 다윗을 저주했던 베냐민 사람의 이름이다(삼하 16:5-13). 베냐민 지파의 역사에서 사울은 왕권의 실패를 대표하고, 시므이는 반역과 저주의 상징이다. 둘 다 베냐민 지파의 부정적인 인물이며 유다 지파의 최고 영웅인 다윗에게 큰 상처를 남긴 자들이다. 그러므로 모르드개는 평범한 인물이 아니라 깊은 내상을 입은 이스라엘 역사를 짊어진 후손으로 무대에 등장했다. 분명히 무대는 페르시아 제국이고 시대의 주도권은 이방인의 손에 쥐어져 있지만 하나님의 섭리와 의미의 역사는 제국의 난민들을 중심으로 전개된다. 에스더서 안에서는 특정한 시대가 오랜 역사의 흐름이 만져진다.

6그는 바벨론 왕 느부갓네살이 사로잡아 간 유다 왕 여고냐와 함께
사로잡아 보낸 포로들과 더불어 예루살렘에서 사로잡혀 갔다

수산 성에 거주하는 모르드개, 그는 평범한 시민이 아니라 바벨론 왕에 의

해 사로잡혀 간 유다 공동체의 일원이다. 그의 숨결은 느부갓네살이 휘몰아친 바벨론의 폭풍 속에서 찢겨 나온 예루살렘 잔해와 맞닿아 있다고 저자는 설명한다. 사로잡혀 간 자들의 발걸음 위에 세워진 그의 일상, 황제의 궁전 곁에서 들려오는 화려한 음악과 성찬의 향기 속에서도 그는 늘 이방의 공기를 마시며 포로의 심장을 지닌 채 살아간다. 그의 몸이 아니라 의식의 주소지는 제국의 수도가 아니라 무너진 성전과 잿더미 속에 남겨진 하나님의 약속이다. 수산의 거주민인 동시에 시온성의 잃어버린 아들이고 제국의 질서 속에서도 포로민의 기억을 간직하고 구원의 희망을 품은 주민이다. 이처럼 그는 제국과 약속, 현재와 과거, 잃어버린 땅과 기다리는 미래 사이의 어느 틈새에서 살아간다.

저자는 모르드개가 "여고냐와 함께"(עִם יְכָנְיָה) 사로잡혀 온 포로들 중의 하나라고 언급한다. 이는 모르드개의 여정이 평범한 개인사가 아니라 이스라엘 왕조의 몰락과 직결된 역사적 사건 속에 있음을 보여준다. 여고냐는 18세의 나이에 다윗 왕조의 합법적 계승자가 된 남유다의 19대 왕이며 요시야 왕의 손자이고 여호야김 왕의 아들이다. 기원전 597년에 즉위하여 3개월 10일 동안 왕위에 머물렀다. 100일짜리 왕이었다. 이 여고냐는 다윗 언약의 연속성과 포로기의 단절을 동시에 보여주는 인물이다. 비록 망국의 왕이지만 메시아의 계보를 이어간 인물이다. 여기에서 우리는 여고냐의 이름이 등장한 이유를 확인한다. 즉 하나님은 포로와 멸망의 역사 속에서도 구속의 섭리를 중단하지 않는 분이심을 보여주기 위함이다. 창창한 미래처럼 젊지만 비운의 포로가 된 왕의 비참함과 함께 모르드개 또한 예루살렘 성읍에서 타지로 사로잡혀 갔다. 이는 그의 삶이 국운의 쓰러지는 기울기를 전제로 삼은 기구한 인생임을 암시한다.

이 구절에서 저자는 "사로잡혀 가다"(길라, גָּלָה)는 동사를 세 번이나 사용한다. 이는 저자가 특별한 의미를 전하려고 독자의 시선을 강하게 끌기 위해 선택한 문학적 장치라고 나는 생각한다. "갈라"가 세 번이나 반복될 때 그것은 흔한 이동이 아니었다. 한 번은 육체가 포승줄에 묶여 고향을 떠나는 비극이고, 또 한 번은 멸망한 성전의 잔해를 뒤로 하고 영혼이 바벨론의 차가운 강가로 끌려가는 절망이며, 마지막 세 번째는 존재 자체가 하나님 없는 세상에 던져진 자들의 고독한 슬픔이다. 이처럼 "갈라"는 유다인의 포로 됨이 육체적, 영적, 존재론적 차원에서 너무도 깊은 고통임을 표현한다. 이런 고통의 무게로 저자는 독자의 심장을 세 번이나 두드린다. 이로써 유다인이 처한 포로의 운명은 독자의 뇌리 속에 묵직하게 각인된다. 동시에 사람은 사로잡혀 갔으나 하나님의 약속은 사로잡혀 가지 않았음을 생각하게 된다.

한편으로 역사의 냉엄한 사실을 가리키는 "갈라"라는 동사에는 유다 왕국의 종말, 성전의 파괴, 하나님이 약속하신 땅과의 단절이 스며들어 있다. 이 "갈라"는 신적인 심판의 손길인 동시에 백성의 불신앙과 불경함이 초래한 고통의 결말이다. 이 동사의 반복적인 사용은 포로 됨이 과거의 일시적인 사실만이 아니라 이제는 이스라엘 백성의 일상이 되었음을 암시한다. 더 이상 고향으로 돌아갈 백성이 아니라 뿌리 뽑힌 채로 살아가야 할 시하부 백성임을 아프도록 묘사한다. 그러나 이 어두운 현실은 눈부신 여명을 준비한다. 하나님은 성전이 무너지고 왕이 끌려가고 백성이 흩어지는 비극과 절망의 중심에서 더 뚜렷하게 일하시기 때문이다. 세 번의 "갈라"는 고통의 메아리인 동시에 구원의 서곡이다. 하나님은 인간의 음모와 우연이 뒤엉킨 역사의 겉면 아래에서 당신의 자비로운 계획을 도도히 이루시는 분이시다. 이러한 하나님의 섭리적 현존은 이름이 언급되는 방식이 아니라 믿음의 눈으로 읽어내야 하는 '빈자리'의 신학이다.

7그리고 그는 그의 삼촌의 딸인 하닷사 즉 에스더를 양육하는 자가 되었는데
이는 그녀에게 아버지와 어머니가 없었기 때문이다
그녀는 외모가 아름답고 용모가 좋은 소녀였다 모르드개는 그녀의 아버지와
그녀의 어머니가 죽었을 때 그녀를 딸로서 자기에게 데려갔다

이 절에서도 모르드개에 대한 설명이 이어진다. 그를 설명하기 위해 저자는 그의 사촌과 그의 관계를 언급한다. 그의 이름은 "하닷사 즉 에스더"다. 마치 존재의 두 차원을 선언하듯 두 가지의 이름이 거명된다. "은매화"를 의미하는 "하닷사"(הֲדַסָּה)는 히브리어 향기가 스며든 고향의 이름이다. 이는 유다의 딸, 포로로 끌려온 자들의 후예, 비록 이방 땅에 뿌리를 내렸지만 그 정체성의 씨앗을 지닌 존재임을 선포하는 이름이다. "별"을 의미하는 "에스더"(אֶסְתֵּר)는 페르시아 이름이다. 이는 그녀가 이방 궁정의 빛나는 별, 페르시아 제국의 권력 구조 속에서 빛을 발해야 할 정체성을 가진 존재임을 암시한다. 이것은 위장이자 전략이자 하나님이 그녀를 부르신 현장의 이름이다.

저자가 그녀의 히브리 이름을 먼저 언급하고 설명을 추가하듯 페르시아 이름도 거명한 것은 신학적인 선언이다. 하닷사가 그녀의 본질을 위한다면 에스더는 그녀의 사명을 위한 이름이다. 즉 "에스더"라는 화려한 꽃이 "하닷사"라는 뿌리에서 나왔음을, 그녀의 페르시아 신분이 유다라는 본질을 지우지는 못함을, 오히려 그 본질을 위해 사용될 도구임을 암시한다. 구원의 하나님은 그분의 백성이 어떤 이름으로 어떤 문화 속에 머물든지 그들의 참된 정체성을 기억하고 그 뿌리를 통해 일하신다. 이처럼 에스더의 두 이름은 당시의 모든 포로들이 처한 이중적인 존재의 방식과 하나님의 은밀한 주권이 작동하는 방식을 보여준다. 이런 관점에서 보면, 에스더 이야기는 하닷사가 에스더가 되는 이야기가 아니라 에스더 안에 하닷사가 살아서 역사하는 가장 깊은 위장이자 가장 확실한 구원의 드라마다.

모르드개는 에스더를 양육하고 있다. 그런데 에스더는 "그의 삼촌의

딸"(בַּת-דֹּד)이기 때문에 그에게는 사촌 동생이다. 사촌이 양육의 관계를 가진다는 것은 둘의 나이 차이가 큼을 암시한다. 모르드개가 "에스더를 양육하는 자가 되었다(הָיָה)"는 표현은 적극적인 양육자가 아니라 불가피한 상황 때문에 양육자가 될 수밖에 없었음을 보여준다. 이 표현에도 슬픔이 느껴진다. 실제로 에스더는 "아버지와 어머니"를 일찍 잃은 고아였다. 이 슬픈 문장에 저자는 "그녀의 아버지와 그녀의 어머니(אָבִיהָ וְאִמָּהּ)가 죽었다"라는 더 슬픈 말도 추가한다. 반복되는 문장은 정보의 각인이 아니라 상실의 무게를 느끼게 하는 울림이다. 게다가 고아라는 단어에 압축된 비극을 저자는 마치 아이의 시선으로 하나하나 해체하듯 보여준다. 아버지가 사라지고 연이어 어머니도 떠나는 그 슬픔의 단계를 굳이 나누어 서술하는 것은 치명적인 절망을 강조하는 문학적 기법이다.

"양육하는 자"(אֹמֵן)라는 말 속에는 따뜻한 보호의 그림자와 함께 지울 수 없는 슬픔의 음색도 깃들었다. 포로는 단지 땅을 빼앗기는 것이 아니라 정상적인 가족의 유대와 세대의 질서마저 파괴하는 제국적인 폭력의 흔적이다. 에스더는 이스라엘 공동체의 영적 고아 상태를 상징하는 인물이다. 그녀의 슬픔은 포로로 잡혀와 이방 땅에서 살아야 하는 유다 민족의 깊은 상실감을 대변한다. 모르드개와 에스더의 부녀 관계는 바로 이 비극적인 현실 속에서 피어난 작은 위로이며 서로가 서로에게 의지할 수밖에 없는 생존의 끈이었다. 그런데 에스더가 부모를 상실한 이 절망적인 결핍 속에서도 하나님의 은밀한 섭리는 도도히 움직인다. 고아라는 비운의 상황 속에서 불완전한 가정의 품에서 자란 딸을 하나님은 가장 값진 기름을 부을 구원의 그릇으로 삼으신다. 고아의 아버지 되신 하나님은 고아를 버리지 않으시며 상처 입은 그릇을 통해 구원의 향기를 풍기신다. 가장 큰 상실은 어쩌면 가장 위대한 사명을 위해 하나님이 쓰실 수 있는 신성한 준비가 아닌지 모르겠다.

비록 부모도 없는 포로의 신분을 가졌지만 에스더는 "외모가 아름답고 용모가 좋은 소녀였다." 부모라는 이름의 그늘도 없고 고향 땅이라는 귀환의 등대도 없이 포로라는 신분의 침묵 속에 갇힌 에스더의 신체에는 놀랍게도 어떠한 구김살도 없다. 몸의 이런 상태는 그녀에게 깃든 하늘의 특별한 은총이다. "외모가 아름답고 용모가 좋다"(יְפַת־תֹּאַר וְטוֹבַת מַרְאֶה)는 유사한 표현의 반복은 에스더의 미모가 신체의 어느 부위를 보더라도, 어느 각도로 보더라도 손색이 없음을 강조한다. 전신을 보아도 아름답고 얼굴만 보아도 빼어난 에스더의 미모는 하늘의 장인이 정성껏 빚어서 내려준 선물이며, 조상의 혈통이 물려준 우연한 유산은 아니었다. 고아의 외로움을 견디며 피어난 인내의 꽃이었고 낯선 땅에서도 굴하지 않는 생명력의 증표였다. 가장 낮은 자리에서 돋아난 가장 빛나는 미모는 또한 가장 억압된 신분이 가장 고귀한 자리로 나아가는 도구로 사용된다. 왕의 눈을 사로잡은 것만이 아니라 역사의 문을 두드리는 열쇠였고 하나님의 약속이 가장 어두운 곳에서도 생존할 수 있음을 보여주는 산 증거였다.

미모에 집착하는 아하수에로 왕의 시대에 외모가 아름답고 용모가 좋은 소녀 에스더가 등장하고 같은 제국에서 살고 있다는 사실의 섭리적인 의미를 무엇인가? 왕이 미모에 집착하지 않았다면 에스더는 궁전에 들어갈 수 있었을까? 미모의 전시에 저항한 와스디를 왕이 폐위하지 않았다면 왕후의 자리가 비어 있을 수 있었을까? 그런데 놀랍게도 하나님은 한 왕의 오만과 집착도 한 민족 구원의 통로로 삼으셨다. 에스더의 미모는 우연이 아니라 특별한 때를 위해 준비된 열쇠였다. 왕궁의 문을 열 수 있는, 왕의 마음에 닿을 수 있는, 그리고 결국 한 민족의 생사를 가를 수 있는 유일한 통로였다. 하나님은 왕의 가장 세속적인 욕망을 가장 거룩한 목적의 도구로 삼으셨다. 미모에 집착하는 왕과 미모를 가진 소녀, 둘의 만남은 우연처럼 보이지만 섭리적 필연이다. 하나님은 당신을 표현하는 그 수많은 이름들 중에 단 하나도 드러내지 않으시며 모든 것을 이끄신다. 왕의 잔치에서, 왕후의 폐위에서, 앞으로 진행될 미인 선발에서, 에스더의 은총에서, 그리고 마침내 민족 구원의 순간까지!

특별히 왕의 젊은 시종들이 미모라는 카드를 대안으로 내밀지 않았다면 에스더가 발탁될 수 있었을까? 전국의 미모 발굴을 제안하지 않고 왕궁에 있는 궁녀들 중의 하나를 왕후로 삼으라고 했다면 역사가 달라지지 않았을까? 여기에서 우리는 제국의 지극히 세속적인 정책 하나도 하나님의 섭리와 무관하지 않음을 확인한다. 일반사와 구속사는 평행선 같지만 절묘하게 교차한다. 페르시아 궁정의 권력 게임, 왕의 허영심, 신하들의 아첨, 미모에 집착하는 한 남자를 달래기 위한 정치적 해법, 제국 관료들의 실무적 제안은 모두 한 나라의 일반적인 사건이다. 하나님의 이름이나 천사나 예언자의 개입도 없고 환상이나 기적이나 신탁도 없는, 그저 시종들의 머리에서 꺼낸 제안에 불과하다. 사관들은 일반사의 언어로 이 사건을 기록한다. 그러나 하나님의 눈으로 보면 이것은 전혀 다른 이야기다. 시종들의 입에서 나온 그 제안은 하나님의 무대 설정이며, 왕이 결정을 내려도 실제로는 하나님의 손끝이 정한 체스판 배열이다. 왜 하필 그때, 왜 하필 미인 선발 방식이 제안되고, 왜 하필 왕은 수많은 제안 중에서 그것을 택했을까? 이것을 일반사는 우연이라 쓰고, 구속사는 섭리라고 기록한다. 에스더서 전체가 이런 패턴이다. 에스더서 신학은 기적 없이도 일하시는 하나님, 침묵 속에서도 말씀하시는 하나님, 세속의 권력을 통해서도 자기 백성을 구하시는 하나님을 선포한다.

8왕의 조서와 명령이 반포되매 처녀들이 도성 수산에 많이 모여 헤개의 수하에 나아갈 때에 에스더도 왕궁으로 이끌려 가서 궁녀를 주관하는 헤개의 수하에 속하니 9헤개가 이 처녀를 좋게 보고 은혜를 베풀어 몸을 정결하게 할 물품과 일용품을 곧 주며 또 왕궁에서 으레 주는 일곱 궁녀를 주고 에스더와 그 궁녀들을 후궁 아름다운 처소로 옮기더라 10에스더가 자기의 민족과 종족을 말하지 아니하니 이는 모르드개가 명령하여 말하지 말라 하였음이라 11모르드개가 날마다 후궁 뜰 앞으로 왕래하며 에스더의 안부와 어떻게 될지를 알고자 하였더라

❖ ❖ ❖

8왕의 명령과 조서가 반포되고 많은 소녀들이 수산 성 헤개의 수하로 소집된 때에 에스더도 왕궁으로, 여자들을 주관하는 헤개의 수하로 잡혀갔다 9그 소녀가 그의 눈에 좋게 보였고 그의 면전에서 호의를 얻었기에 그는 그녀의 미용품과 몫을 그녀에게 주려고, 왕궁에서 그녀에게 어울리는 일곱 궁녀들을 주려고 서둘렀다 그리고 그녀와 그녀의 궁녀들은 더 좋은 여인들의 집으로 옮겨졌다 10에스더는 자신의 백성과 출신을 말하지 않았는데 이는 모르드개가 알리지 말라고 그녀에게 명하였기 때문이다 11모르드개는 날마다 에스더의 평안과 그녀에게 무슨 일이 생길지를 알기 위하여 여인들의 집 마당 앞에서 거닐었다

06 유다라는 신분의 은닉

⁸왕의 명령과 조서가 반포되고 많은 소녀들이 수산 성 헤개의 수하로 소집된 때에
에스더도 왕궁으로, 여자들을 주관하는 헤개의 수하로 잡혀갔다

"왕의 명령"(דְּבַר־הַמֶּלֶךְ)은 바람에 실려 흩어지는 통지가 아니었고 길가의 벽
에 붙여 놓은 공지문도 아니었다. 그 명령은 한 줄기의 글자가 되어 전령의
발끝에 실려 제국의 모든 길을 휩쓸었다. "조서"(דָת)도 평범한 초대장이 아
니라 강제력이 담긴 법이었다. 사각 양피지에 새겨진 제국의 글자는 검은색
잉크가 아니라 수많은 소녀들의 인생을 단숨에 꿰뚫는 칼이었다. 그것은 마
치 거대한 그물처럼 왕의 의지라는 이름으로 전국 각지의 마을과 가정까지
뿌려졌다. 그 그물은 미모라는 이름의 고기를 잡기 위한 것이지만 실제로는
수많은 인생을 낯선 운명으로 낚는 덫이었다. 소녀들은 그물에 걸린 고기처
럼 자신의 선택이 아니라 강제로 수산 성이라는 거대한 수조로 옮겨졌다.
이는 한 남자의 변덕이 이제는 국가의 법이 되어 수많은 생명을 집어삼킨
일이었다.

"많은 소녀들이(רַבּוֹת נְעָרוֹת) 수산 성"으로 모였다는 것은 미모라는 이름으로 희생된 수많은 인생들이 이제 헤개의 관리 아래 놓이게 되었음을 의미했다. "잡혀갔다"(וַתִּלָּקַח)는 단어는 소녀들의 의지와 무관하게 외부의 강압적인 힘에 의해 운명이 짜이고 있음을 보여준다. 에스더도 그 거친 물줄기에 휩쓸려 사로잡혀 온 불행한 소녀들 중의 하나였다. 그러나 동시에 에스더가 안쓰러운 포로의 신분에서 다른 종류의 포로로 전이되고 있음을 나타낸다. 이번에는 고국에서 타국으로 끌려가는 포로가 아니라 궁이라는 화려한 감옥으로 들어간다. 그러나 이러한 절대적인 권력의 행사도 결국에는 사람의 통제를 벗어난 더 큰 계획의 한 조각이다. 인간의 눈에는 잔인한 법의 집행으로 보이는 것도 신의 눈에는 구원의 서곡일 수 있기 때문이다.

에스더의 잡혀감은 비록 사람의 손으로 말미암은 일이지만 하나님의 보이지 않는 손이 민족적인 구원의 역사를 움직이는 결정적인 사건이다. 이와 유사하게, 요셉이 노예로 팔려 애굽으로 끌려가고 감옥으로 잡혀간 것도 결정적인 사건이다. 인간의 악의와 욕망이 만들어낸 비극적인 상황 속에서도 하나님은 오히려 요셉의 종살이와 옥살이를 구원의 통로로 바꾸셨다. 에스더의 잡혀감은 우발적인 불의가 아니라 하나님의 위업을 위한 필수적인 이동이다. 이처럼 이 구절은 두 개의 렌즈로 읽혀야 한다. 하나는 인간의 렌즈로서 권력에 희생된 약자의 슬픔과 제국의 잔인한 시스템을 고발하고, 다른 하나는 신의 렌즈로서 그 모든 인간적인 혼란 속에서도 조용히 움직이며 자기의 백성을 구원하기 위해 한 소녀를 가장 필요한 자리로 옮기시는 하나님의 주권적인 섭리를 드러낸다.

하나님은 우리를 목적지로 데려가실 때 때때로 우리가 원하지 않는 방식으로 이끄신다. 요셉은 고대의 제국 이집트로 갔다. 그런데 출세가 아니었다. 은 이십 개, 노예 한 명의 값으로 팔려갔다. 아버지의 사랑받는 아들이 이방 땅의 종으로, 화려한 채색옷이 쇠사슬로, 가나안의 자유가 이집트의 속박으로 바뀌는 과정을 거쳐 끌려갔다. 바울은 로마를 꿈꾸었다. 제국의 심장부,

모든 길이 통하는 곳, 복음이 땅끝까지 퍼져 나갈 최고의 거점에 이르고자 했다. 그런데 그는 시민의 당당한 권리가 아니라 죄수의 신분으로 로마에 도착했다. 포승줄에 묶이고 군병의 감시를 받으며 죄인처럼, 제국의 질서를 어지럽힌 자처럼, 자유로운 입성이 아니라 강제적인 압송을 당하였다. 이와 유사하게, 에스더도 왕실로 갔으나 그녀가 원해서가 아니라 끌려갔다. 왕후의 후보로, 원하지 않는 왕실로, 선택하지 않은 운명으로 끌려갔다.

결국 요셉은 이집트의 총리가 되어 "많은 백성의 생명을 구원"했다(창 50:20). 바울도 로마의 감옥에서 많은 이들에게 복음을 전하였고 빌립보서, 에베소서, 골로새서, 빌레몬서 같은 서신들을 작성하여 다양한 지역에 보내며 문서로 복음을 전파하여 수많은 이방인을 영원한 생명으로 이끌었다. 에스더도 나중에는 자신의 동포 전체를 죽음에서 생명으로 이끌었다. 세 가지의 유사한 목적은 좋은 것이었다. 그러나 그 과정과 방식은 그들이 희망하지 않는 것이었다. 하지만 그들이 원하지 않은 곳에서, 그들이 거부하고 싶었던 그 자리에서, 하나님은 일하신다. 그분은 우리가 자유를 원하지만 쇠사슬을 주시고 안전을 원하지만 위험한 자리에 세우시고 선택을 원하지만 강제로 옮기신다. 그런데 돌이켜 보면 그 과정은 요셉을 이집트의 총리로, 바울을 열방의 사도로, 에스더를 페르시아 제국의 왕후로 만드는 단계였다. 쇠사슬은 날개였고 위험은 기회였고 강제는 복이었다.

⁹그 소녀가 그의 눈에 좋게 보였고 그의 면전에서 호의를 얻었기에 그는 그녀의
미용품과 몫을 그녀에게 주려고, 왕궁에서 그녀에게 어울리는 일곱 궁녀들을
주려고 서둘렀다 그리고 그녀와 그녀의 궁녀들은 더 좋은 여인들의 집으로 옮겨졌다

이 구절은 에스더가 미모를 인정받은 것을 넘어 헤개의 "눈에 좋게 보였고(תיטב) 그의 면전에서 호의를 얻었다(תשא חסד)"고 한다. 에스더와 헤개의

만남은 우연적인 사건이다. 가장 깊고 긍정적인 운명의 변곡점은 삶이라는 서사의 가장 허술한 페이지 속에서 종종 의도하지 않은 조우에서 비롯된다. 계획이나 계산도 없이 맺어진 관계가 서로의 운명에 결정적인 영향을 끼치는 상황은 인간의 의지 너머에 존재하는 어떤 신비로운 필연성을 증언한다. 마치 두 개의 독립적인 강물이 만나 전혀 새로운 물길과 생태계를 이루듯이, 두 운명은 서로에게 포개어져 새로운 필연을 빚어낸다. 에스더가 만난 헤개는 그녀를 왕후의 자리로 안내하는 왕실의 가장 중요한 조연이다.

그리고 한 사람의 호의를 얻는다는 것은 신비로운 현상이다. 세상의 그 어떤 객관적 기준이나 합리적인 잣대보다 강력하고 예측 불가능한 힘의 작용이기 때문이다. 그것은 마치 한 방울의 물감이 캔버스에 스며들어 전체를 물들이듯, 괜찮은 인상이 삽시간에 의식을 파고들어 마음의 문을 활짝 여는 현상이다. "예쁘다"라는 평가를 넘어서는, 훨씬 더 원초적인 끌림이다. 그녀의 눈빛에서 비롯된 미세한 온기, 입가에 스치는 말 한 줄의 리듬, 몸짓에서 풍기는 고요한 품격, 그 모든 것이 어우러져 호의라는 이름의 감정을 빚어낸다. 호의는 이성의 분석을 거치기 이전, 무의식의 심연에서 올라와 의식에 급히 도착한 본능적인 반응이다. 마치 예술가가 자신도 설명할 수 없는 이유로 한 폭의 그림 앞에서 걸음을 멈추는 것과 유사하다. 그 작품이 완벽하기 때문이 아니라 그 사람의 영혼을 건드리는 어떤 공명을 일으켰기 때문이다.

호의로 말미암은 즉각적인 혜택은 세 가지였다. 첫째 혜택은 "그녀의 미용품과 몫"이었다. "미용품"(תַּמְרוּק)이 에스더의 외모를 깨끗하게 만들 수 있는 도구라면 "몫"(הנה)은 신체에 필요한 영양분을 충분히 공급하여 화장으로 꾸밀 신체적 바탕도 개선할 수 있는 도구를 의미한다. 이 풍부한 공급으로 에스더는 자신의 내공을 밖으로도 꾸밀 수 있는 자유를 확보했다. 이는 지금까지 주어지는 것만 기다려야 했던 그녀에게 이제는 스스로 선택하고 조합하고 창조할 수 있는 물질적인 자유였다. "몫"이라는 말은 더 이상 나눠주는 자의 선심이 아닌, 그녀의 새로운 신분에 걸맞은 당연한 권리로 누리게 된 자원의 할당을 의미했다. 헤개의 풍부한 공급은 에스더를 자신이 누구이고 무엇을 원하고 어떤 색을 더하고 어떤 향을 뿌릴지를 자유롭게 결정하는 자기 창조의 주체로 만들었다.

둘째 혜택은 왕궁에서 그녀의 지위에 어울리는 일곱 궁녀들을 부여받는 명예로운 대우였다. "일곱"(שׁבע)은 수적인 풍요가 아니라 완전함과 위엄을 상징하는 왕실의 언어였다. 이는 호의가 관심을 넘어 공식적인 지위와 명예로 격상되고 다른 소녀들과 동등한 위치가 아닌 특별한 선택의 자리에 섰음을 암시한다. 그녀가 걸을 때면 일곱 그림자가 따르고 그녀가 말할 때면 일곱 쌍의 귀가 경청했다. 이 혜택은 에스더의 공간을 확장하는 일이었다. 그녀의 영향력이 이제 자신의 몸짓 하나, 말 한마디를 넘어, 일곱 궁녀들을 통해 7인분의 구체적인 행동으로 확산되기 때문이다. 에스더를 향한 그녀들의 시선은 존중으로 가득했고 그녀들의 손길은 섬세한 배려로 충만했다. 타인의 존재를 통해 자신의 가치를 확인하는 경험은 그녀가 이전에 경험했던 고단한 삶과는 완전히 다른 것이었다. 일곱 궁녀들의 섬김은 에스더를 돋보이게 하는 요란한 장식이 아니라 작은 왕실과도 같은 그녀만의 세계를 부여받은 것이며 이제 그녀는 예쁘기만 한 소녀가 아니라 작은 권력의 중심에 섰고 장차 왕실 권력의 중심에 서게 될 운명의 징조였다.

셋째 혜택은 "더 좋은(טוב) 여인들의 집으로" 옮겨지는 개선된 거처였다. 이는 거처의 변경이 아니라 신분의 질적인 상승을 알리는 선포였다. 이전의 공간은 미모의 대기실일 뿐이었다. 그러나 더 넓은 창문, 더 부드러운 빛, 더 고요한 공기가 깃든 새로운 공간은 모든 요소가 그녀의 새로운 지위에 걸맞게 조정된 그녀의 별채였다. "우리가 집을 만들지만 그 집이 결국 우리를 만든다"라는 처칠의 말처럼 인간과 공간의 관계는 소유와 사용을 넘어선다. 우리가 삶의 터전을 만들지만 그 공간은 우리의 생각과 감정과 존재 자체를 서서히 빚어가며 영혼의 무늬를 완성한다. 우리는 거처의 창조자인 동시에 거처의 피조물이 된다. 이런 맥락에서 보면, "더 좋은 여인들의 집"은 에스더의 새로운 신분에 걸맞은 태도와 품위를 길러내고 그녀가 섭리의 꽃을 피울 최적화된 봄이었다. 이제 모든 환경은 소녀가 아닌 차기 왕후를 위한 채비를 갖추었다.

헤개는 에스더를 위해 특혜를 베풀려고 "서둘렀다"(בָהַל). 본래 서두름은 권력 없는 자의 몫이었다. 소녀들은 관리의 눈빛 하나에도 떨며 재빨리 움직여야 했다. 그러나 이 장면에는 질서가 거꾸로 흘러간다. 권한을 가진 자가 자신의 발걸음을 재촉한다. 소녀들이 아니라 헤개가 서두르는 기이한 상황의 배후가 나는 궁금하다. 헤개의 서두름은 인간적인 조바심, 단순한 호감, 우연한 감정의 분주함이 아니었고 효율적인 업무 처리도 아니었다. 그의 의지 너머에서 작동하는, 더 크고 신성한 계획의 파장이 떠밀은 결과였다. 권위의 자리에 앉은 그가 오히려 자신도 모르는 사이에 한 소녀의 발아래에 권위를 내려놓는 이 역설, 이는 하나님의 주권적인 섭리가 인간의 마음을 움직이는 가장 생생한 순간이다. 이는 헤개 자신의 의식과 통제도 넘어선 역설이다.

헤개의 서두름 안에는 하늘의 긴급함이 감지된다. 하나님의 시간표가 움직이기 시작했고 에스더를 운명의 자리로 인도하는 섭리의 속도가 빨라졌다. 하만의 광기가 제국을 장악하기 전에 하나님의 구원 계획이 적시에 현실화될 수 있도록 헤개는 영문도 모른 채 하나님의 도구가 되어 에스더를 위해 더 나은 거처와 궁녀들을 준비하고 그녀의 미모를 극대화할 수 있는 모든 것을 재빨리 마련했다. 이처럼 헤개는 자신이 한 여인에게 호의를 베푸는 줄 알았지만 실제로는 하나님의 구원 역사의 한 가운데서 자신의 역할을 수행하는 중이었다. 헤개의 내면에 일어난 미세한 서두름은 유다인 전체의 운명을 바꾸는 거대한 역사의 물줄기를 돌리는 섭리의 한 조각이다.

포로 출신의 한 유다인 소녀에게 베풀어진 헤개의 호의를 보면서, 성경에 언급된 이방인의 다양한 호의들이 떠오른다. 다니엘의 경우, 바벨론 궁전에서 "하나님이 그에게 은혜와 긍휼을 얻게" 하셨다고 한다(단 1:9). 느헤미야의 경우, 아닥사스다 왕 앞에서 "왕이 내게 은혜를" 베푸신 것을 고백했다(느

2:5). 하나님은 당신의 사람을 갇힌 곳에 두시지만 홀로 두지는 않으신다. 그들을 바닥으로 보내지만 버리지는 않으신다. 제도 속의 한 사람을 감동시켜 준비해 놓으신다. 이런 준비는 요셉의 경우에 잘 나타난다. 이름도 밝히지 않는 간수, 제도 속의 한 관리, 죄수를 관리하는 책임자가 투옥된 죄수 요셉을 보자 그를 신뢰했고 감옥의 모든 일을 그의 손에 맡기면서 갇힌 그 죄수에게 존중을 보이며 권한을 베풀었다. 요셉의 경우에는 호의라는 형통의 이유를 이렇게 명시했다. "여호와께서 요셉과 함께 하심이라"(창 39:23). 다니엘, 느헤미야, 요셉의 경우와는 달리, 에스더의 경우에는 이유를 밝히지 않은 채 호의만 언급한다. 그렇지만 우리는 성경의 사례들에 비추어 에스더가 받은 호의의 이유도 그녀 안에 거하시는 하나님께 있음을 확신한다. 칙령이 에스더를 익명으로 만들려고 했으나 헤개는 그녀를 특별하게 대하였다. 제도가 에스더를 숫자로 만들려고 했으나 헤개는 그녀를 고유한 사람으로 해석했다. 이것은 사소한 호의가 아니라 하늘의 은혜 때문이다. 이 은혜가 제도를 따르지만 긍휼도 아는 사람을, 규칙을 지키지만 은혜도 베푸는 사람을 움직였다.

10에스더는 자신의 백성과 출신을 말하지 않았는데
이는 모르드개가 알리지 말라고 그녀에게 명하였기 때문이다

이 구절은 에스더가 자신의 정체성을 숨긴 일과 이 일이 모르드개의 명령에 대한 순종임을 나타낸다. 왜 에스더는 "자신의 백성과 출신"(אֶת-עַמָּהּ וְאֶת-מוֹלַדְתָּהּ)을 말하지 않았을까? 페르시아 이름 "에스더"와 이스라엘 이름 "하닷사," 이 두 이름은 그녀의 가슴속에서 마치 씨줄과 날줄처럼 엮여 있어 언제든지 갈라질 듯 팽팽하다. 그녀는 매일 마주치는 거울 앞에서 자신에 대해 질문한다. 화려한 의상과 정교한 화장 뒤에 있는 나는 누구인가? 왕후라는 지위를 얻는다는 것은 가장 화려한 은폐의 수단이고 정체성의 침묵은 가장 날

카로운 생존의 전략이다. 그러나 그 침묵은 동시에 내면의 파열음을 동반했다. 입을 다무는 순간마다 존재의 한 조각이 무너지는 듯하였다.

에스더의 침묵은 당시 시대상의 반영이다. 그녀가 정체성을 드러내면 박해와 소외라는 위험이 뒤따랐고 숨길 때에는 타협과 정체성의 붕괴라는 큰 대가를 지불해야 했다. 세상의 권력구조 속에서 하나님의 백성은 대부분 이중적인 삶을 살아간다. 언제 우리를 드러내고 언제 감추어야 하는지를 고민하며 매 순간 기도하며 선택한다. 에스더가 궁전 복도에서 내딛는 각 발걸음은 기도였다. 그러나 에스더의 정체성은 침묵으로 갇힌 것이 아니라 가려진 것이었다. 모르드개의 명령은 그녀를 억누른 것이 아니라 보이지 않는 손길처럼 그녀를 하나님의 서사 속에 배치했다. 침묵 속에서 준비된 정체성은 훗날 드러날 때 민족 전체의 구원을 향한 선언이 될 것이었다. 에스더의 침묵은 소극적인 부정이 아니라 역설적인 긍정이다. 숨김 속에 보존된 "하닷사" 이름과 감춤 속에 간직된 "유다인" 출신은 하나님의 때에 맞추어 드러나기 위해 잠시 쉼을 얻었을 뿐이었다.

씨앗이 땅속에서 겨울을 보내며 때를 기다리듯, 에스더의 진실도 역사의 어두운 흙 아래에서 기다리고 있다. 그녀가 자신의 백성과 출신을 밝히지 않는 동안 보이지 않는 손은 역사의 실을 뜨고 선택받은 그녀의 운명은 왕의 기호에 맞는 향기와 아름다움 뒤로 조용히 제자리를 잡아가고 있다. 이는 인간의 두려움에 대한 은닉인 동시에 신성한 섭리를 위한 준비였다. 하늘의 장막 뒤에서는 한 민족의 구원을 위한 한 음절의 말씀도, 한 줄기의 기적도 낭비되지 않는 서사가 펼쳐지고 있다. 책에서 이름조차 등장하지 않는 하나님의 침묵은 에스더의 침묵과 맞닿아 있지만 그분의 호흡은 이야기의 모든 장면과 대사 속에 스며들어 있다. 그분이 언급되고 보이시면 그 순간의 그 부위만 섭리로 인정할 것이지만 보이지 않으시고 들리지 않으셔서 오히려 모든 순간의 모든 곳이 섭리의 무대임을 알리신다. 하나님은 기적의 이름이 아니라 우연의 뒤엉킴, 인간의 선택, 실수와 용기의 그물코를 통해 일하신다. 에스더의 은폐된 정체성은 구원의 대본에서 그분의 가장 정교한 필치였다. 가려진 진실은 적절한 때와 장소를 만날 때 비로소 그 충격파로 적의 장막을 뒤엎는다. "하닷사"는 "에스더"라는 별이 되어 궁이라는 가장 어두운 하늘에서 빛나기 위해 준비하고 있다.

에스더의 정체성 은닉을 읽으면서 모세 이야기도 떠오른다. 바로의 살육령이 모세의 작은 몸을 노리던 그때부터 그는 숨겨져야 했다. 바로의 공주에게 아들로 건져진 이후로도 무려 40여 년간 자신의 히브리 정체성을 가려야만 했다. 오래 감추어져 있었지만 때가 되자 드러났고 그것이 민족 구원의 기수로 세워졌다. 이러한 은닉의 인물들은 예수님의 실루엣과 같다. 예수님도 하나님의 아들 되심을 30살이 되실 때까지 가리셨다. 성자의 영광이 육신 안에 숨겨져 있고 신성이 인성의 베일로 가려져 있었기 때문에 모든 사람들은 그를 갈릴리 촌구석의 한 청년으로 인식했다. 그러나 역사적 등판의 시간이 차올랐을 때, 예수님은 요단강의 세례를 통해 자신의 신적인 정체성과 메시아 되심을 보이셨다. 아버지 하나님이 친히 하늘의 스피커로 "이는 내 사랑하는 아들이요 내 기뻐하는 자"(마 3:17)라고 밝히셨다. 바울의 말처럼 하나님은 "어둠에 감추인 것들을 드러내고 마음의 뜻을 나타내"는 분이시다(고전 4:5).

하나님은 당신의 가장 위대한 구원 사역을 가장 은밀한 준비를 통해 이루신다. 자신의 도구들을 세상의 이해로부터, 심지어 그들 자신의 눈으로부터도 숨기신다. 이는 섭리가 조급함 속에서가 아니라 인내 가운데서 익어가기 때문이다. 그러므로 우리도 하나님의 감추심을 기다려야 한다. 하나님은 우리를 빚으시되 서두르지 않으시고 우리를 만드시되 조급하게 드러내지 않으신다. 오히려 당신의 손으로 덮으시고 시간이라는 천으로 가리신다. 그러나 우리에겐 빨리 보여주고 싶은 마음, 서둘러 인정받고 싶은 욕구, 지금 당장 세상에 이름을 새기고 싶은 조바심이 있다. 그러나 조급한 손으로 덮개를 걷어내는 순간, 미완의 작품은 부서지고 만다. 지혜자는 "타인으로 너를 칭찬하게 하고 네 입으로는 하지 말며 외인이 너를 칭찬하게 하고 네 입술로는 하지 말"라고 가르친다(잠 27:2). 타인의 입에 칭찬이 충분히 고이기 전까지는 주님께서 우리를 빚으시는 시간이다.

감추심은 섭리의 숙성이며 주님께서 우리를 빚으시는 고요한 작업실과 같다. 시간 속에서 풍미를 더하고, 어둠이 깊이를 만들며, 기다림이 향을 익히는 참나무통 속 포도즙을 보라. 바울은 다메섹 도상에서 극적인 회심을 경험한 후, 사역의 현장이 아니라 인내의 아라비아 사막으로 갔다. 3년이 지난 후 예루살렘 도성으로 갔고(갈 1:18), 14년이 더 지난 이후에야 본격적인 이방인의 사도로 세워졌다(갈 2:1). 17년은 드러내는 조급함이 아니라 감춰지는 겸손과 세상의 박수보다 아버지 하나님의 시선을 더 소중하게 여기는 숙성의 시기였다. 모세는 40년, 믿음의 조상은 25년, 요셉은 13년을, 예수님은 30년을 기다려야 했다. 우리도 지금은 드러날 때가 아니라 감춰질 때, 자랑할 때가 아니라 더 빚어질 때, 서두를 때가 아니라 더 익어갈 때임을 알고, 타인의 입에 칭찬이 차오를 때까지, 하나님의 손이 작품을 완성할 때까지, 섭리의 시간이 무르익을 때까지 기다려야 한다.

에스더의 침묵은 신분을 밝히지 말라는 모르드개의 명령 때문이다. 이 명령은 한 어른의 경험에서 우러나온 두려움, 새 땅에서 발붙이기 위한 필수적인 위장, 그리고 자신이 키운 양녀에 대한 지극히 개인적인 걱정이 뒤섞인 명령이다. 에스더는 순종했다. 그 순간, 이들의 머릿속에는 한 민족의 거시적인 운명이 아니라 내일의 안전과 오늘의 생계 의식으로 분주했다. 그러나 한 왕국의 향락과 한 악인의 자만심과 한 여인의 미모와 한 지혜자의 근심까지 모두 한 판의 장기처럼 움직이는 분이 배후에 거하신다. 인간은 자신의 작은 그릇으로 물을 길어 올리지만 하나님은 그 작은 물로 역사의 거대한 논을 적시신다. 우리의 불완전한 순종, 엉뚱한 실수, 그리고 아득한 한계 속에서도 하나님의 주권은 조용히, 그러나 확고하게 그분의 길을 닦으신다. "아니오," "어쩌면," "다만"과 같은 우리의 흔들리는 단어들을 붙드시고 "그래서"와 "필히"라는 그분의 견고한 문장으로 빚으신다.

이 구절은 흥미롭다. 독자는 에스더의 정체성을 알고 있지만 이야기 속 인물들은 모른다는 것은 서사의 긴장을 키우는 문학적 장치이기 때문이다. 우리는 그녀의 모든 걸음걸이, 모든 미소 뒤에 숨은 진실을 알고 있기 때문에 그녀의 침묵이 더욱 간절하게 다가온다. 하만이 유다인 멸절을 주문하는 칙령을 받아 적을 때 자신도 모르는 함정을 파고 있다는 것, 그의 증오는 결국 자신을 집어삼킬 불길이 될 것이라는 점을 우리는 예감한다. 이렇게 독자는 신이 된 채, 운명의 실을 보며 기대에 휩싸인다. 에스더의 침묵은 서사에 리듬을 부여한다. 마침내 7장에서 향연이 벌어지는 그날, 포도주가 흐르고 관용의 분위기가 무르익을 무렵, 에스더는 비로소 자신의 정체성을 공개한다. "나와 내 민족이"(에 7:4), 이 한 마디는 이야기의 모든 긴장을 한순간에 터뜨린다. 감추어진 이름이 드러나고 숨겨진 정체가 힘의 최대치를 얻는 순간이다. 오랜 침묵은 이 한 마디를 위해 존재했다.

11모르드개는 날마다 에스더의 평안과 그녀에게 무슨 일이 생길지를 알기 위하여 여인들의 집 마당 앞에서 거닐었다

이 구절에는 에스더에 대한 모르드개의 부성애적 사랑이 절절하다. 그는 궁 밖에, 그녀는 궁 안에 있어서 왕궁의 높은 담장이 둘을 가로막고 있다. 그는 왕의 문을 지키는 병사들의 시선이 닿지 않는 사각지대 속에 자신의 정체를 두고 조용히 의식의 안테나를 세웠고, 그의 의식은 에스더가 궁으로 들어간 후로부터 하루도 빠짐없이 "모든 날에, 혹은 날마다"(בְּכָל־יוֹם) 그곳으로 잔뜩 기울었고 수시로 안부의 문을 두드렸다. 하루를 열어도, 하루를 닫아도, 마음의 그런 기울기는 시간이 멈춘 것처럼 여전했다. 목소리 없는 안부와 발 없는 관심이 담장을 바쁘게 왕래했다. 어디를 가고 무엇을 해도 그의 기도는 에스더 쪽으로 휘어졌다. 궁 안의 에스더는 단 하루도 홀로가 아니었다. 그

녀가 홀로 있어도 홀로가 아니었던 것은 담장 밖에서 그녀를 품은 마음이 변함없이 그녀의 곁을 지키고 있었기 때문이다.

모르드개에게 가장 중요한 것은 "에스더의 평안"(שְׁלוֹם אֶסְתֵּר)이다. 그에게는 다른 무엇보다 에스더의 내적인 상태가 중요했다. 그녀의 "샬롬"은 다툼이나 고통이 없는 고요한 마음의 상태만이 아니라 더 크고 더 충만하고 더 적극적인 상태로서 모든 것이 제자리로 돌아간 그녀의 총체적 온전함을 의미한다. 갈라진 관계가 치유되고 상처 입은 영혼이 숨을 고르고 흩어진 마음의 조각들이 다시 제자리를 찾는 그런 상태를 가리킨다. 이는 마치 거친 파도가 있더라도 바다의 저류에는 도도한 질서가 흔들림 없이 흐르는 상태와도 같다. 모르드개의 일상은 에스더의 그런 평안을 확인하는 일이었다. 왕궁은 화려한 미궁이며 영광과 위험이 공존하는 곳이었다. 가장 호화로운 궁에서도 마음은 홀로 황량한 사막일 수 있음을 그는 인지하고 있다. 왕궁의 문틈으로 미세하게 보이는 그녀의 출근과 퇴근이 그녀의 안부를 확인할 수 있는 유일한 통로였다. 그 출퇴근의 주변을 서성이는 것은 그의 주요한 일과였다. 그의 발걸음은 하나하나가 무거운 염려였다. 그것은 그저 걷는 것이 아니라 사랑과 걱정으로 엮인 간절한 기도였다. 진실로 그녀의 평안에 대한 그의 집착은 하나님의 평안이 그녀 위에 임하고 하나님의 보호가 그녀를 감싸 주기를 바라는 간절한 염원이다.

그리고 "그녀에게 무슨 일이 생길지"(מַה־יֵּעָשֶׂה בָּהּ)에 대해서도 모르드개는 궁금하다. 이는 보통의 무사함을 넘어 그녀의 전체적인 안녕을 의미한다. 그녀의 몸이 다치지는 않았는지, 그녀의 정체성이 발각되어 위험에 빠지지는 않았는지, 그녀의 마음이 두렵거나 외롭지는 않은지, 이 모든 것을 아우르는 염려였다. 타인의 시선, 경쟁의 그림자, 그리고 고향에 대한 그리움, 이 모든 것들이 독처럼 에스더의 마음을 파고들어 혀와 몸이 맥락을 헛디딜 수 있기에 정체성 발각의 위험은 도처에 도사리고 있다. 실시간 조심해야 한다. 모르드개는 에스더를 하나의 사건이나 객체가 아니라 끊임없이 펼쳐지는 생생한 이야기로 바라본다. 그의 염려는 현재에 머무르지 않고 강물처럼 흘러 내일로, 그리고 모든 가능성의 강둑으로 범람한다. 에스더는 이제 그의 품을 떠났지만 그의 기도는 그녀를 따라갔다. 이러한 그의 관심은 집착이 아니라 사랑이다. 그는 에스더의 수호자인 동시에 그녀 이야기의 가장 집요한 독자이며 그녀의 평안과 안전을 구하는 가장 간절한 기도자다.

에스더는 화려하나 외로운 왕실에 홀로 있었지만 그녀를 사랑하는 모르드개 때문에 평화의 성벽에 둘러싸인 것처럼 포근하고 산맥처럼 든든했다. 헤개의 시선이 그녀를 높였다면 모르드개의 시선은 그녀를 지탱했다. 그 단단한 사랑 하나가 제국의 음모보다 강하고 혼돈보다 고요했다. 사랑은 권력보다 오래가고 부보다 깊고 왕좌보다 따뜻하기 때문이다. 그녀에게 천국은 어디일까? 왕실의 빛나는 황금 벽과 차가운 대리석 바닥에서 그녀는 천국이 아니라 지옥을 느끼지는 않았을까? 그녀의 천국은 오히려 사랑하는 아버지가 있는 왕실 밖이지 않았을까? 한 사람의 사랑만 있다면 절망도 희망이고 지옥도 천국이다. 천국은 화려함이 아니라 따뜻함에 거주하기 때문이다. 장소가 아니라 관계이고 건물이 아니라 사랑이기 때문이다. 사랑이 있는 곳에 하나님이 계시고 하나님이 계신 곳이 천국이다. "하나님의 나라는 너희 안에 있다"(눅 17:21)는 예수님의 말씀처럼 타인을 자신처럼 사랑하는 그 사랑의 마음이 천국이다. 주님은 당신의 이름으로 두세 사람 모인 곳에 거하신다. 사랑이신 하나님의 이름으로 모인 곳은 사랑이다. 사랑이 있으면 주님이 계시고 그러기 때문에 그곳은 천국이다. 한 사람의 사랑이 천국이다. 나오미는 모압 땅에서 룻에게 사랑의 천국을 선물했다. 요나단은 광야에서 다윗에서 천국을 배달했다. 엘리야는 엘리사를 사랑하여 천국을 입혀줬다. 바울은 디모데를 사랑하여 천국을 발송했다. 에스더의 시대에는 모르드개가 그녀에게 천국을 왕궁으로 배송했다. 나오미는 룻에게 가난한 과부의 손으로, 요나단은 다윗에게 짧은 만남으로, 엘리야는 엘리사에게 낡은 겉옷으로, 바울은 디모데에게 감옥에서 쓴 편지로, 모르드개는 에스더에게 일상의 걸음으로 천국을 배달했다. 나는 누구에게 어떤 천국인가? 타인에게 천국이 되는 비결은 굉장한 도구가 아니라 진실한 사랑이다.

에스더의 삶에 드리운 모르드개의 존재는 맹렬한 폭풍 속에서도 흔들리지 않는 든든한 바위이고 거친 광야에서 길을 잃지 않도록 이끄는 등불이다. 그의 가르침은 에스더의 영혼을 빚는 섬세한 손길이며 그의 변함없는 보호는 그녀의 연약함을 감싸는 갑옷이다. 에스더를 향한 그의 지도와 보호는 우연이 아니며, 자녀를 향한 아버지 하나님의 선물인 동시에 사람을 통해 그분의 신실한 성품을 세상에 드러내는 표징이다. 그의 지혜는 신적인 지혜의 반사이고, 그의 걱정은 신적인 돌보심의 확장이고, 그의 사랑은 신적인 사랑의 그릇이다. 이처럼 에스더 이야기 속 모르드개는 조연이 아니라 하나님의 성품을 현상하는 주인공과 같다.

에 2:12-18

¹²처녀마다 차례대로 아하수에로 왕에게 나아가기 전에 여자에 대하여 정한 규례대로 열두 달 동안을 행하되 여섯 달은 몰약 기름을 쓰고 여섯 달은 향품과 여자에게 쓰는 다른 물품을 써서 몸을 정결하게 하는 기한을 마치며 ¹³처녀가 왕에게 나아갈 때에는 그가 구하는 것을 다 주어 후궁에서 왕궁으로 가지고 가게 하고 ¹⁴저녁이면 갔다가 아침에는 둘째 후궁으로 돌아와서 비빈을 주관하는 내시 사아스가스의 수하에 속하고 왕이 그를 기뻐하여 그의 이름을 부르지 아니하면 다시 왕에게 나아가지 못하더라 ¹⁵모르드개의 삼촌 아비하일의 딸 곧 모르드개가 자기의 딸 같이 양육하는 에스더가 차례대로 왕에게 나아갈 때에 궁녀를 주관하는 내시 헤개가 정한 것 외에는 다른 것을 구하지 아니하였으나 모든 보는 자에게 사랑을 받더라 ¹⁶아하수에로 왕의 제칠년 시월 곧 데벳월에 에스더가 왕궁에 인도되어 들어가서 왕 앞에 나가니 ¹⁷왕이 모든 여자보다 에스더를 더 사랑하므로 그가 모든 처녀보다 왕 앞에 더 은총을 얻은지라 왕이 그의 머리에 관을 씌우고 와스디를 대신하여 왕후로 삼은 후에 ¹⁸왕이 크게 잔치를 베푸니 이는 에스더를 위한 잔치라 모든 지방관과 신하들을 위하여 잔치를 베풀고 또 각 지방의 세금을 면제하고 왕의 이름으로 큰 상을 주니라

❖ ❖ ❖

¹²각 소녀가 아하수에로 왕에게 들어갈 차례가 이르렀을 때, 곧 그녀에게 정해진 여인들의 규례대로 열두 달이 지난 후였으니, 이는 그렇게 그들의 단장하는 날들이 여섯 달은 몰약 기름으로, 여섯 달은 향품과 여인들의 화장품과 더불어 채워졌기 때문이다 ¹³이런 방식으로 소녀가 왕에게 나아갈 때에는 그녀가 말한 모든 것이 여자들의 집에서 왕의 집까지 그녀와 함께 가도록 그녀에게 주어졌다 ¹⁴그녀가 저녁에는 갔다가 아침에는 첩들을 관리하는 왕의 내시 사아스가스의 수하에 있는 여인들의 둘째 집으로 돌아왔다 만약 왕이 그녀를 기뻐하여 그녀의 이름이 불리지 않는다면 그녀가 다시는 왕에게로 나아가지 못하였다 ¹⁵모르드개의 삼촌 아비하일의 딸 곧 모르드개가 자기의 딸로 삼은 에스더가 왕에게 나아갈 차례가 이르렀을 때 그녀는 한 마디도 구하지 않고 오직 여자들을 관리하는 왕의 내시 헤개가 말하는 것만 구했는데 에스더는 그녀를 보는 모든 자들의 눈에서 호의를 얻게 되었다 ¹⁶그녀는 아하수에로 왕에게, 그의 왕궁으로 취해졌다 때는 그의 통치 제칠 년 시월 곧 데벳 월이었다 ¹⁷왕이 에스더를 모든 여자보다 더 사랑하여 그녀가 그의 면전에서 은총과 인애를 모든 처녀보다 더 얻었으며 왕이 그녀의 머리에 왕국의 관을 씌우고 와스디 대신에 그녀를 왕후로 책봉했다 ¹⁸그리고 왕은 그의 모든 방백들과 신하들을 위해 큰 잔치를 베풀었다 이는 에스더 잔치였다 그는 지방들을 위한 면세를 시행하고 왕의 손으로 선물도 하사했다

07 　　　　　　　　　　　　　　　　　　왕후 에스더

본문은 에스더가 왕후로 선택되는 과정을 기록한다. 미인으로 선발된 각 지방의 처녀들은 왕에게 나아가기 전에 12개월 동안 향품과 미용으로 몸을 준비한다. 그리고 왕에게 갔다가 돌아온 이후에 왕의 호출이 없으면 왕에게 다시는 나아가지 못하였다. 에스더는 다른 처녀들과 달리 지나친 장식을 요구하지 않고 헤개가 주는 것만 가지고 나아갔다. 그런데 왕 앞에 나아가기 전부터 모든 사람에게 은총과 호의를 얻었으며 왕도 에스더를 사랑하여 왕관을 씌워주며 그녀를 왕후로 책봉한다. 에스더를 위해 큰 잔치를 베풀고 지방들에 큰 혜택을 하사하며 왕후의 지위를 공적으로 선포한다.

12각 소녀가 아하수에로 왕에게 들어갈 차례가 이르렀을 때,
곧 그녀에게 정해진 여인들의 규례대로 열두 달이 지난 후였으니,
이는 그렇게 그들의 단장하는 날들이 여섯 달은 몰약 기름으로,
여섯 달은 향품과 여인들의 화장품과 더불어 채워졌기 때문이다

이 구절은 왕에게 나아갈 각 소녀에게 요구된 12개월의 화장 기간을 기록한다. 이는 미적인 준비를 넘어 왕을 알현하기 위한 의식적 정결의 과정이다. 이는 왕의 존재를 최고의 신성과 위엄으로 여기는 페르시아 궁정의 엄격한 규율을 보여준다. 다니엘의 시대에는 느부갓네살 왕 앞으로 나아가기 전까지 "삼 년"을 준비하게 했다(단 1:5). 예루살렘 소년이 바벨론의 신하가 되기 위해서는 그의 혀와 마음과 몸 전체가 바뀌어야 했다. 다니엘의 삼 년이 지성의 연마라면, 에스더의 일 년은 존재의 향기였다. 에스더는 열두 달의 길고 엄격한 과정에 순종하며 인내한다. 이는 그녀의 겸손과 지혜를 드러내며 이후 그녀가 왕의 총애를 받는 중요한 밑거름이 된다.

미인으로 선발된 이들에게 부여된 기간은 열두 달이었다. 이 기간은 일상적인 대기가 아닌, 한 인간의 존재를 해체하고 다시 조립하는 꼼꼼하고 체계적인 세월을 의미했다. 왕후의 품위와 자태가 한 여인의 몸과 마음에 새겨지는 침묵의 예식이다. 첫 여섯 달은 몰약 기름과 함께했다. 짙고 격조 있는 그 향기는 피부에 스며들어 고향의 땀 냄새와 서러움을 말끔히 지워냈다. 그것은 정화의 과정이자 과거와의 단절이다. 매일 아침 그 기름이 스치는 순간마다 다른 소녀처럼 에스더도 조금씩 유다의 고아 하닷사의 의식을 떠나 페르시아 왕후의 후보 에스더로 변해갔다.

다음 여섯 달은 향료와 화장품 세례였다. 이는 과거와의 소극적인 단절을 지나 현실과의 적극적인 결합을 의미한다. 장인들의 손길은 각 소녀의 살갗을 채색하는 것이 아니라 하나의 예술품을 완성하는 도구였다. 입술에는 와인보다 진한 붉음이, 눈매에는 하늘보다 신비로운 광채가 드리웠다. 피부를

비단처럼 부드럽게 만들고 머릿결에 윤기를 더하고 발걸음에 품위를 입히는 것은 한 여인을 궁정의 법도에 맞게 빚어내는 조용한 조각 행위였다. 자연의 추위와 더위에 떨던 그 몸은 이제 완벽한 온도에 길들여진 실내의 꽃이 되어 갔다. 이 모든 과정은 왕실에서 정해진 "여인들의 규례"(תַּדְת הַנָּשִׁים)에 따른 것이어서 그 이면에는 보이지 않는 훈련도 주어졌다. 헤개의 지시에 귀 기울이는 법, 왕궁의 복잡한 예법을 몸에 익히는 법, 그리고 무엇보다 자신의 출신과 정체를 감추는 법 등은 마치 침묵의 무술을 익히는 것과 유사했다. 열두 달의 과정을 지난 소녀들은 더 이상 예전의 소녀가 아니었다.

12개월의 준비를 끝낸 소녀들은 왕의 부름을 기다리며 그 거대한 운명의 문 앞에서 대기한다. 대기실 문이 열리고 내시가 누군가의 이름을 부를 때마다 희미한 등불 아래 소녀들의 심장은 얇은 종이처럼 흔들린다. 왕을 만나러 가는 길은 꿈을 향한 발걸음인 동시에 자신의 미래가 한순간에 결정되는 잔인한 시험대와 같기 때문이다. 두 개의 심장이 하나의 가슴에서 뛴다. 하나는 왕의 침실로 향하는 발걸음을 재촉하고 다른 하나는 달아나고 싶은 몸부림을 친다. 문턱 하나를 넘으면 예전의 그녀는 영원히 사라질지 모르는 상황이다. 소녀는 오늘이 자신의 인생에서 가장 빛나는 순간이자 가장 외로운 순간이 될 것임을 직감한다. 입가에 강제로 붙은 미소는 속으로 흐르는 눈물의 짠맛을 잠시 잊게 만들지만, 왕의 웃음소리 한 번에 그녀의 인생이 결정될 것이라는 무게에 숨이 턱까지 차오른다. 비록 무거운 왕관의 무게를 견뎌낼 왕후의 걸음이 준비되고 왕의 택함을 받는다고 그것이 과연 영광일까? 왕의 사랑은 찰나의 불꽃처럼 화려하나 그 불꽃은 언제든지 다른 미모로 옮겨붙을 수 있기 때문에 간택 이후에도 불안은 지속된다.

세속의 왕 앞에 서기 위해서는 열두 달의 화장이 필요했다. 하늘의 왕 앞에서는 어떤 준비가 필요할까? 우리는 너무 빨리 도달하려 한다. 준비 없이 만나려 하고 변화 없이 나아가려 한다. 그러나 만남은 긴 시간을 요구한다. 게다가 신적인 간택의 근거는 외모가 아니라 진실한 마음이다. 그래서 거울에 비친 흠집을 제거하는 것이 아니라 영혼의 창에 쌓인 먼지를 털어내는 작업이 필요하다. 세속의 왕 앞에서는 향유와 금가루가 필요했다. 그러나 하나님의 왕좌 앞에서는 찢긴 심령과 정직한 영이 가장 아름다운 장식이다. 세상의 소음이 아니라 주님의 말씀으로 영혼을 채우는 시간이 향유이고, 얼굴과 몸매의 보정이 아니라 마음속의 교만과 욕심을 씻어내는 회개의 눈물이 몰약이다. 세상의 화려한 드레스나 보석이 아니라 겸손과 순종이 가장 아름다운 복장이다. 이는 사람의 눈은 화려함에 머물지만 하나님의 눈은 마음의 깊은 곳을 꿰뚫기 때문이다. 하나님의 부름은 한시적인 왕좌가 아니라 영원한 나라의 왕 같은 제사장, 하나님의 보좌 우편으로 초대되는 간택이다. 간택을 받고 하나님께 합당한 자로 나아가는 우리의 준비는 열두 달이 아니라 일생을 건 여정이다.

13이런 방식으로 소녀가 왕에게 나아갈 때에는 그녀가 말한 모든 것이
여자들의 집에서 왕의 집까지 그녀와 함께 가도록 그녀에게 주어졌다

이 구절에는 왕을 알현하는 소녀에게 주어지는 절대적 특권과 그 이면에 숨겨진 비극적 운명이 대비되고 있다. 열두 달을 준비한 소녀가 "왕에게 나아갈 때에는 그녀가 말한 모든 것(כֹּל)"이 주어졌다. 그녀가 원하는 대로, 그녀가 말하는 대로, 무엇이든 즉시 주어졌다. 왕의 눈에 들기 원하는 한 여인에게 "모든 것"이 주어지는 것은 페르시아 왕실의 엄청난 부와 허영을 극적으로 강조한다. 왕실의 창고가 얼마나 깊고 넓으면 말 한마디로, 손짓 하나로 눈부신 보석과 진귀한 향료가 순식간에 마법처럼 손아귀에 들어올까? 이 제국에서 자원의 효율적인 배분은 통치의 방정식이 아니었다. 왕의 허영을 채우기 위해 쓰이는 재화는 결코 낭비가 아니었다. 한 여인의 화장을 위해 한 도시의 세금이 한순간에 증발해도 왕에게는 제국의 막대한 부를 과시하는

연극의 소품에 불과했다. 이것이 과연 왕과 제국의 위엄인가? 내가 보기에는 진정한 가치의 창조보다 공허함을 금박으로 감싸는 데 열중하는 모습이다. 소녀에게 주어진 "모든 것"은 자유와 선택권이 아니라 왕의 허영이 빚어낸 황금 감옥이다. 거기에 투옥된 소녀들은 왕의 눈에 들기 위해 자신을 완벽하게 치장해야 했다.

"여자들의 집에서 왕의 집까지"는 미인으로 발탁된 처녀들의 동선이다. 그 짧은 동선은 한 소녀의 운명을 가르는 거대한 강이었다. 이는 물리적인 이동이 아니라 신분의 상승과 동시에 운명의 전환점을 의미한다. 소녀의 발걸음은 화려한 비단에 놓였지만 마음은 가시밭을 걷는 듯하였다. 어두운 복도에 울리는 자신의 발소리를 들으며 소녀는 지난 열두 달의 시간을 되짚었다. 몰약의 씁쓸한 향, 향유의 달콤한 내음이 머릿속에 교차했다. 왕의 침실로 다가가는 그녀의 심장은 광풍 속의 배처럼 요동쳤다. 왕의 침대는 영광의 자리인 동시에 버려진 장난감이 쌓이는 무덤의 입구였다. 내일이면 이 화려한 복도는 쫓겨나는 수치의 길이 되고 진주 목걸이는 목숨을 조르는 올가미가 될지도 모르는 일이었다.

처녀들의 여정은 신앙의 여정과 유사하다. 예수님은 우리가 원하는 모든 것을 구하기만 하면 시행하여 주시며 주어진 모든 것들은 하늘의 아버지께 나아가기 전까지 마음대로 사용할 수 있기 때문이다. 소녀에게 주어진 향료와 화장품의 목적은 소유가 아니듯이 예수님이 우리에게 주시는 모든 것도 소유가 아니라 오직 길 위에 있는 선물이다. 신앙의 여정은 소유의 여정이 아니라 사용의 여정이다. 주님의 모든 선물은 소유가 아니라 사용에서 가치가 드러난다. 그래서 소유의 양이 아니라 사용의 질이 중요하다. 향료와 화장품은 왕을 만나기 위한 것이었지 왕을 대신하는 것이 아닌 것처럼, 우리에게 주어진 주님의 선물도 그 주님을 만나기 위한 도구에 불과하다. 그러므로 주님을 주님의 선물과 맞바꾸지 않도록 주의해야 한다. 선물은 주님의 도구이고 선물의 목적은 주님이다. 주님의 모든 선물로 우리는 주님을 위하여 외모가 아니라 우리의 영혼을 가꾸어야 한다.

> 14그녀가 저녁에는 갔다가 아침에는 첩들을 관리하는 왕의 내시 사아스가스의
> 수하에 있는 여인들의 둘째 집으로 돌아왔다 만약 왕이 그녀를 기뻐하여
> 그녀의 이름이 불리지 않는다면 그녀가 다시는 왕에게로 나아가지 못하였다

이 구절은 왕을 알현한 처녀의 비참한 운명을 선언한다. 왕궁의 화려함 뒤에 가려진 냉혹한 현실과 인간의 도구화를 폭로하는 절절한 구절이다. 처녀는 저녁 어스름이 깔린 시간에 왕에게로 들어가는 문을 통과했다. 열두 달의 준비는 바로 이 하룻밤을 위한 것이었다. 그러나 밤이 지나고 맞이할 아침은 그녀가 예상했던 것과는 다른 길이었다. 그녀는 "여인들의 두 번째 집"(בֵּית הַנָּשִׁים שֵׁנִי)으로 돌아온다. 여인들의 첫 번째 집에서 시작하여 왕의 집에 이르고 다시 "여인들의 두 번째 집"으로 귀착하는 동선이다. 이곳은 왕의 관심 밖으로 밀려난 "첩들"의 집이었다. 안내하는 내시의 손짓은 더 이상 배려가 아니라 서둘러 자리를 뜨라는 효율적인 재촉일 뿐이었다. 한 처녀의 존재 가치는 왕에게 하루치의 일회용 즐거움에 불과했다. 왕에게 소비된 처녀는 왕후의 거처로도, 여자들의 첫 번째 기회의 집으로도, 자신의 집으로도, 돌아가지 못하였다. 소녀는 두 번째 집에서 왕의 하룻밤 손님으로 전락한 자신의 비참한 선배들을 만나고 수많은 첩들의 대열에 자신을 삽입해야 했다.

"첩"(פִּילֶגֶשׁ)이라는 단어는 영원한 아내도 아니고 다시 만날 연인도 아닌 한 번 쓰고 버려진 존재를 의미했다. 첫 번째 집의 공기는 기대로 봄날의 새싹처럼 콩콩 뛰었다면 두 번째 집의 공기는 체념으로 가을 낙엽처럼 축축하고 무거웠다. 첩들의 집은 영광의 대기실이 아니라 잊힌 기억들의 보관소와 같았고 왕의 마음에 들지 못한 자들의 무덤처럼 침울했다. 이는 왕이 기쁜 마음으로 이름을 불러주지 않으면 "다시는"(עוֹד) 그에게로 나아가지 못하고 평

생 그곳에서 썩어야 했기 때문이다. 희망은 잿빛이 되었고 웃음은 메아리 없이 사라졌다. 그런데 첫 번째 집보다 두 번째 집이 권력의 실상을 더 잘 보여준다. 권력의 추한 본색은 환한 무대 위가 아니라 무대 뒤편의 어두운 대기실에 웅크리고 있다. 권력은 주는 것보다 빼앗는 데 익숙했고 빛나는 환상을 길러내는 데 능했으나 결국 남는 것은 잊힘과 폐기였다. 권력은 사람을 살리지 않고 그저 소비한다.

"이름"(שם)의 호명이 한 사람의 운명을 좌우한다. 과연 이름은 한 사람의 존재와 운명을 담아내는 그릇이며 삶을 일으키는 울림이다. 고대 근동에서 이름을 아는 것은 그 존재를 아는 것이었고 이름을 부르는 것은 그 존재를 현존케 하는 것이었다. 이름이 왕의 입에서 나온다면 한 사람의 인생은 달라진다. 왕이 부르면 죽은 자도 살아나고 그가 침묵하면 살아있는 자도 사라진다. 하물며 하나님의 입에서 나의 이름이 나온다면 어떻게 되겠는가? 세속의 왕에게서 불린 이름의 무게는 한때 빛났다가 사라질 세상의 허영에 불과하다. 그러나 하나님이 부르시는 이름은 존재의 근원을 뒤흔드는 거룩한 선언이다. 여인들의 두 번째 집을 지배하는 버려짐과 잊힘의 법칙은 하나님의 기억 앞에서 무너진다. 하나님의 호명은 마법의 주문이다. 단지 우리의 운명을 바꾸는 것이 아니라 존재의 근원을 새롭게 빚는 재창조의 사건이다. "내가 너를 지명하여 불렀나니 너는 내 것이라"(사 43:1)는 말씀에서 "지명하여 부름"은 무의미한 호칭이 아니라 소유권의 선언이고, 관계의 수립이며, 운명의 결정이다. 그분의 부르심은 취소되지 않는 입양이다. 나는 더 이상 세상의 파도에 흔들리는 작은 조각배가 아니라 영원한 항해를 시작하는 거대한 유람선이 된다. 주님은 흙에서 난 나를 하늘로 이끄시고 무가치한 자를 영원한 가치 속에 담으신다.

15모르드개의 삼촌 아비하일의 딸 곧 모르드개가 자기의 딸로 삼은 에스더가

왕에게 나아갈 차례가 이르렀을 때 그녀는 한 마디도 구하지 않고

오직 여자들을 관리하는 왕의 내시 헤개가 말하는 것만 [구했는데]

에스더는 그녀를 보는 모든 자들의 눈에서 호의를 얻게 되었다

"에스더가 왕에게 나아갈 차례가 이르렀다." 저자는 에스더를 "아비하일의 딸"이라고 소개한다. 아비하일은 모르드개의 삼촌이다. 에스더의 가계도에 대한 2장 7절의 설명에 저자는 삼촌의 이름을 추가했다. "아비하일"(אֲבִיחַיִל)은 "내 아버지는 힘"이라는 매우 강력하고 긍정적인 의미를 지닌 이름이다. 이는 비록 그는 일찍 떠났지만 지극히 위대한 능력을 가지신 하나님 아버지는 에스더를 통해 민족적인 구원의 능력을 나타내실 것임을 암시한다. 이처럼 에스더는 소설의 등장인물 중의 하나가 아니라 실질적인 역사 속 인물이다. 게다가 페르시아 왕실에서 비록 에스더의 이름으로 살지만 명확한 계보, 즉 이스라엘 태조를 배출한 왕족의 혈통을 가진 베냐민의 후손이다. 왕족의 피가 흐르는 에스더는 이방의 궁에서도 이제 곧 왕후의 지위로 등극한다.

그러나 아하수에로 왕과 왕궁의 모든 사람들은 그녀의 정체성을 모른 채 극적인 순간을 맞이한다. 왕은 이 순간이 미모의 선택이 아니라 그의 제국과 운명을 가를 씨앗이 뿌려지는 순간임을 알지 못하였다. 사람들의 눈에는 그저 권력의 연극처럼 보이지만 보이지 않는 손은 역사의 심장을 두드리고 있다. 에스더는 숨겨진 뿌리가 드러날 날을 기다리며 침묵 속에서 하나님이 준비하신 역사의 반전을 향해 나아가고 있다. 에스더는 가장 빛나는 순간에 가장 침묵해야 했고 가장 강력한 지위를 얻어야만 비로소 가장 소중한 정체성을 드러낸다.

개인과 민족의 운명이 걸린 절명의 순간에도 에스더는 담담하다. 다른 처녀들이 왕의 눈에 들려고 온갖 화려한 장식과 값비싼 보물을 탐할 때, 에스더는 "한 마디도 구하지 않고 오직 여자들을 관리하는 왕의 내시 헤개가 말

하는 것"만으로 만족했다. "한 마디(רָבָר)도 구하지 않았다"는 것은 어떠한 것을 구하려고 입도 뻥긋하지 않았음을 의미한다. 마치 외적인 장식이 아니라 보이지 않는 손길을 신뢰하는 듯, 그녀는 과장된 욕망의 무대에서 한 발짝 물러섰다. 무언가를 구하려고 단어 하나도 사용하지 않는 그녀의 담담함은 가장 절박하고 위태로운 상황 속에서도 자신의 욕망을 드러내지 않는 최고의 지혜였다. 그녀의 침묵은 가장 큰 절규였고 아무것도 요구하지 않는 그녀의 태도는 가장 강한 믿음의 증거였다. 에스더는 왕의 눈을 사로잡을 외적인 화려함 대신, 하늘의 주권자를 신뢰하는 내면의 평온으로 자신을 단장했다.

헤개는 "여자들을 관리하는"(שֹׁמֵר הַנָּשִׁים) 제국의 최고 전문가다. 수많은 여인들의 미를 관리하며 왕의 기호와 궁정의 질서를 누구보다 잘 아는 왕의 최측근 내시였다. 다른 처녀들은 자신의 소견에 옳은 대로 화장품과 장신구를 동원했고 에스더는 전문가의 지시를 존중했다. 몸은 하나의 언어였다. 그 언어로 가장 설득력 있게 말할 수 있는 문법의 소유자는 헤개였다. 다른 처녀들은 각자의 방언으로 떠들었다. 그러나 에스더는 자신의 빈칸을 채워줄 전문가의 손길을 신뢰했고 이는 마치 제국이 이해하는 공용어로 말하는 법을 택한 셈이었다. 에스더는 자신 안에 없는 지식, 즉 제국의 시스템과 왕의 취향과 권력의 심리를 헤개의 지시에서 터득했다. 진실로 왕의 마음을 움직이는 것은 자기 소견에 옳은 미모 가꾸기가 아니라 전문가의 지혜를 통해 완성되는 품격이다.

에스더의 처신은 바벨론 궁정에서 자신을 더럽히지 않으려고 한 다니엘을 떠올리게 한다. 왕의 진미와 포도주로 영광을 누릴 수 있었으나 다니엘과 세 친구들은 그것을 거절하고 오직 하나님의 법에 맞는 소박한 길을 택하였다. 자신의 몸을 하나의 성소처럼 지켰고 그 안에 계신 분의 이름을 더럽히지 않으려고 했다. 결국 그들은 이방 땅에서도 자신이 하나님께 속했음을 입에 넣는 음식 하나로도 증명했다. 다니엘의 신앙은 확고한 경계였고 선과 악, 정결함과 부정함을 가르는 뚜렷한 선이었다. 화려함을 거부하고 신앙의 단순함을 선택한 그들의 결단은 결국 바벨론의 모든 지혜자를 능가하는 영광으로 입혀졌다. 이는 비운의 포로기에 절망의 귀로 들어온 훈훈한 소식이다.

결국 "에스더는 그녀를 보는 모든 자들(כָּל־רֹאֶיהָ)의 눈에서 호의를 얻게 되었다"고 한다. 당시의 왕실은 미모를 팔아 권력을 얻고 교양을 팔아 인정을 구매하고 은밀한 정보를 팔아 안전을 확보하는 곳이었다. 그런데 에스더는 무언가를 팔려고도 하지 않고 사려고도 하지 않았는데 모든 자들의 호의를 얻었다는 사실이 신비롭다. 에스더를 본 왕의 모든 시종들은 그녀의 품위에 저절로 고개가 숙여졌다. 이는 그녀의 순수한 존재 방식이 불러온 결과였고 그녀의 내면에서 뿜어져 나오는 빛이 주변을 따스하게 데운 결과였다. 정교하게 계산된 매력이나 인위적인 꾸밈이 아니라 설명할 수 없는 신비였다. 화장품의 향기가 아니라 하나님의 손길에서 배어 나온 은총의 향기였다.

"좋게 생각하는 마음"을 뜻하는 "호의"(חֵן)는 영혼과 영혼이 마주했을 때 나오는 감정의 가장 따뜻한 표정이다. 그런 호의는 에스더가 아무것도 구하지 않았기 때문에 오히려 투명하게 그녀의 인격을 바라볼 수 있게 된 사람들의 마음에서 피어난 꽃이었다. 에스더는 결코 남의 시선을 의식하며 살아간 사람이 아니었다. 타인을 의식해도 될 가장 절박한 순간에도 그녀는 자신의 중심을 잡고 자신의 할 일을 묵묵히 해 나갔을 뿐이었다. 무언가를 간절히 구하면 구할수록 그것은 도망가고, 오히려 내려놓고 자신의 길을 성실하게 가면 모든 것이 제자리를 찾으며 따라오는 것은 인생의 가장 위대한 역설이다. 이런 역설을 따라, 은혜는 소유가 아니라 만남이고, 사랑은 붙잡음이 아니라 머묾이며, 행복은 도달이 아니라 깃듦이다. 에스더를 향한 모든 사람들의 호의는 휘발성이 강한 인기나 성공이 아니라 한 인간이 진정한 자기 자신으로 살아갈 때 세상이 보내는 환호였다.

¹⁶그녀는 아하수에로 왕에게, 그의 왕궁으로 취해졌다
때는 그의 통치 제칠 년 시월 곧 데벳 월이었다

에스더가 순번을 따라 왕궁에 있는 왕에게로 나아갔다. 아니 "취해졌다"(תִּלָּקַח). 이 수동태는 그녀의 인생 최대의 전환점에 대한 모든 서사를 압축한다. 에스더는 제국의 왕후라는 인생의 반전을 기대하며 안간힘을 쓰지도 않고, 결과를 스스로 통제하려 하지도 않고, 모든 것을 하나님께 맡기는 신앙적 초연함을 보여준다. 스스로의 힘으로 간택을 취하려는 적극적인 움켜쥠도 없고, 결과에 대한 기대와 불안으로 인한 반사적인 발버둥도 없다. 그러나 에스더의 수동성은 포기가 아니었다. 그녀의 맡김은 체념이 아니었고 그녀의 걸음은 억지로 끌려가는 나약함이 아니었다. 자신의 의지를 내려놓고 하나님의 뜻과 하나 되는 길이었고 자신의 계획을 포기하고 역사의 흐름을 수용하는 용기였다. 취해진 에스더, 그러나 사실은 하나님의 손에 붙들린 여인이다.

저자는 에스더가 왕궁으로 들어간 시점, 즉 "그의 통치 제칠 년 시월 곧 데벳 월"을 정확하게 표기한다. 저자는 왜 이토록 정확한 시간의 기록을 남겼을까? 에스더 이야기의 실재성을 강조하며 독자에게 이 이야기가 전설이나 소설 같은 허구가 아님을 나타내기 위함이다. 화려하고 덧없는 왕의 잔치, 버림받은 왕후 와스디, 그리고 새로이 간택된 에스더 이야기는 모두 역사라는 거대한 무대 위에서 실제로 발생한 일들이다. 그리고 정확한 시점의 표기는 하나님의 섭리가 역사 속에서 작동하는 원리를 보여준다. 정교한 시계의 초침이 한 치의 오차도 없이 움직이듯, 하나님도 에스더를 가장 적절한 때, 가장 정확한 장소로 이끄신다. 에스더의 이 걸음은 그냥 왕후가 되는 소녀의 발걸음이 아니라 구원의 걸작이 완성되는 데 결코 빠져서는 안 되는 부분이다. 에스더가 왕궁으로 들어간 시월에는 유대 민족의 멸망을 계획하는 하만의 음모가 연기를 피우기 시작한다. 이로써 저자는 인간의 역사와 하나님의 역사가 서로 분리되지 않음을 강조한다. 인간의 눈에는 우연처럼 보이는 모든 사건들이 사실은 하나님의 거대한 계획 속에서 빈틈없이 진행되고 있음을 보여준다. 저자의 필치는 또한 우리에게 속삭인다. 하나님은 막연한 '언젠가'가 아니라 구체적인 '그때'를 쓰시며, 어느 시월, 어느 데벳 월, 우리의 인생에 새겨질 어느 '때'를 정확히 알고 계신다고!

> ¹⁷왕이 에스더를 모든 여자보다 더 사랑하여 그녀가 그의 면전에서
> 은총과 인애를 모든 처녀보다 더 얻었으며
> 왕이 그녀의 머리에 왕국의 관을 씌우고 와스디 대신에 그녀를 왕후로 책봉했다

에스더를 본 모든 사람이 호의를 보이는 현상에서 왕도 예외가 아니었다. 그는 에스더를 "모든 여자보다 더 사랑"했고 그녀에게 "은총과 인애를 모든 처녀보다 더" 많이 베풀었다. 왕은 에스더를 최고의 여인으로 사랑했다. 그녀 앞에서 그는 왕이 아니라 남자였다. 사실 왕의 눈은 수많은 미인들을 경험했고 수많은 미모에 길들어져 있었으나 에스더는 차원이 다른 여자였다. 수많은 미모라는 명품들이 그의 앞을 스치고 빛을 발하다가 사라졌다. 미모 감별사의 전문적인 안목을 갖춘 왕에게도 에스더는 제국의 궁궐에서 본 적 없는, 그녀의 이름처럼 어느 별에서 신비롭게 피어난 꽃이었다. 그녀의 눈에는 간절한 욕망의 그림자가 아니라 담담한 존재의 빛이 가득했다. 그녀는 아무것도 구하지 않았는데 최고의 "은총과 인애"를 얻었으며, 왕의 마음을 움켜쥐려 하지 않았는데 그의 마음은 사랑의 압도적인 전류로 그녀에게 감전되어 모조리 빼앗겼다. 기막힌 역설이다.

에스더의 머리에는 제국의 "왕관"(כֶּתֶר־מַלְכוּת)이 씌워졌다. 이 화려한 금속이 그녀의 머리에 놓이는 순간, 역사의 흐름은 조용히, 그러나 단호하게 궤도를 수정했다. 이제 에스더는 달라졌다. 그녀의 세상도 달라졌다. 화려한 궁

전은 더 이상 낯선 감옥이 아니었다. 궁중의 시선은 그녀를 중심으로 다시 모였고 제국의 역사는 그녀의 존재를 축으로 돌기 시작했다. 이런 새로움이 과거의 에스더를 대체한 것은 아니었다. 비록 그녀의 표면은 제국의 가장 화려하고 높은 왕후로 보이지만 그녀의 꿈속에는 여전히 부모의 그리움이, 그녀의 피부 밑에서는 여전히 유다의 피가, 그녀의 심장 속에서는 모르드개의 신앙적인 가르침이 사이좋게 공존하기 때문이다. 왕관의 무게는 기억의 단추를 눌러 에스더로 하여금 만감의 교차로로 내몰았다. 그것은 지나온 시간의 무게였고 동시에 앞으로 감당해야 할 운명의 무게였기 때문이다. 이제 민족의 운명은 그녀 안에 숨겨졌고 미래의 희망은 그녀를 통해 피어나려 한다.

에스더가 "와스디 대신에"(וַשְׁתִּי תַּחַת) 왕후가 된 것은 한 시대의 끝과 새 시대의 시작을 의미한다. "와스디 대신에," 이 한 구절은 교체의 언어가 아니라 한 시대의 문을 닫고 다른 시대를 여는 소리였다. 왜냐하면 왕의 사랑이 바뀌었기 때문이다. 왕의 마음은 제국의 가장 민감한 풍향계다. 그의 사랑이 움직일 때, 제국의 모든 판이 흔들리고 운명의 강줄기도 휘어진다. 이제 왕의 눈은 와스디라는 과거를 붙들지 않고 에스더라는 새로운 얼굴, 새로운 향기, 새로운 운명 위에 정박했다. 제국의 땅은 같았으나 그 땅을 지배하는 공기와 질서는 달라졌다. 제국의 어머니가 바뀌었기 때문이다. 왕후의 이름이 바뀌는 일은 곧 제국의 심장에 새 리듬이 박히는 일이었다. 왕비는 왕의 개인적인 배우자가 아니라 제국의 어머니요, 백성의 위안이요, 문화와 풍속의 상징이기 때문에 그녀의 호흡은 궁정의 공기를 움직이고 그녀의 시선은 백성의 마음을 보듬는다. 와스디가 지닌 강인함과 독립적인 기질이 물러나고 에스더의 지혜와 신비로운 온유함이 들어섰다. 이것은 배우자의 교체가 아니라 제국의 기질과 운명이 근본부터 다시 기록되는 사건이다.

와스디와 에스더가 교체되는 사건이 암시하는 신학적 함의는 무엇인가? 나는 불순종과 순종의 교체라고 생각한다. 와스디의 불순종은 왕의 권위에 대한 도전인 동시에 하나님을 거스르는 인간의 교만을 상징한다. 그녀는 자신의 영광을 하나님의 명령보다, 자신의 미모를 왕의 뜻보다 더 중요하게 생각했다. 와스디의 폐위는 자신의 뜻을 고집하는 교만한 자는 결국 하나님의 나라에서 제외될 수밖에 없음을 보여주는 신학적 교훈이다. 에스더는 자신의 미모를 자랑하지 않고 자신의 의견도 내세우지 않고 오직 겸손과 순종으로 모든 과정을 감당했다. 그러므로 와스디의 자리에 에스더가 앉게 된 것은 우연의 교체가 아니라 구속사의 바둑판에 하나님이 두신 진짜 신의 한 수였다. 하나님은 우리의 작은 이야기들 속에서도 당신의 더 큰 이야기를 쓰는 분이시다. 에스더 이야기는 우리 각자의 삶도 하나님의 더 큰 계획 속에서 진정한 의미를 찾는다는 사실을 상기시켜 준다.

¹⁸그리고 왕은 그의 모든 방백들과 신하들을 위해 큰 잔치를 베풀었다 이는 에스더 잔치였다 그는 지방들을 위한 면세를 시행하고 왕의 손으로 선물도 하사했다

새로운 왕후를 맞이한 왕은 성대한 잔치(מִשְׁתֶּה גָּדוֹל)를 베풀었다. 이는 왕이 자신의 권력과 허영을 과시하기 위해 마련된 이전의 화려했던 잔치와는 다른 연회였다. 이번 잔치는 왕의 개인적인 사랑이 국가적인 차원에서 공인되고 축하받는 사건으로 격상됨을 의미한다. 잔치의 분위기도 달라졌다. 이전의 잔치가 억압적인 권위와 덧없는 오만으로 가득 차 있었다면, 이번 잔치는 진정한 사랑과 기쁨으로 충만했다. 와스디의 부재가 남긴 왕의 수치는 에스더의 책봉으로 인해 영광으로 채워졌다. 왕은 그녀를 모든 이에게 소개하며 자신의 마음이 에스더의 것임을 강조했다. 이는 왕의 마음을 움직이기 위해서는 에스더 왕후의 마음을 먼저 움직여야 한다는 선언이다. 즉 이 잔치는 왕의 사랑이 한 개인의 감정을 넘어 제국의 질서와 안정의 근간이 되었음을 의미했다. 이제 왕의 사랑은 비밀도, 은밀함도 아닌, 모든 백성이 함께 바라보고 축복해야 하는 공공의 재산이다. 연회의 음악은 새로운 질서를 알리는

나팔 소리였고 춤추는 불빛은 제국의 하늘에 새롭게 뜬 별을 찬미했다. 개인의 정이 국가적 제도로 승화되는 순간, 왕과 왕후의 이야기는 제국의 이야기로 편입된다. 한 남자의 사랑은 국가의 역사가 되고 한 여인의 삶은 민족의 구원이 되는 신성한 순간이다.

이 성대한 잔치의 이름은 "에스더 잔치"(מִשְׁתֵּה אֶסְתֵּר)였다. 이는 왕이 자신의 마음을 차지한 에스더의 자리를 제국의 지도에 새겨 넣는 잔치였다. 이것은 한 개인에게 주어지는 최고의 영광이며 국가가 새로운 어머니를 맞이하는 공적인 의례였다. 한 여인의 이름이 박힌 잔치는 왕의 사랑을 기념하는 축제가 아니라 사랑이 권력의 언어로 번역되는 일이었다. 에스더의 이름은 새로운 시대의 표제였다. 이 잔치는 이름의 힘으로 한 사람의 운명을 제국 전체의 운명과 묶어 버리는 신비한 제의였다. "에스더 잔치"! 저자의 이 명명은 왕의 마음속 깊은 곳에서 시작된 사랑이 궁전의 회랑을 벗어나 제국의 가장 먼 변방의 공기까지 뒤흔드는 사건임을 암시한다.

실제로 왕은 "지방들을 위한 면세를 시행하고 왕의 손으로 선물도 하사했다." 이로써 왕의 은택과 자비가 모든 지방에 도착했다. 이것은 무거운 세금과 부역에 신음하던 백성들의 마음에 가뭄 끝에 내린 단비였다. 왕의 은총은 한 사람의 마음에서 시작되어 거대한 제국의 혈관을 따라 모든 지방으로 흘러갔다. 클레오파트라가 마르쿠스 안토니우스와 공식적인 결합을 선포했을 때(BC 37)에도 알렉산드리아와 주요 도시들에 일시적인 세금 감면 혜택을 준 사례가 확인된다. 아우구스투스가 로마 제국의 황제로 즉위할 때(BC 27)에는 로마 시민에게 현금을 지급했다(congiarium). 비잔틴 제국의 유스티니아누스가 테오도라를 왕후로 책봉했을 때(AD 527)에도 콘스탄티노플과 주요 도시들의 세금을 1년간 면제했다. 이런 사례들과 유사하게 페르시아 왕의 기쁨은 추상적인 개념이 아니라 백성이 직접 체감할 수 있는 현실적인 자비로 다가왔다. 선물을 "왕의 손으로"(כְּיַד הַמֶּלֶךְ) 주었다는 기록도 특별하다. 이것은 단지 관대한 베풂이 아니라 자비와 권위를 상징하는 왕의 손길이 닿는 영토마다 제국의 은총이 미치지 않는 곳이 없음을 보여준다. 왕궁의 화려함은 이제 모든 지방에 사는 백성들의 풍요로운 삶과 끈끈하게 연결되어 있다. 왕의 개인적인 기쁨은 제국의 국법을 바꾸고 모든 백성의 삶까지 행복하게 바꾸었다.

제국의 중심에서 시작된 기쁨의 파동이 변방까지 이르는 이 모든 변화의 중심에는 에스더가 있다. 은택을 입은 모든 백성의 뇌리에는 에스더의 이름이 새겨졌다. 앞으로 그녀가 제국 전체에 일으킬 구원의 파장을 암시한다. 이 대목에서 우리는 하나님의 역사, 즉 사랑과 백성의 축복 뒤에는 보이지 않는 손이 역사의 실을 조용히 잇고 있는 위대한 계획의 실행을 목도한다. 이는 에스더의 등극이 왕의 기쁨으로 이어지고 백성의 조세 면제라는 전국적인 잔치로 귀결되고 하만의 박해라는 미래의 위기에 대비한 민심 얻기의 토대가 마련되기 때문이다. 조세 면제라는 선물은 왕의 관대함 전시라는 효과를 넘어 백성들의 마음에 충성과 감사라는 이름의 씨앗을 뿌리는 신성한 행위였다. 이제 백성의 기억에서 "에스더"의 이름은 은총과 감사와 충성이 결부된다. 이 장면은 더 큰 그림의 준비였다. 하늘은 하만의 어둠이 드리우기 전에 빛의 무대를 준비하고 있다. 집단적인 살해라는 거대한 폭풍이 다가오고 있었지만 하나님은 그 폭풍에 맞설 민심의 방벽을 조용히 쌓으신다.

¹⁹처녀들을 다시 모을 때에는 모르드개가 대궐 문에 앉았더라 ²⁰에스더는 모르드개가 명령한 대로 그 종족과 민족을 말하지 아니하니 그가 모르드개의 명령을 양육 받을 때와 같이 따름이더라 ²¹모르드개가 대궐 문에 앉았을 때에 문을 지키던 왕의 내시 빅단과 데레스 두 사람이 원한을 품고 아하수에로 왕을 암살하려는 음모를 꾸미는 것을 ²²모르드개가 알고 왕후 에스더에게 알리니 에스더가 모르드개의 이름으로 왕에게 아뢴지라 ²³조사하여 실증을 얻었으므로 두 사람을 나무에 달고 그 일을 왕 앞에서 궁중 일기에 기록하니라

❖ ❖ ❖

¹⁹처녀들을 두 번째로 모을 때에 모르드개는 왕의 문에 앉았다 ²⁰에스더는 모르드개가 명령한 대로 그녀의 혈육과 민족을 알리지 않았는데, 그녀가 그의 양육을 받던 때처럼 모르드개의 말을 행하였다 ²¹그 무렵에 모르드개가 왕의 문에 앉았을 때 문을 지키던 자들 중 왕의 두 내시 빅단과 데레스가 분노하며 아하수에로 왕에게 손을 뻗으려고 꾀하였다 ²²그리고 그 일은 모르드개에게 알려졌고 그는 에스더 왕후에게 고하였다 그리고 에스더는 모르드개의 이름으로 왕에게 아뢰었다 ²³그 사건이 조사되고 밝혀져서 그들 둘은 나무에 매달렸다 그 일은 왕 앞에서 연대기 책에 기록되었다

경계인 모르드개

에스더 이야기는 새로운 국면으로 접어든다. 왕후가 된 이후에도 에스더는 모르드개의 권고를 따라 자신의 정체성을 비밀로 유지했다. 에스더의 신변을 거정하는 모르드개는 왕의 문에 여전히 머물렀다. 궁문에 앉아 있다가 그는 두 내시의 역모를 목격한다. 그래서 그는 왕후에게 이 사실을 알렸고 왕후는 왕에게 이 사실을 모르드개의 이름으로 고하였다. 결국 역모를 꾸미던 두 내시는 처형을 당하였고 이 사건은 왕실 역대기의 한 페이지로 들어갔다.

19처녀들을 두 번째로 모을 때에 모르드개는 왕의 문에 앉았다

저자는 왕실이 처녀들을 "두 번째로"(שֵׁנִית) 모았다고 기록한다. 70인 경은 이 구절을 생략했다. 그러나 저자의 이 간략한 기록은 제국의 추한 민낯을 날카롭게 폭로한다. 왕을 위한 첫 번째 미인 모집의 광휘와 열광은 아직 궁정

의 벽에 생생하게 남아있다. 그 여운이 가시지도 않았는데 두 번째 미인 수집이 진행된다. 이는 에스더가 왕후로 간택된 이후에도 제국 내에서 무고한 처녀들을 모으는 제도가 지속되고 있었음을 암시한다. 거대한 제국의 권력 기계는 쉼 없이 돌아가며 새로운 어린 꽃들을 갈아 뭉개는 분쇄기로 작동한다. 에스더의 등극은 이 시스템의 종말이 아니라 그 정점이자 이 시스템이 잘 작동하고 있음을 증명하는 상징물에 불과했다. 처녀들의 모집은 가장 우아하고 가장 잔혹한 방식으로 행해지는 '미모'라는 공물의 징집을 의미했다. 제국의 먼 변방에서 수도 수산까지 수많은 딸들의 꿈과 사랑이 끌려갔고, 그들의 평범한 미래는 짓이겨진 채 오직 하나의 자격요건, 즉 왕의 눈길을 사로잡을 수 있는 미모만이 그들에게 부여된 유일한 가치였다. 그녀들은 이름이 아닌 "처녀"라는 집합적 명칭으로 고향이 아닌 "여자들의 집"에 보관되어 있다가 개인의 의지가 아닌 왕의 기호라는 막연한 목적지를 향해 이동하는 조공 물자 같은 신세였다.

권력은 이렇게 자신의 쾌락을 위해 가장 아름다운 것을 수집하고 소비하는 방식으로 그 위엄과 관대함을 과시할 수 있다고 생각한다. 그러나 그 관대함의 이면에는 끝없는 공포와 불안이 자리한다. 왕은 모든 것을 소유할 수 있는 자리에서 오히려 모든 것이 적이 될 수 있는 두려움에 사로잡혀 더 많은 미소, 더 많은 청춘, 더 많은 충성을 자신의 주변에 배치해야 했다. 쾌락과 두려움이 맞물린 제국의 궁전에서 여인들은 왕의 눈을 즐겁게 하는 도구, 권력을 꾸미는 장신구, 왕궁의 허영을 지탱하는 그림자에 불과했다. 제국은 여인의 존엄을 모아서 허영의 제단에 바치고 그들의 미모를 숫자로 세어 왕의 소유 목록에 차곡차곡 기록했다.

이 구절에서 본격적인 모르드개 이야기가 시작된다. 그는 "왕의 문에 앉았다"고 한다. "왕의 문"은 왕실의 동향과 중요한 정보에 쉽게 접근할 수 있는 위치였다. 왕궁의 행정과 정치의 경계선에 해당하는 지점이고, 제국의 혈관이 모여드는 길목이며, 왕의 명령이 내려지고 재판이 선고되며 제국의 심장 뛰는 소리가 가장 생생하게 들리는 장소였다. 돌로 조각된 문설주는 수많은 비밀과 권력의 속삭임을 기억하고 있다. 그 문턱에는 왕의 권위가 드리워져 있다. 그런 문에 "앉는다"(יֹשֵׁב)는 것은 곧 그 권력의 일부가 된다는 의미였다. 그의 앉음은 휴식이 아니라 자리를 잡고 머무르고 지배하는 행위였다. 모르드개의 눈은 스치고 지나가는 모든 것을 놓치지 않았고 그의 귀는 바람에 실려오는 작은 소리조차 감지했고, 그의 내면은 거대한 제국의 얕은 흐름도 판독했다. 이 문턱은 그의 운명적인 소명을 위한 무대였다. 겉으로는 평범한 문지기의 자리로 보이지만 이곳은 모든 정보가 모이고 모든 음모가 싹트는 곳이었다. 일종의 서사적 거점이다.

시인은 다른 종류의 문지기를 언급하며 "악인의 장막에 사는 것보다 내 하나님의 성전 문지기로 있는 것이 좋"다고 고백한다(시 84:10). 왕의 문턱이 제국의 심장을 울리는 장소라면, 하나님의 성전 문은 우주의 영광이 고요히 숨 쉬는 문턱이다. 하늘의 궁전이 땅에 드리운 그림자요, 천상의 피가 흐르는 혈관의 교차로요, 주님의 말씀 한 마디가 산을 옮기고 별의 위치를 바꾸는 문턱이다. 그런 성전의 문지기는 하나님의 임재에 가장 가까이 있고 성소의 숨결을 매일 마시는 사람이다. 그는 거룩과 속됨을 분별하며 부정이 성소의 문턱을 넘지 못하도록 차단한다. 그의 자리에는 날마다 은혜와 용서가 사람들 사이로 지나간다. 죄가 사라지고 생명이 다시 숨 쉬는 사람들의 그 장엄한 행렬을 목도한다. 문지기의 귀는 늘 황홀하다. 제사장의 노래가 아침의 향처럼 피어나고, 백성의 간구가 저녁의 바람처럼 성소를 스치기 때문이다. 이 땅에서 그런 문지기로 사는 것은 최고의 특권이다.

"문지기로 있다"(הִסְתּוֹפֵף)의 히브리어 단어는 "문턱에 서다, 경계에 머물다"를 의미한다. 성전의 문지기는 모르드개 같은 경계인을 의미한다. 내 머리에는 궁극적인 문지기로 예수님이 떠오른다. 예수님은 양의 목자인 동시에 자신을 양우리의 문이라고 밝히신다. 그는 양들이 들어오고 나오며 구원을 받고 꼴을 얻는 문이시다(요 10:9). 또한 예수님은 하늘에 속하신 하나님인 동시에 땅에 속한 인간이기 때문에 존재 자체로 하늘과 땅의 경계인과 같으시다. 그분이 서신 십자가는 경계였다. 하늘과 땅의 경계, 의와 죄의 경계, 생명과 죽음의 경계였다. 그분은 그 경계에서 찢기셨다. 그 찢김이 성전의 휘장을 찢었고 지성소로 가는 길을 개통했다. 왕궁의 문지기 모르드개 또한 베옷을 입고 재를 뒤집어쓴 채, 마치 십자가의 골골로 그 자리에서 민족의 구원을 개통한다.

> 20에스더는 모르드개가 명령한 대로 그녀의 혈육과 민족을 알리지 않았는데,
> 그녀가 그의 양육을 받던 때처럼 모르드개의 말을 행하였다

이 구절은 에스더가 왕후로 즉위한 이후에도 자신의 출신과 백성을 알리지 않았다고 언급한다. 에스더의 침묵은 저자가 두 번이나 기록할 만큼 역사의 무게를 지닌 행위였다. 이 은폐의 반복은 자신의 본모습을 계속해서 감추어야 하는 삶, 즉 각 민족의 종교와 문화의 자유를 존중하는 고레스의 유화책 이후에도 여전히 두려움과 신음 속에서 살아가야 하는 포로된 백성의 운명을 상징한다. 심지어 에스더가 페르시아 제국의 정점에 이르렀을 때에도 유다인의 본모습은 여전히 숨겨져야 하는 것이었다. "진짜 나"로 살아가지 못하는 시대의 고단함은 어떠할까?

에스더는 지금 궁궐의 화려한 베일 뒤에서 두 개의 삶을 살아간다. 하나는 왕의 총애를 받는 왕후의 삶, 빛나는 왕관과 비단옷에 싸인 에스더의 삶이었고, 다른 하나는 그녀의 영혼에 깊이 새겨진 문신과 같은 삶, 즉 멸시받는 유다 민족의 딸 하닷사의 삶이었다. 두 정체성의 경계에 선 그녀의 삶은 빛과 그림자가 절묘하게 교차하는 예술 작품 같다. 자신의 정체성 은폐는 단순한 비밀 유지가 아니었다. 마치 씨앗이 땅속으로 파고드는 것처럼 어둠 속에서 때를 기다리며 자신을 숨긴 채 뿌리를 내리고 조용히 성장하는 중이었다. 나중에는 빛보

다 어둠이, 발설보다 침묵이 더 놀라운 기능을 발휘한다. 정체성의 은폐는 겁내는 두려움이 아니라 기다리는 지혜였다. 이는 자신의 정체성을 가리는 침묵의 용도가 왕후의 평탄한 즉위와 안락이 아니라 다른 목적을 위한 것임을 나타낸다. 즉 장차 하만의 음모를 분쇄하고 민족의 구원을 이루실 하나님의 활동을 위한 여백 마련을 위함이다. 이름마저 감추신 하나님의 은폐와 하닷사의 정체를 감춘 에스더의 은폐가 역사의 한 가운데서 절묘하게 교차한다.

에스더의 정체성 은폐는 모르드개의 명령에 따른 것이었다. 그 명령에 대한 순종은 "그녀가 그의 양육(אָמְנָה אֹתָהּ)을 받던 때"부터 지금까지 이어진 삶의 틀이었다. 에스더의 삶은 날마다 그가 그어 놓은 선을 따라 걷는 것이었다. 그의 명령은 그녀에게 호흡이며 강압은 아니었다. 공기의 존재를 의식하지 않아도 숨이 존재를 관통하듯, 그의 말은 에스더의 삶을 인기척도 없이 관통했다. 고아의 이마를 닦아주고 두려움에 질린 어깨를 감싸던 그의 손이 때로는 단호하게 금지의 선을 그었는데, 그것은 일상적인 경고가 아니라 생존을 위한 최소한의 법이었다. 그 법은 그녀의 혀끝에 가시를 박아 두었고 그녀의 가장 깊은 이야기, 즉 출생과 민족에 대한 진실을 삼키게 만들었다. 세월을 머금은 그녀의 순종은 습관이 되었고 습관은 본능으로 스며들어 존재의 질서로 굳어졌다. 내면의 나침반과 같은 그의 목소리가 그녀의 삶에는 길이었다. 왕의 눈빛을 읽는 것보다, 신하들의 속내를 파악하는 것보다, 모르드개의 기호를 간파하는 것이 더 빠르고 익숙했다. 그의 손이 쌓아 올린 세상, 그가 가르쳐 준언어, 그가 정해준 규율, 그것이 그녀의 전제였기 때문이다.

순종은 무기력한 순응이 아니라 깊은 신뢰의 고리였다. 모르드개가 명령했기 때문에 그녀는 자신을 숨길 수 있었고 그 순종은 그녀의 정체성을 가리는 동시에 그녀와 그를 잇는 가장 강력한 관계의 끈이기도 했다. 그는 그녀의 과거와 현재의 모든 비밀을 알고 있는 유일한 자였고 그녀는 그의 목소리를 자신의 의지보다 더 귀하게 여기는 유일한 신뢰였다. 에스더의 순종에는 그녀의 신앙도 투영되어 있다. 그래서 나는 그녀를 보면서 하나님의 말씀을 자신보다 더 신뢰해야 하는 성도의 순종을 떠올린다. 아무리 높은 자리에 앉아도, 가장 고귀한 금관이 머리에 얹혀도, 그런 자신보다 여전히 하나님의 말씀을 따르는 순종의 사람을 생각한다. "너는 마음을 다하여 여호와를 신뢰하고 네 명철을 의지하지 말라"(잠 3:5)는 지혜자의 교훈과 "여호와께 피하는 것이 사람을 신뢰하는 것보다 낫다"(시 118:8)는 시인의 고백, 그리고 "자기를 의지하지 말고 오직 죽은 자를 다시 살리시는 하나님만 의지"해야 한다(고후 1:9)는 바울의 배움을 페르시아 제국의 궁에서도 발견한다.

²¹그 무렵에 모르드개가 왕의 문에 앉았을 때 문을 지키던 자들 중 왕의 두 내시 빅단과 데레스가 분노하며 아하수에로 왕에게 손을 뻗으려고 꾀하였다

이 구절에서 서사는 새로운 국면으로 접어든다. 왕의 암살을 도모하는 자들의 반역과 이것을 저지하는 모르드개의 공적인 책임과 충성이 언급된다. "왕의 두 내시 빅단과 데레스"는 모르드개가 앉아 있던 왕실의 "문을 지키던 자들(שׁמְרֵי)"이다. 문은 신뢰와 배신, 진실과 거짓, 생명과 죽음의 메아리가 가장 먼저 도달하는 곳인 동시에 내부와 외부를 가르는, 충성과 반역을 가르는, 생사를 가르는 칼이기도 하다. 왕의 문은 더욱 그러하다. 그곳은 늘 제국의 안위를 지키는 가장 견고한 방패였다. 그 문을 지킨다는 것은 가장 절대적인 권력의 가장 취약한 고리를 손에 쥔다는 것을 의미했다. 빛나는 권위의 상징인 그 문은 동시에 그 권위를 향한 모든 원한과 야망이 쏟아지는 깊은 상처와도 같다. 그런 종류의 상처를 입었을 "빅단과 데레스," 이 두 내시의 이름은 이제 반역의 동의어가 된다. 사실 이들은 왕의 가장 가까운 그림자로 왕의 호흡을 들었고 왕의 비밀을 엿보았고 왕의 안전을 자신들의 손에 맡겨진 신성한 의무로 여긴 자들이다. 그들의 "손"(יָד)은 왕을 해칠 모든 종류의 위협

을 문에서 차단하기 위해 훈련된 손이었다.

그런데 두 내시는 어떤 이유 때문인지 "분노했다"(קָצַף). 그 분노는 왕을 향하였다. 무슨 일이 그들의 마음에 분노라는 씨앗을 뿌렸을까? 이에 대해 저자는 침묵한다. 어쩌면 왕의 변덕에 상처 입은 자존심, 아니면 권력의 미끄러운 바닥에서 밀려난 서러움, 아니면 채워지지 않는 야망, 아니면 권력의 가장 가까운 곳에서 그 어두운 이면을 너무도 많이 봐서 오히려 그 권력 자체를 환멸하게 되었기 때문일까? 어떤 이유로든 그들의 분노는 왕에게 부어지려 했다. 왕을 죽이려는 음모는 그의 침실 가장자리, 그의 호흡이 닿는 곳, 바로 그의 턱밑에서 발생했다. 가장 강력한 요새의 성벽은 외부의 포위 때문이 아니라 내부의 부패로 말미암아 무너진다. 지키는 자가 배반하는 자가 되고 신뢰가 살육의 도구가 되는 아이러니, 권력의 심장부가 얼마나 위태로운 곳인지를 여실히 보여준다.

그런데 암살 모의가 일어난 현장에 모르드개가 앉아 있었다고 저자는 기록한다. 그의 자리는 평범한 관직이 아니라 하늘이 세운 정의의 감시탑인 동시에 신의 섭리가 역사의 무대에 배치한 하나의 장치였다. 가장 악한 음모가 꾸려지는 바로 그 장소에 가장 선한 의도를 가진 목격자가 머물렀다. 음모의 귓속말은 바람을 타고 문턱을 넘다가 그 문턱에 앉은 모르드개의 귀로 들어갔다. 거기에서 평소에 제국의 맥박을 읽고 있던 그의 귀는 단지 두 내시의 음모를 들은 것이 아니었다. 역사의 흐름이 바뀌는 결정적인 순간의 소리를 듣고, 그는 한 인간인 왕에 대한 것이 아니라 질서와 정의 그 자체에 대한 공적인 책임과 충성으로 그 음모의 실타래를 풀어냈다. 문을 지키던 자들이 문을 넘어서려 할 때, 문에 앉아 있던 한 이방인이 오히려 그 문이 의미하는 바를 지켜냈다. 문에 앉은 그의 직무는 수동적인 것이 아니었다. 역사가 흐르는 통로에 앉아 그 흐름을 지켜만 보지 않고 때로는 그 흐름을 가로막고 방향을 바꾸기도 하는 위치였다. 왕의 가장 가까운 곳에서 신뢰를 받던 자들이 왕을 해치려고 했고 왕의 눈 밖에 난 무명의 유다인이 왕을 지키는 역설, 이

극적인 대비는 배신이 들끓는 세상에서 진정한 충성의 의미를 묵직하게 제시한다. 동시에 인간의 계획을 뛰어넘는 신적인 개입을 암시한다. 왕의 문이라는 경계는 우연을 가장한 섭리의 무대였다.

²²그리고 그 일은 모르드개에게 알려졌고 그는 에스더 왕후에게 고하였다
그리고 에스더는 모르드개의 이름으로 왕에게 아뢰었다

왕을 죽이려는 두 내시의 음모가 모르드개에게 "알려졌다"(יִּוָּדַע). 한 입에서 다른 입으로, 한 귀에서 다른 귀로 전해진 것이 아니었다. 어쩌면 한 장면일 가능성도 있다. 두 내시의 눈빛이 마주치는 순간의 지나친 긴장, 평소와 다른 목소리의 떨림, 혹은 문간을 스치고 간 낯선 속삭임의 파편이 그에게 제보한 것인지도 모르겠다. 수동적인 그 알려짐은 분명히 힘써 찾아낸 정보가 아니라 문에 앉아 있는 자에게로 마치 바람이 편한 골짜기를 찾듯 스스로 흘러 들어온 것이었다. 그런데 지식은 언제나 책임을 수반한다. 알려짐은 수동적인 일이지만 책임은 능동적인 일이었다. 음모의 알려짐은 그에게 선택을 강요했다. 그 알려짐을 품고 침묵하는 길, 혹은 그 알려짐을 내놓아 위험을 부르는 길, 어느 쪽이든 그 선택의 무게는 육중했다. 알았다는 사실 자체가 그를 사건의 공범으로 만들 수도 있었기 때문이다. 이것은 모든 지식의 본성이다. 지식은 머리에 채워지는 정보의 취득이 아니라 영혼에 부여된 의무이기 때문이다. 모르드개는 생명의 수호자가 될 것인지, 아니면 살인의 방조자가 될 것인지를 선택해야 했다. 결국, 그는 하늘이 건네는 부름에 응하였다.

그는 음모를 "에스더 왕후에게 고하였다." 수동적인 알려짐이 능동적인 알림으로 이어졌다. 왕을 향한 칼날이 숨겨져 있다는 제보는 이렇게 왕의 문에서 왕실로 들어갔다. 문은 모든 소식을 거르는 체이자 가로막는 장벽이다.

왕의 문에서 포착된 그 치명적인 음모가 만약 왕궁의 문턱을 넘어가지 못했다면 죽은 씨앗이 될 뿐이었다. 그렇다고 그는 소리를 지르지도 않았는데 이는 성급한 발설이 오히려 칼날만 재촉할 뿐이었기 때문이다. 그래서 그는 조용한 걸음을 왕후의 궁정으로 내밀었다. 문 하나를 지날 때마다 숨결은 점점 격해졌고 긴장은 땀방울이 되어 등을 타고 떨어졌다. 마침내 그 음모는 그 문턱을 넘어 궁궐의 깊은 침전으로 들어갔다. 이는 한 세계에서 다른 세계로, 공적인 영역에서 사적인 영역으로, 남성의 권력 공간에서 여성의 영향력 공간으로 지식을 옮기는 신성한 행위였다. 스스로는 문을 넘어가지 못하는 모르드개의 목소리는 '왕후'라는 살아있는 통로를 통해 그 한계를 넘어갔다. 왕후는 존재 자체로 왕에게 이르는 마지막 문이었다. 그녀에게 고한다는 것은 공적인 경고를 사적인 애정의 언어로 바꾸어 왕의 귀에 가장 용이하게 이르도록 위임하는 것이었다. 에스더의 침소는 비상 회의장이 되었고 그녀의 귀는 국가의 안보를 듣는 민원 창구로 바뀌었다.

충격적인 음모를 들은 "에스더는 모르드개의 이름으로(בְּשֵׁם) 왕에게 아뢰었다." 이 문장은 이 경고가 궁정의 흔한 소문이나 자신의 추측이 아니라 한 개인의 책임과 진실성이 걸린 공식적인 보고임을 선언한다. 그리고 에스더의 아룀은 그녀의 깊은 순종과 모르드개에 대한 신뢰를 공적으로 증명하는 행위였다. 이로써 그녀는 자신의 영광을 드러내는 대신, 자신을 키워준 분의 이름을 내세워 그에게 돌아갈 공로를 미리 마련했다. 에스더의 혀는 말의 생물학적 도구만이 아니었다. 문과 궁을 잇는 생명의 끈이었고 두 세계를 잇는 다리였다. 이것은 문에 앉아 있던 자와 궁에 앉아 있던 자의 아름다운 공조였다. 한 사람은 위험을 감수하며 정보를 수집하고, 다른 사람은 위험을 감수하며 왕에게 전달했다. 이로써 문에서 시작된 경고는 궁궐의 심장을 적시고 왕의 귀에 도착했다.

²³그 사건이 조사되고 밝혀져서 그들 둘은 나무에 매달렸다
그 일은 왕 앞에서 연대기 책에 기록되었다

소식은 폭풍처럼 왕의 침소를 강타했다. 평온을 가장했던 궁정의 공기에 이제 살인의 그림자가 스멀스멀 드리우는 것을 느낀 왕의 눈빛은 제대로 벼려졌다. 국가적 위기나 전쟁의 소식보다 이 개인적인 배신의 소식이 그의 심기를 더욱 심하게 건드렸다. 그동안 왕실의 문에 드리워져 있던 과묵한 어둠의 실체는 바로 배신자의 음모였다. 이것을 들은 왕은 빛의 속도로 조사에 착수했다. "조사하라"(בָּקַשׁ), 이 한 마디에 국가라는 거대한 기계가 정교하게 움직이기 시작했다. 그리고 은밀하게 꾸며졌던 모든 증거들을 찾아냈고 모든 진상을 낱낱이 파헤쳤다. 배신의 계획은 견고해 보였지만 진실의 빛 앞에서는 한순간에 무너졌다. 여기에서 우리는 페르시아 제국의 왕이 암살을 도모한 배신자를 곧장 참수형에 처하지 않고 법적인 절차를 거쳐 객관적인 증거를 수집하고 증거의 퍼즐들을 맞추어 사건의 전모가 드러났을 때에 비로소 구형과 판결을 내린다는 사실을 확인한다. 페르시아 제국은 왕의 격노가 움직이지 않고 사법이 제대로 작동하는 나라였다.

암살을 도모한 두 내시는 "나무에(עַל־עֵץ) 매달렸다." 땅 위에서는 권세의 그림자를 드리웠던 자들의 발이 허공을 차며 매달리자 그들의 몸은 무력하게 흔들렸다. 그들은 자신들이 꾸민 어둠의 줄기에 스스로의 목을 매는 결과를 초래했다. 바람은 그들의 최후를 증언했고 사람들의 눈은 침묵 속에서 정의의 무게를 확인했다. 2인분의 몸무게를 진 나무는 음모의 결말인 동시에 왕의 생명을 지켜낸 충성의 증거였다. 높이 매달린 두 그림자는 차가운 곡선을 그리며 어둠이 끝내 빛을 이기지 못한다는 선언처럼 궁궐 위로 길어졌다. 두 사람의 처형은 적법한 응징을 넘어 제국 내에서 왕의 권위가 얼마나 절대적인 것인지를 보여주는 강력한 선포였다. 동시에 모르드개의 충성이 얼마나 위대한 것인지를 공적으로 증명하는 기념비적 순간이다.

두 반역자가 나무에 매달리는 것은 복선이며 서사의 씨앗이다. 아직 싹트지 않은 미래의 씨앗, 이 책 전체에 드리울 긴 그림자의 시작이다. 나무는 처형의 도구만이 아니라 운명의 상징이며 정의의 무대이며 역설의 현장이다. 첫 번째 나무는 작은 나무였다. 두 명의 반역자를 매달기에 충분한 크기였다. 그러나 두 번째 나무는 키가 자라서 오십 규빗까지 이르렀다. 그곳에 하만과 그의 열 아들이 매달리게 된다. 반역의 씨앗이, 심판의 나무가, 숲을 이루었다. 이때 에스더서 전체의 진짜 반역자가 누구인지 만천하에 드러난다. 이 나무는 더 깊은 진실을 가리킨다. "나무에 달린 자는 하나님께 저주를 받았다"(신 21:23)는 모세의 기록처럼 나무에 매달림은 그저 안타까운 죽음이 아니라 저주의 가시화요, 신적인 심판의 공개적인 선언이다. 두 내시는 왕을 배신하여 나무에 매달렸고, 하만은 하나님의 백성을 배신하여 나무에 매달렸고, 그의 열 아들들은 아버지의 죄를 이어받아 나무에 매달렸다. 그런데 나무에 매달림은 더 큰 역설을 예고한다. 바로 갈보리 언덕의 나무, 그 나무에도 누군가가 매달린다. 그런데 그분은 반역자가 아니셨다. 의로운 분이셨다. 그런데도 나무에 매달려 나무가 상징하는 저주를 온몸으로 받으셨다. 우리는 에스더서 안의 나무를 보면서 무서운 저주를 목격하고, 예수님의 나무를 보면서 우리는 무한한 은혜를 목격한다. 나무도 경계의 역설이다.

이 사건의 전말은 "왕 앞에서 연대기 책에(בְּסֵפֶר דִּבְרֵי הַיָּמִים)" 새겨졌다. 궁궐의 깊은 서고에 놓인 "연대기 책"은 왕의 통치와 왕실의 모든 중요한 사건들을 빠짐없이 담고 있는 제국의 기억 그 자체였다. 왕의 턱밑에서 이루어진 암살 음모, 모르드개의 충직한 보고, 왕후 에스더의 입술을 통해 전해진 경고, 두 내시가 매달린 음모의 결말로 이루어진 그날의 사건도 거기에 역사의 한 페이지로 새겨졌다. 문에서 시작된 작은 귓속말이 마침내 왕 앞에서 기록될 때, 사건은 짧은 하루의 소식에서 영원한 역사로 전환된다. 사건은 기록속에서 다시 살아난다. 기록은 침묵하나 언제든지 왕의 손길이 그것을 펼치는 순간 역사는 다시 소리친다. 모르드개의 이름도 그 책 속에 조용히 새겨져 약간의 세월을 지나 특별한 시점에 다시 깨어난다.

연대기에 기록된 것은 "왕 앞에서"(לִפְנֵי הַמֶּלֶךְ)의 일이었다. 연대기는 익명의 손으로 적혔으나 각 문장 위에는 왕의 눈길이 지나갔다. 기록에 대한 어명이 떨어지자 서기관의 붓끝이 양피지를 활보했다. 이 기록은 왕의 심판 아래 검증된 진실인 동시에 왕좌 앞에서 굳게 봉인된 증거였다. 기록은 기억이고 기억은 권력이고 그 권력은 왕의 손 아래에서 움직였다. 역대기는 냉정하다. 승자의 영광도, 패자의 몰락도, 충신의 충절도, 역적의 배반도, 모두 같은 잉크로 새겨진다. 그러나 펜을 쥔 서기관의 손은 왕 앞에서 떨리고, 최종적인 해석의 권한은 왕의 손아귀에 있다. 어떤 이름은 굵은 글자로 강조되고 어떤 이름은 함부로 지워진다. 사건의 무게가 조용히 기울고 의미는 은밀하게 비틀린다. 역대기는 냉정하나 권력자의 숨결에는 흔들린다. 하지만 기록은 비록 권력의 장난감 같아도 세월 속에서 누군가는 그 비틀린 문장 사이에서 진실을 찾아낸다. 역대기의 냉정함은 차가운 무감각이 아니라 권력과 진실 사이의 끝없는 긴장이다.

페르시아 제국이 연대기에 모르드개의 이름이 새겨지는 일은 이 책의 끝에서 반박된다. 왕의 생명을 구한 지금은 먼저 기록되고 그의 공로에 대한 보상은 그 이후의 일이지만, 하나님의 백성을 구원한 이야기의 끝에서는 보상이 먼저 주어지고 나중에 연대기에 기록된다. 인간의 정의는 기록에서 시작하여 보상으로 나아간다. 증거가 먼저이고 판결은 나중이다. 그러나 하나님의 은총은 다르게 작동한다. 보상이 앞서고 회복이 먼저 일어나고 존귀가 먼저 주어진다. 그리고 기록은 나중이다. 첫 번째 기록은 의무의 기록이고 두 번째 기록은 감사의 기록이다. 이것은 복음의 순서와 비슷하다. 우리는 우리의 의로움이 먼저 기록되어 하나님의 인정을 받으려고 한다. 율법의 시대가 이를 대변한다. 그러나 하나님은 우리의 공로나 자격이 증명되기 이전에 먼저 손을 내미신다. 먼저 입양하고 자녀라고 부르신다. 이 책은 정의를 포기하지 않으면서 은총을 증언하고 기록을 무시하지 않으면서 기록을 초월한 사랑을 노래한다. 모르드개는 두 질서를 모두 경험한다. 역전의 서사는 한 유다인의 이름 기록에도 나타난다.

E

¹그 후에 아하수에로 왕이 아각 사람 함므다다의 아들 하만의 지위를 높이 올려 함께 있는 모든 대신 위에 두니 ²대궐 문에 있는 왕의 모든 신하들이 다 왕의 명령대로 하만에게 꿇어 절하되 모르드개는 꿇지도 아니하고 절하지도 아니하니 ³대궐 문에 있는 왕의 신하들이 모르드개에게 이르되 너는 어찌하여 왕의 명령을 거역하느냐 하고 ⁴날마다 권하되 모르드개가 듣지 아니하고 자기는 유다인임을 알렸더니 그들이 모르드개의 일이 어찌 되나 보고자 하여 하만에게 전하였더라 ⁵하만이 모르드개가 무릎을 꿇지도 아니하고 절하지도 아니함을 보고 매우 노하더니 ⁶그들이 모르드개의 민족을 하만에게 알리므로 하만이 모르드개만 죽이는 것이 부족하다고 생각하고 아하수에로의 온 나라에 있는 유다인 곧 모르드개의 민족을 다 멸하고자 하더라

❖ ❖ ❖

¹이 일들이 지나고 아하수에로 왕은 아각 사람 함므다다의 아들 하만을 존귀하게 하였으며 그를 높여서 그의 지위를 그와 함께 있는 모든 대신들 위에 두었다 ²왕의 성문 안에 있는 왕의 모든 신하들은 하만에게 무릎을 꿇고 절하였다 이는 왕이 그에게 그렇게 하라고 명하였기 때문이다 그러나 모르드개는 무릎을 꿇지도 아니하고 절하지도 아니했다 ³왕의 성문 안에 있는 왕의 신하들이 모르드개에게 말하였다 "어찌하여 너는 왕의 명령을 어기느냐?" ⁴그들은 날마다 그에게 말했으나 그는 그들을 듣지 아니했다 그들은 하만에게 고하였다 이는 모르드개의 말들이 무사할 수 있는지를 보기 위함이다 왜냐하면 그가 그들에게 자신의 유다인 됨을 밝혔기 때문이다 ⁵하만은 모르드개가 자신에게 무릎을 꿇지도 아니하고 절하지도 아니함을 보고 하만은 분노로 가득했다 ⁶그는 단지 모르드개만 해치는 것을 그의 눈으로 경멸했다 이는 그들이 그에게 모르드개의 민족을 알렸기 때문이다 그래서 하만은 아하수에로의 온 왕국에 있는 모든 유다인들 즉 모르드개의 민족 멸하기를 꾀하였다

하만의 광기

1이 일들이 지나고 아하수에로 왕은 아각 사람 함므다다의 아들 하만을 존귀하게
하였으며 그를 높여서 그의 지위를 그와 함께 있는 모든 대신들 위에 두었다

"이 일들"(הַדְּבָרִים הָאֵלֶּה)이 지나갔다. 궁중의 긴장된 속삭임과 공포가 가라앉
고, 왕의 생명을 위협하던 칼날의 기억이 희미해질 즈음에 역사의 무대는
새로운 인물을 초대한다. 그러나 역사는 이따금씩 우리의 기대를 저버린다.
마땅히 박수와 영광으로 세워져야 할 모르드개, 그 침묵의 영웅은 무대 뒤
편으로 사라지고 그의 공로는 아무런 대가 없이 조용히 덮여졌다. 무대 중
앙에는 전혀 예상치 못한 인물 하만이 우뚝 서서 눈부신 조명을 독점한다.
역사는 때로 무심한 필경사 같아서 한 페이지를 넘길 때면 예측 불허의 잉
크로 다음 장을 물들인다. 모르드개의 공로는 "이 일들"과 함께 봉인되어 기
억의 서재 깊숙이 파묻혔다. 그 빈자리를 재빨리 점유한 것은 하만의 야욕
이다. 빛이 사라진 자리에 그림자가 스민다는 자연의 법칙처럼, 선한 행위
가 제대로 평가받지 못할 때 그 빈 공간은 오히려 오만과 독선으로 더 쉽게,

더 빠르게 채워진다. 하만은 마치 주인공의 공로를 가로채는 조연처럼 등장한다. 그의 등장은 일반적인 빌런의 출현이 아니라 정의가 제대로 구현되지 않는 세상의 구조적인 어둠을 예고하는 서막이다. 역사를 움직이는 것은 과연 선한 의지의 공적인가, 아니면 그것을 가로채는 권력의 그늘인가? 에스더서 저자는 이렇게 우리에게 익숙한 서사가 아니라 현실의 불편한 골목으로 이야기를 몰아간다. 그러나 이 불편함은 숨겨진 질서를 향한 초청이다.

하만은 함므다다의 아들이고 그는 "아각 사람"(הָאֲגָגִי)이다. "아각," 이 단어가 운반하는 피의 무게를 하만은 알았을까? "아각," 이 이름은 이스라엘 백성의 기억 속에 새겨진 최초의, 그리고 가장 고약한 적의 이름이다. 아각은 아말렉 족속의 왕이었다. 아말렉은 광야에서 이스라엘 백성의 행렬에서 뒤쳐진 연약한 임산부들, 노인들, 아이들을 공격하고 죽인 야만의 족속이다. 그래서 하나님은 모세에게 "내가 아말렉을 없이 하여 천하에서 기억도 못 하게 하리라"는 결의를 밝히셨다(출 17:14). 이 일을 완수하기 위해 하나님은 사울왕에게 그들의 진멸을 명하셨다. 그러나 사울은 그 명령을 어겼고 아말렉의 왕 아각은 살아남고 그의 유전자는 세월이 흘러 하만까지 이르렀다. 게다가 사울은 베냐민 사람이고 모르드개 또한 베냐민 사람이다. 그러니 "아각"의 이름은 하만의 출신만이 아니라 유구한 역사의 앙금과 피의 기억을 일깨우는 주문이다. 이는 하만의 오만과 광기가 한 개인의 성격적 결함이 아니라 한 민족 전체가 지닌 유전적 증오의 발현임을 선언한다. 한 민족의 정체성과 다른 민족의 저주가 페르시아 제국의 화려한 궁정 중앙에서 다시 마주쳤다. 저자는 "아각"이란 한 단어로 이야기의 지평을 이처럼 수평에서 수직으로 확대한다. 한 시대의 국면을 넘어, 선과 악의 대립이 인간 역사를 관통하는 영원한 투쟁의 한 장면임을 보여준다. 증오는 개인을 초월하여 세대를 따라 물려지고 공적은 잊혀도 상처는 사라지지 않는다는 냉엄한 진실을 마주하게 한다. 진실로 에스더 이야기는 궁중의 정치적인 암투극이 아니라 영원한 침략과 저항, 망각과 기억의 거대한 서사임을 우리는 이 대목에서 확인한다.

아하수에로 왕은 하만을 모든 신하들 "위에"(מֵעַל) 높여 존귀한 자로 만들었다. 저자는 "존귀하게 하다," "높이다," "위에 두다"라는 세 개의 유사한 동사들을 연거푸 사용한다. 이는 어설픈 필력이 저지른 실수가 아니라 의도된 과잉이다. 한 인간을 치솟게 만들려고 언어마저 계단처럼 놓아야 했던 왕의 과도한 높임을 저자는 이 유사한 단어들의 배열을 통해 정확히, 그리고 신랄하게 지적한다. 이는 권력의 수직적 상승을 세 번, 혹은 그 이상으로 강조하는 어법이다. "존귀하게 한다"는 것은 지위의 공적인 승격을 가리키고, "높인다"는 것은 그를 사회적 위계에서 수직으로 올리는 것이고, "위에 둔다"는 것은 그를 절대적인 정점, 더 이상 비교할 대상이 없는 고독한 높이에 두는 최종적인 선언이다. 그러나 무게의 중심이 지나치게 높아진 구조물은 결국 넘어지고 충격도 막대하다. 왕의 과도한 총애는 충성을 보상하는 선물이 아니라 교만을 부추겨 몰락을 재촉하는 덫이었다. 이 삼중의 높임은 이러한 비극의 서곡인 동시에 하만의 오만이 왕의 공식적인 허락 아래 자랄 수 있었고 한 국가의 운명이 어떻게 한 인간의 변덕과 또 다른 인간의 교만에 의해 뒤집어질 수 있는지를 보여준다. 진정한 권력은 사람들 "위에" 있는 것이 아니라 그들과 "함께" 있는 것임을, 저자는 이 유사한 동사들의 무거운 반복으로 역설한다.

²왕의 성문 안에 있는 왕의 모든 신하들은 하만에게 무릎을 꿇고 절하였다
이는 왕이 그에게 그렇게 하라고 명하였기 때문이다
그러나 모르드개는 무릎을 꿇지도 아니하고 절하지도 아니했다

이 구절은 왕권과 신앙의 충돌을 거론한다. 저자는 왕의 부당한 명령 앞에서 저항하는 한 신앙인의 불복종, 지속적인 저항, 공공연한 도전을 조명한다. 왕의 명령을 따라 "왕의 성문 안에 있는 왕의 모든 신하들은 하만에게 무릎을 꿇고 절"해야만 했다. 저자는 "무릎을 꿇다"(כָּרַע)와 "절하다"(שָׁחָה)는 두 개

의 동사를 연달아 쓰면서 하만에게 바쳐야 할 굴종의 깊이를 강조한다. 왕의 명령은 완전한 복종을 요구했다. 무릎 편 절하기와 절하기 없는 무릎은 불법적인 행위였다. 무릎은 권력의 초라한 시작에 불과했고 이마가 땅에 닿아야 비로소 복종의 의식은 마쳐졌다. 권력에 대한 충성은 무릎이 땅에 닿는 소리, 허리를 굽히는 각도, 이마와 땅 사이의 간격으로 측정된다. 이처럼 권력은 자신에 대한 경배의 세분화, 즉 단계를 나누고 등급을 매기며 복종의 정도를 측정 가능한 단위로 만들었다. 인간의 몸짓을 세밀히 규정했고 그 몸짓의 빈틈은 어명으로 차단했다. 무릎과 절이라는 두 몸짓을 사람에게 돌리면 다른 사람들을 억누르는 동시에 하나님께 돌려야 할 영광도 가로챈다.

왕의 명령은 제국의 새로운 질서에 대한 엄포였다. 거악이 지나간 성문은 더 이상 출입구가 아니라 충성과 아첨, 공포와 순종이 교차하는 거대한 무대로 바뀌었다. 모든 신하들은 어명의 절대적인 힘 앞에 무릎을 굽히고 자신의 위치가 하만보다 낮음을 온몸으로 시인해야 했다. 성문에는 자유로운 발걸음이 사라지고 불가피한 걸음들은 의무와 두려움의 무게가 스며들어 무거웠다. 겉으로는 모든 신하들이 하만에게 무릎을 꿇었지만, 사실은 공포에, 출세에, 혹은 목숨을 부지하는 생의 본능에 절하였다. 성경에서 "절하다"라는 동사는 여호와 경배라는 의미로도 사용된다(창 24:26, 48, 52). "절하다"는 물리적인 굴복을 넘어선 영혼의 굴복을 의미했다. 당연히 하만은 모두가 자신 앞에서 무릎을 꿇고 절하는 광경을 볼 때마다 전율했다. 자기 앞에서 파도처럼 일어나는 절의 물결, 그 물결 속에서 자신은 마치 바다를 가르는 신처럼 느껴졌다. 한 인간이 다른 인간에게 요구하는 이중의 굴복, 즉 무릎과 이마의 동시적 희생은 오직 신에게만 돌려야 할 경배를 훔치는 우상 만들기 의식이다.

그러나 한 사람의 무릎은 이 장엄한 복종의 대열에 섞이기를 거부했다. 모르드개는 "무릎을 꿇지도 아니하고 절하지도 아니했다." 하만의 발자국이 성문을 지나갈 때마다 모르드개 주변의 공기는 잔뜩 긴장했다. 그러나 주변의 모든 무릎이 일제히 땅을 향할 때, 그의 무릎만은 하늘을 향하였다. 무릎과

절은 인간의 가장 낮은 자세이자 가장 높은 고백이다. 하만은 권세로 그것을 요구했고 왕은 명령으로 강제했다. 그러나 하만과 왕의 압박은 무릎의 굴복을 명했으나 마음의 복종을 만들지는 못하였다. 이러한 압박 속에서도 모르드개는 아브라함 자손의 정체성을 잊지 않았으며 주님만이 홀로 경배 받으실 분이라는 진리를 붙들었다. 모든 이가 고개를 수그린 가운데 똑바로 선 자는 유일하게 자신의 그림자를 발견한다. 이것은 그에게 삶의 원칙이자 믿음의 무게였다.

모두가 고개를 숙이는 자리에서 고개를 드는 일은 대단히 위험하다. 무릎을 꿇지 않는다는 것은 권력의 눈에 반역과 도전의 공공연한 전시이기 때문이다. 그럼에도 불구하고 그의 무릎은 오직 하나님 앞에서만 굽혀졌고 그의 머리는 오직 창조주 앞에서만 숙여졌다. "사람보다 하나님께 순종하는 것이 마땅"하다(행 5:29)는 베드로의 외침은 오래전 페르시아 궁전에서 이미 모르드개의 불복종 속에서 진동했다. 모르드개의 불복종은 인간 권위에 대한 거부가 아니라 하나님의 절대 주권에 대한 충성과 숭고한 맹세였다. 권력은 무너지고 상요된 설도 사라진다. 그러나 하나님께 드려지는 무릎과 절은 영원하다. 모르드개는 이 영원한 경배를 택하였다. 이 불편한 선택은 일시적인 왕의 진노와 인간의 보복을 불러올 것이지만 오히려 하만의 오만함을 더욱 자극하여 광분하게 만드는 거대한 비극의 씨앗인 동시에 유다 민족을 구원할 운명적인 역사의 서막으로 작용한다.

3왕의 성문 안에 있는 왕의 신하들이 모르드개에게 말하였다
"어찌하여 너는 왕의 명령을 어기느냐?"

"어찌하여(מַדּוּעַ) 너는 왕의 명령을 어기느냐?" 날마다 모르드개의 귀를 두드린 질문이다. 성문 안에서 울려 퍼지는 이 물음은 곧 제국의 숨결이며 권

력의 심장이 박동하는 소리였다. 이 질문을 던진 왕의 신하들은 모두 왕의 성문 안에서 살아간다. 그들에게 성문은 세상 전체였다. 왕의 시선이 닿는 곳이었고 왕의 명령이 질서의 뼈대를 세우는 곳이었다. 그들에게 "왕의 명령"(מִצְוַת הַמֶּלֶךְ)은 태양처럼 의심할 수 없는 진리였고, 제국의 무게를 지탱하는 근본 원리였다. 그것은 보통의 규정이 아니라 생각의 지평을 이루고 판단의 기준을 세우는 의식의 틀이면서 그들의 삶을 구속하고 형성하는 공기였다. 그것은 그들의 모든 행동을 지배하는 거대한 중력이기 때문에 숨을 쉬듯 순종하고 걸음을 떼듯 복종하는 법이었다.

그런데 모르드개는 왕궁이 있는 수산에 살면서도 왕의 명령을 거역했다. 그 성문의 문지방에 묶이기를 거부했다. 신하들의 눈에 어명을 "어긴다"(עָבַר)는 것은 스스로를 파멸의 구덩이로 밀어 넣는 어리석은 일이었다. 그들에게 옳음은 왕의 명령을 따르는 것이었고, 현명함은 그 명령의 흐름을 읽어내는 것이었고, 삶은 그 명령의 그늘 아래에서 안전하게 숨 쉬는 일이었기 때문이다. 그들이 보기에 그의 불복종은 진심으로 의아했다. 저 바깥의 위험한 빛을 좇아 이 안정적인 그늘을 버리다니! 저 높고 외로운 길을 택하다니! 그들이 보기에는 물고기가 물을 거부하는 것처럼 미련했다. 그래서 그들의 질문은 당연했고 합리적인 것이었고 지극히 현실적인 것이었다. 게다가 모르드개의 불복종은 자신들이 속한 세상의 근간을 흔드는 충격적인 행위였다. 굴복하지 않는 그의 태도는 "우리가 지키는 삶의 기준이 다 틀렸다는 말이냐"라는 생각이 들 정도로 그들의 인생관과 가치관을 정면으로 도전했다. 그래서 그들의 질문은 그를 향한 의구심을 넘어 질책과 분노에 가까웠다.

⁴그들은 날마다 그에게 말했으나 그는 그들을 듣지 아니했다
그들은 하만에게 고하였다 이는 모르드개의 말들이 무사할 수 있는지를
보기 위함이다 왜냐하면 그가 그들에게 자신의 유다인 됨을 밝혔기 때문이다

신하들의 질문은 하루 이틀이 아니라 "날마다"(יוֹם וָיוֹם) 던져졌다. 하지만 모르드개는 어명을 어기지 말라는 그들의 뼈 있는 질문을 "날마다" 거부했다. 그들의 질문은 동일했고 그의 침묵도 동일했다. 묻는 입은 답답했고 듣는 귀는 지루했다. 질문에 담긴 그들의 뉘앙스는 다양했다. "왜 굽히지 않느냐? 왜 절하지 않느냐? 모든 사람이 하는 일인데 왜 너만 하지 않느냐?" 그들은 생각했다. "무릎을 꿇는 게 그토록 어려운 일인가? 고개를 숙이는 게 그토록 큰 죄인가? 생명을 걸고 지킬 만큼 소중한 것이 무엇인가?" 그러나 모르드개의 귀를 찾아온 질문의 뉘앙스는 다른 것이었다. "너는 어찌하여 인간보다 하나님을 택하느냐? 너는 어찌하여 편리보다 고난을 택하느냐? 너는 어찌하여 타협을 모르느냐?" 대궐 문을 나설 때마다 그는 이런 질문과 마주해야 했다. 그의 무릎은 날마다 동일하게 대답했다. 서 있음으로, 굽히지 않음으로, 절하지 않음으로!

하지만 모르드개는 왕실이 우주의 전부가 아님을 기억하는 유일한 남자였다. 왕의 명이라는 작은 법 너머에 자신의 정체성과 믿음이 닻을 내리고 있는 더 큰 법이 존재함을 인지하고 있다. 그에게 진짜 거역은 하나님의 명령을 어기는 것이었다. 진짜 반역은 창조주가 아니라 피조물을 섬기는 것이었다. 지상적인 왕명의 거역은 천상적인 어명의 순종을 위해 불가피한 것이었다. 그의 이러한 태도 앞에서 왕의 신하들은 포기하지 않고 질문 공세를 퍼부으며 날마다 순응을 촉구했다. "한 번만 절해라, 한 번만 무릎을 꿇어라, 그러면 모든 게 좋아진다." 그러나 모르드개 신앙의 사전에는 "한 번만"도 없고 "잠깐만"도 없고 "이번만"도 없다. 하나님만 경배하는 것은 절대적인 명제였다. 신앙은 구십구 번을 잘해도 단 한 번으로 무너지기 때문이다.

하루는 우연일 수 있고 이틀은 일시적인 호기심일 수 있으나 아침의 인사처럼, 해가 지는 저녁의 의례처럼, 날마다 반복되는 물음은 일종의 포위였다. 그러나 시간이 흐르면서 신하들의 질문에는 처음의 경악도, 나중의 분노도 사라졌다. 그들의 질문은 습관처럼, 의무처럼, 성문 안에서 맴도는 무의미한 주문처럼, 파도가 해변을 하루에도 수없이 두드리듯, 모르드개의 침묵을 쉼 없이 두드렸다. 그러나 아침마다 만나는 그 질문은 오히려 그의 결심을 단련하는 망치가 되었고 그의 신앙을 더욱 단단하게 만들었다. 외부의 소음이 커질수록 내부의 소리는 더욱 선명했다. "아닙니다. 나는 절대로 꿇지 않습니다." 그렇게 매일의 도전은 매일의 승리가 되었고 매일의 시험은 오히려 신앙의 증거를 하나씩 추가했다. 진정한 신념은 단번의 큰 환난보다 날마다 찾아오는 작은 유혹과 압력 속에서 더욱 빛나고 더욱 야무지게 자라난다.

모르드개의 올곧은 직선은 신하들의 굽은 등에 가시처럼 박혔고 그의 침묵은 그들의 맹종을 무성으로 질책하는 것처럼 느껴졌다. 그의 거부는 개인의 고집이 아니라 질서의 균열이며 권력의 그림자를 건드리는 불온한 기적으로 여겨졌다. 그의 용기는 그들에게 불편한 거울처럼 자신들의 비굴함을 비추었고 이는 그들로 하여금 참을 수 없게 만들었다. 신하들의 타오르는 분노는 이제 방향을 바꾸었다. 모르드개가 무사하지 못할 것이라는 확신으로 그의 침묵과 거부를 하만에게 전달했다. 제국의 2인자에게 눈도장을 제대로 찍으려는 간신들은 말의 강약을 조절하며 충성을 과시하는 동시에 지나친 분노는 사지 않도록 조심했다. 그런데 이 보고에는 배반이 아니라 현명한 대처라고 스스로를 다독이는 속물의 교활함이 느껴진다. 약한 자는 더 약한 자를 희생시켜 강자의 눈치를 살피고 자신의 처지를 안전하게 만들려는 야비한 성향도 감지된다. 진실로 그들의 보고는 자신들의 안전을 확보하기 위한 계산인 동시에 집단의 규범을 거스르는 이방인을 없애려는 본능의 발로였다. 이제 신실한 한 사람의 침묵은 그를 둘러싼 사람들의 혀끝을 타고 제국의 중심으로 옮겨졌다. 그 작은 증언은 거대한 충돌을 예고하는 전주곡이 된다. 그들의 고발은 우연한 고자질이 아니라 하나님의 숨겨진 섭리를 드러내는 한 장치였다. 모르드개의 믿음은 결국 드러나야 했고 그 드러남은 갈등을 불러와야 했으며 그 갈등은 새로운 구원의 무대를 준비해야 했다.

침묵의 시간이 끝나고 모르드개의 입술은 스스로 진실을 말하였다. "나는 유다 사람이다." 이 한 줄의 발설은 모든 질문을 잠재웠다. 그것은 설명이 아니라 선언이고, 변명이 아니라 정체성의 선포였다. 그의 등 뒤에는 광야의 돌풍이 불어왔고 애굽의 종 노릇하던 어두운 밤이 스쳤으며 약속의 땅을 바라보던 조상들의 눈빛이 서려 있었으며, 그의 혈관에는 다윗의 시편이 흐르고 예레미야의 눈물이 스며들고 이사야의 소망이 박동했다. "유다"라는 말은 지역이나 출신의 표시가 아니라 이 모든 기억과 언약의 유산을 짊어지는 말이었다. 그러므로 그의 무릎은 그의 것이 아니었다. 조상들의 무릎이며 자손들의 무릎이다. 사사로운 감정이나 이해관계 때문에 함부로 사용할 수 없는 무릎이다. 하만에게 꿇는다는 것은 장구한 믿음의 역사가 한순간에 무너지는 것을 의미했고, 허리를 굽힌다는 것은 하나님이 그의 민족에게 허락하신 하늘의 존엄성을 스스로 부정하는 일이었다. "유다"라는 그의 고백은 "나는 민족의 역사를 배반하지 않습니다, 내 하나님을 부인하지 않습니다, 뿌리를 포기하지 않습니다."라는 뜻이었다. 이는 어떠한 권세도 빼앗을 수 없는 최후의 자유였다. 모르드개는 이처럼 자신이 유다 사람인 것을 자신의 무릎으로, 자기의 침묵으로, 그리고 마침내 자기의 고백으로 증언했다. 그러나 이 세 겹의 증언은 거대한 충돌을 예고하는 말이었다. 조만간 왕의 명령과 하나님의 명령, 땅의 권력과 하늘의 권위, 성문의 질서와 언약의 정체성이 큰 꽝음으로 부딪히게 된다.

⁵하만은 모르드개가 자신에게 무릎을 꿇지도 아니하고
절하지도 아니함을 보고 하만은 분노로 가득했다

신하들의 제보는 하만의 귀에 모멸을 쏟아붓는 듯한 날카로운 비수였다. 그는 궁금했다. 감히 제국의 실세를 무시하는 무례한 존재가 있다는 사실이 믿어지지 않았기 때문이다. 그가 보기에 자신을 무시하는 것은 불가능한 일이었고 중력을 거스르는 듯한 일이었다. 하만은 그 모독을 두 눈으로 확인하고 싶어 궁금증을 데리고 곧장 성문으로 향하였다. 실제로 모르드개는 하만에게 "무릎을 꿇지도 아니하고 절하지도 아니했다." 이것을 두 눈으로 목격한 하만은 분노로 "가득했다(מֵלֵא)." 공기가 아니라 분노로 호흡했고, 생각이 아니라 증오로 판단했다. 그동안 백성이 자신의 권력을 신처럼 섬기고 그들의 무릎과 이마가 제물처럼 자신에게 바쳐지는 것은 하만에게 당연한 일이었다. 그러나 한 유다인의 불복종 때문에 이런 당연함이 무너졌다. 그의 감정은 자신이 공들여 쌓아 올린 권력의 탑에 금이 간 것을 목격한 것처럼 발끈했다. 이는 자신이 절대자가 아니라는 사실, 한 사람의 의지 앞에서도 무너질 수밖에 없는 속절없는 권력일 뿐이라는 사실을 마주한 자의 공포가 분노로 변한 것이었다. 이성도, 자비도, 관용도 들어올 빈틈이 조금도 없을 정도로 그의 심장은 분노의 피가 끓었고 그의 눈은 모욕을 복수로 씻으려는 불길로 타올랐다. 그러나 분노는 그가 자신의 비참함을 감추기 위해 입은 화려한 가면에 불과했고 그 가면 뒤에는 우상이 무너질 때의 고독과 공포가 선연했다.

와스디 한 사람의 불복종 때문에 아하수에로 왕의 분노가 극에 달하였던 것처럼, 모르드개 한 사람의 불복종 때문에 하만의 분노도 하늘까지 치솟았다. 권력의 중심부에 이런 닮은 꼴이 있다는 건 필연인가, 아니면 우연인가? 왕이든 신하든, 절대권력은 한 사람의 거절과 아주 작은 균열도 참아내지 못하고 절대적인 복종을 갈망한다. 그러나 누군가가 그 질서에 작은 저항을 놓는 순간, 권력은 스스로의 허약함을 드러내며 폭발한다. 자신들의 통제를 벗어나는 예외적인 존재가 나타났을 때, 그들은 자신의 권력이 온전하지 않다는 깊은 불안감에 휩싸인다. 결국 하늘을 떠받들던 기둥에 작은 금이 가면 그 금을 메우려는 힘이 오히려 건물을 무너지게 만드는 것처럼, 권력의 거친 반격은 스스로의 몰락을 앞당긴다. 진정한 강자는 와스디와 모르드개, 두 사람이다. 권력이 강요하는 거대한 복종의 강풍 앞에서도 "아니오"의 작은 촛불을 들 수 있는 내공을 가졌기 때문이다. 제국을 움켜쥔 분노의 닮은 꼴은 우연한 반복이 아니라 감추어진 구원의 길을 열어가는 또 다른 필연이다.

> [6]그는 단지 모르드개만 해치는 것을 그의 눈으로 경멸했다 이는 그들이
> 그에게 모르드개의 민족을 알렸기 때문이다 그래서 하만은 아하수에로의
> 온 왕국에 있는 모든 유다인들 즉 모르드개의 민족 멸하기를 꾀하였다

하만이 보기에 모르드개 한 사람만 해치는 것은 하찮은 복수였다. 그래서 그는 그런 초라한 복수를 "그의 눈으로 경멸했다(יִבֶז)." 이런 경멸은 권력의 속성이다. 마치 바다가 한 방울의 물을 애타하지 않는 것처럼 거대한 권력은 작은 대상만 주목하는 것을 거부한다. 하만은 자신에게 도전장을 내민 이 유다인을 하나의 상징, 하나의 장애물, 자신의 권위에 도전하는 추상적인 개념으로 이해했다. 진정한 복수란 이 추상적인 개념을 디딤돌로 삼아 소급하고 또 소급하여 그 뿌리까지 송두리째 뽑아내야 하는 것이었다. 한 사람을 제거하는 것은 표면을 긁는 것에 불과했고 그가 속한 민족을 파괴하는 것만이 완전한 승리로 여겨졌다. 그러나 하만의 계획이 커질수록 그의 몰락은 더욱 극적이 될 것이었다. 복수심의 분출이 하만을 더욱 하찮은 존재로 내몰았다. 그는 진정한 위대함이 복수의 규모에 있지 않고 용서의 능력에 있다는 사실에 무지했다. 하찮다는 생각에 의해 더 큰 악으로 이끌린 하만은 진실로 하찮은 존재였다.

하만이 유다인 전체를 학살의 대상으로 여긴 이유는 신하들이 그의 출신과 민족을 제보해 주었기 때문이다. 그들의 이 제보는 불에 기름을 끼얹는 행위였고 칼에 날을 세워주는 일이었다. 하만의 귀에 "유다"라는 단어가 들어가는 순간 그의 혈관에 흐르던 아멜렉의 피가 거꾸로 치솟았다. 그 순간에 하만의 뇌리에 조상들의 기억이 스쳐 지나갔기 때문이다. 아말렉과 이스라엘, 아각과 유다의 끝없는 원수 관계, 사무엘에 의해 산산조각 난 조상 아각의 모습에 대해 수 세기 동안 내려온 피의 복수심이 한순간에 깨어났기 때문이다. "유다"라는 그 한 마디가 개인적인 모독을 역사적인 원한으로, 일회적인 사건을 민족적인 숙명으로, 작은 불꽃을 거대한 산불로 바꾸었다.

드디어 하만은 제국 전체에 흩어져 있는 "모든 유다인들 멸하기"를 결심했다. 이것은 무서울 정도로 익숙한 각본이다. 한 사람의 거부가 민족 전체의 멸절을 향한 명분으로 둔갑하는 순간, 역사는 다시 오래된 이야기를 소환한다. 하나님의 백성을 괴롭히던 아말렉을 벌하기 위해 사울에게 명하셨던, 아말렉 전체를 온전히 멸하라(삼상 15:3)는 하나님의 명령에 대한 기억이다. 그때는 아말렉이 당하였고 이때는 유다인이 당할 차례라고 하만은 확신했다. 그는 자신을 이 미완의 대결에 마침표를 찍을 적임자로 생각했다. 그래서 하만은 과거에 하나님이 사용하신 "멸하라"(הַשְׁמִיד)는 같은 동사를 쓰면서 같은 포괄성과 같은 절대성을 쏟아냈다. 이 얼마나 놀라운 대칭인가! 하지만 하만이 뱉은 동사의 출처는 하늘이 아니라 음부였다. 그는 지금 신의 이름을, 신의 언어를, 그리고 신의 방식까지 훔쳐내어 자신의 사적인 복수에 활용하고 있다. 이처럼 전쟁의 심판으로 내려진 하나님의 명령이 어느 시대에는 정의의 이름으로, 다른 시대에는 복수와 증오의 이름으로 변용된다. 하만의 계획은 그 변용의 자식이다. 이처럼 두 이야기가 세월을 거슬러 회동한다. 한쪽은 신적 명령의 무게를 동반한 역사적 심판이고, 다른 쪽은 인간의 자의와 교만이 낳은 파국이다. 에스더 이야기는 이처럼 궁중 암투극을 넘어 수백 년에 걸친 선과 악의 영적 전쟁을 보여준다.

에 3:7-11

7아하수에로 왕 제십이년 첫째 달 곧 니산월에 무리가 하만 앞에서 날과 달에 대하여 부르 곧 제비를 뽑아 열두째 달 곧 아달월을 얻은지라 **8**하만이 아하수에로 왕에게 아뢰되 한 민족이 왕의 나라 각 지방 백성 중에 흩어져 거하는데 그 법률이 만민의 것과 달라서 왕의 법률을 지키지 아니하오니 용납하는 것이 왕에게 무익하니이다 **9**왕이 옳게 여기시거든 조서를 내려 그들을 진멸하소서 내가 은 일만 달란트를 왕의 일을 맡은 자의 손에 맡겨 왕의 금고에 드리리이다 하니 **10**왕이 반지를 손에서 빼어 유다인의 대적 곧 아각 사람 함므다다의 아들 하만에게 주며 **11**이르되 그 은을 네게 주고 그 백성도 그리하노니 너의 소견에 좋을 대로 행하라 하더라

❖ ❖ ❖

7아하수에로 왕 제십이년 첫째 달 곧 니산월에 부르 곧 제비가 하만 앞에서 날에서 날로, 달에서 달로 던져졌다 열두째 달 즉 아달월로 정해졌다 **8**하만이 아하수에로 왕에게 말하였다 "당신의 나라 각 지방에 있는 백성들 가운데에 흩어지고 분리되어 거하는 한 민족이 있습니다 그들의 법들은 모든 민족들과 달라서 그들은 왕의 법들을 행하지 않습니다 그들을 내버려 두는 것은 왕에게 유익하지 않습니다 **9**만일 왕에게 좋으시면 그들을 멸하라는 것이 기록되게 하십시오 그러면 제가 은 일만 달란트를 일 맡은 자들의 손 위에 달아주어 왕의 금고 안으로 가져가게 할 것입니다" **10**왕이 반지를 자기 손에서 빼어 유다인을 대적하는 자 하만 즉 아각 사람 함므다다의 아들에게 건네었다 **11**그리고 왕이 하만에게 말하였다 "그 은과 그 백성이 너에게 주어졌다 네 눈에 좋을 대로 그들에게 행하여라"

10

하만의 음모

⁷아하수에로 왕 제십이년 첫째 달 곧 니산월에 부르 곧 제비가 하만 앞에서
날에서 날로, 달에서 달로 던져졌다 열두째 달 즉 아달월로 정해졌다

하만은 제비를 던져 유다인의 멸절을 단행할 시기를 정하였다. "부르"(פור)
라고 불리는 점술 도구, 즉 운명의 주사위 던지기는 "하만 앞에서" 이루어
진 일, 즉 하만의 주도하에 진행된 공식적인 행위였고 점꾼에게 맡긴 것이
아니라 직접 그 과정을 지켜보며 결과를 통제하려 했다. 신성한 예정이나
운명의 흐름을 찾으려고 한 하만의 행위는 집요하고 치밀했다. "부르"가
"날에서 날로, 달에서 달로"(מיום ליום ומחדש לחדש) 던져진 것은 제비 던지기
의 반복성과 치밀성을 암시한다. 하만은 멸망의 "달"을 정하는 것에 그치지
않고 구체적인 "날"까지도 점치려고 했다. 마치 한 치의 오차도 용납하지 않
으려는 장인처럼, 그는 자신의 증오에 완벽한 날짜를 부여하려 했다. 선은
대체로 넓은 호흡으로 때를 기다리며 역사의 물줄기를 존중한다. 그러나 악
은 조바심을 낸다. 자신의 목적을 이루기 위해 시간의 가장 작은 단위까지

통제해야 직성이 풀리는 불안에 사로잡혀 있다. 하만이 날마다 던지는 "부르"는, 달마다 굴러가는 "제비"는, 마침내 하나님의 때에 부딪히고 멈추었다. 인간의 악의가 아무리 치밀해도 그날과 달은 하나님의 손바닥 안을 맴돌았다. 때와 기한의 결정권은 언제나 하나님께 있기 때문이다. 제비는 사람이 뽑지만 일의 작정은 하나님께 있다(잠 16:33).

"부르" 던지기는 "아하수에로 왕 제12년 첫째 달 즉 니산월"의 일이었다. "니산월"(נִיסָן חֹדֶשׁ), 이 달의 공기는 출애굽의 기억으로 자욱했다. 유다인의 달력으로 첫째 달인 니산월은 고대 이스라엘 백성이 애굽에서 종 되었던 억압에서 해방된 유월절이 있는 달이었기 때문이다. 제국의 어둠에서 광명으로, 노예에서 자유로, 죽음에서 생명으로 나아가는 구원의 달이었다. 유다인에 대한 하나님의 구원 능력을 상징하는 가장 중요한 시점에 하만은 멸망의 주사위를 던져 유다인 전부를 죽이고자 했다. 이는 구원의 달을 멸망의 달로 바꾸려는 음모였고 해방의 찬가를 비탄의 곡조로 바꾸려는 시도였다. 하만은 자신이 마치 역사의 주인인 양, 유다인의 운명을 결정할 권리가 있다고 생각했다. 그러나 유월절의 기억을 지우려는 악의 주사위는 바닥에 굴러가며 인간의 권력과 하나님 사이의 전면적 충돌을 예고했다. 하만이 간과한 것은 "첫째 달"(הָרִאשׁוֹן חֹדֶשׁ) 곧 니산월은 마지막 달이 아니라 시작의 달이라는 사실이다. 과거의 기억만이 아니라 현재의 약속이다. 예전에 구원하신 하나님은 지금도 구원하실 수 있다는 생생한 상징이다. 하만의 제비는 이 약속을 무시하는 도전이다.

하만이 "부르"를 던지는 이유는 무엇인가? "부르"는 한 민족의 생사를 가르는 칼날이고 하만의 악의가 응집된 상징이다. 하만에게 "부르"는 유다인 멸절의 계획을 하늘의 작정으로 위장하고, 자신의 악한 뜻을 신의 뜻으로 바꾸려는 도구였다. 그는 점술의 힘을, 운명 조작의 가능성을, 우연의 절대성을 신뢰했다. 그런데 자신의 명예를 걸고 증오의 무게를 수북이 실어서 던진 "부르"가 에스더 이야기의 결말에서 유다인의 승리를 기념하는 부림절의 어원이 된다는 것, 저주의 "부르"가 축제의 "부림"이 된다는 것은 놀라운 역설이다. 하만의 "부르"는 결국 파멸의 시작이 아니라 구원의 서막이 되고, 멸절에 날인을 하려던 그날을 유다인의 웃음과 춤으로 가득한 부림절로 바꾸는 기막힌 도구였다. 발람의 예언처럼, "야곱을 해할 점술이 없고 이스라엘을 해할 복술이 없다"는 말은 사실이다(민 23:23). 죽음의 "부르" 던지기는 악이 자신의 무덤을 파는 과정이다. 시인은 노래한다. "그가 웅덩이를 파 만듦이여 제가 만든 함정에 빠졌도다"(시 7:15). 또한 "부르"는 악이 선을 이기지 못한다는 확실한 물증이다. 나아가 인간의 증오가 신의 섭리에 부딪히면 칼은 꽃이 되고 저주는 잔치가 된다는 역전의 증거이고, 인간의 악한 계획이 어떻게 하나님의 구원 섭리 아래에서 도리어 선한 역사를 이루는 도구가 되는지를 보여주는 강력한 예증이다. 하만의 제비뽑기 행위는 터무니없는 착오가 아니었다. 하나님의 섭리라는 거대한 심포니에 너무나도 긴요한, 적절하게 벗어난 이탈음의 한 음표였다.

왕의 성문에서 "첫째 달 즉 니산월"에 던져진 "부르"의 운명적인 손가락은 가장 먼 미래인 "열두째 달 즉 아달월"을 지목했다. 가장 먼 달을, 가장 긴 기다림을, 가장 충분한 시간을 선택했다. 시작의 달과 끝의 달 사이에 놓인 텅 빈 시간의 간극은 하나님이 역사의 일정표를 주관하고 계심을 잘 드러낸다. 이 1년의 간극은 괜한 시간의 지연이 아니었다. 죽음의 칼날이 당장 유다의 목을 찾아가지 않고 하늘이 침묵한 듯 시간을 늘려 놓은 것은 섭리의 공간 마련을 위함이다. 유다인의 경우에는 1년 동안 멸망의 예고 속에서 매일이 불안이고 매달이 두려움인 삶을 영위해야 한다. 그러나 동시에 이 시간은 하만의 오만이 극에 달하고 스스로 파멸의 덫에 걸리게 하는 결정적인 배경을 마련한다. 니산에서 아달까지, 이 기나긴 간극은 두렵고 쫄깃한 기다림이 아니라 하나님의 역설이 자라나는 기간이다. 죽음과 생명이 맞붙어 긴장하는 순간, 하나님은 역사의 달력을 새롭게 넘기신다.

8하만이 아하수에로 왕에게 말하였다 "당신의 나라 각 지방에 있는
백성들 가운데에 흩어지고 분리되어 거하는 한 민족이 있습니다
그들의 법들은 모든 민족들과 달라서 그들은 왕의 법들을 행하지 않습니다
그들을 내버려 두는 것은 왕에게 유익하지 않습니다

하만은 유다인의 멸절을 위해 제비를 던져 달과 날을 정하였다. 이후에 왕에게 유다 민족을 고발한다. 점을 먼저 치고 이후에 제국의 시스템에 호소하는 순서는 페르시아 제국의 이성적 질서와 고대 근동의 주술적 세계관이 충돌하는 지점을 드러낸다. 우주의 승인을 먼저 구하고 그것을 손에 쥔 후에야 왕 앞에 설 용기를 얻는 하만의 모습에서, 제비는 일종의 심리적 보험이며 자기 정당화의 도구임을 확인한다. 이제 하만의 본격적인 모략이 실행된다. 그는 거울 앞에서 자신의 얼굴을 다듬었다. 분노의 흔적을 지우고 증오의 빛을 감추고 근엄한 충성심을 가면으로 썼다. "원수는 입술로는 꾸미고 속으로는 속임을 품"는다는(잠 26:24) 지혜자의 지적은 이를 두고 한 말이었다. 그리고 하만은 왕에게 가서 자신의 모략을 공유한다. 이때 하만의 사적인 원한은 제국의 안위를 위한 고발처럼 윤색된다. 그는 왕 앞에서 복수의 칼날을 숨기고 충성의 옷을 입었으며, 그의 목소리는 나라를 걱정하는 신하의 진중함을 띠고, 그의 설명에는 왕의 귀를 현혹하는 질서와 통치의 논리가 가득했다. 하만의 모략이 겉으로는 제국의 평화와 법을 지키려는 정의의 외피를 두르고 있지만, 속으로는 자신의 오욕을 씻으려는 치명적인 덫이었다.

모략의 입은 "한 민족"(עַם־אֶחָד)에 대해 언급한다. 하만은 목구멍의 앞자리에 걸린 "유다"라는 단어의 출고를 애써 차단했다. 입술까지 이동한 "유다"라는 음절을 저지한 것은 단순한 망설임이 아니었다. 특정한 민족에 대한 자신의 개인적인 원한과 분노의 색깔을 감추려는 것이었다. 그래서 하만은 이름을 지운 채, 정체를 흐린 채, 왕의 마음에 불안한 그림자만 드리운다. "한 민족"이라는 모호한 말은 곧 제국의 균열을 뜻하는 것처럼 들리고 질서와 통

치를 위협하는 낯선 존재처럼 다가온다. 이름 없는 표적은 오히려 더욱 두렵게 다가오며 왕의 상상 속에서는 그들이 위험한 집단인 것처럼 과장된다. 하만의 말 기술은 교묘하다. 사적 복수의 칼끝을 제국의 언어로 감싸고, 개인의 증오를 국가의 논리로 치환한다. 이름 없는 "한 민족"은 결국 제국 안에서 낯설고 불길한 존재로 그려지며, 하만의 음모는 정당한 정치적 해안처럼 포장된다. 동시에 그의 언어는 "유다"라는 단어 하나를 지워서 제국 전체를 흔드는 거짓 서사를 만들었다. 시인의 표현처럼, 악한 마음에 부드러운 입술을 입힌 하만은 "간사한 혀"를 가졌고 "남을 해치는 모든 말을 좋아하는" 사람이다(시 52:4).

하만은 "한 민족"이 "당신의 나라 모든 지방의 백성들 중에 흩어지고 분리되어 있다"고 설명한다. 하만의 목소리는 낮았지만 그의 말 한마디 한마디가 왕실의 공기를 무겁게 만들었다. 왕의 제국이 아니라 "당신의 나라"(מַלְכוּתֶךָ)라는 표현은 그 "한 민족"의 존재가 왕 자신의 안위와 직결되어 있다는 긴장감을 더욱 자극한다. 왜냐하면 "당신의 나라"는 추상적인 통치 개념이 아니라 왕 자신의 소유물, 그의 피와 땀, 그의 정체성 그 자체를 의미하기 때문이다. 하만은 그런 말로 왕의 마음 한복판에 불안과 공포를 파종했다. 게다가 왕의 안위를 위협하는 세력들이 특정한 지역에 운집해 있지 않고 127개의 "모든 지방에(בְּכָל מְדִינוֹת) 있는 백성들 가운데에 흩어지고 분리되어 있다"라는 그 민족의 전국적인 분포도 지적은 마치 그들이 제국 전체를 장악하고 있다는 착시를 일으킨다. 그리고 "백성들 가운데에"(בֵּין הָעַמִּים) 섞여 있다는 말은 그 위험한 민족이 식별하기 어렵게, 감시하기 힘들게, 언제든지 문제를 일으킬 수 있게 암약하고 있다는 암시였다. 이는 또한 그 민족이 곳곳에서 제국의 충성된 백성들을 해괴한 사상으로 오염시킬 수 있다는 위기감도 일으킨다. 이로써 하만은 "한 민족"이 실제보다 더 거대하고 더 위험하고 더 위협적인 존재라는 인상을 조성한다. 하만의 어법은 평범한 현실을 치명적인 위기로, 다양성을 분열의 조짐으로, 공존을 잠재적 반역으로 착각하게 만들었다. 하만의 말에 의하면, 그 "한 민족"은 외부의 위협이 아니라 내부의 종양이고, 이 사실은 신속한 선제적 조치가 필요함을 강조한다. 이는 하만의 아주 교활한 왜곡이다.

"그들의 법들은 모든 민족들과 다르다"는 점을 하만은 지적한다. 이것은 완전한 이질성을 의미했다. 그의 목소리는 말무늬를 치밀하게 직조하며 "법'(דָּת)이라는 단어를 강하게 발음했다. 다른 모든 민족과 다른 법은 완전히 다른 질서이고 다른 질서는 곧 왕의 권위와 제국의 일체성을 뒤흔드는 체계적인 균열의 원흉일 수 있음을 암시한다. 개인의 취향이나 문화적 선호가 아니라 "법"이라고 하니 마치 또 다른 정치 시스템인 것처럼, 왕의 법에 대항하는 새로운 법질서인 것처럼 왕은 거북했다. 사실 한 민족의 다름이나 독특성은 경계의 대상이 아니라 제국의 조화에 일조할 문화적 자산일 수도 있는데 하만은 거기에 어두운색을 덧칠한다. 하만의 음색이 묻은 "다르다"(שֹׁנֶה)는 단어는 사실의 의례적인 진술이 아니라 왕의 상상 속에서 커져가는 불안의 불씨였다. 마치 고유성과 다름 그 자체가 죄악인 양, 차이가 곧 위험인 양, 내뱉었다.

하만은 법의 다름을 지적하는 것에 만족하지 않고 그 민족이 "왕의 법들"을 행하지 않는다는 고의적인 불복종을 주장한다. 이 불복종은 체제 전체에 대한 침묵의 선전포고, 권력의 언어를 거부하는 의식적인 저항을 의미한다. 하만의 주장은 유다인을 법적 위반자가 아니라 체제의 정당성 자체를 부인하는 이념적 반역자로 규정한다. "그들이 행하지 않는다"(אֵינָם עֹשִׂים)는 능동태는 "다르다"라는 말과 차원이 다른 표현이다. 이는 그들의 거부가 수동적인 태만이나 과실이 아니라 자율적인 선택임을 강조한다. 이것은 가장 위험한 종류의 저항이고 근본적인 도전이다. "다르다"가 "행하지 않는다"로 바뀌면서 상태의 문제는 행동의 문제로, 피동적인 상황은 능동적인 선택으로 넘어갔다. 그리고 하만은 교묘하게 시제도 바꾸었다. 이로써 그 민족의 불복종을 과거에 지나간 일이 아니라 현재 진행형의 행위로 만들었다. 이처럼 하만의 입에서 흘러나온 언어는 왕의 안위를 겨누는 위협으로 비화된다. 제국의 법은 왕의 그림자요 권세의 확장이고, 따라서 법을 거절하는 자는 왕을 거절 하는 자요, 그의 존재 자체가 위협이기 때문이다. 하만의 천재적인 조작은 모 르드개 한 사람이 어명을 거스르며 자신에게 절하지 않은 일을 민족 전체가 왕의 국법을 모조리 거부하는 일로 확대한 것에서 드러난다. 개별적인 사건 을 집단적인 성향으로, 종교적인 신념을 정치적인 반역으로, 소극적인 회피 를 적극적인 도전으로 교묘하게 바꾸었다. 진실로 하만은 야고보의 말처럼 "쉬지 아니하는 악이요 죽이는 독이 가득한" 혀의 소유자다(약 3:8).

> 9만일 왕에게 좋으시면 그들을 멸하라는 것이 기록되게 하십시오
> 그러면 제가 은 일만 달란트를 일 맡은 자들의 손 위에 달아주어
> 왕의 금고 안으로 가져가게 할 것입니다"

"만일 왕에게 좋으시면(זוֹב)," 이 표현은 왕실의 언어로, 가장 정중한 복종 의 표시이자 가장 날카로운 조종의 기술이다. 최고의 아첨이자 최고의 권력 게임이다. 이 문구 하나에는 천 개의 계산과 만 개의 두려움이 웅크리고 있 다. 하만은 이 말로 자신을 왕의 기호와 판단에 완전히 복종하는 충신으로 위 장한다. 이는 '아니오'의 답변을 어렵게 만드는 언어의 덫이면서 자신의 악 의적인 제안을 왕의 기호로 숨기는 교활한 포장이다. 그러나 그 포장은 진심 의 두께보다 얇은 종이 같아서 조금만 비추면 욕망의 빛이 투과된다.

왕의 기호를 따라 "그들을 멸하라는 것이 기록되게(יִכָּתֵב)" 해 달라고 하만 은 청탁한다. 하만은 기록으로 자신의 음모에 불멸성을 부여하려 한다. 구두 명령은 쉽게 회수될 수 있지만 기록되고 인장이 찍히면 법으로 고정되고 시 스템을 따라 움직이기 시작한다. 본래 법과 기록은 정의를 구현하고 공정을 보장하기 위해 존재한다. 그러나 하만은 이 제도를 역이용해 오히려 정의를

살해하고 공정을 유린하는 도구로 사용한다. 동시에 자신을 살육자가 아닌 법의 수호자로, 복수자가 아닌 질서의 구현자로 가장한다. 이처럼 그는 기록을 중립적인 도구가 아니라 가장 편파적인 악의를 수행하는 칼로 활용한다. 형식이 윤리를 압도하는 순간, 증오가 공문서의 권위를 입는 순간, 악은 가장 교활하고 파괴적인 모습으로 변신한다. 그러나 하만이 모르는 것은 기록이 양날의 검이라는 사실이다. 악한 자의 계략도 기록되나 그 계략이 무너지는 과정도 기록된다. 억압자의 승리도 기록되나 그의 몰락도 기록된다. 하만은 어떻게 기록될까? 결국 "불의한 법령을 만들며 불의한 말을 기록"하는 자에게 재앙이 임한다(사 10:1-3)는 하나님의 말씀을 따라 하만은 결국 자신이 판 불변적인 기록의 무덤에 파묻힌다. 이는 "자기 행위를 따라 책들에 기록된 대로" 받는 심판이다(계 20:12).

하만은 자신의 증오에 법복을 입히려고 기꺼이 지갑까지 연다. 수고하는 자들의 손에 수고비를 "달아줄 것"(אֶשְׁקוֹל)이라고 한다. "은 일만 달란트," 그 엄청난 액수의 무게가 저울 위로 올라가는 순간, 한 민족의 생명은 화폐의 단위로 환산된다. 하만의 계산은 참으로 치밀하다. 감정적인 충동의 기색을 깔끔하게 제거하고 차가운 이성으로 학살의 비용을 산정하고 그 비용을 기꺼이 지불할 준비까지 끝마쳤다. 그리고 일만 달란트는 학자들의 추정에 따르면 당시 제국 전체 세수입의 2/3에 해당하는, 제국의 금고를 울릴 만큼의 천문학적 액수였다. 이 액수는 유다인에 대하여 하만이 가진 증오의 가격이다. 하만은 지구에서 유다인 제거를 위해 최고의 화력을 동원한다. 학살을 "수고하는 것"(עֹשֵׂי)이라고 부르며, 무고한 생명의 제거를 하나의 업무로, 공적인 서비스로 치환한다. 화폐의 무서운 힘으로 그는 왕의 도덕적 판단을 저지하고 양심의 소리를 잠재운다. 이렇게 하만은 정의가 매매의 대상이 아니며, 진리는 협상의 여지가 없고, 하나님의 백성은 그 어떤 값으로도 거래될 수 없다는 우주의 규정도 무시한다.

끝으로 하만은 "은 일만 달란트"를 기록자의 손에 머물지 않고 결국 "왕의 금고(הַגְּנָזִים אֶל) 안으로 가져가게 할 것"이라고 약속한다. 이는 "지혜자의 눈"도 어둡게 할 불법적인 뇌물이다(신 16:19). 여기에서 우리는 왕이 신하들의 경제적 복지보다 자신의 이권에 관심이 더 크다는 사실을 확인한다. 이 사실을 하만은 정확히 간파했다. 그래서 그는 왕의 손이 아니라 욕망의 끈을 붙잡았다. 이제 하만의 마지막 카드가 펼쳐지는 순간, 모든 가면이 벗겨졌다. 정의도, 법도, 국가의 안위도 모두 허울이고 진짜 게임의 규칙은 왕의 금고를 채우는 것, 단 하나였다. 하만은 "곡식을 밟아 떠는 소의 입에 망을 씌우지 말라"는 기록처럼 "일꾼이 그 삯을 받는 것은 마땅"한 원칙(딤전 5:18)도 깨뜨린다. 최고 존엄의 눈도장을 찍으려는 하만에게 부하들의 권익은 안중에도 없다.

"왕의 금고"는 평범한 창고가 아니라 권력의 심장부인 동시에 그의 자존심이 쌓여 있는 신전이다. 하만은 바로 그 신전에 자신의 제물을 바칠 것이라고 약속했다. 이런 거래는 역사상 수없이 반복되어 왔다. 권력자의 개인적인 욕망과 야심가의 사적 복수가 만나는 지점에서 무고한 사람들의 피가 낭사했다. 히틀러와 독일의 기업가들, 스탈린과 그의 추종자들, 폴 포트와 크메르 루주, 이 모든 경우에 권력자의 금고를 채우는 자가 학살 면허증을 차지했다. 이는 특정한 개인의 특성이 아니라 절대적 권력의 보편적인 본질이다. 견제 받지 않는 권력은 필히 부패하고 부패한 권력은 사익만 추구한다. 백성의 복지, 신하들의 안녕, 심지어 국가의 장기적인 이익도 모두 권력자의 즉각적인 욕망 앞에서는 구차한 사안처럼 논의의 구석으로 밀려나고 연기처럼 사라진다. "왕의 금고 안으로" 가지고 가겠다는 약속은 권력의 타락을 완성하는 마지막 퍼즐이다. 이 약속을 수용하면, 아하수에로는 더 이상 페르시아 제국의 수호자가 아니라 자신의 금고 관리인에 불과하게 된다.

이번에도 하만이 미처 계산하지 못한 것은 왕의 금고보다 더 크고 깊은 창고가 있다는 사실이다. 하나님의 정의가 쌓여 있는 하늘의 창고가 있고 거기서는 다른 종류의 회계가 진행되고 있다는 진리에 그는 무지했다. 하늘에는 억울하게 죽은 자들의 피가 물증으로 채택되고, 무고한 자들의 눈물이 고발장이 되며, 탐욕으로 얼룩진 거래들이 모두 심판의 대상으로 분류된다. 왕의 금고는 유한하나 하나님의 정의는 무한하다. 그 정의 앞에서는 그렇게도 많은 은 일만 달란트가 한 푼의 값어치도 없다.

> ¹⁰왕이 반지를 자기 손에서 빼어 유다인을 대적하는 자
> 하만 즉 아각 사람 함므다다의 아들에게 건네었다

하만의 영리한 화술과 파격적인 뇌물에 왕의 마음은 급하게 넘어갔다. "무죄한 자를 죽이려고 뇌물을 받는 자는 저주를 받을 것이라"(신 27:25)는 하나님의 이 준엄한 말씀이 왕의 수락을 비웃는다. 이스라엘 안에서는 돈에 자빠지는 소리가 더욱 요란하다. 그들의 고관은 "뇌물을 위하여 재판하며" 그들의 제사장은 "삯을 위하여 교훈하며" 그들의 선지자는 "돈을 위하여 점을 치면서" 심지어 하나님이 "우리 중에" 계시니까 "재앙이 우리에게 임하지 않는다"는 괴변까지 늘여놓기 때문이다(미 3:11). 뇌물에 넘어간 아하수에로 왕은 자기 손에서 반지부터 뺀다. 어떠한 조사도 없이, 어떠한 검토도 없이, 어떠한 조언도 없이 제국의 절대적 권한을 담은 그 작은 원형의 금속을 하만에게 내밀었다. 반지를 빼는 행위는 마치 자신의 심장을 도려내어 건네는 것처럼 중차대한 일이었다. "반지"(טבעת)는 곧 제국의 법이고 왕의 분신이기 때문이다. 그 반지가 찍히는 곳마다 왕의 의지가 현실이 되고 그 인장이 새겨지는 문서마다 변개할 수 없는 법이 탄생한다. 그런 반지를 받은 하만의 손길에는 어떤 감정이 흘렀을까? 하만의 손에 들어온 것은 제국 전체의 도덕적 기준이다.

저자는 하만이 "유다인을 대적하는 자(צרר)"라고 기술한다. 이는 하만의 존재 전체를 규정하는 영원한 낙인이다. 저자는 그를 유다인 전체에 대한 존재론적 위협으로, 하나님의 백성을 향한 사탄적인 대적자로 규정한다. 이 표

현은 반지의 용도도 암시한다. 그 용도는 유다인 학살이다. 하만의 손으로 들어온 반지는 이제 생명을 구원하기 위한 도구가 아니라 파괴하기 위한 무기이며, 평화를 가져오기 위한 상징이 아니라 학살의 합법화를 승인하기 위한 인장이다. 반지라는 권력은 그 자체로 선이나 악이 아니라 그것을 운용하는 자의 마음이 투영되는 거울이다.

하만과는 달리, 제국의 반지를 받은 요셉(창 41:42)은 흉년 대비용 곡식을 저장하여 백성과 주변 국가들을 기근에서 구원하는 생명 보존의 문서를 그 반지로 날인했다. 그리고 대적을 처형하기 위함이 아니라 공의로운 통치와 지혜로운 관리를 위해 반지를 사용했다. 나아가 하나님의 구원 계획을 수행하는 도구로도 사용했다. 요셉의 경우와는 달리, 하만의 반지는 생명을 파괴하고 증오와 편견을 실행하고 개인적인 원한을 게워내고 멸절의 비극을 초래하는 일에 분주했다. 그래서 왕의 반지는 하만에게 오래 머물지 않고 회수되어 모르드개의 손으로 넘어간다(에 8:2). 반지의 관리자가 달라지면 반지의 쓰임새도 달라진다.

저자는 하만이 "아각 사람 함므다다의 아들"임을 다시 한번 언급한다. 이로써 유다인을 대적해 온 장구한 역사는 아각 시대까지 소급된다. 이는 지금 벌어지는 사건이 세대를 넘어 이어져 온 대립의 연장이자 재현이며, 하만이 한 시대의 악한 권력자가 아니라 하나님의 백성을 대적해 온 악의 역사를 대변하는 인물임을 묵직하게 증언한다.

11그리고 왕이 하만에게 말하였다
"그 은과 그 백성이 너에게 주어졌다 네 눈에 좋을 대로 그들에게 행하여라"

왕은 하만이 제안한 엄청난 돈에 혹했지만, 동시에 자신의 권위와 탐욕을 더욱 만족시킬 기회라고 이해했다. 그는 거액을 기꺼이 제공하고 자신의 권위도 더욱 높여줄 충신을 거액보다 선호했다. 왕의 눈에 하만은 완벽한 신하였다. 돈을 바치면서 권위도 높여주고 충성을 맹세하며 실질적인 이익도 제공하는 부하였기 때문이다. 그래서 왕은 은과 유다인을 모두 하만에게 준다. "빚진 자는 채권자의 종이 된다"(잠 22:7)는 원리를 알았을까? 왕은 이 거절로 자신을 관대한 왕으로 포장하고 동시에 하만을 영원한 채무자로 만들었다. 하만은 이제 왕에게 갚을 수 없는 빚을 지게 되고 그 빚의 이자를 평생에 걸쳐 절대적인 충성으로 지불해야 했다. 왕은 당장의 현금보다 장기적인 통제를, 일회적인 이익보다 지속적인 채권을 택하였다. 일의 결과에 대해서도 왕의 선택은 권력의 고전적인 패턴을 고수한다. 즉 극단적인 정책의 실행을 부하에게 맡기고 자신의 손은 깨끗하게 유지한다. 성공하면 자신의 공이고 실패하면 부하의 책임이다. 결국 돈도 얻고, 권위도 높이고, 부담도 줄이는 일석삼조 전략이다. 고대의 페르시아 왕을 보면서 먼 훗날에 예수님의 "피에 대하여 나는 무죄하니 너희가 당하라"(마 27:24)며 책임의 꽁무니를 빼는 빌라도가 떠오른다.

"그 은과 그 백성"을 준다는 왕의 말에는 섬뜩한 등가성도 있다. 그는 돈과 사람을 같은 차원의 재화로 취급한다. 은화를 주듯이 인간의 생명을 건네주고 물건을 주듯 민족 전체를 선물로 하사한다. 인간의 존엄성이 완전히 물화(物化)되는 순간이다. 왕은 제국에 거하는 한 백성의 진정한 가치를 잘못 계산했다. 백성을 섬김의 대상이 아니라 통치의 도구로, 더 나아가 자신의 권위를 증명하는 소품으로 인식했다. 그의 손에서 반지가 폭군의 손으로 빠져나간 것은 단지 권한을 위임한 것이 아니라 지도자의 영혼을 포기한 일이었다.

게다가 왕은 하만에게 줄 때 한 민족보다 "은"을 먼저 언급한다. 이는 하만이 한 민족을 달라고 한 후 거액을 제안한 것과는 다른 어순이다. 왕의 입에서 나온 단어의 순서는 많은 것을 폭로한다. 하만의 입에서는 유다인을 향한 악의가 먼저 나오고 그 악의를 위한 도구에 불과한 거액은 나중에 나왔으나 왕은 그 순서를 뒤집었다. 이 작은 어법의 차이는 왕의 은밀한 속내를 화끈하게 드러내는 거대한 창문이다. 언급의 순서는 우연한 말실수가 아니라 영혼의 상태를 보여주는 진단서다. 왕이 보기에는 국고를 채울 수만 있다면 한 백성의 운명쯤은 거래 가능한 상품이다. 그에게는 생명보다, 존재보다, 한 민족의 존폐보다, 돈이 더 소중했다. 은화의 반짝임이 인간의 눈물보다 더 고귀했다. 이는 "은으로 힘없는 자를 사며 신 한 켤레로 가난한 자를 사자"(암 8:6)는 망할 자들의 행실이다.

게다가 왕도 유다인을 고유한 이름으로 부르지 않고 "그 백성"(הָעָם)으로 이해했다. 즉 그 백성은 은과 연결된 부속물일 뿐이었다. 개별적인 존재가 아니라 거래의 패키지에 포함된 덤이었다. 이는 아하수에로 왕만의 성격이 아니라 권력의 타락이 극에 달했을 때 나타나는 보편적인 증상이다. 당시의 왕은 생명의 임금이 아니라 재물의 종이었고, 정의의 수호자가 아니라 탐욕의 대변인에 불과했다. 지금도 은을 먼저 말하는 지도자는 국민보다 경제를, 생명보다 이익을, 정의보다 실리를 앞세운다. 이 불편한 진실을 에스더서 저자는 왕의 어순을 그대로 옮기면서 적시했다. 이때만이 아니라 모든 시대에서 사람의 가치는 다른 것의 후순위로 밀려난다. 세속의 권력과는 달리, 성경은 한 민족이 아니라 한 영혼조차 천하보다 귀하다는 숭고한 비교급을 가르친다.

왕은 하만에게 "네 눈에 좋을 대로 그들에게 행하라"고 윤허한다. "좋을 대로"(כַטּוֹב), 왕은 하만이 자신에게 건넨 말을 그대로 돌려준다. 언어의 순환이 완성되는 순간, 권력의 이양도 완성된다. 좋고 나쁨의 기준은 하만의 "눈"(עַיִן)이었다. 이 허가는 일상적인 승인이 아니라 자신의 좋음을 버리고 하만의 좋음을 채택한 것이었고 왕권의 정신이 이전되는 일이었다. "좋을 대로," 이 얼마나 무서운 선언인가! 이 단어 하나는 한 나라의 운명이 한 지도자의 무관심과 또 다른 사악한 개인의 손에 넘어가는 비극의 정수를 드러낸다. 이는 "각기 자기의 소견에 옳은 대로 행하"던(삿 21:25) 사사시대 혼돈의 반복이다. 왕은 하만이 원하는 모든 것을 마음대로 행하는 백지 위임장을 수여했다. 이제 "좋을 대로" 행하여도 되는 하만은 법적 제약이나 도덕적 경계나 사회적 고려나 인권에 대한 존중이 전혀 없는 절대적 재량권을 확보한다. 한편으로 왕은 권한을 주되 책임도 떠넘기는 완벽한 면책 구조도 완성했다. 하만은 왕의 선호를 내세워 유다인을 멸절하려 하였으나 왕은 그 책임의 소재를 하만의 선호로 되돌렸다. 이런 관점에서 보면, 하만은 자신이 던진 그물에 자신이 걸린 셈이었다. 왕은 하만이 원하는 모든 권한을 주었지만 동시에 그 권한 행사에 따른 모든 결과도 하만의 몫으로 만들며, 권력의 달콤함과 책임의 쓴맛을 하나의 패키지로 묶어서 그에게 양도했다.

¹²첫째 달 십삼일에 왕의 서기관이 소집되어 하만의 명령을 따라 왕의 대신과 각 지방의 관리와 각 민족의 관원에게 아하수에로 왕의 이름으로 조서를 쓰되 곧 각 지방의 문자와 각 민족의 언어로 쓰고 왕의 반지로 인치니라 ¹³이에 그 조서를 역졸에게 맡겨 왕의 각 지방에 보내니 열두째 달 곧 아달월 십삼일 하루 동안에 모든 유다인을 젊은이 늙은이 어린이 여인들을 막론하고 죽이고 도륙하고 진멸하고 또 그 재산을 탈취하라 하였고 ¹⁴이 명령을 각 지방에 전하기 위하여 조서의 초본을 모든 민족에게 선포하여 그 날을 위하여 준비하게 하라 하였더라 ¹⁵역졸이 왕의 명령을 받들어 급히 나가매 그 조서가 도성 수산에도 반포되니 왕은 하만과 함께 앉아 마시되 수산 성은 어지럽더라

❖ ❖ ❖

¹²첫째 달, 그달 십삼일에 왕의 서기관이 소집되고 하만이 왕의 총독과 각 지방을 관장하는 관리와 각 민족의 방백에게 명령한 모든 것들이 각 지방의 문자대로, 각 백성의 언어대로 기록되되 아하수에로 왕의 이름으로 기록되었고 왕의 반지로 봉해졌다 ¹³조서들은 전령들의 손으로 왕의 모든 지방에 보내지게 했다 열두째 달 아달월 십삼일 하루 동안 모든 유다인들, 즉 소년에서 노인까지, 아이들과 여자들을 멸하고 죽이고 말살하고 그들의 재산을 빼앗도록! ¹⁴이 조서의 사본은 모든 지방과 지방에 법으로 주어지고 모든 민족에게 알려지게 하여 이날을 위하여 준비되게 했다 ¹⁵전령들이 왕의 명령으로 인하여 서둘러 나갔고 그 법이 도성 수산에 반포되게 했다 왕과 하만은 마시려고 앉았으나 수산 성읍은 혼란에 휩싸였다

죽음의 조서

12첫째 달, 그달 십삼일에 왕의 서기관이 소집되고

하만이 왕의 총독과 각 지방을 관장하는 관리와 각 민족의 방백에게

명령한 모든 것들이 각 지방의 문자대로, 각 백성의 언어대로 기록되되

아하수에로 왕의 이름으로 기록되었고 왕의 반지로 봉해졌다

이 구절은 악한 국법이 탄생하는 순간을 기록한다. 하만은 민족 말살 정책의 문서화를 단행한다. 이 일은 니산월, 즉 "첫째 달, 그달 십삼일에"(בִּשְׁלוֹשָׁה עָשָׂר יוֹם) 일어난다. 하만이 꾸미는 음모의 실행은 대단히 정확하고 신속하다. 그런데 조서 작성의 날은 하나님의 위대한 구원이 일어나고 그 구원을 기념하는 유월절 하루 전이었다. 하만은 하나님의 구원사적 리듬을 거스르는 가장 부적절한 날을 택하였다. 그러나 하만 편에서 보면, 마치 하나님의 구원 역사를 조롱하듯 해방의 새벽을 알리는 어둠이 가장 짙은 날짜에 유다인의 민족적인 숨통을 서둘러 끊으려고 선수를 친 셈이었다. 구원의 노래가 울려퍼질 바로 그 시각에 하만은 멸망의 문서를 제국 전역으로 퍼뜨린다.

이처럼 이 "십삼일"은 두 세계가 충돌하는 경계선이 된다. 한쪽에서는 악이 모든 공식적인 수단을 동원하여 파멸을 준비하고 다른 쪽에서는 보이지 않는 구원의 손이 이미 움직이고 있다. 십삼일과 십사일 사이의 그 짧은 간격, 위기와 구원 사이, 절망과 희망 사이, 인간의 계략과 하나님의 계획 사이에 놓인 그 미세한 틈에서 하나님의 백성들은 울면서 기도하고 금식하며 부르짖고 과거의 구원을 떠올리며 미래의 구원을 소망한다. 그러나 하만은 자신이 던진 운명의 제비를 굴리시는 진짜 손이 누구의 것인지, 그 우연을 필연으로 바꾸시는 분이 누구인지, 그가 죽이고자 하는 백성은 누구의 것인지를 전혀 모르고 미신의 노예가 되어 섭리의 주인을 감히 대적하고 있다. 역사의 주인은 누구인가? 한순간도 잊지 말고 기억하자.

음모의 합법화를 위해 하만은 누구도 절차적인 하자나 문서의 위법성을 따지며 이의를 제기하지 못하도록 공신력이 가장 높은 "왕의 서기관"(סֹפְרֵי הַמֶּלֶךְ)을 소집한다. 이들이 기록한 문서는 개인의 의견이 아니라 국가의 법이었다. 그래서 하만은 왕실 서기관이 자신의 계획에 필요한 최고의 정당성을 부여해 줄 것이라고 확신했다. 이것은 권위의 비극적 오용이다. 하만은 왕의 권한을 차지하는 것에 머무르지 않고 왕국의 공식적인 기록 시스템도 장악했다. 본래는 진실을 기록하고 법의 공정함을 구현하기 위해 설립된 서기관 제도가 이제는 가장 불의한 명령을 법으로 공고히 하는 일에 동원되고 있다. 그들의 붓은 생명의 말씀을 적기보다 죽음의 명령을 찍어내는 타자기로, 진실을 기록하는 대신 거짓과 증오로 가득한 문서를 작성하는 악의 필경사로 전락했다. 자신의 붓을 움직일 때마다 비록 자신의 손은 피로 물들지 않았지만 자신이 기록한 글자들은 수많은 생명을 빼앗아갈 죽음의 칼날이 되는 줄을 그들은 알았을까? 내가 보기에, 그들은 자신의 손으로 생산된 조서가 한 민족 전체의 사형 선고문이 된다는 사실을 알면서도 그들의 직업적 양심을 외면하고 하만의 악한 계획에 순응했다. 이처럼 하만은 국가의 시스템을 이용하여 국가의 근본까지 파괴하려 했고 법의 형식으로 무법의 적법화를 도

모했다. 세기적 악인의 이런 교활한 짓은 역사 속에서 늘 반복된다. 나의 재능과 전문성은 어디에 복무하고 있는지를 늘 돌아보자.

소집된 왕의 서기관은 왕의 명령이 아니라 하만이 "명령한 모든 것들"(כל־אשר־צוה)을 기록한다. 명령의 주체는 하만이다. 그는 왕의 명령을 전달하는 자가 아니라 명령의 내용을 결정하는 자로 서기관의 붓을 움직인다. 법전의 줄기마다 왕의 권위가 새겨져야 함에도 하만은 교묘히 그 자리를 빼앗아 자신의 명령을 왕의 이름으로 덧씌운다. 서기관의 펜은 침묵했고 두루마리 또한 그 침묵 위에 무겁게 굴러갔다. 그날 거기에 적힌 것은 왕의 마음이 아니라 하만의 분노였다. 몇 가지의 명령만 차지하지 않고 명령의 "모든 것들," 즉 누구를, 언제, 어떻게, 왜 죽일 것인가에 대한 포괄적인 매뉴얼, 학살의 철학부터 세부적인 실행 계획까지 모두가 하만의 분노에서 나와 문서로 이동했다. 그런데 놀랍게도, 역사의 분수령이 될 이 문서는 비록 하만의 머리에서 나왔지만 역사의 주인께서 구원 드라마의 역설적인 대본으로 사용하실 문서였다. 구약과 신약에 따르면, 모든 것들을 명령하는 것만이 아니라 성취하는 것도 신의 권한이다. 애가서는 "주의 명령이 아니면 누가 이것을 능히 말하여 이루게 할 수 있느냐"(애 3:37)고 증언한다. 이것을 바울은 하나님이 "자기의 기쁘신 뜻을 위하여 너희에게 소원을 두고 행하게 하신다"(빌 2:13)고 표현한다. 하만의 음모 드라마는 진정한 명령자가 따로 계시고 유효한 명령도 따로 있다는 사실, 그리고 이러한 사실 때문에 땅에서 명령하는 자가 그 명령에 의해 심판받는 역사의 반전을 보여주는 교본이다.

조서의 수신자는 "왕의 총독과 각 지방을 관장하는 관리와 각 민족의 방백"이다. 그들은 평범한 서민층과 중산층이 아니라 페르시아 제국의 중앙과 모든 지방을 다스리는 실세였다. 총독들은 왕을 대신하여 광활한 영토를 다스리는 제국의 대리인들, 관리들은 행정의 실무를 담당하는 고위 공무원들, 방백들은 제국 내 각 민족들의 지도자들, 이들은 모두 명령을 받으면 즉시 집행하는 체제의 손과 발이었다. 한 민족의 말살은 여론이나 민심에 호소해야 할 사안이 아니라 오직 권력의 조직적인 통로를 따라 집행해야 할 사안임을 하만은 간파했고, 자신의 증오가 민중의 감정이나 양심의 가책으로 인해 차질이 빚어지는 것을 경계했다. 오직 위에서 아래로의 권력 논리만이 이 대학살을 관철하는 유일한 길이어야 했다. 위로는 총독부터 아래로는 각 민족의 방백까지, 권력의 사다리 전체가 자신의 계획에 복무해야 했다. 그래서 하만은 백성의 공감보다 관료의 복종을, 정의의 논리보다 권력의 서열을 택하였다.

조서는 "각 지방의 문자대로, 각 백성의 언어대로(מְדִינָה וּמְדִינָה כִּכְתָבָהּ וְעַם) (וָעָם כִּלְשׁוֹנוֹ) 기록되었다." 페르시아 제국의 설형문자, 아람의 알파벳, 이집트의 상형문자, 그리스의 글자들이 모두 같은 메시지를 전달하기 위해 동원되어 죽음이 모든 언어로 번역되는 섬뜩한 광경이 펼쳐졌다. 바벨론의 상인도, 이집트의 농부도, 그리스의 철학자도 모두 자신의 모국어로 그 무서운 명령을 마주했다. 각 민족의 서기관들, 각 언어의 전문가들, 각 문자 체계의 숙련자들, 그들은 자신들이 무엇을 번역하고 있는지를 알면서도 멈추지 않았으며 자신의 전문성이 학살의 도구가 되고 자신의 능력이 악의 확산에 기여하는 일을 택하였다. 하나님은 언어를 흩으셔서 인간의 교만을 막으셨다. 그러나 하만은 바벨탑의 교훈을 거스르며 흩어진 모든 언어를 모아서 자신의 악의를 퍼뜨리려 했다. 그는 바벨의 혼란을 역전시켜 죽음의 통일을 이루려는 사탄적인 기획의 괴수였다. 다양성이 파괴의 도구가 되고 다언어가 단일한 악에 복무한다. 각 지방의 모국어는 그들에게 가장 친숙한 호흡이다. 그런 친근함이 공포 확산의 매개체가 되고 경계심을 허무는 익숙함이 각 사람에게 교묘한 전략을 수송한다. (모국어를 공유하는 친밀감, 친인척, 친구, 학연, 지연 등이 나를 이용하고 배신할 수 있음을 경계하자. 이단이 애용하는 모략의 수단이다.)

모든 언어를 포괄하는 소통의 극대화는 대체로 진리와 사랑을 전하는 데에 사용된다. 그러나 하만은 그 반대였다. 제국에 존재하는 모든 건강한 문자와 깨끗한 언어를 증오의 흑색으로 물들였다. 세균이 숙주의 몸에 침투하듯, 하만의 악은 사람의 의식에 드나드는 문자와 언어를 통해 제국 전체의 마음과 영혼에 치명적인 오염을 일으켰다. 이러한 악의 소통 전략은 현대에도 지속된다. 프로파간다는 모든 매체를 동원하고 혐오는 모든 언어로 번역되고 거짓은 모든 온라인 플랫폼을 차지한다. 하만의 후예들은 지금도 여전히 "각 지방의 문자대로, 각 백성의 언어대로" 자신들의 독을 퍼뜨린다. 그러나 하만이 간과한 것은 모든 언어가 그 민족의 양심을 간직하고 있고 각 문자에는 그 문화의 도덕이 새겨져 있다는 사실이다. 죽음의 메시지를 전달하는 그 언어들은 동시에 생명의 언어이며 절망을 기록하는 그 문자들도 동시에 희망의 문자라는 사실이다. 아무리 완벽하게 기록하고 아무리 완벽하게 번역하고 아무리 완벽하게 전달해도 거짓은 진리를 이기지 못하며 죽음도 결국 생명에 의해 압도된다. 하나님의 말씀은 언어가 없어도, 들리는 소리가 없어도, "날은 날에게 말하고 밤은 밤에게 지식을 전하"는 방식(시 19:2-3)으로 하만의 조서보다 더 강력하게, 더 신속하게, 더 정확하게 전달되기 때문이다.

모든 총독과 모든 관리와 모든 방백에 대한 하만의 정치적 계산은 정교했다. 그는 이 실세들이 가진 이권을 정확히 파악하고 있다. 그의 조서는 왕의 명령에 **순종**할 때 얻을 정치적 인진, 그리고 반대했을 때에 받을 처벌의 위험성을 모두 고려한 조서였다. 일반적인 행정 명령서가 아니라 도덕 시험지와 같다. 권력을 가진 자들이 그 권력을 어떻게 사용할 것인지, 법의 이름으로 불의가 행해질 때 어떤 선택을 할 것인지를 묻는 테스트가 시행된다. 총독들의 궁전에서, 관리들의 관청에서, 방백들의 저택에서 같은 테스트가 반복된다. 조서를 받은 그들의 얼굴에 스치는 복잡한 감정들, 왕의 명령에 대한 두려움과 무고한 생명에 대한 연민 사이에서 흔들리는 마음들을 나는 떠올린다. 나는 그들 전부가 하만의 계획에 동조했을 것이라고 생각한다. 반대하고 저항하는 자의 언급이 없기 때문이다. 그러나 역사는 기록한다. 하만의 조서를 받고도 양심을 지킨 자들을, 왕의 명령보다 인간의 존엄성을 택한 이들을, 자신의 안위보다 정의를 우선시한 용감한 영혼들을 기억하기 위해!

(주어진 지위와 권력은 그 자체의 가치보다 누구를 위한 것인지가 중요하다.)

역시나 하만은 악한 만큼이나 영리했다. 자신의 복수를 실행함에 있어서 그 흔적을 왕에게 떠넘기는 완벽한 면피 전략을 구사했다. 즉 조서를 "왕의 이름으로"(בְּשֵׁם הַמֶּלֶךְ) 작성하게 했고 "왕의 반지로"(בְּטַבַּעַת הַמֶּלֶךְ) 인봉하게 했다. 왕은 하만에게 "네 눈에 좋을 대로" 하라고 공을 넘겼으나 공문서에 찍힌 주동자의 지문은 왕의 것이었다. 역사의 기록은 냉정하다. 그것은 하만의 손길이 아닌 왕의 반지 자국을 더 선명하게 기억한다. 하만은 자신의 판단이 왕의 판단인 양, 자신의 명령이 왕의 명령인 양 위장하여, 계획이 틀어져서 문제가 생겨도 책임의 소재는 자신이 아니라 도장의 주인에게 가도록 조치하는 얄팍한 퇴로를 마련했다. 이것은 권력 내의 치졸한 떠넘기기 현상이다. 그러나 그가 깨닫지 못한 것은 왕의 반지로 인봉하는 것이 왕의 보호를 받는다는 뜻이기도 하지만 왕의 감시를 받는다는 뜻이기도 하기에 그 반지는 면죄부가 아니라 족쇄이며 보호막이 아니라 감옥일 가능성이 높다는 사실이다.

13조서들은 전령들의 손으로 왕의 모든 지방에 보내지게 했다
열두째 달 아달월 십삼일 하루 동안 모든 유다인들, 즉 소년에서 노인까지,
아이들과 여자들을 멸하고 죽이고 말살하고 그들의 재산을 빼앗도록!

조서를 모든 지방에 전달하는 것은 "전령들," 즉 "달리는 자들"(הָרָצִים)에게 맡겨졌다. 급박함이 느껴진다. 이는 조서의 전국적인 반포가 신속하게 이루어질 수 있게 한 조치였다. 하만은 속도의 중요성을 안다. 악한 명령이 전달되는 동안에도 반론이 생기거나 연민이 싹트거나 왕의 마음이 변할 가능성을 봉쇄하기 위해, 그는 제국에서 가장 빠른 발들, 가장 강인한 다리들, 가장 신속한 전령들을 선발했다. 그들은 걸어가지 않고 달려갔다. 이는 마치 제국의 존망이 그들의 속도에 달린 것처럼, 마치 하루라도 늦어지면 큰일이 날 것처럼, 하만의 조급함이 그들의 발걸음에 전이된 것이었다. 악은 지연을 싫어한다.

빛의 속도로 퍼져 나가 사람들이 정신을 차리기도 전에 그 정신을 장악하려 한다. 그러나 여기서의 속도는 두려움의 질량이다. 악의 지시를 받은 각 전령은 서로 다른 방향으로 달렸는데, 북쪽으로 아르메니아와 스키타이, 남쪽으로 이집트와 에티오피아, 동쪽으로 인도와 박트리아, 서쪽으로 그리스와 소아시아 지역으로 향하였다. 그들의 말발굽 소리가 제국의 대지를 흔들었다. 먼지가 일어나고 자갈이 튀었으며 흙이 흩날렸다. 평화로운 시골길에 갑작스런 소란이 일어났고 한적한 마을에 예상치 못한 방문객이 나타났다.

그런데 조서를 손에 쥔 전령들의 발에 실린 것은 죽음의 무게였다. 전령들의 가슴에는 왕의 인장이 찍힌 조서가 품어졌다. 그 조그만 파피루스 안에는 수십만 명의 운명이 압축되어 있었기에, 그들이 한 걸음 내디딜 때마다 그 운명은 현실로 더 가까이 다가왔고 그들이 숨을 거칠게 몰아쉴 때마다 무고한 이들의 시간은 급하게 감소했다. 페르시아 제국의 파발 제도, 다른 어느 나라도 흉내 내지 못할 당대의 최고였다. 역참마다 준비된 생생한 말들, 전역에 배치된 중개소들, 훈련받은 전문 기수들, 이 모든 것들이 제국의 효율적인 통치를 위해 만들어진 것이었다. 그러나 이런 시스템도 학살의 도구로 전락했다. 악한 자가 득세하면 이렇게 한 나라의 시스템 전체가 무너진다. 나아가 악용된다. 지금도 "달리는 자들"은 존재한다. 정보의 전령들, 뉴스의 배달부들, 소식의 전파자들, 그들이 나르는 메시지가 세상을 어떻게 바꿀지는 그 내용에 달려있다. 파발의 속도보다 마음의 방향이 그 전령의 진짜 정체성을 결정한다. 달리는 삶을 살아가는 나는 어떤 전령인가? "평화를 공포하며 복된 좋은 소식을 가져오며 구원을 공포하"기 위해 산을 넘는 아름다운 발(사 52:7)을 가진 전령인가?

전령들의 조서에 담긴 구체적인 내용은 참으로 끔찍하다. 사람들이 일상에서 만나기 어려운 "멸하고 죽이고 말살하라" 같은 살벌한 동사들이 가득했다. 평화로운 시장에서, 따뜻한 가정에서, 조용한 회당에서, 결코 들을 수 없는 살육의 언어, 파괴의 문법, 죽음의 수사학이 일상의 영역에 침투했다. "멸하라"(להַשְׁמִיד)는 말은 완전한 소거, 흔적까지 제거하는 절대적인 파괴를 의미했다. "죽이라"(לַהֲרֹג)는 말은 생명을 자르라, 숨을 끊으라, 심장의 고동을 멈추게 하라는 동사로서 의학적인 용어도, 법적인 표현도 아닌 오직 살인을 위한 단어였다. "말살하라"(וּלְאַבֵּד)는 말은 사라지게 하라, 상실하게 하라는 뜻으로서 인간을 사물처럼 취급하고 생명을 물품처럼 취급하는 비인간적 언어의 극단이다. 유사한 동사의 연속적인 사용은 명령의 절대성을 강조한다. 하만은 혹시라도 쫓아내라, 제압하라, 배제하라 등의 순화된 의미로 해석될 모든 가능성을 차단했다. 이런 하만의 치밀함은 반대로 유다인의 생명력과 저력에 대한 인정이며 이에 대한 공포의 표출이다. 악의 동사들은 잠시 역사의 몇 페이지를 얼룩지게 하지만 최종적인 서사의 문법을 바꾸지는 못한다고 나는 생각한다. 내 입에는 평소에 어떤 동사들이 출입하고 그 동사들의 열매는 무엇인가?

멸하고 죽이고 말살한 대상은 "모든 유다인들, 소년에서 노인까지, 아이들과 여자들" 모두였다. 하만은 "모두"(כֹּל)의 구체적인 목록까지 나열한다. 갓 태어난 아기부터 지팡이에 의존하는 노인까지, 생명의 모든 단계를 포괄하는 멸절의 청사진이 하만의 조서였다. "아이들과 여자들"은 도움과 보호가 필요한 지극히 연약한 이들이다. 그들도 학살의 대상으로 지목했다. 이처럼 하만은 조서를 집행하는 이들이 어떤 핑계로도 일부를 살려두지 못하도록 어떠한 예외도 남기지 않으려고 했다. 수산에서 장사하는 유다인 상인, 시골에서 농사짓는 유다인 농부, 학교에서 토라를 배우는 유다인 아이들, 집에서 빵을 굽는 유다인 어머니들, 회당에서 기도하는 유다인 노인들, 이들의 모든 개별적인 삶, 개별적인 꿈, 개별적인 일상이 "모두"라는 글자 안에 매장되고 만다. 생명의 각 단계에 있는 사람들이 나에게는 어떤 의미인가? 선물인가 재앙인가? 나는 어떻게 그들을 대하는가?

이처럼 하만은 유다인의 마을과 역사와 흔적을 세상에서 아예 지우려고 한다. 그런데 하만의 명령은 유다인을 향한 증오가 아니라 오히려 하나님을 겨냥한 것이었다. 이는 "내가 아말렉을 없이 하여 천하에서 기억도 못 하게 하리라"(출 17:14)는 하나님의 말씀과 완벽한 대립각을 세우는 같은 구조와 같은 리듬과 같은 절대성을 가진 정반대의 선언, 즉 "내가 유다인을 없이 하여 천하에서 기억도 못 하게 하리라"는 소리였기 때문이다. 하만의 입술에서 나오는 말들이 하나님의 말씀과 거울처럼 대칭을 이루는 것은 하만과 유다인의 대치가 민족적인 갈등이 아니라 피조물이 창조주께 도전하는 우주적인 반역이며 시간이 영원에 대드는 존재론적 도발임을 보여준다. 하만은 하나님과 비기려고 한다. 하나님을 모방하되 정반대 방향으로 모방하고, 하나님의 언어를 사용하되 하나님을 대적하는 목적으로 사용한다. 진리의 문법을 빌려 거짓을 말하고 창조의 양식을 빌려 파괴를 계획한다. 그러나 하나님의 전능한 실행력을 모방하는 것은 하만의 능력을 넘어선다. 이에 대해 바울은 "경건의 모양은 있으나 경건의 능력을 부인하는" 자들을 경계한다(딤후 3:5). 나의 경건은 건강한가? 화려한 모양은 있으나 선한 영향력은 실종되지 않았는가?

하만, 참 치밀하고 냉철한 인간이다. 마치 인구조사하듯, 재고 정리하듯, 그는 제거해야 할 대상들을 빠짐없이 분류하고 나열했다. 개인의 존재 가치를 부정하고, 집단을 하나의 덩어리로 취급하며, 차이와 다양성을 인정하지 않는 획일화된 증오에 사로잡힌 하만의 눈에는 유다인이 그저 제거해야 할 하나의 범주였다. 그러나 그가 빠뜨린 한 사람은 있는데 바로 "에스더"다. 왕의 지극히 큰 사랑을 독점하고 있는 왕후가 유다인의 하나라는 사실을 그는 간과했다. 에스더는 하만의 완벽한 계획을 완벽한 실패로 돌릴 최대의 변수였다. 그리고 하만은 심판의 하나님과 비기려고 했다. 그는 완전한 파괴를 갈망했다. 그러나 죽어야 할 자들이 모두 사망하는 마지막 심판은 오직 하나님의 권한이다. 하만은 그 신적인 권한마저 뺏으려고 했다.

하만은 조서에 유다인 학살만이 아니라 탈취도 삽입했다. 즉 "그들의 재산을 빼앗는 것"(וּשְׁלָל לָבוֹז)도 명령의 일부였다. 모든 악인이 결코 빠뜨리지 않는 항목이다. 이 내용이 조서의 마지막에 위치하는 것의 의미는 무엇인가? 죽음은 수단이고 재산이 목적이며, 학살은 포장지에 불과하고 약탈이 진짜 선물임을 암시한다. 하만이 마지막에 추가한 이 조항은 살인에 대한 집행관의 도덕적 거부감을 물질적 이익으로 상쇄하는 악마적 계산이다. "빼앗다"라는 동사는 전쟁의 승리 이후에 적의 재물을 취하는 정당한 전리품 획득을 의미한다. 이로 보건대, 하만은 학살을 전쟁으로, 무고한 시민들을 적군으로 둔갑시켜 약탈에 정당성을 부여하려 했다.

탈취 조항의 삽입으로 조서의 성격은 완전히 달라졌다. 하만의 음모가 문서화된 이 조서는 이제 종교적 박해나 민족적 복수를 넘어 조직적인 강도질의 면허증이 된다. 게다가 왕의 명령이기 때문에 억지로 따르는 게 아니라 이제는 경제적 이익을 위하여 적극적인 참여를 가능하게 한다. 그래서 약탈 조항은 죽음의 현장을 돈벌이의 장터로 바꾸려는 잔혹한 계획이고, 학살을 의무가 아닌 기회로, 부담이 아닌 혜택으로 포장한 전략이다. 어쩌면 탈취의 계획 때문에 하만은 왕에게 은 일만 달란트의 비용을 왕에게 기꺼이 내겠다고 제안하지 않았을까? 그는 분명 본전을 충분히 뽑을 회수의 계획이 있었기 때문에 고액의 뇌물을 제안했다. 그러나 하만이 무시한 것은 재물에는 진짜 주인이 따로 있다는 사실이다. 유다인의 소유는 그들만의 것이 아니라 하나님의 것이었다. 유다인 자신도 하나님의 것이기 때문에 그분의 백성을 건드리는 것은 그분의 소유를 건드리는 것이었고 그분의 소유를 빼앗는 것은 절대자와 맞서는 무모한 짓이었다. 나의 삶은 무엇을 향하는가? 하나님을 향하는가, 아니면 재물을 향하는가? 삶의 시금석은 방향이다.

하만의 목록과 약탈은 아말렉의 진멸에 대해 "남녀와 소아와 젖 먹는 아이와 우양과 낙타와 나귀를 죽이라"(삼상 15:3)는 하나님의 명령을 베껴 온 것처럼 일치한다. 즉 생명만이 아니라 생존의 수단까지, 존재만이 아니라 존재의 흔적까지 완전히 없애려는 절대적 소거의 의지가 일치한다. 이처럼 하만도 마귀처럼 하나님과 비기려고 한다. 결정적인 차이가 있다면, 하나님은 아말렉의 악행을 심판하는 정의를 따라 명령하신 것이었고 하만은 개인적인 모욕에 대한 보복으로 학살을 기획한 것이었다. 심판은 정의에 근거하고 보복은 감정에 근거한다. 그리고 하나님은 전리품을 취하지 말라고 명하셨고 하만은 전리품을 취하라고 명하였다. 마귀는 하나님을 대적하되 직접적인 방식이 아니라 하만 같은 간접적인 방식으로 하나님의 정의를 복수로, 하나님의 심판을 증오로, 하나님의 거룩함을 잔혹으로 바꾸는 교묘한 변질을 시도한다. 하만은 역사에 조예가 깊은 사람이다. 그러나 자신의 기억을 회개와 순종의 동기로 삼지 않고 복수와 대항의 근거로 활용했다. 기억이 은혜의 통로가 아니라 원한의 저장고가 된 사람이다.

14이 조서의 사본은 모든 지방과 지방에 법으로 주어지고
모든 민족에게 알려지게 하여 이날을 위하여 준비되게 했다

"조서의 사본(פַּתְשֶׁגֶן)"은 모든 지방으로 전달되어 각 지방의 "법으로" 군림한다. 각 지방에 전해진 사본은 원본과 동일한 효력을 가졌으며 수산 궁에서 내린 명령과 동일한 구속력을 발휘한다. 사본을 받은 각 지방의 총독과 관리와 방백의 기분은 어땠을까? 불의한 법도 법인가, 아니면 법의 이름을 빌린 불법인가? 개인의 양심과 국가의 명령이 충돌할 때, 무엇을 택하는가? 하나님의 법을 주목하면, 완벽해 보이는 악의 시스템 안에도 희망의 빈틈은 감지된다. 하나님의 법은 이 세상에 존재하는 모든 정의로운 법의 원본이다. 그래서 인간의 법을 아무리 높은 권위로 반포하고 공감의 영토가 아무리 넓어도 그것이 하나님의 법에 어긋나면 불법이다. 사람의 사본이 아무리 정확해도, 하나님의 원본과 맞지 않으면 위조로 간주된다. 지금도 은밀하게 위조된 사본이 유통되고 있다. 합법의 외피를 쓴 불법들이, 민주주의 절차를 거친 독재들이, 정의의 언어로 포장된 불의들이 세상 곳곳에서 활개치고 있다. 악이 권력을

장악했을 때 그것은 단일한 명령에 그치지 않고 스스로를 무한히 복제하여 모든 공간을 자신의 논리로 채우려고 한다. 동조하지 말고 저항해야 한다. 우리도 하나님의 법을 바르게 이해하지 못하면 위조된 사본에 휘둘린다.

각 지방에서 조서가 읽히는 순간, 날마다 장터를 채우던 서민들의 대화, 아이들의 웃음소리, 결혼을 준비하는 설렘조차 걸음을 멈추고 "이날"(יֹום הַזֶּה)이라는 음산한 예고 속에 삼켜진다. 어둠이 내려앉은 방 안, 창백한 달빛이 낡은 달력 위로 스며든다. 사람들은 저마다의 달력을 바라보며 남은 생명의 조각들을 헤아린다. 손가락 끝으로 지나온 날들을 더듬고, 다가올 날들을 세어본다. 그날까지 며칠이 남았는지, 더 볼 수 있는 일출과 일몰은 몇 번인지 세어본다. 일상의 무심한 반복은 더욱 잔혹했다. 조서가 읽힌 이후에도 태양은 떠오르고 바람은 불고 별은 떨어졌다. 끝날 것을 알며 살아가는 일상, 중단될 것을 알며 계속하는 삶, 이보다 더 큰 고통이 어디에 있겠는가? 날짜의 지정은 잔혹의 제도화요 폭력의 합법화다. 이는 마치 미리 공표된 장례식 초대장과 같다.

> 15전령들이 왕의 명령으로 인하여 서둘러 나갔고 그 법이 도성 수산에
> 반포되게 했다 왕과 하만은 마시려고 앉았으나 수산 성읍은 혼란에 휩싸였다

하만의 조서는 "도성 수산"에도 반포된다. 그런데 전령들이 "서둘러 나갔다"(יָצְאוּ דְחוּפִים)고 한다. 먼 지방으로 가는 전령들의 서두름은 합당하다. 그러나 가장 가까운 수산에서 반포하는 것조차 서두르는 이유는 무엇일까? 합리적인 설명을 초월하는 이 서두름은 악의 조바심을 고발한다. 마치 불길이 주변의 풀부터 태우며 번지는 것처럼, 악도 출발점인 수산부터 최대의 속도로 타올라야 안심하는 병적인 조바심이 하만에게 있기 때문이다. 어쩌면 자신에게 도전장을 내민 모르드개부터 떨게 만들고 싶은 사감이 작용한 것인지

도 모르겠다. 동시에 이 서두름은 두려움의 다른 얼굴이다. 혹시라도 조서의 실행이 지체되면 상황이 바뀔지도 모르기 때문에, 속도는 하만의 불안과 두려움을 달래는 유일한 약이었다. 그러나 마치 빛보다 빠르게 달려서 자신의 그림자도 따돌리는 듯한 하만의 서두름은 오히려 다가오는 자신의 패배를 앞당기는 독촉처럼 느껴진다.

조서가 알려진 "수산 성읍은 혼란에 휩싸였다(נָבוֹכָה)." 본래 수산은 생기로 넘실대던 수도였다. 황금빛 돔이 태양 아래 반짝이는 궁전, 향신료와 실크가 뒤섞인 시장의 활기, 먼 타국에서 온 상인들의 웃음소리, 이 모든 것이 하나의 심장처럼 사이좋게 뛰던 도시였다. 그런데 독극물 같은 조서의 내용이 도성의 정맥을 타고 골목마다, 장터마다, 궁궐의 담장 너머까지 공포를 배달했다. 공포는 세 차례의 잔치로 흥분했던 공기의 질감을 바꾸었고 도시는 숨을 쉬기도 힘겨웠다. 그런 답답함 속에서도 '왜 유다인이 죽어야 해? 다음 대상은 혹시 우리일까?' 같은 섬뜩한 물음들은 허공을 자유롭게 떠돌았다. 이제 화려한 햇살로 반짝이던 도시는 한순간에 잿빛으로 변하였다. 마치 마법에 걸린 듯 사람들의 웃음은 멈추었고 그 멈춘 지점을 무거운 절망이 빼곡하게 차지했다. 유다인의 얼굴은 공포로 굳었으며 죽음의 그림자는 그들의 눈앞으로 성큼성큼 다가왔다. 조서의 공포를 공유한 도시는 울음과 비명이 가득했고 거대한 무덤처럼 변하였다. 수산의 태양은 서쪽으로 기울었고 공포의 그림자는 더 길어졌다. 밝았던 낮의 흔적을 핥아먹듯 도시 전체를 붉게 물들였다. 마치 피의 재앙이 도시를 물들일 전조처럼!

그런데 조서 작성과 반포의 주동자인 왕과 하만은 앉아서 축배의 잔을 기울인다(יָשְׁבוּ לִשְׁתּוֹת). 제국 전체에 학살의 공포를 조성해 놓은 자들의 목구멍에 마른침이 아니라 부드러운 술이 넘어간다. 이 섬뜩한 장면은 인간의 오만과 무심함이 얼마나 극심해질 수 있는지를 보여준다. 그들이 기울인 잔은 단지 술이 아니라 공포의 액체였고 죄의 증류였다. 왕은 백성의 공포보다 자신의 권위가 무너지지 않는 현실에 더 안도했다. 권력이란 달콤한 술이었고 그는 그 술의 취기에 기꺼이 몸을 내맡겼다. 하만의 눈빛은 왕의 무심한 미소와는 달리 욕망의 빛으로 타올랐다. 자신들이 퍼뜨린 공포와는 완전히 단절된, 마치 별개의 세상에서 사는 것처럼 태연하게 환희를 섭취한 것은 고통의 근원지에 있더라도 기괴한 미소를 짓는 권력의 냉혹한 얼굴을 드러낸다. 하지만 그들의 환희는 성읍의 혼란과 백성의 절규 위에 놓은 불안정한 축배였다.

살육의 조서에 근거한 멸절의 공포와 환희의 축배가 어떻게 한 도시 안에서 공존할까? 같은 날, 같은 시각, 같은 공기 속에서 전혀 다른 두 세계가 나란히 존재한다. 얇은 성벽 하나를 사이에 두고 공존한다. 돌 하나, 틈 하나, 그 사이로 운명이 갈라지고 인간이 구분된다. 이게 세상이다. 예나 지금이나 공포와 환희, 웃음과 비명, 슬픔과 기쁨, 절망과 희망, 어둠과 빛, 불의와 정의, 거짓과 진리는 불편한 단짝처럼 세상을 수놓는다. 인간 사회의 가장 잔혹한 역설이다. 악으로 쓴 저주의 조서가 반포된 날에 궁궐의 웃음과 도성의 신음이 불편한 화음을 이룬 것도 같은 맥락이다. 우리가 살아가는 이 세상의 어두운 그늘은 유서가 깊은 현상이다. 하만의 시대는 지금도 이어지고 있다. 우리는 어떠한 세상을 꿈꾸는가? 나는 어느 세상에 속하는가?

E

¹모르드개가 이 모든 일을 알고 자기의 옷을 찢고 굵은 베 옷을 입고 재를 뒤집어쓰고 성중에 나가서 대성 통곡하며 ²대궐 문 앞까지 이르렀으니 굵은 베 옷을 입은 자는 대궐 문에 들어가지 못함이라 ³왕의 명령과 조서가 각 지방에 이르매 유다인이 크게 애통하여 금식하며 울며 부르짖고 굵은 베 옷을 입고 재에 누운 자가 무수하더라 ⁴에스더의 시녀와 내시가 나아와 전하니 왕후가 매우 근심하여 입을 의복을 모르드개에게 보내어 그 굵은 베 옷을 벗기고자 하나 모르드개가 받지 아니하는지라 ⁵에스더가 왕의 어명으로 자기에게 가까이 있는 내시 하닥을 불러 명령하여 모르드개에게 가서 이것이 무슨 일이며 무엇 때문인가 알아보라 하매

❖ ❖ ❖

¹모르드개는 이루어진 모든 일을 인지했다 모르드개는 자신의 옷들을 찢고 베 옷과 재를 덮어쓰고 그 도시의 중앙으로 나아갔다 크고 쓰라린 외침으로 통곡했다 ²그는 왕의 문 앞에까지 왔다 이는 굵은 베옷을 입고는 왕의 문으로 들어갈 수 없었기 때문이다 ³왕의 말과 그의 법이 도달한 모든 지방과 지방에서 유다인들에게 큰 슬픔과 금식과 울음과 통곡이 있었으며 굵은 베옷과 재가 많은 이들에게 뿌려졌다 ⁴에스더의 여종들과 그녀의 내시들은 그녀에게 와서 알렸고 왕후는 너무나도 괴로웠다 그래서 그녀는 모르드개에게 입히고 그의 베옷을 그에게서 벗기려고 옷을 보냈으나 그는 받지 아니했다 ⁵에스더는 왕의 내시들 중에서 그녀의 앞에 세워둔 내시 하닥을 불러서 모르드개에 관하여 이것이 무슨 일이며 무엇 때문인지 알아볼 것을 명하였다

12 무거운 슬픔

1모르드개는 이루어진 모든 일을 인지했다 모르드개는 자신의 옷들을 찢고 베옷과
재를 덮어쓰고 그 도시의 중앙으로 나아갔다 크고 쓰라린 외침으로 통곡했다

수산 성읍에 하만의 조서가 반포된 후, "모르드개는 이루어진 모든 일을 인지했다." 그의 눈동자는 분명 피로 쓴 편지를 읽듯이 하만의 조서가 남긴 흔적들을 한 글자씩 더듬었다. 제국의 모든 소음이 사라지고 침묵만이 그를 둘러쌌다. 잉크 냄새가 여전히 배어 있는 조서에서 그가 파악한 "이루어진 모든 일"(כָּל־אֲשֶׁר נַעֲשָׂה)은 하만에 대한 자신의 불복종, 신하들의 고발, 이에 대한 하만의 적개심, 복수의 일환으로 기록된 살육의 조서, 그리고 자신이 있는 수산에서 가장 먼저 조서를 반포하는 일련의 모든 과정을 망라한다. 이것을 그는 정확히 "인지했다"(יָדַע). 그동안 흩어져 있던 암시들, 궁정 안에서 스쳐 지나가던 수상한 눈빛들, 하만의 교만한 행보가 하나의 선으로, 그 선이 다시 냉엄한 하나의 그림으로 그려졌다. 그는 충격적인 소식을 들었으나 감정보다 이성이 먼저 반응했다. 이성이 현장을 수습하는 동안 슬픔은

이성의 문턱에서 잠시 멈추었다. 그의 이성은 차가운 수정처럼 칼날 같은 조서를 정면으로 응시했다. 중심과 균형을 잃지 않도록 모든 정보를 수집하고 비교하고 평가해서 가장 객관적인 사실에 도달한다. 그런 후에 그는 사건의 특정한 요소나 과정이 아니라 "이루어진 모든 일"에 대해 반응한다. 이처럼 그의 이성은 감정이 뒤따라올 때까지 사태의 구조를 읽어내고 역사가 흘러가는 깊은 수로를 파악했다.

　"안다"는 것은 그저 머리로 이해하는 것만이 아니라 행동을 요구하는 인식이며 사건의 무게를 존재 전체로 짊어지는 일이었다. 이제 모르드개의 머릿속에는 왕국의 권력 지형, 각 지방의 이해관계, 에스더의 위치, 그리고 유다인의 생존 가능성이 퍼즐처럼 맞춰진 지도가 펼쳐진다. 유다인 전체가 멸망에 처했다는 비보를 파악한 후, 숨길 수 없는 비극의 무게가 그의 어깨를 짓눌렀다. 이런 상황에서 그의 이성이 내린 첫 번째 전략적인 행동은 "자신의 옷들을 찢고(יִקְרַע) 베옷과 재를 덮어쓴" 것이었다. 그의 옷은 궁정에서 공유된 공통의 피부였고 왕과 신하와 상인이 서로를 묶어 두던 사회적 직물의 일부였다. 그런데 왕궁 문지기의 품위, 존경받는 장로의 위엄, 안정된 시민의 체면이 자신의 손에 의해 갈기갈기 찢어졌다. 이는 몸으로 쓴 절망의 언어였고 사회적 자아의 의도적인 해체였다. 동시에 가장 원초적인 인간의 모습으로 돌아가는 의례였다. 자신을 해체한 후 그는 부드러운 직물 대신 거친 "베옷"(שַׂק)을, 깨끗한 몸 대신 "재"(אֵפֶר)로 덮은 몰골을 스스로 취하였다. 베옷은 죽은 자의 수의였고 산 자가 죽음의 냄새를 몸에 두르는 역설의 옷이었다. 재는 그의 모습을 마치 땅에서 솟아오른 망령처럼 만들었다. 베옷은 그의 피부가 되어 소중하게 짜인 체면과 위계를 거부했고 재는 그의 피부색이 되어 모든 빛을 흡수하는 깊은 절망을 드러냈다. 이런 방식으로 그는 자신을 아예 슬픔 자체로 만들었다. 그의 외모는 이제 하나의 살아있는 애가(哀歌)였다.

　모르드개는 도망가지 않고 "도시의 중앙으로"(בְּתוֹךְ הָעִיר) 갔다. 그의 발걸음은 땅의 맥박을 따라 움직였다. 그리고 도시의 광장에 이르렀다. 그곳은 지리적인 위치가 아니라 권력이 선포되는 곳이고 소식이 전해지는 곳이고 민중이 모이는 곳이었다. 동시에 은밀한 피난처가 아니라 가장 공공연한 발각의 장소였다. 그런데도 모르드개는 그곳으로 갔다. 도망이 아니라 도전을 택하였다. 도시의 중앙으로 간 걸음은 패배의 행진이나 절망적인 포기가 아니라 싸움의 선포였다. 그는 하만이 공문서로 쓴 악의에 맞서려고 자신의 몸으로 쓴 시각적인 항의서를 반포했다. 베옷은 서명이고 재는 인장이며 눈물은 증거였다. 가장 취약한 모습으로 드러낸 가장 강력한 저항의 자세였다. 베옷은 그의 몸을 감싸는 동시에 세상에 그의 고통을 전시하는 투명한 감옥처럼 침침했다. 그런 고통을 그는 도시 전체의 의제로 만들었다. 재가 묻은 얼굴로 하늘을 올려다볼 때 그의 눈동자는 불꽃 없는 화로처럼 타올랐다.

도시의 중앙에서 모르드개는 "크고 쓰라린 외침"을 터뜨렸다. 이성이 감당할 수 없는 슬픔이, 언어가 담을 수 없는 절망이, 침묵으로 감출 수 없는 내면의 파열음이 제국의 공기를 강타했다. 이로써 그는 자신의 슬픔을 사적 감정의 영역에서 해방시켜 공적 담론의 한복판에 배치했다. 이렇게 그는 감정을 잃지 않고 감정을 지혜롭게 사용했다. 이 "외침"(זְעָקָה)은 숨을 삼킬 수조차 없는 고통, 가슴을 찢고 나오는 탄식, 논리를 초월한 영혼의 울음이다. 그의 폐는 공기를 들이마실 때마다 재를 토해냈고 눈물샘이 터뜨린 슬픔은 뺨을 타고 베옷에 스며들어 검은 강을 이루었다. 울음은 개인적인 슬픔을 넘어 집단적인 애도였고 사적인 고통을 넘어 공적인 호소였다. 그의 몸은 외부에서 찢겼고 그의 영혼은 내부에서 쏟아졌다. 둘은 따로 떨어진 것이 아니었다. 외부의 변화는 시각적인 언어로, 내부의 분출은 청각적인 언어로 자신과 민족의 절망을 하만의 조서보다 더 강한 방식으로 세상에 전달했다. 감정이 이성을 압도하지 않고 이성이 감정을 억누르지 않으면서 둘의 완벽한 협력으로 하나의 목적을 위해 조화롭게 움직였다. 이는 이성과 감정의 협업으로 탄생한 소통의 예술이며, 성숙한 인격의 지혜로운 위기 대응 방식이다.

모르드개의 모든 행위는 개인의 주체할 수 없는 슬픔을 토로하는 것이거나 광기의 분출이 아니었다. 궁궐 밖의 온 백성과 궁궐 안의 왕후에게 이 위기를 알리는 전략적 신호였다. 내장에서 꺼낸 통곡이 궁전의 벽을 두드릴 때를, 왕의 귀에 닿을 때를, 에스더의 창문 밑에 가라앉을 때를, 그 모든 순간을 그는 예측했다. 동시에 티끌과 재 가운데서 회개하며 하나님께 나아갔던 욥처럼 모르드개의 모든 행위는 하나님을 향한 하나의 기도였다. 찢어진 옷은 찢어진 마음의 기도였고, 베옷은 겸손의 기도였고, 재는 회개의 기도였고, 외침은 간청의 기도였다. 과연 모르드개는 상황을 정확히 파악하되 절망에 무너지지 않고, 감정을 존중하되 감정에 휩싸이지 않았으며, 인간의 한계를 인정하되 하나님의 가능성을 포기하지 않는 탁월한 지도자다.

²그는 왕의 문 앞에까지 왔다
이는 굵은 베옷을 입고는 왕의 문으로 들어갈 수 없었기 때문이다

베옷과 재와 눈물로 뒤덮인 모르드개는 그 모습 그대로 "왕의 문 앞에까지(עַד לִפְנֵי) 왔다." 그는 무서워서 지구 끝까지 도망가지 않고 용감하게 그 참사를 발행한 장본인이 머무는 왕실의 가장 근접한 거리까지 왔다. 여기까지 오는 동안, 집에서 나설 때, 골목을 지날 때, 시장을 통과할 때, 왕궁이 보이기 시작할 때, 그는 언제든지 돌아설 수 있었고 숨을 수도 있었지만 계속해서 권력의 핵심을 향하였다. 그의 베옷은 펄럭였고 재는 땀과 섞여 얼굴에 줄을 그었지만 그의 의지는 마치 자석에 이끌리듯, 아니면 운명에 이끌리듯 직진을 고수했다. 가는 동안, 눈물은 뺨을 타고 흘러 턱 끝에서 방울져 떨어지며 작고 검은 웅덩이를 만들었다. 그러나 그 웅덩이는 썩은 물이 아니라 단련된 강철처럼 단단한 결심이 응고된 것이었다.

드디어 그는 절대 권력이 거주하는 곳의 입구, 하만이 드나드는 곳, 죽음의 조서가 작성된 곳, 자신과 자기 민족의 운명이 결정된 곳, 이 사실이 공포

된 곳의 문턱에 이르렀다. 그의 도도한 걸음은 권력에 대한 무력의 도전, 화려함에 대한 초라함의 항의, 생명에 대한 죽음의 위협에 맞서는 존재의 절규였다. 왕의 문은 두 세계의 경계였다. 한쪽은 권력과 안락의 세계였고 다른 한쪽은 고통과 절망의 세계였다. 모르드개는 바로 그 경계선에 서서 두 세계가 만나도록 시위했다. 칼을 들고 돌진하는 방식이 아니라 자신의 연약함과 고통을 무기로 삼아 권력의 성채에 도전장을 내미는 식이었다. 이는 무력하고 절망한 자의 용기, 그러나 포기하지 않는 자의 용기였다.

모르드개는 왕의 문 앞에 머물렀다. "이는 굵은 베옷을 입고는 왕의 문으로 들어갈 수 없었기 때문이다." 제국은 권력의 장막을 깨끗하고 번듯한 옷차림만 통과하게 했다. 모르드개는 베옷과 재를 고수하며 왕의 문을 통과하지 않기로 정하였다. 문 앞에 선 그의 모습은 그 자체로 굵은 저항이 적힌 벽 보였다. 베옷의 주름마다 유다인의 절규가 새겨졌고 재 묻은 얼굴은 하만의 음모를 고발하는 증언의 판화였다. 이처럼 그는 아무리 큰 슬픔과 고통 속에서도 제국이 정한 규정을 존중했다. 제국이 자신을 죽이려고 해도, 권력이 자신을 억압해도, 그는 여전히 그 제제 안에서 합법적인 해법을 찾으려고 했다. 그래서 그의 슬픔조차 제국의 예법을 존중했다. 그의 절제력과 고결함은 이런 태도에서 돋보인다. 그런데 법을 지키는 시민이 이토록 큰 고통을 받고 있다는 현실은 오히려 제국의 의로움에 근본적인 물음표를 단다. 동시에 들어갈 수는 없지만 물러서지 않는 자세, 규칙은 지키되 진실은 철회하지 않는 그의 태도는 비폭력 저항의 모범이다. 제도에 대한 비판과 존중을 동시에 보여주고, 변화를 추구하되 파괴를 선택하지 않는 그는 성숙한 시민의 전형이다.

3왕의 말과 그의 법이 도달한 모든 지방과 지방에서 유다인들에게 큰 슬픔과 금식과 울음과 통곡이 있었으며 굵은 베옷과 재가 많은 이들에게 뿌려졌다

왕의 말과 법은 제국의 모든 백성에게 행복과 성공의 길이어야 한다. 그런데 왕의 말과 법은 도달한 모든 지방에 "큰 슬픔"(אֵבֶל גָּדוֹל)을 배달했다. 모든 곳에서 유다인은 종이를 펼쳤으며, 종이 위의 글자는 검은 먹물로 쓰였지만 피의 색이었다. 법은 정의가 아니었고 말은 위로가 아니었다. 왕의 말과 법이 담긴 조서는 편지가 아니라 통곡이고 명령이 아니라 저주였다. 127개의 지방으로 구성된 제국의 정책은 위에서 아래로 흐르는 구조였다. 그런데 말과 법은 위에서 아래로 흘렀지만 슬픔은 아래에서 위로 솟구쳤다. 각 지방에 도착한 슬픔은 골목마다 들어왔고 부엌과 안방을 지나 아이들의 침실까지 축축하게 만들었다. 제국의 말과 법이 권력자의 손에서 굴절될 때, 그 무게는 백성의 어깨를 짓누르고 그 울림은 노래가 아니라 곡소리가 된다. 제국의 광활한 영토는 이제 큰 슬픔을 공유하는 하나의 거대한 애도 공간으로 바뀌었다.

유다인의 "큰 슬픔"은 "금식과 울음과 통곡"으로 이어졌다. 개인의 흐느낌이 모여 집단의 통곡이 되고 집단의 통곡이 모여 민족의 애가로 자라났다. 남자들의 서글픈 중저음과 여자들의 날카로운 고음과 아이들의 무력한 훌쩍임이 하나의 거대한 슬픔을 연주했다. 그리고 "많은 이들"의 복장이 모르드개처럼 "베옷과 재"로 바뀌었다. 이는 그가 보여준 슬픔의 언어를 온 민족이 자신들의 것으로 받아들인 것이었다. 베옷과 재는 이제 유다인 전체의 제복이다.

그런데 모르드개 처신과 유일하게 다른 그들의 행위는 "금식"(צוֹם)이다. 옷 찢기와 베옷과 재는 당시에 애도를 표현하는 고대 근동 지역의 보편적인 방식이다. 그러나 금식은 유다인의 고유한 종교적 행위였다. 이는 다른 민족들이 슬플 때 술을 마시거나 폭식을 하는 것과는 정반대의 대처였다. 금식은 생리적인 식욕의 억제가 아니었다. 지금의 위기를 영적 생사가 걸린 문제로 보

앗음을 나타낸다. 그래서 금식은 몸 전체를 하나의 기도로 만드는 것, 생존을 유지할 곡기를 끊고 하나님에 대한 전적인 의존을 고백하는 행위였다. 이 땅의 것으로는, 사람의 힘으로는, 도무지 해결되지 않는 문제에 대해 오직 하나님의 개입만이 유일한 답이라는 고백이다. 유다인의 모든 부엌에는 숟가락이 떨어지고 그릇이 뒤집혔다. 집집마다 빈 식탁이 놓였고 모든 밥솥은 활동을 멈추었다. 동시에 금식은 하늘을 향해 올라가는 수많은 빈속의 간절함, 음식을 거부하는 수많은 입들이 하나님께 드리는 절규였다. 죽음의 위협 앞에서 스스로 생명 유지의 기본권을 포기하는, 생명을 건 신뢰의 행위였다. 이로써 하만의 악법이 새긴 상처를 역사의 천으로 꿰매려는 기도였다. 유다인의 금식은 앞에서 언급된 제국의 웅장한 잔치들과 비교할 때 심히 초라하다. 그러나 의미와 효능에 있어서는 금식이 잔치보다 크다.

> 4에스더의 여종들과 그녀의 내시들은 그녀에게 와서 알렸고 왕후는
>
> 너무나도 괴로웠다 그래서 그녀는 모르드개에게 입히고
>
> 그의 베옷을 그에게서 벗기려고 옷을 보냈으나 그는 받지 아니했다

에스더가 머무는 공간은 세상의 중심이 아니라 벽으로 둘러싸인 섬이었고 침묵으로 채워진 방이었다. 세상의 소리를 가로막는 높은 담장으로 둘러싸여 있다. 그러나 그녀는 황금빛 고립 속에서도 세상과의 소통에 능숙했다. 자신의 눈과 귀가 되어주는 작은 통로들, 즉 "에스더의 여종들과 그녀의 내시들"(נַעֲרוֹת אֶסְתֵּר וְסָרִיסֶיהָ)이 있었기 때문이다. 궁정의 복잡한 계단과 은밀한 회랑을 오가는 여종들은 상궁들의 속삭임, 신하들의 얼굴에 드리워진 그림자, 왕의 식탁에 오르는 포도주의 양에서 심상치 않은 기류를 감지했다. 내시들은 더욱 그러했다. 왕의 침실과 집무실 주변을 맴도는 그들은 왕의 얼굴에 떠오른 주름의 깊이, 그의 작은 기침 소리, 궁궐의 복도에 퍼진 공기의 긴

장, 칙령을 작성하는 서기관의 분주함, 재상들의 예고 없는 소집에서 왕의 정책이 어디로 기울고 어떤 조서가 비밀리에 기록되고 있는지에 대한 파편적인 정보를 수집했다. 왕의 말은 종이에 적히기 전에 공기 중에 떠돌았고, 법은 선포되기 전에 사람들의 표정에 새겨졌다. 에스더는 그 흔적을 따라갔다. 여종의 손끝에서, 내시의 동공에서, 그녀는 제국의 맥을 더듬었다.

여종들과 내시들의 제보를 통하여 시국을 파악한 "왕후는 너무나도 괴로웠다." 이는 존경하는 모르드개가 광장에서 흘린 눈물의 온도와 유다인이 금식하며 내뱉은 신음 소리, 그리고 재를 뒤집어쓴 동포의 얼굴이 은빛 화살처럼 에스더의 심장을 꿰뚫었기 때문이다. 여기에서 "괴롭다"(חול)는 동사는 마치 지진이 땅을 흔드는 것처럼, 혹은 몸 안의 생명이 격렬하게 반응하듯, 영혼의 심연을 뒤흔드는 충격을 묘사한다. 에스더의 몸은 흔들렸고 그녀의 영혼도 흔들렸고 신분과 지위의 안전한 껍질마저 흔들렸다. 그녀의 괴로움은 우연한 연민이나 동정심이 아니라 제국의 변방에서 들려온 고통의 외침에 대한 반응이고 침묵 속에서 태어난 기도의 시작이다. 어쩌면 소명으로 부름받는 존재의 내적 진동일 가능성이 높다. 그녀의 영혼이 괴로웠던 것은 잊고 있던 자신의 정체성이 궁정의 안락함을 깨고 돌진해 들어왔기 때문이다. 그녀의 괴로움은 고립된 왕후를 동족과 영적으로 연결하는 비용이다. 궁이라는 철옹성 안에 갇혀 베옷을 입을 수도, 재를 뒤집어쓸 수도 없었던 에스더는 대신 그들의 금식과 통곡의 아픔을 영혼으로 전이 받아 온몸으로 체감했다. 왕의 권위와 율법의 규례를 벗어난 그녀의 심장에 멸절의 벼랑으로 떠밀린 민족의 아픔이 파고들자 그 결렬한 고통은 자신의 사명을 깨닫게 하는 성령의 불길처럼 타올랐다. 에스더 자신은 비록 확신하지 못하고 있지만 무의식중에 "죽어야 한다면 죽겠다"는 각오가 준비되는 중이었다.

에스더는 무엇보다 모르드개 때문에 가슴이 찢어졌다. 그래서 그의 베옷부터 "벗기려고"(להסיר) 옷을 보냈는데 그는 거절했다. 에스더는 그의 베옷만 벗기고 궁의 복장을 입히면 그를 왕의 문 안으로 데려와 안전하게 보호할 수 있다고 생각했다. 베옷 대신에 그를 입히려고 보낸 최고급 비단옷은 그저 고급스런 의복이 아니라 에스더의 심장 박동이 새겨진 편지였다. 그는 에스더의 의도와 자신을 향한 애정을 알았지만 왕후의 치마폭 속 안전을 거절했다. 그의 베옷은 고통의 색이었고 거리의 언어였고 왕의 조서가 공포된 후 통곡하는 동족의 일원이 되었다는 표시였다. 하만의 조서가 찍어 누른 유다인의 절망을 형상화한 이 베옷을 그는 벗을 수 없었고 그들의 눈물이 말린 재를 씻어내고 싶지 않았기에 거절했다. 그는 베옷을 입은 채로, 재를 뒤집어쓴 채로, 문 앞에 머물렀다. 권력이 제공하는 안전보다 민족의 슬픔과 연대의 길을 택하였다.

⁵에스더는 왕의 내시들 중에서 그녀의 앞에 세워둔 내시 하닥을 불러서
모르드개에 관하여 이것이 무슨 일이며 무엇 때문인지 알아볼 것을 명하였다

왕후는 궁궐 깊숙한 곳에 있고 유다인 장로는 성문 밖에서 통곡하고 있다. 둘 사이의 물리적 거리는 그리 멀지 않았지만 사회적 거리는 건널 수 없는 심연처럼 드넓었다. 이를 해결하기 위한 메신저로 하닥이 등장한다. 에스더는 왕의 내시들 중에서 자신의 최측근인 "하닥"(הֲתָךְ)을 불러 모르드개 관련 업무를 지시한다. 하닥은 그 이름의 의미처럼 왕후를 "진실하게" 보필하는 내시였다. 거짓과 아첨이 난무하는 왕실에서 진실을 지키는 것은 쉬운 일이 아니었다. 그는 이제 에스더와 모르드개 사이를 묶는 운명의 끈이었고 두 세계를 잇는 다리였다. 화려한 왕후의 처소에서 비참한 애도자의 현장까지, 권력의 중심에서 절망의 변방까지, 그의 몸이 이동할 때마다 메시지도 동행했다. 에스더의 궁금증은 유다인 장로의 절망에 닿았고 그의 간절함은 에스더의 마음으로 이어졌다. 중개자의 역할은 결코 안전하지 않다. 하닥도 위험을 감수해야 했다. 왕후의 밀서를 전달하고 왕궁 밖의 민감한 정보를 수집하는 일

은 자칫 반역죄로 몰릴 수도 있는 행위였기 때문이다. 그러나 진실에 대한 하닥의 충성은 개인적 안전에 대한 그의 염려를 압도했다.

내시가 아닌 중개자 하닥은 말보다 진실을 옮겼고 명령보다 마음을 전달했다. 그런 방식으로 권력의 언어를 민족의 고통으로 번역했고 절망의 메시지를 희망의 결단으로 이끌었다. 하닥 이야기는 연결의 기적을 보여준다. 절망과 희망을 연결하고 무력함과 권력을 연결하고 인간의 노력과 하나님의 섭리를 연결하는 기적! 이런 연결고리 역할을 하는 사람이 있기에 불가능해 보이던 구원의 길이 열리기 시작한다. 궁정의 복잡한 복도를 오가는 하닥의 모습은 인간과 하나님 사이에 서서 진실을 전하시는 더 크신 중보자의 그림자를 은근히 드리운다. 모든 암흑기는 각자의 하닥을 기다린다. 진실하게 말할 수 있는 입과 충실하게 전달할 수 있는 발이 필요하기 때문이다. 우리도 삶의 위기들 속에서 우리의 하닥을 발견해야 하고 때로는 누군가의 하닥으로 살아가야 한다.

에스더는 자신의 호의를 거절한 모르드개의 반응을 보고 뭔가 심상치 않은 조짐을 감지한다. 그는 평생 에스더를 사랑하고 보호해 온 사람이다. 그런 그가 그녀의 호의를 거절한 것은 무슨 고집이나 자존심의 문제가 아니었다. 이것을 감지한 그녀의 지성은 이미 다른 가능성을 탐색하기 시작했다. 에스더는 이것이 "무슨 일이며 무엇 때문인지"(מַה־זֶּה וְעַל־מַה־זֶּה) 알아볼 필요성 때문에 하닥에게 파악을 부탁했다. 베옷을 벗기려던 그녀는 이제 베옷의 말에 귀를 기울인다. 첫째 질문은 사실 확인의 차원이고, 둘째 질문은 원인 분석의 차원이다. 에스더의 질문은 앞으로 자신이 감당해야 할 책임의 문턱이고 사명의 첫걸음이다. 아직 결단의 단계에 이르지는 않았지만 이미 위기의식 속에서 부르심을 향해 그녀는 한발 내딛는다. 그녀는 현상과 본질을 구분하여 접근한다. 그녀의 뛰어난 점은 작은 신호에서 큰 위기를 읽어내는 능력이다. 그녀가 보기에 진정한 위기는 외부의 위협이 아니라 그 위협의 실체를 모르는 무지였다. 그래서 질문했다. 그녀는 위기 속에서 감정적인 동요나 즉각적인 해결책에 매달리지 않고 사태의 정확한 원인과 배후에 깔린 진실을 알고자 하는 인식의 신학을 보여준다. 신앙은 맹목적인 순종이 아니라 신이 놔두신 사건의 실타래를 끝까지 풀려는 용기 있는 인식의 과정이다. 감정보다 인식을, 반응보다 분석을, 추측보다 사실을 우선시한 그녀의 신중한 태도는 이후에 위기를 기회로 바꾸는 결정적인 요소로 작용한다.

⁶하닥이 대궐 문 앞 성 중 광장에 있는 모르드개에게 이르니 ⁷모르드개가 자기가 당한 모든 일과 하만이 유다인을 멸하려고 왕의 금고에 바치기로 한 은의 정확한 액수를 하닥에게 말하고 ⁸또 유다인을 진멸하라고 수산 궁에서 내린 조서 초본을 하닥에게 주어 에스더에게 보여 알게 하고 또 그에게 부탁하여 왕에게 나아가서 그 앞에서 자기 민족을 위하여 간절히 구하라 하니 ⁹하닥이 돌아와 모르드개의 말을 에스더에게 알리매 ¹⁰에스더가 하닥에게 이르되 너는 모르드개에게 전하기를 ¹¹왕의 신하들과 왕의 각 지방 백성이 다 알거니와 남녀를 막론하고 부름을 받지 아니하고 안뜰에 들어가서 왕에게 나가면 오직 죽이는 법이요 왕이 그 자에게 금 규를 내밀어야 살 것이라 이제 내가 부름을 입어 왕에게 나가지 못한 지가 이미 삼십 일이라 하라 하니라

❖ ❖ ❖

⁶하닥이 모르드개에게, 즉 왕의 문 앞에 있는 성읍의 광장으로 나아갔다 ⁷모르드개는 자기에게 일어난 모든 것과 하만이 유다 사람들을 멸하려고 왕의 금고에 바친다고 말한 은의 정확한 액수를 그에게 말하였다 ⁸그리고 수산에서 그들을 멸하기 위하여 반포된 그 법령 문서의 사본을 그에게 주었는데 이는 에스더에게 보여주고 그녀에게 알리고 또 그녀로 하여금 왕에게 나아가 그에게 간청하고 그 앞에서 그녀의 민족을 위하여 구하라고 명령하기 위함이다 ⁹하닥이 와서 에스더에게 모르드개의 말들을 알리니 ¹⁰에스더가 하닥에게 말하였다 그리고 모르드개에게 [알리라고] 그에게 명하였다 ¹¹"왕의 모든 신하들과 왕의 각 지방 백성은 남자나 여자나 누구든지 부름을 받지 아니하고 안뜰에 있는 왕에게 나아가면 죽임을 당하고 오직 왕이 그에게 황금홀을 내밀어야 산다는 하나의 법을 알고 있습니다 그런데 제가 부름을 받아 왕에게 나아가지 못한 지가 삼십 일입니다"

13   조서의 진실

⁶하닥이 모르드개에게, 즉 왕의 문 앞에 있는 성읍의 광장으로 나아갔다

하닥은 모르드개를 만나려고 "왕의 문 앞에 있는 성읍의 광장으로 나아갔
나." 평소라면 가벼운 발걸음과 경쾌한 웃음으로 붐벼야 할 광장은 유령의
마을처럼 적막했다. 광장의 바람은 궁전의 답답한 공기보다 더 무거웠다.
규율과 질서의 언어를 익힌 하닥이 향한 곳은 질서가 무너진 자리였다. 권
력과 고통이 맞닿은 "왕의 문 앞"(פְנֵי שַׁעַר־הַמֶּלֶךְ)은 베옷과 재, 금식과 통곡이
언어가 된 곳이었다. 말이 닿기 어려운 자리였고 침묵이 가장 요란한 장소
였다. 멸망의 선고를 받은 유대 민족의 모든 슬픔이 집중된 비극의 교차로
에 앉은 모르드개, 그의 그림자는 어두웠고 그의 냄새는 먹먹했다. 왕실에
서 막 나온 하닥의 화사한 옷에는 향기로운 기름 냄새가 자욱했다. 하닥은
궁전의 안락을 지나 도시의 상처로 서둘러 걸어갔다. 성읍의 광장은 말보다
깊은 하나의 문장이 되었고 하닥은 그 문장 속으로 들어갔다. 거기에서 왕
후의 물음을 전달했다.

7모르드개는 자기에게 일어난 모든 것과 하만이 유다 사람들을 멸하려고
왕의 금고에 바친다고 말한 은의 정확한 액수를 그에게 말하였다

모르드개의 눈동자는 하닥이 전한 글자들을 훑어갔다. 하지만 그가 읽은 것은 딱딱한 문자가 아니라 평생을 함께한 마음의 언어였다. 하닥의 손으로 전해진 에스더의 질문 안에는 양육자와 양녀 사이의 신뢰, 스승과 제자 사이의 영적인 교감, 그리고 같은 운명을 짊어진 동족의 연대감이 깃들었다. 모르드개는 마치 오래된 악보를 손끝으로 더듬듯이 에스더의 질문 속에 웅크리고 있는 떨림과 고백을 단번에 간파했다. 그는 속히 대답을 준비했고 말보다 깊은 언어로 그녀에게 응답했다. 그것은 민족의 운명을 향한 첫 대화였고 하나님 앞에서 시작된 둘만의 기도였다.

모르드개는 "자기에게 일어난 모든 것"을 답하였다. 하만에게 무릎 꿇기를 거부했던 그 순간부터 온 민족이 죽음의 칙령에 휩쓸리게 된 그 끔찍한 연쇄적 반응까지, 한 치의 과정도, 한 점의 은폐도 없이 모든 것을 쏟아냈다. 그리고 "하만이 유다 사람들을 멸하려고 왕의 금고에 바친다고 말한 은의 정확한 액수"까지 말하였다. 왕의 금고로 흘러간 은 일만 달란트, 이 차가운 숫자는 그저 막대한 돈이 아니라 배신의 계약금일 뿐만 아니라 노인과 아이, 여자와 남자, 의인과 죄인을 가리지 않고 한꺼번에 삼켜 버릴 탐욕의 크기였다. 충동적인 분노가 아니라 치밀하게 계획된 학살의 악이었다. "은의 정확한 액수"(פָּרָשַׁת הַכֶּסֶף)를 입에 담을 때마다 모르드개는 목구멍에 쇳덩이가 걸린 듯하였다. 유다 민족의 목숨을 은으로 환산한 하만의 비정함에 대한 분노 때문이다. 그가 은의 액수까지 밝힌 것은 그런 비정한 계산 앞에서도 굴복하지 않겠다는 결의의 표시였다. 하닥은 모든 것을 기억했다. 숫자까지, 감정까지, 그리고 그 모든 것에 담긴 절박함과 결의까지!

⁸그리고 수산에서 그들을 멸하기 위하여 반포된 그 법령 문서의 사본을

그에게 주었는데 이는 에스더에게 보여주고 그녀에게 알리고

또 그녀로 하여금 왕에게 나아가 그에게 간청하고

그 앞에서 그녀의 민족을 위하여 구하라고 명령하기 위함이다

고통은 때로 과장처럼 들리고 절망은 종종 감정의 과잉으로 오해된다. 그래서 모르드개는 자신의 답변이 거짓이나 추정이 아니라 명백한 사실임을 증거하기 위해 "법령 문서의 사본"(פַּתְשֶׁגֶן)을 첨부한다. 멸망의 문장이 촘촘하고 제국의 잉크로 새겨진 사형선고 같은 그 서늘한 종이에는 죽음의 날짜, 아달월 십삼일이 큼직하게 적시되어 있다. 그날 하루 만에 온 제국에 흩어진 모든 유다인이 일시에 몰살당할 예정이다. 학살은 추정이 아니었고 소문이 아니었고 과장도 아니었다. 왕의 인증까지 박힌 이 문서는 모든 의혹을 잠재우는 결정적인 증거였다. 이 증거가 하닥의 손으로 옮겨졌다. 종이 한 장이 이토록 무거울 수 있다는 사실, 글자들이 이토록 생생하게 죽음을 묘사할 수 있다는 사실을 하닥은 처음으로 마주했다. 이 사본을 품에 넣으면서 그는 자신이 운반하는 것이 정보나 문서가 아니라 민족 전체의 운명임을 새삼 깨달았다.

저자는 하만의 조서를 "에스더에게(אֶת־אֶסְתֵּר) 보여주고 그녀에게(לָהּ) 알린다"는 모르드개의 의지를 적시한다. 그런데 보여주고 알려주는 대상을 두 번이나 명시했다. 여기에는 절규의 무거운 리듬이 느껴진다. 에스더의 이름과 그녀의 대명사 언급은 문서를 전달하는 것을 넘어서 그 문서에 담긴 절망의 무게까지, 그 속에 숨겨진 민족의 울음까지 전달해 달라는 모르드개의 간곡함을 드러낸다. 사랑하기 때문에, 절박하기 때문에, 그리고 실패할 여유가 없기 때문에, 에스더를 두 번이나 지칭한 그의 당부는 하나의 기도였다. 그는 그녀를 흔들고자 했고 깨우고자 했고 불러내려 했다. 그의 간절한 눈빛을 읽은 하닥은 고개를 끄덕였다. 이는 이 문서를 왕후에게 반드시 전하고 알릴 것이라는 약속의 표시였다. 문서는 사실을 드러낸다. 진실이 말로만 전해질 때

는 흔들릴 수 있지만 문서로 확인될 때는 피할 수 없는 현실로 다가온다. 확증된 진실은 망설임과 공포를 딛고 일어설 수 있는 단단한 발판이다. 포고령의 사본은 에스더로 하여금 감정이 아닌 현실, 추상이 아닌 실제와 마주 서게 할 게 분명하다.

답변을 전달하고 문서라는 물증을 제시하여 에스더로 하여금 보고 알게 하려는 이유는 이 명령 때문이다. 즉 왕에게 나아가서 동포를 위하여 간청을 드려서 비극적인 학살을 막으라는 명령이다. 이 명령은 모르드개의 가슴에서 기록된 피의 각서였다. 동시에 운명이, 역사가, 하나의 영혼을 향해 내리는 절명의 촉구였다. 하만의 조서가 동포를 삼키려는 어둠의 절정에서, 그는 그 어둠을 찢을 빛의 칼을 에스더의 손에 배송하려 한다. 보고 알고 구하라는 동사들의 촘촘한 열거가 에스더의 신속한 조치를 촉구한다. 모르드개의 전략은 치밀하다. 에스더가 보고 믿을 수 있도록 물증을 제시하고 그녀가 완전히 알 수 있도록 상황의 전모를 설명했다. 이에 에스더는 모른 척할 수도, 무시할 수도, 회피할 수도 없는 실행의 막다른 골목으로 내몰린다.

정보 제공은 서곡에 불과했고 진정한 악장은 지금 시작되는 것이었다. 즉 에스더는 왕에게 나아가야 하고(לָבוֹא) 간청해야 하고(לְהִתְחַנֶּן) 구하여야 한다(לְבַקֵּשׁ). 이는 왕의 마음을 움직여 하만의 사악한 꾀를 저지하고 제국의 거대한 법을 뒤집을 수 있는 하늘의 힘을 끌어내는 행위였다. 그러나 모르드개의 명령은 맹목적인 복종을 바라는 것이 아니었다. 그는 왕후에게 모든 증거를 제시하며 그녀의 눈앞에 다가온 비극의 전체적인 지도를 펼쳐 보였으나 구체적인 해결책을 적시한 것은 아니었기 때문이다. 그러나 그 지도의 가장 위험하고 외로운 지점에 에스더의 모습을 그려 넣었으며, 선택은 그녀의 몫이었다. 그녀는 인생의 분기점에 서서 편안한 죽음의 길과 위험한 구원의 길, 비겁한 침묵의 길과 숭고한 희생의 길 중 하나를 선택해야 한다. 가장 강력한 명령은 결국 개인의 자유의지 속에서 진리를 마주한 영혼이 스스로 내리는 결단이다. 모르드개가 보낸 밀서 속의 글자들이 살과 피를 가진 현실이 되려면 에스더의 행동이 필요하고, 그의 명령이 구원의 역사가 되려면 그녀의 결단이 절박하다.

9하닥이 와서 에스더에게 모르드개의 말들을 알리니

에스더와 모르드개 사이의 중개자인 하닥이 이동했다. 절망의 공기가 무겁고 죽음의 냄새가 진동하는 성읍의 광장을 떠나 왕후의 화려한 침소라는 완전히 다른 세계로 향하였다. 성읍의 쾌쾌한 재와 베옷의 시큼한 냄새도 하닥의 발걸음에 묻어 따라왔다. 그의 마음은 그의 걸음처럼 무거웠다. 전달해야 할 메시지의 무게가 그를 천천히 걷게 만들었다. 성스러운 의식을 거행하듯 경건함이 걸음에 베어 더욱 신중했다. 두 세계를 동시에 경험한 하닥의 마음은 어떠할까? 모르드개가 맡긴 절망과 에스더가 받게 될 충격이 그의 두 어깨에 올라탔다. 그는 홀로 걸었으며 그의 사명은 다른 누군가와 나눌 수 없는 무게였다. 에스더의 침소 문 앞에 도착했을 때 하닥은 잠시 망설였다. 이 문 너머에는 아직 진실을 모르는 왕후의 평화가 고요했고 그녀의 평화로운 세계는 곧 부서질 참이었다. 문을 두드리는 그의 손도 평소보다 신중했다. 그 노크 소리가 에스더의 운명을, 아니 온 민족의 운명을 깨우는 신호가 될 것임을 알고 있었기 때문이다.

이제 모르드개의 서한이 에스더의 손에 넘겨졌다. 왕후의 옷을 입은 여인에게 민족의 딸로 돌아올 것을 요청하는 준엄한 목소리로 한 문장 한 문장이 일어났다. 문서를 잡은 그녀의 손끝은 떨렸고 그녀의 마음은 조용히 무너졌다. 절망의 무게를 담은 외침, 민족의 운명을 실은 고요한 폭풍이 그녀의 심장을 강타했기 때문이다. 안락한 에스더의 삶을 지속할 것인지, 아니면 목숨을 걸고 하닷사로 돌아가 민족과 연대할 것인지를 결정해야 했다.

¹⁰에스더가 하닥에게 말하였다 그리고 모르드개에게 [알리라고] 그에게 명하였다

에스더는 하닥에게 자신의 메시지를 모르드개에게 전달해 줄 것을 지시한다. 하닥은 두 세계를 정확하게 알고 사태의 맥락을 정확하게 파악하고 에스더와 모르드개 개개인의 심정과 관계까지 간파하고 있는 유일한 사람이다. 메시지는 종이에 적힌 문장이 아니라 마음으로 옮겨야 할 진심이다. 공감 없이는 전달될 수 없고 이해 없이는 닿을 수 없는 문장이다. 그래서 하닥은 자신의 귀를 찾아온 에스더의 말에서 그녀의 목소리에 스민 떨림, 눈빛에 어린 결의, 손끝의 미세한 진동까지 감지해야 하고 에스더의 메시지 뒤에 숨겨진 진짜 의미까지 읽어내야 한다. "할 수 없다"고 말할 때의 절망감, "죽을지도 모른다"고 말할 때의 공포, 그리고 "그래도 해야 한다면"에 스며든 비장한 각오까지 판독해야 한다. 그리고 궁궐 밖에서 베옷을 입고 재를 뒤집어쓴 채 통곡하는 수신자의 모습 뒤에 있는 복잡한 심정, 민족의 생존을 위해서는 사랑하는 딸 에스더라 할지라도 위험에 빠뜨려야 하는 아비의 아픔, 개인적인 애정과 집단적인 책임 사이의 갈등도 이해해야 한다.

이러한 이해를 가지고 실제로 메시지를 전달할 때에도 고도의 집중력과 신중함이 필요하다. 모르드개의 귀에는 왕후의 진심을 속삭여야 하고 동시에 왕후의 귀에는 모르드개가 베옷을 고집하는 불굴의 의지를 설명해야 한다. 그렇지 않으면 에스더의 말이 자칫 궁궐의 오만으로, 모르드개의 말이 불필요한 고집으로 오해될 수 있기 때문이다. 그래서 하닥은 말과 말 사이의 전달과 교환이 아니라 마음과 마음 사이의 연결을 가능하게 하는 영혼의 통역사다. 그런데 그의 발걸음이 다시 무겁기 시작한다. 이는 그가 에스더의 곤란하고 위태로운 상황과 거절하는 듯한 뉘앙스를 모르드개에게 전달해야 하기 때문이다. 내용은 이러하다.

11"왕의 모든 신하들과 왕의 각 지방 백성은 남자나 여자나 누구든지
부름을 받지 아니하고 안뜰에 있는 왕에게 나아가면 죽임을 당하고
오직 왕이 그에게 황금홀을 내밀어야 산다는 하나의 법을 알고 있습니다
그런데 제가 부름을 받아 왕에게 나아가지 못한 지가 삼십 일입니다"

에스더는 자신의 지금 상황을 설명한다. 이는 제국의 한 법과 관계되어 있
다. 즉 왕의 부름 없이 왕에게 나아가는 자는 누구든지 죽는다는 규정이다.
왕의 옥좌 앞에 붉은 글씨처럼 새겨진 이 규정은 "모든 남자와 여자"(כָּל־אִישׁ
וְאִשָּׁה)에 대한 것이기 때문에 왕후도 예외가 아니었다. 에스더도 제국의 냉혹
한 법 아래 있는 한 명의 연약한 여인에 불과했다. 페르시아 제국의 이 규정
은 왕을 인간이 아닌 신적인 존재로 만들었다. 왕후에 대해서도 왕은 그녀의
남편이 아니라 접근할 수 없는 절대적 권력의 화신이다. 그의 주변에는 보이
지 않는 죽음의 경계선이 그어져 있었고 그 선을 넘는 자는 누구든지 목숨을
내놓아야 했다. 왕의 침실을 공유한 에스더도 왕좌 앞에서는 한낱 신민에 불
과했다. 밤에는 품에 안겨 사랑을 속삭여도 낮에는 목숨을 걸고 접근해야 하
는 모순적인 관계의 한 축이었다. 그녀가 왕에게 받은 사랑이, 왕후라는 지
위가, 이 법 앞에서는 아무런 보상도 아니었다. 오히려 그 사랑과 그 지위도
왕의 기분에 따라 언제든지 철회될 수 있는 불안정한 것이었다.

이 규정은 "왕의 모든 신하들과 왕의 각 지방 백성"이 다 "아는"(יֹדְעִים) 것
이라고 에스더는 지적한다. 그녀의 지적은 두려움의 고백이 아니라 현실의
벽을 가리키는 손짓이다. 부름 없이 왕에게 나가면 죽는다는 것은 날마다 해
가 뜨는 것처럼 모두에게 자명한 법이었다. 만인의 상식이 된 법은 그저 언
어적 조항이 아니라 궁궐의 공기 속에 스며든 질서였고 사람들의 눈빛 속에
새겨진 공포였다. 왕의 위엄을 보호하는 방패이자, 신하들을 통제하는 족쇄
였다. 법이 만인의 상식으로 자란 상황에서 그 법을 어겨 죽음을 자초하는 것
은 누가 보더라도 어리석고 무모하다.

왕궁의 이 규정은 한 줄로 압축된 제국의 금기였다. 이 규정은 에스더의 처지를 두려움이 아니라 냉정한 법의 테두리 안에 가두었다. 하만의 조서가 유다인을 삼키려는 절박한 순간에도 이 규정은 그녀의 발목을 잡고 침묵을 강요했다. 그러나 그 침묵은 동포의 통곡으로 가득 찬 무거운 공기였다. 숨이 쉬어지지 않을 정도로 무거웠다. 사실 그녀는 지금 베옷을 입은 모르드개 이상으로 위험한 상황에 직면했다. 그는 단지 죽음의 조서에 노출되어 있을 뿐이지만, 에스더는 구원을 향해 단 한 걸음만 내디뎌도 즉시 죽음의 얼굴을 마주해야 했기 때문이다. 이는 무모한 자살행위인 동시에 절대적인 국법과의 정면 대결이다. 에스더는 막연히 겁에 질린 것이 아니라 자신이 넘어서야 할 장애물의 정체가 무엇인지 정확히 인지하며 반응한 것이었다. 향후에 이루어진 그녀의 결단은 저돌적인 돌진이 아니라 이 명백한 법의 벽을 의식한 채 그 너머에 있는 더 큰 의무의 벽을 넘으려는 용기가 될 것이었다.

와스디와 에스더, 두 왕후의 운명이 기묘한 대칭을 그리며 교차한다. 와스디는 왕에게 나오라는 명령을 거부해서 폐위를 당하였다. 그런데 에스더는 지금 왕에게 나오라는 명령이 없음에도 불구하고 나아가야 하는 폐위의 위기에 처하였다. 에스더는 전임자 와스디의 운명을 누구보다 선명하게 기억하고 있다. 왕의 잔치에서 자신의 미모를 보이라는 굴욕적인 명령을 거부한 와스디, 그녀의 당당한 거절은 그녀를 왕후의 자리에서 영원히 퇴출시킨 이유였다. 와스디는 자신의 존엄을 지키기 위해 권력을 포기했고 그 빈자리에 에스더가 왔다. 와스디의 불순종은 공개적인 반항이며 왕의 명령에 대한 직접적인 거부였다. 그러나 에스더의 불순종은 더욱 복잡했다. 금단의 문을 열고 왕 앞으로 나아가야 했고 이는 더 큰 위험, 폐위만이 아니라 죽음까지 감수해야 하는 일이었다.

이처럼 와스디의 거절은 "하지 않음"으로 자신을 지키려는 시도였고 에스더의 나아감은 "함"으로써 자신을 버리는 선택이다. 그 결과로서, 와스디의 처벌은 정치적인 죽음이고 에스더의 위험은 문자 그대로 신체적인 죽음이다. 두 왕후의 이야기는 완벽한 대칭을 이루면서 근본적인 대조를 보여준다. 거부와 접근, 개인적 존엄과 집단적 구원, 명시적 불순종과 위험한 순종이 대조된다. 그런데 부르심에 응하지 않아도, 부르심 없이 나아가도, 그 끝은 모두 어두운 심연이다. 그럼에도 불구하고 에스더는 전임자의 그림자 속에서 사활을 건 자신만의 길을 찾아가야 했고 그 심연을 건너가야 했다. 이는 그녀가 왕에게는 부름 없는 자였지만 주님께는 부름받은 종이었기 때문이다. 두 여인은 모두 왕의 뜻에 반하는 선택을 하였지만 역사는 그들을 다르게 기억한다. 와스디는 개인적 용기의 상징으로, 에스더는 구원적 희생의 상징으로! 실제로 침묵을 깨고 부름 없이 나아간 에스더는 제국의 법을 흔들었고 민족을 구원했고 역사를 바꾸었고 하나님의 뜻을 드러냈다.

에스더가 부름 없이 왕에게 나아간다 할지라도 불법이 아닐 수 있고 죽음을 당하지 않을 수 있는 하나의 단서가 이 규정에는 추가되어 있다. 즉 "유일한 예외는(לְבַד מֵאֲשֶׁר) 왕이 그에게 황금홀을 내밀어야 한다"라는 대목이다. 이것은 그 엄중한 법령의 문장 속에 마치 칠흑 같은 밤하늘에 떠오른 하나의 별처럼 구원이 유일한 단서였다. "황금홀"(שַׁרְבִיט), 그것은 죽음을 넘추는 손짓이고 생명을 허락하는 묵음의 언어였고 권력의 자비였다. 물론 왕이 황금홀을 내미는 것은 인산석인 예측이나 논리를 초월한 기적의 영역이다. 왕의 순간적인 기분과 기호에 달린 일이기 때문이다. 그것을 기대하는 것은 확실한 법의 테두리 안에서의 확실한 죽음이 아니라 변덕의 안개 속에서의 희박한 생존 가능성에 거는 도박이다. 에스더는 이 가능성을 붙잡고 죽음의 법칙이 적힌 문서를 뚫고 나아가야 한다. 에스더의 마음에는 두려움과 희망이 동시에 깃들었다. 단호한 법이 선언한 죽음의 어둠 속에서도 하나님은 여전히 작은 빛 하나를 숨겨두신 듯하였기 때문이다.

"유일한 예외"가 있음에도 불구하고 걸음을 주저하게 만드는 불길한 요인 하나를 에스더는 고백한다. "제가 부름을 받아 왕에게 나아가지 못한 지가 삼십 일(יוֹם שְׁלוֹשִׁים)입니다." 30일, 왕의 마음에서 에스더가 얼마나 멀리 떨어져 있는지를 보여주는 잔혹한 숫자였다. 이것은 그녀에게 사랑의 온도계 같은 것이었다. 하루가 지날 때마다 왕의 관심은 멀어지고 사랑은 식어간다. 일주일이 지나면서 불안이 스며들기 시작하고 한 달이 되자 그 불안은 절망으로 바뀌었다. 왕궁에서 그 한 달은 영원에 가까웠다. 그곳은 새로운 후궁이 들어오고 새로운 즐거움이 왕의 마음을 사로잡고 어제의 총애가 내일의 무심으로 예고도 없이 바뀌는 곳이었다.

에스더는 그 무서운 망각의 속도를 온몸으로 체감하고 있다. 왕이 황금홀을 내민다는 것, 그의 눈에서 애정을 읽고 그의 미소에서 환영을 감지하던 한 달 전이라면 확신할 수 있었을 것이지만 30일의 공백은 황금홀이 내밀어질 극미한 확률조차 앗아갔다. 왕궁의 다른 신하들도 이를 알아챘고 에스더를 대하는 그들의 태도에도 미묘한 변화가 일어났다. 젊고 아름다운 새 후궁들, 교묘한 아첨꾼들, 왕의 새로운 취미나 관심사들, 이 모든 것들이 에스더가 부재한 그 공간을 차지했다. 이처럼 시간은 그녀에게 가장 잔혹한 적이었다. 모든 하루가 왕에게서 그녀를 더 멀리 밀어냈고, 그들 사이의 간격은 매주 넓어졌다. 30일이라는 시간은 물리적 간격이 아니라 감정적인 거리의 증가였다. 그녀는 자신의 존재가 왕의 일상에서 삭제된 것처럼 느껴졌다. 그녀의 계산기는 이제 절망에 이르렀다. 30일간의 침묵 = 사랑의 식음 = 황금홀이 내려질 가능성의 급격한 감소 = 죽음의 확률 증가, 이 무서운 등식은 그녀의 마음을 짓눌렀다. 에스더는 이런 마음을 가감하지 않고 봉투에 그대로 담아 하닥에게 줬다. 그녀의 전갈은 모르드개에게 자신의 취약한 사정을 알려서 자신이 감수해야 할 위험에는 규례 위반만이 아니라 왕의 변심까지 있음을 명확히 밝히는 절박한 토로였다. 모르드개는 에스더의 이 토로에 어떻게 반응할까?

¹²그가 에스더의 말을 모르드개에게 전하매 ¹³모르드개가 그를 시켜 에스더에게 회답하되 너는 왕궁에 있으니 모든 유다인 중에 홀로 목숨을 건지리라 생각하지 말라 ¹⁴이 때에 네가 만일 잠잠하여 말이 없으면 유다인은 다른 데로 말미암아 놓임과 구원을 얻으려니와 너와 네 아버지 집은 멸망하리라 네가 왕후의 자리를 얻은 것이 이 때를 위함이 아닌지 누가 알겠느냐 하니 ¹⁵에스더가 모르드개에게 회답하여 이르되 ¹⁶당신은 가서 수산에 있는 유다인을 다 모으고 나를 위하여 금식하되 밤낮 삼 일을 먹지도 말고 마시지도 마소서 나도 나의 시녀와 더불어 이렇게 금식한 후에 규례를 어기고 왕에게 나아가리니 죽으면 죽으리이다 하니라 ¹⁷모르드개가 가서 에스더가 명령한 대로 다 행하니라

❖ ❖ ❖

¹²그는 에스더의 말들을 모르드개에게 전하였다 ¹³모르드개가 에스더에게 회신하기 위해 말하였다 "너는 왕궁에 있으므로 모든 유다인들 가운데서 네가 피할 수 있다고 네 마음속으로 생각하지 마라 ¹⁴만일 네가 이때에 침묵하고 침묵하면 유다인을 위한 놓임과 구원은 다른 데로 말미암아 나겠지만 너와 네 아버지의 집은 망하리라 네가 왕궁까지 이르게 된 것이 어쩌면 이러한 때를 위함이 아닌지 누가 알겠느냐?" ¹⁵에스더가 모르드개에게 회신하기 위해 말하였다 ¹⁶"당신은 가서 수산에 있는 모든 유다인을 모으고 저를 위하여 금식해 주십시오 밤낮 삼 일을 먹지도 말고 마시지도 마십시오 이런 식으로 저와 저의 시녀들도 금식할 것입니다 그렇게 한 후에 제가 규례를 어기고 왕에게 나아갈 것입니다 제가 죽었다면 제가 죽은 것입니다" ¹⁷모르드개는 가서 에스더가 그에게 명령한 대로 다 행하였다

14 죽으면 죽으리라

12그는 에스더의 말들을 모르드개에게 전하였다

하닥은 다시 왕후의 침소에서 성읍의 광장까지 이동한다. 그의 발걸음은 두 장소를 잇는 길 위를 걷는 것이 아니라 역사의 시계추를 오가는 둔탁한 소리였다. 그가 품은 것은 가벼운 종이 몇 장이었다. 그러나 그 안에는 민족의 고통과 한 여인의 떨리는 사명이 담겨 있어서 대단히 무거웠다. 생과 사의 무거운 메시지를 운반하는 하닥의 발걸음도 덩달아 무거웠다. 에스더와 모르드개 사이를 오가는 횟수가 쌓일수록 누적된 메시지의 무게만큼, 그의 걸음은 점점 느려졌고 그의 그림자는 점점 길어졌다.

¹³모르드개가 에스더에게 회신하기 위해 말하였다 "너는 왕궁에 있으므로 모든 유다인들 가운데서 네가 피할 수 있다고 네 마음속으로 생각하지 마라

이제 모르드개가 에스더에게 회신한다. 하닥의 중개에 대한 언급은 이제 사라진다. 저자는 에스더와 모르드개 사이의 대화만 주목하기 위해 주변적인 요소는 생략한다. 저자의 필법에서 확인되는 것처럼, 이제 둘 사이에는 내시라는 완충과 필터를 거치는 궁정의 예법보다 가족의 도리가, 사회적인 거리보다 혈연의 끈이 더 강하게 작용한다. 모르드개의 말에는 중개자의 완곡함이 없다. 생존이 걸린 상황에서 그는 에스더를 왕후가 아니라 자기가 키운 양녀로 생각한다. 위기 앞에서 모든 격식은 본질로 돌아간다. 생사가 걸린 순간에는 예의보다 진실이, 체면보다 생존이 우선한다. 둘 사이의 원초적인 관계, 즉 보호자와 피보호자, 가르치는 자와 배우는 자, 아버지와 딸이라는 역학이 다시 표면으로 떠올랐다. 모든 우회로가 차단되고 직접적인 대면만이 남는 것, 하닥의 부재는 전달자의 문학적 퇴장이 아니라 운명적 대화의 시작을 알리는 신호였다.

모르드개는 왕에게 부름도 없이 나가면 죽는다는 에스더의 말이 그녀가 살겠다는 의지를 암시한 말이라고 생각한다. 그래서 너만 홀로 살아남을 것이라는 생각을 접으라고 경고한다. 이 말은 에스더의 착각을 날카롭게 베어 냈다. "나는 안전하다, 나는 다르다, 나는 예외다"와 같은 최면을 산산조각 냈다. "왕궁에 있으므로"(בֵית־הַמֶּלֶךְ), 이 말에는 거리의 착각이 웅크리고 있다. 성문과 궁전 사이의 물리적 거리가 마치 생사의 경계인 양 착각을 일으킨다. 게다가 에스더는 왕비였다. 권력의 달콤한 공기 속에 머물렀다. 전국의 유다인 대학살 계획은 그녀의 일상과는 너무나 멀리 떨어진, 먼 나라의 잔혹한 동화처럼 느껴졌다. 왕궁의 높은 담장과 화려한 황금 장식, 그리고 왕후라는 지위, 그 틈새로 스멀스멀 기어 나오는 '예외'에 대한 망상이 진실처럼 느껴졌다. 권력의 중심에 있다는 현실이 유다인의 정체성을 지워줄 것처럼 그녀에

게 착각을 일으켰다.

그러나 모르드개는 그 착각의 뿌리를 파헤쳤다. 비단과 보석으로 아무리 치장해도, 왕의 침실을 아무리 출입해도, 피는 속이지 못하고 혈통도 감추지 못하고 운명도 피해 갈 수 없음을 그는 깨우친다. "모든 유다인들 가운데" (מִכָּל־הַיְּהוּדִים), 이 말은 에스더가 왕의 여자이기 이전에, 금관을 쓴 왕후이기 이전에, 왕실에 거주하는 사람이기 이전에, 그녀의 몸에 유다인의 피가 관류하고 있다는 사실을 강조한다. 왕궁은 그녀에게 안전지대 같은 위안을 주지만 실제로는 신기루에 불과하다. 숨어서 얻는 안전은 잠깐이고 허약하다. 그러나 맞서서 얻는 안전은 영구하고 견고하다. 에스더가 살기를 원한다면 도망이 아니라 대면을 선택해야 한다. 높은 특권은 때로 더 큰 위험을 의미한다. 높은 곳에 있으면 더 먼 거리에 있는 적에게도 표적이 되기 때문이다. 권력에 가까이 있다는 것은 더 큰 영향력을 행사할 수 있다는 뜻이지, 더 안전할 것이라는 뜻은 아니었다.

모르드개는 에스더의 "마음속에서"(בְנַפְשֵׁךְ) 일어나는 생각의 차원까지 관여한다. 홀로 살아남을 것이라는 생각, 그것은 에스더의 "마음속에서" 움트고 있을 가장 은밀한 기만의 싹이었다. 그의 말은 "나만은 괜찮을 거야"라는 그녀의 비겁한 안식처를 향해 겨누어진 날카로운 비수였다. 이로써 그는 에스더의 외적인 행동을 촉구하기 이전에 그녀로 하여금 존재의 근원을 직시하게 만들었다. 이것은 그녀의 안일함을 직시하고 자신의 정체성과 민족의 운명 사이의 끊을 수 없는 연대를 그녀의 영혼에 다시 한번 묶어주는 기막힌 대목이다. 때로는 생존을 위해 환상을 깨뜨려야 한다. 때로는 구원을 위해 위안을 빼앗아야 한다.

¹⁴만일 네가 이때에 침묵하고 침묵하면 유다인을 위한 놓임과 구원은

다른 데로 말미암아 나겠지만 너와 네 아버지의 집은 망하리라

네가 왕궁까지 이르게 된 것이 어쩌면 이러한 때를 위함이 아닌지 누가 알겠느냐?”

유다인의 구원에 대한 모르드개의 확신은 대단히 견고하다. “유다인을 위
한 놓임과 구원은 다른 데로 말미암아 나아온다.” 그가 보기에 유다인의 해
방과 구원은 우연이나 선택이 아닌 필연이다. 누군가의 결단이나 용기, 혹은
왕의 자비에 기대어 오는 것이 아니었다. 오지 않을 수 있는 것이 아니었고
이미 오고 있었고 반드시 도착할 것이었다. 아무도 보지 못하는 곳에서 오지
만 반드시 자라나는 것, 그런 해방과 구원은 그의 신앙에서 필연으로 존재했
다. 하늘의 별들이 제자리를 지키는 것처럼 누군가가 그것을 의심하는 것 자
체가 어색할 정도였다. 세상의 모든 것은 결국 올바른 제자리로 돌아간다. 유
다인의 운명은 궁정의 휘장 아래에서 직조된 일시적인 사건이 아니었다. 모
르드개는 이런 사실을 뼛속까지 아는 사람이다. 그의 확신은 심지어 바벨론
땅으로 끌려가던 조상들의 발자국에 닿아 있었고 오랜 시간의 굽이를 견뎌
온 민족의 끈질긴 생명력도 더듬었다. 이러한 의식 속에서 그는 말하였다. 그
의 말은 에스더를 향한 말이지만 그녀를 넘어서 먼 시간 속에서 태어난 문장
이고 피와 기억으로 새겨진 문장이다.

“침묵하고 침묵하면”(אִם־הַחֲרֵשׁ תַּחֲרִישִׁי), 이 말은 에스더의 비협조도 유다인
의 구원을 막지는 못한다는 선언이다. 이는 그녀의 영혼이 선택할지 모르는
가장 안타까운 부정을 두 번이나 반복하여 확정하는 절망적인 리듬이다. 예
상되는 그녀의 첫째 침묵은 왕의 부름도 없이 나갔다가 필히 마중하게 될 육
체의 죽음에 대한 두려움의 자식이다. 둘째 침묵은 그 두려움 뒤에 숨어서 민
족의 고통을 외면하고 싶은 내면의 윤리적인 마비, 혹은 왕비로서 누리는 안
락함에 대한 집착의 산물이다. 에스더는 궁이라는 유리상자 안에서 이 두 겹
의 두려움과 안일에 갇혀 자신의 목소리를 잃어버릴 침묵의 위기에 처하였

다. 그러나 구원은 한 사람의 무게를 초과하는 차원에서 이미 자라나고 있다. 그러므로 침묵은 구원을 가두지 못하고 오직 그 침묵하는 자의 운명만 결정한다. 에스더가 침묵으로 역사의 궤도에서 이탈한다 해도 이 민족의 해방은 이미 결정된 비문처럼 진행된다. 이는 한 인물의 주체적인 행위를 초월하는, 냉혹하나 자비로운 역사의 본질이다.

모르드개는 에스더의 침묵이 남길 공백을 응시하며, 그 공백은 "다른 곳"(מִמָּקוֹם אַחֵר)에서 채워질 것임을 단정했다. 마치 거대한 강물에 돌멩이 하나를 던지거나 빼낸다고 해도 강물의 흐름 자체는 변하지 않는 이치처럼! "다른 곳"은 지도에 없는 지점, 인간의 눈에 보이지 않는 미지의 장소였다. 수산의 먼지 덮인 골목일 수도 있고, 고통 속에서 신음하는 이름 없는 유다인의 기도일 수도 있고, 심지어 역사의 냉혹한 우연처럼 보이는 사소한 사건의 틈바구니 속일 가능성도 있다. 그곳은 에스더의 목소리가 사라진 곳에서 구원의 기운이 낯설고 차가운 방식으로 피어오를 공간이다. 인간의 의지가 포기해도, 거대한 특권이 침묵을 선택해도, 생명의 흐름은 멈추지 않는다는 사실을 모르드개는 확신했다. 이러한 확신 속에서 그는 에스더의 지혜로운 신댁을 촉구한다. "다른 곳," 이 표현은 그녀에게 주어진 경고인 동시에, 인간의 모든 실패와 망각에도 불구하고 역사가 결국에는 자비를 향해 나아갈 것이라는, 모르드개 자신의 고독하고 단단한 믿음의 비명이다.

모르드개는 생명의 흐름에 참여하지 않는다면, "너와 네 아버지 집은 망할 것이라(תֹּאבֵדוּ)"고 한다. 이는 개인의 어정쩡한 중립도 없고, 발끝만 담그고 망설이는 회색의 시간도 없다는 비정한 선언이다. 실제로 롯의 아내는 확실히 떠나지 않고 미련의 등을 돌렸다가 소금으로 변하였다(창 19:26). 역사의 숭고한 물줄기 앞에서 에스더는 함께 흐를 것인가, 아니면 강둑에 서서 바라만 볼 것인가를 결정해야 한다. 침묵하는 것은 이미 선택하는 것이고 방관하는 것은 이미 편드는 행동이다. 그의 경고는 예언이고 그의 말은 운명이다. 생명의 흐름에 등을 돌리면 죽음과 마주하게 되고 정의의 편에 서지 않으면 불의의 파도에 휩쓸린다. 한쪽은 흥성과 영광으로, 다른 쪽은 쇠락과 멸망으로 이어지는 선택의 순간은 마치 칼날 위에 선 것처럼 아찔하다. 살얼음판같이 얇은 순간 위에서 우리는 영원을 결정해야 한다. 모르드개는 우리에게 지혜를 공유한다. 선택에는 때가 있다는 사실을, 그때를 놓치면 다시는 돌아오지 않는 강이라는 것을! 진실로 생명의 흐름에는 리듬이 있고 그 리듬에 맞춰 움직이지 않으면 도태된다. 이는 생명의 엄정한 법칙이다. 지금의 침묵은 그 흐름에 대한 궁극적인 거절이며 그 거절의 대가는 전적인 소멸이다. 이 냉정한 이분법 앞에서 에스더는 생명의 흐름에 자신을 던지는 결단을 내려야 하고 그것은 존재의 소멸을 감수하고 영원한 흥과 생에 합류하는 가장 순도 높은 생명의 역설적인 결단이다.

마침내 모르드개의 목소리가 모든 논리와 경고의 끝자락에 이르러 가장 깊은 울림을 터뜨린다. "네가 왕궁까지 이르게 된 것이 어쩌면 이러한 때를 위함이 아닌지 누가 알겠느냐." 이 말에는 쐐기를 박는 자의 단호함이 스며들어 있다. "이러한 때를 위하여"(לְעֵת כָּזֹאת), 이 말은 우연 속에 숨겨진 필연을 드러낸다. 에스더가 고아 소녀에서 페르시아 왕후가 될 때까지의 모든 과정이 마치 보이지 않는 손에 의해 정교하게 기록된 대본처럼 펼쳐진다. 때와 기한은 하나님께 속하였다. 인간은 시간의 주인이 아니라 시간 속의 거주자에 불과하다. 우리는 언제 태어나고 언제 죽고 언제 중요한 순간을 맞이하게 될지를 알지도 못하고 정하지도 못하지만 그 순간이 왔을 때 우리는 우연이 아님을 깨닫는다. 와스디가 폐위된 것, 수많은 처녀 중에서 에스더가 선택된 것, 하만이 모르드개를 미워하게 된 것, 이 모든 것이 약속한 것처럼 한순간을 위해 모여들고 있다. 에스더는 자신의 삶이 자신만의 것이 아님을 깨닫는다. 그녀가 왕후의 자리에 앉은 것은 개인의 안락을 위해서가 아니라 자신의 민족이 생사의 벼랑으로 내몰릴 때 그들의 방패가 되기 위한 일이었다. 이제 에스더는 안다. 자신의 삶이 개인적인 성공담이 아니라, 왕후가 된 것도 우연한 행운이 아니라, 모든 것이 지금의 선택을 위해 준비된 과정임을! 이제 때가 찼고 기한이 이르렀다. 이제 그림의 마지막 조각이 놓일 차례이고 그것은 그녀의 결단이다. 하나님의 시계는 정확한 시각을 가리키고 있다. 모든 것이 무너질 것처럼 보이는 지금, 에스더의 삶이 그 참된 의미로 가장 눈부신 빛을 발하는 순간이다.

> ¹⁵에스더가 모르드개에게 회신하기 위해 말하였다
> ¹⁶"당신은 가서 수산에 있는 모든 유다인을 모으고 저를 위하여 금식해 주십시오
> 밤낮 삼 일을 먹지도 말고 마시지도 마십시오 이런 식으로 저와 저의 시녀들도
> 금식할 것입니다 그렇게 한 후에 제가 규례를 어기고 왕에게 나아갈 것입니다
> 제가 죽었다면 제가 죽은 것입니다"

이 구절에는 에스더의 회신이 기록되어 있다. 이번에도 저자는 하닥에게 부탁하는 장면과 그가 중개하는 행위에 대한 언급을 생략했다. 그래서 말들이 직선으로 날아든다. 대화는 곧장 맞닿는다. 에스더와 모르드개, 두 사람의 말이 공기를 뚫고 정면으로 부딪힌다. 무게가 더해지고 속도는 빨라진다. 모르드개의 단호한 촉구기 그녀에게 닿자 그녀의 결단이 곧바로 따라온다. 주저함이 없다. 그 결단에는 비장함이 깃들었다. 에스더는 모르드개 및 수산의 모든 유다인의 금식을 요청한다. 이는 연대의 선언이자 책임의 분담이다. 이제 왕궁은 그녀의 유배지가 아니라 작전의 본부였다. 에스더의 영혼 깊은 곳에서 억눌려 있던 침묵이 부서지는 순간, 그녀는 즉시 행동의 언어, 명료하고 차가운 명령형 동사들을 내뱉었다. "가라"(לֵךְ), "모으라"(כְּנוֹס), "금식하라"(צוּמוּ). 확신에 찬 왕후의 권위가 각 음절을 지배한다. "가라," 짧고 날카롭다. 주저하던 모든 사념을 베어버린 정지 선언이자 출발 명령이다. "모으라," 흩어진 것들을 하나로, 개별적인 두려움에 빠진 유다인을 하나의 무리로, 혼자서는 감당할 수 없는 것을 함께 견디도록 하기 위함이다. "금식하라," 가장

무거운 명령이다. 몸을 비우라는 것, 일상을 멈추라는 것, 먹는 즐거움과 마시는 위안도 접으라는 명령이다. 자신의 생명을 걸기 전, 하늘의 섭리에 모든 것을 맡기는 장엄한 의식이다. 이처럼 "가라"는 행동의 시작이고, "모으라"는 공동체의 형성이고, "금식하라"는 영적 준비의 완성이다. 개인에서 집단으로, 집단에서 신앙으로 전략의 단계를 강화하는 에스더는 순식간에 뛰어난 전략가가 된다. 두려움을 조직으로 바꾸고 절망을 의식으로 승화시킨 지도자의 면모가 번뜩인다.

그 서슬 퍼런 결단의 정점에서 에스더는 현실의 모든 소음과 화려한 잔해를 걷어낸 금식의 구체적인 지침을 하달한다. "밤낮 삼 일을 먹지도 말고 마시지도 마십시오(אַל־תֹּאכְלוּ וְאַל־תִּשְׁתּוּ)." 그녀의 목소리는 흰색이다. 투명하나 단단하다. 명령의 정밀성, 시간의 특정성, 금지의 절대성, 이것은 삶의 황량한 현실과 신성한 구원의 간극을 횡단하는 고통의 의례였다. 온 민족의 집단적인 금식이 시작된다. 저마다 입술이 마르고 혀가 입천장에 닿으면서 살갗 안쪽에서 갈증이 울기 시작한다. 밤은 깊고 배고픔은 예리하다. "3일"(שְׁלֹשֶׁת יָמִים)은 시간의 최소 단위로 묶인 존재의 극한을 시험하는 기간이다. 금식의 첫날이 지나고 아침의 햇살이 궁전 마루를 핥을 때, 저 멀리 부엌에서 빵 굽는 냄새가 흘러온다. 밤이 오면 궁궐의 암묵적인 두려움과 유다인의 깊은 애통이 섞여 어둠의 무게는 더해진다. 그러나 그 어둠 속에서 음식과 물을 거부하는 행위는 빛을 향한 영혼의 가장 원초적인 몸부림과 하늘의 응답을 갈망하는 목마름의 증표였다. 마른 입술과 갈라진 혀끝에서 피어나는 기도의 언어였다. 이틀이 지나고 삼 일이 되면 경계가 무너진다. 살과 영의 경계, 지금과 영원의 경계가 무너진다. 금식하는 자는 이미 삶과 죽음의 중간쯤에 선다. 세상의 시간표를 벗어나 다른 리듬에 몸을 맡기는 것, 태양이 뜨고 지지만 더 이상 그것이 식사 시간을 알려주지 않고 밤은 오고 가지만 더 이상 그것이 수면 시간을 구별하지 않는 게 금식이다. 활력의 삽바를 쥐고 살려는 본능에 저항하는 게 금식이다. 먹지 않은 몸으로, 마시지 않은 입술로, 비워진 존재로 하나님께 나아가는 게 금식이다. 채워진 자는 죽음을 경계하나 비워진 자는 이미 죽음의 강을 건넜기에 생의 무엇에도 얽매임이 없다.

에스더는 자신과 자신의 시녀들도 동일한 기간과 동일한 방식으로 함께 금식할 것이라고 한다. 그녀는 홀로 높은 자리에 앉아 지시를 내리는 권력자가 아니었다. 민족의 운명 앞에서 스스로 가장 낮은 자리로 내려온다. 왕궁의 엄격한 계급장을 떼어내는 결단이다. 이제 그녀는 왕의 잔치에서 제공되는 풍요를 거부하고 민족의 비애를 담은 위장의 공허함을 채택한다. 굶주림 속에서 재를 뒤집어쓴 수산의 모든 유다인과 동일한 영적 위치로 이동한다. 왕비와 시녀들, 신분의 차이는 있지만 금식 앞에서는 동등하다. 그녀의 결단은 더 이상 명령이 아니라 "나는 당신들과 다르지 않다"는 뜨거운 공감이고, "내가 먼저 이 길을 가겠다"는 주도적인 헌신의 선언이다. 보통 명령은 위에서 아래로 내려간다. 그러나 에스더의 명령은 자신을 관통한다. 명령의 무게를 자신이 먼저 짊어지고 명령의 화살이 자신을 먼저 꿰뚫는다. 이제 에스더와 그녀의 시녀들과 그녀의 모든 동포는 한 마음으로, 한 호흡으로, 한 굶주림의 깊이 속으로 함께 내려간다. 그들의 허기는 서로를 잇는 끈이었고 그들의 목마름은 공동의 절박한 기도였다. 홀로 맞서는 전투가 아니었다. 그들은 이제 하나의 몸처럼, 하나의 심장처럼, 하나의 복종처럼, 하나의 맥박이 고동친다. 한 사람의 결단이 여럿의 생명을 하나로 묶어 하나의 숭고한 떨림으로 만들었다.

세상의 눈으로 보자면, 왕후의 지시는 광기에 가까웠다. 논리에 어긋나고 상식도 비껴간다. 정치는 계산이고 생존은 전략이다. 거대한 살육의 칙령이 수산 궁궐의 벽을 짓누르는 이 절박한 판국인데, 짐승처럼 체력을 키워 비밀 통로를 찾거나 지혜의 날을 세워 하만의 심장을 찌를 차가운 전략을 발굴해야 하지 않겠는가? 죽음의 칼이 민족의 목을 노리는데 왜 밥상을 비우고 물병을 거두는가? 세상이 보기에 에스더의 금식 제안은 황당하다. 살육의 칼 앞에서 체력을 키우고 전략을 갈아야 할 상황 속에서 허기와 갈증으로 대응하는 것이 어찌 정상적인 판단인가? 그런데도 에스더가 보기에 전략과 계산은 모두 땅의 것들이다. 그녀는 비우기만 한다. 그 비움 속에서 자신보다 큰 것을, 논리보다 깊은 것을, 상식보다 더 가까운 것을 기다린다. 삶과 죽음의 경계에 서야만 열리는 문을 두드린다. 하만의 증오와 왕의 무심함이 빚어낸 이 거대한 운명의 조서는 인간의 체력이나 전략으로 부술 수 있는 종류의 벽이 아님을, 오직 자발적인 무의 상태로 진입한 존재의 조용한 절규만이 건드릴 수 있는 초월적인 영역임을 그녀는 깨달았다. 그래서 세상의 모든 논리와 생존의 이치를 거슬렀다. 이 거스름은 하늘의 이치에 닿기 위함이다.

그녀는 금식을 끝내고 "규례를 어기고(אֲשֶׁר־לֹא) 왕에게 나아갈 것"이라고 선언한다. 이는 자신이 하려는 일이 불법임을 아는 자의 고백이다. 모든 이가 지키는 법, 왕의 신하들과 각 지방 백성이 모두 인지하는 법, 모르드개 또한 아는 법을 에스더는 따르지 않겠다고 한다. 왕의 권위를, 궁정의 예측 가능한 질서를, 감히 범접할 수 없는 죽음의 경계선을 넘겠다고 한다. 그녀의 말 속에는 두려움이 없고 사실을 직시하는 자의 당당함과 차가운 명료함만 있다. 법의 테두리 안에서는 할 수 없는 일들이 있고, 합법을 통해서는 구할 수 없는 생명들이 있고, 규정을 지키면 오히려 정의가 무너지는 순간들이 있다. 에스더는 그 역설의 한가운데 섰다. "규례를 어긴다"는 말, 옳은 것을 위해 합법적인 것을 포기하는 것이며 정의를 위해 규정을 넘어서는 용기의 다른 이름이다. 제국의 무게를 가볍게 털고 보이지 않는 하늘의 다른 법으로 시선이 이동한 자만의 선언이다. 인간이 만든 제도적 생존의 규칙보다 민족의 생명이 걸린 도덕적 필연성이 훨씬 높은 규범임을 천명하는 결단이다. 그녀는 법의 경계를 넘어 왕후의 지위나 법의 보호막이 아무런 의미가 없는, 오직 순전한 용기만이 통용되는 황량하고 엄숙한 무대로 들어선다. 이는 자신의 목숨을 계량하는 저울을 내려놓고 오직 하나님의 뜻만 저울추에 담아서 내린 판단이다.

그런데 문제는 3일의 금식이 끝난 후 에스더의 초췌한 모습이다. 그 모습을 데리고 왕에게로 간다는 게 얼마나 무모한가! 사흘 밤낮의 금식은 수산 궁정의 모든 화려함과 권력이 지탱해 온 미모의 환상을 잔혹하게 벗겨내는 영혼의 고문이다. 금식이 끝났을 때, 그녀는 왕궁의 법도보다 더 무서운 적인 자신의 초췌함과 마주해야 했다. 미모가 왕후 간택의 근거이자 그녀의 유일한 방패이자 권력인 세계에서, 그 미모를 포기하는 것은 곧 제국을 버리는 일이었다. 그녀의 몰골은 이제 우아한 왕후의 모습이 아니었다. 재에 덮인 유다인의 슬픔을 온몸에 새긴 망자의 그림자가 그녀의 안색에 맴돌았다. 왕에게로 간다는 것은 다시 가장 아름다운 여자가 되어야 함을 의미한다. 왕의 눈 밖에 나는 순간 그녀의 운명은 끝장이다. 처음에 에스더는 왕에게 나아가는 왕비가 되려고 12개월을 준비했다. 여섯 달은 몰약 기름으로, 여섯 달은 향품과 여인의 정결법을 통해 피부를 가꾸고 몸을 단장했다. 그러나 지금은 어떠한가? 상태가 심각하다. 와스디를 폐한 것도 그녀가 미모를 드러내지 않았기 때문인데, 그것을 앎에도 불구하고 에스더는 생명을 구하기 위해 아예 초췌한 죽음을 입고 왕에게로 간다. 궁정의 법도를 어기는 무모함에, 미모의 규칙마서 어기는 또 나른 무모함을 더하여 나아간다. 시녀들은 왕비의 초췌함을 가리려고 연지를 바르고 분을 칠하고 향유를 입히려고 한다. 그러나 그것이 3일의 금식이 새긴 흔적을, 비워진 몸의 앙상한 진실을 얼마나 가릴 수 있겠는가?

그런데 나는 에스더 안에서 예수님의 그림자를 본다. "연한 순 같고 마른 땅에서 나온 뿌리 같아서 고운 모양도 없고 풍채도 없은즉 우리가 보기에 흠모할 만한 아름다운 것이 없다"(사 53:2)는 이사야의 예언처럼 예수님의 모습도 에스더와 유사하다. 누구의 시선도 찾아가지 않는 예수님의 모습은 세상이 기대하는 메시아의 모습이 아니었다. 게다가 그는 더 높은 법을 이루시기 위해 당시의 규례와 종교적 체계를 거스르는 길도 걸으셨다. 안식일에 병자를 고치셨고 세리와 죄인이 둘러싼 식탁에 함께 앉으셨고 죽은 자를 살리셨다. 나아가 예수님은 구세주 즉위식의 장소 같은 골고다 언덕에서 왕관 대신에 가시관을 쓰셨고 보좌 대신에 십자가 위에 얹히셨다. 이처럼 예수님은 세상이 원하는 외적인 영광의 용모를 버리시고 진정한 구원자의 풍채를 보이셨다. 이는 구약의 시대에서 에스더가 예시한 모습이다. 에스더의 금식과 몰골이 세상의 눈에는 하찮아 보이지만 예수님의 모습에 비추어 의미가 되었을 때에는 지극히 아름다운 모습이다.

에스더의 무모한 전략과 도전의 배후에는 죽음에 대한 각오가 웅크리고 있다. "제가 죽었다면 제가 죽은 것입니다"(אָבַדְתִּי אָבַדְתִּי). 이 각오는 칼보다 강하고 제국의 법보다 단단하다. 에스더는 왕국의 법도나 하만의 칼날에 의해 죽임을 당할 가능성을 회피하지 않고 오히려 그 가능성을 선취한다. 그녀의 고백은 죽음과 맺은 계약서의 서명처럼 자신의 생명을 운명의 제단에 올려놓고 앞으로 취할 모든 행동은 죽은 자가 행하는 것으로 간주한다. 이것은 그녀에게 일종의 영적 면역력을 부여한다. 세상의 어명과 국법과 규례는 결국 죽음에 대한 위협으로 권위를 획득한다. 그러나 죽음을 무기로 쓰는 자들 앞에서 죽음을 받아들인 자는 천하의 무적이다. 죽음이 그를 조정하지 못하기 때문이다. 이제 에스더는 왕후의 순응적인 자리에서 법을 어기는 자로, 생명을 내어놓는 자로, 침묵을 깨는 자로 돌아섰다. 그녀의 걸음은 죽음 속으로의 질주인 동시에 죽음에서 벗어나는 도주였다. 한 개인의 죽음을 지불하고 더 큰 생명을 건지려는 숭고한 도주였다. 그녀는 죽음의 선언문을 읽고 이제 살기 위해 싸우는 자가 아니라 죽음을 각오하고 민족의 구원을 이루려는 중재자로 거듭난다.

"죽으면 죽겠다"는 에스더의 초연한 고백에서 겟세마네 동산에서 엎드리신 예수님의 고백이 또 떠오른다. "나의 원대로 마시옵고 아버지의 원대로 하옵소서"(막 14:36). 죽음의 잔을 옮겨 달라는 간구에서 아버지의 뜻을 수용하는 예수님의 모습을 에스더가 또 예시했다. 뒤집어서 보면, 예수님의 기도는 에스더를 완성한다. 아버지의 뜻을 받아들인 아들의 순종이 하나님의 섭리를 믿은 여인의 헌신을 확증한다. 죽음을 각오하고, 에스더는 왕의 침전으로 향하였고, 예수님은 십자가로 향하셨다. 죽음이 확실한 곳으로, 그것을 뻔히 알면서도 걸음을 옮기셨다. 그러나 "죽으면 죽으리라," "아버지의 원대로 하옵소서," 서로를 비추는 이 두 문장은 죽음이 끝이 아니라는 사실을, 죽음을 통과해야 참된 생명이 온다는 사실을, 진정한 사랑은 자신을 초월해야 한다는 사실을 가르친다.

17모르드개는 가서 에스더가 그에게 명령한 대로 다 행하였다

모르드개는 에스더의 "모든 명령"(כל אֲשֶׁר־צִוְּתָה)을 그대로 수행했다. 이 구절은 행위의 기록을 넘어 두 사람 사이에 흐르는 깊은 신뢰와 사명의 교차점을 드러낸다. 모르드개는 양아버지, 에스더는 양녀였다. 그런데 명령이 위에서 아래로 흐르지 않고 역류한 것이 특이하다. 하지만 에스더의 명령은 권위의 남용이 아니라 사명의 공유이고, 모르드개의 순종은 복종이 아니라 믿음의 실행이다. 그녀는 자신의 내부에 숨겨진 지도력을 깨우쳤고 그는 기꺼이 그녀의 뒤를 따르며 그 지도력을 완성했다. 내가 보기에 모르드개의 처신이 더 아름답다. 그는 에스더를 키우고 보호한 사람이다. 그녀가 왕비가 된 것도 그의 지혜 덕분이다. "네가 유다인인 것을 말하지 말라"던 조언도 그의 것이었다. 그가 모든 것을 시작했다. 하만에게 절하지 않은 것도, 그의 분노를 산 것도, 그래서 유다인의 위기를 만든 것도 다 그의 행위였다. 그런데도 그는 자신이 불을 지핀 구원의 서사에서 이제 주인공이 아닌 조연의 자리로 물러선다. 이제는 에스더의 시간이다. 그녀가 왕에게 나아가야 하고 그녀가 결정해야 하고 이제 자신은 그녀를 지지해야 한다. 그러나 겉으로 보기에는 그가 자신의 딸 같은 여인에게 순종하고 충성한 것이지만, 그 이면에는 그녀를 통하여 구원을 이루시는, 역사의 뒤안길에 서서 끈을 당기시는 하나님의 뜻과 섭리에 순응한 것이었다.

모르드개는 에스더의 명령을 불쾌하게 여기지 않았고 그 명령의 내용과 실행의 방식에 대해서도 불만이나 수정요청 없이 다 "행하였다"(יעַשׂ). 연장자의 권위를 주장하지 않고 남성의 특권도 내세우지 않고 그는 순응했다. 그녀의 명령에서 약점을 꼬집고 오류를 지적하는 동시에 자신의 생각을 보태고 자신의 방법을 제안하여 리더십의 우월성을 드러내고 그녀의 권위를 자기 밑으로 끌어내릴 수도 있었으나 그는 그녀의 명령을 그대로 수용했다. 둘의 관계는 아름답고 그들의 협력은 향기롭다. 실행하던 자가 명령하는 자가 되고 요청하던 자가 따르는 자가 되고, 보호받던 자가 보호하는 자가 되고 보호하던 자가 지지하는 자로 바뀌었다. 자신을 드러내지 않고 섬기는 자, 자신의 공을 주장하지 않고 일하는 자, 하나님의 뜻이 성취되는 것만 바라는 자는 경건한 사람이다. 자신의 역할이 무엇인지 아는 자, 자신이 언제 앞서야 하고 언제 물러서야 하는지를 분별하는 자, 하나님의 더 큰 그림 안에서 자신의 자리를 찾는 자는 지혜로운 사람이다. "에스더는 흥하여야 하겠고 나는 쇠하여야 하리라"는 고백을 모든 타인에게 할 수 있으면 그는 진실로 자유로운 사람이다. 이때의 순종은 굴욕이 아니라 진정한 신앙의 품격이다. 하나님은 이후에 그런 사람을 더 높이시고 더 풍성하게 갚으신다.

에 5:1-8

¹제삼일에 에스더가 왕후의 예복을 입고 왕궁 안 뜰 곧 어전 맞은편에 서니 왕이 어전에서 전 문을 대하여 왕좌에 앉았다가 ²왕후 에스더가 뜰에 선 것을 본즉 매우 사랑스러우므로 손에 잡았던 금 규를 그에게 내미니 에스더가 가까이 가서 금 규 끝을 만진지라 ³왕이 이르되 왕후 에스더여 그대의 소원이 무엇이며 요구가 무엇이냐 나라의 절반이라도 그대에게 주겠노라 하니 ⁴에스더가 이르되 오늘 내가 왕을 위하여 잔치를 베풀었사오니 왕이 좋게 여기시거든 하만과 함께 오소서 하니 ⁵왕이 이르되 에스더가 말한 대로 하도록 하만을 급히 부르라 하고 이에 왕이 하만과 함께 에스더가 베푼 잔치에 가니라 ⁶잔치의 술을 마실 때에 왕이 에스더에게 이르되 그대의 소청이 무엇이뇨 곧 허락하겠노라 그대의 요구가 무엇이뇨 나라의 절반이라 할지라도 시행하겠노라 하니 ⁷에스더가 대답하여 이르되 나의 소청, 나의 요구가 이러하니이다 ⁸내가 만일 왕의 목전에서 은혜를 입었고 왕이 내 소청을 허락하시며 내 요구를 시행하시기를 좋게 여기시면 내가 왕과 하만을 위하여 베푸는 잔치에 또 오소서 내일은 왕의 말씀대로 하리이다 하니라

◆ ◆ ◆

¹제삼 일이 되어서 에스더는 왕후의 예복을 입고 왕궁의 안뜰 곧 왕의 집 맞은편에 섰다 왕은 왕의 집 입구 맞은편에 있는 그의 왕좌에 앉았는데 ²왕이 뜰에 선 왕후 에스더를 보았을 때 그녀는 그의 눈에서 은혜를 입었고 왕은 자신의 손에 있는 황금홀을 에스더에게 내밀었다 에스더는 다가가서 그 홀의 머리를 건드렸다 ³왕이 그녀에게 말하였다 "왕후 에스더여 무엇이 그대를 위한 것인가? 무엇이 그대의 요청인가? 내가 왕국의 절반이라 할지라도 그대에게 주겠노라" ⁴에스더가 말하였다 "만일 왕에게 좋으시면 제가 오늘 당신을 위하여 마련한 잔치에 왕과 하만이 와 주십시오" ⁵왕이 말하였다 "에스더가 말한 대로 행하도록 하만으로 하여금 서두르게 하라" 이에 왕과 하만은 에스더가 마련한 잔치에 들어왔다 ⁶포도주 잔치에서 왕이 에스더에게 말하였다 "그대의 청원이 무엇이냐? 그대에게 주어질 것이다 그대의 요청이 무엇이냐? 왕국의 절반이라 할지라도 이루어질 것이다" ⁷에스더가 대답하여 말하였다 "저의 청원과 저의 요청은, ⁸만일 제가 왕의 눈에 은혜를 입었다면, 만약 왕께서 제 요청을 들으시고 제 요구를 행하시는 것을 좋게 보신다면, 제가 왕과 하만을 위하여 마련한 잔치에 오시는 것입니다 그러면 내일 제가 왕의 말씀대로 행할 것입니다"

15 에스더의 잔치

¹제삼 일이 되어서 에스더는 왕후의 예복을 입고 왕궁의 안뜰
곧 왕의 집 맞은편에 섰다 왕은 왕의 집 입구 맞은편에 있는 그의 왕좌에 앉았는데

금식의 셋째 날, 에스더는 침묵에서 몸을 일으켰다. 그녀는 지난 사흘 동안
세속의 음식을 끊었으나 하늘의 뜻으로 배불렀다. 이제 에스더는 입궁을 준
비하기 위해 왕후의 예복을 갖추었다. 금식은 에스더의 내면을 맨몸으로 드
러내는 시간이고 왕후의 예복은 그 맨몸 위에 다시 입혀진 책임과 역할, 그
리고 위험을 감수하는 용기의 상징이다. 수수한 베옷 대신에 비단을, 굶주
림 대신에 위엄을, 기도 대신에 행동을 선택하는 것은 자신이 버렸던 세계
로의 귀환이자 그 세계를 향한 가장 거룩한 선전 포고였다. 금실로 수놓은
그녀의 옷자락이 햇살에 반짝였다. 보석들이 박힌 허리띠는 무게를 가늠할
수 없을 정도로 화려했다. 이는 권세의 상징이자, 페르시아 제국의 영광이
스며든 형상이자, 왕후라는 지위의 증표였다. 옷을 만지자 금식으로 여윈
손끝에 차가운 비단의 감촉이 전해졌다. 시녀들의 도움으로 금식의 흔적들

이 하나씩 지워졌다. 창백한 볼에는 붉은 기운이 돌았고 마른 입술에는 매력적인 색이 입혀졌다. 왕의 뜰로 향하는 그녀의 발걸음은 무겁고도 가벼웠다. 예복의 질량은 무거웠고 금식으로 비워진 영혼은 가벼웠기 때문이다.

에스더는 "왕궁의 안뜰 곧 왕의 집 맞은편에 섰다(תַּעֲמֹד)." 그녀는 지금 어떤 심정일까? 왕궁의 안뜰은 부름을 받지 않은 자가 서서는 안 되는 자리였다. 법이 금하는 곳이었고 죽음이 기다리는 곳이었다. 에스더는 운명과 섭리의 문턱에 걸린 자신의 그림자를 본다. 그녀의 몸이 그 그림자의 엎드러진 신세가 될지도 모르는 위태로운 상황이다. 홀로 선 그녀의 주변에는 서늘한 외로움이 둘러싸고 있고 두려움이 금식으로 연약해진 무릎을 흔들기도 한다. 그러나 에스더는 자신이 누구인지, 왜 이 자리에 서 있는지를 자문한다. 이전에 양부에게 나눈 고백도 떠올린다. "죽으면 죽으리라." 내면에서 깨어난 이 믿음의 고백이 끝까지 버티라고 무릎과 다리를 설득한다.

에스더의 시야에 "왕의 집 입구 맞은편에 있는 그의 왕좌에 앉은(יוֹשֵׁב)" 왕의 모습이 들어온다. 자신의 서 있음과 왕의 앉아 있음이 대비된다. 서 있음은 부름을 기다리는 자의 운명이고, 앉음은 지배자의 특권이다. 에스더의 서 있음은 흔들림의 위태로운 자세이자 언제든지 무너질 수 있는 연약한 청원의 상징이다. 그러나 왕이 앉은 "왕좌"(כִּסֵּא מַלְכוּתוֹ)는 움직일 수 없는 제국의 무게, 변하지 않는 법도의 엄숙함, 그리고 인간의 생사를 결정하는 절대적인 권위를 의미한다. 127개 지방의 권력이 그의 등받이요, 국법이 그의 팔걸이요, 제국의 모든 보화들이 그의 발판이다. 그러나 서 있는 에스더는 등받이도 없고 팔걸이도 없다. 두 다리만이 그녀를 지탱하고 있고 텅 빈 공간만이 그녀를 둘러싸고 있다. 그녀는 서서 한 사람의 눈길을, 한 번의 손짓을, 생명의 신호 하나를 기다린다. 서 있는 순간이 영원처럼 길게 느껴진다. 서 있음과 앉아 있음 사이에, 낮음과 높음 사이에, 연약함과 권력 사이에, 침묵과 말 사이에, 죽음과 생명 사이에 역사도 숨을 멈추었다.

²왕이 뜰에 선 왕후 에스더를 보았을 때 그녀는 그의 눈에서 은혜를 입었고
왕은 자신의 손에 있는 황금홀을 에스더에게 내밀었다
에스더는 다가가서 그 홀의 머리를 건드렸다

드디어 왕의 시선이 반응한다. 일상의 따분함에 젖어 있는 눈이었다. 그런데 "뜰에 선 왕후 에스더를 본다(רֹאוֹת)." 이는 관망적인 "보기"가 아니라 뭔가를 탐색하는 "보기"였다. 빛과 그림자가 어우러진 뜰 한가운데, 한 형체가 서 있음을 인식하는 순간, 그의 시선이 그 형체 위에 시간이 정지한 것처럼 멈추었다. 왕좌에 앉은 자와 뜰 안에 서 있는 자의 거리는 시선 하나로 연결된다. 그때 물음표가 쏟아진다. 본다는 것은 질문이기 때문이다. 왜 거기에 서 있는지, 무엇이 그녀를 거기 서게 하였는지, 무엇이 그토록 다급한지, 무엇이 법과 목숨보다 더 중요한지, 왕의 많은 물음표가 에스더를 본다. 왕궁의 법도를 위반하고 금단의 경계에 침입한 그녀를 향한 심판의 시선일까? 아니면 사흘간의 피나는 기도가 획득한 자비의 시선일까? 에스더는 숨조차 쉬지 못하고 그 시선의 판결을 기다린다. 왕은 보았기에 반응해야 하고 보았으니 결정해야 한다. 보는 것은 갈림길에 서는 것이었다. 법과 사랑 사이에서, 권력과 인간 됨 사이에서! 그 짧은 눈빛의 교차 속에서 운명은 무겁게, 그러나 분명하게 방향을 틀기 시작한다.

에스더는 왕을 30일 동안 만나지 못하였다. 화려한 궁전 안에서도 그녀는 고립된 섬이었다. 그 오랜 단절의 강을 지나 왕의 눈과 왕후의 눈이 마주쳤다. 그 마주침은 시선의 교환이 아니라 관계의 다리를 놓는 것이었다. 끊어진 소통을 잇는 것이었다. 이제 무정했던 규례도 잠시 멈추고 왕의 호의라는 예측 불가능한 변수가 운명의 바퀴를 굴리기 시작한다. 왕은 에스더를 보자마자(כִּרְאוֹת) 은혜를 베풀었다. 바라봄과 은혜 사이에 시차가 없는 것처럼 동시적인 일이었다. 본 것이 마음을 움직였고, 움직인 마음이 손을 움직였다. 황금홀을 쥔 손이 에스더를 향해 뻗어졌다. 황금홀이 그리는 궤적, 왕좌에서

뜰 안으로, 높은 곳에서 낮은 곳으로, 권력에서 사랑으로 향하는 선, 그 곡선은 은총의 다리였다. 왕은 법보다 마음을 택하였고 규칙보다 사람을 택하였고 권력보다 사랑을 택하였다. 뜰에 선 왕후를 보는 순간, 왕은 왕좌라는 감옥에 갇힌 국법의 노예가 아니었다. 법이 그를 지배하는 것이 아니라 그가 법을 다스린다. 규칙이 그를 구속하는 것이 아니라 그가 규칙을 초월한다. 왕좌가 그를 규정하는 게 아니라 그가 왕좌를 넘어선다. 이제 왕은 관리자가 아니라 진정한 왕이 되고, 권력자가 아니라 연인이 되고, 심판자가 아니라 구원자가 된다.

도대체 이 "은혜"(חֵן)의 출처는 어디인가? 세상은 은혜가 윤기나는 머리카락, 장밋빛 볼, 풍만한 몸매, 부드러운 피부에서 온다고 생각한다. 그래서 궁전의 여인들은 날마다 기름을 발랐고 제국의 진미를 먹었으며 왕의 시선을 사로잡기 위해 자신을 가꾸었다. 그러나 에스더의 모습은 정반대의 상황이다. 그런데도 왕은 은혜를 그녀에게 베풀었다. 은혜의 출처에 대해 저자는 침묵한다. 에스더의 상황에서 보면, 은혜는 그녀가 비워낸 그 자리에서 왔다. 삼일의 금식은 그녀의 몸을 약화시킨 것이 아니라 그녀 자신을 비워 투명하게 만들었다. 제국의 중심에서 가장 아름다운 여인들만 보던 왕의 시선은 분명 에스더의 모습에서 다른 무언가를 보았음이 분명하다. 그것은 화장품 궤짝에서, 왕실 주방에서, 궁전의 침실 위에서도 본 적이 없던 것이었다. 그것은 결핍 속에서 피어난 기이한 꽃이었다. 30일의 어둠 속에서, 금식의 고통 속에서, 자아의 소멸 속에서 길러졌다. 거울에 비친 에스더의 얼굴은 피로와 긴장으로 창백했고 예복이 헐렁해질 정도로 야위어 내려간 어깨선은 고통의 자국이 선명했다. 그런데 그녀의 야윈 몸은 모든 것을 잃어버린 자의 상처지만 그 틈으로 오히려 세상의 허영을 꿰뚫는 통찰의 빛이 발하였다. 그녀의 예복 속에는 오히려 가식이 걷혀진 인간 본연의 고결함이 드러났다. 에스더의 그런 모습은 그 자체로 하나의 언어가 되어 말로는 전할 수 없는 진실을 울림 있게 증언했다. 하늘은 특이한 방식으로 일하는데, 굶주린 몰골, 헐렁한 예복, 갈라진 입술, 이 모든 것이 하늘의 은혜가 머물 공간이 되도록 움직인다. 은혜는 우리가 모든 것을 내려놓은 그 자리, 우리 자신조차 더 이상 내세울 것이 없는 그 순간에 가장 놀라운 방식으로 나타난다.

황금홀을 내미는 왕의 행위가 의미하는 바는 명료하다. 죽음이 아니라 생명이다. 멸망이 아니라 구원이다. 거부가 아니라 환영이다. 길고 긴 단절과 숨 막히는 침묵 끝에 에스더는 왕의 호의라는 기적을 눈으로 확인했다. 곧장 황금홀로 "다가갔다"(תִּקְרַב). 그녀의 발걸음은 결단처럼 곧고 그녀의 손은 응답처럼 가벼웠다. 다가감은 신뢰의 표징이다. 왕후의 손과 왕의 황금홀 사이의 거리가 점점 좁아진다. 그녀의 손끝은 그 홀의 머리를 건드린다. 이 행위는 의례의 완수가 아니었다. 준엄한 금속을 만진 것이 아니었다. 생명의 온기였고 구원의 징표였다. 홀의 머리에 닿은 손끝에서 두 세계가 이어졌다. 어두운 위협과 눈부신 은혜, 죽음의 가능성과 생명의 약속이 하나의 접촉으로 교차했다. 삼십 일의 거리도 사라졌다. 그 순간, 왕의 앉음과 왕후의 서 있음은 더 이상 대비가 아니었다. 죽음의 문턱은 생명의 문으로 바뀌었고 멸망의 그림자는 구원의 빛으로 물들었다. 황금홀의 머리를 건드린 에스더의 손은 얼마나 떨렸을까? 그러나 그것은 두려움의 떨림이 아니라 감격의 떨림, 안도의 떨림, 감사의 떨림이다. 이제 홀과 손의 접촉은 침묵의 협상이 끝났음을, 이제 말이 흘러야 할 때가 왔음을 알리는 신호였다.

³왕이 그녀에게 말하였다 "왕후 에스더여 무엇이 그대를 위한 것인가? 무엇이 그대의 요청인가? 내가 왕국의 절반이라 할지라도 그대에게 주겠노라"

왕이 에스더의 이름을 호명한다. "죄인 에스더"가 아니라 "왕후 에스더"(אֶסְתֵּר הַמַּלְכָּה)다. 호칭은 예의를 넘어 왕의 마음을 드러내는 신호였다. 에스더의 행위를 정의하지 않고 그녀의 신분을 먼저 확인했다. 왕의 마음속에서 에스더는 여전히 그의 아내였다. 거리가 사랑을 식히지 못하였고 시간이 애정을 지우지 못하였다. "왕후"는 "네가 여기 있어도 좋다, 네가 온 것을 환영한다, 너는 여전히 내게 소중하다"라는 메시지가 깃든 호칭이다. 에스더를 왕후로 인정한 순간 그들 사이의 모든 장벽은 무너졌다. 황금홀의 접촉이 물리적인 안전을 보장한 것이라면 "왕후"라는 호칭은 에스더의 존재 가치와 권위를 왕궁 전체에 공표한 것이었다. 홀을 내민 것보다 더 큰 호의였다. 목숨을 걸었던 그 무모한 도박이 이제는 신뢰 위에 세워진 담론으로 바뀌는 순간이다.

왕은 먼저 "무엇이 그대를 위하는(מַה) 것"인지를 질문한다. 왕의 질문은 법정의 언어가 아니라 침실의 언어이고, 재판관의 질문이 아니라 배우자의 질문이다. 이것은 물음의 형식을 취하지만 "그대를 위하는" 일이라면 무엇이든 하겠다는 제안이다. 권력은 대체로 자기중심적인 속성을 보이는데 왕은 지금 물음의 중심에 에스더를 둔다. 뭐든지 주겠다는 왕의 질문은 법과 규례가 지배하는 궁정에서 낯설 만큼 따뜻하다. 이렇게 왕의 맹렬한 순애보가 시작된다. 왕의 속삭임은 궁정의 대리석에 부딪혀 은빛 메아리로 구석구석 흩어진다. 이제 왕실 전체가 그 애정의 증인이다.

잔잔한 물 위에 같은 질문이 두 번 떠오른다. "그대의 요청은 무엇인가(־מַה בַּקָּשָׁתֵךְ)?" 왕은 유사한 질문을 반복한다. 확신이 없는 세계에서 질문의 반복은 왕의 확약이고 왕권의 보증서와 같다. 한 번의 질문으로 닿지 못한 마음이 두 번의 질문으로 더 가까이 다가섰다. 바람이 바다를 두드리듯, 왕의 말은 그녀의 영혼을 일깨웠다. 두려움과 희망 사이에서 반복되는 왕의 질문은 그녀를 건너가게 한다. 왕의 반복적인 질문은 예수님의 말씀을 떠올리게 한다. 제자들을 향해 예수님도 "너희가 내 이름으로 무엇을 구하든지 내가 행"할 것이라고 두 번이나 말씀하셨다(요 14:13-14). 여기에서 나는 이방인 왕의 입에서도 예수님의 가르침을 예표하는 문장이 나온다는 사실을 확인한다. 왕의 되풀이된 질문은 에스더의 용기를 북돋았고 예수님의 되풀이된 약속은 제자들의 믿음을 일깨웠다. 에스더의 심장은 백성의 절규로 박동했고 제자들의 가슴은 영감받은 말씀으로 고동쳤다. 왕의 확약은 이후에 한 민족을 구원하고, 예수님의 확약은 온 인류를 구원한다. 궁전의 왕좌와 갈릴리의 하늘 아래에서 울려 나온 이 두 목소리는 서로 다른 시대와 공간을 넘어 인간의 말이 하늘과 권세 앞에서 결코 사라지지 않는다는 진실을 함께 노래한다.

무엇을 구해도 된다는 취지에서 왕은 자신이 가진 최고의 카드를 제시한다. "왕국의 절반이라 할지라도(עַד־חֲצִי הַמַּלְכוּת) 그대에게 주겠노라." 이는 왕국의 127개 지방의 절반도 에스더의 소원과 교환할 수 있다는 파격적인 제안이다. 왕에게 에스더는 나라의 절반보다 더 소중하기 때문이다. 그녀의 가치에 비하면 왕궁이라 할지라도 왕에게는 더 이상 진정한 보물이 아니었다. 왕이 말을 계속 이어갔다면 왕국의 전부라도 주겠다고 공약할 기색이다. 그런데 왕의 약조는 왕국의 울타리 안에서만 빛나는 약속이다. 그러나 예수님의 약속은 당신께서 친히 조성하신 하늘과 땅을 아우른다. 그리고 시공을 추월하는 무한한 능력으로 보증된다.

4에스더가 말하였다 "만일 왕에게 좋으시면 제가 오늘 당신을 위하여
마련한 잔치에 왕과 하만이 와 주십시오"

왕의 질문이 던져졌다. 이제 에스더의 시간이다. 그녀가 왕에게 대답한다. 그런데 왕에게서 백지수표 같은 거대한 기회를 얻은 그녀의 입에서 왕의 질문에 상응하는 대답이 한마디도 나오지 않았다는 것은 참으로 신기하다. 그녀는 왕국의 절반을 말하지도 않고 민족의 구원을 말하지도 않고 무엇보다 왕의 기호부터 생각한다. "만일 왕에게 좋으시면"(אִם־עַל־הַמֶּלֶךְ טוֹב). 이 기막힌 표현은 겸양을 넘어선 지혜의 극치였다. 에스더는 자신을 위하여 무엇이든 하겠다고 약조한 왕의 좋으심을 자신의 필요보다 앞세운다. 그녀는 세상과

다른 언어를 구사한다. 이것은 평소에 왕에게 쏟아진 질문과 답변의 법칙을 거스르는 것이었다. 하지만 익숙한 패턴에서 벗어난 반응으로, 에스더는 왕의 강력한 권능을 부드럽게 사로잡고 자신의 필사적인 소원을 왕의 자발적인 좋음 아래에 겸손히 배치하는 기묘한 역설을 시전했다. 그리고 그녀가 꺼낸 답변의 첫마디는 왕의 더 깊은 의도라는 미궁을 향한 정중하고 예리한 침투였다. 모든 것을 주겠다는 자 앞에서 모든 것을 내려놓는 역설적인 반응은 권력을 상대하는 가장 강력한 수완이자 깊은 상대를 향한 가장 낮고도 높은 응수였다. 왕의 "좋으심"을 자신의 "필요함" 앞에 둔 그 순간, 비로소 진정한 구원의 문이 열리기 시작한다.

에스더의 요청은 왕을 위한 "잔치"(מִשְׁתֶּה)에의 참석이다. 그 잔치의 시점은 무려 "오늘"이다. 왕을 위한 잔치가 오늘이면 에스더는 이미 이전에 잔치까지 계획하고 있었음을 의미한다. 에스더의 전략이 치밀하다. 믿음도 대단하다. 죽을지 살지도 모르는 상황에서 잔치까지 준비했기 때문이다. 그녀는 왕이 자신에게 황금홀을 내밀고 최고의 호의를 베풀 것이라는 것을 확신했고 이후에 이루어질 잔치까지 미리 계획했다. 왕을 위한 음식과 술과 분위기와 자리 배치까지, 준비할 것이 한두 가지가 아니었다. 죽을 수도 있음을 알면서도 살았을 경우를 위한 모든 준비를 이미 끝마쳤다. 에스더는 왕의 뜰로 발을 내딛기 전에 이미 자신이 살아남을 것을 전제로 움직였다.

금식은 하늘을 향한 것이었다. 그러나 잔치는 땅에서의 일이었다. 기도는 영적 준비였고 잔치는 전략적 준비였다. 에스더는 그 둘을 불리하지 않고 모두 준비했다. 그녀의 준비에서 하늘의 주권을 존중하는 동시에 사람의 책임을 다하는 신앙의 균형이 돋보인다. 그리고 에스더는 왕에게 많은 시간을 주지 않고 "오늘"(הַיּוֹם)을 제시한다. "내일"이나 "편하신 때"가 아니라 "오늘"이다. 그녀는 왕의 마음이 가장 뜨거운 순간을 포착했다. 황금홀을 내밀고 왕국의 절반까지 약속한 바로 그 순간, 왕의 호의가 최고조에 달한 이 오늘을 에스더는 붙들었다. 시간이 지나면 왕의 마음이 식을 수도, 다른 사건들이 개입할 수도, 하만의 교활한 영향력이 다시 작용할 수도 있기 때문이다. 에스더는 왕에게 선택의 여유를 주되 그 선택에 "예"가 될 수밖에 없는 상황을 조성한다. 왕을 조정하지 않고 상황을 조율한다. 이것은 에스더의 즉흥적인 기획이 아니라 계산된 행보였다. 왕 앞에 나아가는 것부터, 왕의 질문에 답하는 것, 잔치를 제안하는 것, 그 잔치의 시간을 오늘로 잡은 것은 모두 한 흐름 안에 연결되어 있다. 그러면서 어느 것 하나도 통제하지 않고 선택을 왕에게 위임한다.

오늘의 잔치는 하나님의 섭리와 인간의 지혜가 맞물린 작품이다. 에스더가 왕 앞에 나아갔을 때 왕이 황금홀을 내민 것은 하나님의 은혜였다. 그러나 에스더가 미리 잔치를 준비해 둔 것은 하나님의 은혜 아래에서 이루어진 인간의 지혜였다. 하늘의 보이지 않는 손은 왕의 마음을 움직였고, 에스더의 보이는 손은 그 마음이 향할 자리를 마련했다. 기적은 준비된 자에게 임한다고 했다. 준비는 신앙의 적극적인 표현이다. 금식과 죽음의 위기 속에서도 잔치를 준비한 에스더는 배고픔 속에서도 음식을 차린 여인이다. 절망 속에서도 희망의 돗자리를 펼친 여인이다. 금식과 잔치의 상극이 에스더의 전략 속에서는 절묘한 조화였다. 그녀의 전략은 치밀했다. 그러나 그것은 냉정한 계산이 아니라 민족을 향한 뜨거운 사랑과 하나님을 향한 깊은 신뢰에서 왔다. 그녀는 단 하나의 기회도 낭비하지 않기 위해 죽음조차 넘어서서 계획했다. "오늘," 이 단어는 독자에게 증언한다. 에스더가 얼마나 준비된 여인이며 유능한 지도자가 되었는지, 하나님의 구원이 얼마나 인간의 지혜와 조화롭게 일하는지!

에스더는 제국의 권력을 자신의 시간과 공간으로 초대한다. 그녀가 잔치에 초청한 대상은 "왕과 하만"이다. 이것도 치밀한 전략의 한 부분이다. 에스더의 이 잔치는 하나의 무대이며 왕과 하만으로 대표되는 권력의 중심을 에스더 쪽으로 옮기는 섬세한 연극이다. 왕과 하만이 제국의 모든 업무와 위계를 내려놓고 왕비가 제공하는 음식과 분위기에 의존하게 되는 순간, 에스더는 비로소 이 게임의 진정한 연출가가 된다. 왕은 주연처럼 앉아 있지만 사실상 에스더가 짠 대본 안에 들어온 배우에 불과하다. 하만은 제국의 권세를 과시하며 나오지만 곧 그 자리가 덫임을 알게 되는 불운한 조연에 불과하다. 하만은 자신을 왕과 왕후의 사적 잔치에 유일하게 동석하는 재상으로 여기며 참석을 영광으로 이해한다. 그러나 이 잔치가 그의 악함이 드러나고 정죄될 심판의 무대라는 사실에는 무지하다. 에스더는 잔치를 통해 제국의 권력을 잠시 포획하고 이 사적인 공간에서 민족의 운명을 뒤바꿀 대반전의 서막을 준비한다. 잔치라는 사적인 쾌락 속에서 이성적인 판단력이 흐려지고 친밀감과 호의가 극대화될 때, 에스더는 마침내 자신의 소원을 터뜨릴 결정적인 순간을 확보하게 된다.

와스디는 왕의 잔치에 나아가지 않아서 쫓겨났다. 그런데 에스더는 왕의 잔치에 나아가지 않는 것이 아니라 왕을 자신의 잔치에 초대하여 나아오게 한다. 기막힌 역설이다. 와스디의 거절은 자신을 위한 것이었고 에스더의 초대는 민족을 위한 것이었다. 와스디는 한순간의 분노로 움직였고 에스더는 삼 일의 금식 후에 움직였다. 와스디는 혼자였다. 그러나 에스더는 온 민족이 그녀와 함께 금식했다. 와스디는 자신의 존엄을 지켰으나 에스더는 자신과 민족의 생명을 구원한다. 에스더는 혹시 와스디의 실패에서 배우지 않았을까? 그녀와는 달리, 에스더의 방법은 거절이 아니라 초대, 대결이 아니라 포용, 밀어내는 것이 아니라 당기는 것이었다. 와스디는 왕의 권력을 부정했고, 에스더는 자신의 목적을 위해 왕의 권력을 활용한다. 에스더가 보기에는 저항보다 전략이, 분노보다 지혜가, 거절보다 초대가 더 큰 변화를 만드는 묘수였다.

잔치에 초대하는 자는 공간의 주인이다. 왕이 에스더의 잔치에 온다는 것은 둘 사이에 호스트와 게스트의 관계가 생김을 의미한다. 당연히 호스트는 잔치를 주도한다. 왕은 자신의 공간이 아니라 왕후의 공간으로 가야 하고, 왕의 시간이 아니라 그녀의 시간에 이르러야 한다. 게다가 거기서는 에스더가 상을 차리고, 에스더가 분위기를 만들고, 에스더가 대화의 흐름을 조율한다. 이것은 권력의 위험한 전복이 아니라 절묘한 재배치다. 이제 권력의 중심은 잠시 왕궁의 공적인 회의실을 이탈하여 에스더의 손아귀로 넘어온다. 권력의 심장부에 뛰어들지 않고 그 심장을 자신이 마련한 자리로 조용히 꺼내 오는 기발한 전환이다.

5 왕이 말하였다 "에스더가 말한 대로 행하도록 하만으로 하여금 서두르게 하라"
이에 왕과 하만은 에스더가 마련한 잔치에 들어왔다

에스더의 제안을 받은 왕은 좌고우면 없이 즉각 수용한다. "에스더가 말한 대로 행하도록(לַעֲשׂוֹת)" 하라고 지시한다. 이것은 신하들과 상의하지 않고 하만에게 묻지도 않고 내린 지시였다. 말은 에스더가 하고 실행은 왕의 몫이라니, 이 얼마나 놀라운 전복인가! 왕궁의 질서에 의하면, 왕이 말하고 다른 모든 이들은 실행한다. 왕의 말씀이 내려지면 제국이 움직인다. 법령이 반포되면 127도가 순종한다. 이것이 제국의 문법이다. 그런데 지금 그 문법이 바뀌었다. "에스더가 말한 대로 행하도록." 주어와 동사의 관계가 바뀌었다. 왕은 여전히 명령을 내리지만 그 명령의 내용은 에스더가 제시한다. 왕은 여전히 권력을 가졌지만 그 권력의 방향은 에스더가 결정한다. 말하는 자와 행하는 자의 분리, 이 분리 속에서 새로운 종류의 권력이 탄생한다. 이것은 더 섬세하고, 더 깊고, 더 지속적인 권력, 명령하는 권력이 아니라 설득하는 권력, 강제하는 권력이 아니라 초대하는 권력이다. 권력을 소유하는 것이 아니라 권력을 움직이는 것, 명령을 내리는 것이 아니라 명령이 내려지게 하는 것, 직접 행하는 것이 아니라 행해지게 하는 것이 진정한 권력이다. 이런 권력을 에스더는 왕을 통해서 휘두른다. 이러한 권력의 새로운 문법이 이제 제국을 지배한다. 이는 "에스더가 말한 대로"라는 왕의 말과 "만일 왕에게 좋으시면"

이라는 에스더의 말이 생성한 문법이다.

그리고 왕은 "하만으로 하여금 서두르게 하라(מַהֲרוּ)"고 지시한다. 서두름의 대상에는 하만만이 아니라 왕도 포함된다. 왕이 서두르는 이유는 잔치의 날이 오늘이기 때문이다. 제국의 두 거물은 에스더가 정해 놓은 급박한 시간표에 맞추어 움직여야 했다. 제국에서 최고의 권력이 서두르는 것은 대단히 희귀한 사건이다. "서두르다," 이것은 제국의 정점에 선 자에게 어울리지 않는 단어였다. 그를 재촉하는 것은 무엄한 일이었다. 왕은 기다리게 하는 자이지, 기다리는 자가 아니었다. 시간은 왕의 의지에 따라 늘어나고 줄어드는 것이었고, 왕좌에 앉은 자의 한 마디는 계절보다 느리게, 혹은 천둥보다 빠르게 세상을 움직인다. 모든 것이 왕의 편한 걸음에 맞춰져야 한다. 그런데 에스더의 제안으로 그 특권적인 시간의 흐름이 휘어지기 시작했다. 에스더가 부여한 "오늘"의 무게가 왕의 느릿한 시간까지 압도했다. 그래서 왕은 서두른다. 하만도 서두르게 한다. 제국에서 가장 느릿한 존재가 되어야 할 자가 가장 바빠졌다. 이런 상황은 왕관을 쓴 자조차도 기다릴 수 없게 만드는, 시간의 지배자도 시간에 복종하게 만드는 어떤 사건의 문턱이다. 이처럼 에스더는 이 잔치를 통해 왕의 시간, 왕의 공간, 왕의 행동 속도까지 모두 자신의 전략적 통제 아래 두는 데 성공했다. 이 희귀한 장면 자체가 에스더의 전략적 승리를 선언하는 축포였다. 그녀가 만든 서두름 속에서 하만의 오만은 증폭되고, 왕의 마음은 더욱 관대하게 열리고, 민족의 운명을 바꿀 결정적인 순간은 누구도 예상치 못한 속도로 다가오고 있다.

왕은 에스더의 말을 들었고 그것을 자신의 명령으로 만들었다. 이것은 하만이 자신의 말을 왕에게 주입하고 왕이 그것을 국법으로 만든 것과 묘하게 대비된다. 앞에서 살펴본 것처럼, 하만의 말은 교묘했다. 왕의 두려움을 건드리고 왕의 자존심을 자극했다. 하만은 자신의 의도를 왕의 언어로 번역하는 데 능숙했다. 왕은 빈 그릇처럼 하만의 독을 담았고 그것을 권위라는 이름으로 한 민족에게 쏟아냈다. 권력은 말을 만들지 못하고 말에 힘을 실어줄 뿐이었다. 이 사실을 하만과 에스더는 잘 알지만 다르게 활용한다. 그들의 말은 같아도 그 출처와 목적은 상이했다. 하만의 말은 탐욕에서 왔으나 에스더의 말은 진실에서 왔다. 하만의 말은 권력의 욕망에서 왔으나 에스더의 말은 침묵 속의 기도에서 왔다. 하만의 말은 죽음을 향했으나 에스더의 말은 생명을 향하였다. 두 사람은 모두 왕의 권위라는 동일한 악기를 연주했다. 그러나 하만은 왕의 마음을 속였으나 에스더는 왕의 마음을 울렸으며, 하만은 왕의 무지를 이용했고 에스더는 왕의 양심을 일깨웠다.

에스더의 요청을 따라, "왕과 하만은 에스더가 마련한 잔치에 들어왔다." 제국의 두 실세가 실제로 잔치에 참석했다. 잔치 참석의 이유에 대해 왕은 왕비의 환대라고 생각했고 하만은 왕의 총애라고 생각했다. 그러나 다른 목적을 위해 차려진 잔치였다. 금식이 준비한 잔치여서 다른 잔치들의 목적과 구별된다. 이 잔치를 출세의 정점이자 적을 무너뜨린 기념비로 여기는 하만에게 이 연회장은 운명의 덫이 설치된 무대였다. 포도주와 음식은 단지 배경일 뿐이고 진짜 잔치는 말들의 향연이다. 그곳은 진실이 드러날 법정이고, 운명이 재판받을 심판대고, 정의가 뒤집힐 전장이다. 술잔이 돌아가고 말들이 부딪히는 대화 속에서 죽음과 구원의 드라마는 은밀하게 그 서막이 올라간다. 잔치의 공기에는 말하지 않은 진실, 감추어진 계획, 그리고 곧 터지려는 파국의 긴장감이 자욱하다.

⁶포도주 잔치에서 왕이 에스더에게 말하였다 "그대의 청원이 무엇이냐?
그대에게 주어질 것이다 그대의 요청이 무엇이냐?
왕국의 절반이라 할지라도 이루어질 것이다"

저자는 에스더가 마련한 잔치를 "포도주 잔치"(מִשְׁתֵּה הַיַּיִן)라고 명명한다. 음식이 아닌 포도주를 중심으로 마련했기 때문이다. 고대 근동에서 포도주는 기쁨과 축제의 상징이고 마음을 열게 하는 매개였다. 이는 이 잔치가 업무의 연장이 아니라 친밀한 교제임을 암시한다. 포도주는 사람의 마음을 부드럽게 한다. 경계를 낮추고 대화를 촉진하고 분위기를 느슨하게 한다. 포도주는 한 민족의 숨통을 끊는 조서를 작성하고 반포한 왕과 하만의 경직된 마음을 풀어놓을 완벽한 도구였다. 사실 왕이 예전에 와스디를 부른 것도 포도주로 마음이 즐거울 때의 일이었다(에 1:10). 그런 사건을 보더라도 포도주는 왕의 기분을 좌우하는 결정적인 요소였다. 에스더는 왕과 관련된 역사 속의 사건을 하나도 허투루 지나가지 않고 꼼꼼하게 점검했다. 하지만 하만에게 포도주는 다른 의미였다. 경계를 낮추고 교만을 드러내게 만드는 액체였다. 술에 취하면 사람들은 자신의 본색과 본심을 드러낸다.

"포도주 잔치"라는 명칭은 이것이 빠르게 끝날 만찬이 아님을 암시한다. 음식 위주의 잔치는 배가 부르면 끝나지만 포도주 잔치는 입이 음식으로 채워져 있지 않아서 대화가 왕성하게 이어지고 분위기가 붉어지고 시간은 느리게 흘러간다. 에스더는 충분한 시간이 필요했다. 왕의 마음을 읽을 시간, 적절한 순간을 포착할 시간, 용기를 모을 시간, 이러한 시간들을 포도주 잔치가 그녀에게 제공했다. 그리고 고대 근동에서 포도주 잔치는 중요한 외교적 소통의 장이었다. 에스더는 이런 문화적 코드도 완벽하게 이해하고 있다. 이런 형식의 잔치를 선택하여 그녀는 자신의 청이 가벼운 부탁이 아니라 국가적 중요성을 가진 사안임을 은연중에 암시한다.

왕은 왕의 집 뜰 안에서 왕후에게 건넨 질문을 다시 던지며 왕국의 절반을 요청해도 기꺼이 주겠다고 약속한다. 동일한 질문과 약속의 반복이 주는 의미는 무엇인가? 말의 되풀이나 재확인이 아니었다. 첫째 질문은 초대였고, 둘째 질문은 확증이다. 한 번의 약속은 예외일 수 있지만, 두 번의 약속은 진심이다. 반복은 진정성의 증거였다. 깊은 의미로는 에스더의 결의를 찬미하는 노래였다. 왕의 반복된 질문과 약속의 이중주는 역사가 쉬는 숨의 리듬이다. 다시 언급된 "왕국의 절반," 이는 "왕이 줄 수 있는 최대한"을 의미하는 고대 근동의 관용적인 표현이다. 왕은 과장을 통해 자신의 진실한 마음을 전달했다. 왕의 질문과 약속이 반복되면 에스더의 통제력은 더 강해진다. 그녀의 침묵이 길어지면 왕은 더 간절하게 되고 약속은 더 커져간다. 이런 역학을 인지한 그녀는 완벽한 순간을, 최대한의 확신을, 최고의 분위기를 기다리고 또 기다린다.

왕의 두 번째 질문과 약속이 첫 번째와 다른 점은 왕후만이 아니라 하만도 들었다는 사실이다. 하만의 존재는 왕의 말에 무게를 더하였다. 증인이 있는 자리에서 반복된 약속은 권력의 공식 문서처럼 나중에 번복하기 어려운 공적 서약이다. 에스더는 이것을 겨냥했다. 제국의 2인자라는 증인을 확보하여 왕의 약속에 법적 구속력을 부여했다. 페르시아 제국의 왕에게 체면은 권력의 핵심이다. 최고위 신하 앞에서 한 말을 지키지 않는다면 그의 권위는 필히 실추된다. 왕의 말은 법이어야 했고 왕의 약속은 불변해야 했다. 하만은 이 상황에서 어떤 생각에 빠졌을까? 왕후가 자신을 위해 특별한 부탁을 할 것이라는 기대에 빠졌을 지도 모르겠다. 나는 그가 왕후를 대하는 왕의 각별한 애정에서 왕후는 함부로 긴드리면 안 된다는 사실을, 왕후의 권위가 자신의 권세와는 비교할 수 없을 정도로 절대적인 크기를 가졌다는 사실을, 그래서 후사를 제대로 도모하기 위해서는 왕후를 등에 업어야 하겠다는 궁리에 빠졌을 것이라고 생각한다. 그러나 그런 생각이 광기를 부리는 하만의 머리 위로는 이미 에스더의 치밀한 계획과 왕의 확고한 은혜라는 두 개의 칼날이 드리워져 있다.

7에스더가 대답하여 말하였다 "저의 청원과 저의 요청은,

8만일 제가 왕의 눈에 은혜를 입었다면, 만약 왕께서 제 요청을 들으시고

제 요구를 행하시는 것을 좋게 보신다면, 제가 왕과 하만을 위하여

마련한 잔치에 오시는 것입니다 그러면 내일 제가 왕의 말씀대로 행할 것입니다"

에스더가 대답한다. 핵심은 내일 왕과 하만을 위한 잔치에 한 번 더 와 달라는 요청이다. 에스더는 동일한 잔치를 두 번이나 준비했다. 오늘의 잔치는 내일 다시 빛날 불꽃의 예고편에 불과했다. 첫째 잔치는 길을 열어주는 미소였다. 그러나 둘째 잔치는 결정적인 순간을 잡기 위한 덫이자 포승줄이 된다. 그녀의 전략은 조용한 강물처럼 흘러가되 그 물줄기가 결코 엉뚱한 곳으로 새지 않도록 조율한다. 에스더의 전략이 가진 치밀함의 끝은 어디인가? 그녀의 전략은 흔한 지략을 넘어선다. 그것은 마치 장인이 정교한 무늬를 새기듯 한 번의 칼질이 아니라 여러 번의 겹침과 다듬음을 통해 완성되는 예술이다. 왕과 하만은 그녀가 펼쳐 놓은 그 무늬 속으로 운명처럼 들어간다.

대부분의 사람들은 왕의 엄청난 약속을 받으면 기회를 놓칠까 두려워서, 왕의 마음이 변할까 염려해서 즉각적인 요청에 돌입한다. 그러나 에스더는 반대로 움직인다. 절호의 기회처럼 보이는 순간을 그냥 지나가고 요청의 시점을 내일로 연기한다. 에스더의 전략은 지연의 예술이다. 왕의 마음이 충분히 열릴 때까지 기다리고 하만의 자만이 극에 달할 때까지 인내한다. 첫째 잔치는 마치 본무대를 위한 리허설과 같다. 왕의 마음이 어떤지, 분위기는 적절할지, 하만의 반응은 어떤지를 확인하는 과정이다. 에스더는 하만에 대한 왕의 신뢰도, 왕과 하만 사이의 친밀감과 연대성, 그들의 동선과 관심의 기울기 등을 꼼꼼하게 관찰하고 측정하고 계산한다. 이 과정이 끝나고 이제 그녀는 마음을 다잡고 말을 준비하고 모든 가능성을 점검한 후, 내일 더 확신에 차서 더 명확하게, 더 강력하게 말할 것이라고 다짐한다.

오늘의 잔치는 "왕을 위한"(ל) 것이었다. 왕만을 위한 잔치에 하만도 참석

했다. 왕과 왕후의 잔치에 유일하게 초대를 받은 하만은 큰 영광으로 여겼음이 분명하다. 이로써 하만은 자신이 제국의 유일한 2인자라는 사실을 확증하며 뿌듯했다. 그러나 하만이 비록 초대를 받기는 하였으나 잔치의 목적은 아니었다. 그런데 내일의 잔치는 "왕과 하만을 위한"(ロחַ) 것이라고 에스더는 명시한다. 하만도 잔치의 목적에 왕과 나란히 포함되어 있다. 그 순간, 하만은 잔치의 깍두기가 아니라 주빈의 반열에 올려진다. 아마도 하만은 이제 자신도 왕과 비등한 권위를 가진 존재로 인정받은 것처럼 이전보다 더 큰 영광으로 여겼음이 분명하다. 이로써 그의 교만은 점점 고조된다. 그런데 왕후에게 푹 빠진 왕의 귀에는 왕과 하만 둘을 위한다는 말이 어떻게 들렸을까? 은밀한 질투심의 씨앗을 심는 말이었다. 하만을 자신과 같은 급으로 예우하는 듯해 묘한 경쟁심도 깨어났다.

에스더는 두 번이나 왕의 확약을 들었지만 여전히 가정법을 두 번이나 사용한다. "만일(ロﬡ) 제가 왕의 눈에 은혜를 입었다면, 만약(ロﬡ) 왕께서 제 요청을 들으시고 제 요구를 행하시는 것을 좋게 보신다면." 왜 에스더는 왕의 재확인된 약속을 확신이 아니라 가능성의 차원으로 이해할까? 에스더의 "만약"에는 그녀의 두려움과 신중함이 버무려져 있다. 왕의 호의는 영원하지 않다. 오늘의 호의가 내일 아침에는 언제든지 뒤집힌다. 왕도 사람이기 때문에 확약에 대해서도 그녀는 확정하지 않고 변화 가능성의 문을 끝까지 열어둔다. 이는 예전에 왕이 포도주에 취해 어명을 내렸고 노여움은 불꽃처럼 급하게 타올랐고 급기야 자신의 아내도 순식간에 폐위한 전력이 있기 때문이다. 그리고 에스더는 왕의 마음까지 임의로 움직이는 하나님의 은혜가 임하기를 가정법에 머물면서 조용히 기다린다. 그래서 그녀의 가정법은 은밀한 기도이자 운명 앞에서의 겸손이다. 그녀의 궁극적인 신뢰는 사람이 아니라 하나님께 있다. 동시에 에스더의 가정법은 가장 세련된 경의의 표현이다. 그녀는 가정법을 통해 여전히 모든 결정권과 주권을 왕에게 일임한다. 이는 왕의 자존심을 지극히 높여 그녀의 요청을 기꺼이 들어줄 심리적 여유를 그에게 제

공한다. 이처럼 두 번의 "만약"은 왕의 확약을 의심한 것이 아니라 그 확약의 실제적인 이행을 위한 지혜로운 부언이다. 그녀는 불확실한 인간의 마음을 다루는 최고의 심리 조련사다. 왕후의 가정법을 들은 왕의 마음은 어떠할까? 왕은 자신의 확언도 아내에게 충분한 확신을 주지 못했다는 점을 인지하고 더 큰 확신의 언어들을 준비하게 된다. 즉 에스더의 "만일"은 왕으로 하여금 자신의 호의 점검을 촉구하는 정교한 언어적 덫이었다.

에스더는 "내일"(מָחָר) "왕의 말씀대로 행할 것"이라고 대답한다. "내일"은 지금 당장의 즉각성도, 먼 미래의 막연함도 아닌, 기다림을 지탱하는 시간의 가장 정밀한 간격이다. 지체가 아니라 완성을 위한 숙성의 시간이다. 이 하룻밤의 유예를 통해 에스더는 왕의 호기심을 최고의 상태로 유지하고 하만의 교만을 더욱 깊은 수렁으로 유도한다. 이로써 왕은 왕후의 요청에 대한 궁금증이 최고조에 달하여 오늘 밤에 잠을 이루지 못하고 제국의 역대기를 읽는 기적 같은 우연이 전개된다. 이 우연은 구원의 결정적인 근거로 작용한다. 지금까지 살펴본 두 번의 잔치 마련은 에스더가 왕의 호의와 하만의 악의라는 두 개의 줄을 팽팽하게 당겨 구원의 칼날이 가장 날카롭게 벼려질 수 있도록 계획한 이중 함정이자 최적의 시간 설계였다.

9 그 날 하만이 마음이 기뻐 즐거이 나오더니 모르드개가 대궐 문에 있어 일어나지도 아니하고 몸을 움직이지도 아니하는 것을 보고 매우 노하나 10 참고 집에 돌아와서 사람을 보내어 그의 친구들과 그의 아내 세레스를 청하여 11 자기의 큰 영광과 자녀가 많은 것과 왕이 자기를 들어 왕의 모든 지방관이나 신하들보다 높인 것을 다 말하고 12 또 하만이 이르되 왕후 에스더가 그 베푼 잔치에 왕과 함께 오기를 허락 받은 자는 나밖에 없었고 내일도 왕과 함께 청함을 받았느니라 13 그러나 유다 사람 모르드개가 대궐 문에 앉은 것을 보는 동안에는 이 모든 일이 만족하지 아니하도다 하니 14 그의 아내 세레스와 모든 친구들이 이르되 높이가 오십 규빗 되는 나무를 세우고 내일 왕에게 모르드개를 그 나무에 매달기를 구하고 왕과 함께 즐거이 잔치에 가소서 하니 하만이 그 말을 좋게 여기고 명령하여 나무를 세우니라

❖ ❖ ❖

9 그날에 하만이 기뻐하며 마음이 좋아서 나왔는데 하만이 왕의 문에서 모르드개를 보았을 때 그가 자기 앞에서 일어나지 않고 움직임도 없어서 하만이 모르드개 때문에 분노가 가득했다 10 그러나 하만은 자신을 억제하고 자기 집으로 가서 사람을 보내어 자신의 친구들과 자기 아내 세레스를 데려오게 했다 11 하만은 그들에게 자기 재물의 영광과 자신의 많은 아들들과 왕이 자신을 크게 하고 왕의 고관들과 신하들 위에 높인 모든 것을 자세히 말하였다 12 하만이 또 말하였다 "심지어 왕후 에스더가 자신이 마련한 잔치에 왕과 함께 오게 한 자는 오직 나를 제외하고 아무도 없었으며 내일도 나는 왕과 함께 초대를 받았어 13 그런데 내가 왕의 문에 앉아 있는 모르드개 그 유다인을 보는 모든 순간마다 이 모든 것이 내게는 무가치해" 14 그의 아내 세레스와 그의 모든 친구들이 그에게 말하였다 "높이가 오십 규빗 되는 나무를 세우시고 아침에 왕에게 말하셔서 모르드개를 그 위에 매달게 하십시오 그리고 왕과 함께 잔치에 즐겁게 가십시오" 그 말이 하만의 눈에 좋게 여겨져서 그가 그 나무를 만들었다

하만의 증오

₉그날에 하만이 기뻐하며 마음이 좋아서 나왔는데 하만이 왕의 문에서
모르드개를 보았을 때 그가 자기 앞에서 일어나지 않고 움직임도 없어서
하만이 모르드개 때문에 분노가 가득했다

저자는 하만이 잔치를 끝내고 나올 때 "기뻐하며 마음이 좋아서(שָׂמֵחַ וְטוֹב לֵב)
나왔다"고 한다. 별궁의 문턱을 벗어나는 하만의 발걸음은 구름 위를 걷는
듯 가벼웠다. 아니, 춤에 가까웠다. 뭐가 그렇게도 좋았을까? 하만은 무엇에
그렇게도 기뻐하는 사람일까? 하만의 행복한 상태에는 그의 기질이 고스란
히 드러난다. 하만의 기쁨은 영광의 기쁨이 아니라 비교의 기쁨이다. 나만
초대를 받았다는 사실이 주는 쾌감, 다른 이들은 초대받지 못했다는 전제가
건넨 황홀함은 배타성의 기쁨이다. 오직 "나"를 중심으로 회전하는 이기적
인 행복이다. 하만은 세상의 모든 찬사와 보상이 자기 자신에게 집중될 때
에만 만족하는 극도의 자기애에 빠진 사람이다.

 오늘의 잔치에 참여한 영광을 누리고 내일의 초대라는 약속까지 받았기

에 하만 자신이 왕의 오른팔을 넘어 마치 왕실의 가족과도 같은 존재, 왕족의 일원이 되었다는 착각에 도취된다. 실상은 낭떠러지 끝에 서 있지만 자신은 정점에 서 있다고 믿을 정도로 도취되어 있다. 그러나 기쁨이 클수록 추락은 얼마나 더 참혹할까! 이는 그의 기쁨이 단단한 내면의 평화가 아니라 타인의 인정과 자신의 지위라는 불안정한 토대 위에 세워졌기 때문이다. 교만은 외부의 인정이 공급될 때 가장 빛나는 것처럼 보이지만 동시에 가장 쉽고 아찔하게 무너진다. 하만은 어떠한 불안이나 의심도 없이 에스더의 은밀한 의도를 전혀 느끼지 못하고 묻지도 않은 채 그저 잔치의 표면만을 본다. 그의 마음은 자기애로 가득 차서 성큼 다가선 비극의 현실을 읽을 약간의 감지력도 없다.

하만의 심장에는 오늘의 독점적인 영광과 내일로 예약된 특권이 승리의 깃발처럼 찬란하게 휘날렸다. 그런데 그런 기쁨의 행진이 왕궁의 대문에 이르렀을 때 일순간에 사라졌다. 그 이유는 그의 눈에 들어온 모르드개, 그 유다인의 불쾌한 존재감 때문이다. 그는 이번에도 하만 앞에서 "일어나지 않고"(מק־לֹא) 앉아서 무시했다. 심지어 일말의 "움직임도 없다"(זָע־לֹא). 한 사람의 이 "아무것도 하지 않음"이 하만의 모든 것을 무너지게 한다. 제국의 2인자를 봤는데도 일어나지 않고 절하지도 않고 고개조차 숙이지도 않고 심지어 미동도 없이 정지되어 있는 모르드개를 보는 하만의 심장은 요동친다. 하만의 정체성은 타인의 인정 위에 세워져 있기 때문에 모든 이의 복종, 모든 이의 경배가 하만을 하만 되게 한 이유였다. 한 사람의 거부, 단 한 사람의 절하지 않음이 하만의 우주에 뚫린 구멍, 그의 완벽함을 비웃는 흠집으로 작용했다. 하만이 지금까지 쌓아 올린 모든 권세의 탑은 이 한 사람의 고요한 불복종 앞에서 무력하게 흔들렸다.

물론 겉으로는 하만이 모르드개 앞에서 자신의 존엄도 지키고 체면도 유지한다. 그러나 그의 내면에는 분노가 "가득했다"(חֵמָה). 황홀함이 가득하던 마음의 모든 공간은 순식간에 분노로 채워졌다. 잔치의 기쁨은 사라지고 그의 심장은 복수의 독으로 물들었고 그 유다인을 짓밟고자 하는 어두운 갈등으로 채워졌다. 이것이 하만의 본질이다. 그의 감정은 양극단을 횡단한다. 최고의 황홀에서 최악의 격노로 빛의 속도처럼 빠르게 이동한다. 중간이 없고 균형이 없고 안정적인 중심이 그에게는 없다. 외부의 자극에 따라 극단에서 극단으로 흔들린다. 단 한 사람의 거부가 제국 전체의 인정보다 더 크게 그를 지배한다. 이것이 교만한 자의 비극이다. 천 명의 칭송이 한 사람의 침묵도 이기지 못한다는 것이 그의 실상이다. 에스더의 잔치는 하만의 자만을 최대로 키워 그를 최고의 자리로, 최고의 착각 속으로 안내했다. 그런데 모르드개는 아무것도 하지 않는 부동의 자세로 분노의 뇌관을 건드려 하만에게 최대의 모욕을 퍼부었다. 이는 두 유다인의 기막힌 협업이다. 서로 상의하지 않고 계획을 짜지 않아도 둘의 처신은 절묘하게 맞물린다. 하늘로 띄워진 교만과 땅으로 추락한 분노, 그 둘의 낙차 속에서 하만은 스스로 파멸을 향해 질주한다.

10그러나 하만은 자신을 억제하고 자기 집으로 가서 사람을 보내어
자신의 친구들과 자기 아내 세레스를 네려오게 헀다

모르드개 앞에서 하만의 분노는 용암처럼 끓었고 손은 주먹을 쥐었다 폈다를 반복했고 턱의 근육은 돌처럼 굳어졌다. 그러나 그는 "자신을 억제했다"(יִּתְאַפַּק). 폭발 직전의 격정을 자기 안에 단단히 봉인했다. 이 장면은 어디서 많이 본 듯한 풍경을 떠올리게 한다. 아하수에로 왕이 구사했던 고급 기술이다. 와스디 왕후가 왕명을 거부했을 때, 궁전 전체가 그 굴욕의 무게로 침묵했다. 이에 왕의 격분은 온 제국이 그 열기를 느낄 정도의 화산처럼 솟구쳤다. 이때 왕은 격노를 법의 언어로 번역하고 감정의 홍수를 칙령의 틀 안에 가두었다. 하만의 억제도 덕스러운 참을성이 아니라 원초적 분노를 문명

의 형식으로 잠시 교체한 것이었다. 한 사람의 모욕을 민족 전체의 문제로, 개인적 원한을 제국의 안보 사건으로, 감정을 칙령으로 바꾸었다. 이처럼 하만은 자신의 주군을 닮아갔다. 분노를 억제하는 법을 모방했고, 그 억제된 분노를 더 파괴적인 형태로 방출하는 법을 터득했다.

그러나 하만의 억제는 감정을 다스리는 덕성이 아니라 더 체계적인 복수의 설계도를 마음속에 그리기 위한 찰나의 멈춤이다. 마치 독이 가득한 항아리를 뚜껑으로 덮어두는 것처럼 더욱 치명적인 파괴의 시간만 예비하기 때문이다. 하만의 억제는 자신의 분노를 온 유다인을 태울 지옥의 불꽃으로 키우는 숙성이며 더 정밀하게 조준된 학살의 폭풍을 위한 장전이다. 이런 억제는 스승의 기술보다 사악하다. 왕은 제국의 안정을 위한 것이지만 하만의 억제는 오로지 자신의 긁힌 자존심에 대한 앙갚음을 위한 것이었기 때문이다. 두 사람의 억제가 가져온 결과는 판이하다. 왕은 더 좋은 왕후로서 에스더를 얻었으나 하만은 자신과 자신의 모든 것을 상실할 것이기 때문이다. 잠시 미루어진 분노의 증대된 파괴력은 하만의 의도와는 달리 자기 자신을 삼킬 화염으로 바꾸어질 참이었다.

하만은 집에 도착한 후 "그의 친구들과 그의 아내 세레스를 데려오게 했다." 이는 오늘 자신에게 주어진 영예의 자랑과 분노의 공유를 위함이다. 영예와 분노는 둘 다 혼자서는 견딜 수 없는 것들이다. 하만은 기쁨도, 격노도, 반드시 타인의 눈과 귀를 필요로 하는 사람이다. 그래서 그는 친구들과 아내라는 청중을 택하였다. 그의 가정은 자신의 영광을 과시하는 무대이자, 그의 분노를 쏟아낼 화로였다. 자신의 기쁨은 가족들의 귀에 자랑으로 번역해야 했고 자랑은 그들의 감탄으로 확인해야 했다. 동시에 왕의 문에서 한 유다인의 무작위로 당한 모욕의 순간도 혼자 삼키기엔 너무 뜨거운 것이었다. 자신의 분노는 나눠져야 했고 타인의 격분을 연료로 삼아 더 크게 타올라야 했다. 소집된 청중들로 인해 자신의 분노는 공분으로 전이되고 공분은 정당성의 증명으로 돌아와야 했다. 이처럼 하만 자신의 내면은 타인의 반응

속에서만 실재했다. 그는 고독 속에서 숙고하는 위인이 아니라 찬사와 동조 속에서만 힘을 얻는, 허세 가득한 배우였다. 자신의 감정을 드라마로 만들 어 방송하고 청중의 반응에서 자신의 존재 가치를 측정하는 권력계의 광대 였다.

11하만은 그들에게 자기 재물의 영광과 자신의 많은 아들들과 왕이
자신을 크게 하고 왕의 고관들과 신하들 위에 높인 모든 것을 자세히 말하였다

하만은 먼저 자신의 영예를 쏟아낸다. "자기 재물의 영광과 자신의 많은 아들들" 그리고 왕과 왕후에 의해 제국의 모든 고관들과 신하들 위에 높아 진 일을 자랑한다. 그가 일 순위로 꺼낸 자랑의 아이템은 "자기 재물의 영 광"(תִּפְאֶרֶת)이다. 이 "영광"은 소유의 막대한 규모를 넘어 신적 지위에 필적 하는 위엄과 광채를 의미했다. 그의 재물은 부의 개념이 아니라 권력의 물 리적 현현이고 자랑의 왕관이며 그의 교만이 춤추는 무대였다. 세상에 내보 이는 자부심의 갑옷이자 자존심의 뿌리였고 야망의 연료였다. 그의 손가락 은 그 무대의 벽면을 휘둘렀다. 지목된 모든 찬란한 금은보화, 풍성한 음식, 화려한 직물들은 모두 하만의 영예를 드러내는 효자였다. 바벨론의 향료, 인도의 비단, 이집트의 아마포, 세상의 이 끝에서 저 끝까지, 모든 것이 그 의 것이었다. 그것은 모두 페르시아 제국의 창고에서 흘러나와 그의 저택으 로 왔다. 그에게는 국고가 재산의 빨대였다. 이처럼 하만은 하나님과 이웃 이 아니라 재물을 신으로 섬긴 자의 전형이다. 그러나 그가 간과한 것은 영 광의 막대한 무게가 얼마나 빨리 멍에의 끔찍한 무게로 변할 수 있는가 하 는 것이었다.

재물 이야기를 이어간 두 번째 자랑의 아이템은 10명의 자녀였다. "그의 많은 아들들"(רֹב בָּנָיו)은 하만에게 재물 다음으로 소중한 것이었다. 자녀들의

가치는 그들 자체로 소중한 것이 아니라 자신의 재물과 영예를 잘 관리하여 다음 세대에도 자랑해 줄 가장 충실한 수탁자의 가치였다. 그들은 하만이 쌓아 올린 제국 안의 제국과 그가 축적한 이 영광의 탑을 지켜낼 충실한 파수꾼, 그가 이룬 모든 업적의 불멸을 보장하는 10개의 보험에 불과했다. 하만에게 자식에 대한 정이나 사랑의 의미는 약한 자들의 감상에 불과했다. 자식들은 그의 연장이며, 하만의 재물을 다음 세대까지 안전하게 운반해 줄 수레이며, 그의 영광을 보존하는 그릇이다. 아말렉의 피를 잇고, 아각의 후손인 하만의 집안을 보존하고, 제국의 권세가 자신의 손에 계속 머물도록 미래까지 자신을 뻗은 그의 손가락에 불과하다. 이처럼 열 명의 아들들은 살아 있는 유산이고 걸어 다니는 금고이며 하만의 이름이 새겨진 열 개의 기념비와 같다. 재물은 현재의 영광이고 아들들은 지속될 영광이다.

세 번째 자랑은 자신이 왕으로 말미암아 크게 되었다는 것과 왕후로 말미암아 "왕과 고관들과 신하들 위에" 높임을 받았다는 것이었다. "크게 하다"(גָּדַל)와 "높이다"(נָשָׂא)라는 동사는 하만의 세계관을 고발하는 허영의 낱말이다. 기초는 보이지 않고 오직 구름 위에 세워진 듯한 영광을 묘사한다. 하만의 위대함은 자신의 손으로 쌓아 올린 것이 아니었다. "왕"과 "왕후"라는 주어에 의존하고 있다. 마치 도공이 진흙을 빚듯 왕과 왕후의 뜻이 그를 형성했다. 그는 스스로 자란 나무가 아니라 누군가의 정원에 심어진 화분 속 식물에 불과했다. 진정한 위대함은 스스로의 내적 질량으로 빛을 발하지만 하만의 그것은 오로지 외부에서 비치는 채광에 의존했다. "크게 하다"보다 "높이다"라는 동사가 더 위험하다. 커지면 터질 수 있는 위험이 커지듯이, 높아지면 떨어질 수 있는 위험도 더 증대되기 때문이다. 그의 영광은 잠시 풍선처럼 부풀어 오르지만 결국 허공으로 흩어지는 헛된 부피에 불과하다. 허영의 언어는 그렇게 작동한다. 동사는 예쁘지만 주어는 사라지고 문장은 화려하나 의미는 공허하고 위태롭다. 이것이 허영의 문법이다. 수동태로 쓰인 영광은 능동태로 무너진다.

수직 상승, 하만이 추구한 인생의 목적이다. 그래서 그는 타인 "위에"(עַל) 높아지는 것을 좋아했다. 이 전치사가 그의 존재 전체를 규정한다. 그의 인생은 오직 한 방향으로 움직였다. 위로, 더 위로! 그는 수평선 위를 걷는 사람이 아니었다. 그에게 높음은 인생의 행복과 불행을 가르는 척도였다. 높음은 권력의 산소였고 그것 없이는 한순간도 호흡하지 못하는 높이의 중독자가됐다. 중독자는 더 강한 자극을 찾듯이 그는 더 높은 지위, 더 많은 권력을 나날이 갈구했다. 아침에 눈을 뜨면 자신의 위치부터 확인한다. 어제보다 한 계단 더 올랐는가? 왕의 시선이 어제보다 더 오래 자신에게 머물러 있었는가? 자기보다 낮은 사람이 하나 더 늘었는가? 자신을 향해 고개 하나가 더 깊이숙였는가? 하만은 이런 비교급에 목숨을 건 초라한 범부였다. 자아의 과장된크기와 인생의 우월한 높이를 확인시켜 줄 타인이 그에게는 늘 필요했다. "왕의 고관들과 신하들"은 평소 하만의 생각에 넘어서야 할 권세의 높이였다. 그러나 비교급이 주는 기쁨은 오직 타인의 어깨를 딛고 올라섰을 때만 발생하는 허영의 기포였다. 비교급 인생은 비교할 남이라는 분모가 빠지면 자아라는 분자도 사라지기 때문이다. 실세로 하만의 산소통은 모르드개 힌 사람의 거부로도 사라졌다.

하만은 영광과 미래와 높은 권세를 자랑하되 간략한 언급이 아니라 "자세히 말하였다"(יְסַפֵּר). 여기서 사용된 동사 "사파르"(סָפַר)의 피엘형은 강렬한 서술이나 꼼꼼한 계산의 의미를 내포한다. 하만은 자신을 드높이는 일을 대충넘어가지 않고 참으로 꼼꼼하게 설명한다. 상세하게, 빠짐없이, 구석구석 설명한다. 이는 자신의 성공을 하나의 장밋빛 서사시로 풀어내는 것이 아니었다. 마치 회계장부 대조하듯, 왕이 내린 모든 호의를 측량하고, 받은 모든 경의를 계산하고, 눈에 띈 모든 시선을 합산했다. 왕의 총애라는 숫자, 아들의수라는 숫자, 재물의 양이라는 숫자를 세어 자신의 인생을 정의하려 했다. 이는 마치 자신의 존재와 인생을 증명하는 숭고한 의식과도 같다. 그러나 자세히 말하는 기질은 그가 가진 허영심의 깊이를 실토한다. 장황한 자랑은 불안의 반증이다. 그런데도 그의 자랑은 계속해서 말들을 쏟아낸다. 말을 멈추는 순간 공허가 다시 밀려올 듯하였기 때문이다. 자세한 설명은 그 공허를 메우려는 필사적인 시도였다. 그러나 소통이 아니라 독백에 가까웠다. 하만은 대화를 원한 것이 아니라 관객을 원하였다.

12하만이 또 말하였다
"심지어 왕후 에스더가 자신이 마련한 잔치에 왕과 함께 오게 한 자는
오직 나를 제외하고 아무도 없었으며 내일도 나는 왕과 함께 초대를 받았어

하만은 자신이 높임을 받은 오늘의 구체적인 사건을 자랑한다. 자랑할 때 그는 "심지어"(אַף)라는 부사를 덧붙이며 흥분한다. 이 부사에는 그의 모든 자의적인 우월감이 응축되어 있다. 이 "심지어"가 특별히 강조하는 것은 배타성의 쾌감이다. 이 배타성은 그의 자아를 확대하는 가장 강력한 렌즈였다. "심지어" 안에는 "믿을 수 있겠어," "놀랍지 않아," "대단하지 않아"라는 감탄이 숨어 있었고 이런 부사로 하만은 청중의 놀라움과 부러움을 자극했다. 하만은 왕후의 잔치에 "심지어 왕과 함께 오게 한 자는 오직 나를 제외하고(כִּי אִם־אוֹתִי) 하나도 없었다"고 자랑한다. 그는 제국의 모든 영광이 자신을 향해 수렴되는 것처럼 묘사한다. 오직 나만 초대를 받았다는 사실은 그에게 권력의 정점에 홀로 서 있다는 절대적인 황홀감을 선사한다. 자신이 초대를 받은 것보다 다른 모든 사람들이 초대받지 못했다는 사실에서 하만의 입은 더 벌어진다. 그런데 이후의 역사는 놀랍게도 오직 하만만 고발당할 것이고 오직 그만 처형당할 것이고 오직 그만 역대기에 악인으로 기록되는 방향으로 흘러간다. 이것이 역사의 잔혹한, 그러나 공의로운 문법이다.

그리고 하만은 "내일도 나는 왕과 함께 초대를 받았다"고 자랑한다. "내일도"(וְגַם־לְמָחָר)는 오늘의 잔치에 참석한 것과 내일의 잔치에 초대된 것의 비중

이 같음을 나타내는 말이지만, 문맥을 보면 그 의미가 고조된다. 왜냐하면 오늘은 하만이 왕의 곁다리로 참여했고 내일은 왕과 함께 대등한 초대를 받았기 때문이다. 물론 오늘도 영광이 컸지만, 엄밀히 말해 주빈은 왕이었고 하만은 배제되지 않은 자라는 만족감에 가까웠다. 그러나 "내일도" 참석하게 될 잔치에는 하만이 왕과 대등한 수준의 주빈으로 격상된다. 이것은 사회적 지위의 폭발적인 상승을 의미한다. 그래서 "내일도"는 영광의 상승 곡선이다. 그러나 이 모든 자만의 고조는 내일의 더 자란 추락을 위한 기막힌 준비였다.

13그런데 내가 왕의 문에 앉아 있는 모르드개 그 유다인을 보는 모든 순간마다
이 모든 것이 내게는 무가치해"

하만의 자랑은 절정에 이르렀다. 이보다 더 좋아질 수 없는 단계까지 이르렀다. 그런데 그 절정의 문턱에서 단 하나의 이유 때문에 그의 모든 영광과 자랑이 무너진다. "내가 왕의 문에 앉아 있는 모르드개 그 유다인을 보는 한 항상 이 모든 것이 내게는 무가치해(אֵינֶנּוּ שֹׁוֶה)." 이 유다인의 앉음은 하만의 자랑보다 높았고 그의 침묵은 하만의 영광보다 단단했다. 모르드개 한 사람의 무반응 앞에서 하만이 가장 소중하게 여긴 방대한 재물과 수많은 아들들, 왕과의 식사, 그리고 왕후의 특별한 초대라는 제국 최고의 영예는 순식간에 유리 조각처럼 부서지고 먼지처럼 가볍게 날아간다.

이런 현상은 하만이 그를 보는 "모든 순간마다"(בְּכָל-עֵת) 그러했다. 그를 볼 때마다 하만이 독차지한 제국의 영예는 허공에 흩날리는 재로 변하였다. 몸무게를 잃은 먼지가 바람에 흩날리듯, 그의 자랑은 흔적도 없이 사라졌다. 하만의 재물은 태양처럼 빛났지만 그의 그림자는 그 태양을 가리는 일식, 그의 아들들은 별들처럼 빛났지만 그의 고요는 그 별들을 삼키는 블랙홀, 왕후의

초대는 그의 날개를 하늘로 올렸지만 그의 무반응은 그 날개를 꺾는 폭풍처럼 매서웠다. 그를 볼 때마다, 보았던 그를 생각할 때마다, 시도 때도 없이 그러했다. 이는 하만의 고통이 단발적인 감정이 아니라 영혼을 파고드는 지속적인 상태임을 드러낸다. 왕후의 잔치에 참석하기 위해 궁궐로 들어갈 때에도, 최고의 권좌에서 포도주 한 모금을 들이킬 때에도, 신하들의 절을 받아내는 그 순간에도, 최고의 기쁨으로 마음을 빵빵하게 채우고 왕의 문으로 나올 때에도, 내일의 황홀한 초대를 생각하는 지금 이 순간에도 하만은 괴로웠다. 자신의 가치를 한 사람의 시선에 묶어둔 나머지 온 세상의 영광을 가지고도 그 사슬을 끊어내지 못하였다. 그의 삶은 화려한 잔치이자 끝없는 기아 상태였다. 가장 풍요로운 자이면서 가장 굶주린 죄수였다.

가장 무가치해 보이는 사람이 제국의 가장 고귀한 것을 가장 무가치한 것으로 바꾸는 가치의 역전은 세상의 이치를 거스르는 신적인 섭리의 가장 신비로운 모습이다. 세상의 가치는 속임수다. 같은 맥락에서 시인은 인생을 입김보다 가벼운 "속임수"로 규정했다(시 62:9). 겉으로는 하만의 인생이 제국의 하늘을 찌르는 탑이었다. 하만의 가치들, 즉 황금의 영광, 아들들의 풍요, 왕과 왕후의 독점적인 총애라는 제국의 가장 고귀한 가치들은 그의 세계였고 그의 존재 이유였다. 그러나 결국은 흩어지고 무너질 덧없는 것들이다. 반면에 왕의 문 앞에 앉은 모르드개, 그는 왕의 안뜰에도 들어오지 못한, 서 있지도 못하고 앉아만 있어서 가장 낮은 상태에 머문 사람이다. 그 유다인 하나의 무가치해 보이는 것들, 즉 그의 신앙과 정직과 고난과 용기는 오히려 하나님의 영원한 계획 속에서 가장 소중한 기초로 작용한다. 그의 존재는 그 자체로 하만의 자부심과 허영에 묵직한 회초리로, 그의 실패와 몰락을 예고한다. 이 역전은 우연의 장난이 아니라 인간의 눈가림을 벗겨내는 신적인 계시의 우연적인 방식이다. 유다인 한 사람 때문에 자신의 모든 것이 무가치한 것이라는 하만 자신의 자백은 더 은밀하고 절묘한 계시의 방식이다. 이는 하나님의 손이 짜낸 무형의 그물이며 교만한 자를 낮추시고 낮은 자를 높이시는 신적 섭리의 신비를 드러낸다. 제국이 세운 가치의 저울은 이렇게 하늘의 바람 하나로도 가볍게 흔들린다.

¹⁴그의 아내 세레스와 그의 모든 친구들이 그에게 말하였다
"높이가 오십 규빗 되는 나무를 세우시고 아침에 왕에게 말하셔서
모르드개를 그 위에 매달게 하십시오 그리고 왕과 함께 잔치에 즐겁게 가십시오"
그 말이 하만의 눈에 좋게 여겨져서 그가 그 나무를 만들었다

이제 하만의 집안은 복수의 전략을 짜는 비밀 회의실로 둔갑한다. 하만의 충격적인 이야기를 들은 "그의 아내 세레스와 그의 모든 친구들"은 지혜로운 해법이 아니라 잔혹한 처방을 제안한다. 하만이 자신의 가장 고귀한 것들을 자랑하는 최측근은 "모두"(לֹכּ)가 하나같이 하만처럼 잔혹하다. 이는 유유상종 개념의 현시였다. 역시 잔혹함은 다른 잔혹함과 수시로 어울린다. 그들의 귀는 하만의 상처를 들었으나 그들의 입은 하만의 가장 끔찍한 본성을 그대로 반사한다. 그들은 하만을 위로하지 않고 질문하지 않고 더 깊은 성찰을 위해 조언하지 않고 가장 차갑고 가장 무정한 조치를 주문한다. 하만의 분노를 달래지는 않고 오히려 그의 타오르는 복수심에 기름을 끼얹는다. 그들의 제안은 하만의 제국을 지키려는 필사적인 외침이며, 그의 허영을 지탱하는 어두운 합창이다. 그러나 그 합창은 모래 위의 노래였다. 하만의 집은 그의 자랑과 분노로 뜨거웠다. 그러나 세레스와 모든 친구들의 무자비한 처방은 그 열기를 독으로 바꾸었다. 하만과 그 최측근의 모임은 마치 한편의 어두운 경주처럼 서로의 독하고 극단적인 마음을 확인하며 더욱 맹렬하게 굳어졌다. 그들의 연대는 서로의 그늘을 키워주는 동류들의 파멸을 향한 공조였다.

하만의 최측근이 제안한 것은 "높이가 오십 규빗 되는 나무"를 세우고 내

일 아침에 왕의 권위를 사용하여 "모르드개를 그 나무 위에 매달게 하라"는 것이었다. 이는 그를 평범하게 죽이지 말고 가장 모욕적인 방식의 참수형에 처하라는 제안이다. 먼저 "오십 규빗 되는 나무를 세우라"고 한다. "오십 규빗"(חֲמִשִּׁים אַמָּה)은 고대 히브리 측정 단위로 약 22미터가 넘으며 이는 7-8층 건물의 높이에 해당한다. 높이는 하늘에 닿을 듯하나 뿌리는 잔혹함에 닿아 있는 나무였다. 이런 나무의 용도는 처형보다 전시였다. 실제로 고대에 이런 나무의 처형대는 공공의 시선이 닿는 가장 높은 곳에서의 모욕과 과시를 의미했다. 이는 이 유다인을 가장 높이 올려서 가장 낮은 곳으로 꺾을 의도였다. 공개적인 굴욕의 장치였다. 사람들은 아래에서 위를 보면서 높이 솟은 형틀을 통해 권력의 크기를 재고 모욕의 깊이를 환산하게 된다. 측근들은 그런 나무에 모르드개가 걸리면 더 이상 인간이 아니라 형벌의 상징이 되고 그 상징 앞에서 하만의 자존심은 확실히 복구될 것이라고 생각했다. 그런데 이것은 놀랍게도 하만의 비참한 운명을 투명하게 반영한다.

그런데 측근들은 하만에게 "왕에게 말하셔서"(אֱמֹר לַמֶּלֶךְ) 매달라고 주문한다. 여기에서 왕의 권위라는 수단은 모르드개 처형을 사적인 복수가 아니라 공적인 정의로 위장하는 도구였다. 이런 도구를 사용하는 이유는 한 유다인을 가장 높이 매달아 모욕감의 극치를 선사하는 것이 하만의 사적인 복수라는 사실이 드러나면 모욕의 시선이 자신에게 돌아올 수 있기 때문이다. 그래서 측근들은 그를 직접 매달아 손에 복수의 피라는 물증을 남기지 않고도 완벽한 파괴를 이루는 권력 조종의 기술을 제안했다. 이는 처형의 직접적인 집행자가 아니라 연출가가 되라는 제안이다. 이로써 그 유다인의 죽음은 고귀한 재상의 개인적인 원한이 아닌 왕의 명령과 제국의 질서를 거스른 대역죄에 대한 공적인 징벌로 포장된다. 오십 규빗의 높이도 하만의 분노가 아니라 국가의 위엄을 상징하는 최고의 높이로 둔갑한다.

그리고 최측근은 처형의 시점을 "아침"(בֹּקֶר)으로 특정한다. 최고의 모욕이 어울리는 시점은 밤이 아니었다. 밤은 용서의 언어를 속삭이며 죄를 삼키고 별빛으로 묻어 버리기 때문이다. 관객이 없는 밤이 아닌 "아침"의 처형 제안은 먼저 그들의 계획에 무서운 평정심을 부여한다. 아침은 하만의 복수를 밤의 감정적 혼란이 아닌 낮의 이성적 판단으로 가장하기 좋다. 마치 국가의 안위를 위한 조치인 양, 하만은 차분한 아침에 이 끔찍한 생각을 왕의 귀에 주입한다. 이로써 하만은 분노에 찬 광인이 아니라 왕권을 수호하는 충성된 신하로 변신한다. 게다가 치밀하게 계산된 이 아침은 가장 캄캄한 어둠을 막 지나온 첫 햇살이 거리를 훑어서 밝음이 가장 선명하게 대지를 덮는 시간이다. 그림자가 짧아지고 모든 것이 드러나는 시간, 즉 가장 밝은 빛 아래에서 모든 백성의 시선이 주목하는 자리에서 최대한 오래, 최대한 선명하고 가급적 깊은 모욕을 주는 동시에 한 인간의 존엄을 가장 널리 유린하는 복수의 예술을 전시할 최적의 시간이다. 그 시간이면 형틀의 높이와 윤곽을, 밧줄의 매듭을, 그리고 그 위에 매달린 사람의 몰골을 제국 전체에 다 드러낸다. 최악의 모독은 칼날의 고통이 아니라 빛과 시선의 무자비한 응시였다. 그 장면을 목격한 제국의 모든 백성은 아침부터 온종일 모르드개 처형 이야기로 대화의 꽃을 피울 게 분명했다. 진정한 처형은 육체의 제거가 아니라 존엄의 말살임을 하만의 측근들은 본능처럼 안다. 그래서 공개성의 극대화, 왕실 권위의 완벽한 활용, 그리고 모욕감의 절정을 모두 가능하게 하는 아침의 처형을 제안했다. 그러나 역사의 아침은 종종 누구도 예상하지 못한 방향으로 정의의 태양을 떠올린다.

그리고 측근들은 제안 하나를 추가한다. 아침에 원수를 제거한 직후에 "왕과 함께 잔치에 즐겁게(הַמִּשְׁתֶּה שָׂמֵחַ) 가라"는 제안이다. 이것은 복수의 정서적인 완결을 위한 마지막 단계였다. 이것은 아침의 형틀에서 모르드개의 숨이 끊어지고 그 시신이 아직 식지도 않은 채로 매달려 있는 바로 그 순간에 하만은 왕후의 잔치에 경쾌한 걸음으로 가라는 제안이다. 원수의 마지막 숨소리가 들리는 바로 그 아침에 그것을 노래처럼 들으며 왕 앞에서 술잔을 기울이며 가장 환한 잇몸을 드러내며 웃으라는 제안이고, 가장 비참한 죽음의 비애와 가장 화려한 잔치의 기쁨을 하나의 시간 안에 나란히 배치하여 복수의 극대화를 이루라는 너무도 잔혹한 제안이다. 한 사람은 최악의 순간과 다른 한 사람은 최고의 순간을 동시에 존재하게 만들라는 말, 죽음의 슬픔을 기쁨의 배경으로 삼으라는 말, 이것이 어찌 인두겁을 쓰고 할 소리인가? 타인의 고통과 광인의 사적인 복수를 사회적 축제의 형태로 교묘하게 바꾸고 인간성을 마지막 살점까지 갉아먹는 제안이다. 복수는 상대의 파멸만이 아니라 그 파멸을 자신의 축제로 전환하는 것이라는 냉혹한 진리가 담긴 제안이다. 죽음과 환희가 공존하는 이 극단의 대비 속에서 하만의 잔혹한 복수심은 절정에 달하고 그 냉혹한 계산은 권력과 복수가 빚어내는 가장 참혹한 드라마를 연출한다. 그런데 놀랍게도 측근들의 이 제안은 결국 하만의 정수리를 타격한다. 이런 역사의 반전이 아침까지 조용히 입다물고 있다.

그런데도 하만은 그 반전을 모르는 채 측근들의 제안이 "좋게 여겨져서"(יִיטַב) 즉각 "그 나무를 만들었다." 태양처럼 밝은 미소가 그의 얼굴을 점령했다. 그 제안이 그에게는 병든 에고를 치유할 유일한 약이었기 때문이다. 나무 교수대를 제작하게 한 주체는 하만이다. 그는 오랫동안 찾던 퍼즐의 마지막 조각을 발견한 것처럼 즉시 행동에 돌입했다. 내일도 모레도 아닌 지금 당장, 이 순간에 형틀이 세워져야 했다. 내일 아침이 오기도 전에 복수의 무대를 완성해야 내일의 잔치도 즐거울 수 있다고 믿었기 때문이다. 얼마나 좋았으면, 곧바로 그 계획의 첫 단추를 손수 끼웠을까? 얼마나 설렜으면, 그 야심한 시각에 목수와 인부까지 깨워 부르고 그 높이와 위치와 시간까지 세세히 지시하며 직접 현장 감독자가 되었을까? 하만의 귀에 들린 측근들의 제안은 명곡을 방불케 하는 노래였다. 복수의 계획이 아니라 그의 온 존재가 갈망하던 치유의 선언처럼 느껴졌다. 그러나 "좋게 여겨져서," 이 표현에는 하만의 모든 비극이 응축되어 있다. 자신의 파멸을 위해 준비하는 그 밑그림을 하만은 자신의 승리를 그리는 청사진인 것처럼 착각했다. 그가 원수의 무덤이 될 것이라고 생각한 아침의 유쾌한 나무는 자신의 오만이 꽃피울 마지막 무대이자 자신이 스스로 판 결산의 끔찍한 장소였다. 참으로 기막힌 반전의 반전이다. 역사가 어쩌면 이리도 오묘할까? 그 역사를 이렇게 움직이는 무형의 손은 얼마나 더 오묘할까?

Ⅳ.

영광에서 처형대로:
섭리의 아이러니

E

에 6:1-5

¹그 날 밤에 왕이 잠이 오지 아니하므로 명령하여 역대 일기를 가져다가 자기 앞에서 읽히더니 ²그 속에 기록하기를 문을 지키던 왕의 두 내시 빅다나와 데레스가 아하수에로 왕을 암살하려는 음모를 모르드개가 고발하였다 하였는지라 ³왕이 이르되 이 일에 대하여 무슨 존귀와 관작을 모르드개에게 베풀었느냐 하니 측근 신하들이 대답하되 아무것도 베풀지 아니하였나이다 하니라 ⁴왕이 이르되 누가 뜰에 있느냐 하매 마침 하만이 자기가 세운 나무에 모르드개 달기를 왕께 구하고자 하여 왕궁 바깥뜰에 이른지라 ⁵측근 신하들이 아뢰되 하만이 뜰에 섰나이다 하니 왕이 이르되 들어오게 하라 하니

❖ ❖ ❖

¹그 밤에 왕의 잠이 달아나서 그는 기념들의 책, 즉 연대기를 가져오라 명하였다 그리고 그것들이 왕 면전에서 읽히고 있었는데 ²거기에서 발견된 기록은 문을 지키던 자들 중에 아하수에로 왕을 해치려고 꾀하던 왕의 두 내시 빅다나와 데레스에 대하여 모르드개가 알린 것이었다 ³왕이 말하였다 "이 일에 대하여 모르드개에게 무슨 명예와 영광을 주었느냐?" 왕을 섬기는 젊은 시종들이 말하였다 "그에게 주어진 게 아무것도 없습니다" ⁴왕이 말하였다 "뜰에 누가 있느냐?" 그리고 하만이 자기가 세운 나무에 모르드개 매달기를 왕에게 말하려고 왕의 집 바깥뜰로 들어왔다 ⁵왕의 시종들이 그에게 말하였다 "보십시오 하만이 뜰에 서 있습니다" 왕이 말하였다 "그를 들어오게 하라"

17 　　　　　　　　　　　　　　　　　　역사의 기억

¹그 밤에 왕의 잠이 달아나서 그는 기념들의 책, 즉 연대기를 가져오라 명하였다
그리고 그것들이 왕 면전에서 읽히고 있었는데

하만이 모르드개의 처형대를 준비하던 "그 밤에(בַּלַּיְלָה הַהוּא) 왕의 잠이 달아
났다." 저자의 이 문학적인 표현에서 신적인 개입의 절묘한 타이밍이 감지
된다. 불면의 시점이 기이하다. 하만이 잠자리를 거부하고 복수심을 불태우
는 그 밤에 왕의 잠도 달아났다. 하만의 눈은 증오로 번쩍였고 손은 나무를
세우느라 분주했다. 분노는 그를 깨어 있게 했고 복수의 상상은 그의 불면
조차 달콤하게 만들었다. 내일의 승리를 생각하면 잠은 그에게 사치였다.
복수는 그렇게 자발적인 각성을 요구했다. 같은 시간, 왕실에도 불면이 어
떤 연고도 밝히지 않은 채 찾아왔다. 뜻하지 않게 깊은 불면의 밤을 맞이한
왕은 원하지 않는 밤의 각성 속에서 뒤척인다. 이처럼 하만은 잠을 거부했
고 왕은 잠에게 거부를 당하였다. 하만의 잠은 쫓겨났고 왕의 잠은 "달아났
다"(נָדְדָה).

"왕의 잠"(שְׁנַת הַמֶּלֶךְ)이 달아난 이유는 무엇일까? 거대한 제국을 다스리는 왕이라도 잠 하나를 다스리지 못하였다. 땅에서는 원인을 알 수 없기에 이유 모를 불면이다. 이런 경우에는 불면의 원인을 하늘에서 찾는 게 현명하다. 왕의 잠은 어떤 신비로운 힘에 이끌리듯 달아났다. 인간의 의지로 쫓아낸 잠과 하늘의 손길로 사라진 잠이 같은 밤중에 맞닿았다. 한 사람은 권력의 정점에서 추락을 준비했고, 다른 한 사람은 권좌에서 일어나 하나님의 일하심에 휘말렸다. 실로 인간의 불면이 신적 각성으로 전환되는 밤이었다. 하나님의 개입은 종종 이렇게 은밀하게 찾아온다. 번개와 천둥을 동반하는 장엄한 개입도 있지만, 불면의 밤처럼 사소해 보이는 사건을 통해 운명의 실을 짜는 조용한 개입도 일어난다. 불면의 밤에 인간의 자유로운 의지와 신의 주권은 절묘하게 교차한다. 그 밤에 하만은 모르드개 처형을 준비하고 왕은 모르드개 포상을 준비한다. 이것은 서사의 우연한 반전이 아니라 인간의 역사 속에 스며든 신적 개입의 한 형식이다.

불면은 무엇인가? 잠은 인간이 매일 맞이하는 작은 죽음이자 육체와 정신이 세상에서 해방되는 순간이다. 그런데 역사는 불면의 순간들이 써 내려간 기록이다. 왕들의 잠 못 이루는 밤이 국가의 운명을 바꾸고 예술가의 밤샘 작업이 시대를 초월한 작품을 잉태한다. 밤은 창조와 파괴가 공존하는 신비로운 역사의 주소지다. 바깥뜰에 선 자가 복수의 장대를 세우는 밤, 가장 안전하고 화려해야 할 왕의 침소에서 휴식은 스스로를 추방한다. 불면의 시간은 왕에게 강제된 고독이며 진실을 읽게 하는 신비로운 형벌이다. 낮에 충신과 간신, 진실과 아첨에 가려서 보이지 않던 모든 것이 밤의 적막 속에서는 선명하게 들려온다. 그에게 잠이 허락되지 않는다는 것은 운명이 잠들지 않았음을 의미한다. 그리하여 그 밤의 불면은 가장 사적인 무력감인 동시에 가장 공적인 필연을 낳는 시간이다. 불면은 때때로 왕관보다 더 유능하다.

불면에 빠진 왕은 "기념들의 책, 즉 연대기를 가져오라 명하였다." 잠들지 못하는 자에게 은은한 음악도 아니고 달콤한 와인도 아닌 창백한 책이라니!

그것도 소설책이 아닌 연대기를! 물론 "연대기"(דִּבְרֵי הַיָּמִים)는 왕의 기억을 보좌하는 종이의 궁궐이다. 그러나 연대기 안에는 건조한 역사의 기록, 날짜와 사건들의 나열, 누가 무엇을 했고 누가 어떻게 했는지를 담은 이야기만 가득하다. 혹시 왕에게도 독서가 수면제인 시대였나? 아니면 책이 잠보다 더 달콤한 것이었나? 진실로 불면은 고통이다. 잠들고 싶으나 잠들 수 없는 것, 쉬기를 갈망하나 의식이 눕지도 못하는 것, 그렇다면 차라리 의식을 무디게 만들어야 했다. 날카롭게 깨어 있는 정신을 흐릿하게 만들 무언가가 필요했다. 당연히 왕실 서기관의 목소리로 읽히는 과거의 기록들이 제격이다. 그래서 그것들이 "왕의 면전에서" 읽혔다. 단조로운 낭독, 예측 가능한 리듬, 이미 일어난 일들의 무해한 반복은 효능감 최고의 자장가를 방불케 했다. 그러나 기록은 잠보다 강하였다.

"기념들의 책"(סֵפֶר הַזִּכְרֹנוֹת)은 제국의 역사에서 반드시 기념해야 할 일들의 기록이다. 황금빛 잉크가 스며든 두루마리, 그 끝없는 나선처럼 말려 있는 세월의 이 실타래는 시간을 초월한 증인이고 왕조차 통제할 수 없는 진실의 보관소다. 바람이 속삭이는 잊힌 영웅들의 이름, 별들이 증언한 밤의 비밀, 그리고 제국의 영광이 무너지기 직전의 진실들을 간직하고 있다. 이 책은 일반적인 역사학이 아니라 운명의 거울과 제국의 영혼을 비추는 등불이다. 제국의 모든 영광과 아픔, 승리와 태생, 신앙과 사랑은 기념의 이름으로 영원히 이 책에 서식한다. 그것들은 잠들어 있지만 가장 필요한 순간에 우연을 가장한 섭리에 의해 깨어나 제국의 운명을 재편한다. 이 책에는 갈피마다 정의의 요구가 숨어 있고 행간마다 갚지 못한 빚이 속삭이고 있다. 왕은 책을 통해 잠을 청했으나 책은 왕을 깨우친다. 잠보다 더 달콤한 것은 잊힌 일의 회복이고 꿈보다 더 깊은 것은 기록 속에서 되살아난 통치의 실감이다. 왕이 야밤에 도착한 역대기의 페이지는 어디일까?

₂거기에서 발견된 기록은 문을 지키던 자들 중에 아하수에로 왕을 해치려고 꾀하던 왕의 두 내시 빅다나와 데레스에 대하여 모르드개가 알린 것이었다

서기관의 목소리가 역대기의 한 페이지를 지나갈 때 왕은 침상에서 갑자기 몸을 일으켰다. 그 거대한 역사서, 제국의 영혼이 새겨진 잉크의 강줄기, 어느 페이지가 스르륵 펼쳐지는 순간, 바람 한 점 없는 고요 속에서 진지한 우연이 두 사람의 이름을 속삭였다. "빅다나와 데레스"(בִּגְתָנָא וָתֶרֶשׁ), 왕의 내시였기 때문에 왕은 그들의 이름을 기억했다. 그들은 왕의 문을 지키던 자들이다. 그런데 그 문으로 죽음을 들여보내려고 했다. 왕의 흐릿한 기억 속에서 어떤 끔찍한 순간이 떠올랐다. 자신의 목숨을 노린 손들, 가장 가까운 곳에서 자라난 가장 큰 배신은 잊을 수 없는 일이었다. 극도의 공포와 분노가 높은 별들의 자리까지 치솟았다. 그런데 왕의 귀에 또 하나의 이름이 들어온다. 그가 두 내시의 어두운 음모를 밝히 드러내어 왕이 살해되지 않게 되었다는 반전이 존엄의 청각을 파고든다. 왕의 기억 속에서 모르드개의 이름은 희미했다. 왕궁 문에 앉아 있던 수많은 관리들 중의 하나였고 특별할 것 없는 유다인, 그러나 그가 한 일은 매우 특별했다. 멀리 있던 자는 충성을 지켰고 가까이 있던 자들은 배신을 도모했다.

그런데 모르드개의 충성은 조용했고 그의 손을 깨끗했다. 권력을 요구하지 않았고 명예를 탐하지도 않았고 그저 옳은 일이니까 묵묵히 일한 신하였다. 그런데 그의 옳음은 그 밤에 다시 살아났다. 왕은 책을 덮지 못하였고 마음은 흔들렸다. 모르드개의 침묵은 하만의 자랑보다 깊었고 그의 행위는 기록보다 선명했다. 그 밤, 왕은 잠을 잃었지만 정의를 되찾았다. 연대기는 잊힌 정의가 숨 쉬고 있는 시간을 초월한 법정 그 자체였다. 인간은 잊었으나 문서는 기억했고, 기록은 결국 왕을 일깨웠다. 그렇게 한 줄의 문서가 하만의 계략보다 강하였고 잉크 한 방울이 제국의 권력 지형을 바꿀 예정이다. 이처럼 하나님은 기록된 문장 속에서도 일하신다. 신의 섭리는 고전적 기록의 먼지 속에 숨겨

진 한 줄의 글자로도 역사의 굵은 바퀴를 움직인다. 이런 관점에서, 연대기는 단지 왕들의 치세를 기록하는 역사가 아니라 신의 뜻이 인간사의 무대에서 어떻게 펼쳐지고 있는지를 담아내는 거대한 서사임을 보여준다.

어느 야밤에 왕이 불면의 수많은 해법 중에 책을 선택하고, 책들 중에 연대기를 잡고, 연대기 중에서도 특정한 사건이 기록된 연도의 연대기를 택하고, 그 책에서도 특정한 페이지를 읽고, 자신의 시해와 관련된 음모와 그 음모를 해결한 유다인 하나에게 시행되지 않은 정의를 발견하는 것이 땅의 눈으로는 우연에 우연이 우연히 더해진 현상이다. 그러나 하늘의 눈으로 보면 땅의 인과율이 설명할 수 없는 신적인 섭리의 작용이다. 왕의 불면증, 연대기의 선택, 페이지의 개방, 그리고 이해의 순간은 모두 보이지 않는 손에 의해 정교하게 배열된 일들이다. 인간은 선택하고 섭리는 배치한다. 여러 겹의 연쇄적인 우연은 사실 가장 치밀하게 계획된 필연이다. 에스더서 안의 섭리는 하늘이 갈라지지 않고 천사가 나타나지 않고 음성이 울리지 않고 기적도 등장하지 않고 아주 많이 조용하다. 그러나 그 섭리는 가장 사소하고 평범한 인간의 행위를 도구로 삼아 거대한 제국을 조종한다. 잠이라는 개인적인 영역의 무력감이 우연의 울창한 숲을 지나 제국 전체의 운명을 결정짓는 가장 공적인 정의의 구현으로 이어진다. 이러한 우연의 연속은 사람들이 하나님의 개입으로 인지할 수도 없고 당연히 조작할 수도 없고 지성의 미궁 속으로 빠져 하늘의 진리를 더듬게 만드는 가장 조용하고 은밀한 기적이다.

3왕이 말하였다 "이 일에 대하여 모르드개에게 무슨 명예와 영광을 주었느냐?"
왕을 섬기는 젊은 시종들이 말하였다 "그에게 주어진 게 아무것도 없습니다"

자신을 죽이려고 한 자들의 음모와 그들을 막은 한 유다인의 용기에 대해 왕은 너무도 궁금해서 질문한다. "이 일에 대하여 모르드개에게 무슨(מַה) 명예와 영광을 주었느냐?" 이것은 호기심이 아니라 자기 양심의 추궁이고 제국의 기억을 향한 심문이다. "명예와 영광," 이것은 금화나 직책을 넘어선 인정이고 공적인 선포이고 역사에 새겨지는 기념이다. 왕의 생명을 구한 자는 마땅히 왕국 전체가 알아야 할 영웅이다. 왕의 질문에는 분명 무언가를 주었을 것이라는, 자신의 왕국이 그 정도의 정의는 시행했을 것이라는 믿음이 깃들었다. 왕의 질문은 단지 모르드개 개인에 대한 것만이 아니었다. 그것은 정의 자체에 대한 것이었다. 선행은 보상을 받아야 하고 충성은 인정을 받아야 하고 옳은 일을 행한 자가 잊히는 것은 정당하지 않다는 반문이다. 잊힘 속에 방치된 정의는 정의의 결핍이고 그 결핍은 결국 나라의 불의로 이어진다.

"명예와 영광"(יְקָר וּגְדוּלָה)에 대한 왕의 애착은 강렬하다. 명예는 그의 숨이었고, 영광은 그의 언어였다. 제국을 움직이는 동력인 동시에 존재의 이유였다. 이 책의 서두에서 그는 제국의 영광과 자신의 명예를 만천하에 드러내고 싶어 역대급 규모의 잔치를 마련했다. 세상의 모든 사람들을 다 수용할 것 같은 규모였다. 명예와 영광을 위한 일이라면 제국의 전 재산을 기꺼이 소비할 태세였다. 그런데 이러한 왕의 기호가 정의로운 한 유다인의 충성에 대해서도 발휘된다. 왕은 평생 추구해온 명예와 영광이 처음으로 자신을 넘어 다른 이에게로 향해야 함을 깨닫는다. 진정한 영광은 자신의 허영을 과시하여 그 영광을 직접 추구할 때에는 숨지만, 타인의 생명을 구할 정도로 타인의 가치를 인정할 때에는 기꺼이 찾아온다. 과시의 연회로 흘러가던 왕의 영광은 이제 정의의 집행으로 흘러가려 한다. 영광과 명예는 그렇게 자신의 참 주인을 찾아간다. 이제부터 권력의 축제는 한 사람의 충성을 기념하는 자리로 바뀌고, 제국의 명예는 한 유다인의 의로움을 통해 새로이 정의된다. 이것이 섭리적 반전이다. 인간의 허영조차 하나님의 손에 들리면 정의의 도구로 변신한다.

"명예와 영광"의 보상을 왕이 언급한 것의 신학적 의미는 지연된 정의의 신비한 전환이다. 왕이 마주친 한 유다인의 공로는 아직 합당한 보상이 시행되지 않은 정의였다. 왕이 선택한 정의의 기록은 천상의 손길에 이끌린 듯 그에게 다가온다. 누구도 예측하지 못한 그 책갈피 속 미완의 정의는 인간의 어설픈 계획과 기대를 넘어 하늘의 도도한 계획에 합류한다. 인간의 역사에서 잊힌 선행이 하나님의 기억 속에서는 살아난다. 왕의 입에서 나온 질문으로 보이지만 그 배후에는 하나님의 기억이 움직이고 있다. 모르드개의 보상이 미뤄진 것은 실패가 아니라 때를 기다린 섭리였다. 인간이 주지 못한 영광은 하나님이 지연시켜 가장 완벽한 순간에 주시기 위한 것이기 때문이다. 왕의 질문은 정의의 시계가 다시 움직이기 시작한 신적인 신호였다.

왕의 질문에 그의 시종들이 대답한다. "그에게 주어진 게 아무것도 없습니다"(לֹא-נַעֲשָׂה עִמּוֹ דָּבָר). 여기에서 "주어지지 않다 혹은 이루어진 게 없다"라는 표현에서 수동태의 묵직함이 느껴진다. 그것은 의도된 거부가 아니었다. 그런데 더 나쁜 것이었다. 그것은 망각인 동시에 무관심인 동시에 시스템의 냉정한 기계성을 고발하기 때문이다. 왕의 표정이 굳어졌다. 왕이 보기에 이것은 행정적인 실수가 아니라 정의의 부재였고 통치의 실패였고 도덕적 빚이었기 때문이다. 왕은 자문했다. '어떻게 이럴 수가 있지? 자신의 목숨을 구했는데 아무것도 주어지지 않았다니, 그의 충성이 기록은 되었는데 보상은 없었다니, 기념들의 책은 지금도 기억하고 있는데 왕의 행정은 잊었다니!' 아무것도 주어지지 않았기에 모든 것이 주어질 것이라고 왕은 다짐한다.

그러나 역사에는 구원자가 잊히고 영웅이 무명으로 사라지고 기록은 되어도 기념되지 않는 충신들이 많다. 왕의 질문과 시종들의 대답 사이에 놓인 그 간극, 바로 그 공간에서 하나님의 역사가 시작된다. 인간 체제의 실패와 망각이 오히려 하나님의 완전한 계획을 위한 무대로 활용된다. 모르드개가 아무것도 받지 못했기에 더욱 풍성해질 것이고, 기다림이 길었기에 보상은 더욱 영예로울 것이고, 잊힌 시간이 길었기에 기억될 순간은 더욱 극적일 것이었다. 하나님의 정의는 때때로 지연된다. 그러나 지연은 취소가 아니며 오히려 더 완전한 역전을 준비하는 기간이다. 신적인 지연은 세상의 옥석을 가리는 기간이다. "악한 일에 관한 징벌"의 느린 실행으로 인해 "인생들이 악을 행하는 데에 마음이 담대하"게 되어 부끄러운 실상을 있는 힘껏 드러낸다 (전 8:11). 징벌만이 아니라 정의도 느려지면 꾸며진 정의의 본색을 드러내고 진실한 정의를 제때에 조명한다.

> 4왕이 말하였다 "뜰에 누가 있느냐?" 그리고 하만이 자기가 세운 나무에
> 모르드개 매달기를 왕에게 말하려고 왕의 집 바깥뜰로 들어왔다
> 5왕의 시종들이 그에게 말하였다 "보십시오 하만이 뜰에 서 있습니다"
> 왕이 말하였다 "그를 들어오게 하라"

한 편의 영화 같은 밤이 지나고 이제 아침이다. 불면의 밤은 기적의 서문이고 아침은 섭리의 본문이다. 왕의 머리에는 지난밤의 기억이 생생하다. 펼쳐진 연대기의 페이지들, 낭독된 목소리의 울림, 빅다나와 데레스의 이름, 그리고 모르드개! 뒤늦은 정의의 신속한 집행을 위하여 "뜰에 누가 있느냐"라고 질문한다. 아침 조회도, 정식 절차도, 신하들의 보고도 기다릴 여유가 없어서 터진 호출이다. 이제 밤의 각성이 아침의 행동으로, 발견된 빛이 집행될 정의로, 뒤늦은 기억이 신속한 명예로 전환되는 순간이다. "뜰"(חָצֵר)은 궁궐의 경계이며, 안과 밖 사이, 공적인 것과 사적인 것 사이, 왕의 침실과 세상 사이의 공간이며, 그곳에는 왕의 부름을 기다리는 신하들이 있다. 지금 이 순간, 왕은 자신의 명령을 받아 신속하게 실행할 누군가 필요하다. 그런데 왕은 밖에 누가 있는지를 알지 못하였다. 그가 던진 호출은 한 치의 오차도 없이 적시에 이루어진 섭리의 물음이다.

그런데 그 드넓은 제국의 무수한 신하들 중에 밖에서 대기하는 유일한 사람은 하만이다. 정의의 집행을 위해 섭리가 지목한 사람은 하만이다. 그는 왕이 지시할 포상의 대상을 죽이려고 오십 규빗 높이의 처형대를 자랑하며 왕

에게 사형 집행을 청하려고 왔다. 두 가지의 계획이 같은 뜰에서 충돌하고 있다. 하나는 죽음의 계획이고 다른 하나는 영광의 계획이다. 하나는 밤새 준비된 복수였고, 다른 하나는 밤새 각성된 정의였다. 당연히 왕의 계획이 하만의 계획을 압도한다. 그는 신속한 집행을 원하였다. 밤새도록 기다린 정의는 이제 서둘러야 했다. 뒤늦게 깨어난 양심은 빠르게 행동해야 했다. "뜰"은 더 이상 경계가 아니었다. 그것은 무대였다. 밤의 불면이 낮의 드라마로 펼쳐지는 무대, 하만이 등장하고 왕이 질문하며 모르드개가 높아질 무대였다.

그런데 "뜰에 누가 있느냐"는 왕의 질문이 하필 하만의 귀로 스며든다. 하만은 "자기가 세운 나무에 모르드개 매달기를 왕에게 말하려고" 왔다. 그런데 운명의 실타래는 왕궁의 뜰에서 미묘하게 뒤엉킨다. 자신이 왕에게 말하려고 하였으나 왕이 하만에게 말하는 상황으로 뒤바뀐다. 섭리는 포상할 대상에게 가장 잔혹한 처형을 집행하려 하는 하만을 가장 명예로운 정의 시행의 적임자로 택하였다. 만약 다른 신하가 왕의 호출에 응했다면 모르드개 포상이 왕의 명령을 집행하는 것일 뿐이지만, 하만이 한다면 그것은 우주적인 역전이다. 포상을 받으려는 자가 자신의 수치를 준비하고 처형을 계획한 자가 명예의 행렬을 인도한다. 인간의 계획은 직선으로 달리지만 하나님의 섭리는 원을 그리며 그 위에 덮어쓴다. 하나님은 때때로 악으로 선을 이루시고 때로는 악을 선으로 바꾸신다. 이번에는 악을 선의 도구로 쓰시기로 정하셨다. 하늘의 결정으로 말미암아 한 유다인을 죽음으로 몰고 갈 복수의 대리인이 순식간에 그 유다인을 영광으로 끌어올릴 축복의 전달자로 역할이 바뀌었다. 이런 섭리의 역설은 우리의 인생에도 일어난다. 우리를 증오하는 자, 우리를 해치려는 자, 우리 인생의 하만, 그가 우리의 영광을 완성하기 위한 섭리의 도구가 될지 누가 알겠는가! 나아가 우리는 하나님의 섭리 속에서 타인의 인생에 어떤 도구인가?

하만이 뜰에 서 있다는 시종들의 보고를 들은 왕이 말하였다. "그를 들어오게 하라"(יָבוֹא). 드디어 왕의 명령이 떨어졌다. 그리고 하만은 움직였다. 이는 에스더의 행동과 대조된다. 그녀는 왕의 부름 없이 왕에게 나아갔다. 목숨을 건 일이었다. 그러나 하만은 왕의 부름을 따라 그에게 나아갔다. 자신의 목숨이 달아날 리스크가 전무했다. 오히려 왕궁의 문턱을 넘으며 그는 자신이 역사상 가장 운 좋은 사람이라 생각했다. 하만의 머리에서 계산기가 돌아간다. 모르드개 처형의 완벽한 준비, 피 맛에 굶주린 고공의 교수대, 왕에게 참수형 집행의 허락을 득하려고 온 아침, 마침 왕의 절묘한 호출, 드디어 그 호출의 주인공이 되어 왕과 독대하는 자리로 나아가는 것, 모든 조각들이 완벽하게 맞춰진다. 이것은 분명 우연이 아니라 운명이고 섭리였다. 하늘이 자신을 돕고 있다는 증거였다. 하만은 신이 있다면 전적으로 자신의 편이고 세상의 모든 행운은 자신을 위해 존재하는 것이라고 확신했다. 왕실에는 수차례 갔지만 그는 지금이 가장 행복하다.

그러나 이후에 전개되는 내용을 볼 때, 하만의 행복은 얼마나 덧없는 인생의 착각인가? 얼마나 허황된 감정의 거품인가? 그런데도 하만은 왕에게로 나아갔다. 얼굴에는 자신감이 넘쳤고 눈빛은 승리를 예감했고 발걸음은 입김처럼 가벼웠다. 왕궁의 복도는 그를 환영하고 대리석 바닥은 그의 걸음에 경쾌한 음으로 화답하고 금빛 기둥들은 그의 영광을 반사했다. 이보다 완벽한 아침이 있었던가? 섭리는 참으로 기이하다. 악한 자가 악을 도모하는 와중에도 신이 자신의 편이라고 착각할 정도로 은밀하다. 오늘날 모든 사람들이 신은 자신을 위해 존재하고 온 우주는 자기를 중심으로 움직이며 역사도 자기를 맴돈다고 착각한다. 하만의 착각은 온 인류의 보편적인 증상이다.

에 6:6-9

6하만이 들어오거늘 왕이 묻되 왕이 존귀하게 하기를 원하는 사람에게 어떻게 하여야 하겠느냐 하만이 심중에 이르되 왕이 존귀하게 하기를 원하시는 자는 나 외에 누구리요 하고 7왕께 아뢰되 왕께서 사람을 존귀하게 하시려면 8왕께서 입으시는 왕복과 왕께서 타시는 말과 머리에 쓰시는 왕관을 가져다가 9그 왕복과 말을 왕의 신하 중 가장 존귀한 자의 손에 맡겨서 왕이 존귀하게 하시기를 원하시는 사람에게 옷을 입히고 말을 태워서 성 중 거리로 다니며 그 앞에서 반포하여 이르기를 왕이 존귀하게 하기를 원하시는 사람에게는 이같이 할 것이라 하게 하소서 하니라

❖ ❖ ❖

6하만이 들어왔고 왕이 그에게 말하였다 "왕이 존귀하게 하기를 기뻐하는 사람을 위하여 무엇을 해야 하겠느냐?" 하만이 자신의 마음속에서 말하였다 '왕께서 나보다 더 존귀하게 하시기를 기뻐하는 자가 누구겠어?' 7하만이 왕에게 말하였다 "왕께서 존귀하게 하시기를 기뻐하신 사람, 8왕께서 입으시는 왕복과 왕께서 타시고 그 머리에 왕관이 놓인 말을 가져오게 하십시오 9그 옷과 그 말을 왕의 귀족 신하들 중 한 사람의 손에 주게 하십시오 그리고 왕께서 존귀하게 하시기를 기뻐하신 그 사람에게 입히게 하시고 그 말 위에 그를 태우게 하십시오 그리고 '왕이 존귀하게 하시기를 기뻐하신 사람에게 이렇게 행하여질 것이라'고 도성의 광장에서 그 앞에서 외치게 하십시오"

18   하만의 착각

6하만이 들어왔고 왕이 그에게 말하였다
"왕이 존귀하게 하기를 기뻐하는 사람을 위하여 무엇을 해야 하겠느냐?"
하만이 자신의 마음속에서 말하였다
'왕께서 나보다 더 존귀하게 하시기를 기뻐하는 자가 누구겠어?'

하만이 왕실로 들어가고 왕이 그에게 질문한다. 안부도 묻지 않고 그기 세벽부터 입궐한 이유나 잔치에 대한 이야기도 아닌 포상 안건으로 곧장 돌입한다. 하만의 발걸음이 왕 앞에 멈추기도 전에 왕의 입에서는 질문이 쏟아졌다. 어제의 화려한 연회도, 오늘의 설레는 축제도 왕의 입술에는 오르지 못하였다. 왕은 하만과 함께한 시간이나 그와 함께할 시간이 아니라 한 유다인이 자신을 구원해 준 어느 먼 과거의 시간에 사로잡혀 있기 때문이다. 왕 앞에는 하만이 서 있었지만 왕의 눈은 다른 사람을 응시하고 있다. 한 유다인이 왕의 시선을, 왕의 시간을, 왕의 마음을 사로잡고 있다. 왕은 한 유다인의 은혜를 기념하기 위해 현재의 신하에게 질문하고 그 신하는 그 질문이 자신을 칭송하기 위한 미래의 길이라고 오해한다. 같은 공간에서 하나는 과거의 못다 한 정의를 회복하려 하고 다른 하나는 현재의 권력과 미래의 영광을 추구하는 이 엇갈림이 절묘하다.

왕의 질문은 이러하다. "왕이 존귀하게 하기를 기뻐하는 사람을 위하여 무엇을 해야 하겠느냐?" 여기에서 왕이 "존귀하게 하기를 기뻐하는"(חָפֵץ בִּיקָרוֹ) 대상은 익명의 "사람"이다. 이는 예전에 하만의 입에서 익명의 "한 민족"이 언급된 것과 유사하다. 왕의 질문은 특정한 인물에 대한 것이 아니라 실제로는 정의와 보상의 원칙 자체에 대한 탐구였다. 그러나 특정인의 이름이나 특정한 민족의 냄새를 전혀 드러내지 않은 왕의 단어 선택에도 하나님의 섭리가 스며들어 있다. 이름표가 없는 그 모호한 "사람"(אִישׁ), 이 한 단어가 만든 여백 속에서 하만의 상상력은 자유롭게 펼쳐진다. 만약 이름이 나왔다면 이야기의 전개가 어떻게 되었을까? 서사의 흐름에서 왕이 포상할 대상의 이름을 언급하지 않은 침묵의 기여도는 크다. 이는 이름 없는 질문이 마치 신의 속삭임인 듯 하만의 귀로 들어갈 때 그의 마음은 오만의 불길로 타오르고 착각의 늪에 빠져 자신의 몰락을 스스로 설계하는 운명으로 내몰리기 때문이다. 이처럼 익명성은 특정인에 대한 하만의 편견이 아니라 그의 은밀한 본색을 파내는 삽이었고 가장 사사로운 야망을 품고 있던 그의 파멸을 위해 하늘이 던진 미끼였다. 인간의 무지와 착각도 하나님의 대본 안에서는 치밀한 장치의 하나였다. 섭리는 그렇게도 작동한다. 이름 없는 정의가 이름을 얻기 직전, 신의 조용한 손길은 역사의 방향을 바꾸고 운명은 본래의 궤도로 조용히 접어든다. 거대한 기적이 아니라 한 문장의 익명성과 거기에 기댄 교만한 자의 착각이 모든 것을 제자리로 돌아가게 한다.

왕의 질문을 접수한 하만은 "자신의 마음속에서(בְּלִבּוֹ) 말하였다." 마음속에서의 말은 자신과의 대화를 의미한다. 자신과의 고독한 대화는 자기 인식의 통로이고 성찰의 시작이다. 자신의 한계를 인정하고 타인의 시선을 고려하며 세상의 더 넓은 맥락 안에서 자신의 위치를 정하는 현명한 작업이다. 그러나 인간 존재의 가장 깊은 사유인 자기와의 대화가 자신을 우주의 중심으로 여기고 인식의 테두리로 삼는다면 가장 위험한 고립으로 침몰한다. 자신에게 말을 거는 자는 지혜롭다. 그러나 자신만을 듣는 자는 위험하다. 하만의 대화는 후자의 경우처럼 자아에서 출발해서 자아로 회귀하는 폐쇄 회로였다. 자아를 세상으로 열어주는 건설적인 성찰이 아니라 자신 안으로 파고드는 파괴적인 독백이다. 하만은 더 객관적인 진실에 도달하기 위해 왕의 질문에 "포상의 대상이 누구냐"라는 꼭 필요한 물음표 하나를 내밀어야 했다. 그러나 그는 자아의 목소리에 자신의 귀를 전부 내주었다. 그의 마음은 이제 내면의 음성만 반향하는 메아리 감옥으로 전락했다. 사방에서 자신의 목소리만 들리고 어디를 봐도 자신만 보이고 무엇을 생각해도 자신으로 귀결되는 감옥이다.

하만의 내적인 음성은 이러했다. '왕께서 나보다 더 존귀하게 하시기를 기뻐하는 자가 누구겠어?' 역시나 예측은 빗나가지 않고 적중했다. 자아와의 대화는 정확히 하만이 원하던 결론, 즉 자신을 왕께서 존귀하게 하기를 기뻐하는 대상으로 지목하는 지점에 이르렀다. "나보다 더"(יוֹתֵר מִמֶּנִּי), 이 짧은 구절은 자아의 거울 앞에서의 독백이며 영혼의 어두운 복도에서 스스로를 껴안는 포옹이다. 여기에는 하만의 오만한 세계관 전체가 응축되어 있다. 그는 비교의 논리에 사로잡혀 있다. 언제나 누가 더 높은지, 누가 더 존귀한지, 누가 다른 사람보다 더 우월한지 같은 경쟁적인 의식으로 자신의 현실을 측정하는 사람이다. 왕의 질문을 듣고서도 비교급을 먼저 떠올린다. "나보다 더"라는 비교급은 "나밖에 없다"라는 최상급을 의미했다. 왕의 질문에 대해 하만은 자신을 향해 말하였고 자신을 위해 해석했고 자신을 위한 이 결론에 도달했다. 그는 이 결론에 심히 만족했다. 이런 자기와의 대화는 더 이상 성찰이 아니라 자기 확인이고 자기 강화이며 자기 숭배의 다른 이름이다. 하만은 자기 마음에서 묻는 자이면서 대답하는 자였고 재판관인 동시에 피고였다. 그의 자아는 한 번도 자신에게 유죄를 선고하지 않은 법정이다. 그 법정에서 진리는 늘 침묵하고 자아만 증언한다. 왕의 말에서도 자신을 보고 하나님의 섭리 속에서도 자신만을 본다. 그러나 그는 "나보다 더"라는 비교급을 지나 "나와 함께," "나를 넘어서," "나 없이도"와 같은 더 넓은 의식의 세계로 나아가야 했다. 하지만 악인의 눈에 그런 세계는 자아를 상실할 수 있는 위험 구역으로 간주된다.

> 7하만이 왕에게 말하였다 "왕께서 존귀하게 하시기를 기뻐하신 사람,
>
> 8왕께서 입으시는 왕복과 왕께서 타시고
>
> 그 머리에 왕관이 놓인 말을 가져오게 하십시오

자아와의 대화를 끝낸 하만은 왕에게 대답한다. 그 대답은 7절에서 9절까지 이어진다. 자신을 향한, 자신을 위한 답이어서 길다. 자아 중심적인 하만의 근성이 이처럼 답변의 길이에도 나타난다. 왕의 물음은 간단한 것이었다. 그런데 하만의 답변은 지나치게 길다. 그 길이는 친절한 설명이 아니라 자아의 무게였다. 하만은 분명히 왕에게 말하고 있었지만 그 발언의 각도는 자아를 조준한 것이었다. 그의 답변은 왕에게 봉헌된 문장이 아니라 자기 자신을 예배하는 기도문, 긴 문장으로 꾸며진 자기 초상화일 뿐이었다. 자신을 향한 그림은 디테일을 갈망한다. 하만은 존귀하게 여김을 받는 것으로는 만족할 수 없어서 세밀한 청사진을 그려야만 했고 그 청사진은 무려 세 개의 절이나 필요했다. 각 문장의 주어는 달랐지만 모든 문장의 실제 주인공은 하나였다. 그러나 하만은 자신의 답변이 길어지고 단어가 늘어나면 자신이 파고 있는 무덤이 깊어질 뿐이라는 사실에 무지했다. 하만은 영광의 청사진을 그렸다고 믿었지만, 실은 자신의 교만을 폭로한 셈이었다.

하만이 한 답변의 첫 마디는 인용이다. "왕께서 존귀하게 하시기를 기뻐하신 사람." 토시 하나 바꾸지 않은 이 인용은 왕의 질문을 겸허하게 변주한

것처럼 보이지만 아주 영리한 언어의 기술이다. 사실 하만은 "나"라는 말부터 꺼내고 싶었으나 왕의 고상한 표현으로 대체했다. 왕이 의도한 "사람"의 익명성도 그대로 유지한다. 그런데 그는 "나"라는 말을 사용하지 않았기에 오히려 "나"를 위하여 더 많은 말을 더 자유롭게 할 수 있다는 노련한 언어의 생리까지 안다. 그래서 그 노골적인 1인칭을 목구멍 깊숙이 밀어 넣고 왕의 언어라는 고결한 베일로 자신의 욕망을 은폐했다. 하만의 답변은 마치 포상에 대한 제국의 보편적인 기준을 세우는 것처럼 들리기도 쉽다. 왕이 이미 사용한 표현이니 그것을 반복하는 것은 당연했다. 왕이 이미 정의한 대상이니 그 대상에 대해 상세히 설명하는 것은 충성의 말이었다. 그러나 그것은 다 가면이다. 하만의 답변에는 "나"라는 1인칭이 한 번도 등장하지 않지만 내용 전체가 "나"와 자아의 욕망을 촘촘하게 설명하고 있다. 모든 단어 뒤에 "나"가 숨어있고, 모든 구절 속에서 "나"가 박동하고 있다. 하만은 말의 기술에 능숙하다. 직설적인 말하기가 아니라 우회적인 말하기가 더 많은 것을 건진다는 사실도 간파하고 있다.

하만의 첫 제안은 "왕께서 입으시는 왕복(לבוש מלכות)"이다. 고대에 옷은 천 조각이 아니라 신분의 상징이고 권위의 표식이며 정체성의 외피였다. 왕복은 화려한 직물이 아니라 왕권 자체의 물질적 현현이다. 왕 아닌 하만이 그런 왕복을 입는다는 것은 정체성의 위조이고 권위의 조작이다. 그런데도 하만은 왕의 옷이라는 외피를 통해 왕의 권위라는 실체에 닿고 싶어 했다. 제국의 심장을 꿰뚫는 황금색 옷감을 입어서 왕의 권위를 훔쳐 자신의 피부에 스며들게 하는 환상 속으로 들어갔다. 부드러운 비단이 그의 어깨를 감싸는 느낌, 보라색 염료가 그의 혈관처럼 흐르는 유쾌한 질감, 왕의 체향이 그의 영혼을 물들이는 그 순간을 상상했다. 하만은 왕복을 걸침으로 자신의 그림자를 왕의 그림자로 바꾸는 역모의 실감을 탐하였다. 이로써 하만은 제국이 그어 놓은 경계를 해체하고 싶어 했다. 고대의 제국에서 왕과 신하 사이에는 넘을 수 없는 경계선이 뚜렷했다. 왕은 왕이고 신하는 신하였다. 그러나 하만이 왕복을 입는 순간 신하의 영역에서 왕의 영역으로 상징적인 월경을 감행하는 것이었다. 왕복은 모든 금지된 경계를 넘는 통행증과 같은 것이었다.

성경에서 옷은 정체성과 사명, 그리고 하나님의 택하심을 나타낸다. 아담과 하와가 가죽옷을 입었을 때 그것은 하나님의 보호이고, 요셉이 채색옷을 입었을 때 그것은 아버지 야곱의 특별한 사랑이고, 제사장이 성의를 입었을 때 그것은 하나님 앞에 설 자격이다. 그런데 하만이 왕의 옷을 요구한 것은 자신에게 주어지지 않은 정체성과 권위와 사명을 취하려는 불법적인 시도였다. 그의 제안은 또한 세상의 권력과 겉모습에 대한 집착을 드러낸다. 하만의 욕망을 펼쳐보면, 왕복의 착용은 하만에게 왕의 권위를 가지는 것만이 아니라 왕 자신과의 동일시에 이르는 길이었다. 수동적인 영광에 머무는 것이 아니었다. 하만은 자신이 왕의 존귀함을 수용하는 객체에서 존귀함을 부여하는 주체가 되기를 원하였다. 즉 왕복의 제안은 은총의 대상이 아니라 은총의 주체가 되려는 하만의 본색까지 드러낸다. 이런 의미에서 하만의 첫 제안은 창세기를 떠올리게 한다. 하만이 왕처럼 되려고 왕복을 요구한 것은 에덴에서 인간이 하나님과 같이 되려고 선악과를 먹은 욕망의 유사한 반복이다.

하만의 두 번째 제안은 "왕께서 타시고 그 머리에 왕관이 놓인 말(סוּס)"이었다. 옷은 정체성의 정적인 상징이고 말은 동적인 권력의 현상이다. 옷은 하만을 왕처럼 보이게 하고 말은 그를 왕처럼 움직이게 한다. 왕의 말은 제국의 모든 도성을 출입하고 전쟁터로 나아가고, 승리는 말 위에서 선포된다. 하만이 말을 제안한 것은 왕권의 가시성을 확보하기 위함이다. 왕복은 궁전에 머물지만 왕의 말은 제국 전역을 활보하기 때문이다. 게다가 위치의 차이로 인해 하만은 아래를 내려다볼 것이고 거리의 상인들, 광장의 백성들, 성문을 오가는 여행자들 모두가 왕의 말을 탄 하만을 우러러볼 것이기 때문이다. 그 시대에는 시선의 방향이 권력의 위치를 규정했다.

하만이 언급한 말은 "왕께서 타시는(רָכַב)" 말이었다. 하만은 아무 말이나 원한 것이 아니라 실제로 왕이 타는 그 말을 요구했다. 왕의 말을 타는 순간,

실제로 왕의 자리에 문자 그대로 앉는 것이었다. 왕이 앉던 그 안장에, 왕이 쥐던 그 고삐를, 왕이 느끼던 그 높이를 하만이 경험하게 되는 것이었다. 하만은 한 가지를 덧붙였다. 즉 말의 "머리에 왕관"(כֶתֶר מַלְכוּת בְּרֹאשׁוֹ)이 놓여야만 했다. 이는 최고의 존귀를 상징하는 왕의 전용마를 의미했다. 과도한 요구처럼 보였지만 하만의 의도는 명확했다. 말의 머리에 왕관이 놓이면 그 말을 탄 자가 왕관 위에 앉는 자로 간주되는 셈이었다. 이처럼 하만은 왕처럼 보이는 것을 넘어, 왕권의 총체적인 이미지 속으로 자신을 삽입하려 했다.

말의 신학적인 의미는 무엇인가? 말은 인간의 자율성과 군사적인 힘에 대한 의존을 상징한다. 하나님은 말에 대한 경계를 명하신다. 신명기는 왕이 말을 많이 두지 말 것을 명령하고 시편은 말의 힘을 의지하지 말 것을 경고한다. 말은 인간이 하나님 없이도 자신의 힘으로 서려는 교만의 표상이기 때문이다. 하만이 말을 선택한 것은 우연이 아니었다. 하나님의 섭리가 아니라 인간의 권력을 타고 싶어 했다. 위로부터 오는 권위가 아니라 아래에서 위로 바라보는 위엄을 원하였다. 왕이 이용하는 말을 탐으로써 왕의 발자취 위에 자신의 빌을 포개어 왕과 자신 사이의 거리를 없애고자 했다. 이로써 왕을 의지하는 자가 아니라 자신이 왕이고자 했다. 왕의 전용마를 타고 수산의 거리와 광장을 행진하는 행위는 이 영광이 은밀한 포상이 아니라 모든 백성이 목격해야 할 공식적인 대관식의 이미지를 연출한다. 이런 제안만 보더라도 하만은 선을 많이 넘어갔다.

₉그 옷과 그 말을 왕의 귀족 신하들 중 한 사람의 손에 주게 하십시오

그리고 왕께서 존귀하게 하시기를 기뻐하신 그 사람에게 입히게 하시고

그 말 위에 그를 태우게 하십시오 그리고 '왕이 존귀하게 하시기를 기뻐하신

사람에게 이렇게 행하여질 것이라'고 도성의 광장에서 그 앞에서 외치게 하십시오"

하만은 특이한 제안을 이어간다. 자신이 제안한 왕복과 왕의 전용마를 "왕의 귀족 신하들 중 한 사람의 손"에 주고, 그 귀족 신하가 포상의 대상에게 왕복을 입히고 그 말에 태우게 하라는 제안이다. 즉 하만은 익명의 제3자를 소환하고 그에게 특정한 역할을 부여할 것을 제안했다. 왜 포상의 모든 절차를 왕의 손이 아니라 귀족 신하의 손이 행하도록 하였을까?

첫째, 왕에 의해서 진행되면 왕실의 조용한 행사로 끝날 수도 있지만 귀족들이 동원되면 사적 은총에서 공적 선포로 전환되고 왕과 하만 사이의 개인적인 교류가 아니라 왕국 전체가 목격하는 국가적인 행사가 되기 때문이다.

둘째, 귀족 신하가 포상의 절차를 수행하면 구조도 달라지기 때문이다. 왕이 직접 하만에게 포상을 내린다면 그것은 왕의 은총이고 이로써 왕과 하만 사이의 수직적인 관계가 유지된다. 그러나 귀족 신하가 하면 왕은 명령하는 자, 귀족은 집행하는 자, 하만은 영광을 받는 자라는 삼자 구도가 형성된다. 모든 신하들 중에서 가장 높은 귀족 신하들 중에서 선발된 사람이 하만에게 옷을 입히고 말에 태운다면 그 순간 위계의 재배치가 일어난다. 옷을 입히는 자는 시중드는 자이고 옷을 입는 자는 섬김을 받는 사람이다. 말을 끌어오는 자는 하인이고 말을 타는 자는 주인이다. 왕이 하만을 높이면 한 단계만 올라가나 모든 귀족의 대표가 하만을 높이면 하만은 귀족 전체보다 높아진다. 그는 이제 확고한 제국의 2인자로 공포되고 모든 귀족이 떠받드는 왕과 대등한 지위로 올라가게 된다.

셋째, 하만은 자신의 손을 더럽히지 않으려고 하기 때문이다. 왕복을 스스로 입지 않고 말에 스스로 오르지 않고 광장으로 스스로 나아가지 않는다는

것은 왕과 동일한 예우를 해 달라는 요청이다. 이로써 귀족 신하는 하만을 위한 무대 감독이 되고 하만은 그 무대 위에서 왕처럼 군림한다.

넷째, 만약 하만이 왕에게 그렇게 하라고 했다면 주제넘은 요구로 여겨졌을 가능성이 높다. 그러나 귀족에게 하라고 하면 왕은 명령의 권위를 유지하고 귀족은 집행의 책임을 수행하고 존귀한 자는 영광을 받는다는 아주 합리적인 절차처럼 여겨진다. 하만의 제안은 참으로 영리하다. 정중한 듯 보이면서 귀족을 하인으로, 자신을 주인으로, 적을 굴복자로 만들어 위계의 전복과 권력의 찬탈과 복수의 환상을 모두 이루려는 계획이기 때문이다. 그러나 이 모든 계획의 중심에 하만이 아닌 다른 사람으로 대체되는 순간 그 모든 계획은 억장이 무너지는 물거품이 된다.

하만의 마지막 제안은 "'왕이 존귀하게 하시기를 기뻐하신 남자에게 이렇게 행하여질 것이라'고 도성의 광장에서(בִּרְחוֹב הָעִיר)" 행진하는 것이었다. 하만의 욕망은 연거푸 확대된다. 왕실의 은밀한 방에서 귀족들의 공적인 무대로 확대하고, 권력의 내밀한 층위에서 백성들의 일상적인 공간으로 자신의 영광과 자랑을 확대하려 한다. 광장은 고대 도시에서 정보가 교차하고 여론이 형성되는 도성의 심장이다. 모든 길이 광장으로 모이고 모든 사람이 광장을 지나간다. 상인들이 물건을 팔고, 여행자가 발걸음을 쉬며, 백성들이 소식을 나누고, 아이들이 뛰어노는 공간이다. 광장은 도성의 공적 기억이 형성되는 장소이고 권력이 가시성을 얻는 무대였다. 하만이 그런 광장을 선택한 것은 필연이다. 왕의 총애로는 부족했다. 온 백성이 그것을 목격하고 기억하며 증언해야 했다. 광장에서 왕복을 입고 왕의 말을 타고 행진하면 제국의 눈동자에 영구적인 기록으로 보존된다. 도성의 집단기억 속에 각인되는 것을 넘어 세대를 거쳐 전승될 이야기가 된다.

하만은 침묵 속의 행렬이 아니라 외침이 동반되는 행렬을 원하였다. 그래서 왕에게 귀족들의 입으로 "외치게 하라"(וְקָרְאוּ)고 제안했다. 이는 사람들이 보는 것만이 아니라 듣게 하고 싶었기 때문이다. 외침이 있으면 해석의 여지를 남기지 않고 모든 의문이 해소된다. 그리고 외침은 권위를 부여한다. 침묵 속에서 지나가는 행렬은 호기심을 유발한다. 그러나 외침과 함께 지나가는 행렬은 복종을 요구한다. 소리는 공간을 채우고 듣는 이의 의지와 무관하게 귓속으로 침투한다. 하만은 백성들의 자발적인 인정을 기다리지 않고 그들의 귀에 자신의 영광을 강제로 주입하려 한다. 외침은 또한 반복을 통해 진리를 형성한다. 한 번 들으면 정보지만 반복해서 들으면 사실로 전환된다. 더군다나 왕의 귀족 신하들은 공신력이 가장 높은 입술이다. 그들의 입술에서 나온 외침은 광장의 이쪽 끝에서 저쪽 끝까지 울려 퍼질 것이고 거리의 모든 귀퉁이에 메아리칠 것이었다.

하만은 외침 자체만이 아니라 외침의 내용까지 꼼꼼하게 제시했다. 즉 왕이 존귀히 여기는 자들에게 "이렇게 했다"가 아니라 "이렇게 행하여질 것이라"(כָּכָה יֵעָשֶׂה)는 원칙을 선포하게 했다. 하만은 자신의 영광을 일회적인 사건이 아니라 왕국의 규범으로 만들고자 한다. 광장의 외침은 권력의 최종적인 확인이다. 외침이 왕의 귀만이 아니라, 귀족의 귀만이 아니라, 백성의 귀에까지 들어가야 하만이 진정한 영광과 권력으로 인정되기 때문이다. 광장의 선포는 하만이 계획한 자기 대관식의 결론이자 절정이다. 자신의 이름이 광장의 메아리가 되어 퍼진다는 것은 자신이 왕의 다음 권력자로 추대되는 대관식을 방불케 하는 장면이다. 그리고 그는 왕의 충신에서 왕국의 국민적인 영웅으로 거듭나려 한다. 권력의 내부자가 아니라 권력의 제국적 상징으로 도약하려 한다. 이 외침은 또한 하만의 적인 모르드개에 대한 승리의 선언이다. 하만에게 절하기를 거부하고 무시하는 그 유다인이 광장에서 울리는 백성의 외침을 들을 때 그의 고막에 가해지는 정신적인 고문은 상상을 초월하게 되고 결국 치명적인 굴욕감과 패배감에 빠지게 될 것을 고려한 외침이다.

왕실의 아침에 하만은 옷과 말과 귀족과 광장과 외침, 그 모든 제안을 왕에게 다 말하였다. 왕의 권위를 빌려, 귀족의 손을 이용하고, 광장의 가시성을 활용하며, 외침의 권능을 동원하는 완벽한 영광의 의식을 하만은 자신이 설계했고 이 설계로 인해 자부심이 하늘까지 이르렀다. 그러나 하만은 광장에서 외쳐질 그 선언을 자신이 직접 외치게 될 것이라는 사실을, 왕의 옷을 입고 말을 탄 사람 앞에서 하만 자신이 말고삐를 잡고 걸으며 자신이 설계한 바로 그 문장을 외치게 될 것이라는 사실을, 그 외침이 울려 퍼지는 광장에서 하만은 영광의 주인공이 아니라 굴욕의 집행자가 될 것이라는 사실을 상상도 하지 못하였다. 하나님은 "죄악을 꾸미며 이르기를 우리가 묘책을 찾았다"라고 말하는 자들에게 심판의 화살을 쏘신다는 시인의 고백(시 64:6)은 하만의 꾀에도 적용된다. 하만만이 아니라 "이방 나라들이 분노하며 민족들이 헛된 일을 꾸미는" 경우에는 언제나 "하늘에 계신 이가 웃으신다"(시 2:1, 4). 그리하여 가장 크게 외치려고 했던 자가 가장 큰 침묵으로 사라지고, 가장 높이 오르려고 했던 자가 가장 깊이 추락한다. 이것이 인간의 교만을 대하는 정의의 문법이다.

에 6:10-14

¹⁰이에 왕이 하만에게 이르되 너는 네 말대로 속히 왕복과 말을 가져다가 대궐 문에 앉은 유다 사람 모르드개에게 행하되 무릇 네가 말한 것에서 조금도 빠짐이 없이 하라 ¹¹하만이 왕복과 말을 가져다가 모르드개에게 옷을 입히고 말을 태워 성 중 거리로 다니며 그 앞에서 반포하되 왕이 존귀하게 하시기를 원하시는 사람에게는 이같이 할 것이라 하니라 ¹²모르드개는 다시 대궐 문으로 돌아오고 하만은 번뇌하여 머리를 싸고 급히 집으로 돌아가서 ¹³자기가 당한 모든 일을 그의 아내 세레스와 모든 친구에게 말하매 그 중 지혜로운 자와 그의 아내 세레스가 이르되 모르드개가 과연 유다 사람의 후손이면 당신이 그 앞에서 굴욕을 당하기 시작하였으니 능히 그를 이기지 못하고 분명히 그 앞에 엎드러지리이다 ¹⁴아직 말이 그치지 아니하여서 왕의 내시들이 이르러 하만을 데리고 에스더가 베푼 잔치에 빨리 나아가니라

❖ ❖ ❖

¹⁰왕이 하만에게 말하였다 "너는 서둘러라 네 말대로 왕복과 말을 취하여라 왕의 문에 앉아있는 모르드개, 그 유다인에게 그렇게 행하여라 네가 말한 모든 것에서 하나도 빠뜨리지 말라" ¹¹하만이 왕복과 말을 취하여서 모르드개에게 입히고 도성의 광장에서 태우며 그 앞에서 외쳤다 "왕이 존귀하게 하시기를 기뻐하는 사람에게 이렇게 행하여질 것이다" ¹²모르드개는 왕의 문으로 돌아갔고 하만은 슬퍼하며 머리를 덮은 채 자신의 집으로 밀려났다 ¹³하만은 자신에게 일어난 모든 것을 자기 아내와 자신의 모든 친구에게 자세히 말하였다 그리고 그의 지혜로운 자들과 그의 아내 세레스가 그에게 말하였다 "만일 당신이 그 앞에서 넘어지기 시작한 모르드개가 유다인의 씨로부터 나왔다면 당신은 그를 이기지 못할 것입니다 오히려 당신은 그의 앞에서 넘어지고 또 넘어질 것입니다" ¹⁴그들이 아직 그와 말하고 있는 중에 왕의 내시들이 이르렀다 그들은 에스더가 마련한 그 잔치로 하만을 데려가기 위해 재촉했다

19 높여진 모르드개

[10]왕이 하만에게 말하였다

"너는 서둘러라 네 말대로 왕복과 말을 취하여라 왕의 문에 앉아있는 모르드개,

그 유다인에게 그렇게 행하여라 네가 말한 모든 것에서 하나도 빠뜨리지 말라"

하만의 목소리가 궁전에 가득할 때 왕은 말없이 경청했다. 그런데 왕의 옷, 왕의 말, 왕의 면류관, 왕의 신하들에 의한 공개적인 행진 등 하만의 모든 화려하고 과도한 제안들을 들으며 왕은 관찰하며 판독했다. 왕처럼 입고 왕처럼 타고 왕처럼 대접받는 것을 기대하는 하만의 동공은 오만의 검은 우물처럼, 세상의 모든 행운을 삼키려는 굶주린 짐승처럼, 섬뜩하게 번뜩였다. 하만의 제안을 듣고 그의 표정을 보면서 왕은 어떤 생각에 잠겼을까? 최고 존엄의 영광을 탐하는 하만의 욕망과 야망을 읽지 않았을까? 하만이 말하면 말할수록 왕의 미간은 더 좁아졌다. 더 예리하게 빛나는 왕의 눈은 하만의 언어가 그리는 그림을 조용히 따라갔다. 하만은 자신의 모든 제안을 너무도 생생하게, 너무나 상세하게 설명했다. 결국 왕은 감지했다. 그의 입에서 쏟

아진 모든 언어는 충성심이 아니었고 조언의 열의가 아니었다. 갈망과 탐욕과 억눌린 야망의 숨이었다.

왕은 권력의 정점에서 오래 살아온 사람이다. 충성과 야망, 존경과 질투, 섬김과 탐욕을 구별하는 일은 가벼운 껌이었다. 하만은 지금 자신을 위해 상상했던 것을, 자신이 꿈꿔왔던 영광을, 자신이 갈망했던 인정을, 자신이 탐하였던 권력의 상징들을 제안하고 있음이 분명했다. 겉으로는 왕에게 충성하는 신하였다. 그러나 그의 제안은 그 가면에 가려진 진짜 얼굴을 드러냈다. 그의 표정은 왕의 영광을 존중하는 것이 아니라 그것을 자신에게 입히고 싶어 하는 욕망이고 왕을 섬기는 것이 아니라 왕이 되고 싶어 하는 야망이다. 왕은 하만을 새로운 눈으로 보기 시작했다. 충성된 신하가 아니라 잠재적 위협으로, 믿음직한 조언자가 아니라 경계해야 할 야심가로! 왕의 권력은 예민하다. 왕좌를 향한 가장 미세한 시선도 감지한다. 하만은 너무 많이 말하였고 너무 구체적인 설명을 쏟아냈고 너무 열정적인 제안을 내밀었다. 그의 과도함이 오히려 욕망에 사로잡힌 눈빛으로, 왕좌를 향한 은밀한 갈망으로, 최고 존엄의 영광을 탐하는 교만으로 배어 나와 하만 자신을 배신했다.

왕은 하만의 말을 듣고 신속한 시행을 명하였다. "너는 서둘러라"(מַהֵר). "너는 취하여라"(קַח). "너는 행하여라"(עֲשֵׂה). "너는 빠뜨리지 말라"(אַל־תַּפֵּל). 왕이 이렇게 "너"라는 2인칭 명령어를 연거푸 쏟아낸 대상은 하만이다. 각각의 명령형 동사는 화살처럼 날카롭고 채찍처럼 매섭게 하만의 등을 후려쳤다. "너는"의 반복은 복종의 족쇄였고 신하의 그림자를 왕의 그림자 아래로 당기는 무게였다. 이로써 왕은 자신이 명령하는 왕이고 하만은 복종하는 신하라는 신분의 서열을 단숨에 정리한다. 이것은 대화가 아니었다. 논의도, 협의도, 유예도 없이 오직 왕의 판단에서 나온 명령의 연타였다. 지체를 용납하지 않는 "서둘러라," 선택권을 박탈하는 "취하여라," 실행을 강제하는 "행하여라," 완벽한 복종을 요구하는 "빠뜨리지 말라."

"서둘러라," 불면의 야밤에 연대기 안에서 지연된 정의, 해결되지 않은 빚을 만난 왕의 다급성을 보여주는, 시간에 대한 명령이다. "취하여라," 왕복과 왕의 전용마는 자신의 것이며 잠시 빌려주는 것임을 상기시켜 주는 물질에 대한 명령이다. "행하여라," 하만이 영광의 수혜자가 아니라 그 영광을 배달하는 수행자에 불과함을 가르치는 행위에 대한 명령이다. "빠뜨리지 말라," 하만에게 어떠한 자의적 해석이나 창의성도 허용하지 않겠다는 최후의 경고로서 완수에 대한 명령이다. 방금 전까지 자신이 영광의 주인공이 되리라고 확신하며 왕의 질문에 다수의 명령들을 제안하던 하만이 순식간에 네 개의 어명에 짓눌린 심부름꾼 신세로 전락했다. 하만은 아무리 높은 벼슬을 누리고, 아무리 많은 권세를 휘둘러도, 왕이 아니었다. 왕의 의지를 수행하는 도구일 뿐이었다. 이제 하만은 자신이 설계한 영광의 무대에서 자신이 선택한 왕복과 말과 의식으로 자신의 원수를 치장해야 한다. 자신의 입으로 제안한 모든 것을 자신의 손으로 자신의 적에게 헌납해야 한다. 왕의 네 개 명령은 하만의 교만을 이렇게 산산조각 냈다. 그 파편들은 날카로운 칼날이 되어 그의 영혼을 도륙했다. 이는 가장 통쾌한 반전이다.

왕은 모르드개가 "그 유다인"(הַיְּהוּדִי)인 것을 인지하고 있다. 왕의 문에 앉아 있던 "그 유다인"인 동시에 왕의 생명을 구해주고 아무런 대가도, 인정도, 보상도 받지 못한 채 먼지 쌓인 연대기의 페이지 속에 조용히 묻힌 "그 유다인"을 가리킨다. 왕은 생각했다. "그 유다인"은 이토록 조용히, 이토록 묵묵히, 자신을 위해 아무것도 요구하지 않고 자신의 이름조차 드러내지 않으면서 어떻게 이토록 깊은 인상을 남길 수 있는지를! 그리고 깨달았다. 자신의 목숨을 구한 것은 페르시아 귀족도, 왕족도, 측근 신하도 아닌, 성문에 앉아 있던 한 유다인, 권력의 중심부가 아니라 변방에서, 화려한 조정이 아니라 먼지 이는 성문에서, 그 한 유다인의 도움으로 자신의 생명이 지켜진 것을 깨달았다. 왕은 모르드개의 얼굴을 조용히 응시했다. 그의 이마에는 고요한 결의가, 눈빛에는 낯선 섬광이 머물렀다. 신하들의 눈에서는 발견하기 어려운 빛이었다. 그는 무릎 꿇지 않고서도 겸손했고 침묵 속에서도 굴하지 않고 당당했다. 그는 평범한 충신이 아니라 어딘가 다른 세계의 신념을 품은 사람처럼 느껴졌다. 왕의 마음 한편이 미묘하게 흔들렸다.

왕이 존귀하게 하기를 기뻐하는 사람의 민족적인 정체성을 직접 언급한 것은 모르드개 때문에 유다 민족에 대한 호감의 싹이 그의 마음에서 돋아나고 있음을 증거한다. 왕의 의식 속에서 "유다"라는 단어는 밝고 흥미로운 색깔로 물들기 시작했다. 이런 호감은 공식적인 인정도, 정치적인 선언도 아닌 한 통치자의 개인적인 감정에서 시작된 변화였다. 모르드개의 충성된 모습은 이제 유다인의 민족적인 정체성에 구체적인 얼굴을 부여했다. 왕의 가슴에서 돋아난 작은 호감의 싹은 장차 한 민족의 생사를 결정하는 거대한 나무로 자라난다. 하만이 왕에게 죽음의 조서를 제안했을 때에 그는 왕에게 유다 민족이 아니라 "한 민족"이 제국을 위협하고 있다고 말하였기 때문에, 왕은 유다인이 죽음의 조서가 겨냥한 민족임을 아직 몰랐다. 지금은 왕의 마음에서 유다인에 대한 호감의 포인트만 차곡차곡 적립되고 있다.

11하만이 왕복과 말을 취하여서 모르드개에게 입히고
도성의 광장에서 태우며 그 앞에서 외쳤다
"왕이 존귀하게 하시기를 기뻐하는 사람에게 이렇게 행하여질 것이다"

하만은 자기가 제안하고 왕이 명령한 것처럼 왕복과 말을 취하였고 모르드개에게 입히고 태워서 도성의 광장을 돌며 그 앞에서 반포했다. 왕이 존귀히 여기는 사람의 영광이 어떠한지! 하만이 상상했던 그 화려한 의식, 그 장엄한 행렬, 그 웅장한 반포, 그 모든 것이 그대로 펼쳐졌다. 그러나 단 하나, 모든 것의 주인공만 달라졌다. 지금 하만은 광장의 바닥에 있고 모르드개는 말 위에 있어서 하만은 그를 올려보고 그는 하만을 내려보고 있다. 하만이 고안한 이 영광의 의식은 이제 가장 잔혹한 처벌이 되어 자신에게 돌아왔다. 자신의 옷으로 자신의 적수를 영광의 정상에 앉히고 자신의 입으로 자신의 패배를 도성의 광장에서 모든 백성의 귀에 선포해야 했다. 완벽하고 잔인한 역전이다. 광장의 햇빛은 따가웠다. 그러나 권세의 절정에 있던 하만이 손수 죽이고자 했던 그 유다인의 말고삐를 잡고 걷는 그의 모습을 보는 백성들의 시선은 하만의 영혼을 바짝 말릴 것처럼 더 잔인하게 따가웠다. 하만이 보기에는 죽어야 마땅한 그 유다인을 왕이 존귀하게 하기를 원하는 자라고 외쳐야만 하는 하만의 입은 어떤 심정일까? 원수가 탄 말의 발자국 옆에서 나란히 자신의 발로 걷는 하만의 기분은 얼마나 민망하고 비참할까?

하나님의 손길은 걷잡을 수 없는 역사의 흐름 속에서도 여전히 감동적인 주도권을 발휘한다. 자기가 판 무덤에 자기가 빠진다는 응보의 신학은 여기서도 확인된다. 하만과 모르드개 사이의 반전은 보이지 않는 손이 역사의 무게 추를 반대로 기울이는 순간에 나타나는 현상이다. 이것은 반전 드라마인 동시에 교만한 자는 스스로 파놓은 구덩이에 빠지고 겸손한 자는 예상치 못한 곳에서 높임을 받는다는 우주의 도덕 법칙을 보여주는 신학적인 선언이다. 보이지 않는 하나님의 정의가 보이는 역사 속에 현현했다. 왕의 불면, 기록의 발견, 익명의 질문, 하만의 등장, 그의 오판, 통쾌한 역전, 이 모든 것은 하나도 우연이 아니었다. 각각의 사건이 정교하게 짜인 대본 속의 요소처럼 절묘한 구원 이야기에 복무한다. 두 사람의 반전 이야기는 "교만은 멸망의 선봉이요 겸손은 존귀의 길잡이"(잠 18:12)가 된다는 진리의 역사적 물증이다. 하나님은 침묵 속에서도 침묵하지 않으신다. 그분의 이름이 책에 없어도, 그분의 손길은 모든 페이지에 있다.

¹²모르드개는 왕의 문으로 돌아갔고 하만은 슬퍼하며 머리를 덮은 채
자신의 집으로 밀려났다

모르드개, 지극히 위대한 사람이 "왕의 문으로 돌아갔다(יָּשָׁב)." 그는 어명을 따라 제국 2인자의 수종을 받으며 왕복을 입고 왕의 전용마를 타고 모든 백성의 시선이 출석한 도성의 광장을 돌면서 왕의 존귀함을 입은 자라는 외침의 잔영이 아직 제국의 공기에 자욱한 상황에서 그 익숙한 왕의 문으로, 그 평범한 일상으로 돌아간 사람이다. 아직 백성들의 눈에는 왕복의 자줏빛이, 귀에는 말발굽 소리가 생생했다. 하만의 굴욕적인 선포가, 그 믿기 힘든 역전의 장면이 아직 가시지도 않았는데 그는 돌아갔다. 영광의 여운을 붙잡지도 않고 제국의 환호를 즐기지도 않고 자신의 승리를 음미함도 없이 마치 아무 일도 없었다는 듯, 그것은 자신의 것이 아니라는 듯, 그는 돌아갔다. 권세의 정점에서 일상의 자리로, 환호의 중심에서 침묵의 변방으로, 말 위의 높이에서 성문의 먼지로 돌아갔다.

세상은 권력을 얻으면 놓치지 않으려고 움켜쥐고 영광을 맛보면 취하고 높은 곳에 오르면 내려오지 않으려는 게 정상이다. 그러나 그 유다인은 다른 세상의 사람처럼 다르게 행동했다. 세상의 영광은 그를 바꾸지 못하였다. 왜냐하면 그는 자신이 누구인지 알고 있었기 때문이다. 그는 성문의 모르드개, 어제도 오늘도 내일도 자신으로 돌아간다. 이것은 무관심도 아니었고 체념도 아니었다. 깊은 확신이 움직인 행위였다. 자신의 삶을 움직이는 것은 왕의 변덕도, 백성의 환호도, 하만의 음모도 아니라는 확신이다. 보이지 않는 하나님의 때와 계획이 있다는 확신이다. 자신이 하늘처럼 높아져도 하만이 꾸미고 왕이 승인한 죽음의 조서는 여전히 유효했기 때문에, 자신의 민족은 여전히 멸절의 위기에 처해 있기 때문에, 그는 한순간의 영광으로 취할 때가 아니었다. 그는 영광의 자리가 아니라 "왕의 문"이라는 사명의 자리를 택하였다. 변하지 않는 그 자리에서 그는 하나님의 다음 장을 기다린다. 흥분도 미련도 없이, 그저 담담하게! 진정한 영웅은 그렇게 고요하다.

그러나 하만은 "자신의 집으로 밀려났다(נֶּחְפַּף)." "밀려났다" 이 니팔형 (Niphal) 동사는 본래 "서두르다"라는 의미를 가지지만 하만 자신과 상황에 의해 그의 몸이 집으로 떠밀리는 수동태를 의미한다. 모르드개가 성문으로 돌아간 것은 의연하고 능동적인 귀환이고 하만이 집으로 서둘러 밀려난 것은 수동적인 퇴각이고 섭리적인 추방이다. 하만은 집이 아니라 왕궁에, 권력의 중심에, 왕의 곁에 있으려고 했다. 자신의 집이 아예 왕궁이길 원하였다. 그러나 치욕이, 수치가, 현실이, 그를 밀쳐냈다. 왕궁이 그를 토해냈다. 이 순간, 하만에게 집은 피난처가 아니라 유배지에 가까웠다. 그의 야망이 부서진 자리였고 그가 왕궁이라 믿었던 환상이 무너진 폐허였다. 미련과 후회의 무덤이요 자신의 한계와 현실을 인정하는 장소였다. 왕궁에서 밀려나 집으로 돌아오는 그 거리도 물리적인 간격이 아니었다. 권세에서 무력으로, 영광에서 수치로, 교만에서 절망으로 추락한 영혼의 심리적 거리였다.

하만은 집으로 돌아갈 때 "슬퍼하며 머리를 덮은"(אָבֵל וַחֲפוּי ראשׁ) 모습으로 갔다. 이런 모습은 고대 근동에서 수치의 그림자를 껴안는 가면이고 가장 깊은 애도의 언어였다. 죽은 자를 위해, 큰 재앙 앞에서, 회복 불가능한 상황 앞에서 사람들이 취하는 몸짓이다. 이제 "나는 끝났다"는 행위적 탄식이다. 하만은 자기 자신을 애도했다. 그의 권세가 죽었고 그의 교만이 죽었고 그의 꿈이 죽었기 때문이다. 머리를 가리는 행위에는 신학적인 무게가 실렸는데, 다윗은 아들 압살롬의 반역 앞에서 머리를 가리고 올리브산을 올라갔다. 예레미야 선지자는 예루살렘 멸망을 예언하며 머리를 덮은 백성으로 묘사했다. 욥은 재앙 앞에서 머리털을 깎고 통곡했다. 하만이 머리를 덮는다는 것은 하늘을 보지 못한다는 선언이고, 빛을 받을 자격이 없다는 고백이며, 수치로 얼굴을 들 수 없다는 인정이다.

그러나 하만의 머리 덮음은 하나님을 향한 기도가 아니라 자신을 향한 애도였다. 자신의 죄를 슬퍼한 것이 아니라 자신의 추락을 슬퍼했다. 한 유다인에 대한 악행을 뉘우친 게 아니라 그로 인한 굴욕을 통탄했다. 회개가 아니라 절망을 표출했다. "하나님의 뜻대로 하는 근심은 후회할 것이 없는 구원에 이르게 하는 회개를 이루는 것이요 세상 근심은 사망을 이루는 것"(고후 7:10)이라고 한 바울의 가르침을 하만이 예고했다. 어쩌면 장차 맞이하게 될 자신의 죽음에 대한 장례 행렬을 연습한 것인지도 모르겠다. 성경은 교만한 자의 결말을 이렇게 보여준다. 교만한 자는 화려한 몰락이 아니라 머리 가린 슬픔으로, 영광의 옷이 아니라 수치의 베옷으로, 환호가 아니라 침묵으로 종결된다. 하만은 슬퍼했다. 그러나 그의 슬픔이 그를 구원하지 못하였다. 이는 그가 잘못된 것을 슬퍼했기 때문이다. 자신의 죄가 아니라 자신의 손실을, 하나님의 공의가 아니라 자신의 체면을, 회개할 기회가 아니라 잃어버린 권세의 순간을 슬퍼했기 때문이다.

13하만은 자신에게 일어난 모든 것을 자기 아내와 자신의 모든 친구에게 자세히 말하였다 그리고 그의 지혜로운 자들과 그의 아내 세레스가 그에게 말하였다 "만일 당신이 그 앞에서 넘어지기 시작한 모르드개가 유다인의 씨로부터 나왔다면 당신은 그를 이기지 못할 것입니다 오히려 당신은 그의 앞에서 넘어지고 또 넘어질 것입니다"

하만은 먼저 "자신에게 일어난 모든 것"을 그들에게 "자세히 말하였다"(ﾽ﾿ﾒ﾿﾿). 왕의 부름, 자신의 제안, 왕의 명령, 왕복을 입히는 순간, 말고삐를 잡던 감촉, 광장을 도는 동안의 모욕, 자신의 목소리로 외쳐야 했던 그 선포 등을 하나도 빠뜨리지 않고 한 장면도 생략하지 않고 말하였다. 이처럼 하만은 자신의 영광만이 아니라 자신의 몰락에 대해서도 세세하게 말하였다. 이것은 자기애에 빠진 자의 병적인 증상이다. 그에게 세상은 오직 자신을 중심으로 돌아간다. 승리이든 패배이든, 영광이든 수치이든, 그것은 모두 "나"에 대한 것이었다. 그는 자신이 겪은 일의 관객이자 해설자가 되고 싶어 했다. 희극이든 비극이든 상관없이 그 무대의 주인공이 "나"라는 사실만이 중요했다.

말하는 것은 또한 하만의 고질적인 본능이다. 궁정의 속삭임 속에서 왕의 귀에 자신의 야망을 세세하게 주입하던 그 패턴, 왕에게 복수의 불길을 타오르게 하던 그 언어의 리듬은 그에게 삶이었다. 승리했을 때 그는 말로 자랑했고, 패배했을 때에도 그는 말로 호소했다. 그에게 말은 무기이자 방패였고 공격이자 방어였다. 그에게 침묵은 고문처럼 힘들었다. 이는 침묵할 때 그는 자신의 무력함과 마주해야 했기 때문이다. 자세한 설명은 통제의 욕망이다. 말하는 동안에는 하만이 자기 이야기의 주인이다. 그 이야기가 비록 굴욕과 패배로 점철되어 있어도 그것을 말하는 자는 여전히 자신이다. 그런데 지금 그의 부지런한 문장 끝에는 패망의 메아리와 비극의 마침표가 있다. 더 비극적인 것은 하만이 아무리 많은 말을 소비해도 아무것도 바꾸지 못한다는 사실이다. 아무리 자세히 설명해도 일어난 일은 일어난 일이었다. 그의 웅변도 이제 무력했다. 그의 언어는 권력을 상실했다.

하만의 경우에도 원수가 집안 식구라는 말씀이 적용된다. 하만의 아내 세레스와 그의 모든 친구들, 특별히 "지혜로운 자들"(חֲכָמִים)이 악담에 가까운 진실을 퍼붓는다. 사실 이들이 불과 며칠 전에는 하만의 놀라운 영광에 박수를 보냈고 그의 숙적인 모르드개 제거의 비법까지 그에게 제안했다. 하만의 분노를 부추겼고 그의 교만을 부풀렸고 그의 복수를 함께 설계했던 공범이다. 그런데 이제는 마치 손절의 계절이 온 것처럼 하만의 패배와 멸망을 운운한다. 같은 입에서 칭송과 저주가 사이좋게 출입한다. 복수의 지혜를 속삭이던 혀가 이제는 하만의 몰락을 기록하는 붓으로 변신했다. 세속적인 의미에서 과연 그들은 "지혜로운 자들"이다. 예나 지금이나 바람 부는 대로 방향을 바꾸는 깃발처럼, 권세 있는 자에게는 아첨하고 쓰러지는 자에게는 외면의 등을 돌리는 게 현실이다.

아내와 친구들의 지혜는 진리가 아니라 편의였다. 원칙이 아니라 이익을,

충성이 아니라 이익의 방향을 읽는 영리함이 그들의 지혜였다. 세레스는 하만의 짝꿍이다. 그런데도 그녀는 하만의 편이 아니었다. 그녀도 하만의 연회에 참석하고 하만의 자랑을 들어주고 하만의 계략에 박수를 보냈지만 하만을 사랑한 것이 아니라 그의 권세를 사랑했다. 하만의 인격이 아니라 하만의 지위를 사랑했다. 하만이 쓰러지기 시작하자 그들도 함께 쓰러진 것이 아니라 재빨리 배에서의 탈출을 시도한다. 하만은 많은 사람들에 둘러싸여 있었지만 혼자였다. 이런 상황에서 하만은 자신이 목숨을 걸고 매달리던 세상의 칭찬이 얼마나 덧없는 것인지를 절감하지 않았을까?

하만의 아내와 친구들이 말한 아픈 진실은 이것이다. 하만은 모르드개 앞에서 넘어지기 시작했다. 그들은 하만의 현실을 정확하게 읽어냈다. 그런데 그들은 "우리"가 아니라 "당신"이라고 말하면서 지금의 사태를 하만만의 몰락으로 규정한다. 그들은 하만의 넘어짐이 한 사람의 일시적인 몰락을 의미하지 않고 심층적인 의미가 있음을 "모르드개가 유다인의 씨로부터" 나왔다는 언급으로 암시한다. 하만의 몰락과 모르드개의 민족적인 배경에 근거하여 그들은 "당신은 그를 이기지 못할 것"(לֹא־תוּכַל לוֹ)이라고 단언한다. 여기서도 모르드개를 이기지 못하는 것은 "우리"가 아니라 "당신"이다. 이는 하만의 아내와 친구들의 노련하고 야비한 발 빼기를 보여준다.

하만이 모르드개를 이기지 못하는 근거에 대한 그들의 말은 대단히 중요한 신학적 의미를 암시한다. "유다인의 씨로부터"(מִזֶּרַע הַיְּהוּדִים), 이 근거는 급조된 상황 판단이 아니라 역사의 깊은 흐름을 꿰뚫는 신학적 통찰이다. 그러나 이런 통찰을 하만의 측근들이 가진 것은 아니었다. 그들은 하만의 개인적인 몰락을 넘어 하나님의 선택된 민족을 대적하는 자의 필연적인 종말을 겉으로만 감지했다. 하지만 성경에서 "씨"는 인간의 손으로 뽑을 수 없는 생명의 뿌리이자 세상 권세가 감히 꺾지 못하는 신적인 언약의 흔적이다. 실제로 하나님은 믿음의 조상에게 "네 씨로 말미암아 천하 만민이 복을" 받을 것이라고 말씀하셨다(창 22:18). 나아가 "홀이 유다를 떠나지" 않을 것이라는 야곱의 예언과 다윗에 대해 "내가 네 몸에서 날 자식을 네 뒤에 세"울 것이라는 하나님의 말씀은 역사의 흐름을 메시아로 이어준다. 이 모든 말씀은 한 메시아적 씨를 가리키며 모르드개 및 에스더는 그 긴 계보의 중턱을 이어주는 하나의 고리였다. 하만이 유다인을 대적하는 것은 인종적인 갈등이 아니라 하나님의 구원 계획 자체에 대한 도전이다.

그러나 자신의 약속을 반드시 이루시는 하나님은 유다 민족을 지키신다. 왕국의 몰락, 포로 생활, 박해와 음모, 그 어떠한 상황 속에서도 하나님의 씨는 결코 끊어지지 않고 이어진다. 발로 짓밟히고 흙에 파묻히고 겨울의 추위에 떠는 씨가 아무것도 아닌 것처럼 보이지만 그 안에는 신비로운 생명의 힘이 웅크리고 있다. 이집트가 하나님의 백성을 겨냥해 칼을 뽑았으나 몰락했고, 바벨론이 그들을 포로로 잡았으나 무너졌고, 앗수르가 그들을 흩었지만 역사의 무대에서 사라지고 그들은 존속했다. 이런 생명력은 약속을 지키시는 하나님께 있다. 하만은 연약한 씨처럼 보이는 모르드개 한 사람과 싸우는 것이 아니라 실제로는 유다인 전체의 생명력과, 나아가 하나님의 약속 그 자체와 맞서고 있기에 이 싸움은 하만의 절대적인 실패로 종결된다. 실패를 넘어 저주와 멸망으로 치닫는다. 그의 몰락은 정치의 영역에서 일어난 사건이 아니라 구속사의 질서 속에서 작동되는 하나님의 정의 실현이다. 이는 믿음의 조상에게 약속하신 것, "너를 축복하는 자에게 복을 내리고 너를 저주하는 자에게는 저주"를 내리시는 하나님의 절대적인 섭리 때문이다(창 12:3). 하만의 아내와 친구들의 말은 비록 배신의 비열한 언어로 쓰였지만 구원의 역사를 관통하는 신학적인 언어였다.

하만의 아내와 친구들의 마지막 말은 하만이 싸움에서 진다는 예언보다 더 혹독하다. "참으로 당신은 그의 앞에서 넘어지고 또 넘어질 것입니다(נָפוֹל תִּפּוֹל)." 그들은 마지막 발언까지 "우리"가 아니라 "당신"의 몰락임을 명시한다. 여기에서 동일한 동사의 반복은 막 시작된 하만의 무너짐이 더 깊은 심연으로 침몰해 가는 운명의 가속도를 상징하는 동시에 재기 불능의 완벽한 파멸에 이를 것이라는 쐐기였다. 이는 한 개인의 몰락을 넘어 우주적 질서의 회복이며, 교만이 겸손 앞에 무릎 꿇는 것이며, 악이 선 앞에 패배하는 것이며, 하나님을 대적하는 자가 하나님의 백성 앞에 쓰러지는 사건이다. 하만의 악은 잠시 승리하는 것처럼 보이지만 결국 스스로의 무게로 무너진다. 그의 교만은 높이 오르지만 그 높이만큼 깊이 추락한다. 게다가 하만에게 최악의 원수인 모르드개 앞에서(לְפָנָיו) 무너질 것이라는 말은 그의 몰락에 극도의 비참함을 추가한다.

하만의 필연적인 몰락을 말한 하만의 아내와 "지혜로운" 친구들은 유다인의 역사에 대단히 해박하다. 그들의 출애굽을 알았고, 홍해의 기적을 알았고, 바벨론 시대의 포로 귀환까지 알았으며 그들이 얼마나 끈질기게 생존했고 그들을 건드린 제국들이 어떻게 되었는지 다 연구했다. 한 유다인 문지기가 광장에서 솟구치던 그 순간, 그들은 하만의 넘어짐이 일시적인 실수가 아니라 신의 손이 짜낸 그물 속에서 피어나는 필연적인 나락임을 직감했다. 이런 지식을 처음부터 하만에게 귀띔해 주었다면 이렇게 비참한 지경까지 오지는 않았을 텐데 그들은 왜 몰락의 끝자락에 이르러서 그것을 밝히는가? 지식은 있었으나 지혜는 없었으며 진리보다 권력을 선호하고 무서워한 것이 그 이유였을 것이라고 나는 생각한다. 그들은 권력자의 귀에 거슬리는 진실을 말할 용기와, 교만의 절정에 있는 자를 멈추게 할 용기가 없었기 때문이다. 그들은 신앙의 지혜가 아니라 생존의 본능으로 반응했다. 그들의 발언은 회개의 언어가 아니라 패배자의 냄새를 감지한 본능적인 후퇴였다.

그들은 계산했다. 왕의 총애를 받고 제국 전체를 손아귀에 쥔 하만에게 반대하는 것은 그의 분노를 사는 일이었고 그의 은총에서 멀어지는 일이었고 어쩌면 자신들도 위험에 처하는 일이었다. 그러나 그가 넘어지기 시작하고 절대적인 몰락이 확실해 보이니까 그들은 안심하고 당당하게 말하였다. 그들이 알고 있던 그 역사적 패턴을, 하만이 가장 필요했던 그 경고를 이제서야 발설했다. 늦게 도착한 진실은 이처럼 가장 아픈 순간에야 비로소 그 무게를 드러낸다. 게다가 그들의 지식은 하만을 구하기 위해서가 아니라 하만이 무너진 후 자신들을 변호하기 위한 용도로 사용된다. 그들의 입에서 나온 말은 옳았지만 그것은 진리의 증언이 아니라 자기 합리화의 언어였다. "우리는 알았고 경고도 했다"는 비겁한 면피용 도구였다. 이는 하만을 결코 구할 수 없는 말이었다. 이것은 말해야 할 때 침묵하고 침묵해도 될 때 말하는 거짓 측근들의 전형이다. 권력을 가졌을 때에는 부추기고 무너질 때에는 버리는 자들이다. 권력의 정점에 있을 때에는 하만의 성공이 곧 자신들의 지위와 안락함을 보장하는 것으로 여겨 그의 영광에 기생하며 운명을 엮었지만, 하만이 몰락할 때에는 자신들의 몰락이 아니며 자신들과 무관한 것이라는 거리두기 신공을 발휘하는 그들은 처음부터 "지혜로운 자들"이 아니라 냉혈한 정치적 감각을 지닌 이기적인 철새였다.

하만의 집 안에서 울려 퍼진 그 늦은 깨달음은 인간의 지혜가 얼마나 느리고, 두려움은 또 얼마나 빠른지를 보여주는 거울이다. 지혜 없는 자는 적시에 충고하지 않으므로 친구를 잃고, 교만한 자는 지혜로운 친구의 충고를 듣지 않으므로 홀로 넘어진다. 하나님은 하만의 교만만이 아니라 그의 아내와 친구들의 비겁한 침묵과 늦은 발설도 섭리의 도구로 적당하게 취하셨다. 진리는 언제나 제시간에 오지 않지만 하나님의 섭리는 언제나 제때에 도착한다.

14그들이 아직 그와 말하고 있는 중에 왕의 내시들이 이르렀다
그들은 에스더가 마련한 그 잔치로 하만을 데려가기 위해 재촉했다

하만의 집에 "왕의 내시들이 이르렀다(הִגִּיעוּ)." 도착의 시점은 하만과 그의 아내와 친구들이 "아직 말하고 있는 중"(עוֹדָם מְדַבְּרִים)이었다. 하나님의 섭리는 찰나의 지연도 없이 촘촘하게 전개된다. 친구들의 혹독한 예언이 공중에 떠 있었고 그 말의 무거운 여운이 방 안을 맴도는 중에 왕의 사자들이 왔다.

그들의 그림자가 문틈으로 길어지며 방 안의 고요를 가르는 칼날처럼 다가왔다. 말과 현실 사이에 간격이 없고, 예언과 성취 사이에 지체가 없고, 선고와 집행 사이에 유예가 없도록, 그들이 하만의 몰락을 말하는 바로 그 순간에 몰락이 도착했다. 하만이 변명할 시간도, 도망칠 기회도, 대책을 마련한 여유도 없이 왕의 명령은 번개처럼 왔다. 이는 역사가 하만의 일정표가 아니라 다른 시계에 의해 돌아가고 있음을 암시한다.

그리고 하만은 말의 사람이다. 왕을 설득하는 말, 조서를 작성하는 말, 명령을 내리는 말, 자신을 높이려고 제안하는 말, 낭패를 설명하는 말, 자신의 미래에 대해 예언하는 친구들의 말이 아직 끝나지 않았는데 심판의 전령들이 말을 끊으며 찾아왔다. 하만이 몰락하는 속도가 신속하다. 아침에 그는 영광의 주인공이 될 줄 알았는데, 정오에는 원수의 말고삐를 잡았고, 저녁에는 집에서 자신의 파멸에 대한 예언에 시달리고, 이제 그 말 잔치가 끝나기도 전에 왕의 준엄한 심부름이 왔다. 그는 아직 상처를 핥고 있었는데, 아직 슬픔에 젖어 있었는데, 아직 자신의 이야기를 다 끝내지 못했는데, 하나님은 악인에게 회복의 시간을 주지 않으신다. 다시 교만으로 귀환하기 전에, 다시 계략을 꾸미기 전에, 다시 자신감을 회복하기 전에, 하나님은 그를 심판의 다음 과정으로 이끄신다.

하만의 입장에서 내시들의 도착은 침입이다. 하만의 집은 더 이상 피난처가 아니었다. 하만이 머리를 가리고 슬퍼하든, 아내와 친구들이 그의 미래를 예언하든, 그것은 전혀 중요하지 않은 것처럼 왕의 명령은 그 모든 것을 관통했다. "아직 말하고 있는 중"이라는 문구는 미완성을 의미한다. 끝나지 않은 대화, 끝나지 않은 설명, 끝나지 않은 슬픔 속에서 하만은 자신의 집을 떠나야만 했다. 이것은 하만의 인생 전체의 은유였다. 그가 계획한 것들은 모조리 미완성의 상태였다. 하나님의 심판은 그렇게 미완성 중에 방문한다. 우리가 준비되지 않았을 때, 우리가 여전히 변명하고 있을 때, 우리가 아직 현실을 부정하고 있을 때, 말은 끝나지 않았지만, 심판은 기필코 정시에 도착한다.

왕의 내시들이 온 것은 "에스더가 마련한 그 잔치로 하만을 데려가기 위함"이다. 하만이 그렇게도 자랑했던 그 환희의 잔치에 참석하기 위함인데 마치 죄수가 체포되어 끌려가는 침울한 모양새다. 이것은 초대가 아니라 호송이고, 환대가 아니라 압송이며, 영광의 걸음이 아니라 끌려가는 분위기다. 하만은 에스더의 잔치가 회복의 발판이 될지, 아니면 인생의 무덤이 될지 모르는 상황에서 끌려간다. 이런 잔인한 불확실성 때문에 하만은 죄수보다 더 비참하게 끌려간다. 죄수는 적어도 끌려가는 이유와 받을 심판의 내용은 알기 때문이다. 어제 그는 자랑으로 왕후의 궁으로 들어갔다. 그러나 오늘은 두려움이 그를 호송한다. 같은 길, 같은 목적지, 그러나 완전히 다른 걸음이다. 하만은 단 하루 사이에 변하였다. 권세의 정점에서 불안의 심연으로, 교만의 절정에서 공포의 골짜기로 내시들의 안내를 받아 걸어간다. 포승줄 없는 죄수가 걸어간다. 초대받은 손님의 옷을 입었으나 사형수의 얼굴로 걸어간다. 그의 교만이 시작된 곳으로, 그의 교만이 끝날 곳으로 걸어간다.

그런데 왕의 내시들은 하만을 데려가되 그 걸음을 "재촉했다"(בהל). 서두르게 만들었다. 몰락의 심판은 이렇게 신속하게 집행된다. 모르드개에게 왕복을 입히고 말을 태우고 광장을 돌며 외칠 때에도 왕은 하만에게 서둘러 행하라고 재촉했다. 이번에도 맥락이 동일하다. 에스더의 첫 번째 잔치에는 느긋하게 걸어갔다. 그러나 두 번째 잔치에는 서둘러야 했다. 첫 번째는 자기 발로 갔지만 두 번째는 왕의 내시들이 데려갔다. 명령하던 자가 이제는 침묵하고 타인의 걸음을 지휘하던 자가 이제는 자신의 걸음을 타인에게 맞추어야 한다. 자신의 발걸음을 자기가 주도하지 못하고 타인이 주도하는 것은 몰락의 대표적인 상징이다. 나아가 이 재촉은 움직임의 속도가 아니라 운명의 시간표가 인간의 의지를 앞질러 달려가고 있음을 의미한다. 이제 시간을 통제하며 기다리게 만들고 서두르게 만들고 멈추게 만드는 과거의 하만이 아니었다. 천천히 걷는 권세자가 아니라 급하게 뛰는 하인의 모습이다. 밀려가고 끌려가고 쫓겨가는 사람, 선택권이 없는 사람, 자기 시간의 주인이 아닌 사람, 진실로 권력을 상실한 자의 모습이다. 인간의 악은 천천히 꾀하지만 하나님의 심판은 번개처럼 내리친다. 내시들의 재촉은 심판의 속도였다. 계획은 사람이 하더라도 그 걸음의 각도와 속도는 하나님이 정하신다(잠 16:9). 선인만이 아니라 악인에 대해서도 동일하게 적용된다.

에 7:1-5

¹왕이 하만과 함께 또 왕후 에스더의 잔치에 가니라 ²왕이 이 둘째 날 잔치에 술을 마실 때에 다시 에스더에게 물어 이르되 왕후 에스더여 그대의 소청이 무엇이냐 곧 허락하겠노라 그대의 요구가 무엇이냐 곧 나라의 절반이라 할지라도 시행하겠노라 ³왕후 에스더가 대답하여 이르되 왕이여 내가 만일 왕의 목전에서 은혜를 입었으며 왕이 좋게 여기시면 내 소청대로 내 생명을 내게 주시고 내 요구대로 내 민족을 내게 주소서 ⁴나와 내 민족이 팔려서 죽임과 도륙함과 진멸함을 당하게 되었나이다 만일 우리가 노비로 팔렸더라면 내가 잠잠하였으리이다 그래도 대적이 왕의 손해를 보충하지 못하였으리이다 하니 ⁵아하수에로 왕이 왕후 에스더에게 말하여 이르되 감히 이런 일을 심중에 품은 자가 누구며 그가 어디 있느냐 하니

❖ ❖ ❖

¹왕과 하만이 왕후 에스더와 함께 마시려고 왔다 ²둘째 날의 포도주 잔치에서 왕은 다시 에스더에게 말하였다 "그대의 청원이 무엇이냐? 왕후 에스더여, 그것을 너에게 이루겠다 그대의 요청이 무엇이냐? 왕국의 절반이라 할지라도 그것을 행하겠다" ³왕후 에스더가 대답하며 말하였다 "왕이시여, 제가 만일 왕의 눈에 은혜를 입었다면, 만일 왕에게 좋으시면, 제 청원대로 제 생명을, 제 요청대로 제 민족을 저에게 주옵소서 ⁴이는 저와 제 민족이 죽임과 도륙함과 진멸함을 당하도록 우리가 팔렸기 때문인데 만약 우리가 남종들과 여종들로 팔렸다면 제가 잠잠했을 것입니다 왜냐하면 그 괴로움이 왕의 손해에 미치지는 못할 테니까요" ⁵아하수에로 왕이 말하였고 에스더 왕후에게 말하였다 "감히 이처럼 행하려는 마음이 가득한 자가 누구이며 그자는 어디에 있느냐?"

20 　　　　　　　　　　에스더의 지혜

¹왕과 하만이 왕후 에스더와 함께 마시려고 왔다

왕과 하만이 에스더의 두 번째 잔치에 도착했다. 하만이 "왔다"(בּוֹא)는 것은 공간적인 이동이 아니라 섭리 속으로 인도되어 들어오는 동사로서 비극의 문턱을 넘는 걸음을 의미한다. 이 구절에서 주어는 "왕과 하만"이다. 그 뒤에 에스더가 언급된다. 이 미묘한 순서는 비록 겉으로는 대등하고 일상적인 만남처럼 보이지만 권력의 중심과 하나님의 섭리를 대변하는 여인의 구도를 예고한다. 왕은 즐기려는 인물인 동시에 곧 정의의 도구로 쓰이며, 하만은 제국의 존엄과 나란히 배석한 자이지만 사실상 자기 무덤으로 초대받은 자이며, 에스더는 표면상 잔치의 주최자인 동시에 실제로는 심문자요 판결자로 변모한다. 잔치는 법정이고 곧 재판이 시작된다.

　왕과 하만은 에스더와 "함께 마시려고"(לִשְׁתּוֹת עִם) 왔다. 이는 왕과 하만의 설레는 기대를 잘 보여준다. 하만은 광장의 굴욕을 만회할 기회일지 모른다는 기대감 속에서 즐기려고 한다. 긴장 없는 친밀함, 포도주의 향기, 왕비의 아름다운 모습, 그리고 권력자들 사이에만 공유하는 은밀한 환희가 그 기대의 바구니에 가득했다. 왕도 기대한다. 통치의 무게에서 벗어나 사랑하는 왕비가 마련한 시간, 정무의 긴장이 아니라 포도주의 여유, 의전의 격식이 아니라 사적인 친밀함이 잔칫상에 가득했다. 그러나 그 둘은 잔치가 법정이고 포도주는 역사의 정의로운 심판이 발효된 은밀한 술이라는 사실에 무지했다. 하만은 영광의 만회와 절정을 기대했고 왕은 평온한 휴식과 즐김을 기대했다. 그러나 에스더는 폭로를 준비했다. 에스더의 준비는 향연이 아니라 심문, 포도주가 아니라 진실, 친밀함이 아니라 단죄였다. 그 둘의 부푼 기대감은 가장 잔인한 반전의 기막힌 준비였다. 왕의 잔은 분노로, 하만의 잔은 공포로 채워지기 직전이다. 결국에 "함께 마시려고" 한 잔은 하만에게 독배였다. 운명의 잔이요, 심판의 잔이요, 몰락의 잔이었다.

그리고 고대 근동에서 "함께 마신다"는 것은 포도주를 입에 대는 행위를 넘어 언약이며 우호의 맹세이며 운명을 함께 묶는 주술적 의례였다. 같은 잔에 입술을 대는 자들은 서로의 삶에 책임을 지는 동지였다. 에스더의 잔치도 겉으로는 그런 결속의 무대였다. 왕과 하만이 나란히 참여했다. 그 순간에는 그들이 하나의 세계를 구성하는 것처럼 친밀했다. 그러나 에스더의 손에 들린 술잔은 우정의 잔이 아니라 심판의 잔이었다. "함께"라는 말은 공범을 암시한다. 하만이 계획한 학살의 조서에 왕의 도장이 찍혔으니 그 둘은 어떤 의미에서 공범이다. 그들은 유다인의 피로 맺어진 전우였다. 그러나 에스더의 잔치에서 그 동맹은 서서히 균열을 일으킨다. 에스더의 입이 열리면서 "함께"라는 단어는 산산이 부서진다. 그 순간부터 하만은 함께가 아니라 홀로 고립된다. "함께"라는 고대 근동의 상징은 하나님의 섭리에 의해 이렇게 전복된다. 결말의 시선으로 보면, 잔치로 들어오는 하만의 경쾌한 발걸음 소리는 장송곡의 전주였다. 그의 웃음은 아름답게 피었지만 그 이면에는 파국이 스멀스멀 올라왔다. 이렇게 인간의 의도와 운명의 장난 사이에 놓인 괴리가 바로 고대 문학이 잘 파고드는 지점이다. 에스더 시대는 사건의 문서화가 곧 문학이 되는 극적인 시대였다.

> 2둘째 날의 포도주 잔치에서 왕은 다시 에스더에게 말하였다
> "그대의 청원이 무엇이냐? 왕후 에스더여, 그것을 너에게 이루겠다
> 그대의 요청이 무엇이냐? 왕국의 절반이라 할지라도 그것을 행하겠다"

왕은 또 "다시"(יִשָׁנִ) 왕후에게 질문한다. "그대의 청원이 무엇이냐?" "그대의 요청이 무엇이냐?" 이는 왕의 뜰 안에서, 에스더의 첫 번째 잔치에서, 이번에 세 번째로 반복되는 왕의 질문이다. "다시"라는 단어에는 왕의 조급함이, 불안이, 간절함이 묻어난다. 손짓 하나로 천하를 움직이는 제국의 황제가 한 여인 앞에서 같은 질문을 세 번이나 말한다는 것은 질문의 형식을 띤 간청이다. 제발 말해 달라는 애원이다. 에스더를 향한 그의 호의가 느껴진다. 그의 호기심도 절정에 이르렀다. 동시에 "다시"라는 말은 왕의 패배를 암시한다. 질문의 반복은 사랑의 고백인 동시에 권력의 한계도 드러내기 때문이다. 지치지 않고 질문하는 왕은 에스더를 진심으로 사랑했다. 그러나 그녀의 마음을 읽지는 못하였다. 모든 것을 주고자 했으나 그녀가 무엇을 원하고 있는지는 캄캄했다.

> 3왕후 에스더가 대답하며 말하였다
> "왕이시여, 제가 만일 왕의 눈에 은혜를 입었다면, 만일 왕에게 좋으시면,
> 제 청원대로 제 생명을, 제 요청대로 제 민족을 저에게 주옵소서

왕의 질문에 에스더가 드디어 대답한다. 왕의 목까지 차오른 궁금증, 하만을 집어삼킬 듯한 교만의 절정, 에스더가 참아온 인내의 총량이 절묘하게 교

차하는 지점에서 꺼낸 대답이다. 에스더는 며칠 밤을 뜬눈으로 지새우며 왕의 마음, 하만의 위치, 자신의 용기, 하나님의 타이밍, 이 모든 것이 제자리에 놓였는지 확인하고 또 확인했다. 인내라는 것, 긴장의 활시위를 당기고 또 당기는 일이었다. 언제 놓아야 할지, 어디를 겨냥해야 할지, 화살의 궤적을 계산하고 또 계산하는 일이었다. 너무 일찍 놓으면 힘이 없고, 너무 늦으면 흔들리는 손에서 벗어난다. 그런데 이제 기다리고 기다리던, 벼르고 벼르던 대답의 시점에 이르렀다. 두려움을 삼키고, 문장을 고르고, 타이밍을 재던 모든 날은 이 순간을 위한 것이었다. 이제 왕의 궁금증은 충격으로, 하만의 교만은 경악으로, 에스더의 인내는 해방으로 전환되는 순간이다.

에스더는 고단한 인내의 세월을 견디며 단단해진 목소리로 제국에서 가장 무거운 단어 하나를 밀어낸다. "왕이시여"(הַמֶּלֶךְ)! 이는 극진한 존경, 애절한 간청, 그리고 이제는 숨길 수 없는 진실이 담긴 호칭이다. 왕후라는 존재의 무게와 그동안 흘린 눈물의 총량이 실린 호칭이다. 무엇보다 절박함은 그 호칭의 뼈대였다. 이 호칭이 나오고 조건절 하나가 뒤따른다. "제가 만일 왕의 눈에 은혜를 입었다면." "은혜"(חֵן)라는 말은 에스더가 왕궁에 처음 발을 들여놓던 그날부터 지금 이 순간까지 존재의 기초이자 생존의 토대였다 (2:15, 17; 5:2, 8). 고아로 자랐고 포로로서 아무것도 없었던 그녀에게 주어진 모든 것들은 자격이 아니라 은총이며 권리가 아니라 선물이다.

에스더는 왕의 은혜로 존재하고 왕의 은혜로 살아간다. 인생의 처음과 나중이 모두 왕의 은혜라는 인식은 그녀를 왕 앞에서 늘 겸손하게 만들었다. 왕후라는 지위가 그녀를 우쭐하게 만들지 못하였고 왕의 총애가 그녀를 안일하게 만들지 못하였다. 오히려 그녀는 그럴 때마다 더 깊이 굽혔으며 더 밑으로 자신을 낮추었다. 게다가 왕의 은혜에 대해 에스더는 조건문(אִם)을 사용한다. 이는 궁 생활의 시작부터 지금까지 왕의 은혜를 입었지만 과거의 은혜에 연연하지 않고, 이미 받은 은혜를 마치 영원한 소유물인 것처럼 당연한 권리로 여기지도 않고, 왕의 은혜는 실시간 주어져야 하는 것이라는 그녀의 겸허한 자세를 드러낸다. 과거의 은혜는 어제의 햇살처럼 고맙지만 오늘의 어둠을 비추지는 못한다는 사실을 에스더는 안다. 은혜는 한때 흘러간 강물이 아니라 지금 이 순간에도 계속 흘러야 하는 생생한 물줄기다. 그래서 왕후가 되고서도 여전히 떨며 은혜를 구하였고, 모든 것을 가진 듯 보이지만 여전히 자신을 낮추었다. 이런 공손한 모습과 겸손한 태도는 에스더를 더욱 아름답게 만들었다. 그녀는 지금의 공기를 새롭게 호흡하는 법에 능숙하다. 왕의 호의는 어제의 기록에 안주할 수 없고 오늘 새로 써야 하는 약속이다. 이는 에스더로 하여금 왕에게 늘 감사하고 의지하고 기대하게 만들었고, 이러한 자세 때문에 그녀는 눈빛과 표정과 몸짓을 늘 신선하고 따뜻하고 아름답게 유지했다.

또 하나의 조건문이 등장한다. "만일 왕에게 좋으시면." 에스더의 모든 소원은 왕의 은혜가 필요하고 왕에게 좋아야만 한다. 그녀는 자신의 원함이 아니라 왕의 원하심을, 자신의 필요가 아니라 왕의 좋으심을 먼저 생각한다. 이 얼마나 아름다운 아내인가! 왕궁의 다른 후궁들이 자신들의 필요를 요구하고 청탁하고 졸랐을 때, 에스더는 왕의 마음을 헤아렸다. 자신의 미모를 무기로 사용하지 않고 왕후의 지위를 지렛대로 쓰지 않고 오히려 더 아래로 낮아졌다. 이 얼마나 향기로운 아내인가! 향기는 강요하지 않고 은은하게 스며든다. 에스더는 왕의 곁에서 그런 향기였다. 그녀가 자신을 낮출 때마다, 그녀가 조건절을 붙일 때마다, 그녀가 "만약"을 발음할 때마다, 왕의 코에는 겸손의 향기가, 신뢰의 향기가, 사랑의 향기가 진동했다. 이런 아내라면, 왕국의 절반이 아니라 전부라도 주고 싶지 않겠는가? 왕의 은혜를 구하고 왕의 좋음을 구하는 것은 왕의 마음을 여는 열쇠였다. 불가능해 보이는 일을 가능하게 만드는 지혜였다. 왕국의 절반도 아깝지 않다고 느끼게 만드는 사랑의 언어였다.

에스더는 왕의 표현을 따라 자신의 "청원"(שְׁאֵלָה)과 "요청"(בַּקָּשָׁה)을 순서대로 말하였다. 이것은 왕에 대한 에스더의 세련된 존중과 순종이다. 왕이 사용한 단어를, 왕이 배열한 순서를, 왕이 구성한 문장의 구조를 그대로 받아서 사용하는 지혜를 드러낸다. 왕이 그려 놓은 선 안에서 움직였고 왕이 열어놓은 언어의 문으로 들어갔다. 그녀는 왕이 펼쳐 놓은 악보를 그대로 따라 부르듯이 왕의 귀에 가장 익숙한 멜로디로 대화를 연주한다. 이것이 폭풍을 일으키지 않고 폭풍을 지나가는 방법이다. 왕의 언어를 사용하면 공감대도 빨리 형성된다. 같은 단어, 같은 어조, 같은 리듬으로 말하면 악기의 공명처럼 같은 주파수로 울리기 시작한다. 진정한 설득은 상대의 언어로 호흡하는 데서 시작된다. 상대방이 이해하는 어휘로, 그가 신뢰하는 문법으로 말할 때, 비로소 마음에서 마음으로 가는 다리가 마련된다. 에스더의 대답에서, 왕은 자신이 펼친 대화의 판 위에서 그녀가 움직이고 있다는 것을, 자신이 만든 규칙을 그녀가 따르고 있다는 것을 확인하며 안도한다. 그러나 대화의 주도권은 여전히 왕에게 있지만 그 대화의 결말은 이미 에스더의 손끝으로 넘어왔다. 그녀의 말은 왕의 문장에서 피어나는 꽃이었다.

"청원"은 한나가 아들을 구하고(삼상 1:17, 27) 솔로몬이 지혜를 구할 때(왕상 3:5) 사용되는 단어로서 생명처럼 절박하고 즉각적인 것을 요구할 때 사용된다. "요청"은 하나님을 찾고 구하거나(신 4:29), 정의와 공의를 추구할 때(사 1:17) 사용되는 단어로서 민족의 구원처럼 크고 포괄적인 것을 추구할 때 사용된다. 에스더가 밝힌 "청원"의 내용은 "내 생명"(נֶפֶשׁ)이다. 이것은 지금 당장 위협을 받고 있는 상황이기 때문에 긴급하고 한 개인의 실존이기 때문에 명확하고 구체적인 대상이며 즉시 반응할 수 있는 직접적인 부탁이며 더 긴박하고 개인적인 차원의 청원이다. "생명"이란 단어가 그녀의 입에서 떨어진 순간 왕실 전체가 얼음처럼 굳어졌다. 누가 감히 왕후의 생명을 노린다는 말인가? 페르시아 제국의 왕후, 왕이 가장 사랑하는 여인, 왕국에서 가장 안전해야 할 사람이 생명을 구하다니, 도대체 이것이 무슨 상황인가? 살려 달라는 것은 가장 원초적인 외침이다. 그 외침이 왕후의 입에서 나오다니, 당연히 왕의 분노는 극도로 치솟는다.

"요청"의 내용은 "내 민족"(עַמִּי)이다. 이것은 유다인 전체의 생존과 관련되어 있고 제국 전역에 흩어진 모든 유다인을 대상으로 하며 복잡한 정치적, 사회적 해결책이 필요한 사안이며 더 넓고 깊은 차원의 간청이다. 에스더의 답변에 담긴 내용은 한 개인의 문제가 아니었다. 왕후의 개인적인 위기가 아니었다. 훨씬 더 크고 심각한 문제였다. "내 민족," 이 단어로 에스더는 자신의 정체를 드러냈다. 그녀는 페르시아 왕후만이 아니라 한 민족의 딸이기도 했다. 그 민족의 이름을 왕은 아직 듣지 못하였다. 왕의 궁금증은 왕후의 소원에서 그녀 민족의 이름으로 갈아탔다.

에스더의 답변은 지혜롭고 신중했다. 작은 것에서 큰 것으로, 구체적인 것에서 포괄적인 것으로, 개인적 차원에서 공동체적 차원으로, 하나에서 전체로 이동하는 방식으로 대답했다. 먼저 왕후 개인의 생명을 언급하여 왕의 감정을 건드리고 그다음 그녀가 민족과 연결되어 있음을 드러내며 개인적인 동정심이 민족적 결단으로 확대되게 했다. 그녀의 대답은 또한 "내 생명과 내 민족은 하나"이며 "나를 죽이는 것은 내 민족을 죽이는 것이고 내 민족을 죽이는 것은 나를 죽이는 것"이라는 뜻이었다. 에스더는 "나의"라는 1인칭 단수 소유격 접미사를 일부러 자신의 답변에 삽입했다. 생명은 그녀의 것이었고 민족도 그녀의 것이었다. "내 생명"과 "내 민족"을 달라는 것은 두 개의 간청이 아니었다. 생명과 민족, 개인과 공동체, 나와 우리가 하나로 묶여 있는 하나의 요구였다.

에스더가 구한 것은 왕국의 절반이 아니었다. 개인과 공동체의 생명을 요구했다. 다른 왕후가 "왕국의 반"이라는 왕의 제안을 받았다면 어떤 욕심이 고개를 들었을까? 더 큰 궁전, 더 많은 보석, 더 넓은 영토, 더 높은 권세를 구하지 않았을까? 그러나 에스더는 생명이 먼저였고 사람이 먼저였고 공동체가 먼저였다. 이것이 고아로 자란 그녀가 배운 지혜였다. 가진 것 없이 자랐기에 없어도 되는 비본질적 요소는 무엇이고 없어서는 안 되는 본질적 요소는 무엇인지 뼈저리게 터득했다. 하나님의 형상을 지닌 생명이 다른 모든 것보다 귀하다는 것이 그녀의 인생에 대못처럼 박힌 가치관의 전제였다. 그래서 그녀는 왕의 은혜로 모든 것을 구할 수 있었으나 왕국의 절반이 아니라 생명을, 권력이 아니라 사람을, 재물이 아니라 공동체를 요청했다. 지금 이 순간, 페르시아 제국은 왕국의 절반보다 한 사람의 생명이 더 귀한 줄 아는 여인, 권력보다 공동체가 더 소중한 줄 아는 왕후, 자기 민족을 자신의 생명처럼 여기는 지도자를 보유하고 있다.

> 4이는 저와 제 민족이 죽임과 도륙함과 진멸함을 당하도록
> 우리가 팔렸기 때문인데 만약 우리가 남종들과 여종들로 팔렸다면 제가
> 잠잠했을 것입니다 왜냐하면 그 괴로움이 왕의 손해에 미치지는 못할 테니까요"

이 구절에서 에스더는 자신과 민족의 생명을 달라고 요청한 이유를 설명한다. 먼저 "우리가 팔렸다"(נִמְכַּרְנוּ)는 이유를 제시한다. 왕후와 그녀의 민족이 상품처럼, 가축처럼, 물건처럼 팔렸다는 말은 충격적인 증언이다. 그녀는 지금 가장 치욕적인 단어를 사용했다. 사람이 사람을 파는 것, 생명이 금전으로 거래되는 것, 한 민족 전체가 시장의 물품처럼 흥정의 대상이 되었다는 것, 그 참담한 진실을 한 단어에 압축했다. "팔렸다"라는 수동태는 누군가가 우리를 팔았으며 우리의 의사와 무관하게, 우리의 동의도 없이, 우리가 거래의 대상이 되었음을 의미한다. "팔렸다"라는 말은 또한 돈이 오갔다는 것, 거래가 성사되어 누군가는 지불했고 누군가는 받았다는 것을 의미한다.

에스더는 하만이 왕에게 제시한 은 만 달란트, 제국의 연간 세입의 2/3에 달하는 천문학적 금액을 알고 "팔았다"라는 동사를 사용했다. 왕은 칙령에 서명한 것이 아니라 거래에 동의한 것이었다. 사고파는 행위에 참여한 것이었다. 한 민족에 대한 상업적 거래, 그것은 정치적 결정이 아니었다. 국가 안보의 문제, 즉 백성을 보호하기 위한 조치도 아니었다. 누군가가 돈을 지불

했고 그 돈 때문에 칙령이 내려진 것이었다. 사람이 "팔렸다"는 것은 그에게 가장 치명적인 모욕이다. 그것은 우리가 인간이 아니라 상품이 되었다는 모욕, 우리의 생명이 협상 테이블의 거래 품목이 되었다는 수치, 우리가 누군가의 이익을 위한 수단이 되었다는 비극이다. "팔렸다"라는 동사 때문에 왕은 그 순간 자신이 일반적인 행정 명령이 아니라 생명을 사고파는 계약서에 서명을 했다는 사실을 인지했다.

에스더는 팔림의 목적까지 덧붙인다. "저와 제 민족이 죽임과 도륙함과 진멸함을 당하도록." "죽인다"(שׁמד), "도륙한다"(הרג), "진멸한다"(אבד), 이 세 개의 동사가 폭포처럼 쏟아진다. 하나로는 부족했던 모양이다. 두 개로도 충분하지 않는지, 세 개의 동사를 하만은 조서에 적시했다. 죽음을 표현하는 세 가지의 방식, 파괴를 묘사하는 세 개의 층위, 소멸을 나타내는 세 단계의 강도가 차례대로 도열했다. 세 동사는 병렬적인 나열이 아니라 축적을 의미한다. 그렇게 죽음의 탑이 세워진다. "죽이다"라는 동사는 생명을 끊어서 죽은 자로 만드는 것을 의미한다. "도륙하다"라는 동사는 파괴하는 것이고 소멸시켜 존재의 흔적마저 지운다는 것을 의미한다. "진멸하다"라는 동사는 완전한 소멸과 철저한 멸절, 뿌리까지 뽑아내는 것, 씨를 말리는 것, 다시는 존재할 수 없도록, 다시는 일어설 수 없도록, 완전히, 영원히, 흔적도 없이 없앤다는 것을 의미한다. 세 개의 동사가 만드는 어두운 리듬, 점점 커지는 파괴의 파도, 갈수록 깊어지는 소멸의 나락이 섬뜩하게 느껴진다.

에스더는 지금 3장 13절에 나오는 하만의 칙령, 왕이 승인한 칙령을 단어의 순서까지 동일하게 인용하고 있다. 이것은 고발이다. 세 개의 동사를 들으며 왕은 그 문서, 그 칙령, 하만이 가져온 그 문건이 떠올랐다. 왕은 그때 무심히 행정적인 절차처럼, 일상적인 업무처럼 자신의 반지를 하만에게 건네었다. "죽이다, 도륙하다, 진멸하다," 이 단어들이 의미하는 바를 깊이 생각하지 않고 승인했다. 그런데 내 왕후가 죽임을 당하고, 내가 사랑하는 이 여인이 도륙을 당하고, 이 아름다운 내 사람이 진멸을 당한다는 이야기를 들는 순간 왕은 두렵도록 아찔했다. 이는 문서 위의 글자들이 살아있는 사람에게 다가가고, 행정 용어들이 피와 눈물로 번역되고, 세 개의 동사가 한 사람과 한 민족의 운명과 연결되는 것을 인지했기 때문이다. 에스더의 목소리가 그 단어들을 발음할 때마다 세 번의 타격처럼, 세 겹의 어둠처럼, 세 단계의 공포처럼 왕의 심장을 조여왔다.

자신의 요청이 왕의 유익을 위한 것임을 강조하기 위해 에스더는 가정법을 사용한다. "만약 우리가 남종들과 여종들로 팔렸다면 제가 잠잠했을 것입니다(הֶחֱרַשְׁתִּי)." 이것은 반론 차단을 넘어, 한 걸음 뒤로 물러난 자리에서 왕을 향해 정성을 들이는 깊은 배려의 기술이다. 에스더는 이렇게 말하려는 듯하다. "폐하, 제가 침묵을 깨고 목소리를 높이는 것은 결코 사적인 불만이나 하찮은 이해관계 때문이 아닙니다." 노예 판매라는 실현되지 않은 비교적 '가벼운' 재앙을 상정하며 그녀는 오히려 지금 닥친 절대적인 재앙의 무게를 더 선명하게 드러내려 한다.

만약 에스더와 그녀의 민족이 노예로 팔려 남의 소유가 되었다면 자유를 잃고, 권리를 빼앗기고, 타인의 재산으로 전락하고, 평생 타인을 섬기며, 그의 채찍에 맞으며, 인간의 존엄을 포기하는 삶이 펼쳐졌을 게 분명하다. 이것도 충분히 끔찍하고 충분히 비참하다. 그런데 에스더는 그런 일을 당하여도 잠잠했을 것이고 참았을 것이고 왕을 번거롭게 하지 않았을 것이고 이 자리에 나와서 생명을 구걸하지 않았을 것이라고 한다. 이때 왕은 자신의 귀를 의심했다. 노비가 되는 것을 참겠다고? 평생 종살이를 하는 것도 견딘다고? 이 모든 수치와 고통을 침묵하며 살겠다고? 왕의 생각에는 있을 수 없는 일이었다. 그러나 이 가정법은 에스더의 겸손을 보여준다. 그녀는 자신과 민족을 노비라는 가장 비천한 지위, 가장 낮은 신분, 가장 무가치한 존재인 것처럼 극도로 낮추었다. 그리고 생명만 있다면, 숨만 쉴 수 있다면, 존재할 수만 있다면, 노비의 삶이라도 군소리 없이 수용했을 것이라는 심정을 가정법에 기대어 표출했다. 이것은 왕의 마음을 녹이고 움직이는 대단히 전략적인 어법이다. 왕후가 노비가 되어도 참겠다는 말, 이 얼마나 절박하고 이 얼마나 겸손하고 이 얼마나 간절한가? 그녀는 지위를 요구하지 않고 권리도 주장하지 않고 단지 생명과 생존과 존재를 구하였다.

에스더는 이 사태의 칼끝이 어디를 겨냥하고 있는지를 지적한다. "왜냐하면 그 괴로움이 왕의 손실에 미치지는 못할 테니까요." 이 한 문장은 저울추하나로 제국의 균형을 뒤집는다. 하만의 오만이 왕의 영광과 제국의 위엄을 갉아먹는 독임을 드러내는 불꽃이다. 이제 에스더는 모든 수사를 걷어내고 차가운 논리를 내밀며 선고한다. 이 대적이 저지른 이 사태의 궁극적인 문제는 "왕의 손해"(הַמֶּלֶךְ נֵזֶק)라고! 이 사태는 한 개인의 모욕이나 한 민족의 상처가 아니라 왕권의 근본을 뒤흔들고 왕의 정의를 부정하며 그의 통치 자체를 조롱하는 짓이었다. "왕의 손해"는 곧 왕국의 손해였다. 이는 통치의 정당성에 가해지는 칼날이며 역사가 기억할 통치자의 얼굴에 새겨지는 오점이다. 이 사태로 발생할 구체적인 "왕의 손해"는 왕비를 잃는 손실, 충성된 백성들을 잃는 손실, 제국의 일부를 잃는 손실이다. 왕에게 그의 백성은 권력이자 부의 근원이며 영광 그 자체였다.

자신과 자신의 민족이 노예로 전락하는 괴로움은 왕이 당하실 해로움의 크기에는 "미치지는 못한다"(שֹׁוֶה אֵין)고 에스더는 고백한다. 그녀와 그녀의 민족이 노예가 되는 것은 비록 괴롭고 굴욕적인 일이지만 견딜 수 있는 고통이며, 잠잠하지 않고 왕에게 말하기에 너무도 사소한 개인과 민족의 불행일 뿐이라고 생각했다. 이는 왕의 귀를 번거롭게 할 만큼의 큰 문제가 아니며 그 정도의 고통은 우리가 조용히 삼킬 수 있다는 설명이다. 침묵할 수 있는 괴로움이 있고 침묵할 수 없는 해로움이 있다. 그러나 지금의 사태는 사적인 괴로움의 문제를 넘어 왕에게 공적인 해로움이 끼쳐질 상황이다. 그녀에게 왕의 이익은 자신의 눈물과 고통보다 더 소중하다. 이러한 진심을 꺼내는 그녀의 고백은 자신의 고통을 왕의 손해로 번역하고 자신의 운명을 왕의 운명에 포개는 언어의 기적이다. 그녀는 감정을 숨기면서 진심을 드러내는 법에 능숙하다. 그녀의 침착함은 냉정이 아니라 깊은 배려이며 그녀의 절제는 체념이 아니라 통찰이다.

⁵아하수에로 왕이 말하였고 에스더 왕후에게 말하였다
"감히 이처럼 행하려는 마음이 가득한 자가 누구이며 그자는 어디에 있느냐?"

에스더의 소원과 설명을 들은 왕은 격노한다. 저자는 왕이 "말했다"(יֹּאמֶר)는 동사를 두 번이나 기록한다. 한 번이면 충분할 문장에 같은 동사를 반복하는 문학적 장치는 우연이 아니라 왕의 내면에서 일어나고 있는 격렬한 감정의 폭풍을 드러내기 위함이다. 첫 번째 "말했다"는 왕의 즉각적인 반응이다. 이성을 밀어내는 분노의 언어이며 모욕당한 권력의 반사적인 몸짓이다. 격분에 차서 믿을 수 없다는 듯이 왕은 숨을 들이켰다. 그리고 두 번째 "말했다"가 온다. 이번에는 대상이 명확하다. "에스더 왕후에게." 이런 단어의 중복은 강조를 넘어 분노가 단일한 감정이 아닌 층위를 가진 현상임을 보여준다. 이중의 "말했다"가 만든 그 짧은 시간의 지연 속에서 왕의 마음에는 수많은 것들이 지나갔다. 배신감, 분노, 당혹감, 그리고 아마도 자신이 얼마나 속아 왔는지에 대한 수치심이 급한 물살처럼 지나갔다. 두 번의 동사는 왕의 말더듬이 아니라 감정의 격류였다. 왕의 심리를 묘사하는 저자의 문학적 리듬은 독자에게 심장이 두 번 뛰는 듯한 긴장감을 선사한다. 동시에 일반적인 물음이나 약속이 아닌, 곧바로 처단과 파국으로 이어질 행동의 전주곡이 된다.

왕은 이 기막힌 사태의 주범이 궁금하여 질문한다. "감히 이렇게 행하려는 마음이 가득한 자가 누구인가?" 이것은 정보 요청이 아니라 분노의 선포이고 심판의 시작이고 복수의 서막이다. 왕의 물음은 칼날처럼 예리하며 숨겨진 진실과 음모를 벗기려는 강력한 의지의 표출이다. 단지 인물 하나를 지목하는 것이 아니라 배신과 음모의 전반적인 실체와 맞서 싸우려는 정의의 외침이다. 왕은 이름을 묻지 않고 "누구"(מִי)라는 정체성을 요구한다. 이 질문에는 믿을 수 없다는 경악이 스며들어 있다. 내 제국에서, 내 궁전에서, 내 눈앞에서, 감히 누가 이런 일을 꾸몄다는 말인가? 누구든지 그자는 용서받을 수 없는 선을 넘었다는 뉘앙스의 질문이다.

왕이 사용한 표현은 예리하다. "마음이 가득한"(מְלָאוֹ לִבּוֹ), 이것은 계획을 실행에 옮긴 범인을 넘어 악의로 가득한 영혼의 주인을 찾는 탐색이다. 이 사태는 우연한 실수나 순간적인 충동이 아니라 계획된 악의였다. 마음에 악독을 가득 품고 음모를 짜고 실행을 완전하게, 철저하게 준비한 악의였다. "이렇게 행하려는"(לַעֲשׂוֹת כֵּן), 이는 에스더가 방금 설명한 그 끔찍한 계획을 가리킨다. 상식과 도덕의 경계를 훌쩍 넘어선 멸절과 학살과 근절, 왕후와 그녀의 민족 전체를 제국에서 지우려는 계획, 즉 범죄의 규모를 강조한다. 작은 음모가 아니라 제국을 뒤흔드는 반역의 행위였다. 왕의 질문은 의문이 아니라 선고였다. 주범의 운명을 결정하는 말이었다. 이름이 밝혀지는 순간, 그자는 끝장이다. 그런데 왕의 질문에는 권력의 고독함도 느껴진다. 가장 높은 자리에 앉은 자가 가장 가까운 어둠을 감지하지 못했다는 아이러니, 그리고 그 어둠이 자신의 그림자 아래에서 자랐다는 충격이 그의 질문에 스며들어 있다.

이제 왕은 "그자가 어디에 있느냐"(אֵי־זֶה הוּא)고 질문한다. 첫 번째 질문이 정체를 물었다면 두 번째 질문은 위치를 추궁한다. 이는 사냥꾼이 먹잇감을 찾는 질문이다. 조사할 시간도, 재판할 시간도, 변명을 들을 시간도 필요하지 않다는 긴박감이 느껴진다. 왕의 분노는 이미 끓는점을 넘어섰고 그 분노는 즉각적인 분출을 요구하고 있다. 분노가 방향을 얻는 순간, 정의는 자신의 얼굴을 드러낸다. 왕은 범인이 이 궁전 어딘가에, 아마도 가까운 곳에 있다고 확신한다. "어디에," 이 질문은 범인에게 도망칠 기회를 주지 않겠다는 왕의 의지였다. 제국은 넓지만 범인이 숨을 곳은 어디에도 없다. 왕의 이 질문과 함께 보이지 않는 원이 범인을 좁혀오기 시작했다. 왕의 시선이, 왕의 권위가, 왕의 분노가 만든 포위망에 하만은 이미 독에 빠진 생쥐였다. 조만간 권력의 시선이 향하고 머무는 곳은 곧 죄의 좌표가 되고 그 시선이 닿는 자리가 심판의 무대가 될 것이었다.

이 구절에서 왕은 왕후 와스디를 없애려던 과거의 모습과는 달리 지금은 왕후 에스더를 지키려고 한다. 어떤 기준 때문에 발생한 대조일까? 같은 왕이었다. 같은 왕좌였다. 그런데 두 왕후를 대하는 왕의 모습은 현저히 달라졌다. 왕에게 가장 중요한 것은 하나, 자신의 권위와 명예였다. 와스디는 그 권위에 도전했고 그 명예를 짓밟았다. 그녀를 버리는 것이 왕의 권위와 명예를 지키고 회복하는 길이었다. 그러나 에스더는 그의 권위와 명예를 높여줬다. 겸손하고 지혜롭게 왕을 의지했다. 왕이 보기에는 그녀를 지키는 것이 곧 자신의 권위와 명예를 세우는 길이었다. 왕이 격분한 것은 에스더를 사랑했기 때문만은 아니었다. 누군가가 자신을 이용했기 때문이다. 자신의 권위를 도구로 삼아 음모를 꾸몄기 때문이다. 이는 누군가가 자신의 얼굴에 진흙을 바른 것이었다. 그래서 에스더는 그것을 "왕의 손해"라고 규정했다. 왕은 에스더의 분석을 정확하게 인지하고 동의했다. 와스디는 왕의 명령을 거부하여 그의 체면을 흔들었고 에스더는 왕의 마음을 일깨워 그의 인간 됨을 흔들었다. 처음에 권력은 자존심을 지키려고 했다. 그러나 지금의 왕은 생명을 지키려고 한다. 도덕의 기준이 달라졌다. 와스디의 시대에 왕의 권위는 복종 위에 세워졌다. 그러나 에스더의 시대에는 그것이 정의 위에 다시 세워진다. 힘으로 세운 옛 왕궁은 와스디와 함께 스러지고 공감과 책임, 새로운 기준 위에 세운 왕국은 에스더와 더불어 다시 일어난다.

에 7:6-10

6에스더가 이르되 대적과 원수는 이 악한 하만이니이다 하니 하만이 왕과 왕후 앞에서 두려워하거늘 7왕이 노하여 일어나서 잔치 자리를 떠나 왕궁 후원으로 들어가니라 하만이 일어서서 왕후 에스더에게 생명을 구하니 이는 왕이 자기에게 벌을 내리기로 결심한 줄 앎이더라 8왕이 후원으로부터 잔치 자리에 돌아오니 하만이 에스더가 앉은 걸상 위에 엎드렸거늘 왕이 이르되 저가 궁중 내 앞에서 왕후를 강간까지 하고자 하는가 하니 이 말이 왕의 입에서 나오매 무리가 하만의 얼굴을 싸더라 9왕을 모신 내시 중에 하르보나가 왕에게 아뢰되 왕을 위하여 충성된 말로 고발한 모르드개를 달고자 하여 하만이 높이가 오십 규빗 되는 나무를 준비하였는데 이제 그 나무가 하만의 집에 섰나이다 왕이 이르되 하만을 그 나무에 달라 하매 10모르드개를 매달려고 한 나무에 하만을 다니 왕의 노가 그치니라

❖ ❖ ❖

6에스더가 말하였다 "괴롭히는 사람이요 적대적인 자는 하만, 이 악한 자입니다" 이에 하만은 왕과 왕후의 면전에서 두려움에 휩싸였다 7왕이 분노 속에서 일어났다 포도주의 잔치에서 궁전의 정원으로 [갔다] 그러나 하만은 에스더 왕후로부터 자신의 목숨을 위하여 구걸하기 위해 섰다 이는 왕에게서 자신을 향한 재앙이 결정된 것을 그가 보았기 때문이다 8왕이 궁전의 정원에서 포도주 잔치의 집으로 돌아왔다 하만이 에스더가 누운 침상 위에 엎드려져 있자 왕이 말하였다 "심지어 나와 함께한 집에서 왕후를 겁탈까지 하려는 것이냐?" 이 말이 왕의 입에서 나가자 하만의 얼굴이 뒤덮였다 9하르보나, 내시들 중의 하나가 왕 앞에서 말하였다 "심지어 왕에게 선하게 말하였던 모르드개를 위해 하만이 만든 나무를 보십시오 그것은 하만의 집에 세워져 있으며 오십 규빗으로 높습니다" 왕이 말하였다 "너희는 그를 그 위에 매달아라" 10그러자 그들은 모르드개를 위하여 하만이 준비한 그 나무에 하만을 매달았다 그리하여 왕의 분노가 달래졌다

21 하만의 몰락

6에스더가 말하였다 "괴롭히는 사람이요 적대적인 자는 하만, 이 악한 자입니다"
이에 하만은 왕과 왕후의 면전에서 두려움에 휩싸였다

에스더가 이 모든 사태의 주범을 지목한다. "괴롭히는 사람이요 적대적인
자는 하만, 이 악한 자입니다." 에스더의 말은 벼락처럼 강렬했다. 특히 박
해자, 적대자, 악한 자라는 세 개의 단어가 마치 세 번의 철퇴처럼 하만의 존
재를 내리쳤다. 왕이 자신의 반지까지 주며 최고의 권력을 공유했던 하만이
이 사태의 배후라니, 믿을 수 없는 내용이 왕후의 입에서 쏟아졌다. 반지의
공유는 왕의 권위 그 자체의 공유이고 신뢰의 증표이고 영혼의 일부를 나누
는 행위였다. 이로써 하만의 결정은 왕의 결정이고 그의 명령은 곧 왕의 명
령으로 간주되는 행위였다. 그런데 믿은 도끼가 왕의 고귀한 발등을 찍으려
고 했다. 그러나 에스더의 증언으로 도끼의 비열한 계략은 무너졌다. 이것
은 권력과 무기력이 자리를 바꾸는 순간이며, 고발자가 피고인이 되는 순간
이며, 사형 집행자가 사형수가 되는 순간이다. 이처럼 왕후는 침묵을 깨뜨

렸고 그 침묵의 파편이 제국 전체를 흔들었다.

하만은 "괴롭히는 사람"(צַר אִישׁ)이다. 에스더가 선택한 첫 번째 단어는 하만의 본질을 꿰뚫는다. 그는 자신의 감정에 조금만 거슬려도 무차별로 응징한다. 하만에게 권력은 책임이 아니라 쾌락의 도구였다. 제국의 2인자로서 그가 손에 쥔 화력은 상상을 초월했다. 한 단어면 군대가 움직였고 한 문서면 법이 되었으며 한 번의 낙인이면 하나의 민족 전체의 목도 날아갔다. 그런데 제국의 안위와 무관하게 자신의 감정을 보호하기 위해 그는 최고의 화력을 사사로이 동원했다. 공적인 권세를 사적인 용도로 사용했다. 자신의 즐거움을 위해 무수히 많은 타인이 슬퍼해야 했다. 이것은 이기심의 극치였다. 그는 자신의 감정을 중심으로 세상을 재편하려 했다. 우주 전체가 자신의 기분에 맞추어야 한다고 생각했다. 절대적 복종, 무조건적 굴복, 존재 자체의 부정을 요구했다. 그는 고통의 제조자, 즉 타인의 불행을 설계하고 슬픔을 양산하고 공포를 유통하는 사람이다. 그러나 이제 하만은 세상에서 가장 거대하고 뼛속까지 파고드는 고통의 서식지가 된다.

그리고 하만은 "적대적인 자"(אֹיֵב)다. 이 단어는 하만의 다른 본질을 드러낸다. 그는 누군가를 미워하는 사람이 아니라 세상을 경쟁의 각도로만 바라보는 사람의 초상이다. 그는 다리를 놓는 사람이 아니라 벽을 쌓는 사람이다. 손을 내미는 대신 칼을 빼어 들었고, 화해하는 대신 선전포고했고, 포용하는 대신 밀어냈다. 그의 눈에 타인은 동료나 이웃이 아니라 잠재적인 위협, 친절은 약함의 징표, 자비는 패배를 인정하는 것, 포용은 자신의 영역이 침해되는 것이었다. 그래서 그는 방어적인 사람이 아니라 공격적인 사람이기 때문에 위협받기 전에 위협했고, 도전받기 전에 공격했다. 평등은 견딜 수 없었으며 대등한 관계는 그에게 굴욕이며 모든 관계를 위아래로 정렬하되 자신은 항상 위를 차지해야 했다. 그의 적대성은 특히 약자에게 가혹했다. 그는 약자를 향한 군림의 귀재였다. 그래서 왕 앞에서는 엎드렸고 서민 앞에서는 뻣뻣했다. 특별히 그는 유다인을 향한 적개심에 자신의 모든 에너지를 즐거이 낭비했다. 동시에 약자들의 두려움과 불안을 끼니처럼 먹으며 살아갔다. 이런 적개심은 하만에게 타인을 짓누르는 쾌락이며 그 아래서 꿈틀대는 공포를 즐기는 잔인한 춤이었다. 그러나 적대의 그늘이 커질수록 그의 세상은 더 좁아졌다. "적대적인 자"는 공존할 줄도, 타협할 줄도, 다양성을 인정할 줄도 모르는 획일적인 사람이다. 그의 세계는 하나의 색이어야 했고 그 색은 자신의 색이어야 했다. 다른 색깔은 지우고 말살하고 근절하려 했다. 그런데 남에게 적대적인 하만이 이제는 가장 적대적인 시선을 받으며 왕후의 눈에서, 왕의 눈에서, 그리고 제국 전체의 눈에서 적대를 당하는 적으로 바뀌었다. 적대감은 부메랑이 되어 돌아왔고, 벽은 그 자신을 가두는 감옥이 되었으며, 그가 빼든 칼은 이제 자신의 목을 겨냥하고 있다.

에스더는 하만에 대한 마지막 단어를 발음했다. "이 악한 자"(הָרָע הַזֶּה), 이 단어는 다른 모든 비난을 통합하고 초월한다. 괴롭히는 것도 악이고 적대하는 것도 악이지만 하만은 그 이상이다. 그는 악 자체였다. 그래서 "이 악한 자"라고 표현했다. 이는 악이 고유명사 같은 하만의 다른 이름인 것처럼 느껴지게 한다. "악"이라는 히브리어 단어는 가벼운 도덕적 결함을 넘어, 본질적 타락, 존재론적 왜곡, 우주적 질서에 대한 근본적 배반을 의미한다. 하만의 악은 피부에 묻은 먼지처럼 씻어낼 수 있는 것이 아니라 뼛속까지 파고든 것이었다. 그의 생각은 악으로 물들어 있고 그의 계획은 악으로 직조되어 있으며 그의 행동은 늘 악으로 완성된다. 악을 행하는 자가 아니라 악을 살아내는 사람이다. 악과 선의 경계표를 이리저리 움직이는 사람이다.

자신이 저지르는 악을 하만은 악으로 여겼을까? 아마도 정의라고 생각하고 질서라고 불렀음에 분명하다. 그리고 하만의 악은 체계적인 것이었다. 충동적인 악행이 아니라 그는 악을 계획했고 법령을 작성했고 날짜를 정하였고 제비를 뽑았으며 관료 시스템을 활용했고 악의 제도화와 학살의 합법화를 도모했고 대량 학살에 왕실의 인장까지 동원했다. 하만은 악의 전염성도 보여준다. 혼자 악을 저지르지 않고 왕을 속였고 관료들을 동원했고 백성들을 선동했다. 악을 개인의 차원에서 국가의 차원으로 키웠으며 제국 전체를 악의 공범으로 만들려고 했다. 그래서 에스더는 하만을 악의 화신으로 명명했다. 악은 은폐될 때 자라고, 침묵 속에서 번식하며, 방관 속에서 승리한다. 그러나 누군가가 그것을 향해 손가락을 들고 "이것이 악"이라고 외치면 악의 주문이 깨어진다. 악이라는 에스더의 평가에 따르면, 하만의 반역과 몰락은 정치적인 사건이 아니라 윤리적인 사건이다. 에스더의 "악한 자"라는 규정은 한 제국의 도덕적 심판인 동시에 인간 본성의 어두운 그림자를 드러내는 고발장과 같다.

이처럼 에스더는 하만의 고약한 정체성을 괴롭히는 행위의 차원에서 적대적인 성향의 차원으로, 나아가 악 그 자체라는 존재의 차원까지 드러냈다. "괴롭히는 자"는 눈에 보이는 가해, 손에 잡히는 증거, 기록될 수 있는 행동의 사람이다. "적대적인 자"는 행동을 멈춘다고 사라지지 않는 것, 뿌리 깊은 적의, 기질화된 폭력성의 사람이다. "악한 자"는 치료할 수 없고 교정할 수 없고 구원받을 수 없는 사람이다. 이는 에스더의 고발이 가진 천재성을 잘 드러낸다. 표면에서 심연으로, 증상에서 원인으로, 현상에서 본질로 파고드는 그녀의 체계적인 통찰력과 언변이 투영되어 있다. 이로써 하만은 변명할 수도 없고, 정당화할 수도 없고, 심판받을 수밖에 없는 궁지로 내몰린다. 진실로 하만은 괴롭혔고 적대했고 악하였다. 이제 가면이 벗겨지고 거짓도 제거되고 권력의 화장마저 지워졌다. 에스더의 세 단어는 완벽한 기소장인 동시에 병리 보고서인 동시에 사형 선고였다.

이에 "하만은 왕과 왕후의 면전에서 두려움에 휩싸였다(נִבְעַת)." 이 동사는 하만의 붕괴를 완벽하게 표현한다. 이 두려움은 일상적인 불안이나 걱정이 아니라 존재 전체를 삼키는 공포이고 발끝에서 시작해 심장까지 치솟는 전율이며 두려움 그 자체였다. "왕과 왕후의 면전에서"(מִלִּפְנֵי הַמֶּלֶךְ וְהַמַּלְכָּה), 왕의 시선은 예리한 창처럼 하만의 가슴을 꿰뚫었고 왕후의 부드러운 얼굴 뒤에 숨겨진 정의의 칼날은 그의 목덜미를 지나갔다. 사실 하만은 두려움을 모르고 살던 제국의 실세였다. 그렇게 자긍심의 화신이던 하만은 그의 무릎이 먼지 위에 꺾이던 광장에서 한 유다인의 말을 끄는 수치의 대명사가 되더니, 이제는 두려움의 정점에 이르렀다. 얼마나 극적인 몰락인가! 이 장면은 한 인간의 내면이 부서지는 소리를 제대로 들려준다. 이는 자만의 중심에서 시작된 인생이 수치의 광장을 지나 두려움의 심연으로 가라앉는 여정이다.

7왕이 분노 속에서 일어났다 포도주의 잔치에서 궁전의 정원으로 [갔다]
그러나 하만은 에스더 왕후로부터 자신의 목숨을 위하여 구걸하기 위해 섰다
이는 왕에게서 자신을 향한 재앙이 결정된 것을 그가 보았기 때문이다

왕이 "일어났다"(קָם). "그의 분노"(וַחֲמָתוֹ)가 일으켰다. 왕의 존재 전체를 불태우는 격노였다. 왕은 일어난 것이 아니라 폭발했다. 내면에서 끓던 것이 더이상 억제될 수 없어서 분출했다. 왕의 혈관에는 피가 아니라 용암이 흐르는 듯하였다. 이 분노는 법의 문제가 아니었다. 신뢰의 문제였고 사랑의 문제였고 정체성의 문제였다. 자신이 가장 신뢰하던 자에게서 배신을 당하였다. 자신의 오른팔, 자신의 반지를 낀 남자, 자신의 목소리를 대신해서 말하던 자, 제국의 열쇠를 맡겼던 자가 배신했다. 그리고 배신자가 사랑하는 여인을 위협했다. 아름다운 왕후, 자신이 선택한 여인, 자신의 황금홀을 내밀었던 여인, 왕국의 절반도 아깝지 않을 정도로 사랑스런 여인이 자신의 명령에 의해 처형의 문턱까지 내몰렸다. 자신의 손으로 사랑하는 사람을 죽이고, 자신의 권위가 자신의 행복을 파괴하는 도구가 되고, 자신의 반지가 자신의 왕후에게 사형 선고를 내리는 데 사용될 뻔한 사태를 왕은 이제서야 인지했다. 왕의 분노는 이 모든 것들의 총화였다. 배신당한 신뢰, 모욕당한 권위, 위협받은 사랑, 조작당한 권력, 이용당한 통치, 이 모든 것이 한꺼번에 왕의 가슴을 관통해서 생긴 분노였다. 그래서 일어나야 했다. "포도주의 잔치에서 궁전의

정원으로" 갔다. 현장을 벗어나야 했기 때문이다. 숨을 쉬어야 했기 때문이다. 분노가 너무도 뜨거워서 현장을 모조리 태워버릴 것 같아서 이동했다. 통제가 필요하고 방향이 필요해서 정원으로 갔다. 밤하늘 아래에서, 차가운 공기 속에서, 자신의 타오르는 내면을 식혀야만 했다. 그의 분노는 정당했다. 변덕이 아니었고 감정의 병적인 광기도 아니었다. 악과 기만에 합당한 의로운 격노였다. 그는 분노하는 사람이 아니라 분노 그 자체였다. 그의 존재함 자체가 "그의 분노 안"(בַּחֲמָתוֹ)이었다.

하만은 분노 때문이 아니라 두려워서 "섰다"(עָמַד). 예전에 하만은 왕좌 옆에, 권력의 자리에 서서 제국을 내려봤다. 명령을 내리고 칙령을 반포하기 위해 서서 천하를 호령했다. 그의 서 있음은 능동적인 행위였고 언제든지 움직일 수 있는 상태였다. 권위와 자유의 표시였다. 그러나 왕후의 고발 이후에 하만은 다른 방식으로, 다른 의미로 서서 정지하고 있다. 이제 그의 서 있음은 발이 땅에 못 박힌 것처럼, 다리가 납덩이가 된 것처럼, 움직일 수도, 도망칠 수도, 변명할 수도, 항변할 수도 없는 마비였다. 서 있었지만, 사실은 이미 무너지고 있는 중이었다. 그가 선 곳은 권력의 중심이 아니라 심판의 경계였다.

서 있음의 목적은 "자신의 목숨을 위하여 구걸하기 위함(לְבַקֵּשׁ)"이다. 하만이 선 것은 명령하기 위해서가 아니라 구걸하기 위함이다. 구걸의 내용은 "목숨"(נַפְשׁוֹ)이다. 며칠 전에만 해도 그는 타인의 생명을 가지고 놀며 한 장의 칙령으로 한 민족의 생명을 없애려고 했다. 그러나 지금은 자신의 목숨에 집착한다. 생명을 빼앗던 자가 생명을 구걸한다. 죽음을 선고하던 자가 죽음의 두려움에 떤다. 학살을 계획하던 자가 살려만 달라고 애원한다. 이 모든 것이 몇 마디의 말, 몇 분의 시간, 한순간의 폭로로 일어났다. 역전은 완벽했다. 대칭은 정확했다. 우주의 균형이 회복되고 있다. 이제 하만은 공중에 매달린 것처럼, 지옥과 천국 사이에, 생명과 죽음 사이에, 권력과 무기력 사이에 서 있어야만 했다.

저자는 하만이 "보았다"(רָאָה)고 한다. 이 동사는 시각적인 인식을 넘어선다. "이해하다, 통찰한다, 깨닫다"라는 의미로 사용된다. 하만은 눈앞의 현장이 아니라 자신의 미래, 이미 결정된 운명, 자신의 종말을 목격했다. 눈으로만 본 것이 아니라, 영혼으로, 직관으로, 본능으로, 존재 전체로 이해했다. 그가 이해한 내용은 자신의 최후였다. "칼라"(כָּלָה)라는 동사는 "냉정하다, 끝나다, 완료되다, 결정되다" 등의 의미로 사용된다. 그의 최후는 진행 중인 과정이 아니었다. 이미 확정되어 돌이킬 수 없도록 완료된 일이었다. 왕의 분노가 폭발하는 순간, 왕이 자리를 박차고 일어나는 순간, 말없이 정원으로 향하는 순간, 하만은 게임이 끝났음을, 연극이 막을 내렸음을 직감했다. 권력의 흐름을 판독하는 전문가인 하만은 궁정 정치의 대가였다. 왕의 침묵이 무엇을 뜻하는지, 왕의 분노가 어디로 향하는지, 왕의 이동이 어떤 선언인지, 설명하지 않아도 빤하게 이해했다. 왕은 말하지 않았으나 그의 침묵은 천둥보다 요란했다. 그는 선고하지 않았으나 그의 떠남은 사형 선고였다. 하만은 이것을 공기 중에서, 침묵 속에서, 왕의 등을 보면서 읽고 인지했다.

하만의 운명으로 이미 결성된 것은 "그 재앙"(הָרָעָה)이다. "재앙"을 의미하는 "라아"(רָעָה)는 "악"도 의미한다. 하만이 유다인을 대적하며 계획했던 것이 이 "악"이었다. 되돌아온 이 "악"은 하만이 뿌린 것이었다. "악한 자"라는 에스더의 말에 맞게 하만의 형벌로서 적합한 것은 무서운 "악"이었다. 악은 표적을 찾고, 화살은 과녁을 향하는데, 하만이 바로 재앙의 목표였다. "그"라는 정관사가 붙은 것으로 보아 어떤 재앙이 아니라 특정한 재앙, 확정된 재앙, 하만을 위해서만 예비된 재앙을 의미한다. 새로 만들어진 것이 아니라 오래전부터 감추어진 것이 드러난 재앙이다. 이미 하늘의 서판에 새겨진 것처럼 피할 수도, 되돌릴 수도 없는 운명적인 확정성을 가진 재앙이다. 이것은 천벌이 아니라 하만이 자신의 악한 성품으로 스스로 초대한 종말이다. 그는 그것을 모른 채 높아지려 했고 바로 그 높아짐이 재앙의 무게를 키운 셈이었다. "그 재앙"은 심은 대로 거둔다는 하늘의 냉정한 문법이고 하만은 마침내 자신만을 위해 준비된 그 운명의 문장 속으로 들어갔다.

"왕에게서 그에게로"(אֵלָיו מֵאֵת הַמֶּלֶךְ), 저자는 재앙의 출처와 종착지를 명시한다. 출발점과 도착점, 시작과 끝, 원천과 표적, 이 모든 것이 분명하다. 이것은 화살의 궤적이다. 시위를 떠난 화살은 목표를 향해 날아간다. 멈추지 않고 방향을 바꾸지도 않고 그저 직진한다. 왕에게서 하만에게! 그러나 이 화살의 비행을 이해하기 위해 우리는 거꾸로 날아가야 한다. 며칠 전으로, 몇 주 전으로 돌아가야 한다. 거기에서 우리는 반대 방향으로 날아가는 또 다른 화살을 발견한다. 이 화살은 출처가 하만이고 종착지는 왕이었다. 시간이 흘러 지금의 화살이 왕에게서 하만에게 날아갔다. 이것은 유다인 학살을 위한 재앙의 설계가 그에게서 왕에게로 흘러간 것의 역순이다. 재앙의 도면을 보면, 지금의 사태가 읽어진다. 즉 하만이 재앙을 왕에게 제안하고 왕은 그 재앙을 승인하고 하만은 제국에 재앙을 선포하고 에스더는 왕에게 진실을 폭로하고 왕은 하만에게 재앙을 되돌려준 사건이다. 하만이 악을 보낸 경로로 악이 다시 하만에게 돌아왔다. 그가 사용한 채널로 심판이 그를 찾아왔다. 그가 열었던 문으로 재앙이 들어왔다. 재앙의 설계와 재앙의 귀환, 이것은 우주의 질서이며 하나님의 섭리가 작동하는 방식이다. 이는 역사적인 인과의 기록이 아니라 정의의 문학적 복수였다.

8왕이 궁전의 정원에서 포도주 잔치의 집으로 돌아왔다 하만이 에스더가 누운 침상 위에 엎드려져 있자 왕이 말하였다 "심지어 나와 함께한 집에서 왕후를 겁탈까지 하려는 것이냐?" 이 말이 왕의 입에서 나가자 하만의 얼굴이 뒤덮였다

정원으로 나갔던 왕이 잔치의 장소로 돌아왔다. 그런데 왕의 눈앞에서 하만은 너무도 치명적인 잘못 하나를 더 저지른다. "하만이 에스더가 누운 침상 위에 엎드려져 있다." 여기에 "엎드려져 있다"(נֹפֵל)는 분사형 동사는 과거

형도 아니고 완료형도 아닌 지속되는 행위를 나타낸다. 하만의 몸은 절망의 중력에 이끌렸고 그의 무릎은 바닥으로 가라앉아 있고 그의 손은 왕후의 침상에 올려졌다. 이것은 계산된 움직임이 아니었다. 우아한 자세도 아니었다. 권력의 정점에서 자비의 발치로, 제국의 2인자에서 생명을 구걸하는 죄수로 추락한 것이었다. 그런데 하필 "그 침상"(הַמִּטָּה)은 에스더가 머문 곳이었다. 그 침상에서 하만은 에스더를 향해 엎드러져 있다. 그의 의도는 자비를 구걸하기 위한 것이었다. 그런데 간절함과 절박함이 몸을 앞으로 떠밀어 그녀에게 닿도록 만들었다.

그런데 그 순간에 "왕이 돌아왔다"(וְהַמֶּלֶךְ שָׁב). 하만이 침상 위로 에스더를 향해 진행 중인 행위를 왕이 목격했다. 정원에서 돌아온 왕, 분노로 끓어오른 왕, 배신으로 상처받은 왕의 눈이 그 생생한 장면을 촬영했다. 그는 예전에 최측근 문지기의 반역으로 살해를 당할 뻔하였다. 지금도 그때의 충격으로 인한 트라우마 때문에 가까운 신하도 경계한다. 그런데 이번에는 제국의 2인자인 최측근 하만이 자신보다 소중한 왕후를 덮치는 장면을 목격했다. 왕의 눈에 들어온 하만은 애원히는 죄수나 자비를 구하는 절망적인 인간이 아니었다. 침입자, 약탈자, 폭력자로 여겨졌다. 왕은 에스더의 증언을 따라 하만을 괴롭히는 자, 적대적인 자, 악한 자로 이미 규정했다. 그런 사람이 아내의 침상 위로 엎드러져 있다면 왕에게는 상상할 수 있는 최악의 의미로 보였을 것임이 분명하다. 더구나 왕후의 침상은 권력의 신성한 경계선, 왕이 어떤 이에게도 허락하지 않는 금단의 영역이다. 그런 곳을 출입한 하만에게 그곳은 지옥의 문이었다. 구걸의 손길이 에스더의 발치에 닿은 순간, 그것은 오해의 씨앗, 왕의 진노를 불러올 검은 꽃의 싹이었다.

왕은 하만의 행위를 "심지어 나와 함께한 집에서 왕후를 겁탈까지 하려는 것"이라고 규정했다. 이 문장은 왕좌에서 한 번도 출고되지 않은 최악의 판결이자, 한 나라의 주권이 한 사람을 완전히 버릴 때만 쓰이는 문장이다. "심지어"(גַּם), 이는 멈추지 않고 점점 고조되는 하만의 악행에 대한 왕의 체념적인 탄식이다. 하만은 이미 왕후를 죽이려고 했고 왕을 속였고 제국을 조종했다. 그것도 부족해서 지금 하만은 왕후까지 겁탈하려 한다. "겁탈하다" (לִכְבּוֹשׁ), 이 동사는 검처럼 날카롭다. 억지로, 강제로, 폭력으로 상대방을 정복하려 할 때 쓰이고 지금의 경우에는 성폭행의 함의까지 담긴 낱말이기 때문이다. 하만의 절박한 몸짓은 가장 추악하고 불경한 겁탈 시도로 둔갑했다. 왕의 모든 말은 역사에 기록된다. 이 판결로 하만은 단지 죽음을 맞이한 것이 아니라 역사와 기억 속에서 가장 비열한 죄인으로 영원히 매장되는 비극적인 최후를 맞이하게 된다.

"나와 함께한 집에서"(עִמִּי בַּבָּיִת). 왕의 피부처럼 가까운 그의 성소에서 하만의 손이 에스더를 향하는 그 오해의 그림자가 드리우는 순간, 하만은 왕후를 건드린 것이 아니라 왕의 존재 자체를 건드린 것으로 간주된다. 이는 정치적인 반역이 아니라 존재 차원의 불경죄에 해당된다. 배신의 층위가 더 깊어졌다. 하만의 입은 "오해"라는 말을 내뱉고 싶었지만 그의 위치와 자세가 더 강력한 언어로 자신을 고발하고 있다. 침상 위, 왕후를 향해, 왕의 눈앞에서 이루어진 일이어서 변명할 수 없는 자세이고 현장범이 된 상황이다. 극도로 겸손하기 위해 취한 그의 자세가 가장 오만하고, 자비가 절박할 때에 가장 폭력적인 모습이고, 살려고 가장 격렬한 발버둥을 쳤을 때에 가장 확실한 죽음을 맞이하게 된다. 기막힌 역설이다. 적절한 타이밍의 오해도 섭리의 한 방식이다.

저자는 하만의 행위를 겁탈로 규정한 "이 말이 왕의 입에서 나갔다"고 기록한다. 왕의 입에서 말이 "나갔다"(יָצָא)면 그것은 더 이상 언어가 아니라 사건이다. 현실이고 운명이다. 페르시아 제국에서 왕의 말은 곧 법이기 때문이다. "왕의 입"(מִפִּי 왕의 입페퍼)은 법의 출처이고 권위의 산실이기 때문이다. 왕의 말은 왕 자신도 통제할 수 없을 정도로 절대적인 것이어서 발화되는 순간 그 말은 왕보다 강해진다. 후회할 수는 있어도 되돌릴 수는 없는 사건이다. 토론의 여지도, 항소의 가능성도, 재심의 희망도 없는 확정이다. 그런데 왕이 자기 말의 포로가 된다는 것은 왕정의 기이한 역설이다. 아무튼, 왕실의 밥을 오래 먹은 신하들은 왕의 입에서 말이 나오자 즉각 인지했다. 그 말은 자신들의 온몸으로 반응해야 하는 절대적인 신호임을! 명령형이 아직 출고 되지 않았어도 의미가 명령보다 빨랐기에 신하들은 왕이 그 문장을 끝내기 도 전에 번개처럼 움직였다.

"하만의 얼굴이 뒤덮였다"(פְּנֵי הָמָן חָפוּ). 하만의 변명이 공기 중에 이동하기 전, 왕의 말은 이미 법이 되었고, 그의 항변이 생기기도 전에 그의 얼굴은 뒤덮였다. 말보다 빠른 심판, 왕의 숨결 하나로도 모든 해석이 끝났다는 것을 아는 신하들의 본능적인 행위였다. 이는 하만이 왕의 노여움 앞에 설 자격도 없는, 정죄 받은 죄인임을 만천하에 공표하는 무언의 선고였다. 얼굴이 가려 지는 순간, 하만은 세상에서 지워졌다. 빛과 시선, 이름과 존재가 차단되어 볼 수도, 보일 수도 없는 죄수로 사라졌다. 여기에 쓰인 "덮는다"라는 동사는 가린다는 뜻이 아니라 수치와 폐위의 의식을 의미한다. 얼굴을 덮는 순간 인 간은 신분과 지위를 상실한다. 하만이 평생 세상 앞에서 펼친 자만의 얼굴, 그 위에 내려진 생의 마지막 가림막은 천으로 만들어진 무덤이다. 그 천은 하 만의 시대가 끝났음을 알리는, 피 한 방울 없는 가장 잔혹한 도구였다. 뺨에 스머드는 차가운 천의 무게, 그 아래로 스러지는 세상의 메아리, 한때 왕의 귀에 속삭이던 그의 야망이 어두운 재로 변하였다. 왕좌의 그림자가 그의 얼 굴을 삼키는 그 순간, 하만은 더 이상 인간도 아니었다.

9하르보나, 내시들 중의 하나가 왕 앞에서 말하였다
"심지어 왕에게 선하게 말하였던 모르드개를 위해 하만이 만든 나무를 보십시오
그것은 하만의 집에 세워져 있으며 오십 규빗으로 높습니다"
왕이 말하였다 "너희는 그를 그 위에 매달아라"

너무도 충격적인 상황 속에서 무거운 적막을 깬 사람은 왕이나 에스더나 하만이 아닌 "내시들 중의 하나"인 "하르보나," 그는 궁정에 스며든 공기의 일부 같은 그림자들 중의 하나였다. 발소리 없이 걸으며 숨소리 없이 서 있고 자신의 존재감을 지우는 것이 유일한 임무였던 자들 중의 하나였다. 그는 에스더서 1장에서 와스디를 부르려고 간 내시들 중의 하나였다. 그의 이름은 이 책에서 무려 두 번이나 언급된다. 한 번은 잊힌 복도에서, 또 한 번은 이 운명의 절정에서! 그의 배역이 참으로 특이하다. 왕후에서 왕후로 가는 서사에서 그는 처음과 나중을 장식한다. 그는 "왕 앞에서(לִפְנֵי הַמֶּלֶךְ) 말하였다." 왕실의 공기가 가장 차가운 시점에, 왕의 노여움이 용암처럼 분출한 상황에서, 감히 그 누구도 그 앞에 설 수도, 무언가를 말할 수도 없는 분위기를 깬다는 것은 얼마나 큰 용기인가! 그의 등장은 극한 공포가 지배하는 권력의 공간에서 모든 시선이 하만에게 집중된 절명의 순간에 정의의 때를 읽어내고 진실을 외칠 줄 아는 담대한 증인의 출현이다. 그의 말은 왕의 극도로 예민해진 심기를 터럭 하나도 건드리지 않아야 하고, 발언의 내용도 이 정적의 맥락에서 한 뼘도 어긋나지 않아야 하고, 내용의 사실성과 객관성도 정교해야 한다.

"심지어 왕에게 선하게 말하였던 모르드개를 위해 하만이 만든 나무를 보십시오." 이것은 이름도 없이 조용히 존재하던 한 그림자가 역사의 결정적인 반전의 순간에 스스로를 드러내어 무거운 침묵을 깬 문장이다. 이는 왕의 분노가 향해야 할 진정한 표적을 정확히 가리키는 운명의 나침반이 된다. 역사는 이렇게 가장 보이지 않는 곳에 서 있던 이들의 작은 용기로 인해 방향이

올바르게 돌려진다. 이 말의 타이밍은 너무 이르지도, 너무 늦지도 않게 완벽했다. 하만의 운명이 결정은 되었지만 처형의 방법이 불분명한 시점에 발화된 것이기 때문이다. 이 내시의 말은 모든 것을 해결했다. 하만의 구체적인 악의에 대한 증거로서 높다란 말뚝이, 악인이 선인을 죽이려고 했다는 죄목이, 선인은 왕을 구하려고 했지만 하만은 왕을 배신하고 모독까지 했다는 선명한 대조가, 교수대가 이미 준비되어 있다는 방법이, 하만이 판 함정에 자신이 빠진다는 정의까지, 이 모두가 담긴 말이었기 때문이다. 그 내시는 영웅의 자리를 추구하지 않으면서 영웅으로 행동했다. 박수를 원하지 않고 정의를 원하였다. 한 문장, 왕 앞에서, 올바른 시점에서. 그는 그것으로 충분했다. 정의가 때로는 거대한 행동으로 오지만 때로는 올바른 순간에 올바른 말을 하는 한 사람의 용기로도 온다.

하르보나의 어법도 대단히 신중하다. "심지어"(ㅁʒ), 그는 이 작은 단어로 말을 시작했다. 이 한 음절과 두 글자의 부사 안에 담긴 무게는 산처럼 무거웠다. "심지어"는 하만의 악행이 처음이나 시작이 아니라 이미 있는 것 위에 더해진 것임을 의미한다. 이 부사는 축적의 언어이며 누적의 낱말이다. 하만의 악행 목록은 계속된다. 새로운 증거가 제시되고 새로운 범죄가 폭로된다. 그래서 "심지어"는 왕의 분노를 다시 점화한다. 그는 이미 격노했다. 그러나 그 분노는 더 깊어진다. 한 번의 범죄는 실수일 수 있지만 둘 이상이면 패턴이다. 하르보나의 폭로는 마치 기소장을 읽는 검사의 목소리다. "피고인 하만은 왕후 에스더를 죽이려고 했고 유다인 전체를 말살하려 했고 왕을 기만했고 왕의 권위를 남용했고 왕후를 모독했고 선한 모르드개 또한 죽이려고 했습니다." 이처럼 "심지어"는 범죄의 각 항목이 단독으로도 심히 중대하나 함께 읽힐 때 압도적이 됨을 잘 보여준다. 그것은 과거의 죄들과 현재의 증거를 연결하고, 개인적인 범죄에서 공적인 악행으로 확장하고, 하나의 죄 위에 또 다른 죄를 축적하고, 처형을 충동이 아닌 정의로 전환하고, 하만의 운명을 돌이킬 수 없게 봉인한다. 이처럼 "심지어"는 보다 객관적인 기소의 리듬, 타격의 리듬을 생성한다.

하르보나의 문장에는 아주 대조적인 두 사람이 살고 두 세계가 충돌하고 두 운명이 교차한다. 악한 하만과 선한 모르드개, 두 사람이 하나의 문장에서 대결한다. 이 대조가 얼마나 절묘한가! 모르드개는 왕에게 선을 말하였고 하만은 그런 충신을 위하여 교수대를 만들었다. 하만은 교수대와 음모와 법령으로 악을 제조했고 모르드개는 진실과 경고와 정보로 왕을 살리려고 음모를 고발했다. 하만은 악을 계획했고 모르드개는 선을 행하였다. 하만은 경배와 인정과 복수와 만족과 반지와 명예를 취하려고 했고 모르드개는 자신이 아니라 왕의 생명을 지키려고 어떠한 보상의 기대도 없이 정보를 주었고 진실을 베풀었다. 왕후에게 조언을, 왕에게 충성을, 동포에게 용기를 주었으나 자신은 빈손으로 만족했다. 하만은 제국의 정점으로 올라가려 했고 모르드개는 광장의 먼지 위에 머물렀다. 하만이 세운 50규빗의 교수대는 집착의 높이였다. 이는 더 높은 지위, 더 큰 권력, 더 완벽한 지배, 더 열광적인 숭배의 욕구를 드러낸다. 그러나 모르드개는 왕의 문에, 지상에, 낮은 곳에 머물면서 높이를 추구하지 않고 자신의 앉은 자리에서 충실했다. 결국 그는 높여져 그의 겸손은 기록되고 그의 충성은 기억되어 때가 되자 억지로가 아니라 당연하게 높아졌다. 하만은 자신을 위하였고 모르드개는 타인을 위하였다. 하만은 무릎 꿇기를 요구했고 모르드개는 그것을 거부했다. 하만은 죽음을 만들었고 모르드개는 생명을 구원했다. 하만의 악은 모르드개를 향하였고 모르드개의 선은 왕을 향하였다. 하만을 위한 것이 모르드개에게로, 모르드개를 위한 것이 하만에게로 갔다. 궁극적인 대조이며 완벽한 역전이다. 하만과 모르드개, 그들은 서로에게 역설적인 거울이다. 하나를 보면 다른 하나가 이해된다. 악과 선의 이야기, 불의와 정의의 이야기가 이 책의 심장을 뚫고 지나간다.

"보십시오"(הִנֵּה), 이 단어와 "심지어"의 결합은 더욱 강력하다. "심지어"는 과거를 떠올리게 만들지만 "보라"는 현존하는 증거를 제시한다. "보라"는 손가락이 되어 물증을 가리킨다. 아직 밝혀지지 않은 하만의 범행은 추상이나 이론이나 소문이 아니라 증거가 뚜렷한 현실이다. "보라"는 말은 시간의 거리를, 공간의 거리를, 화자와 청자 사이의 거리를 단숨에 제거한다. "보라"고 말할 때, 말하는 자는 듣는 자를 현장으로 데려간다. 과거에서 현재로, 추측에서 확인으로, 소문에서 목격으로 안내한다. "보라"는 단어는 부드러운 톤을 가졌지만 명령이다. 청자에게 주목하고 집중하고 시선을 돌리지 말고 지금 당장 여기를 보라고 요구한다. 그런 "보라"의 손가락이 어제의 의도가 오늘의 구조물이 된 교수대를 가리킨다. 그 교수대는 왕실 안에서도 확인할 수 있는 높이였다. 그 물증이 모두의 눈에 들어왔다. 내시는 "보라"는 말로 모두의 시선을 움직여 여기가 아니라 저기를, 하만의 몸이 아니라 그의 죄를, 과거가 아니라 증거를 보도록 만들었다. 교수대는 그들에게 나무가 아니라 그 뒤에 있는 하만의 악의를, 살벌하고 치밀한 그의 계획성을 보여준다. 그 교수대의 높이는 하만의 과시와 자랑과 교만을 고발한다. 왕실의 모든 눈이 머문 그곳에서 보인 것은 하만의 보이지 않는 마음이고 그의 성격이고 그의 본질이다. 보이지 않는 악이 보이는 목재와 못과 측정 가능한 높이로 드러났다. 들리는 언어의 설명보다 보이는 현장의 설명이 더 강력하다. 교수대는 하만이 제국 전체에 보여주고 싶은 것이 아니라 그가 감추고자 했던 것만 모두에게 드러냈다. 참으로 기구한 역설이다. 이제 지체할 수도, 모른 척할 수도, 방관할 수도 없는 상황이다.

교수대가 하만의 집에 있다는 말, 그 교수대의 용도가 자신의 생명을 구한 선인의 처형을 위한다는 말, 그런 불의한 죽음을 제국 전체에 전시하려 했다는 말을 들은 왕의 입은 단호한 어명을 급히 쏟아냈다. 추가 발언이나 추가 증인이나 추가 물증이 필요하지 않을 정도로 처형의 요건이 완벽했기 때문이다. "너희는 그를 그 위에 매달아라"(וּתְלֻהוּ עָלָיו). 칼날처럼 날카롭고 낙뢰처럼 빠르고 죽음처럼 최종적인 명령이다. 이 간결한 명령문을 가만히 보면 복수의 선언이 아니라 정의의 선언이다. "그를"(죄인을, 배신자를, 악인을, 모독자를, 불경한 자를, 불의한 자를) "그 위에"(자신이 만든 것에, 자신이 준비한 것에, 자신이 계획한 것에) "매달아라"(그가 타인에게 하려던 것을 그 자신에게 시행하라). 이것은 복수가 아니고 "눈에는 눈"이라는 탈리오의 법칙을 넘어선 완벽한 대칭이다. 형벌적 정의의 최고 형식이다. 단수형이 아니라 복수형 명령 "매달아라," 한 사람이 아니라 다수의 사람에게 주어진 명령이다. 한 사람이면 주저할 수 있겠지만 여럿이 함께 움직이면 명령은 반드시, 더 신속하게 실행된다. 하만은 비록 얼굴이 덮여서 볼 수는 없었지만 들을 수는 있었는데 그는 그 순간 무엇을 느꼈을까? 그의 심장은 어떻게 뛰었을까? 그의 숨은 어떻게 멎었을까? 이제 역사는 더 이상 하만의 모든 것이 궁금하지 않다. 하만의 인생은 끝났으며 가장 비참하고 가장 끔찍하고 가장 초라하게 사라졌다.

10그러자 그들은 모르드개를 위하여 하만이 준비한 그 나무에 하만을 매달았다
그리하여 왕의 분노가 달래졌다

왕의 분노 폭발과 하만의 두려움, 오해와 얼굴 덮임과 선고, 구체적인 증거 제시와 즉각적인 명령을 지나 이제 이 구절에서 처형의 집행은 완료되고 왕의 분노는 진정된다. "그러자"(١), 이 작은 연속성 접속사가 모든 것을 해결한다. 왕이 매달라고 명령하자 그들이 매달았다. 이는 명령과 집행 사이에 공백이 없는 서사의 추진력을 보여준다. 한 사건이 다음 사건을 낳고 그것이 또 도미노 현상처럼 다른 사건으로 이어진다. 왕의 목소리가 공기를 지나가는 중에 손들이 움직였다. 하만을 붙잡고 끌고 가고 밧줄을 준비하는 손들과 함께 교수대로 향하는 발들도 움직였다. 저자는 회의를 소집하고 계획을 세우고 물품을 준비하는 과정을 과감하게 생략했다. 이것은 시간의 압축이며 문학적인 단축이 아니라 실제적인 단축이다. "너희가 매달아라"(וּתְלֻהוּ)와 "그들이 매달았다"(וַיִּתְלוּ) 사이에 명령의 대상과 실행의 주체가 일치한다. 명령을 받

은 자들이 지체 없이 그 명령을 수행했다.

지금은 하만의 시간이 아니었다. 예전에 하만은 "유다인을 죽이라"고 말하였고 제국은 움직였다. 그러나 이제는 주어의 권한을 상실했다. 그는 교수대로 끌려갔다. 교수대는 높이도 완벽했고 즉시 사용이 가능했다. 그들은 "하만이 준비한 그 나무"(הָעֵץ אֲשֶׁר־הֵכִין)를 교수대로 썼다. 하만이 원하든 원하지 않든, 저항하든 순응하든, 그들은 그를 매달았다. 하만의 신속한 준비가 그 자신의 신속한 처형을 가능하게 했다. 교수대가 없었다면 계획해야 했고 건축해야 했고 준비해야 했다. 교수대는 하만의 돈으로, 하만의 명령으로, 하만의 집에서 설계하고 건축하고 세운 것이었다. 그런데 자신이 준비한 교수대가 자신을 기다리고 있다. 자신이 세운 교수대가 자신을 파괴한다.

교수대의 본래 용도는 모르드개의 죽음을 위한 것이었다. 교수대의 모든 못은, 모든 나무판은, 50규빗의 높이는 모두 그를 위한 것이었다. 그런데 거기에 하만 자신이 매달렸다. 모르드개를 향해 하만이 원했던 공개성, 그가 계획했던 가시성, 그가 의도했던 광경은 모두 그대로 되었으나 교수대의 주인공이 바뀌었다. 결국 자신이 준비한 "그 나무"는 하만에게 교만의 기념비, 몰락의 기념비, 복수의 기념비가 되었으며 동시에 하나님의 정의를 위해 사용되었다. 이는 악한 자의 전형적인 모습이다. "중한 변리로 자기 재산을 늘리는 것"이 비록 자신의 행복을 위한 것이라고 생각하기 쉽지만, "가난한 사람을 불쌍히 여기는 자를 위해 그 재산을 저축하는 것"이라는 불편한 진실을 지혜자는 가르친다(잠 28:8). 결과를 놓고 보면, 신적인 섭리의 등이 관찰된다. 악조차도 선으로 바꾸시는 하나님의 주권이 관찰된다. 하만이 교수대를 준비한 것도 섭리, 하르보나가 그것을 언급한 것도 섭리, 왕이 즉시 그것을 명령한 것도 섭리, 하만이 그 위에 매달린 것도 섭리였다. 특별히 하만은 모르드개를 해하려고 하였으나 그 해로움은 정의의 부메랑이 되어 자신에게 돌아왔다. 하만의 악이 하만을 심판했고 하만의 계획이 하만을 파괴했고 하만의 준비가 하만을 처형했다.

하만이 교수대에 매달린 직후에야 "왕의 분노는 달래졌다"(שָׁכָכָה). 용암처럼 뜨겁고 치솟았던 분노를 진정시킨 것은 매달린 하만의 죽음이 아니라 실현된 정의였다. 배신자가 심판을 받았고 악인이 없어졌고 왕후가 안전하게되었고 질서의 회복이 일어났기 때문에 왕의 노여움이 사라졌다. 왕의 분노는 정의의 구현과 악의 근절을 지향한다. 분노는 그 기능을 완수하면 평화롭게 퇴장한다. 왕의 분노는 개인적인 것만이 아니라 우주적인 것이었다. 하만의 악은 제국을 어지럽게 했다. 악인이 의인을 해하려고 했고 거짓이 진실의목을 조이려고 했다. 이로써 하만은 한 시대만이 아니라 역사의 흐름을 비틀었고 페르시아 제국만이 아니라 우주의 도덕적 질서도 뒤집었다. 하만은 왕한 사람이 아니라 역사를 화나게 했고 우주를 분노하게 만들었다. 하만의 죽음은 역사의 정의로운 흐름과 우주의 도덕적인 질서의 복귀였다. 이제는 분노의 고함이 사라졌다. 명령의 긴급함도 지나갔다. 집행의 소음도 멈추었다. 하만의 이야기가 끝장났고 동시에 불의도 사라졌다. 이 끝장은 또한 새로운시작이다. 파괴가 끝나면서 건설이 시작되고, 하만이 끝나면서 모르드개 상승이 시작되고, 악의 심판이 끝나면서 선의 보상이 시작된다. 이러한 시작들이 8장부터 펼쳐진다.

에스더서 저자는 이 책에서 하나님의 이름을 언급하지 않지만 하나님은모든 페이지에, 모든 문장에 깃드신다. 왕의 분노는 하나님의 도구, 정의의실현은 하나님의 목적, 분노의 사라짐은 하나님의 평화를 잘 드러낸다. 인간의 악은 자신이 만든 경로를 따라 돌아오고, 하늘의 정의는 인간의 손끝을 통해 완성된다. 실제로 하만의 계략은 그에게서 왕에게로 흘렀지만, 재앙은 그반대의 방향으로 역류하여 돌아왔다. 이것은 보이지 않는 손의 예술이다. 우연처럼 엉킨 실타래가 하나님의 섭리로 제때에 풀어져서 하만을 제거하고불의를 삼키고 정의를 드러냈다. 인간의 악한 계획조차 결국에는 하나님의공의를 실현하는 도구로 쓰인다는 섭리의 위대한 반전도 선포했다. 가장 짙은 어둠 속에서야 비로소 가장 밝은 별빛이 보이듯이, 인간의 역사가 가장 혼탁하게 보이는 그 순간에야 오히려 하늘의 섭리가 선명하게 드러난다.

이 책에서는 우연처럼 보이는 사건들의 연속, 인간의 선택과 실수, 감정과 계산만이 촘촘하게 엮여 있지만 바로 그 점들이 모여 결국에는 가장 위대한 기적을 완성한다. 그것이 보이지 않게 일하시는 하나님의 방식이다. 역사의 뒤 칸에 자신을 가리시며 인간의 자유로운 의지를 존중해 주시면서 결국에는 선하심을 보이시는 당신의 뜻을 이루시는 섭리의 고상하고 은밀한 기술이다. 하나님은 보이지 않으셔도 결코 침묵하지 않으신다. 하만의 교수대는 하늘 높이 서 있었지만 그것보다 더 높은 곳에서 역사를 이끄신다. 그분의 손은 드러나지 않고 지문은 흔적도 없지만 그분의 뜻은 한 치의 오차도 없이 이루신다. 하만의 불의가 교수대에 매달린 그 순간, 수산 성읍에 자욱했던 것은 복수의 기쁨이 아니라 보이시지 않지만 살아서 일하시는 하나님에 대한 두려운 경배였다.

에 8:1-6

¹그 날 아하수에로 왕이 유다인의 대적 하만의 집을 왕후 에스더에게 주니라 에스더가 모르드개는 자기에게 어떻게 관계됨을 왕께 아뢰었으므로 모르드개가 왕 앞에 나오니 ²왕이 하만에게서 거둔 반지를 빼어 모르드개에게 준지라 에스더가 모르드개에게 하만의 집을 관리하게 하니라 ³에스더가 다시 왕 앞에서 말씀하며 왕의 발 아래 엎드려 아각 사람 하만이 유다인을 해하려 한 악한 꾀를 제거하기를 울며 구하니 ⁴왕이 에스더를 향하여 금 규를 내미는지라 에스더가 일어나 왕 앞에 서서 ⁵이르되 왕이 만일 즐거워하시며 내가 왕의 목전에 은혜를 입었고 또 왕이 이 일을 좋게 여기시며 나를 좋게 보실진대 조서를 내리사 아각 사람 함므다다의 아들 하만이 왕의 각 지방에 있는 유다인을 진멸하려고 꾀하고 쓴 조서를 철회하소서 ⁶내가 어찌 내 민족이 화 당함을 차마 보며 내 친척의 멸망함을 차마 보리이까 하니

◆ ◆ ◆

¹그날에 아하수에로 왕이 유다인을 괴롭힌 하만의 집을 에스더 왕후에게 선사했다 그리고 모르드개가 왕의 면전으로 왔다 이는 그가 그녀에게 어떤 [존재인지] 그녀가 아뢰었기 때문이다 ²왕은 하만에게서 빼앗은 자신의 반지를 빼서 모르드개에게 주었고 에스더는 모르드개를 하만의 집 위에 세웠다 ³에스더는 다시 왕의 면전에서 간절히 말하였고 그의 발 앞에 엎드렸다 유다인에 대하여 꾸민 아각 사람 하만의 악함과 그의 계략을 제거해 달라고 그녀가 울며 그에게 간청했다 ⁴왕이 에스더를 향하여 황금홀을 내밀었다 에스더는 일어나서 왕의 면전에서 섰다 ⁵그녀가 말하였다 "만일 왕에게 좋게 여겨지고, 만일 제가 그의 면전에서 은혜를 얻었고 그 일이 왕 앞에 적합하고 제가 그의 눈에 좋게 보인다면, 왕의 모든 지방에 있는 유다인을 파멸하기 위해 쓴 아각 사람 함므다다의 아들 하만의 계책인 그 문서들을 철회하게 하는 [조서가] 기록되게 해 주십시오 ⁶왜냐하면 제가 제 민족에게 닥치는 재앙을 어찌 능히 보겠으며 제 혈육의 멸망을 어찌 볼 수 있습니까?"

22   지도자 에스더

¹그날에 아하수에로 왕이 유다인을 괴롭힌 하만의 집을 에스더 왕후에게 선사했다

그리고 모르드개가 왕의 면전으로 왔다

이는 그가 그녀에게 어떤 [존재인지] 그녀가 아뢰었기 때문이다

이 구절은 숨이 막히도록 이어진 절망과 역전 이야기의 첫 아침을 여는 문장이다. 어제까지 제국의 생사를 호령하던 하만이 떠난 "그날에"(בַּיּוֹם הַהוּא) 오랫동안 홀대를 당하던 정의가 반듯하게 세워진다. 해가 지고 다시 떠오른 "그날"은 하만의 마지막 숨이 끊어진 날이었고 동시에 에스더가 그의 모든 것을 물려받은 날이었다. 단 하루, 심판과 회복이 같은 태양 아래에서 일어났다. 하나님의 일정에는 불필요한 여백이 없어서 악이 무너지는 바로 그 순간에 선이 세워진다. 저주가 끝나는 바로 그 지점에서 축복이 시작된다. 긴 세월 동안 보이지 않게 짜인 섭리의 실타래가 마침내 "그날에" 완성된 무늬를 드러낸다. "그날"은 에스더 왕후에게 기다림의 종점이며, 하만에게 교만의 마지막 장이며, 유다인 모두에게 "그날"은 절망에서 소망으로 건너가

는 다리였다.

저자는 이날이 너무도 중요해서 "그"(הַהוּא)라는 지시 대명사로 꾹꾹 눌러서 강조한다. 세상의 논리로는 설명할 수 없는 하늘의 정의가 땅 위에 새겨지는 순간이기 때문이다. 그날, "왕은 유다인을 괴롭힌 하만의 집을 에스더 왕후에게 선사했다." 죽음을 기획했던 손이 거머쥐던 모든 것이 생명을 구하려던 손으로 옮겨졌다. "하만의 집"(בֵּית הָמָן)은 악이 오래 거주했던 공간이다. 그 집의 넓은 방들은 하만의 야망을 담았고 높은 기둥들은 그의 교만을 지탱했고 가득한 창고들은 그의 탐욕을 저장했다. 집은 그의 과거이자 현재였고 장차 후손에게 물려줄 미래였다. 그러나 이제 그 집의 주인이 바뀌었다. 하만이 쌓아 올린 모든 영화가 한순간에 떠나가고 그것들이 그가 가장 멸시했던 민족의 왕후에게 넘어갔다. 같은 문, 같은 벽, 같은 지붕 아래에서 완전히 다른 이야기가 펼쳐진다. 음모가 숙성되던 토양이 이제는 구원의 거처로, 저주의 온상이 이제는 축복의 둥지로 바뀌었다. 악의 무게가 끝내 무너지고 정의가 그 빈자리에 빼곡히 채워지는 순간이다. 가해자의 유산이 피해자의 소유가 되는 이 아이러니 속에서 이제 저울은 기울었고 무게는 옮겨졌고 운명은 뒤집혔다. 악인이 심은 것을 의인이 거두고 불의로 쌓은 것을 정의가 접수했다. 이것은 한 악인의 몰락이 아니라 세상의 모든 악이 결국에 맞이하게 될 결말에 대한 보편적인 예언이다.

하만의 집이 에스더의 손에 들어온 것보다 더 중요한 정의의 회복은 모르드개의 등장이다. 왕궁의 문을 지키는 자들과 함께, 이름 없는 관리들 사이에서 그는 오랫동안 그저 스쳐 지나가는 얼굴 중의 하나였다. 대궐 문이라는 경계에 늘 앉았고 에스더의 그림자 속에서 역사의 각주로 머물렀다. 그런 사람이 이제 "왕의 면전으로 왔다"(בָּא לִפְנֵי הַמֶּלֶךְ). 성문에서 왕좌로, 변방에서 중심으로, 숨겨진 곳에서 드러난 곳으로의 이동이다. 이것은 물리적인 공간의 이동이 아니라 굴욕의 자리에서 영광의 자리로의 이동이자 세상의 권력에 굴하지 않은 한 신앙인의 마침내 드러난 승리였다. 성과급에 근거한 승진이 아니라 정체성의 회복이며 그동안 가려졌던 그의 가치, 감춰졌던 그의 충성, 보이지 않던 그의 헌신을 마침내 인정하는 상이었다. 각주의 글씨가 본문의 중심으로 이동한 것처럼 그의 어깨에는 이제 제국의 무게가 올라탔다. 그의 삶은 침묵과 기다림의 시간 속에서 익어왔고 오랜 인내와 고난은 이 순간을 위해 준비된 것이었다.

저자는 모르드개 등장의 배후에 에스더의 지혜로운 제보가 있었음을 지적한다. 그 등장의 원인은 그가 왕후에게 "어떤"(מה) 존재인지, 어떤 의미인지 그녀가 왕에게 "아뢰었기 때문이다"(כִּי־הִגִּידָה). 왕후에게 그는 아버지요, 양육자요, 보호자요, 스승이요, 동포의 대표였다. 왕후의 피를 잇는 뿌리, 민족의 운명을 이끄는 태양, 야밤에 제국의 심장을 보호한 별이었다. 이제 숨겨져 있던 관계가 드디어 침묵의 서약을 깨고 빛 속으로 걸어갔다. 왕후와 성문지기 사이에 놓인 보이지 않는 선의 또렷한 윤곽이 왕 앞에서 그려지고 감추어진 혈육의 끈이 왕의 귀로 들어갔다. 그녀의 고백은 혈통적인 관계의 노출만이 아니라 숨김의 시대가 끝났다는 신호였다. 진실은 더 이상 궁전의 문 밖에 웅크리고 있지 않고 왕의 귀, 왕의 마음, 왕의 결정 안으로 들어왔다. 왕과 제국의 중심에서 한 여인은 자신의 정체를 드러내며 죽음을 향해 닫혔던 역사의 문을 부드럽게 연다.

²왕은 하만에게서 빼앗은 자신의 반지를 빼서 모르드개에게 주었고
에스더는 모르드개를 하만의 집 위에 세웠다

왕의 "반지"(טַבַּעַת)는 그저 동그란 금속 고리가 아니라 페르시아 제국의 심장이고 127개 지방을 움직이는 열쇠이고 왕의 목소리가 응축된 무언의 명령이다. 그 반지로 찍힌 문서는 곧 법이 되고 그 반지는 그 법이 변개되지 못하게 하는 절대적인 권한을 생성한다. 왕의 손가락에 있던 그 반지는 하만의 손

가락을 잠시 감았다가 이제는 회수되어 한 유다인의 손가락에 끼워진다. 명령을 쓰고 생사를 결정하며 사람의 운명을 봉인하던 하만의 손가락은 이제 공허하고, 권력을 한 번도 꿈꾸지 않았던 사람, 왕의 문에서 충성만 하던 사람의 손가락에 제국의 표식이 끼워졌다. 그 반지에는 아직 하만의 체온과 악의 잔상이 어렸을 것이지만 반지의 소지자가 바뀌는 순간 반지도 완전히 달라진다. 반지는 중립적인 도구가 아니라 쥔 자의 영혼을 따라 움직인다. 왕의 생명을 지키기 위해 용기를 내어 고발한 자, 하만에게 절하기를 거부했던 자, 그 거부로 인해 한 민족 전체가 죽음의 선고를 받게 만들었던 그 유다인의 손가락에 왕의 반지가 끼워졌다. 권력의 주인은 괴롭히는 자에게서 해방하는 자에게로, 교만한 자에게서 겸손한 자에게로, 죽음을 계획한 자에게서 생명을 구할 자에게로 바뀌었다. 이것은 역사의 방향을 180도 돌리는 행위였다. 죽음을 선포하던 도구가 이제 생명을 선포할 도구로 바뀌었다. 파멸을 기록한 그 인장이 이제 구원을 기록한 인장으로 변신했다. 같은 반지, 같은 권위, 같은 권력이 다른 손에 끼워지자 제국과 유다인의 운명이 달라졌다. 하나님이 보시기에, 반지의 이동은 정치적인 권력의 재분배가 아니라 하나님의 정의가 세상을 뒤바꾸는 상징이다.

왕은 하만의 집을 에스더 왕후에게 선사했다. 그 넓은 저택, 그 가득한 창고, 그 화려한 정원, 그 모든 것이 이제 에스더의 것이었다. 이는 왕의 선물, 정의의 보상, 역전된 운명의 증거였다. 그런데 에스더는 "모르드개를 하만의 집 위에 세웠다"고 저자는 설명한다. "하만의 집 위에(עַל־בֵּית הָמָן) 세웠다"라는 이 짧은 구절에는 에스더의 성숙함, 그녀의 전략적인 사고, 그녀의 너그러운 영혼, 그녀의 공동체적 지혜가 돋보인다. 그녀의 이 조치는 모르드개를 향한 권한의 위임이고 신뢰의 선언이며 능동적 의지의 표현이다. 에스더는 이제 수동적인 수혜자가 아니라 적극적인 수여자가 되었으며, 피해자의 자리에서 관리자의 자리로, 구원받은 자의 위치에서 구원하는 자의 위치로 이동했다. 그녀는 자신이 왕후가 된 것이 단지 개인의 영광을 위한 것이 아님을, 자신이 하만의 재산을 물려받은 것도 단지 부를 축적하기 위한 것이 아님을 인지하고 있다. 이 모든 것은 더 큰 목적을 위한 것이었다. 이 목적의 달성을 위해서는 모르드개의 도움이 필요했다.

그래서 그녀는 그를 하만의 집 관리자로 임명했다. 이는 여러 층위의 의미를 암시한다. 첫째, 정의의 완성이다. 하만이 모르드개를 죽이려고 세운 교수대에 자신이 매달린 것처럼, 하만이 축적한 재산이 이제 모르드개의 관리로 들어간다. 억압하던 자가 억압받고 죽이려던 자가 죽고 뺏으려던 자의 것이 빼앗긴 자에게로 돌아갔기 때문이다. 둘째, 실용적 지혜의 묘책이다. 에스더는 왕후로서 궁궐 안에서의 역할이 막중하다. 그래서 방대한 재산을 관리하고 복잡한 행정 업무를 처리하고 하만이 남긴 권력의 구조를 재편할 대리인이 필요하다. 셋째, 관계의 회복이다. 에스더가 왕후가 되면서 그녀와 모르드개 사이에는 보이지 않는 거리가 생겼었다. 그녀는 궁궐 안에 있고 그는 성문 밖에 있었으며, 그녀는 왕후의 면류관을 쓰고 그는 관리의 옷을 입었기 때문이다. 그런데 이제 그를 자신의 재산 관리자로 세우면서 둘은 여전히 가족이며 그녀의 것은 그의 것이고 그의 지혜는 그녀의 힘이라는 메시지가 전달된다. 넷째, 미래를 향한 도약이다. 하만의 법령은 아직 취소되지 않았고 유다인은 여전히 위험 속에 있어서 더 큰 싸움을 치러야 한다. 이를 위해서는 왕의 반지를 가진 자와의 긴밀한 협력이 필요하다. 집을 맡긴 것은 앞으로의 전투를 위한 전략적 연합이다.

³에스더는 다시 왕의 면전에서 간절히 말하였고 그의 발 앞에 엎드렸다
유다인에 대하여 꾸민 아각 사람 하만의 악함과 그의 계략을 제거해 달라고
그녀가 울며 그에게 간청했다

에스더의 활약이 이어진다. 4장에서 죽음의 두려움을 무릅 쓰고 왕에게

로 나아갔고, 5장에서 잔치라는 전략적인 접근을 시도했고, 7장에서 하만의 음모를 폭로하는 직접적인 고발을 행하였고, 8장에서 그녀는 하만이 꾸민 법령의 제도적 변화를 시도한다. 지금 하만은 교수대에 삼켜졌다. 그의 목소리는 영원한 침묵으로 들어갔다. 악인이 심판을 받고 의인이 높임을 받고 하만의 집은 에스더의 것이 되었고 하만의 반지는 모르드개의 손가락에 끼워졌다. 승리의 모든 상징이 갖춰졌다. 그러나 에스더는 안도하지 않고 들뜨지도 않고 차분하게 미완의 사명을 수행한다. 하만은 죽었어도 그의 말은 살아있기 때문이다. 그가 쓴 법령은 여전히 제국 127개 지방을 누비고 있기 때문이다. 아달월 30일, 그 저주받은 날짜가 여전히 달력 위에서 유다인을 노려보고 있기 때문이다. 적은 사라져도 적이 만든 무기는 여전히 작동하고 있다. 악은 개인의 생명보다 오래 지속되는 시스템을 구축한다. 법령을, 제도를, 편견을, 증오를 조성한다. 악인이 사라진 후에도 그가 심어놓은 씨앗은 계속 자라나고, 그가 놓은 덫은 계속 작동하고, 그가 쏜 화살은 계속 날아간다.

하만은 없었지만 그의 세계는 여전히 존재했다. 제국 곳곳의 총독들은 지금도 그의 법령을 손에 쥐고, 칼을 가는 자들과 유다인의 재산을 탐하는 자들과 유다인에 대한 오랜 편견을 가진 자들이 그 법령을 핑계로 악의 정당화를 준비하고 있다. 여전히 죽은 자가 산 자를 죽일 수 있는 환경이다. 물론 에스더는 왕후의 면류관을 쓰고 있어서 안전하다. 왕의 사랑을 받고 하만의 재산을 소유하며 자신의 후견인이 이제 제국의 2인자로 등극했다. 얼마든지 이제 뒤로 물러나 자신의 승리를 만끽할 수 있었으나 그녀의 눈은 궁전 밖을 향하였다. 여전히 죽음의 선고 아래에서 살아가는 동포들의 눈동자를 응시했다. 개인의 구원은 얻었으나 공동체의 구원은 아직 미완이다. 그래서 에스더는 왕후의 품위를 벗고 안전의 울타리를 넘어 "다시"(יָסַף) 한 번 왕의 부름이 없으면 죽을지도 모르는 자리로 나아갔다. 나 하나의 구원으로 만족하지 않고 우리 모두의 구원을 추구하는 신앙의 배후에는 내 이웃을 내 몸처럼 사랑하는 마음, 나는 안전해도 형제가 위험하면 다시 목숨을 거는 사랑의 맥박이 빨라진다. 동시에 에스더는 이제 어엿한 지도자의 눈을 가지고 악의 뿌리를 뽑는 것만이 아니라 그 악이 만들어 놓은 구조까지 해체해야 온전한 구원이 온다는 사실을 인지하고 있다.

에스더는 "왕의 면전에서" 간절히 말하면서 "왕의 발 앞에 엎드렸다"(תִּפֹּל לִפְנֵי רַגְלָיו). 이번에는 엎드렸다. 그녀는 지금 제국에서 황제의 총애를 가장 많이 받는 왕후였다. 그런데도 그녀는 가장 낮은 자리, 먼지와 같은 높이로 내려갔다. 지금 에스더의 눈높이는 왕의 발이었다. 왕의 가장 낮은 곳에 자신의 위엄을 맞추었다. 스스로 높이지 않고 스스로 낮아진 왕후, 그녀의 엎드림은 비굴함이 아니라 생명을 향한 경배의 자세였다. 이 숭고한 하강의 이유는 나만 사는 것이 아니라 우리가 함께 사는 것이 진정한 승리임을 알았기 때문이다. 하만이 처형되던 날, 모든 사람들은 축배를 들었지만 에스더의 눈에는 아직 해결되지 않은 사명이 보였고 그녀의 귀에는 여전히 죽음을 기다리는 동포의 신음이 들렸기에 눈시울이 축축했다. 방관자는 자기 문제만 해결되면 만족하나 지도자는 모두의 문제가 해결될 때까지 쉬지 않으며, 방관자는 악이 죽으면 끝이라고 생각하나 지도자는 악의 유산까지 청산해야 한다고 생각한다. 이런 지도자의 무릎이 닿은 그 자리 쪽으로 역사의 축이 성큼 기울었다. 그녀의 엎드림은 제국의 왕후가 된 자의 희생, 백성을 위한 그녀의 영혼이 땅에 스며드는 의식이다. 왕의 발 앞에서 이루어진 일이지만 엎드림의 각도는 하나님을 향하였다.

저자는 에스더가 "울었다"(תִּבְכֶּה)고 기록한다. 남들이 보기에는 웃어야 할 상황인데, 그녀는 울기까지 했다. 그 젖은 감정의 이유는 자신이 아니라 자신의 동포에게 있다. 그녀의 눈물은 감상이 아니라 통찰이며 약함이 아니라 연대였다. 계산된 눈물도, 정치적인 전략도, 왕의 동정심을 유발하는 연기도 아니었다. 그녀의 애통은 예언자의 눈물이며, 현재를 넘어 미래를 보는 자의 눈물이며, 표면을 넘어 본질을 보는 자의 눈물이며, 개인을 넘어 공동체를 품는 자의 눈물이다. 이런 눈물로 승리의 날에도 우는 것, 이것이 진정한 지도

자의 품격이다. 성경에서 자기보다 자기 민족을 더 사랑한 대표적인 사람은 모세와 바울이다. 두 남자는 자기 백성의 구원을 위해서는 "주께서 기록하신 책에서 내 이름을 지워 버려 주옵소서," 혹은 "내 자신이 저주를 받아 그리스도에게서 끊어질지라도" 괜찮다는 각오까지 했다(출 32:33; 롬 9:3). 타인의 생존을 자신의 영원한 생명보다 더 소중하게 여기는 두 지도자의 모습은 얼마나 위대한가! 이는 에스더의 모습과 다소 대비된다. 두 남자는 한 번 구했으나 그녀는 죽으면 죽을 것이라는 맹세를 두 번이나 다짐했다. 두 남자는 지극히 자비하신 하나님께 기도를 드렸으나 에스더는 당장 육신의 목숨을 끊어버릴 권세를 가진 왕의 냉정한 면전으로 나아갔다. 그녀는 은밀한 골방의 숭고한 기도가 아니라 칼바람이 부는 현장에서 목숨을 건 실천으로 기도했다. 그 이름의 의미대로 타인의 생명을 자신의 것보다 소중하게 여긴 에스더는 모세와 바울의 산맥 위에 별자리를 둔 빛이었다.

에스더가 목숨을 걸고 왕에게 요청한 것은 백성의 목숨이다. 이를 위하여 "유다인에 대하여 꾸민 아각 사람 하만의 악함과 그의 계략을 제거해 달라"고 간청했다. "악함"(רַעַת)과 "계략"(מַחֲשָׁבָה)은 하만이 꾸민 제국의 법령은 법이 아니라 한 사람의 악한 계략일 뿐이라는 사실을 폭로하기 위해 에스더가 일부러 선택한 전략적 단어였다. 법의 언어, 법의 권위, 법의 위엄으로 포장되어 있기 때문에 대부분의 사람들은 대체로 그 번듯한 포장지만 본다. 그러나 본질을 간파한 에스더는 법이라는 가면을 찢어내고 조서가 하만의 창작이고 하만의 개인적인 소유물일 뿐임을 드러낸다. 왕은 속아서 서명의 도구로만 쓰였다는 점을 드러내어 진짜 저자는, 진짜 기획자는, 진짜 책임자는 하만임을 명시했다. 제국의 필요 때문이 아니라 개인의 사적인 복수심이 저지른 일이라고 규정했다.

그리고 에스더는 일부러 문제의 원흉을 "아각 사람 하만"(הָמָן הָאֲגָגִי)으로 표기했다. 에스더가 하만의 민족적인 정체성을 강조하며 유다인과 아말렉의 역사적 원수 관계를 상기시킨 이유는 하만의 행동이 개인적인 악의를 넘어 민족적인 증오에서 비롯된 것임을 드러내기 위함이다. 유다인 말살은 새로운 정책이 아니라 오래된 증오의 재현이다. 제국의 판단이 아니라 민족적 원한의 표출이다. 이것은 정치가 아니라 복수이며 법이 아니라 학살이다. 이로써 에스더는 왕을 고발하지 않고 하만을 고발했다. 왕을 부끄럽게 하지 않고 왕에게 명예 회복의 기회를 제공했다. 왕을 모퉁이에 몰아넣지 않고 민족을 구원할 영웅의 길을 터주었다. 에스더는 짧은 몇 마디의 말로 진실의 폭로, 도덕적 판단, 역사적 맥락, 정치적 전략, 예언적 선포까지 골고루 표명했다.

4왕이 에스더를 향하여 황금홀을 내밀었다 에스더는 일어나서 왕의 면전에서 섰다

이번에도 왕은 "에스더를 향하여 황금홀을 내밀었다." 민족적인 위기가 시작될 때에(에 5:2) 내밀었던 황금홀을 왕의 손은 그 위기가 해결될 때에도 왕후에게 내밀었다. 같은 황금홀, 같은 왕, 같은 손, 같은 은혜였다. 다시 한 번 죽음의 선고는 은총의 초대로 바뀌었다. 금속의 차가움 끝자락에 왕의 따뜻한 마음이 전해졌다. 첫 번째 황금홀이 한 여인을 살렸다면, 두 번째 황금홀은 한 민족을 살리려고 에스더를 향하였다. 홀의 내밂은 명령이 아니라 사랑의 속삭임, 그녀의 희생을 감싸는 따뜻한 포옹이다. 위기의 시작과 끝을 잇는 하나의 선율이다.

엎드려 있던 에스더는 자신에게 내밀어진 황금홀을 보고 "일어나서 왕의 면전에서 섰다." 저자는 에스더의 동작을 두 동사, "일어나다"(קוּם)와 "서다"(עָמַד)로 표현한다. 이는 에스더의 결단력과 적극성을 강조하기 위함이다. 엎드림과 일어섬 사이에는 황금빛 허락이 지나갔다. 그녀는 절박한 뜨거움을 차가운 바닥에 깔고 민족의 운명을 왕에게 내밀었고 왕은 그녀에게 신뢰와 호의를 내밀었다. 이때 에스더는 곧장 일어났다. 그것은 간청에서 발언으로 전환하는 몸짓인데, 중력을 거스르는 강한 의지였고 두려움을 뚫고 나아

가는 용기였다. 일어남은 수동적인 기다림의 끝이었고 능동적인 행동의 시작을 의미한다. 그 이후에 "서다"라는 동사가 뒤따랐다. 에스더는 섰다. 왕의 면전에서, 흔들리지 않고, 물러서지 않고! 일어남은 순간적인 행동인 반면, 섬은 지속적인 태도였다. 엎드림과 일어남과 섬은 자세의 변화만이 아니라 영혼의 궤적, 즉 겸손에서 용기로, 간청에서 선포로, 공포에서 확신으로 이동하는 표시였다.

5그녀가 말하였다 "만일 왕에게 좋게 여겨지고, 만일 제가 그의 면전에서
은혜를 얻었고 그 일이 왕 앞에 적합하고 제가 그의 눈에 좋게 보인다면,
왕의 모든 지방에 있는 유다인을 파멸하기 위해 쓴 아각 사람 함므다다의 아들
하만의 계책인 그 문서들을 철회하게 하는 [조서가] 기록되게 해 주십시오

에스더가 왕에게 청원한다. 간절한 눈물의 단계를 넘어 이제 구체적인 행정적 요청을 시작하려 한다. 그런데 청원에서 두 번의 "만일"(אִם)과 네 가지의 조건절이 연속되는 이례적인 구조로 에스더는 극도의 신중함과 겸손을 드러낸다. "만일 왕에게 좋게 여겨지고," "만일 제가 그의 면전에서 은혜를 얻었고," "그 일이 왕 앞에서 적합하고," "제가 그의 눈에 좋게 보인다면." 이 신중함과 겸손함은 계산된 정치적 수사가 아니라 사랑에서 비롯된 절제였다. 이는 억지를 부리지 않고 호소하지 않고 은혜가 임하기를 기다리는 자의 모습이다. 네 가지의 조건절은 급조된 우연의 춤이 아니라 집중적인 숙고의 결과였다. 첫째는 청원의 가장 기본적인 조건으로 왕의 마음과 의지를 존중한다. 둘째는 왕의 보편적인 호의에서 개인적인 은총으로 이동한다. 셋째는 왕의 감정만이 아니라 일의 정당성과 합리성과 적합성을 고려한다. 넷째는 에스더가 왕에게 기쁨과 미소를 주는 아내로 여긴다면 청원을 들어 달라는 조건이다. 민족의 생존이 걸린 이 청원은 모든 차원의 확인이 필요했다. 에스더는 네 가

지의 조건 중에 어느 하나라도 왕의 마음을 움직일 수 있기를 갈망한다. 이는 개인의 복수보다 민족의 구원이 더 무거웠고 원수의 제거보다 백성의 생존이 더 중요했기 때문이다. 그래서 에스더는 더 절박하고 더 겸손하고 더 신중하게 낮아졌다. 이처럼 담는 내용에 따라 문장의 구조도 달라진다.

에스더가 네 겹의 조건절을 지나 꺼낸 심장의 청원은 조서였다. 그녀는 지혜롭다. 그녀는 죽음이 어떤 형태로 왔는지를 기억했다. 칼이 아니었다. 군대도 아니었다. 죽음의 그림자는 잉크에서 왔다. 양피지 조각에 적힌 글자로, 왕의 인장이 찍힌 밀랍으로, 제국의 역참을 통해 질주하는 말을 타고 도착했다. 죽음의 조서를 해결하는 방법은 생명의 조서였다. 그런데 하만이 쓴 것은 단 한 장의 조서가 아니었다. 그것은 127 지방으로 복사되고, 각 민족의 언어로 번역되고, 각 지역의 관리에게 발송된 문서들의 홍수였다. 수산에서 시작된 한 문장이 제국 전체를 뒤덮었고 아달월 30일이라는 날짜 하나가 모든 유다인의 목에 올가미를 쳤다. 이런 사태에 대해 에스더는 "하만의 계책"(חֲשֶׁבֶת הָמָן)으로 간주했다. 하만이 그냥 쓴 것이 아니라 계획한 것이었다. 그의 머리에서 시작된 악의가 왕의 귀를 거쳐 국법이 된 것이었다. 생각이 글자가 되고, 글자가 법이 되고, 법이 사형 선고문이 된 일이었다. 이것을 정확히 인지한 에스더는 그 "계획"이 담긴 "문서들을 철회하게 하는"(הָשִׁיב אֶת הַסְּפָרִים) 다른 조서가 "기록되게"(כָּתַב) 해 달라고 요청했다. 이 지혜로운 문장은 왕에게 행동을 요청하되 직접적인 명령을 피하는 사역형과 수동형의 절묘한 조합이다. 문서에는 문서로, 글에는 글로, 하만이 잉크로 죽음을 선포했기 때문에 왕도 잉크로 생명을 선포해야 함을 역설했다. 왕의 인장이 찍힌 조서는 취소될 수 없었으나 그 위에 새로운 문서를 덧씌우면 철회의 효과가 일어남을 에스더는 간파했다. 법의 빈틈을, 불가능 속의 가능성을 그녀는 꿰뚫었다.

6왜냐하면 제가 제 민족에게 닥치는 재앙을 어찌 능히 보겠으며
제 혈육의 멸망을 어찌 볼 수 있습니까?"

이 구절은 청원의 이유를 밝히는 대목이다. 이 문장은 차마 형용할 수 없는 고통에서 터져 나온, 왕후의 위엄을 넘어선 피의 절규였다. 백성을 향한 그녀의 사랑과 책임감이 고동치는 소리였다. 에스더는 "내 민족"(עַמִּי)과 "내 혈육"(מוֹלַדְתִּי)을 순서대로 언급한다. 그녀의 의식은 민족에서 가족으로, 집단에서 개인으로, 추상적 백성에서 구체적인 얼굴들로 이동한다. 이스라엘 백성, 유다인, 모르드개, 이웃들, 함께 자란 아이들, 수산의 거리에서 마주친 노인들, 이름을 모르는 사람들, 손을 잡았던 사람들이 떠오른다. 그런데 그런 자기 민족의 "재앙"(רָעָה)과 자기 친족의 "멸망"(אָבְדָן)을 자신의 두 눈으로 "본다"(רָאָה)는 것, 더군다나 왕후의 자리에서, 안전하고 높은 자리에서, 홀로 살아남은 자로서 본다는 것은 그녀에게 너무나도 잔인한 고통이다.

에스더의 입에서 쏟아진 호소는 자신의 민족이 사라진 세상에서 홀로 누리는 평안은 형벌과 같고, 혈육이 끊어진 자리에서 홀로 즐기는 영광은 수치와 같다는 외침이다. 이처럼 궁전의 비단이 에스더를 감쌌으나 그녀의 심장은 거리에 머물렀고, 왕후의 면류관이 그녀의 머리를 둘렀으나 그녀의 생각은 수산의 골목과 제국 변방의 작은 마을들에 흩어졌다. 아직 일어나지 않은 민족의 재앙이 그녀의 마음에는 이미 일어난 현실처럼 펼쳐진다. 거리마다 들려오는 통곡, 집집마다 꺼져버린 등불, 아이들의 웃음이 사라진 저녁, 그 모든 장면이 스치며 영혼과 의식을 괴롭힌다. 그래서 에스더는 심장을 쏟아냈다. 어찌 그런 장면들을 볼 수 있느냐고! 이것은 반문이 아니라 거부였고 항거였고 선포였다. 이제 에스더는 쾌적한 왕실의 고상한 여인이 아니라 민족의 운명을 책임지는 강한 전사로 바뀌었다. 그녀에게 궁전의 화려함은 이제 전장의 갑옷으로, 부드러운 목소리는 사자의 포효로 바뀌었다.

이상의 본문에서 우리는 민족의 지도자가 된 성숙한 에스더를 발견한다.

개인의 안위보다 공동체의 생존을 위해 자신을 스스로 희생하는 그녀의 용기가 돋보인다. 그리고 그녀는 페르시아 제국의 권력이 작동하는 원리를 정확하게 간파하며 왕의 권위와 체면을 세우면서 목표를 달성하는 정치적 언변의 달인으로 변모한다. 문제의 근원인 하만의 계략과 조서의 효력이 존재하는 현재의 상황을 정확히 진단하고 그 문제의 명치를 관통하는 해결책을 제시한다. 그럼에도 불구하고 에스더는 감성적인 진정성을 유지하며 왕에게 눈물과 무릎과 호소를 드리며 마음의 심연까지 닿는 공감의 능력을 드러낸다. 그리고 왕의 호의와 신뢰를 확인한 직후에는 곧장 일어서서 행동하는 능동적인 실천력과 결단력도 보여준다. 이는 마음만 급하거나 계산만 빠르거나 잇속만 챙기는 사람이 아니라 용기와 겸손과 지혜와 공감과 실행력을 골고루 겸비한 균형 잡힌 지도자의 모습이다.

7아하수에로 왕이 왕후 에스더와 유다인 모르드개에게 이르되 하만이 유다인을 살해하려 하므로 나무에 매달렸고 내가 그 집을 에스더에게 주었으니 8너희는 왕의 명의로 유다인에게 조서를 뜻대로 쓰고 왕의 반지로 인을 칠지어다 왕의 이름을 쓰고 왕의 반지로 인친 조서는 누구든지 철회할 수 없음이니라 하니라 9그 때 시완월 곧 삼월 이십삼일에 왕의 서기관이 소집되고 모르드개가 시키는 대로 조서를 써서 인도로부터 구스까지의 백이십칠 지방 유다인과 대신과 지방관과 관원에게 전할새 각 지방의 문자와 각 민족의 언어와 유다인의 문자와 언어로 쓰되 10아하수에로 왕의 명의로 쓰고 왕의 반지로 인을 치고 그 조서를 역졸들에게 부쳐 전하게 하니 그들은 왕궁에서 길러서 왕의 일에 쓰는 준마를 타는 자들이라

❖ ❖ ❖

7아하수에로 왕이 왕후 에스더와 유다인 모르드개에게 말하였다 "보라 내가 하만의 집을 에스더에게 주었으며 그를 나무 위에 매달았다 이는 그가 유다인을 해하려고 했기 때문이다 8너희는 유다인에 관하여 너희 눈에 좋게 여겨지는 대로 왕의 이름으로 기록하고 왕의 반지로 인봉하라 이는 왕의 이름으로 기록되고 왕의 반지로 인봉된 문서는 되돌릴 수 없기 때문이다" 9그때 시완월, 즉 삼월 스물셋째 날에 왕의 서기관이 소집되고 모르드개가 명령한 모든 것을 따라 [조서가] 기록됐다 인도에서 구스까지 이르는 백이십칠 지방의 유다인과 대신과 지방관과 관원에게, 각 지방의 문자대로, 각 민족의 언어대로, 유다인에 대해서는 그들의 문자와 그들의 언어대로! 10그가 아하수에로 왕의 이름으로 쓰고 왕의 반지로 봉인했다 말 타고 달리는 전령들의 손으로 문서들을 보냈는데 그들은 왕실에서 길러진 빠른 왕실용 준마를 타는 자들이다

23　생명의 조서

7아하수에로 왕이 왕후 에스더와 유다인 모르드개에게 말하였다
"보라 내가 하만의 집을 에스더에게 주었으며 그를 나무 위에 매달았다
이는 그가 유다인을 해하려고 했기 때문이다

왕이 에스더와 모르드개 모두에게 말하였다. 이 책의 가장 중요한 인물들이 고유명사 차원에서 하나의 문장에 모두 거명된 것은 처음이다. 제국의 역사를 기록하는 사관들은 이 순간을 어떻게 적었을까? 하만의 그림자가 사라진 궁정은 이 세 인물의 역동적인 조합으로 새로운 권력의 균형을 이루었다. 이 거대한 제국의 중대사는 이제 익명의 관료나 무명의 군중에 의해서가 아니라 이 세 사람의 대화와 협의로 움직인다. 이는 한 편의 드라마가 정점에 이른 순간이다. 마치 물이 한 곳으로 모여들 듯, 모든 서사와 갈등은 이세 명의 인물에게 집중된다. 제국의 다른 모든 유력한 자들은 무대 뒤로 밀려나고 이제는 세 사람의 생각이 교차하고 그들의 의지가 부딪히고 그들의 선택이 얽히면서 한 민족의 운명은 물론 제국의 내일까지 움직이기 시작한

다. 구원은 주님께서 이루신다. 그러나 그 구원은 홀로 오지 않고 세 개의 이름이 한 문장에 모이는 기적이 필요하다.

왕은 "보라"(הֵנֵּה)는 단어 하나를 던지며 작금의 사태에 대한 자신의 입장을 표명한다. 인장으로 말하고 침묵으로 응답하던 왕의 "보라"는 명령도 아니고 설명도 아닌 고백이며 인정이다. 먼저 그는 하만이 "유다인을 해하려고 했다"고 판단한다. 이는 하만의 조치를 정의로운 형벌이 아니라 민족적인 적개심에 근거한 폭력으로 여긴다는 판단이다. 하만의 조서는, 자신이 승인한 그 법령은, 자신의 인장까지 물증처럼 찍힌 그 문서는, 법의 외피를 쓴 살인이며 정의의 가면을 쓴 증오이고 제국의 이름으로 포장된 한 사람의 복수였다. 왕은 비록 늦었지만 이제는 분명하게 그것을 알았고 인정한다. 이처럼 왕의 "보라"는 변명도 아니고 핑계도 아닌 진실한 증언이다. "보라"는 문을 여는 낱말이고 과거를 인정하는 반성이고 미래를 향해 걸어가는 첫발이다. 하만이 물려준 생각에 자신의 입을 포개던 왕이 이제는 자신의 언어를 구사한다. 자신의 고유한 생각을 그 언어에 담아낸다.

하만이 유다인을 "해하려고 하다" 혹은 그들에게 "그의 손을 뻗는다"(שְׁלֹחַ יָדוֹ)는 말은 왕이 황금홀을 왕후에게 내민다는 말과 대조된다. 손은 신체의 한 일부가 아니라 의지의 연장이다. 손에 무엇을 쥐고 있느냐에 따라, 그 손이 향하는 방향에 따라, 역사는 생명과 죽음으로 갈라진다. 하만이 뻗은 손은 칼보다 더 무서운 것이었다. 왕의 인장이 찍힌 조서가 쥐어져 있었기 때문이다. 하만의 손은 증오가 권위를 입고 복수가 법복을 입었을 때 뻗어지는 손, 개인의 분노가 제국의 칼날이 되었을 때의 손이었다. 그의 손은 닫힌 주먹이고 내리치는 망치였다. 그러나 죽이려고 뻗은 하만의 손과는 달리 왕의 손은 살리려고 뻗어졌다. 왕의 손은 닫힌 문을 여는 초대의 손짓이고 침묵을 깨는 허락의 신호이며 절망에 빠진 자를 건져 올리는 구원의 다리였다. 하만의 손에는 죽음의 조서가 있었지만 왕의 손에는 생명의 홀이 함께했다. 동작은 같아도 결과는 정반대다. 해하려는 손과 살리려는 손, 증오의 손과 은혜의 손, 닫는 손과 여는 손, 이 두 손의 극적인 충동 이야기는 이렇게 수렴된다. 즉 하만의 손은 마비되고 왕의 손은 여전히 움직인다. 하나님의 손이 움직인 결과이다.

왕은 자신이 무엇을 보고 어떤 판단을 내리고 무슨 조치를 내렸는지 조곤조곤 설명한다. 그는 유다인을 죽이려고 한 하만에 대해 두 가지의 조치, 즉 하만을 나무 위에 처형하고 그의 집을 왕후에게 주는 조치를 실행했다. 이로써 유다인을 죽이려는 것이 범죄라는 것만큼은 분명히 했고 적어도 그 범죄자는 마땅한 대가를 치러야 한다는 것만큼은 확립했다. 이 조치는 무너질 뻔한 정의를 세우려는 왕의 확고한 의지를 드러낸다. 이제 왕은 간신의 말을 믿고 그에게 속으며 이용만 당하는 허수아비 통치자가 아니라 정확한 판단을 내려 범죄를 범죄라고 부르고 적합한 조치를 취하여 정의를 정의로 세우는 진정한 왕이었다. 이는 제국의 권력이 인간의 얼굴을 가지는 순간이다. 이렇게 왕은 자신의 인식과 판단과 조치만이 아니라 자신의 의중까지 에스더와 모르드개 모두에게 공유했다.

8너희는 유다인에 관하여 너희 눈에 좋게 여겨지는 대로 왕의 이름으로 기록하고 왕의 반지로 인봉하라 이는 왕의 이름으로 기록되고 왕의 반지로 인봉된 문서는 되돌릴 수 없기 때문이다"

자신의 의중을 밝힌 후, 왕은 두 사람에게 생명의 조서를 작성할 권한을 부여한다. 조서의 작성에 있어서 "너희 눈에 좋게 여겨지는 대로"라는 기준도 제시한다. 여기에서 "너희 눈에"(בְּעֵינֵיכֶם)라는 말은 왕이 무언가를 에스더와 모르드개 모두에게 위임함을 나타낸다. 즉 둘에게는 같은 권한과 같은 책임과 같은 사명이 주어졌다. 이전에 하나는 궁궐 안에 있고 왕의 침소에 들어갈 수 있고 왕의 귀에 속삭일 수 있는 자였으나 127개 지방의 현실이나 변방의 유다인 공동체에 대해서는 무지한 왕후였고, 다른 하나는 백성의 소리를 듣고 제국의 실무를 알지만 왕의 마음과 왕실의 정치와 권력의 중심부는 알지 못하고 직접 움직일 수도 없는 관리였다. 그런데 두 사람 사이에 궁궐 안과 밖이라는 경계가 사라지고 왕후와 관리라는 신분의 벽도 허물어진 지금, 그들은 민족의 운명을 일으키고 제국의 방향을 좌우하는 사명의 파트너로 결합했다. 안에서 본 제국과 밖에서 본 제국이 완전한 그림을 이루었다. 왕이 두 사람을 하나로 묶어서 이제는 하나의 공간에서 하나의 권위로 하나의 목적을 향해 움직인다. 그들은 함께 왕궁의 문턱을 넘나들고 함께 왕의 반지를 사용하고 함께 생명의 조서를 작성하는 동반자다.

"좋게 여겨지는 대로"(כַּטּוֹב), 이것은 모든 괄호를 벗겨 버린 무한한 위임이다. 왕은 둘의 눈에 좋게 여겨지는 내용을 제한하지 않고 범위를 제한하지 않고 방법을 제한하지 않고 결과도 예측하지 않고 둘의 기호와 판단에 위임했다. "내가 허락하는 범위 내에서"가 아니었고 "법률에 저촉되지 않는 선에서"도 아니었다. 왕은 그들의 생각에 좋은 것이라면 그것이 무엇이든 승인했다. 조건 없이 승인했다. 미리 승인했다. 그러나 이것은 무절제한 자유나 방종이 아니라 고통을 기억하는 자들에게 주어진 자유이며 생명을 품은 자들에게 허락된 권한이다. 그러나 백지수표 같은 황제의 권한 위임은 비록 한없이 넓지만 한없이 무거운 것이었다. 왕의 무한한 신뢰, 왕의 조건 없는 위임, 왕의 경계 없는 권한은 두 사람을 자유롭게 했고 무겁게 했고 위대하게 했다.

하만의 좋음은 자신의 높아짐과 다른 이들의 낮아짐 위에 세워진 탑이었다. 그러나 에스더와 모르드개의 좋음은 한 민족의 생명을 지키는 일, 무고한 자들의 절규를 잠재우는 일, 정의라는 위장된 이름 아래 무너진 질서를 되살리는 일이었다. 지금까지 왕은 "자신에게 좋게 여겨지는 대로" 생각하고 판단하고 실행하고 이루었다. 그런데 그 좋음의 주체성과 주도성을 두 사람에게 양도했다. 왕이 아무것도 제한하지 않았기 때문에 두 사람은 왕의 무거운 책임감을 가지고 모든 것을 고려해야 한다. 유다인의 생존만이 아니라 제국의 평화도, 당장의 구원만이 아니라 앞으로의 공존도, 권리의 주장만이 아니라 그 권리 행사의 방식도 고려해야 한다. 거대한 제국의 백지 위임장과 같은 막대한 권한의 크기만큼 책임도, 의식도, 고려도, 목표도 동시에 커져야 하기 때문이다. 이는 오늘날 교회의 권한과 책임도 돌아보게 한다. 교회에게 주어진 권한은 무엇인가? 하늘과 땅에 속한 모든 권세를 가지신 주님께서 우리 안에 거하신다. 이는 바울의 말(고전 6:2-3)처럼 교회가 천상의 천사들도 판단하고 지상의 열방도 판단하는 권한을 가졌음을 의미한다. 그러나 책임과 의식의 크기는 어떠한가? 하늘과 땅의 권한에만 군침을 흘리고 하늘과 땅을 아우르는 의식과 책임은 실종되지 않았는가?

에스더와 모르드개, 이들은 이제 명령의 청지기가 아니라 창조의 주체가 된다. 그들의 손에서 법이 새로 쓰이고 생명이 새로 규정된다. 이 위임은 권력의 절정에서 발화된 자유의 약속이다. 왕은 자신이 정하지 않음으로 진정한 주권을 드러냈고 에스더와 모르드개는 위임을 통해 제국의 새로운 윤리를 쓰기 시작한다. 이제 조서는 왕의 의지가 아니라 그들의 눈에 의해 빚어진다. "좋게 여겨지는 대로," 이 짧은 문구는 제국의 가장 넓은 자유를 열어 주는 문인 동시에 죽음의 칙령을 생명의 율서로 바꾸는 첫마디가 된다. 그런데 왕은 무한한 권한을 사용함에 있어서 주의해야 할, 반드시 알아야 할 페르시아 제국의 법체계에 대해 언급한다. "왕의 이름으로 기록되고 왕의 반지로 인봉된 문서는 되돌릴 수 없다"라는 규정이다.

"왕의 이름으로 기록하고 왕의 반지로 인봉하라." 왕의 이 말이 떨어지는 순간, 시간이 바뀌었다. 이것은 오늘만을 위한 권한, 지금만을 위한 위임, 현재만을 다루는 명령이 아니었다. 미래의 권한까지 위임하며 영원까지 넘겨 준 말이었다. 왕의 이름은 권위의 본질이며 통치의 근원이며 일종의 존재 그 자체였다. "왕의 이름으로"(בְּשֵׁם־הַמֶּלֶךְ) 기록한다는 것은 왕 자신이 기록하는 것이었고 왕의 목소리로 말하는 것이었고 왕의 권위로 선포하는 것이었다. 그리고 왕의 이름은 시간을 초월한다. 그가 죽은 이후에도 그의 이름으로 기록한 조서는 유효하기 때문이다.

그리고 왕의 반지는 권력의 상징이며 법의 도장이며 불변의 증표이며 시간의 강에 다리를 놓는 장인이다. 어떠한 조서를 "왕의 반지로"(בְּטַבַּעַת הַמֶּלֶךְ) 봉인하는 것은 그 언어를 수정이나 폐기 불가능한 영원의 약속으로 만들고 거기에 영원한 효력이 있다는 최종적인 인가였다. 뜨거운 밀랍 위로 반지의 문양이 눌리는 순간, 조서는 시간의 제약을 벗어난다. 오늘의 명령이 아니라 영원한 법으로 간주된다. 다니엘이 사자굴에 던져진 것도 이러한 페르시아 법의 절대성 때문이다. 다리오 왕이 후회해도 왕의 이름으로 쓰고 왕의 반지로 인을 친 법은 집행해야 했기 때문이다. 아하수에로 왕은 자신의 이름과 도장을 넘겨주는 것이 제국의 현재와 미래 전체를 위임하는 것임을 인지하고 있다. 이 얼마나 엄청난 신뢰인가! 제국의 절반도 주겠다는 약속보다 크다. 왕은 지금 자신의 미래 권한까지 포기하고, 되돌릴 권리까지 포기하고, 번복할 가능성도 포기하려 한다.

"되돌릴 수 없다"(אֵין לְהָשִׁיב), 이 말은 하만이 주도한 죽음의 조서도 고치거나 철회할 수 없음을 의미한다. 왕의 이 발언은 자신의 무력함도 드러낸다. 제국의 주인도 자신이 발표한 법을 취소할 수 없는 무력함, 절대적인 권력을 가졌어도 자신의 실수를 지울 수 없는 무력함, 왕이지만 왕의 법에 자신의 발목도 묶여야 한다는 무력함을 고백한다. 하만을 처형하고 그의 재산을 몰수하는 것은 가능했다. 그러나 그의 조서는 되돌리지 못하였다. 이 불가역의 문제를 해결하기 위해서는 다른 방법이 필요하다. 죽음의 조서를 지울 수 없다면 덮어쓰고, 취소할 수 없다면 능가하고, 철회할 수 없다면 초월하면 된다. 그러므로 새 조서의 내용은 죽음의 조서를 능히 잠재우는 보다 강력한 것이어야 한다. 하만의 조서가 죽음을 명했다면 새 조서는 생명을 명하고, 그의 조서가 학살을 말했다면 새 조서는 방어를 선포하고, 그의 조서가 무장한 적들을 보냈다면 새 조서는 그들을 돌아서게 할 명분과 유익을 제공하면 된다. 하만의 조서가 유다인을 무방비 상태로 만든다면 새 조서는 그들에게 무장할 권리를 주고, 그의 조서가 그들을 희생자로 만든다면 새 조서는 그들을 전사로 만들고, 그의 조서가 일방적인 학살을 명한다면 새 조서는 정당한 방위를 허락하면 된다. 그러면 새 조서는 더 강력하다. 죽음보다 생명이 더 강하고, 공격보다 방어가 더 정당하고, 증오보다 정의가 반드시 승리하기 때문이다.

9그때 시완월, 즉 삼월 스물셋째 날에 왕의 서기관이 소집되고
모르드개가 명령한 모든 것을 따라 [조서가] 기록됐다 인도에서 구스까지 이르는
백이십칠 지방의 유다인과 대신과 지방관과 관원에게, 각 지방의 문자대로,
각 민족의 언어대로, 유다인에 대해서는 그들의 문자와 그들의 언어대로!

새로운 조서 작성이 시작된다. 날짜는 "시완월, 즉 삼월 스물셋째 날"이었다. 이는 하만의 학살 명령이 떨어진 날(에 3:12, 첫째 달 13일)로부터 약 70일이 지난 시점이다. 이는 예루살렘 성전이 무너지고 이스라엘 백성이 시온의 노래는 버드나무 가지에 걸어둔 채 포로의 신분으로 고단하게 살아가는 바벨론의 포로 된 세월 70년을 떠올리게 한다. 70년이라는 긴 터널 속에서 한 세대는 고향에 대한 그리움에 사무쳐서 죽고 새로운 세대는 본 적도 없는 고향 이야기를 들으며 자라났다. 70년의 포로 생활, 이 숫자는 이스라엘 백성의 죗값을 가리키는 동시에 "칠십 년이 차면 내가 너희를 돌보고 나의 선한 말을 너희에게 성취하여 너희를 이곳으로 돌아오게 하리라"는 하나님의 약속(렘 29:10)이 담긴 숫자였다. 끝이 있다는 약속, 회복이 온다는 예언은 절망하지 않고 70년의 마지막 날까지 기다릴 수 있게 한 근거였다.

그러나 하만의 조서라는 공포의 그림자 속에서 하나님의 약속도 없이 살아가야 하는 제국의 유다인은 70일간 어떠한 포로의 삶을 살았을까? 더 힘들고 더 비참하고 더 괴롭고 더 두렵지 않았을까? 이는 하나님의 약속이 한마디도 들리지 않았고 하나님의 음성을 전달하는 선지자의 소리가 작은 잎새에도 깃들지 않은 기간이기 때문이다. 바벨론의 포로들은 70년을 기다리

며 회당을 세우고 율법을 가르치고 미래를 준비했다. 약속이 있었기 때문이다. 그러나 페르시아 제국의 유다인은 무엇을 준비할 수 있었을까? 그들은 약속의 단어 하나가 없는 먼지 위에서 금식하고 슬퍼했다. "오늘은 며칠이고 죽음의 날까지 얼마나 남았는가?" 장터에서 물건을 팔 때도, 아이를 재울 때도, 식탁에 앉을 때도, 시도 때도 없이 그들의 삶을 따라다닌 질문이다. 이것은 약속이 없는 포로의 삶이었고, 출구 없는 터널, 날짜만 세는 감옥, 소망 없는 기다림의 삶이었다. 그러나 하나님은 무거운 침묵 속에서도 자기 백성을 버리지 않으신다. 약속은 들리지 않았지만 구원은 이미 진행 중이었다.

"왕의 서기관"(סֹפְרֵי־הַמֶּלֶךְ)이 소집된다. 이들의 펜은 칼보다 멀리 닿고 잉크는 피보다 오래 보존된다. 그런데 이들은 예전에 하만의 입에서 나온 모든 명령을 따라 죽음의 조서를 작성한 자들이다. 선과 악을 판단하는 것은 서기관의 일이 아니었다. 그들은 "모든 유다인을 죽이고 도륙하고 진멸하라" 같은 명령을 따라 펜을 움직였다. 잉크가 마르고 인장이 찍히고 역졸이 달려갔다. 인도에서 구스까지 죽음의 선고가 펼쳐졌다. 그러나 이제 서기관의 손가락은 다른 명령을 따라 움직인다. 페르시아 제국의 운명을 글자로 새기는 그들은 모르드개가 "명령한 모든 것을 따라"(כְּכָל־אֲשֶׁר־צִוָּה) 조서를 작성한다. 명령의 주체는 이제 하만이 아니었다. 새로운 주체로 인해 같은 서기관들, 같은 펜, 같은 잉크, 같은 방, 같은 책상, 같은 양피지에 다른 내용이 기록된다. 그 내용은 에스더와 모르드개 모두의 눈에 "좋게 여겨지는 대로"였다. 이제 왕의 서기관은 죽음이 아니라 생명을 새겼고 종말이 아니라 생존을 썼고 절망이 아니라 소망을 적었고 저주가 아니라 축복을 기록했다.

작성된 조서는 "각 지방의 문자대로, 각 민족의 언어대로, 유다인에 대해서는 그들의 문자와 그들의 언어대로" 기록됐고 "인도에서 구스까지 이르는 127 지방의 유다인과 대신과 지방관과 관원에게" 전해졌다. 하만의 조서가 전달된 곳은 새로운 조서의 수신처와 동일하다. 하만의 조서가 기록된 문자와 언어도 새로운 조서의 경우와 동일하다. 한 가지가 달랐는데, 하만의 조서가 유다인의 언어로는 발행되지 않았다는 사실이다. 이것은 행정적인 누락이 아니었다. 무시의 칼날, 유다인의 목소리를 지우려는 하만의 악의, 아니 그들의 존재 자체를 제국의 지도에서 지우려는 저주였다. 유다인은 그들의 비명이, 그들의 기도가 잉크 속에조차 새겨지지 않은 채로 서서 그들의 언어로 쓰인 글도, 그들의 문자로 된 공문도 없이 침묵 속에서 삭제를 기다리던 존재였다. 그러나 새로운 조서는 유다인을 수신자로 삼아 "그들의 문자와 그들의 언어대로" 기록됐다. 이제 그들은 당하기만 하지 않고 히브리 문자로, 히브리 언어로 된 왕의 조서를 그들의 눈으로 읽고 그들의 혀로 회복의 탄성을 지르기도 한다. 제국의 조서가 유다인의 문자와 언어로도 작성된 것은 행정적 배려를 넘어 존재의 인정이며 존엄의 회복을 의미한다.

> [10]그가 아하수에로 왕의 이름으로 쓰고 왕의 반지로 봉인했다
> 말 타고 달리는 전령들의 손으로 문서들을 보냈는데
> 그들은 왕실에서 길러진 빠른 왕실용 준마를 타는 자들이다

유다인의 말을 포함한 각 지방의 문자와 각 민족의 언어로 작성된 새로운 조서를 모르드개는 "왕의 이름으로 쓰고 왕의 반지로 봉인했다." 드디어 생명의 조서가 왕의 칙령이 되었고 법적인 효력과 왕권의 정당성을 확보했다. 그 조서를 품은 전령들은 왕실의 빠른 준마를 타고 제국의 모든 지방으로 출발했다. 이 준마는 왕실 우편 체계의 최상급 수단이며 사안의 긴급성과 중요성을 대변한다. 이는 하만의 조서가 전국으로 전달되던 것과 대비된다. 하만의 조서는 평범한 역졸들의 손에 맡겨져 일상적인 속도로 움직였다. 제국의 먼지 낀 길을 따라 죽음의 기별은 천천히, 그러나 확실하게 각지에 도착했다. 처형일이 11개월이나 남았기 때문에 서두를 일도 아니었다.

하지만 새로운 조서의 전달은 촌각을 다투는 일이었다. 그래서 일반적인

전령들의 평범한 말이 아니라 "왕실용 준마"를, 즉 왕의 친서를 전달하기 위해 특별히 왕실의 종마에서 태어났고 왕실에서 사육된 말들을 동원했다. 이 말들은 황제의 혈통에서 태어난 힘과 속도의 상징이다. 왕의 최고 자원이 동원된 것은 새로운 조서가 왕의 진심이 담긴 문서라는 점, 죽음보다 빠른 생명의 역전, 절망을 앞지르는 소망의 빠른 움직임을 드러낸다. 속도를 위해 훈련된 그 준마들은 생명의 소식과 희망을 태우고 제국의 실핏줄과 같이 전국으로 연결된 길로 질주했다. 준마의 갈기가 바람에 날리고 먼지 구름이 제국의 길 위에서 폭풍처럼 일어났다. 그러나 하만의 조서는 평소의 속도로 움직였다. 왜냐하면 악은 시간이 자신의 편이라고 여기기 때문이다. 죽음은 어차피 올 것이었고 피할 수 없을 것이었다. 하지만 새로운 조서는 시간과 경주했다. 생명은 지체할 여유가 없기 때문이다. 죽음의 조서는 느린 걸음으로 갔지만 생명의 조서는 번개처럼 갔다. 이는 하나님의 구원이 인간의 악보다 빠르다는 선포였다. 바람보다 먼저 도달하는 구원의 시간, 그 시간 위에 준마들이 질주한다.

하만의 느린 조서와 모르드개의 빠른 조서는 죄와 은혜의 속도 차이를 암시한다. 죄는 조급하지 않다. 이미 인간의 본성과 삶 속에 스며들어 있기 때문이다. 죄는 고속의 전령도 필요하지 않다. 이미 여기 평범함 속에, 일상 속에, 당연함 속에 있기 때문이다. 타락한 세상에서 죽음은 당연하다. 시간이 흐르면 제 발로 모든 것이 죽음의 입으로 들어온다. 전령이 천천히 가도, 말이 평범하게 달려도, 결국 죽음에 알아서 도착한다. 죄에게 시간은 아군이다. 심판도 조급하지 않다. 하나님은 오래 참으시기 때문이다. 시간은 악인과 의인 모두에게 주어지고 그 시간 속에서 역사는 평범한 속도로 흘러간다. 평범한 속도로 오는 죽음 앞에서 인간은 무력하다. 그러나 은혜는 신속하다. 죽음의 날짜가 이미 정해져 있기 때문이다. 생명의 소식이 죽음의 날짜보다 늦게 도착하면 모든 게 헛수고가 된다. 그래서 하나님의 구원은 빠르고, 인간의 기준으로 불가능해 보일 때에도 그 은혜는 가장 빠른 속도로 달려온다. 왕실의 준마처럼 최고의 자원도 동원된다. 하나님의 마음이 움직이면 왕실의 가장 빠른 말도 아깝지 않고 모든 권위, 모든 자원, 모든 능력도 기꺼이 동원된다.

죽음이 선포되고 구원이 아직 도착하지 않은 때는 십자가의 시간이다. 죄의 조서는 이미 태초부터 인류에게 전해졌다. "죄의 삯은 사망"(롬 6:23)이다. 이 조서는 천천히, 확실하게 모든 인간에게 찾아온다. 그러나 십자가는 하나님의 준마였다. 거기에서 생명의 조서가 기록되고 "다 이루었다" 같은 외침과 함께 구원의 소식이 전해졌다. 그리고 부활의 아침, 그 소식은 폭풍처럼 질주했다. 죽음보다 빠른 속도로 땅끝까지 이르러야 하기 때문이다. 하나님의 은혜는 이처럼 인간의 죄보다 빠르고 하나님의 구원은 인간의 멸망보다 먼저 도착한다. 복음은 왕실용 준마의 속도로 퍼져가고 있다. 여전히 긴급하기 때문이고 여전히 죽음의 날짜가 다가오기 때문이고 여전히 구원이 필요한 영혼들이 신음하고 있기 때문이다. 죄의 삯은 진실로 사망이다. 그러나 "하나님의 은사는 그리스도 예수 우리 주 안에 있는 영생"이다(롬 6:23). 이것이 더 중요하고 시급한 진실이다. 이 구절이 우리에게 들려주는 복음은 이것이다. 죽음보다 빠른 은혜, 심판보다 먼저 도착하는 구원, 왕실용 준마를 타고 폭풍처럼 달려오는 하나님의 사랑이다.

에 8:11-17

11조서에는 왕이 여러 고을에 있는 유다인에게 허락하여 그들이 함께 모여 스스로 생명을 보호하여 각 지방의 백성 중 세력을 가지고 그들을 치려하는 자들과 그들의 처자를 죽이고 도륙하고 진멸하고 그 재산을 탈취하게 하되 **12**아하수에로 왕의 각 지방에서 아달월 곧 십이월 십삼일 하루 동안에 하게 하였고 **13**이 조서 초본을 각 지방에 전하고 각 민족에게 반포하고 유다인들에게 준비하였다가 그 날에 대적에게 원수를 갚게 한지라 **14**왕의 어명이 매우 급하매 역졸이 왕의 일에 쓰는 준마를 타고 빨리 나가고 그 조서가 도성 수산에도 반포되니라 **15**모르드개가 푸르고 흰 조복을 입고 큰 금관을 쓰고 자색 가는 베 겉옷을 입고 왕 앞에서 나오니 수산 성이 즐거이 부르며 기뻐하고 **16**유다인에게는 영광과 즐거움과 기쁨과 존귀함이 있는지라 **17**왕의 어명이 이르는 각 지방, 각 읍에서 유다인들이 즐기고 기뻐하여 잔치를 베풀고 그 날을 명절로 삼으니 본토 백성이 유다인을 두려워하여 유다인 되는 자가 많더라

❖ ❖ ❖

11왕이 모든 각각의 성읍에 있는 유다인을 향해 허락한 것은 그들이 그들의 생명을 위해 모이고 맞서는 것, 그들을 괴롭히는 백성과 지방의 모든 세력 및 아이들과 여자들도 멸하고 죽이고 말살하는 것, 그리고 그들의 재산을 탈취하는 것이었다 **12**아하수에로 왕의 모든 지방에서 열두째 달, 그 아달월의 열셋째 날 하루 동안! **13**이는 그 문서의 사본이 모든 각각의 지방에서 법령으로 주어지기 위함이고, 모든 백성에게 공개되고 이날을 위하여 준비된 유다인이 그들의 원수들을 복수하기 위함이다 **14**전령들, 즉 왕실의 급파용 준마인 말을 타고 왕의 명령으로 인해 서두르고 재촉된 자들이 나갔고 그 조서는 도성 수산에서 반포되었다 **15**모르드개가 청색과 흰색의 왕실 의복으로, 그리고 큰 금관으로, 그리고 세마포와 자주색의 겉옷으로 왕 앞에서 나왔는데 수산 성읍은 환호하며 기뻐했다 **16**유다인에게는 빛과 기쁨과 환희와 존귀, **17**즉 왕의 명령과 그의 법이 닿은 모든 각각의 지방과 모든 각각의 성읍에서 유다인의 기쁨과 환희, 그리고 잔치와 경축일이 있었고, 그 땅의 백성들 중 많은 자들이 유다인이 되었으니 이는 유다인에 대한 두려움이 그들 위에 떨어졌기 때문이다

24 정의의 부메랑

¹¹왕이 모든 각각의 성읍에 있는 유다인을 향해 허락한 것은

그들이 그들의 생명을 위해 모이고 맞서는 것, 그들을 괴롭히는 백성과

지방의 모든 세력 및 아이들과 여자들도 멸하고 죽이고 말살하는 것,

그리고 그들의 재산을 탈취하는 것이었다

저자는 새로운 조서의 내용을 설명한다. 크게 세 가지로 구성되어 있다. 이 조서는 유다인을 공격하는 적에 대한 유다인의 대응을 허용하고, 그들에게 스스로를 보호할 권리를 부여하고, 대적들의 재산 탈취를 허용한다. 이는 하만의 조서와 절묘하게 대응된다. 그 조서의 내용은 유다인 전멸을 목적으로 모든 유다인을 죽이고 도륙하고 진멸하는 것, 노소를 막론하고 무차별 학살을 자행하는 것, 그들의 재산 탈취를 허용하는 것이었다. 동시에 두 조서의 뚜렷한 차이점도 발견된다. 하만의 조서는 일방적인 공격을 명령하고 새 조서는 먼저 공격하지 않고 방어적인 대응을 명령한다. 하만의 조서에는 유다인이 방어할 법적 권리가 전혀 없지만, 새 조서에는 공격받을 때에는

대응할 수 있다는 방어의 조건부 권리가 명시되어 있다. 하만의 조서는 자신의 개인적인 양심에서 비롯된 것이지만 새 조서는 유다인의 생존을 위한 정의로운 조치의 일환이다.

새로운 조서에 대해 우리가 주목해야 할 것은 왕의 허락이다. 이것은 음모의 산물이 아니었고 밀실의 어둠에서 태어난 비밀도 아니었다. 촛불 아래 에스더와 모르드개 두 사람이 머리를 맞대고 복수의 칼날을 벼리는 사나운 폭력성의 문서화가 아니었다. 전권의 위임이 있어서 무엇이든 할 수 있었고 보복의 칼을 매몰차게 휘두를 수도 있었고 원한을 법으로 포장할 수도 있었지만 그들은 왕의 공식적인 윤허를 존중하는 예를 갖추었다. 권력을 받은 자가 그 권력의 출처를 기억하는 것, 이것이 얼마나 희귀한 미덕인가! 하만과는 달리 그 둘은 주어진 권한을 사적인 복수가 아닌 백성의 생존을 위해 빛 가운데서, 왕의 눈앞에서, 정당하게 사용했다. 왕의 윤허는 그의 전권을 받은 책임 있는 고관들이 국가 시스템을 통해 펼치는 신중한 국사의 전형적인 모습이다.

왕의 윤허는 새 조서의 첫 문장이자 마지막 숨결이다. 그것은 권력의 정점에서 내려온 명령인 동시에 사랑의 바다에서 올라온 탄식이다. 두 사람은 두 요소를 그 조서에 버무렸다. 왕의 이름을 빌렸으나 그 이름을 더럽히지 않고 오히려 드높였다. 두 사람은 제국의 전권을 위임받은 것만이 아니라 그 권한에 어울리는 통치자의 의식까지 갖추었다. 두 사람의 모습에서 요셉의 겸손이 떠오른다. 이집트 제국의 전권을 가진 요셉도 자신을 배신한 형들을 없애려는 복수의 사사로운 욕망으로 제국의 법을 농단하지 않고 범사에 권위의 출처를 의식했기 때문이다. 그는 "내가 하나님을 대신"할 수 없다(창 50:19)는 말로 권세의 근원이 하나님께 있음을 고백하며 함부로 복수의 칼을 휘두르지 않은 총리였다. 요셉과 에스더와 모르드개 앞에서, 나는 원하는 모든 것을 구하라는 하나님의 약속을 사적인 욕망의 출구로 삼고 하나님의 이름을 모독하고 있지는 않은지를 돌아보게 된다.

"모이다"(קָהַל)는 단어도 주목하고 싶다. 이 동사는 니팔(Niphal) 부정사 형태로 쓰여 "스스로 모이게 된다"라는 자발적 조직화의 권한을 부여한다. 이는 흩어진 별들의 춤을 모으고, 제국의 사막에 흩날리던 그 고독을 모아 하나의 불꽃으로 만드는 권한이다. 개인의 외로운 방어가 아니라 다수의 조직적인 대응을 시사한다. 흩어진 유다인들, 수산 성읍에도, 바벨론 평야에도, 페르시아 변방에도 뿔뿔이 흩어져 살던 그들에게 "모인다"는 것은 변혁이다. 이제 그들은 흩어진 모래알이 아니라 하나의 바위처럼 결집해도 된다. 이웃집 문을 두드릴 권리, 광장에서 소리 높여 부를 권리, 한 몸처럼 움직일 권리, 조직적인 대응의 그물을 짜는 그 권한은 조서에 담긴 진짜 무기였다. 둘이 하나보다 낫다는 건 만인의 상식이다. 그러나 흩어진 자들에게 그 상식은 사치였다. 모일 수 없는 자들에게 연합은 꿈에 불과했다. 하지만 이제 그들은 왕의 이름으로, 법의 권위로, 제국 전역에서 모이는 게 가능하다. 모이는 것은 주먹을 모으는 것이 아니라 지혜를 모으고 용기를 모으고 전략을 짜는 것이었다. 동사 하나가 파편처럼 흩어진 민족을 살아있는 하나의 유기체로 바꾸었다.

그리고 조서는 유다인을 향해 "자신들의 생명을 위해 서라"(לַעֲמֹד עַל־נַפְשָׁם)고 지시한다. 얼마나 기본적인 명령인가! 얼마나 당연한 권리인가! 이 말이 조서에 적시된 것은 당시의 유다인이 자신의 목숨을 지켜도 되는 기본적인 생존권도 없었음을 의미한다. 그들의 생존권은 하늘이 부여한 불가침의 인권이 아니라 제국의 질서 아래에서 언제든지 철회될 수 있는 취약한 특허에 가까웠다. 하만의 검은 조서가 발행된 이후로 그들은 칼이 목으로 날아와도 막아서는 안 되고 주먹이 얼굴을 때려도 피하면 안 되는 존재였다. 그들은 그저 순순히, 조용히, 아무런 저항도 없이 죽어야만 했다. 그러나 이제는 저항해도 된다. 도망쳐도 되고 막아내도 된다. 법이 허락하고 왕이 윤허하고 제국이 인정했다. "서라"는 말은 일상적인 행위의 허용이 아니라 인간성의 회복과 무너진 정체성의 기립을 의미했다. 그것은 짐승처럼 도살되지 않고 저항해도 되는 사람으로, 숨쉬는 것만으로 죄가 되는 존재에서 살 권리를 가진 백성으로 바꾸는 동사였다.

새 조서에는 네 가지의 무서운 동사가 적시되어 있다. "멸하라, 죽이라, 말살하라, 탈취하라." 이 파괴의 동사들, 살육의 언어들은 낯선 표현이 아니었다. 하만의 조서를 읽은 유다인의 눈에, 그들의 악몽에, 그들의 두려움 깊은 곳에 새겨진 동사였다. 새 조서는 새로운 언어를 만들지 않고 하만이 갈아 놓은 문장의 칼날을 그대로 사용했다. 그런데 칼의 같은 무게, 같은 날카로움, 같은 파괴력에 방향만 바꾸었다. 이는 "눈에는 눈, 이에는 이"라는 "동해 보복 원리"(measure for measure)를 잘 보여준다. 멸하라고 적은 하만은 멸망을 당하였고, 죽이라고 명령한 하만은 죽임을 당하였고, 말살을 지시한 하만은 그의 집안이 통째로 그의 원수에게 넘어갔다. 이 얼마나 무서운 하나님의 정밀한 섭리인가! 새 조서는 독창적인 것이 아니었다. 역사의 언어가 돌고 돌아 결국 그 주인을 찾아간 것이었다. 하나님의 손이 역사의 붓을 잡고 정확하게 대칭을 그려낸 조서대로, 악인은 자신이 판 구덩이에 빠지고 의인을 위해 만든 교수대에 악인이 매달린다. 하나님의 정의는 화려하지 않고 복잡하지 않다. 그저 정확하다.

12아하수에로 왕의 모든 지방에서 열두째 달, 그 아달월의 열셋째 날 하루 동안!

새 조서의 시행일은 "그 아달월" (הוּא־חֹדֶשׁ אֲדָר) 13일, 하만의 조서에 명시된 날과 정확히 동일하다. 저자는 독립된 명사절 형태로 바로 그달의 이름을 재차 확인한다. 죽음의 먹물로 젖어버린 달력의 그 페이지를 새로운 조서의 손가락은 집요하게 가리켰다. 이로써 운명의 날에 대한 문학적 긴장감은 고조된다. 새 조서는 시간의 비석에 새겨졌던 죽음의 각인을 생명의 문장으로 덮어썼다. 이는 두 개의 상반된 왕명이 같은 날 충돌하게 만드는 극적인 설정이다. 신성한 서사 속에서 펼쳐지는 절묘한 역전이다. 하만의 조서와 새 조서는 취소되지 않는 페르시아 법의 관례 때문에 현재 모두 살아있다. 이제 두 개의 조서가 아달월 13일에 맞붙는다. 칼집을 벗어난 두 자루의 날카로운 검처럼, 하나는 치명적인 독을 묻히고 다른 하나는 생존의 차가운 빛을 번뜩이며 대결한다. 죽이라는 명령과 살리라는 명령이, 멸하라는 권한과 막으라는 권리가 대치된다. 법이 법과 싸우고 조서가 조서와 대결하고 두 개의 운명이 격돌한다. 하만의 계획과 하나님의 섭리가, 인간의 악의와 하늘의 자비가, 죽음과 생명이 맞서는 그날에, 제국의 모든 도시에서 사람들은 어느 법에 복종해야 할지 선택해야 한다. 죽음의 날로 정해진 그날이 역전의 날, 구원의 날로 정해진 것은 시간의 기적이다.

조서가 반포되는 공간은 "왕의 모든 지방"이다. 산간 오지의 작은 마을도, 변방의 외딴 주둔지도, 사막 한가운데 흩어진 촌락도, 유다인이 있는 모든 곳은 단 하나도 배제됨이 없다. 시행의 시점은 "열두째 달, 그 아달월의 열셋째 날"이며 조서의 효력이 유지되는 시간의 길이는 "하루"였다. 수산에 있는 유다인과 먼 지방의 유다인이 같은 날 같은 권리를 취득한다. 왕궁 가까이 사는 자가 유리하지 않고 변방에 사는 자가 불리하지 않다. 소식이 빨리 전해지는 것이나 늦게 전해지는 곳이나 효력은 동일하다. 이것이 하나님의 섭리가 움직이는 방식이다. 정교한 타이밍, 치밀한 계획, 한 치의 오차도 없는 실행, 공간의 끝에서 끝까지, 시간의 시작에서 종료까지 완벽하게 설계되고 완벽하게 관철된다. 하만은 주사위를 던져 날을 정하면서 우연에 맡기고 운에 기댔으나 하나님은 그 우연과 운명을 섭리로 바꾸셨다. 단 하루, 모든 지방, 모든 백성 위에 임한 그 조서는 사람의 문서가 아니라 하나님의 정밀한 시간표 위에 적힌 구원의 문서였다.

¹³이는 그 문서의 사본이 모든 각각의 지방에서 법령으로 주어지기 위함이고,

모든 백성에게 공개되고 이날을 위하여 준비된 유다인이

그들의 원수들을 복수하기 위함이다

새로운 조서의 "사본이 모든 각각의 지방에서 법령으로" 주어진다. "사본"(פַּתְשֶׁגֶן)은 법적인 효력을 가진 공식적인 문서의 정확한 사본을 의미한다. 에스더와 모르드개 두 사람은 문서의 사본을 아무나 만들지 못하도록, 그래서 절차적 위법성과 행정적인 착오가 생기지 않도록 사본 제작에도 심혈을 기울였다. 글자 하나로 위법의 문이 열리지 않도록 한 문장, 한 글자, 한 획이라도 틀리지 않고, 어느 지역에도 혼란에 발생하지 않고, 원본과 동일한 법적 효력을 가진 정확한 문서가 발송될 수 있도록 원본과 대조했다. 왕의 인장 위치까지 모든 것이 완벽해야 한다. 이것은 "모든 각각의 지방에서 법령(דָּת)"이 될 것이기 때문이다. 사본을 쓰고 원본과 대조하는 절차가 비록 지루하고 번거로워 보이지만, 그것은 약자를 보호하는 마지막 보루였다. 밤이 깊어지고 양초가 하나씩 타 들어가 그을음이 작업실을 자욱하게 만들어도 사본의 붓길은 멈추지 않고 계속해서 움직였고 사본들은 탁자에 쌓여갔다. 두 사람은 마지막 사본까지 직접 확인한다. 법의 언어가 명확해야 하고 법의 전달이 완벽해야 정의가 모호함 속에서 길을 잃지 않기 때문이다.

이 조서는 비밀리에 시행되지 않고 제국의 "모든 백성에게 공개되는"(גָּלוּי לְכָל־הָעַמִּים) 것이었다. 새 조서가 각 지방에 도착하면 나팔 소리가 광장을 가득 채우고 사람들이 모여들기 시작한다. 왕의 조서라는 말에 군중이 술렁인다. 그들의 얼굴에는 호기심과 불안이 교차한다. 불과 70여 일 전에는 이곳에서 하만의 조서가 읽혔고 70일이 지난 지금도 그날의 공포는 생생하다. 이제 새로운 조서가 전령의 입에서 군중의 모든 귀로 들어간다. 날짜, 권리의 범위, 법적 근거, 효력의 기간 등 조서의 모든 세부적인 사항들이 알려진다. 비밀이 없고 의구심이 없다. 이 조서의 완전한 공개가 없다면 아달월 13일에 유다인이 무기를 들면 반란으로 간주되기 쉽다. 비밀은 불안을 낳고 불완전한 정보는 공포를 양산한다. 그러나 투명한 공개는 어둠 속에서 자라는 음모들, 골목을 누비는 소문들, 정보의 비대칭 속에 서식하는 오해들을 차단하는 햇빛이다. 그래서 새 조서는 하만의 조서와는 달리 비밀 회의실이 아니라 광장에서, 소수의 지배층이 아니라 모든 백성 앞에서 낭독된다. 비밀이 없는 명령, 은폐되지 않은 정의, 그것이 바로 새로운 조서의 본질이다. 조서가 모두에게 반포된 이후, 유다인 가정에는 감사의 기도가, 악의를 품었던 이들의 집에서는 두려움이, 그리고 대부분의 평범한 사람들의 집에서는 안도가 스며든다.

새로운 조서는 "이날을 위하여 준비된 유다인이 그들의 원수들을 복수하기 위함"이다. "그들의 원수들을 복수하는 것"(לְהִנָּקֵם מֵאֹיְבֵיהֶם)은 상처받은 자가 상처를 돌려주는 것, 분노한 자가 분노를 쏟아내는 것이 아니었다. 누군가가 나를 모욕하고 속였다고 해서 내가 그를 미워하고 해하는 것은 사적인 앙갚음일 뿐이라고 성경은 가르친다. 조서에 적시된 유다인의 복수는 생명을 위협받은 공동체의 자기방어 차원이고, 법적으로 승인되고 동시에 제한된 정의로운 대응이다. 원수를 없애는 것이 아니라 위협을 없애는 것이며 미움을 채우는 것이 아니라 정의를 세우는 것을 의미한다. 복수는 증오의 연기나 적개심의 타오르는 재가 아니라 하늘의 저울이 균형을 되찾는 숭고한 의식이다.

"준비된 유다인"(הַיְּהוּדִים עֲתִידִים)이 갖추어야 하는 준비는 무엇인가? 준비는 무기를 준비하고 그것을 다루는 전투의 기술만이 아니었다. "이날을 위한" 태도가 중요했다. 그날은 공격의 날이 아니라 방어의 날이었다. 공격은 먼저 움직이는 것이고 방어는 대응하는 것이었다. 살육이 아니라 생존을 위해 원수가 칼을 들면 그들도 들고 적이 물러서면 그들도 멈추어야 한다. 그리고 무엇보다 원수를 갚는 것이지 증오에 빠지는 날이 아니었다. 복수의 노예가 아니라 정의의 도구로 쓰이도록 마음을 다스려야 한다. 정의를 구하되 그 정의의 과잉이 영혼을 파괴하지 않도록 절제해야 한다. 그리고 흩어진 개인이 아니라 연합된 공동체로 결집해야 한다. 각 구역마다 책임자를 정하고 비상 연락망을 구축하고 피난처도 마련해야 한다. 여성들의 준비는 무엇일까? 에스더는 지난 격동의 시간 속에서 이미 경험한 금식과 기도의 힘을 기억하고 있다.

유다인의 남성과 여성은 "이날을 위하여" 함께 준비해야 한다. 영적인 준비와 실제적인 준비, 기도하는 손과 방어하는 손, 하나님을 신뢰하는 마음과 행동할 수 있는 능력을 동시에 구비해야 한다. 무기만이 아니라 마음을, 몸만이 아니라 정신을, 분노만이 아니라 정의를 준비하고, 파괴가 아니라 회복을 이루어야 한다. "준비된 유다인"은 시간의 경계에서 깨어 있는 자들의 이름이다. 아직 오지 않은 날을 향해 마음을 세우고, 다가올 하나님의 일을 맞이하기 위해 자신을 정돈하는 자들이다. 그들에게 준비는 싸울 준비가 아니라 정의롭게 싸울 준비, 이길 준비가 아니라 올바르게 이길 준비, 복수를 넘어서 여전히 인간으로 남을 준비였다. 준비는 단지 기다림이 아니라 믿음의 형태를 갖추는 과정이다.

14전령들, 즉 왕실의 급파용 준마인 말을 타고 왕의 명령으로 인해
서두르고 재촉된 자들이 나갔고 그 조서는 도성 수산에서 반포되었다

왕의 전령들이 서두른다. 저자는 전령들을 "서두르고 재촉된 자들"(מְבֹהָלִים
וּדְחוּפִים)로 묘사한다. 두 개의 분사는 모두 수동태다. 서두름은 전령들의 의지가 아니라 외부에서 부여된 독촉이다. 저자는 "왕의 명령으로 인해(בִּדְבַר הַמֶּלֶךְ) 서두르고 재촉된" 것이라고 설명한다. 왕의 숭고한 극성이 전령들을 움직였다. 생명의 조서 작성과 반포에 다른 누구보다 왕이 가장 절박하다. 그가 가장 서두른다. 죽음의 조서는 아빕월 13일이 아니라 반포된 직후부터 이

미 작동했다. 이미 유다인은 제국의 곳곳에서 손가락질, 냉대, 따돌림, 무시, 위협, 박해, 살해에 시달리고 있다. 자칫 한 걸음만 늦어도 한 생명이, 아니 한 마을이 사라질 정도로 위태롭다. 그래서 서두른다. 그런데 자신의 고유한 백성이 아닌 포로들을 위해 왕이 점잖지 못하게 서두른다. 왕좌에 앉아 느긋하게 하명할 수 있었는데, 조서 작성과 전달과 반포도 신하들이 알아서 하도록 무관심할 수 있었는데, 왕은 강제하고 재촉하며 최대치로 서두른다. 최고 권력자의 긴박함이 관료체계 전체에 전염되어 수산의 왕실에서 제국의 변방까지 생명의 소식이 빠른 파도처럼 전달되고 알려졌다. 권력자가 약자를 위해 안달하는 모습, 왕이 죽음 앞에 선 포로민을 위해 재촉하는 모습은 너무도 희귀하고 고귀하다. 전령들은 그런 왕의 아름다운 극성을 전달했다. 그들의 수동적 서두름 속에는 능동적인 왕의 다급한 심장이 박동했다. 전령들은 왕의 명령을 따라 움직인다. 이는 유다인의 보호가 에스더와 모르드개 두 사람의 개인적인 노력이 아니라 페르시아 제국의 공식적인 지원에 따른 것임을 의미한다. 불가능해 보이던 유다인의 구원이 실제로 진행되고 있다.

왕은 전령들이 "왕실의 급파용 준마"(הָרֶכֶשׁ הָאֲחַשְׁתְּרָנִים)를 사용할 수 있도록 명령했다. 이것은 제국의 긴급한 업무를 처리하기 위해 특별히 사육되고 훈련된 최상급 말이었다. 이는 오늘날의 대통령 전용기와 같이 왕의 개인적인 용도를 위해, 제국의 중대사를 위해 예비되어 있던 국가의 일급 병기였다. 이처럼 왕은 서두름을 명하였을 뿐만 아니라 그 서두름이 실현될 수 있는 왕실의 초고속 빠르기도 제공했다. 이는 왕 자신이 가진 최대의 화력을 쏟아붓는 행위였다. 왕실의 특권을, 제국의 최고 자원을, 유다인의 생명을 위해 아낌없이 쓰도록 한 것이었다. 이는 유다인의 생명을 제국의 가장 시급한 국가적 과제로 격상시킨 행위였다.

여기에 드러난 왕의 가치관은 무엇인가? 그에게 가장 중요한 것은 왕실의 위엄도, 준마의 희소성도, 행정적인 효율성도 아니었다. 지금 그에게는 사람의 생명이, 죽어가는 한 민족의 생존이 가장 소중하다. 왕의 심리 상태는 지금 절박하다. 입으로만 서두름을 촉구하지 않고 실제로 가장 빠른 성과를 원하였다. 시간과의 싸움에서 이기고자 했다. 이를 위하여 왕의 전력 질주, 왕의 간절함, 왕의 다급함을 전령에게 이양했다. 왕실의 준마가 궁을 떠날 때, 그것은 단지 빠른 말이 아니었다. 왕의 마음이 달리는 것이었다. 왕의 초조함이, 왕의 간절함이, 생명을 향한 왕의 갈망이 네 발로 질주하는 것이었다. 명령과 수단을 함께 주는 왕, 서두름을 재촉할 뿐 아니라 서두를 방법까지 제공하는 통치자인 왕의 인간성이 참으로 향기롭다. 이는 마치 하나님을 알지도 못하는 바벨론 왕 느부갓네살이 "하나님은 참으로 모든 신들의 신이시요 모든 왕의 주재"(단 2:47)라고 고백한 것처럼 아하수에로 왕도 하나님을 경외하고 그분의 백성을 극진히 사랑하는 듯하여 나의 가슴마저 뭉클하다.

전령들의 서두름을 움직인 왕의 서두름은 무엇 때문인가? 에스더를 향한 사랑 때문만은 아니었다. 하만의 그림자가 왕좌를 더럽힌 그 실수, 제국의 피를 흘리게 한 그 오판의 무게가 그의 어깨를 짓눌러서 서두르게 한 것도 사실이다. 게다가 왕은 자신의 의지로 서두름을 명했다고 생각했다. 그러나 그 의지를 인도한 근원적인 요소는 이름 없는 섭리였다. 하늘의 긴급함이 왕의 현명한 극성을 통해 내려왔다. 당신의 백성을 향한 하나님의 절박함이 왕의 의지를 떠밀었고 전령들의 서두름을 주도했다. 그들의 서두름은 결국 제국의 길 위에서 달리는 섭리의 속도였다. 구원의 불길처럼 번지는 은총의 속도였다. 섭리를 실은 전령의 말이 달리는 길마다 절망은 흔들렸고 희망은 깨어났다. 먼지를 일으키며 달리는 말 위에서 하나님의 계획이 바람을 가르며 펼쳐졌다. 그렇게 전달된 생명의 조서는 페르시아 황제의 명령으로 작성된 것이지만 동시에 만왕의 왕이 쓰신 구원의 각본이다. 그분의 손길은 너무도 은밀해서 역사의 붓이 감지하지 못하여 왕의 명령만 기록할 뿐이었다. 그러나 아는 자들은 이 모든 서두름 뒤에 누가 계신지를 안다.

¹⁵모르드개가 청색과 흰색의 왕실 의복으로, 그리고 큰 금관으로, 그리고
세마포와 자주색의 겉옷으로 왕 앞에서 나왔는데 수산 성읍은 환호하며 기뻐했다

이 구절에는 모르드개의 비천에서 존귀로의 전환과 역전의 완성이 돋보인
다. 그는 "왕 앞에서 나왔다"(מִלִּפְנֵי הַמֶּלֶךְ)고 저자는 묘사한다. 예전에 그는 궁궐
밖에서 권력 주변부의 이름 없는 관리였다. 그러나 이제는 왕 앞에서 그와 대
면한다. 이것은 물리적인 위치의 변화가 아니라 관계의 혁명이다. 왕의 면전
에서 나온다는 것은 공식적 임명을 의미한다. 왕이 직접 보는 앞에서, 왕의 손
으로, 왕의 권위로 그에게 새로운 지위를 부여했다. 그것은 은밀한 승진이 아
니라 왕궁의 중심에서, 제국 권력의 정점에서 이루어진 공개적인 선포였다.
그의 영광은 이제 왕실의 공식 기록에 새겨진다. 그리고 왕의 면전에서 나온
다는 것은 왕과의 친밀성도 표현한다. 왕후조차 목숨을 걸어야 했던 그 자리,
부름이 없이는 범접할 수 없는 그 영역에 모르드개가 있었다는 것은 그가 왕
과 가까운 사람이며 그의 신임을 받는 자이며 왕의 마음속에 거한다는 의미
였다. 한때 하만은 자신이 왕의 면전에 홀로 들어가는 특권을 누렸다고 자랑
했다(에 5:11-12). 그러나 지금 하만이 꿈꾸던 자리는 그가 가장 싫어한 유다인
이 차지하고 있다. 비천에서 존귀로, 성문에서 왕의 면전으로, 죽음의 위협에
서 생명의 권세로, 이러한 모르드개의 여정은 한 사람의 승진을 넘어 한 민족
의 부활이고 하나님의 섭리가 역사 속에서 완성되는 증거였다.

과거에 그는 왕의 문에서 잿빛 애도의 장막을 입었으나 이제는 왕의 면전
에서 나오면서 "청색과 흰색의 왕실

의복으로"(בִּלְבוּשׁ מַלְכוּת תְּכֵלֶת וָחוּר) 의관을 정제했다. 복장이 달라졌다. 상복
에서 왕복으로, 베옷에서 세마포로, 애통의 빛깔에서 영광의 색채로 바뀌었
다. 이제 그의 어깨는 청색의 하늘과 빛으로 물들고, 백색의 순수한 실크
가 그의 가슴을 휘감았다. 청색은 하늘의 색이었다. 페르시아 왕실의 공식 색
상이고, 귀족의 표지이고, 권력의 언어였다. 흰색은 순결과 새로움의 색이었

다. 과거가 씻기고 새로운 시작이 임했음을 선언하는 색이었다. 이 옷은 승리의 망토였고 섭리의 손가락이 짠 새로운 날개였다. 추락하던 날개가 상승의 날개로, 죽음을 향해 날아가던 궤적이 영광을 향해 비상하는 우아한 곡선으로 바뀌었다. 앞에서 우리는 페르시아 왕실이 청색과 백색의 휘장으로 휘감겨 있는 잔치 이야기를 나누었다. 거기에서 '두 색상은 지상적인 순결과 천상적인 권위의 결합과 조화'라고 언급했다. 하늘의 권위와 땅의 순결, 왕의 위엄과 의인의 깨끗함, 모르드개는 이 두 세계를 착용했다. 모르드개는 살아 있는 왕실 그 자체였다. 그에게는 땅의 권세와 하늘의 섭리가 깃들었고, 권력자인 동시에 의로웠고 높아진 곳에서도 순수함을 잃지 않는 신하였다. 의복이 달라지자 인생이 달라졌고 인생이 달라지자 역사가 달라졌다. 복장의 변화는 모르드개 개인의 출세기가 아니라 상복을 벗고 기쁨의 옷을 입게 될 유다인의 운명을 잘 보여준다.

모르드개는 복장만이 아니라 머리도 달라졌다. 그의 머리에는 "큰 금관"(עֲטֶרֶת זָהָב גְּדוֹלָה)이 놓였다고 저자는 기록한다. 저자는 금관의 크기를 강조한다. 작은 관이 아니라 "큰" 관이었다. 보는 이들의 눈을 사로잡을 만큼, 왕의 총애를 의심할 수 없을 만큼, 권위를 부인할 수 없을 만큼의 크기였다. 과거에 그의 머리를 누르던 검은 재는 이제 눈부신 금으로 바뀌었다. 이전에는 죽음의 상징을, 흙으로 돌아갈 운명을, 소멸과 종말의 선언을 쓰던 머리였다. 재가 금으로 바뀌는 것은 연금술이 아니었다. 인간의 능력을 벗어난 일이었다. 죽은 것을 살리는 것, 끝난 것을 다시 시작하게 하는 것, 저주를 축복으로 뒤집는 것은 창조주의 힘이었다. 부활의 의미였다. 이것은 너무도 큰 변화였다. 그래서 저자는 금관의 크기를 강조했다. 미세한 승진이 아니라 거대한 변화를, 기막힌 역전을 강조했다. 그리고 금관은 모르드개가 생명과 죽음을 결정할 수 있는 위치에 있음을 선포한다. 죽임을 당할 뻔한 자가 살릴 수 있는 위치로 올라섰다. 금관은 또한 영광의 증표였다. 재를 뒤집어쓴 자는 가장 낮은 왕문의 바닥에 앉았으나 이제 금관을 쓴 자는 가장 높은 곳으로 올라간다.

같은 사람의 같은 머리에 있는 것이 바뀌자 모든 것이 달라졌다.

모르드개는 겉옷도 달라졌다. "세마포와 자주색의 겉옷으로"(תַּכְרִיךְ בּוּץ
וְאַרְגָּמָן) 바뀌었다. 겉옷은 가장 바깥에 입는 것, 사람들의 시선이 가장 먼저 도
달하는 곳이었다. 그것은 그 사람의 정체성을 세상에 선언하는 옷이었다. 이
전에 모든 사람이 그의 베옷에서 슬픔을 보고 절망을 읽고 죽음을 예감한 것
과는 달리, 세마포와 자주색의 겉옷은 그들에게 환희와 희망과 생명을 보여
준다. 세마포는 가장 고귀한 직물이며 왕과 제사장의 옷감이며 이집트와 페
르시아 제국에서 가장 귀하게 여기는 천이었다. 베옷이 가난과 비천의 천이
라면, 세마포는 부와 영광의 천이었다. 거친 베가 부드러운 세마포로 바뀌었
고 슬픔의 촉감이 영광의 촉감으로 달라졌다. 자주색은 왕족의 색깔이며, 조
개에서 추출한 염료로 만든 가장 비싼 색상이며, 권력과 부의 상징이다. 고
대 세계에서 자주색은 권세의 선언이고 지위의 언어였다. 그 색은 왕실과 최
고위 귀족들의 전유물로 평민은 걸치지도 못하는 색이었다. 그런 색이 모르
드개의 "겉옷"을 물들였다. 세마포와 자주색의 겉옷을 걸치는 순간, 영광이
그를 둘러쌌고 존귀가 그를 에워쌌고 권세가 그의 전 존재를 뒤덮었다.

눈부시게 변화된 모르드개의 모습을 본 "수산 성읍은 환호하며 기뻐했나
(צָהֲלָה וְשָׂמֵחָה)." 이것은 예의상의 열광이나 구경꾼의 박수가 아니었다. 형식적
인 축하도 아니었다. 히브리어 "짜할"(צָהַל)은 가벼운 환호가 아니라 사망의
문턱을 건너온 전쟁터의 함성을 의미한다. 수산 시민의 반응은 승리의 함성,
해방의 외침, 억눌렸던 것이 터져 나오는 소리였다. 그리고 "샤마흐"(שָׂמַח)는
깊은 곳에서 솟아나는 기쁨이다. 그저 얼굴을 덮은 미소나 코에서 빠져나온
웃음이 아니었다. 존재의 심연에서 시작되고 온몸을 춤추게 만드는 환희였
다. 지혜자의 가르침에 의하면, "악인이 일어나면 사람이 숨"고(잠 28:12) "악
인이 권세를 잡으면 백성이 탄식"한다(잠 29:2). 그러나 "의인이 득의하면 큰
영화가 있다"고 가르친다(잠 28:12). 수산 시민들의 반응은 모르드개가 의인
임을 증거한다.

이들이 환호하며 기뻐한 이유는 무엇인가? 수산은 127개 지방을 다스리는 권력의 심장부, 즉 페르시아 제국의 수도였다. 이들은 페르시아, 메대, 바벨론, 이집트 출신 등으로 구성된 제국의 백성이다. 유다인은 그저 수많은 이방 민족 중의 하나였다. 그런데도 수산 시민들이 유다인의 회복과 모르드개의 등극에 열광한 것은 하만의 통치가 공포였기 때문이다. 수산은 지난 수개월간 하만의 어두운 그늘에서 심히 두려웠다. 죽음의 조서가 반포된 때를 돌아보라. 그때에 왕과 하만은 축배를 들었으나 "수산 성읍은 혼란에 휩싸였다"(에 3:15). 한 민족을 통째로 학살할 수 있는 권력은 다른 민족도 학살할 수 있음을 시민들이 알았기 때문이다. 오늘은 유다인, 내일은 어느 민족이 걸릴지 모르는 일이었다. 그런 공포의 하만에게 굴복하지 않았던 모르드개, 죽음을 각오하고 정의를 택했던 사람, 그는 시민들의 눈에 그때부터 이미 비범한 사람으로 비쳤다. 그런데 그가 승리했다. 권력이 아니라 정의가, 폭력이 아니라 지혜가, 죽이는 자가 아니라 살리는 자가 금관을 쓰고 왕복을 입고 최고의 겉옷을 휘두르고 등극했다. 그래서 제국의 모든 민족은 한 유다인이 아니라 정의에 열광했다. 선이 악을 이기는 것, 교만이 쓰러지고 겸손이 높아지는 것, 음모가 폭로되고 진실이 드러나는 것, 악이 벌받고 두려움이 끝나는 것을 그들 모두가 보고 싶어 했다. 정의는 모두의 것이기 때문이다.

수산 성읍의 환호성과 기쁨에는 깊은 신학도 깃들었다. 하나님의 구원은 그의 백성만을 위한 것이 아니었다. 그가 자기 백성을 구원하실 때에는 그의 백성이 아닌 자에게도 닿도록 그 빛을 발하신다. 요셉이 이집트의 총리가 되었을 때에도 그의 지혜로 온 세계가 기근에 함몰되지 않고 살아났다. 다니엘이 바벨론 제국에서 높아졌을 때에는 이방의 왕도 참 하나님을 고백했다. "땅의 모든 족속이 너로 말미암아 복을 얻을 것이라"(창 12:3)는 하나님의 언약은 아브라함 시대의 전유물이 아니었다. 수산 시민들은 죽을 뻔했던 민족이 살아나고 무너질 뻔했던 백성이 일어서는 기적을 목격했다. 이는 마치 부활의 체험과도 같은 환희였다. 죽음이 생명에게 자리를 내주는 것을 보면 그것이 자신의 죽음이 아니어도 사람들은 기뻐한다. 왜냐하면 생명의 승리는 모두에게 희망이기 때문이다.

16유다인에게는 빛과 기쁨과 환희와 존귀,

저자는 존귀하게 된 모르드개 등장의 의미가 유다인에 대해서는 달랐다고 묘사한다. 권력이 왕궁의 계단을 밟고 올라서는 순간, 수산의 거리는 각기 다른 빛깔로 물들었다. 일반 시민들은 "환호하며 기뻐했다." 그런데 시간이 지나면 모르드개의 존귀한 등장은 그들에게 어쩌면 낯선 드라마의 한 장면, 권력의 이동이 가져온 새로운 수장의 이름표에 불과할지 모르겠다. 그들의 일상은 여전히 무거운 햇빛 아래 이어졌고, 왕궁의 환희는 먼 별처럼 아득했다. 그러나 성문 안쪽의 골목 깊숙한 곳에 웅크리고 있던 유다인들, 이들에게 그 광경은 다른 언어로 말을 걸어왔다.

"빛"(אוֹרָה), 이것은 처음으로 창문을 여는 손길이다. 절망의 장막을 찢고 들어온 아침 햇살처럼 그들의 눈먼 미래에 희망을 비추었다. 하만의 조서가 발행된 이후로 유다인의 하늘은 빛을 잃었었다. 아이들의 웃음이 멎었고 장터의 발걸음도 무거웠고 회당의 기도는 신음에 가까웠다. 정해진 날짜를 향해 걸어가는 사형수의 표정처럼 유다인의 얼굴은 새카맣게 어두웠다. 그러나 새로운 칙령이 도착하고 그 칙령을 작성한 사람이 궁전의 회랑에서 나오면서 어둠은 물러가고 빛이 임하였다.

"기쁨"(שִׂמְחָה), 이것은 절망적인 한숨 끝에서 터져 나온 숨의 바뀜이다. 오랫동안 말할 수 없던 소망이 조용히 현실과 손을 맞잡는 순간의 호흡이다. 시장의 작은 집집마다, 식탁의 나뭇결 사이에서, 어제보다 더 선명해진 대화 속에서 피어나는 부드러운 웃음들, 기쁨은 그 소리들의 누적이다. 이때의 기쁨은 경쾌함과 함께 안정감도 준다.

"환희"(שׁשׂוֹן), 이것은 기쁨이 폭발하며 집단적인 축제로 승화된 상태를 의미한다. 한 개인의 사적인 감정을 넘어, 민족 전체가 공유하는 뜨거운 감격의 물결이다. 구원의 드라마가 눈앞에서 펼쳐질 때 심장이 터질 듯 고동치며 온몸으로 표현되는 벅찬 외침이다. 마치 오랜 억압에서 풀려난 포로들이 고향 땅을 밟았을 때 터뜨리는 함성처럼 모든 슬픔과 애통을 잊게 만드는 강렬하고 역동적인 기쁨의 분출이다. 환희는 공동체의 합창이며 개인의 안도에서 끝나지 않고 여러 목소리가 동시에 울릴 때 생기는 파동, 머리카락 끝이 곤두서고 심장이 앞뒤로 떨리는 순간의 빛깔이다.

"존귀"(יְקָר), 이것은 모르드개 개인의 지위 상승을 넘어, 민족적 자존감과 명예의 회복을 의미한다. 존귀는 인간을 향한 존중이 회복될 때 비로소 걸음의 자태에 스며드는 고요한 품격이다. 이것은 외형적인 영광만이 아니라 유다인을 향한 눈길이 달라짐도 의미한다. 제국의 백성이 오랫동안 유다인을 대하던 태도는 멸시와 냉대였다. 그래서 유다인은 자신의 민족적인 정체성이 새나가지 않도록 늘 주의해야 했다. 그러나 이제는 제국의 2인자가 그들의 동포이고 왕후가 그의 민족이다. 이제 모든 유다인은 조롱의 대상에서 영광의 대상으로 바뀌었다. "빛과 기쁨과 환희와 존귀"라는 사중적인 표현법은 점층적인 강조를 위한 히브리의 시적 기법이다. 이처럼 그날, 유다인이 경험한 세상은 빛과 기쁨과 환희와 존귀였고 그것이 점점 더 커져갔다.

17즉 왕의 명령과 그의 법이 닿은 모든 각각의 지방과 모든 각각의 성읍에서
유다인의 기쁨과 환희, 그리고 잔치와 경축일이 있었고,
그 땅의 백성들 중 많은 자들이 유다인이 되었으니
이는 유다인에 대한 두려움이 그들 위에 떨어졌기 때문이다

저자는 16절의 내용을 더욱 자세하게 설명한다. 먼저, "왕의 명령과 그의

법이 닿은 모든 각각의 지방과 모든 각각의 성읍에서 유다인의 기쁨과 환희"
가 가득했다. "닿다"(נָגַע)는 동사의 결과는 "기쁨과 환희"였다. "닿다"는 무엇
을 강요하지 않고 밀어붙이지도 않고 정복하고 지배할 기세를 보이지도 않
는 낱말이다. 햇살이 어둠에 닿듯이, 왕의 칙령은 제국의 각 지방과 성읍에
닿았는데, 닿기만 해도 모든 게 달라졌다. 오랫동안 얼어붙은 땅에 봄이 닿
은 것처럼, 칙령이 닿는 곳마다 생명이 일어났다. 이런 현상은 "모든 각각의
지방(בְּכָל־מְדִינָה וּמְדִינָה)과 모든 각각의 성읍에서"(בְּכָל־עִיר וָעִיר) 일어났다. 하나
도 빠짐없이, 하나도 잊히지 않고 제국의 가장 구석진 곳까지 칙령은 차별하
지 않고 유다인이 있다면 그곳에 닿으려고 갔다. 명령이나 강제나 선포가 아
닌 "닿다"라는 동사를 저자가 택한 이유는 이것이 권력의 작동이 아니라 은
혜의 전달이기 때문이다. 은혜에 대한 설명은 닿는다는 말로 충분했다. 새로
운 칙령은 제도적인 공문서가 아니라 신의 섭리가 땅에 닿았음을 보여주는
증표였고 유다인의 기도가 하늘에 닿았음을 보여주는 가시적인 증거였다.

닿음의 기적을 보면서, 나에게는 엘리사 이야기가 떠오른다. 사망자의 시
체가 엘리사의 뼈에 닿자 살아났다. 닿음의 순간에 불가능이 일어났다. 예수
님의 옷자락에 닿은 혈루병 이야기도 떠오른다. 끊임없이 피가 흐르는 혈루
증은 한 여인을 부정하게 만들었다. 회당에 가지도, 예배를 드리지도, 타인
과의 접촉도 못하였다. 그런데 예수님이 지나갈 때 그녀의 손이 그의 옷자락
에 닿자 그 고약한 혈루증이 사라졌다. 그녀의 "마음에 그 겉옷만 만져도 구
원을 받겠다"(마 9:21)는 믿음 때문이다. 성경에는 이런 닿음의 기적 이야기가
많다. 지금 페르시아 제국은 닿음의 기적이 전역에서 일어나고 있다. 이는 하
나님의 말씀이 우리의 절망에 닿을 때, 성령의 임재가 우리의 연약함에 닿을
때, 주님의 사랑이 우리의 상처에 닿을 때, 일어나는 복음의 기적을 예고한
다. 닿는 것만으로! 이것은 하나님 나라의 언어이고, 구원의 역학이고, 은혜
의 문법이다.

저자는 칙령이 닿은 곳에서 기쁨과 환희만이 아니라 유다인의 "잔치와 경

축일(מִשְׁתֶּה וְיוֹם טוֹב)도 있었다"고 한다. 지금까지 잔치는 왕과 왕후가 배설하는 통치의 도구였고 권력의 유희였다. 왕의 잔치는 과시와 권력의 상징, 에스더의 잔치는 전략과 생존의 도구, 하만의 잔치는 교만과 멸망의 전조였다. 그러나 이제는 잔치가 가장 천대를 받던 민족의 기쁨과 환희를 담아내는 그릇으로 바뀌었다. 칙령에 의해 사형선고받은 자들, 제국 안에서 가장 취약했던 공동체가 잔치를 열되, 왕궁이 아니라 골목에서, 왕실의 정원이 아니라 광장에서, 지시가 아니라 기쁨으로 연다. "경축일"은 하루의 기쁨이 아니라 제도화된 기쁨을 의미한다. 이는 모든 후손이 기억하기 위해 그들에게 전승해야 할 기쁨이다. 이제 에스더 서사를 관통하는 잔치 개념은 권력자의 놀이가 아니라 구원받은 자들의 언어로 바뀌었다. 억압받던 자들이 자유를 노래하는 자리, 죽을 뻔한 자들이 생명을 축하하는 시간이다.

저자의 어법은 절묘하다. 같은 단어를 사용하되 그 의미를 완전히 뒤집는다. 잔치라는 형식은 같지만 그 본질은 정반대로 바뀌었다. 왕의 잔치는 권력자가 신하에게 은혜를 위로부터 아래로 베푸는 수직적인 구조이고, 에스더의 잔치는 약자가 강자를 초대하여 진실을 드러내는 전략적인 공간이고, 유다인의 잔치는 공동체가 함께 모여 구원을 축하하는 연대의 자리에서 즐기는 수평적인 기쁨이다. 제국에서 가장 화려한 잔치는 왕의 것이지만 가장 의미 있는 잔치는 유다인의 것이었다. 금잔과 왕복보다, 소박한 식탁과 눈물 섞인 웃음이 잔치의 더 아름다운 꽃이었다. 왕의 잔치는 끝나면 잊힌다. 180일의 화려함도 역사의 한 구절일 뿐이었다. 하만의 잔치도 그의 멸망과 함께 사라졌다. 에스더의 잔치도 목적을 달성하는 순간 지나갔다. 그러나 유다인의 잔치는 계속된다. "경축일"이 되었기 때문이다. 잔치에서 시작하여 잔치로 끝나는 에스더서 전체를 관통하는 의미의 물줄기는 부림절로 굳어진 유다인의 잔치였다. 이 잔치는 죽음에서 생명으로, 슬픔에서 기쁨으로, 수치에서 영광으로 전환되는 역전의 장소였다. 이 잔치는 장차 새 하늘과 새 땅에서 펼쳐진 더 큰 잔치를 예고한다.

모르드개 때문에 더 놀라운 일이 일어났다. 페르시아 제국의 "백성들 중에 많은 자들이 유다인이 된(מִתְיַהֲדִים)" 일이었다. 유다인이 되기를 원하는 자는 적은 자들이 아니라 "많은 자들"(רַבִּים)이다. 각 민족의 많은 사람들이 유다인 공동체를 찾아왔다. "유다인이 되다"라는 동사가 재귀적, 능동적 의미를 나타내는 히트파엘(Hithpael) 형태임을 고려할 때, 그들은 어떠한 강요나 개종의 명령도 없이 자진해서 유다인의 정체성을 취하고자 했다. 전례가 없는 일이었다. 그러나 저자는 이 기막힌 현상의 이면을 적시한다. 즉 그 이유는 "유다인에 대한 두려움"(פַחַד־הַיְּהוּדִים)이 그들에게 엄습했기 때문이다. "두려움," 이것은 존경이나 경외심을 의미하는 온화한 단어가 아니라 공포나 전율, 압도적인 두려움을 의미한다. 통제할 수 없는 힘 앞에서 느껴지는 원초적인 감정이다. 이 두려움은 조용히 찾아오지 않고 포식자가 먹이를 덮치듯, 폭풍이 바다를 장악하듯, 압도적인 무게로 "그들 위에 떨어졌다"(נָפַל עֲלֵיהֶם).

두려움이 엄습한 이유는 무엇인가? 며칠 전까지만 해도 페르시아 백성들은 계산했다. "유다인이 말살되면 그들의 집은 빈집이 되고 그들의 재산을 마음대로 탈취해도 된다." 그러나 급속한 반전이 일어났다. 모르드개가 왕복을 입고 등장했고 에스더가 왕후로서 개입했고 새로운 칙령이 떨어졌다. 백성들은 권력의 완전한 이동을 간파했다. 어제의 피해자가 오늘의 승자가 되고 바닥에 쓰러진 줄 알았던 자들이 일어났다. 그냥 일어난 정도가 아니라 제국의 정점까지 차지했다. 두려움이 엄습했다. 두려움의 이유는 정치적 권력의 변화만이 아니었다. 백성들은 유다인의 배후에 어떤 미지의 막강한 힘이 있음을 직감했다. 보이지 않는 손, 역사를 뒤집는 섭리, 우연처럼 보이지만 결코 우연이 아닌 사건들의 연쇄, 모든 사건이 마치 누군가의 각본처럼 정교하게 맞물리는 것을 보고 전율했다. 알지 못하는 하나님에 대한 두려움이 그들의 정체성을 바꾸었다.

두려움에 의한 회심, 이것은 순수한 믿음인가 아니면 계산된 선택인가? 둘 다였을 것이라고 나는 생각한다. 어떤 이들은 진심으로 유다인의 하나님을 경외한다. 그들은 목격한 기적에 감동했고 보이지 않는 손의 능력을 인정했다. 그러나 어떤 이들은 생존을 위해 선택했다. 어떤 이들은 전략적 선택에서 진정한 믿음으로 자라기도 한다. 저자는 이 모든 가능성을 열어둔다. 동기가 무엇이든 결과는 동일했다. 그들은 유다인 공동체에 합류하여 할례를 받고 율법을 배우고 안식일을 준수한다. 형식이 내용을 만들기도 한다. 공포로 시작한 순종이 진정한 경외로 바뀌기도 하기 때문이다. 하나님은 거룩한 경외를 통해서도, 실존적인 공포를 통해서도, 사람들을 당신께로 이끄신다. 순수한 믿음도 받으시고, 불순한 동기로 시작된 순종도 받으신다. 중요한 것은 시작이 아니라 과정이다.

그런데 놀라운 것은 유다인이 개종을 위하여 페르시아 백성의 "많은 이들"을 거리에서 전도하지 않았고 회당에서 설득하지 않았다는 사실이다. 유다인의 생존 그 자체가 그들에게 증거였고 전도였다. 가장 강력한 선교는 구원받은 자들의 존재 자체였다. 이제 유다인과 이방인, 우리와 그들, 선택받은 자와 선택받지 못한 자의 경계가 흐려진다. 페르시아 백성은 혈통이 아니라 선택으로, 출생이 아니라 결단으로 유다인이 되었고 유다인의 운명 속으로 들어왔다.

많은 페르시아 백성이 유다인이 된 것은 반전의 완성이다. 하만은 유다인을 말살하려 했다. 그러나 결과는 반대였다. 그들은 멸절이 아니라 오히려 번성했다. 멸절의 계획이 변하여 확장의 계기로 변하였다. 사탄의 전략이 하나님의 도구로, 죽음의 음모가 더 많은 생명의 통로로, 멸망의 칙령이 구원의 복음으로 바뀌었다. 이것이 십자가의 패턴이다. 죽이려 했던 그것이 오히려 생명의 자궁으로 바뀌었다. 무덤에 가두려고 했던 그것이 부활의 문으로 바뀌었다. 침묵의 강요와 죽음의 위협을 받은 제자들이 온 세상의 땅끝까지 이르는 복음의 증인으로 바뀌었다.

에 9:1-10

1아달월 곧 열두째 달 십삼일은 왕의 어명을 시행하게 된 날이라 유다인의 대적들이 그들을 제거하기를 바랐더니 유다인이 도리어 자기들을 미워하는 자들을 제거하게 된 그 날에 2유다인들이 아하수에로 왕의 각 지방, 각 읍에 모여 자기들을 해하고자 한 자를 죽이려 하니 모든 민족이 그들을 두려워하여 능히 막을 자가 없고 3각 지방 모든 지방관과 대신들과 총독들과 왕의 사무를 보는 자들이 모르드개를 두려워하므로 다 유다인을 도우니 4모르드개가 왕궁에서 존귀하여 점점 창대하매 이 사람 모르드개의 명성이 각 지방에 퍼지더라 5유다인이 칼로 그 모든 대적들을 쳐서 도륙하고 진멸하고 자기를 미워하는 자에게 마음대로 행하고 6유다인이 또 도성 수산에서 오백 명을 죽이고 진멸하고 7또 바산다다와 달본과 아스바다와 8보라다와 아달리야와 아리다다와 9바마스다와 아리새와 아리대와 왜사다 10곧 함므다다의 손자요 유다인의 대적 하만의 열 아들을 죽였으나 그들의 재산에는 손을 대지 아니하였더라

❖ ❖ ❖

1열두 번째 달 곧 그 아달월 십삼일에, 왕의 말과 그의 법이 시행되기 위해 도달한 그날에, 유다인의 원수들이 그들을 지배하는 것을 기대한 그날에, 오히려 그것이 반전되어 유다인이 자신들을 미워하는 자들을 지배했다 2유다인이 자기들을 해치려는 자들을 공격하기 위해 아하수에로 왕의 모든 지방들의 성읍들에 모였는데 아무도 그들 앞에 맞서지 못하였다 이는 그들에 대한 두려움이 모든 백성 위에 떨어졌기 때문이다 3지방들의 모든 고관들과 총독들과 방백들과 왕에게 속한 직무를 수행하는 자들이 유다인을 높여주니 이는 모르드개에 대한 두려움이 그들 위에 떨어졌기 때문이다 4즉 모르드개가 왕의 궁전에서 크고 그의 명성이 모든 지방에 퍼지고 있었기 때문이고 그 사람 모르드개가 커져가고 있었기 때문이다 5유다인이 칼의 타격과 살육과 멸망으로 그들의 모든 원수들을 쳤다 그리고 그들을 미워하는 자들에게 그들의 뜻대로 행하였다 6그리고 유다인이 수산 성읍에서 오백 명의 사람을 죽이고 멸하였다 7또 바산다다와 달본과 아스바다와 8보라다와 아달리야와 아리다다와 9바마스다와 아리새와 아리대와 왜사다 10곧 함므다다의 아들 유다인의 대적 하만의 열 아들들을 그들이 죽였으나 노획물에 그들의 손을 뻗지는 아니했다

역사의 승리

1열두 번째 달 곧 그 아달월 십삼일에, 왕의 말과 그의 법이 시행되기 위해
도달한 그날에, 유다인의 원수들이 그들을 지배하는 것을 기대한 그날에,
오히려 그것이 반전되어 유다인이 자신들을 미워하는 자들을 지배했다

시간은 드디어 "그 아달월"(הוּא־חֹדֶשׁ אֲדָר) 13일에 도착했다. 달력 위에 붉은
먹으로 표시된, 피할 수도 없고 되돌릴 수도 없는 그 날짜가 눈앞에 당도했
다. 이날은 페르시아 제국 전체가 관여하는 결전의 날이었고 칼날 위에 선
생사의 기로였고, 조서의 잉크는 피가 되고 문장은 칼날이 되는 날이었다.
이는 왕의 반지가 인증한 두 개의 조서가 동시에 시행되는 날이었기 때문이
다. 하나는 죽음의 조서였고 다른 하나는 생명의 조서였다. 죽음과 생명이
같은 날에 가장 거대한 각을 세우며 대치했다. 거리는 고요했다. 그러나 그
것은 평화가 아니라 폭풍 전의 고요였다. 칼날을 가는 소리, 문을 잠그는 소
리, 낮게 속삭이는 기도 소리들이 제국 곳곳에서 분주했다. 먼저 도착한 죽
음의 조서가 선점의 권리를 내세우며 제국을 자신의 영토라고 선언한다. 그

러나 나중에 도착한 생명의 조서가 한 치의 물러섬도 없이 반격한다. 두 조서는 같은 땅 위에서 같은 날짜를 향해 서로를 응시했다. 하나는 파괴를 약속했고 다른 하나는 방어를 약속했다. 하나는 학살을 선동했고 다른 하나는 저항을 준비했다. 하나는 권력을 의지했고 다른 하나는 약속을 의지했다. 하나는 두려움을 뿌렸고 다른 하나는 소망을 퍼뜨렸다. 이 우주적 차원의 죽음과 생명의 충돌에 모든 백성은 전례 없는 긴장을 느꼈으며 제국의 공기는 찢어질 듯 팽팽했다.

"유다인의 원수들은 그들을 지배하는 것(לִשְׁלוֹט בָּהֶם)을 기대했다." 하만은 죽었지만 유다인을 제거하고 그들의 재산을 취하려는 무리들은 잔존했다. 죽음의 조서는 여전히 유효했고 아달월 십삼일은 드디어 다가왔고 법은 여전히 그들의 편이었다. 사망은 여전히 배고팠다. 하만이라는 머리는 잘렸어도 증오라는 몸은 살았고 탐욕이라는 심장은 여전히 박동했다. 설계자는 사라져도 설계도는 여전히 유다인의 원수들이 간직했다. 하만이 죽었다고 해서 위험이 사라진 것은 아니었고 생명의 조서를 보았다고 해서 원수들이 살육의 마음을 접은 것은 아니었다. 하만이 사라진 빈자리에 수많은 작은 하만들이 일어나 유다의 피를 갈망했다. 죽음은 여전히 그들의 언어였고 칼은 그들의 논리였다. 그들의 눈에는 오직 탐욕과 인종적인 증오만 가득했다. 그들은 왕의 두 번째 조서인 유다인의 자위권을 허락한 생명의 칙령을 무시하려 했다. 그들의 손에는 칼을 쥐지 않았어도 그들 자신이 칼날이 되어 유다인의 목을 겨냥했다. 밤마다 창문 너머로 들려오는 속삭임, 시장에서 마주치는 냉랭한 시선, 조서의 날이 되자 최고조로 짙어진 불안과 공포가 유다인을 뼈저리게 했다. 원수들은 그들의 두려움을 먹고 자랐으며 그들의 희망을 짓밟으려 했다. 유다인을 죽이고 그들의 재산을 취하고 그들의 자녀들을 제거하여 그들의 이름을 역사에서 지우려고 했다. 아말렉의 망령이 그렇게 떠돌았다.

하지만 죽음은 지배를 원했으나 생명은 물러서지 않기로 결심했다. 그 결심에 역사의 저울이 움직였다. 반전이 일어났다. 모든 게 "뒤집혔다"(נֶהְפּוֹךְ).

"유다인이 자신들을 미워하는 자들을 지배했다." 죽음의 지배가 생명에 의해 지배를 당하였다. 공포의 사슬이 끊어지자 그 사슬은 원수들의 목을 조르는 포승줄로 돌변했다. 원수들의 미소는 얼어붙고 그들의 칼은 땅에 떨어졌다. 약탈자가 재물을 빼앗는 대신, 방어자가 승리를 거두었다. 사냥꾼이 사냥감을 덮치는 대신, 사냥감이 사냥꾼을 제압했다. 역시 하늘은 죽음의 편이 아니었다. 죽음을 선고받은 자들이 죽음을 선고한 자들을 "지배했다"(יִשְׁלְטוּ). 빛이 어둠을 몰아냈고 정의가 불의를 심판했다. 거리마다, 광장마다, 전국에서 펼쳐진 칼춤으로 강물처럼 흐른 피는 적들의 것이었다. 완전한 역전이다. 죽음이 움켜쥐려 했던 그 지배권을 생명이 도로 되찾았다. 먼저 온 죽음의 조서는 무력했고 나중에 온 생명의 조서가 승리했다. 이는 먼저 된 자가 나중 되고 나중 된 자가 먼저 된다는 진리의 현시였다.

2유다인이 자기들을 해치려는 자들을 공격하기 위해 아하수에로 왕의
모든 지방들의 성읍들에 모였는데 아무도 그들 앞에 맞서지 못하였다
이는 그들에 대한 두려움이 모든 백성 위에 떨어졌기 때문이다

대적들의 공격에 대한 유다인의 자위권 발동은 확고했다. 그들은 흩어지지 않고 "모든 지방들의 성읍들에 모였다(נִקְהֲלוּ)"고 저자는 기록한다. 이는 고립된 개인이 아닌 연대하는 공동체의 힘을 보여준다. 특정한 지방이나 성읍만이 아니라 제국의 "모든"(כָּל) 곳에서 공동체의 힘은 칼보다 예리했고 불꽃보다 뜨거웠다. 이것은 기발한 전술이 아니라 생존의 본능이고 공동체의 본질이고 하나님이 세우신 설계였다. 개인이 아닌 공동체는 사람에 대하여 태초부터 시작되고 종말까지 지속되는 하나님의 계획이다. 에덴의 정원에서 아담의 갈비뼈가 하와를 빚어낸 그 순간부터 하나님은 고립이 아닌 관계를, 분리가 아닌 연합을, 개인이 아닌 공동체를 세우셨다. 아담에게 하와를 주셨고, 믿음의 조

상에게 큰 민족을 이룬다는 약속을 주셨고, 이스라엘 민족에게 열두 지파를 주셨고, 성막 안에서 그들과 함께 거하셨다. 이런 설계를 따라 혼자서는 견디지 못하는 것을 함께면 이겨내고, 개인이면 무너지나 공동체면 지켜내고, 흩어지면 망하지만 모이면 거뜬히 생존한다. 이것은 에스더 시대만의 진리가 아니라 태초부터 시작되어 종말까지 지속되는 생존의 법칙이다. 어떤 때에라도 죽음이 개인을 향해 달려올 때, 생명은 공동체로 일어섰다.

유다인이 제국의 모든 곳에서 모인 것은 침략을 위한 결집이 아니었고 약탈을 위한 동원이 아니었고 복수를 위한 소집도 아니었다. "자기들을 해치려는 자들"(מְבַקְשֵׁי רָעָתָם)을 저지하기 위한 것이었다. 이것은 그들에게 행동의 저지선인 동시에 정당성의 근거였고 도덕적인 경계였다. 유다인은 공격자만 공격했고 해치려는 자만 막았고 칼을 든 자에게만 칼로 대응했다. 생사가 오가는 순간에 칼을 먼저 뽑지 않고 나중에 뽑는다는 것 자체가 그 목적이 피의 보복이 아니라 생명의 방어이고 파괴가 아니라 존재의 수호임을 드러낸다. 유다인이 칼을 겨눈 공격의 대상은 제국의 무고한 시민이 아니었다. 유다인을 위한 조서는 학살의 면허증이 아니었고 복수의 허가증이 아니었고 무차별 공격의 승인도 아니었다. 생명을 지킬 권리, 공격자를 막아낼 권리, 해를 가하려는 자들에게 저항할 권리였다. 그러나 법은 그들에게 무기를 주었지만 그들의 양심은 그 무기를 누구에게 겨눌지를 제한했다. 이것이 생명의 조서가 부여한, 진정한 의미의 자위권 발동이다.

유다인이 제국의 모든 곳에 모였을 때, 기묘한 일이 벌어졌다. "아무도 그들 앞에 맞서지 못하였다"(אִישׁ לֹא-עָמַד לִפְנֵיהֶם). 원수들의 칼은 녹은 듯 멈추었고 증오의 눈빛은 제 발로 물러섰다. 이는 유다인의 수효가 많았기 때문이 아니었다. 그들은 오히려 소수였다. 그들의 무기가 더 강력하기 때문도 아니었다. 진짜 이유는 "그들의 두려움이 모든 백성 위에 떨어졌기 때문이다." 두려움이 떨어졌다. 하늘에서 내려왔다. 견딜 수 없는 무게로 모든 백성을 짓눌렀다. 이것은 인간이 조작한 공포가 아니라 위에서 내려온 경외였다. 놀랍게도 유다인의 칼은 모든 백성이 아니라 원수만을 향했는데 "그들의 두려움"(פַּחְדָּם)은 "모든 백성"(כָּל־הָעַמִּים)에게 임하였다. 칼이 닿기도 전에 두려움이 먼저 도착했다. 싸움이 벌어지기 전에 경외가 이미 승리했다. 이것은 군사적 위압의 결과가 아니었다. 원수만 겨냥한 유다인의 칼은 분별의 칼이었고 정의의 칼이었다. 그런데도 모든 백성이 두려움에 압도된 것은 초자연적 현상, 즉 하나님의 임재가 유다인과 함께하고 있음을 온 제국이 감지했기 때문이다. 제국이 본 것은 하나님의 손이었고, 느낀 것은 하늘의 권세였고, 경험한 것은 성스러운 경외였다. 이는 모세의 기록처럼 "오늘부터 내가 천하 만민이 너를 무서워하며 너를 두려워하게 하리라"(신 2:25)는 하나님의 말씀이 에스더 시대에 응답된 것 같은 형국이다.

³지방들의 모든 고관들과 총독들과 방백들과 왕에게 속한 직무를 수행하는 자들이 유다인을 높여주니 이는 모르드개에 대한 두려움이 그들 위에 떨어졌기 때문이다

이제 초점은 일반 백성의 반응에서 지배층의 행동으로 이동한다. 아달월 13일에 "지방들의 모든 고관들과 총독들과 방백들과 왕에게 속한 직무를 수행하는 자들이 유다인을 높였다"고 저자는 설명한다. 여기에서 "높였다"(מְנַשְּׂאִים)는 동사는 피엘형(Piel) 분사로서 조용한 중립이나 소극적인 방관이 아니라 불붙은 열정의 언어였다. "힘껏 높였다, 적극 지지했다, 강하게 후원했다" 등의 적극적인 지지를 의미한다.

이 구절에는 지방에서 중앙까지, 최상층 계급에서 실무진 단위까지, 정책을 수립하는 자들부터 집행하는 자들까지, 제국의 권력구조 전체가 나열되어 있다. 이 결전의 날에는 제국의 모든 관원들도 백성처럼 어느 조서의 시행을 거들어야 할지를 선택해야 했다. 둘 다 합법적인 조서였고, 둘 다 유효했다. 그러나 정반대의 의미를 가진 조서였다. 결국, 한때 하만의 조서를 집

행해야 했던 바로 그 제국의 관료 시스템 전체가 이제는 유다인을 편들었다. 이것은 가벼운 태도의 변화가 아니라 제국의 권력구조 자체의 근본적인 뒤집힘을 의미한다. 이는 제국의 심장이 바뀌는 일이었다. 하만의 음모로 단단히 뭉쳤던 권력의 그물은 이제 풀려서 유다인을 보호하는 망토로 변하였다. 총독들은 자신들의 행정력을 유다인의 편에 사용했고, 고관들은 자신들의 영향력을 유다인의 편에 행사했고, 중앙의 관리들은 제국의 자원을 유다인의 편에 배치했다. 권력층 모두의 일관된 유다인 편들기는 정치적 판단이 아니라 섭리의 움직임, 보이지 않는 손의 인도였다. 이제 유다인은 더 이상 변방의 민족이 아니었다. 제국의 중심에서 지지 받고 권력의 손에 의해 후원받는 민족으로 바뀌었다. 이날은 단지 유다인의 승리가 아니라 권력 자체가 생명 쪽으로 이동한 날이었다.

유다인이 두려워서 제국의 모든 백성이 그들에게 맞서지 못한 것처럼 제국의 모든 관원들은 "모르드개에 대한 두려움"(פַחַד־מָרְדֳּכַי) 때문에 유다인을 지지했다. 두려움의 근거가 한 민족에서 한 사람으로, 단체에서 개인으로 이동한다. 하나의 민족을 향한 막연한 공포가 이제는 그 민족의 운명을 짊어진 한 사람의 존재에 대한 날카롭고 구체적인 인식으로 응축된다. 일반 백성은 현상을 보지만 관원들은 그 배후의 구조를 간파한다. 관원들은 권력의 기울기를 누구보다 먼저 가장 예민하게 생존 본능으로 감지하는 자들이다. 힘의 원천을 추적하고 권력의 흐름을 감지하는 것은 그들의 일상이다. 궁전의 복도에서 지나가는 속삭임을 듣고 회의실의 분위기를 감지하고 왕의 눈빛에서 변화를 포착한다. 이러한 관원들의 촉은 모르드개 한 사람에게 이르렀다. 지배층의 심장 속까지 닿은 것은 칼의 위협이 아니라 의로움의 무게였다. 그들은 더 깊은 것, 즉 모르드개 개인의 정치적인 위력만이 아니라 그의 배후에 있는 초월적 권능도 감지하고 경외했다. 그래서 모르드개 편에 서서 유다인을 편들었다. 이것이 그들에게 생존의 길이었고 출세의 길이었고 현명한 길이었다. 두려움, 이것이 제국의 모든 관료 시스템을 움직였고, 권력구조 전체를 유다인 편으로 기울였고, 시스템의 완전한 역전을 완성했다. 여기에서 우리는 두려움의 기막힌 쓸모를 확인한다.

4즉 모르드개가 왕의 궁전에서 크고 그의 명성이 모든 지방에
퍼지고 있었기 때문이고 그 사람 모르드개가 커져가고 있었기 때문이다

저자는 제국의 지배층이 경험한 두려움의 구체적인 내용을 3가지로 열거한다. 첫째, 모르드개가 "왕의 궁전에서 크기(גָּדוֹל)" 때문이다. 성문의 바닥에 앉아서 베옷을 입고 재를 뒤집어쓴 한 유다인이 이제는 권력의 중심으로 들어가 2인자의 높이까지 이르렀다. 이것은 직책의 위상만이 아니라 그의 영향력과 권위와 명성이 왕실 전체에서 대단히 컸음을 의미한다. 그가 한마디를 하면 제도가 움직였고, 그가 결정하면 정책이 바뀌었고, 그가 지시하면 제국이 엎드렸다. 그러나 그가 지배층의 금수저들 눈에는 굴러온 돌이었다. 대대로 권력의 궁전에서 살던 자들, 페르시아 귀족 가문 출신들, 메대의 명문가 자제들, 금수저로 태어나 권력의 언어를 모유처럼 먹고 자란 자들의 눈에는 그가 가시였다. 하지만 순응해야 했다. 모든 지배층은 권력의 서열에 길들여져 있기 때문이고, 그들의 삶 자체가 권력의 피라미드 안에서 작동하기 때문이다. 누가 아래이고 누가 위인지를 정확히 파악하고, 그에 따라 행동하는 것은 그들의 본능이다. 그것이 궁전에서 장수하는 비결이다.

둘째, "그의 명성(שָׁמְעוֹ)이 모든 지방에 퍼지고 있었기 때문이다." 명성은 이름의 울림이 아니라 삶의 흔적이다. 권력의 장식이 아니라 진실의 몸무게다. 개인을 초월하여 하나의 중심으로 수렴되는 사회적 에너지를 창조한다. 그래서 명성은 보이지 않는 권력이며 명령이나 칼날보다 더 깊이 세상을 움직인다. 권력은 한 시대의 틀이지만 명성은 그 틀을 초월한 인식의 파문이다. 말하지 않아도 들리고 움직이지 않아도 세상을 움직인다. 사람들은 이름이

퍼지는 것을 보며 그 이름 뒤에 모일 새로운 질서를 예감한다. 명성이 퍼질수록 그를 중심으로 한 새로운 권력의 지도가 그려질 것이 분명하고, 그 지도에서 모든 지배층은 자신들의 위치를 재편해야 할 운명에 직면한다.

모르드개 때문에 권력의 판도가 달라진 것은 왕실의 조용한 기밀이 아니었고 소수만 아는 권력의 암호가 아니었다. "모든 지방에 퍼진" 공공연한 정보였다. "퍼지다"라는 동사의 분사형(הוֹלֵךְ)은 과거나 완료된 사건이 아니라 진행되고 있는 현재였다. 정보는 페르시아 동편 변방으로, 메대의 북쪽 산악 지방으로, 인도에 이르는 남쪽으로, 구스까지 뻗은 서쪽으로 멈추지 않고 이동했다. 과거에는 아무도 몰랐던 이름, 변방의 이방인, 유다인 포로의 후손이 이제는 관료들이 그 이름을 불렀고 상인들과 농부들도 그 이름을 거론했다. 이것은 단지 소문이 돌았다는 뜻이 아니었다. 수많은 사람들이 이제 그에게 줄을 대고 그를 중심으로 권력의 거대한 흐름이 형성될 것이라는 신호였다. 이제 유다인을 공격하는 것은 제국의 2인자를 적대하는 것이었고 새로운 권력의 중심에서 멀어지는 일이었다. 시대를 거스르는 일이었고, 권력의 강을 역류하는 것이었다. 이처럼 소문이 권력을 만들고, 명성이 현실을 창조하고, 퍼지는 이야기가 역사를 바꾸었다.

셋째, "그 사람 모르드개가 커져가고 있었기(הוֹלֵךְ וְגָדוֹל) 때문이다." 모르드개는 이제 한 유다인이 아니라 제국에서 "그 사람"(הָאִישׁ)이다. 이는 그가 민족을 대표하는 상징을 넘어 존재 자체로 권위의 기표가 되었음을 의미한다. 이 호칭에는 더 이상 민족적인 정체성이 없고 보편적 인간의 자리, 존재의 중심으로 옮겨진 이름이다. 이는 한 공동체를 넘어 시대의 상징, 나아가 인류의 표본으로 바뀌었다. 제국의 유한한 질서를 넘어 영속성을 드러낸다. 그리고 그의 권력은 현재에 머무르지 않고 미래까지 이어지고 정지된 상태가 아니라 생물처럼 자라난다. 지배층이 보기에도 그를 중심으로 형성된 권력의 중력은 멈춤이 없었으며 마치 봄날의 새싹이 솟아나듯 매일 더 강해지고 더 넓게 확장될 것이 분명했다. 그는 현재의 자기 자리에 집착하지 않고 자기 존재를 확장했다. 그런데 그의 성장은 세력의 증가가 아니라 존재의 심화였다. 품격의 밀도가 높아졌다. 그는 우연히 왕의 환심을 얻은 한 신하가 아니라 정의와 생명의 편에 선 자의 이름으로 성장했다. 제국의 관원들이 느낀 두려움은 한 개인의 성공에 대한 질시가 아니었다. 살아있는 정의의 성장, 꺾이지 않는 생명의 확장에 대한 경외였다. 그의 성장은 억압된 자들의 꿈이 숨 쉬는 자리에서, 침묵하던 자들의 입술에서 자라났다. 그의 커져감은 힘의 증대를 넘어 생명 자체의 은유였다.

⁵유다인이 칼의 타격과 살육과 멸망으로 그들의 모든 원수들을 쳤다
그리고 그들을 미워하는 자들에게 그들의 뜻대로 행하였다

이 구절은 조서에 따른 유다인의 조치를 설명한다. 유다인의 칼은 실제로 "모든 원수들"(כָּל־אֹיְבֵיהֶם)을, 오직 그들만을 겨냥했다. 그들 전부를 "칼의 타격과 살육과 멸망으로 쳤다." 세 가지 요소는 조치의 순차적인 흐름을 나타낸다. "칼의 타격"이 원수에게 가해지면 그는 "살육"을 당하게 되고 "멸망"에 이르기 때문이다. 이는 단계적인 과정이고 인과적인 사슬이다. 타격은 심판의 선언, 살육은 악의 무력화, 멸망은 악의 완전한 제거를 가리킨다.

"칼의 타격"(מַכַּת־חֶרֶב)은 힘이 형체를 얻어 폭발하는 찰나이고 의지와 정의의 결단이 실제의 세계로 넘어가는 지점이다. 이로써 추상적인 정의가 구체적인 행동이 되고 도덕적인 원칙이 물리적인 칼날로 번역된다. 타격은 개입이다. 악이 방치되지 않는다는 선언이고 불의가 영원히 승리하지 않는다는 증명이고 학살의 계획이 유효하지 않다는 실증이다. 이는 행동하는 진리의 상징이며, 정의의 첫걸음이며, 죽음의 구조를 베어내는 첫 울림이다.

"살육"(הֶרֶג)은 타격의 여진이다. 피로 쓰인 문장이고 존재의 무게가 충돌한 흔적이다. 정의가 실체를 갖는다는 것은 피와 고통을 수반한다. "살육"은

승리의 쾌감이 아니라 인간 존재의 비극적 깊이를 드러낸다. 여기서의 살육은 생명의 단절이고 필연이 낳은 슬픔이며, 피의 보복이 아니라 죄의 세력이 붕괴되는 상징적인 장면이다. 악은 생명이 있는 한 계속되고, 증오는 심장이 뛰는 한 확산되고, 학살의 계획은 그 계획자가 살아있는 한 실행된다. 그래서 살육은 무고한 생명을 지키기 위한 불가피한 선택이다.

그리고 "멸망"(אָבַד)은 마지막 단계로서 살육보다 더 나아간다. 악의 흔적까지 지우고, 악의 유산까지 파괴하고, 악의 씨앗까지 근절하는 게 멸망이다. 이는 무질서가 정리되고 악의 구조가 모순 속에서 무너지는 지점이다. 파괴가 아니라 정화이며 죽음의 조서가 소멸되는 순간이며 죽음의 질서가 생명의 질서로 넘어가는 전환이다. 타격이 없으면 악이 멈추지 않고, 살육이 없으면 악이 재개하고, 멸망이 없으면 악이 부활한다. 이것은 정의의 언어이고 구원의 논리이고 역사의 법칙이다.

유다인은 "그들을 미워하는 자들에게 그들의 뜻대로(כִּרְצוֹנָם) 행하였다." 이는 제국의 뜻대로 살아온 자들에게 너무도 낯선 세상의 황홀한 법칙이다. 이는 평생 어둠 속에 있던 자가 처음 햇빛을 마주하는 것처럼 낯설고 어지럽다. 그러나 유다인은 황홀했다. 이전에는 그들이 어디에서 살 것인지를 제국이 결정했고 무슨 일을 할 것인지를 제국이 배정했고 어떻게 살아갈 것인지를 제국의 법이 규정했다. 그렇게 연약하고 종속적인 변방의 유다인이 이제는 지배자의 뜻이 아니라 자신의 뜻대로 산다는 것은 놀라운 사건이다. 이는 정치적 승리가 아니라 주체성의 회복이며 자율성의 탈환이다. 누가 원수인지, 스스로 판단했다. 어떻게 대응할지, 스스로 선택했다. 어디까지 갈 것인지, 스스로 정하였다. 이는 왕의 허락을 기다리지 않고, 관료들의 지시를 구하지 않고, 제국의 승인을 필요로 하지 않는 자립을 의미한다.

하만의 무리에게 세상은 힘과 증오가 지배하는 무대였고 약자는 강자의 뜻에 따라 움직이는 것이 당연한 질서였다. 그러나 만성적 약자인 유다인은 이제 스스로 판단하고 스스로 결정하고 스스로 행동한다. 객체가 아니라 주체로, 수동자가 아니라 능동자로, 따르는 자가 아니라 결정하는 자로 변하였다. 이는 유다인이 처음 경험하는 것이지만 빼앗긴 보물이 주인을 찾아온 것처럼, 중력의 법칙처럼, 당연한 일이었다. 자유로운 의지는 태초부터 인간에게 주어진 하나님의 선물이다. 그런데 제국이 그것을 빼앗았고 권력이 그것을 억눌렀고 폭압이 그것을 짓밟았다. 그러나 이제 그것이 유다인의 손으로 돌아왔다. 그래서 진정한 인간으로 돌아왔다. 참된 인간의 뜻은 살육의 욕망이 아니라 생존의 자각에서 태어난다. 유다인의 자발적인 행위는 제국을 모방하는 폭력이 아니라 제국의 질서 바깥에서 피어나는 새로운 법이었다. 그들은 이제 제국의 법전을 넘어 자신을 우주의 리듬에 맞추었다.

6그리고 유다인이 수산 성읍에서 오백 명의 사람을 죽이고 멸하였다

이 구절에는 유다인을 미워하여 대적한 원수들의 수가 언급되어 있다. 수산 성읍에서 그 수는 "오백 명"(חֲמֵשׁ מֵאוֹת)이었다. 왕실이 위치한 제국의 수도에서 무려 오백 냉이 유다인을 공격했다. 수노는 변방이 아닌 권력의 중심이며 법의 원천이며 제국의 정점이다. 왕의 눈이 닿지 않는 곳, 법이 느슨한 곳, 소문이 늦게 도착하는 곳에서 원수들의 공격이 있었다면 이해할 수 있겠지만, 수산은 왕과 왕후가 살고 모르드개 총리가 집무하는 곳이었다. 그들의 공격은 무지했기 때문이 아니었고 정보가 없어서 실수한 것이 아니었고 상황을 몰라서 착각한 것도 아니었다. 그들은 알면서도 공격했다. 여기에서 우리는 증오의 깊이를 확인한다. 그 증오는 이성을 넘었고 계산을 초월했다. "유다인을 죽이고 싶다"는 욕망이 "살아남고 싶다"는 본능보다 컸다.

게다가 500명은 상당한 규모를 갖춘 증오였다. 이 증오는 한 사람의 일탈이 아니었다. 사회적인 현상, 문화적인 분위기, 집단적인 심리였다. 이 500명의 증오는 하만이 뿌린 씨앗이고 그가 만든 운동이고 그가 제공한 논리였

다. 500은 원수의 인원수가 아니라 시대의 질병을 드러내는 수치였다. 제국의 성벽 안에서 자라난 증오는 쉽게 정치의 동력으로 사용되고 사회의 질서로 포장된다. 수산의 500명은 바로 그런 세상의 초상이다. 이들은 제국의 거짓된 평화를 찌르는 송곳이다. 제국의 수도라는 가장 안전하고 세련된 공간에서 가장 비열하고 야만적인 증오가 이처럼 많은 사람의 묵인과 동조 아래 있었다니! 그들은 유다인을 향해 수도에서 증오의 칼을 휘둘렀다. 이처럼 생명의 조서는 폭력을 금했으나 증오를 지우지는 못하였다. 행동을 규제할 수는 있었으나 감정은 통제하지 못하였다. 명령은 내렸지만 신념을 바꾸지는 못하였다.

저자는 유다인을 죽이려는 500명의 원수를 복수형 "사람들"(אֲנָשִׁים)이 아니라 단수형 "사람"(אִישׁ)으로 표기한다. 이것은 문법의 오류가 아니라 존재의 진술이다. 저자는 많은 원수를 하나의 "사람"으로 본다. 이는 그들이 하나의 악의를 공유했기 때문이다. 악은 개인의 무시, 고유성의 파괴, 인격의 획일화, 개성의 말살을 지향한다. 이 500명이 비록 다른 얼굴을 가지고 다른 이름으로 불리고 다른 집에서 왔지만 모두 같은 증오를 품었고 같은 목적을 가졌고 같은 악을 섬겼기 때문에 그들은 한 "사람"이다. 유다인을 죽이는 것, 이것이 그들을 하나로 만들었다. 증오에 사로잡힌 자들은 각자의 고유한 이야기가 없고 독특한 인격이 없고 증오라는 시스템의 부품들에 불과하다. 500개의 몸을 가졌으나 하나의 악한 의지이고 500개의 입을 가졌으나 하나의 독설이고 500자루의 칼을 가졌으나 하나의 폭력이다. 500명의 사람은 익명이고 군중이고 집단이다. 집단 속에서 개인은 사라지고 무리 속에서 책임은 희석되고 폭도들 사이에서 인격은 지워진다. 집단은 이런 식으로 도덕의 도피처가 된다.

유다인은 500명의 사람을 "죽이고 멸하였다"(הָרְגוּ הַיְּהוּדִים וְאַבֵּד). 두 동사의 사용이 절묘하다. 죽음은 원수의 육체적인 존재를 제거하는 것이고, 멸망은 그들의 사회적, 역사적 존재성을 제거하는 것이기 때문이다. 죽이고 멸했다는 것은 원수의 생명이 끊어진 것만이 아니라 이름을 가지고 관계 속에서 영향력을 행사하고 유산을 남기는 존재의 흔적마저 기억 속에서, 역사 속에서, 구조 속에서 제거하는 것을 의미한다. 죽이는 것은 원수의 현재를 제거하고, 멸하는 것은 원수의 미래를 제거한다. 죽임은 시간 속의 정의이고 멸함은 영원 속의 정의로서, 두 동사의 병치는 인간의 행위와 신적 의도의 공명이다. 이것은 역사의 섭리적인 패턴이다. 즉 소돔과 고모라의 사람들을 멸하신 하나님은 동시에 소돔과 고모라의 도시 전체도 불로 태우셨다. 그렇게 악의 주체를 없애시고 악의 흔적도 지우셨다. 500명의 죽음과 멸망은 침묵과 방조 속에 웅크리고 있던 수많은 작은 증오들이 빛 아래 드러나 그 힘을 완전히 상실한 것을 의미한다. 유다인이 멸망시킨 것은 오백의 대적이 아니라 그들을 살인의 도구로 바꾼 악의와 증오 자체였다.

⁷또 바산다다와 달본과 아스바다와
⁸보라다와 아달리야와 아리다다와
⁹바바스나와 아리새와 아리대와 왜사다
¹⁰곧 함므다다의 아들 유다인의 대적 하만의 열 아들들을 그들이 죽였으나
노획물에 그들의 손을 뻗지는 아니했다

유다인의 칼은 하만의 혈통을 관통했다. 저자는 하만이 자랑하던 자녀들, 그러나 유다인의 칼에 죽임을 당한 그들의 이름, 즉 바산다다, 달본, 아스바다, 보라다, 아달리야, 아리다다, 바마스다, 아리새, 아리대, 왜사다를 일일이 거명한다. 이들은 자신들의 아버지 하만을 죽인 원수에게 복수하기 위해 칼을 뽑았을 가능성이 높다. 이들의 개별적인 이름이 나열된 것은 이 심판이 불특정 다수를 향한 우발적인 사건이 아니라 하나님의 뜻 아래서 각각의 악한 존재에게 미친 정확하고 개별적인 공의의 집행임을 강조한다. 그러한 열 개인의 이름들이 히브리 문자로 새겨졌다. 이들의 페르시아 이름과 히브리어 음역은 제국의 위대함을 나타내는 동시에 악의 10가지 고약한 특징들을 암시한다. 이 이름들의 기록은 사실적인 나열을 넘어 무덤의 비문과, 하만의 독초가 싹튼 그 열매들과, 증오의 씨앗이 제국을 물들일 뻔한 그 후손들을 가리킨다. 악명이 기록되는 것은 기억의 심판이다. 이것은 잊지 않겠다는 선언이며 다시는 그런 이름이 반복되지 않기를 바라는 영구적인 기도의 형식이다.

하만의 아들들은 수산의 평범한 시민이 아니라 아버지의 증오를 혈통적인 유산으로 물려받은 세대의 상징이다. 10이라는 숫자의 자녀는 악의 완성을 상징하고 그들의 몰락은 악의 완전한 종말을 의미한다. 이제 하만의 이름과 열 아들들의 이름은 멸망의 목록으로 영원히 박제된다. 기억되나 살아있지 않은 존재들, 기록되나 계승되지 않는 혈통, 불리지만 대답하지 않는 이름들, 그들은 경고로 남아 악의 종말이 어떠함을 영원히 전시한다. 이것은 하나님의 공의가 시간 속에서 작동하는 방식이다. 역사는 망각으로 구원되지 않고 오히려 기억의 끝에서 구원이 시작된다.

저자는 "하만의 열 아들들"을 거명한 직후에 그들을 "함무다다의 아들 유다인의 대적 하만"이 낳은 자녀라고 설명한다. 하만의 혈통과 자녀들의 이름과 "유다인의 대적"(צֹרֵר הַיְּהוּדִים)에 대한 언급은 독자를 모세의 시대로 데려간다. 그때 하나님은 유다인의 영원한 대적인 아말렉의 이름을 천하에 기억되지 못하게 하라고 명하셨다. 사울에게 이 명령을 맡겼으나 그는 실패했다. 아말렉에 대한 미완의 저주는 에스더의 시대까지 이어졌다. 부림절 사건의 배후에는 아말렉의 멸절에 대한 하나님의 명령이 웅크리고 있다. 하만의 혈통적 씨가 마르고 그 이름들이 기록된 것은 페르시아 제국의 정적 제거를 넘어 성경적 약속의 성취였다. 이름은 기억의 그릇이다. 이름이 불리는 한, 존재는 계속된다. 그 존재에게 달라붙은 악도 지속된다. 아말렉의 이름이 기억되지 않는다는 것은 악의 소멸을 의미한다. 아말렉의 이름이 천하에서 도말되는 방식은 물리적인 소멸을 넘어서, 그들의 이야기가 더 이상 힘을 갖지 못하도록, 그들의 악이 영감을 주지 못하도록, 그들의 증오가 다음 세대의 정체성이 되지 못하도록 차단됨에 있다. 아말렉의 멸절은 어떤 민족의 멸절이 아니라 하나님 없는 질서의 소멸이다.

유다인의 칼에 쓰러진 500명의 익명과 10명의 실명이 절묘하게 대비된다. 성경은 가시적인 사건을 나열하지 않고 의미를 기록한다. 익명으로 남은 500명은 악의 구조를 대표한다. 유다인을 멸절하려 했던 단일한 증오와 탐욕에 굴복하여 자신의 개별성을 상실한 채, 악한 체제에 편승했던 수많은 이들을 대변한다. 그들의 죽음은 개체의 심판이 아니라 악의 구조적 총합이 무너지는 상징이다. 이름 없는 자들의 쓰러짐 속에서 인간의 얼굴을 지운 제국의 폭력이 함께 무너진다. 그러나 실명은 악의 중심을 지목한다. 하만의 열 아들은 익명성을 허락받지 못하고 영원한 고발의 명부에 각자의 이름이 기록되고 그들의 정체성은 악의 씨앗으로 고정된다. 이처럼 어떤 죽음은 통계가 되고 어떤 죽음은 서사로 기억된다. 500명의 익명은 악의 집단적인 양을, 10명의 실명은 악의 개별적인 질을 나타낸다. 500명의 익명은 부림절의 배경음악 같고 열 개의 이름은 그 이야기의 절정이다. 이러한 역사의 선택적 기록은 어떤 면에서 부당하다. 그러나 성경은 이 부당함을 숨기지 않고 드러낸다. 익명과 실명, 집단과 개인의 대비는 불편하나 정직하다. 500명은 비극이고 열 명은 신학이기 때문이다. 익명은 역사의 흐름이고 실명은 역사의 의미이기 때문이다.

유다인은 하만의 자녀들을 죽여서 악의 불씨와 재등판을 제거했다. 그러나 그 자녀들이 남긴 "노획물에(בִּבָּזָה) 그들의 손(יָדָם)을 뻗지는 아니했다." 이것은 특이한 문장이다. 적들을 죽이고 전리품을 취하는 것은 고대 전쟁의 합의된 관습이다. 패자의 것을 승자가 취하는 것은 정당한 보상이고 합법적인 권리이고 왕이 서명한 법률이 보증한다. 그런데도 유다인의 손은 그 재물에 닿기를 거절했다. 하만은 유다인의 재산을 탐했으나 유다인은 하만의 재산에 무심했다. 이는 자신들의 순수한 동기를 보여주고 탐욕이 아니라 자위권과 정의가 시킨 일임을 증명하기 위함이다. 노획물에 손대지 않음은 이 전쟁이 정치적 갈등이 아니라 거룩한 전쟁이고, 경제적 이득을 위한 싸움이 아니라 존재를 위한 싸움이고, 탐욕의 충돌이 아니라 신앙의 사투임을 보여준다.

원수의 재물에 유다인의 손이 닿지 않았다는 사실이 너무도 중요해서 저자는 세 번이나 반복한다(에 9:10, 15, 16). 반복은 기억하고 잊지 말아야 한다는 강조의 문법이다. 에스더서 서사의 엔진은 페르시아 제국의 불변적인 법, "메대와 바사의 법은 변개치 못한다"라는 원칙이다. 이 원칙 때문에 하만의 조서와 모르드개의 조서가 대치했다. 두 조서에는 원수의 재산을 탈취해도 된다(에 8:11)고 명시되어 있다. 그런데도 노획물 손대기를 거부한 이유는 하나님의 명령 때문이다. 사울의 시대에 하나님은 아말렉의 진멸을 명하시며 "그들의 모든 소유를 남기지 말고" 취하지도 말라(삼상 15:3, 19)고 명하셨다. 그러나 사울은 아말렉의 소유물 중에 좋은 것을 취하였다. 이런 위반으로 그는 폐위까지 당하였다. 에스더 시대의 유다인은 사울의 이런 흑역사를 알기에 노획물 손대기를 싫어했다. 이것은 에스더서 신학의 정점이다. 사울이 탐한 것을 그들은 거부했고 사울이 불순종한 것을 그들은 순종했다. 이것은 개인의 의로움이 아니라 역사의 회복이다. 세대를 건너뛰는 신원이다. 수백 년전의 실패가 오늘의 순종으로 씻긴다. 이로써 그들은 보이는 왕보다 보이지 않는 하나님이, 인장이 찍힌 왕의 법보다 기록되지 않은 하나님의 뜻이 우선임을 드러냈다. 합법적인 것보다 의로운 것이 더 중요함을 아는 지혜, 승리보다 정체성을 지키는 절제의 시험을 통과했다.

우리도 제국의 법 위에 하늘의 법이 있고 권리 위에 책임이 있고 합법성위에 정당성이 있음을 항상 기억해야 한다. 그런데 이 고대의 지혜는 교회의 강단에서 가장 빈번하게 무너진다. 대부분의 목회자는 교회를 위해 목숨과 마음과 뜻과 힘을 다하여 헌신한다. 밤을 지새우며 기도하고 설교를 준비하고 양들을 돌보되 병원을 찾아가고 장례를 집례하고 혼인을 축복한다. 때로 하나님의 은총으로 교회가 자라난다. 작은 예배당이 큰 성전이 되고 소수의 성도가 수백으로 늘어나고 빈약한 헌금통의 무게가 늘어난다. 부흥이고 축복이다. 그런데 바로 이 순간, 노획물이 나타난다. 그 모든 목회의 노획물에 목회자는 군침을 흘리며 차지하기 위해 앞다툰다. 게다가 노획물에 손을 대는 것이 합법적인 것이고 성도도 승인하는 일이고 다른 교회들의 일반적인 관행이기 때문에 그것을 취한 목회자는 일말의 수치심도 없다. 그들은 자신을 다윗이라 생각한다. 골리앗을 무찌른 영웅, 왕국을 세운 지도자, 그러나 그들은 사울을 닮아간다. 순종보다 제사를, 듣는 것보다 기름을 선택한 사울의 논리를 따라 목회자도 교회의 부흥을 위하고, 하나님의 영광을 위하고, 목회의 효율성을 위한다는 명분으로 노획물을 건드린다. 이는 종교적 언어로 포장된 탐욕이고 신학적 논리로 정당화된 욕심이고 영성의 외피를 두른 세속성에 불과하다. 아말렉을 쳤지만 그들의 노획물을 취한 사울처럼 목회자도 하늘의 명을 그렇게 거스른다. 하늘의 법을 망각한 제국의 사제, 책임보다 권리를 앞세우는 종교의 관리, 정당성이 아닌 합법성을 따지는 영혼, 이것이 오늘날 무너진 목회자의 초상이다. 우리는 에스더 시대의 유다인이 합법적인 노획물을 손대지 않았다는 사실을 세 번이나 적시한 저자의 절박한 심성을 헤아려야 한다. 나락을 막으려는 세 겹의 절규에 귀를 기울어야 한다.

에 9:11-16

¹¹그 날에 도성 수산에서 도륙한 자의 수효를 왕께 아뢰니 ¹²왕이 왕후 에스더에게 이르되 유다인이 도성 수산에서 이미 오백 명을 죽이고 멸하고 또 하만의 열 아들을 죽였으니 왕의 다른 지방에서는 어떠하였겠느냐 이제 그대의 소청이 무엇이냐 곧 허락하겠노라 그대의 요구가 무엇이냐 또한 시행하겠노라 하니 ¹³에스더가 이르되 왕이 만일 좋게 여기시면 수산에 사는 유다인들이 내일도 오늘 조서대로 행하게 하시고 하만의 열 아들의 시체를 나무에 매달게 하소서 하니 ¹⁴왕이 그대로 행하기를 허락하고 조서를 수산에 내리니 하만의 열 아들의 시체가 매달리니라 ¹⁵아달월 십사일에도 수산에 있는 유다인이 모여 또 삼백 명을 수산에서 도륙하되 그들의 재산에는 손을 대지 아니하였고 ¹⁶왕의 각 지방에 있는 다른 유다인들이 모여 스스로 생명을 보호하여 대적들에게서 벗어나며 자기들을 미워하는 자 칠만 오천 명을 도륙하되 그들의 재산에는 손을 대지 아니하였더라

❖ ❖ ❖

¹¹그날에 수산 성읍에서 죽임당한 자들의 수효가 왕의 면전으로 왔다 ¹²이에 왕이 에스더 왕후에게 말하였다 "유다인이 수산 성읍에서 오백 명의 사람과 하만의 열 아들들을 죽이고 멸하였다 왕의 나머지 지방들 안에서는 그들이 무엇을 했겠느냐? 그대의 청원이 무엇이냐? 그것이 그대에게 주어질 것이다 그대의 요청은 또 무엇이냐? 그것이 행하여질 것이다" ¹³이에 에스더가 말하였다 "만일 왕에게 좋으시면 내일도 수산에 있는 유다인이 오늘의 규례대로 행하게 해주시고 하만의 열 아들들을 그 나무 위에 매달게 해 주십시오" ¹⁴왕은 그렇게 행하도록 말하였고 수산에 법령을 반포했다 그리고 그들이 하만의 열 아들들을 매달았다 ¹⁵수산에 있는 유다인은 아달월 십사일에도 모였으며 삼백 명의 사람을 죽였으나 전리품에 자신들의 손을 뻗지는 아니했다 ¹⁶왕의 지방들에 있는 나머지 유다도 자신들의 생명을 위해 맞서고 자신들의 원수들로부터 안식을 얻으려고 모였으며 자신들을 미워하는 자들 중에서 칠만 오천 명을 죽였으나 전리품에 자신들의 손을 뻗지는 아니했다

또 하나의 조서

¹¹그날에 수산 성읍에서 죽임당한 자들의 수효가 왕의 면전으로 왔다

아달월 13일에 이루어진 일이 왕에게 알려졌다. 그런데 보고의 날이 "그날"(בַּיּוֹם הַהוּא)이었다. 이 지시 대명사가 수식하는 "그날"은 제국의 사지 끝에서 일어난 모든 일도 당일에 제국의 심장부로 들어가는 보고의 신속성을 강조한다. 칼의 소리가 채 가시기도 전에 보고의 목소리가 왕의 귀를 두드렸다. 이는 인간의 눈에는 은폐되고 왜곡된 사건들도 하나님의 보좌 앞에서는 당일에 실시간 보고됨을 떠올리게 한다. 하나의 숫자가 왕의 귀에 이르도록 역참 제도, 신속한 전령들, 체계적인 보고, 왕실의 효율적인 정보 전달 시스템이 동시에 조화롭게 작동했다. 제국 전체의 맥박, 그 거대한 그물망 속에서 벌어진 모든 비밀과 속삭임이 순식간에 왕의 시야로 녹아 들어와 한 몸이 되는 그 신비로운 속도로 섭리의 시계가 움직인다. 이것은 땅에서 일어난 일들이 하늘의 뜻과 맞닿는 시점, 권력의 중심에 하나님의 정의가 도달하는 장면이다.

하나님은 제국의 행정 체계를 통해서도, 왕실의 보고 시스템을 통해서도 당신의 뜻을 이루신다. 하만이 세운 죽음의 법령이 동일한 시스템을 통해 퍼져 나간 것처럼 이제 유다인의 구원 소식도 같은 경로를 따라 왕에게 전달된다. "그날"은 하나님의 구원이 가시적 현실이 되었다는 증거였다. 보이지 않는 손이 보이는 제국의 구조를 사용하여 당신의 백성을 지켰다는 선언이다. 제국의 귀는 빨랐지만 하나님의 눈은 더 신속했다. 왕이 듣기 전에 하나님은 이미 보셨고 왕이 반응하기 전에 하나님은 이미 준비를 끝내셨다. 이 준비가 없었다면 왕과 왕후의 대화는 없었을 것이고 유다인의 방어가 하루 더 연장되지 않았을 것이기에 보고의 신속성은 유다인의 생명을 보존하기 위한 섭리의 필수적인 요소였다.

왕의 귀에 들어오는 정보는 "죽임당한 자들의 수효"(מִסְפַּר הַהֲרוּגִים)였다. 누가 죽었는지, 왜 죽었는지, 어떻게 죽었는지 등의 정보가 아니라 사망자의 수가 그에게는 가장 중요했다. 왕에게 필요한 것은 통제 가능한 정보였다. "오백명"이라는 숫자는 왕에게 상황의 규모를 알려주고 제국의 질서가 얼마나 유지되고 있는지를 확인시켜 준다. 수효는 감정을 배제하고 수량적인 판단을 제공하고 결정을 용이하게 만들기 때문에 권력은 언제나 추상을 선호한다. 구체적인 인간은 너무 복잡하고 불편하고 많은 책임을 요구하기 때문이다. 권력은 현실의 피와 눈물보다 질서의 유지, 통제의 균형, 보고의 정확성을 더 중요하게 생각한다. 그러나 숫자를 원하는 왕과는 달리 하나님은 이름을 원하신다. 왕은 깔끔하게 정리된 집계를 받지만, 하나님은 각 사람의 운명을 적으신다. 왕 앞에 놓인 보고서는 차갑지만, 하나님의 장부는 뜨겁고 인격적인 기록이다. 왕에게 인간은 점으로 축소되고 점들은 다시 숫자로 합산된다. 왕에게 백성은 관리의 대상이지 사랑의 대상이 아니기 때문이다. 그런데 하나님은 왕의 차가운 보고서도 사용하여 당신의 따뜻한 목적을 이루신다.

12이에 왕이 에스더 왕후에게 말하였다 "유다인이 수산 성읍에서 오백 명의
사람과 하만의 열 아들들을 죽이고 멸하였다 왕의 나머지 지방들 안에서는
그들이 무엇을 했겠느냐? 그대의 청원이 무엇이냐? 그것이 그대에게
주어질 것이다 그대의 요청은 또 무엇이냐? 그것이 행하여질 것이다"

보고를 받은 왕은 "왕후에게 말하였다." 그녀에게 말을 걸려고 그녀에게
갔다. 왕후가 왕을 찾아왔던 과거와는 달리, 이번에는 왕이 찾아갔다. 에스
더가 왕에게 나아갈 필요가 없어졌다. 황금홀을 기다릴 필요도, 허락을 구할
필요도, 죽음을 각오할 필요도 없어졌다. 그녀의 발은 더 이상 왕좌를 향해
위험한 순례길을 걸어갈 필요가 없어졌다. 제국의 광대한 복도, 그 아득한 거
리를 건너는 대신에, 이제는 왕좌가 그녀에게 제 발로 다가왔다. 이는 왕권
의 본질이 뒤집힌 섭리의 은밀한 춤이었다. 왕이 찾아가는 것은 그가 더 이
상 초연한 권력자가 아님을 의미한다. 그의 걸음은 에스더의 목소리와 의견
이 필요함을 인정하며 그녀 없이는 상황을 온전히 이해할 수 없다는 고백이
다. 하나님은 그렇게 일하신다. 예전에 문밖에서 떨던 자를 문 안의 조언자
로 만드신다. 긴청하던 자를 결정하는 자로 높이신다. 황금홀을 기나리던 여
인을 왕이 찾아오는 왕후로 세우신다. 하나님이 일하시면 왕좌도 걸어가고,
권력도 무릎을 조아린다. 권력자가 신앙의 사람에게 찾아오는 이 역전의 순
간, 위에서 아래로 흐르던 권위가 아래에서 위로 이끌리는 이 현상은 바로 부
활의 질서이며 구원의 리듬이다.

왕은 "오백 명의 사람과 하만의 열 아들들"이 죽은 수산 성읍의 상황을 왕
후에게 설명한다. "왕의 나머지 지방들 안에서는 그들이 무엇을 했겠느냐?"
왕은 정답을 제시하지 않고 짐작한다. 직접 명시하지 않고 에스더가 그 말의
무게를 느끼도록, 숫자 너머의 현실을 상상할 수 있도록 의문문 형태로 사유
의 디딤돌을 깐다. 한 걸음씩 다가오는 파도처럼 그는 본론의 문턱까지 느린
속도로 다가간다. 그리고 에스더의 청원과 요청의 내용을 듣고 싶다며 질문

한다. 지금 왕은 본론에 도달하기 위해 맥락을 만들고 배경을 그리고 상황을 설명하는 빌드업의 어법을 구사한다. 수산의 오백, 하만의 열 아들, 그리고 제국 전역에 퍼진 죽음의 물결을 거론하며 마치 캔버스에 밑칠을 하듯 왕은 말로 무대를 준비한다. 한때 왕의 입술은 단 하나의 동사로 제국을 움직였다. "보내라, 닫아라, 처형하라." 어명은 짧았고 단호했다. 어떠한 해석이나 반문도 용납하지 않는 절대적인 직구였다. 그런 어명이 출고되던 왕의 입술에서 이제 배려의 화법이 쏟아지고 있다. 빙 돌아서 접근한다. 직선이 아니라 곡선을 그리며 다가간다. 왕후에게 생각할 시간을 주고 대답할 여백을 제공한다.

"그대의 청원이 무엇이냐? 그것이 그대에게 주어질 것"이라는 왕의 말에는 질문과 보장이 교차한다. 이런 유형의 말이 반복된다. 묻고 약속하고, 다시 묻고 다시 약속한다. 이 리듬 속에는 급박함이 없다. 대신에 에스더가 말할 수 있는 안전한 공간, 요청할 수 있는 넉넉한 공간, 심지어 거절할 수도 있는 자유로운 공간을 마련한다. 왕의 화법이 달라졌다. 빌드업은 웅변가의 기술이고 설득자의 전략이다. 그런데 그런 설득의 언어와 설명의 화법을 최고의 권력자가 구사한다. 원래 지배하는 권력은 단언한다. 그러나 존중하는 권력은 질문한다. 강요하는 권력은 답을 요구한다. 하지만 초대하는 권력은 대답을 기다린다. 왕은 돌진하지 않고 돌아간다. 수산에서 시작해, 지방들로 나아가고, 마침내 질문에 도달한다. 에스더가 한 걸음씩 따라올 수 있도록 단어를 쌓고 문장을 늘이고 손잡이와 같은 접속사를 촘촘한 간격으로 발음한다. 이러한 화법의 변화는 나약함이 아니라 성숙함을 드러낸다. 왕다운 권위와 여유가 느껴진다. 에스더가 왕을 왕답게 바꾸었다.

¹³이에 에스더가 말하였다 "만일 왕에게 좋으시면
내일도 수산에 있는 유다인이 오늘의 규례대로 행하게 해주시고
하만의 열 아들들을 그 나무 위에 매달게 해 주십시오"

왕의 질문에 에스더가 두 가지로 대답한다. 첫째, "내일도 수산에 있는 유다인이 오늘의 규례대로 행하게" 해 달라는 요청이다. "수산에 있는 유다인"만 하루가 더 필요한 이유가 무엇인가? 유다인을 향한 하만과 그 무리의 악의가 변방과는 달랐기 때문이다. 동시에 그 악의에 대한 유다인의 두려움도 달랐기 때문이다. 수산은 페르시아 제국의 수도였다. 왕궁이 있고 권력의 중추가 모였으며 하만의 영향력이 가장 깊숙이 뿌리내린 곳이었다. 유다인은 하만의 오만과 살기를 매일 느끼며 살았고 그의 증오가 만들어낸 적대감의 농도가 가장 강렬했다. 그래서 수산에서 철저히 승리하면 그 자체로 제국 전역에 온전한 정의의 메시지를 보내는 동시에 왕궁과 권력의 심장부를 향해서는 유다인을 건드리면 얼마나 무서운 재앙과 멸망이 오는지를 알리는 효과도 가져온다.

"내일도"(גַּם־מָחָר), 이 말은 ㄴ 사체로 또 하나의 조서였다. 에스더가 지금까지 목숨을 걸고 성취한 왕의 은택, 하만의 그물을 찢고 백성의 울음을 정의의 노래로 바꾼 그 은택을 두 배로 만드는 기발한 요청이다. 사실 왕은 오늘 일어난 일로 하만과 유다인의 갈등을 종결하려 했다. 수산에서 오백, 하만의 아들 열, 각 지방의 무수히 많은 사람들의 피(16절에 보면 지방의 사망자는 75,000명임)가 흘렸고 법령이 실행되고 정의의 실현도 끝났다고 생각했다. 그런데 왕이 이 정도면 되었다며 마침표를 찍으려는 순간 에스더는 쉼표를 제안한다. 끝내려는 왕에게 그녀는 연장을 요청한다. 이는 유다인의 손에 쥐어진 검과 방패가 내일도 자유롭게 춤추게 해 달라는 요청이다. 이것은 탐욕이 아니라 책임이며, 권력의 남용이 아니라 공의의 완성을 위함이다.

"내일도," 이 말의 천재성은 그것이 새로운 것을 요구하지 않고 다른 법의

제정을 구하지 않고 더 큰 권한을 달라고 하지 않았음에 있다. 에스더는 "오늘의 규례대로"(כַּדָּת הַיּוֹם) 라는 표현을 추가하여 그녀의 요청이 전혀 새로운 것이 아님을 암시했다. 이것이 요청의 기술이다. 새로운 것이면 생각을 하고 회의를 소집하고 논의를 하고 결정을 해야 하겠지만, 더 큰 것을 원한다고 하면 부담을 주어 거절당할 수도 있겠지만, 이미 주어진 것을 하루만 더 연장하는 것은 결정이 복잡하지 않고 절차도 필요하지 않고 즉각적인 조치가 가능하다. 게다가 "내일도"는 당신의 법령이 좋았다고, 당신의 결정이 옳았다고, 그것이 너무나 완벽해서 다시 한번 적용하면 좋겠다는 긍정적 요청이다.

　백성의 눈물이 강물이 되고 정의가 태양처럼 피어나는 이 순간, 에스더가 두 배를 요청한 이 대담함은 이렇게 가르친다. 즉 진정한 구원은 오늘의 승리에 머무르지 않고 내일의 문을 두드린다. 왕의 은택이 두 배로 피어나는 그 정원에서 우리의 영혼은 하나님의 자비가 결코 한 번의 여명으로 끝나지 않음을 속삭인다. 이 대목에서 에스더의 통찰력이 번뜩인다. 그녀는 비록 왕실에 있었지만 제국 전체의 분위기를, 아직은 불안전한 유다인의 상태를, 하루가 더 필요한 미완의 안전과 정의의 실상을 왕보다 더 정확하게 간파하고 있다. 그녀는 제국을 자신의 손바닥 보듯이 꿰뚫는다. 왕은 법을 선포하면 현실이 따라오고, 칙령이 내려가면 질서가 회복될 것이라고 생각한다. 그러나 에스더는 법령과 현실 사이에는 간극이 있음을, 선포와 실행 사이에는 시간이 필요함을 안다. 왕은 보고서를 읽지만 에스더는 제국의 공기를 읽으며 현장을 더듬는다. 원수들을 제압한 유다인의 승리는 오늘의 사실이다. 그러나 오늘의 승리가 충분한 안전은 아니었다. 칼을 내려놓는 순간 새로운 적이 등장하고 오늘 싸웠던 자들이 내일에는 복수할 가능성이 높다. 십삼일의 원한이 십사일의 칼날이 되어 돌아오면 유다인은 적법하게 칼을 잡지도 못하고 저항도 못하고 복수의 칼을 순순히 맞이해야 한다. 에스더는 이 끔찍하고 위태로운 가능성을 감지하고 있다.

　과거에 그녀는 고아였고, 유배당한 민족의 식구였고, 정체를 숨겨야 하는 소녀였다. 그녀의 머리에는 왕관이 있었지만 왕관 없는 삶을 기억한다. 권력의 보호를 받고 있지만, 그녀는 권력 없는 두려움을 안다. 그래서 유다인인 동시에 왕후인 그녀는 위에서도 보고 아래서도 본다. 안에서도 보고 밖에서도 본다. 그래서 왕의 시선이 궁전의 벽에 갇힌 채 안위를 헤아릴 때 에스더는 제국의 혈관을 따라 마지막 변방까지 흐르는 독기를 감지했다. 그래서 하루로는 결코 충분하지 않음을, 내일이면 원수의 불씨가 다시 살아나 유다인의 정수리에 보복의 횃불로 떨어질 수 있음을 그녀는 간파했다.

왕은 결정한다. 그러나 에스더는 간파한다. 왕은 명령한다. 하지만 에스더는 이해한다. 왕은 제국을 다스린다. 하지만 에스더는 제국의 틈새를, 법령의 허점을, 승리의 미완성을 본다. 그리고 하루가 더 필요함을, 법령의 연장이 필요함을, 미완의 정의가 불안의 원흉임을 안다. 이러한 에스더의 통찰력은 권력의 자리에서 얻은 것이 아니라 생존을 위한 필사의 각성과 민족을 향한 사랑에서 우러나온 지혜의 빛이었다. 더 소급하면 하나님의 은사였다. 하나님은 그녀를 왕궁에 두셨지만 백성과의 연결을 끊지 않으셨다. 그녀에게 왕후의 면류관을 주셨지만 유다인의 정체성을 빼앗지는 않으셨다. 그녀를 높은 사리에 두셨으나 낮은 곳을 보는 시력을 거두지는 않으셨다. 권력의 언어를 쓰지만 백성의 필요를 알고 궁전에서 살지만 그녀의 마음은 골목길에 있고 그곳에서 거리의 현실을 판독한다. 이것이 "이때를 위하여" 하나님이 세우신 왕후의 모습이다.

둘째, "하만의 열 아들들을 그 나무 위에 매달게" 해 달라는 요청이다. "그 나무"(עֵץ), 하만의 처형을 떠올리게 하는 낱말이다. "그 나무"라는 에스더의 말은 다시 한번 제국의 기억을 일깨운다. 정관사 하나로 인해 왕은 "어느 나무냐"라고 물을 필요도, 장소를 명시할 필요도, 높이를 언급할 필요도, 어떤 나무인지 구체화할 필요도 없어졌다. 하만의 몸이 매달려 제국의 하늘에 정의의 그림자를 드리우던 그 처형대, 악의 종말을 시각화한 기둥, 유다인의 승리가 새겨진 높은 기념비, 죽음의 도구가 정의의 상징이 된 그 나무는 왕을 비롯한 제국의 모든 사람들이 기억하기 때문이다. "그 나무," 이 두 단어는 역사를 요약한다. 그것은 형틀이 아니라 하나의 공적인 교훈이다. 하나님의 정의를 증거하는 나무, 교만이 어떻게 끝나는지 보여주는 나무, 음모자의 운명을 선언하는 나무, 유다인을 대적하는 자의 종말을 보여주는 그 나무는 이제 제국의 공용 교과서와 같다. 에스더는 아버지가 매달린 그 나무에 아들들도 매달리게 해 달라고 청원한다. 이것은 잔인함도, 앙갚음도 아닌 완성이다. 하만의 경우와는 달리, 그의 아들들은 이미 사망했다. 그러나 그들의 상징은 아직도 살았는데, 그들은 열 명의 평범한 아들이 아니라 하만의 유산이며, 하만의 음모가 다음 세대로 이어질 가능성인 동시에 복수가 언젠가는 돌아올 수 있다는 위협의 상징이다. 그래서 에스더는 그 상징을 "그 나무" 위에 매달라고, 하만의 시대가 완전히 돌이킬 수 없도록 끝났다는 가시적인 선언을 요청한다.

하나님의 심판은 참으로 철저하다. 하만을 심판하되 그 유산도 남겨두지 않으신다. 아버지의 교만을 꺾으시되 아들들의 복수도 허락하지 않으신다. 악의 뿌리가 다시 싹트지 못하도록 철저한 근절을 원하신다. 악의 씨앗인 하만의 아들들이 매달린 나무는 악의 유전이 멈추는 자리이자, 정의의 서사가 완성되는 장면이다. 에스더의 요청으로 인해, 악인은 자기가 판 구덩이에 빠지고, 자기가 세운 올무에 걸리고, 자기가 만든 도구로 심판을 받는다는 정의의 시청각 교재를 제국의 모든 백성이 공유하게 된다. 수산의 모든 사람들은 "그 나무"라는 경고장을 읽으며, 하나님의 백성을 함부로 건드리면 어떤 꼴을 당하는지, 얼마나 처절한 응징을 당하는지, 뿌리마저 뽑혀야 끝난다는 사실을 깨닫는다. 에스더의 요청은 하만이 시작한 이야기를, 하나님이 역전시킨 그 이야기를 완성한다.

¹⁴왕은 그렇게 행하도록 말하였고 수산에 법령을 반포했다
그리고 그들이 하만의 열 아들들을 매달았다

에스더의 입에서 나온 말이 아직 공기 중에 떠도는 동안, 왕의 입에서 승낙이 떨어졌다. 왕은 즉시 "그렇게 행하도록(כֵּן nʿʿāśeh) 말하였고 수산에 법령을 반포했다." 그리고 "하만의 열 아들들을 매달았다." 왕은 에스더의 두 요청을 순서대로 응답했다. 먼저 수산에 법령을 반포하고 그다음에 하만의 아들들을 처형했다. 응답의 순서가 요청의 순서를 따른다는 것은 행정적인 절차의 충실함이 아니라 왕후에 대한 왕의 배려와 존중, 나아가 섬세한 사랑을 의미한다. 사랑은 때로 칼날보다 날카롭게 순서를 기억한다. 왕은 에스더의 모든 말을 그 내용만이 아니라 그 말이 흘러나온 질서와 맥락까지 소중하게 경청했다. 그리고 그녀가 말한 대로, 그녀가 말한 순서대로, 그녀가 말한 이유대로, 모든 것을 이루었다. 마치 춤을 추는 두 사람처럼, 왕은 에스더의 박자에 맞춰 움직였다. 사랑은 때로 이렇게 정치보다 섬세하고, 권력보다 질서 있게 역사를 움직인다.

에스더의 말은 서기관의 펜촉에 잉크를 묻힐 사이도 없이, 법률가의 검토를 받을 겨를도 없이, 신하들의 논의를 거칠 시간도 없이, 곧장 제국의 법령이 되었고 실행의 단계로 넘어갔다. 말의 온기가 식기도 전에 법령이 되는 것은 원래 왕의 말에만 적용되는 일이었다. 전도서를 보더라도 고대 근동에서 왕의 말은 특별했다. "왕의 말은 권능이 있나니 누가 그에게 이르기를 왕께서 무엇을 하시나이까 할 수 있으랴"(전 8:4). 왕은 신적인 권능의 지상적인 대리자를 방불케 했다. 엄밀한 의미에서 말이 곧 현실이 되는 것은 하나님의 고유한 권한이다. 그가 "빛이 있으라"고 말씀하시면 빛이 존재했다. 이처럼 말씀과 성취 사이에 어떠한 간극도 없다는 사실과 "다바르"(דָּבָר)라는 히브리어 자체가 "말"과 "사건"을 동시에 뜻한다는 사실, 이 둘은 연결되어 있다. 그런데 신만이 아니라, 왕만이 아니라, 왕후의 말도 이제는 법령이 되는 일이 일어났다. 이는 왕과 왕후의 관계에서 보면 권력의 분점이 아니라 인격의 합일이다. 원래 부부라는 것은 한 몸이고, 두 개의 "나"가 하나의 "우리"가 되는 것, 두 개의 의지가 하나의 뜻으로 수렴되는 것, 두 개의 말이 하나의 화음이 되는 것이기 때문이다. 왕과 왕후 사이에서 이 신비한 연합의 한 실체가 나타났다. 이 구절에서 에스더에 대한 왕의 사랑(에 2:17)이 증명되고 있다. 사랑 안에서 왕후의 고통은 왕의 고통이 되었고(에 7:3-6), 그녀의 기쁨은 그의 기쁨이 되었으며(에 8:1-2), 이제는 그녀의 말이 그의 말이 되는 사랑의 연합까지 이르렀다.

왕은 권력을 왕후에게 나누면서 권력을 상실하지 않고 오히려 더욱 강화했고 확장했다. 에스더의 말이 곧 법령이 된 것은 왕의 약함이 아니라 강함의 표시였다. 자기 권력에 확신이 없는 왕은 아무것도 위임하지 못하고 모든 것을 스스로 통제하려 한다. 그러나 진실로 강한 왕은 기꺼이 위임한다. 이제 왕은 자신의 제국을 강제가 아니라 합의로, 폭력이 아니라 화음으로 다스린다. 둘이 검토하고 논의하고 숙고하는 과정에 대한 저자의 침묵은 진정한 사랑과 신뢰의 관계에서 설명은 필요하지 않음을 웅변한다. 의심이 없기 때문에 검증이 필요하지 않고, 분리가 없기 때문에 중재가 필요하지 않고, 이질감이 없기 때문에 번역도 필요하지 않다. 침묵은 말의 결핍이 아니라 가장 진정한 형태의 말이라는 하이데거의 주장에 나는 동의한다.

왕의 말만이 법이 되던 세계에서 왕후의 말도 그 자리에 동참하는 것은 한 여인이 권세를 얻었다는 것이 아니라 권위의 근원이 이동하고 있음을 보여 준다. 말의 효력이 혈통이나 지위에서 비롯되지 않고 정의와 구원의 흐름 속에서 새롭게 부여되고 있다. 에스더의 말이 법이 된 것은 그녀가 권력을 쥐었기 때문이 아니라 그녀의 말이 생명을 향하고 있었기 때문이다. 진정한 말은 권위에 기대어 법이 되는 것이 아니라 진리를 품을 때 세계를 움직인다. 그래서 지극히 순수한 진리 자체인 "하나님의 모든 말씀은 능하지 못하심이 없다"(눅 1:37).

¹⁵수산에 있는 유다인은 아달월 십사일에도 모였으며
삼백 명의 사람을 죽였으나 전리품에 자신들의 손을 뻗지는 아니했다

하만이 교수대에 매달려 죽었고 죽은 그의 열 아들들도 동일한 교수대에 매달렸다. 그리고 다음 날이 이르렀다. 즉 아달월 "십사일"(יוֹם אַרְבָּעָה), 에스더가 "내일도 … 오늘의 규례대로" 행하게 해 달라고 부탁한 그 "내일"이다. 페르시아 제국의 백성은 이날 어떤 심정으로 맞았을까? 어떤 이들은 안도 속에서, 어떤 이들은 공포 속에서, 또 어떤 이들은 무감각한 피로 속에서 밤을 지새웠다. 유다인은 새벽부터 일어나 기도하며, 십삼일의 승리가 꿈이 아니기를, 십사일의 허락이 취소되지 않기를 간구했다. 그들은 왕의 법령이 아직 유효한지, 확인하고 또 확인했다. 그들의 마음에는 이 법령의 실행이 정의인가 아니면 복수인가, 생존인가 아니면 학살인가 라는 질문이 무거웠다.

아달월 십사일에 유다인은 "삼백 명의 사람(שְׁלֹשׁ מֵאוֹת אִישׁ)을 죽였으나 전리품에 자신들의 손을 뻗지는 아니했다." 원수들의 수가, 사망자의 수가 거의 절반으로 줄은 이유는 무엇이고 그렇게 줄었다는 것의 의미는 무엇인가? 줄어든 이유는 원수였던 자들 중 일부가 도망쳤기 때문이다. 다른 일부는 유다인을 찾아가 용서를 구하며 원수의 자리에서 벗어났기 때문이다. 그리고 승리의 확신이 유다인의 칼에 자비의 여지를 주었기 때문이다. 눈앞의 사람이 진짜 원수가 아니라 그저 하만의 선동에 휩쓸린 자임을 알았기 때문이다.

그리고 줄어든 300명은 증오의 질량이 줄었다는 뜻이었다. 정의가 복수로 변질되지 않았다는 증거였다. 생존이 학살로 타락하지 않았다는 표시였다. 300은 자제의 숫자이며, 절제의 숫자이며, 거룩한 분별의 숫자였다. 이는 이번에도 유다인이 "전리품에 자신들의 손"을 대지 않았다는 사실에서 확인된다. 유다인은 탐욕 때문에 싸우지 않았고, 재산 때문에 죽지 않았고, 오직 생존을 위해, 정의의 구현을 위해 행동했다. 이런 자제력은 그 자체로 의로운 승리의 물증이다. 힘을 가진 자가 그 힘을 절제할 때, 그것은 힘의 승리를 넘어선다. 그것은 적의 재산이 아니라 자신들의 정체성을 지키는 도덕적 승리이고, 탐욕이 가져올 영혼의 타락을 거부한 영적 승리였다. 만약 전리품에 군침을 흘렸다면, 십사일의 사망자는 늘어났을 것이 분명하다. 재산이 많은 자를 찾아내고 창고가 가득한 집을 습격하고 금은을 숨긴 자를 색출했을 것이기 때문이다. 오백에서 삼백으로 줄어든 사망자, 그 차이는 공포와 평정 사이의 거리, 무차별과 분별 사이의 간격, 복수와 정의 사이의 경계였다. 십사일은 십삼일의 연속이 아니라 복수에서 절제로, 분노에서 성찰로 나아가는 전환의 날이었다.

> 16왕의 지방들에 있는 나머지 유다인도 자신들의 생명을 위해 맞서고 자신들의 원수들로부터 안식을 얻으려고 모였으며 자신들을 미워하는 자들 중에서 칠만 오천 명을 죽였으나 전리품에 자신들의 손을 뻗지는 아니했다

역사의 페이지는 수산을 넘어 제국의 모든 지방으로 넘어간다. 저자는 붓을 들어 한 무리의 움직임을 따라간다. 제국의 모든 지방에 있는 "나머지(שְׁאָר) 유다인," 그들은 궁전에 있지도 않고 왕의 문에 앉지도 못한 자들을 가리킨다. 수산의 중심부가 아니라 변방에, 제국의 심장부가 아니라 손끝에, 역사의 무대가 아니라 무대 뒤에 있는 자들이다. 그들은 권력의 회랑을 걷지 못하였고 왕의 귀에 속삭이지 못하였고 법령의 반포나 변경에 관여하지 못하였다. "나머지"인 그들은 흩어진 자들, 유배의 잔여들, 소수의 존재들, 역사 속의 남은 생존자들 같은 분위기가 느껴지는 이름 없는 다수였다. 그러나 이 "나머지"는 절망의 찌꺼기가 아니라 구원의 씨앗이다. 그들은 운명처럼 지닌 고독감을 털고 흩어지지 않기로 결심했다. 그들은 "결집했다"(נִקְהֲלוּ).

나머지 유다인은 흩어져 있었지만 그 지리적 흩어짐이 영적 분열은 아니었다. 물리적 거리가 신앙적 거리는 아니었다. 그들은 서로 다른 지방에 살

았지만 같은 하나님을 섬겼으며, 다른 언어를 말했지만 같은 율법을 읽었으며, 다른 지도자의 통치 아래 있었지만 같은 언약의 동포였다. 그래서 쉽게 결집했다. 이들을 결집하게 한 것은 성전이나 왕이나 국가가 아니었다. 이들을 하나 되게 한 것은 지리가 아니라 신앙 때문이고, 그들을 연결한 것은 제도가 아니라 언약이기 때문이다. 수산의 좁은 골목에서 시작된 그 결집은 곧 제국 전체를 관통하는 한 줄기의 혈관이 되어 흩어진 먼지 같은 개인의 두려움을 한 덩어리의 심장 박동으로 바꾸었다. 그 심장이 뛸 때, 하나님은 개인을 개인으로, 민족을 민족으로 방치하지 않으심을, 오히려 흩어진 잔해들이 한 곳으로 모일 때 비로소 생명은 해체되지 않는다는 오래된 약속을 그들은 기억했다.

목적과 관련하여, 이들은 "자신들의 생명을 위해(עַל־נַפְשָׁם) 맞서고 자신들의 원수들로부터 안식을 얻으려고(וְנוֹחַ מֵאֹיְבֵיהֶם)" 결집했다. 첫째, 그들이 모인 이유는 그저 복수의 연대도, 단발적인 생존의 계산도 아니었다. 그것은 창조주 하나님이 호흡을 넣으신 "네페쉬"(נֶפֶשׁ), 즉 자기 자신의 숨결이요 동시에 옆 사람의 숨결을 지키기 위한 신성한 항거였다. 이 싸움의 본질은 생존의 기술이 아니라 존엄의 신학을 드러냄에 있다. 재산을 지키거나 명예를 회복하기 위함이 아니었다. 그들의 싸움은 생명의 등불을 드는 행위였다. 공격이 아니라 자기 보존의 신앙 행위였다. 창조의 본질을 회복하는 행위, 하나님의 형상으로 빚어진 자가 그 형상을 파괴하는 어둠에 대항하는 빛의 춤이었다. 생명은 그저 주어진 것이 아니라 지켜야 할 언약의 선물이기 때문이다.

둘째, 결집의 이유는 원수들의 억압과 위협에서 벗어나 "안식하기"(נוֹחַ) 위함이다. 그 안식은 피로의 끝이 아니라 에덴의 평화로 돌아가는 길이었다. 원수의 그림자가 사라진 후에야 드러나는 그 안식은 하나님이 창조의 일을 끝마치신 후의 그 안식과, 약속의 땅에 들어가 얻으려고 한 그 안식과, 모든 수고와 전쟁이 끝난 후에 누리는 그 안식과 연결된다. 싸움의 목적은 원수들의 완전한 멸절이 아니었다. 위협이 사라지고 공포가 끝나고 증오가 멈추는 그 지점에 이르기 위한 일이었다. 그날의 결전은 생명을 위한 투쟁이나 안식을 위한 예배였다. 원수들의 전리품을 그들이 취하지 않은 것도 그들이 재물이 아니라 생명을, 탐욕이 아니라 안식을, 정복이 아니라 평화를 원하였기 때문이다. 에스더서 저자는 제국의 모든 지방에 흩어진 유다인의 결집 이야기를 통해 하나님의 구원이 고립된 영웅 이야기가 아니라 백성의 흩어진 파트들이 모여 하나의 합창이 되는 서사임을 가르친다.

두 가지의 목적을 위해 "나머지 유다인"은 "자신들을 미워하는 자들 중에서 칠만 오천 명을 죽였다"고 한다. "칠만 오천"(חֲמִשָּׁה וְשִׁבְעִים אָלֶף), 이는 제국의 광활한 지도 위에 붉은 피로 새겨진 수치였다. 동시에 제국을 덮은 악의 깊이이자, 유다인의 존재를 위협하던 모든 악의 총량이며, 그들을 죽이려고 실재하는 증오, 조직된 적의, 구체화된 살의의 수치였다. 이는 또한 정의가 닿은 넓이이며, 신앙이 증명된 경계의 수치이며, 하나님이 인간의 폭력적 질서를 해체하신 회복의 잔해였다. 이는 원수들을 제거하는 수산 성읍의 사태가 국지적인 사건이 아니라 제국 전역에서 일어난 대규모의 봉기임을 또한 시사한다.

"칠만 오천"은 생존을 위해 필요한 최소한의 죽음인 동시에 안식을 얻기 위해 불가피한 최대한의 제거였다. 그리고 그것은 기억의 숫자였다. 너무 적으면 사람들은 정의로운 응징을 망각한다. 너무 많으면 피해를 입은 유다인이 가해자로 변했다고, 정의가 아니라 복수를 행했다고, 건설적인 시민이 아니라 공동체의 파괴자가 되었다고 오해한다. 소수민에 불과한 유다인이 학살을 자행하면 어떻게 되겠는가? 다수의 다른 백성들이 그들을 피에 굶주린 복수자들, 잔인한 침략자들, 제국의 모든 백성을 위협하는 위험한 세력으로 보지 않겠는가? 칠만 오천은 그들이 그런 광인이 아님을 증거하며 오히려 이성적인 절제와 분별력이 있고 정당방위 차원을 넘어서지 않는 합리적인 공동체로 인지하게 한다.

저자는 지방의 유다인이 수많은 사람들을 죽였으나 단 한 사람의 "전리품"도 "자신들의 손"으로 건드리지 않았다고 표현한다. 저자가 이런 표현을 세 번(에 9:10, 15, 16)이나 반복한다. 한 번은 사건이고 두 번은 습관이고 세 번은 본질이다. 그런데 독자는 세 번째 반복에 이르렀을 때에 멈칫한다. 그렇게 반복은 시간의 리듬을 깨뜨린다. 사건이 빠르게 흘러가는 전투의 장면 속에서 이 문장은 세 번이나 고의적인 걸림돌로 등장한다. 이는 이야기의 흐름을 일부러 늦추며 행위의 본질을 질문하게 한다. 여전히 독자는 지루하다. 그런데 그 지루함은 저자가 의도한 것이었다. 인간은 망각의 존재이기 때문이다. 그래서 역사는 반복된다. 피해자가 가해자가 되고 억압받던 자가 억압자가 되고 구원받은 자가 파괴자가 되는 일이 수없이 반복된다. 정의는 쉽게 복수로 변질되고 정당한 방위도 쉽게 약탈로 타락한다. 이스라엘 역사만 보더라도 상습적인 우상숭배 문제의 지칠 줄 모르는 반복이 빈번하게 관찰된다. 지적의 반복은 상습적인 망각에 저항하는 언어의 기술이다. 한 번 들으면 귀에 스치고 지나간다. 두 번 들으면 기억의 표면에 머물지만, 세 번 들으면 마음 깊숙이 새겨진다.

신학적인 측면에서 세 번은 문학적 실패가 아니라 본질적 진리를 드러내는 거룩한 리듬이다. 특별히 승리의 본질을 가르친다. 세상은 전리품을 취한 자를 승자라고 부르지만 하나님은 그 반대의 자리에 승리를 놓으신다. 전리품을 취하지 않았다는 선언은 세상의 논리에 대한 저항이며 이 승리가 나의 것이 아니라 하나님의 것임을 선언한다. 그리고 세 번은 완전함도 의미한다. "거룩하다, 거룩하다, 거룩하다"(사 6:3). 이 반복은 단지 문체가 아니라 신학의 호흡이며 하나님의 거룩함이 백성에게 완성될 때까지 멈추지 않는 도덕의 맥박이다. "전리품에 손을 뻗지 않았다"라는 문장의 세 차례 반복도 재물을 탐하지 않는 정결함의 완성을 선포한다. 첫 번째는 "우리는 할 수 있었으나 하지 않았다"라는 역사의 증언이고, 두 번째는 "우리는 여전히 할 수 있으나 하지 않는다"라는 현재의 긴장이며, 세 번째는 "우리는 앞으로도 결코 하지 않을 것이다"라는 미래의 서약이다.

세 번의 반복은 또한 하나님 앞에서의 증언이다. 악이든 선이든 "두 증인의 입으로나 또는 세 증인의 입으로 그 사건을 확정할 것"(신 19:15)을 율법은 가르친다. 세 번의 반복은 또한 피와 금의 구분을 강조한다. 피는 생존이고 금은 탐욕이다. 승리의 환호 속에서 피의 강물이 마른 후에 우리는 탐욕의 유혹을 다시 꺼내 들기 마련이다. 그러나 유다인은 생존을 위해 피를 흘렸지만 탐욕이 없기에 금을 취하는 것은 거부했다. 그리고 세 번은 독자를 불편하게 만드는 반복이다. 같은 말을 반복하면 독자는 거슬린다. 내용에 있어서도 경제적인 유익을 취하지 않았다는 것이 거슬리고 아무리 정당방위 차원이라 할지라도 칠만 오천은 너무도 많은 희생이기 때문에 불편하다. 그런데 그 거슬림과 불편이 평범하고 불편한 진실을 맞이할 준비로서 필요하다. 이 모든 반복의 교훈은 동시에 미래 세대를 향한 가르침도 된다.

17아달월 십삼일에 그 일을 행하였고 십사일에 쉬며 그 날에 잔치를 베풀어 즐겼고 **18**수산에 사는 유다인들은 십삼일과 십사일에 모였고 십오일에 쉬며 이 날에 잔치를 베풀어 즐긴지라 **19**그러므로 시골의 유다인 곧 성이 없는 고을고을에 사는 자들이 아달월 십사일을 명절로 삼아 잔치를 베풀고 즐기며 서로 예물을 주더라 **20**모르드개가 이 일을 기록하고 아하수에로 왕의 각 지방에 있는 모든 유다인에게 원근을 막론하고 글을 보내어 이르기를 **21**한 규례를 세워 해마다 아달월 십사일과 십오일을 지키라 **22**이 달 이 날에 유다인들이 대적에게서 벗어나서 평안함을 얻어 슬픔이 변하여 기쁨이 되고 애통이 변하여 길한 날이 되었으니 이 두 날을 지켜 잔치를 베풀고 즐기며 서로 예물을 주며 가난한 자를 구제하라 하매

❖ ❖ ❖

17아달월 십삼일에, 그리고 그달 십사일에 그들이 안식했고 그날을 잔치와 기쁨의 날로 만들었다 **18**그리고 수산에 있는 유다인은 그달 십삼일과 십사일에 모였고 그 십오일에 안식하며 그날을 잔치와 기쁨의 날로 만들었다 **19**이러한 이유로 성벽 없는 유다인들 즉 성벽 없는 성읍들에 사는 자들은 아달월 십사일을 기쁨과 잔치와 명절, 그리고 사람이 그의 친구에게 음식 선물 보내기[의 날]로 만들었다 **20**모르드개가 이러한 일들을 기록하고 아하수에로 왕의 모든 지방들에 있는 모든 유다인들, 즉 가까운 자들과 먼 자들에게 편지들을 발송했다 **21**이는 그들이 아달월 십사일과 그달 십오일을 해마다 지키는 자들이 되도록 그들 위에 확립하기 위함이다 **22**그날들에 유다이이 그들의 원수들로부터 안식하고, 그달이 그들에게 슬픔에서 기쁨으로, 애통에서 좋은 날로 뒤바뀐 그날들처럼, 그날들을 잔치와 기쁨의 날들로 만들고 사람이 그의 이웃에게 음식 선물을, 가난한 자들에게 선물들을 보내기 위함이다

27 부림절 제정

17아달월 십삼일에, 그리고 그달 십사일에 그들이 안식했고
그날을 잔치와 기쁨의 날로 만들었다

아달월 십삼일은 처음에 유다인의 죽음, 온 민족이 멸절될 운명의 날이었다. 그러나 그날은 적들을 쳐부수는 승리의 전투일로 바뀌었다. 제국 전역에서 유다인은 하루 종일 칼을 들고 방패를 올리며 생존을 위해 투쟁했다. 피로 얼룩진 날이었고 긴장과 공포와 안도가 뒤섞인 끝없이 긴 하루였다. 손에서 무기를 내려놓고 몸을 눕혔지만 잠은 속히 오기를 거부했다. 어둠 속에서 눈을 뜨고 누워 천장을 바라보며 자신이 아직 살아 있다는 것을, 가족이 아직 곁에 있다는 것을, 내일이 또 올 것이라는 기대를 더듬었다. 그리고 천천히, 아주 천천히 몸이 풀리기 시작했다. 어깨가 조금씩 내려가고 주먹이 조금씩 펴지고 턱의 긴장도 조금씩 풀리고 안식이 조금씩 근육 속으로, 뼈마디 하나하나 속으로 스며들기 시작했다. 13일의 그 야밤부터 제국의 모든 지방에 사는 유다인의 몸은 안식으로 들어갔다.

그리고 그들에게 14일의 아침이 밝아왔다. 생에 처음으로 맞이하는 아침처럼 낯설었다. 어제 그들은 죽음에서 생명으로 건너왔고, 절망에서 희망으로 건너왔고, 공포에서 평화로 이동했기 때문에 14일의 아침은 그들에게 새로운 세계였다. 모든 것이 새로웠다. 공기가 새로웠고 햇빛이 새로웠고 이웃의 얼굴이 새로웠고 무엇보다 자신이 산다는 것이 새로웠다. 11개월 동안, 그들은 제대로 숨도 쉬지 못했는데 이날은 안식의 공기가 각자의 폐로 들어왔다. 폐가 가득 채워질 때까지 숨을 들이켰다. 드디어 그들은 제대로 "안식했다"(נוּחַ). 이 단어는 긴장의 해소를, 위협의 종식을, 평화의 도래를 의미한다. 그들의 몸만이 아니라 마음이, 정신이, 영혼이 안식했다. 이것은 구원 이후의 안식, 방주가 산에 머문 후의 안식, 홍수가 끝난 후의 안식, 죽음의 물결이 지나간 후의 안식이다.

안식은 그들에게 그 자체로 "잔치"(מִשְׁתֶּה)였다. 안식이 소극적인 행위라면, 잔치는 적극적인 즐김이다. 단지 위협의 부재를 즐긴 것이 아니라 생명의 현존을 축하했다. 잔치는 개인적인 행위가 아니라 공동체적 행위이다. 함께 모이고, 함께 나누고, 함께 웃고, 함께 어울린다. 그리고 그들은 그날을 "기쁨"(שִׂמְחָה)의 날로 만들었다. 안식이 위협의 종식이고 잔치가 생명의 축하라면, 기쁨은 그 모든 것의 정서적 정점이다. 기쁨은 감정 이상이다. 깊고 온전한 만족, 영혼 전체를 채우는 환희를 의미한다. 안식과 잔치와 기쁨은 별개가 아니라 하나의 날 안에서 서로를 완성한다. 안식 없이는 잔치가 없고 잔치가 없으면 기쁨은 숨통을 상실한다. 안식은 구원의 숨결, 잔치는 관계의 회복, 기쁨은 하나님의 미소였다. 세 가지가 함께할 때 14일은 휴일이 아니라 구원의 기념비가 된다. 그들은 그날을 이렇게 "만들었다"(עָשָׂה). 14일의 의미는 수동적인 수용이 아니라 능동적인 창조였다. 그들은 단지 살아남은 것이 아니라 승리했고, 두려움과 결별한 것이 아니라 기쁨 안으로 들어갔다.

¹⁸그리고 수산에 있는 유다인은 그달 십삼일과 십사일에 모였고
그 십오일에 안식하며 그날을 잔치와 기쁨의 날로 만들었다

　지방에 사는 유다인의 조치와는 달리, 수산의 유다인은 13일과 14일에 모여 싸웠고 15일에 "안식하며 그날을 잔치와 기쁨의 날로 만들었다." 지방의 유다인이 안식하던 14일에 수산의 유다인은 여전히 전쟁 중이었다. 전자가 잔치를 벌이며 안식의 포옹을 맛보는 날에, 후자는 여전히 칼을 쥐고 싸움의 불꽃 속에 머물렀다. 전자가 기쁨으로 충만했을 때, 후자는 여전히 생존의 투쟁에 매달렸다. 이는 불공평이 아니라 각자의 싸움이 달랐기 때문이고 위협의 깊이가 달랐기 때문이고 필요한 승리의 완성도가 달랐기 때문이다. 이틀의 싸움이 끝난 15일의 안식은 하루 늦었지만 더 깊어졌고 더 완전했다. 하루 늦음은 부끄러운 일이 아니라 영예의 표지였다. 더 힘든 싸움을 싸웠다는 증거였고 권력의 중심에서 더 위험한 적을 이겼다는 증표였다.

　그래서 유다인의 부림절은 두 개였는데, 아빕월 14일은 지방의 부림절, 성벽 없는 모든 지방의 명절이고, 15일은 수산의 부림절, 성벽 있는 도시의 명절이다. 같은 구원인데 다른 날짜, 같은 기쁨인데 다른 시간, 같은 인식인데 다른 여정이다. 그 차이는 문제가 아니라 조화로운 완성을 가르친다. 지방은 싸움을 끝냈고 수산은 역사를 종결했다. 지방의 잔치가 사건의 끝이라면 수산의 잔치는 섭리의 완료였다. 그것은 지방의 먼 별들을 일렬로 먼저 세우시고 수산의 북극성을 더 밝게 빛나게 하신 하나님의 지혜였다. 구원은 획일적인 것이 아니라 하나님의 은혜가 각자의 상황과 시기에 맞게 임한다는 사실의 증거였다. 어떤 이에게는 하루의 싸움으로 충분하고, 어떤 이에게는 이틀의 싸움이 필요하나 결국 모두가 안식에 이른다는 사실도 가르친다. 이로써 지방의 유다인은 빠른 구원의 기쁨을, 수산의 유다인은 늦은 구원의 깊이를 맛보았다. 인간의 위치로 본다면, 중심에 서 있는 자일수록 더 오랫동안 투쟁해야 한다. 수산의 유다인은 역사의 중심에서 마지막 악과 대면해야 했다. 그들의

안식은 변방의 쉬운 평화가 아니라 핵심에서 얻은 평화, 자신의 삶터에 깃든 평화가 아니라 세상의 질서가 새롭게 세워지는 평화였다. 빠르게 오는 구원도, 더디게 오는 구원도 모두 하나님의 시간 안에서 완전하다. 수산의 유다인은 한날 늦게 웃었지만 그 웃음은 하늘의 오래된 인내로 익은 것이었다.

> 19이러한 이유로 성벽 없는 유다인들 즉 성벽 없는 성읍들에 사는 자들은
> 아달월 십사일을 기쁨과 잔치와 명절,
> 그리고 사람이 그의 친구에게 음식 선물 보내기[의 날]로 만들었다

수산과 지방의 모든 유다인은 하만의 어두운 음모를 완전히 제압한 후 안식했고 잔치를 벌이며 기뻐했다. 그러나 이것은 일회적인 사건으로 여기며 지나가고 망각하면 안 되는 일이었다. 역사를 명절로, 기억을 제도로, 구원을 항구적인 축제로 만들어야 했다. 오늘은 모든 것이 생생하다. 그러나 내일이면 조금 덜 생생하고, 일 년이 지나면 희미한 그림자가 되고, 십 년이 지나면 전설처럼 멀어진다. 그러면 하만은 죽었어도 유다인은 실패한다. 망각은 역사를 죽이고, 역사가 죽으면 정체성이 죽고, 정체성이 죽으면 민족이 죽기 때문이다. 진실로 망각은 죽음이고 기억은 생명이다. 인간은 시간 속에서 살아간다. 시간은 흐르고, 흐르면서 모든 것을 뒤로 밀어낸다. 어제는 오늘이 되고 오늘은 내일이 되고 모든 것은 과거 속으로 사라지는 것이 시간의 본성이다. 그러나 어떤 사건들은 망각의 바다에 빠지지 않도록, 어떤 진리들은 옛날이야기가 되지 않도록, 어떤 구원들은 역사의 뒤편으로 밀려나지 않도록, 시간의 본성을 거스르는 조치가 필요하다. 그것이 제도화다. 제도는 시간에 대한 저항이다. 흐르는 시간의 강물에 박아 넣은 말뚝이다. 부림절은 바로 그런 말뚝이다. 인간이 제도적인 기억으로 구원을 지속하는 것은 인간이 시간의 종이 아니라 시간의 관리자가 됨을 의미한다. 제도는 또한 기억의 골

격이다. 개인의 기억이 희미해질 때, 제도는 그것을 지탱한다. 한 세대가 잊으려 할 때, 제도는 다음 세대에게 기억을 전달한다. 제도화된 기억은 고통을 교훈으로 만들고 은혜를 책임으로 이어준다. 부림절은 역사의 의무를 자각하는 거룩한 웃음이다.

이 구절에서 저자는 "만들다"라는 동사의 현재 분사형(עֹשִׂים)을 사용한다. 14일의 부림절은 만들어진 과거가 아니라 계속해서, 반복해서, 끊임없이 만들어야 한다. 역사는 저절로 명절이 되지 않고 누군가 명절로 만들어야 한다. 평범한 날을 성스러운 날로 바꾸는 것, 달력의 한 칸을 영원의 창으로 만드는 것이 바로 명절의 철학이다. 아달월 14일은 본래 평범한 날이었다. 봄을 향해 가는 겨울의 끝자락에 아무런 의미도 없이 놓인 24시간에 불과하다. 그러나 유다인은 그날을 선택했고 거기에 의미를 부여했다. 그날을 구원의 날로, 기쁨의 날로, "명절"(יוֹם טוֹב)로 만들었다. 이것은 무의미한 시간에 의미를 새기는 것이었고 공허한 날짜에 영원을 채워 넣는 창조의 행위였다. 유다인은 죽은 시간을 살아있는 시간으로, 흘러가는 시간을 돌아오는 시간으로 바꾸었다. 이제 "아달월 십사일"이 되면, 시간은 거슬러 올라간다. 2,500년 전 페르시아 제국으로, 하만의 음모가 있던 그곳으로, 에스더의 용기가 쏟아진 그곳으로, 모르드개의 지혜가 번뜩이던 그곳으로 돌아간다.

19절은 부림절의 네 가지 제도적인 요소를 명시한다. 첫째는 기쁨, 즉 감정에 대한 제도화다. 이날은 기분이 좋지 않아도, 슬픈 일이 있어도 기뻐해야 한다. 이것은 공동체의 기쁨이고 민족의 기쁨이고 역사의 기쁨이기 때문에 개인의 부정적인 감정을 압도한다. 숙제처럼 억지로 기뻐하지 않고 저절로 기뻐하게 된다. 둘째는 잔치, 즉 몸에 대한 제도화다. 이는 추상적인 개념이 아니라 구체적인 먹음과 마심이다. 잔치는 유다인이 받은 구원을 몸으로, 입으로, 혀로, 위장으로 기억한다. 셋째는 명절, 즉 시간에 대한 제도화다. 역사적 사건을 명절로 규정하는 것은 시간의 성화를 의미한다. 이날은 세속적인 시간에서 성스러운 시간으로 분류된다. 일을 멈추고 일상을 중단하고 오직 기억에만 집중한다. 유다인은 더 이상 역사의 수동적인 피해자가 아니라 능동적인 기억의 주체로 바뀌었다. 넷째는 "음식 선물 보내기"(מִשְׁלוֹחַ מָנוֹת), 즉 공동체에 대한 제도화다. 이는 혼자 기억하지 않고 함께 기억하기 위함이다. 이웃에게 음식을 나눈다는 것은 연대의 표현이다. 혼자가 아니라 모두가 함께 살아났기 때문에 모두가 함께 기억해야 한다는 메시지다.

부림절은 과거를 현재에 기념하는 것이 아니라 과거를 재현하는 것이어야 한다. 매년 아달월 14일이 되면, 2,500년 전의 그날로 돌아가는 것이 아니라 그날의 구원을 다시 경험해야 한다. 이것이 축제의 신학이다. 축제를 통해 구원은 매년 갱신되고 하나님의 은혜는 매년 다시 확인되고 민족의 정체성은 매년 재건된다. 이러한 명절을 만드는 궁극적인 이유는 무엇인가? 부림절의 구원이 우연이 아니라고 믿기 때문이다. 우연을 기념하는 것은 바보짓과 같다. 유다인은 우연히 생존한 것이 아니라 누군가가 그들을 살렸기 때문이다. 에스더가 왕후가 된 것도 누군가가 그 자리에 그녀를 세우셨고, 하만의 계획이 실패한 것도 우연이 아니라 누군가가 그것을 뒤엎었기 때문이다. 누군가의 정체성에 대해 에스더서 저자는 침묵한다. 그럼에도 불구하고 부림절은 그분을 증언한다. 흔한 즐거움이 아니라 하나님의 은밀한 섭리를 공동체가 되새기는 예전이다. 이렇게 역사를 잊지 않음으로 하나님을 기억하고 그 기억의 제도 속에서 유다인은 비로소 구원의 사건을 항구적인 현재로 살아간다. 유다인의 축제는 과거의 환호가 아니라 현재의 신앙 고백이다.

20모르드개가 이러한 일들을 기록하고 아하수에로 왕의 모든 지방들에 있는
모든 유다인들, 즉 가까운 자들과 먼 자들에게 편지들을 발송했다

모르드개는 인간의 기억이 얼마나 연약한지, 시간이 얼마나 차가운지, 망각이 얼마나 교활한지 알기 때문에 기억의 중요성과 제도화의 유익도 아는

사람이다. 그래서 죽음과 생명이 각축전을 벌인 부림절의 전모를 "기록한다"(יִכְתֹּב). 그는 구술적인 생생함의 일시성을 넘어 항구적인 보존력, 망각의 바다 한가운데에 기억의 등대를 세우기로 결정한다. 그 순간, 칼날보다 날카로운 것이 글자라는 사실이 드러난다. 피는 말라가고 있었지만, 모르드개는 서둘러 아직 공기 위에 떠 있는 비명을 잉크로 흡수해서 양피지에 저장한다. 그것만이 아니라 사건의 전모, 즉 아하수에로 왕의 치세, 하만의 음모, 제비뽑기, 에스더의 용기, 유다인의 전투, 대적들의 패배, 아달월 13일과 14일의 사건들, 수산의 특별한 상황, 안식과 잔치와 기쁨을 하나도 빠뜨리지 않고 정확하게, 돌이킬 수 없을 만큼 생생하게 쓴다. 이는 흩어지는 말에서 고정된 글의 기억으로, 구술 역사에서 문서 역사로의 전환이다.

기억은 변하지만 기록은 보존된다. 구전은 세대를 거치면서 색깔이 바뀌고 디테일이 사라지고 윤곽이 흐려지고 골격도 바뀌지만 문서는 모든 서사의 선명함을 유지한다. 양피지 위의 잉크는 인간의 망각을 견디며 문자는 시간의 침식을 거스르고 기록은 세대를 초월한다. 시간을 이기고 망각을 거부하고 진실을 보호하는 것이 글의 권능이다. 말이 글이 되는 순간 무언가 근본적인 변화가 일어난다. 모르드개가 기록을 마치는 순간, 부림절의 기원과 의미는 이제 개인의 기억이나 구전에 의존하지 않고 공식 문서에 의해 규정된다. 그 문서는 오늘의 사건을 내일의 기억으로 연결하고, 이 세대의 경험을 다음 세대의 유산으로 건네고, 현재의 구원을 미래의 희망으로 확장한다. 생명의 보존이 기억의 보존으로, 육체적 구원이 영적인 유산으로, 현재의 승리가 미래의 희망으로 보존된다. 이것은 세대가 바뀌어도, 나라가 바뀌어도, 언어가 바뀌어도 유지된다.

모르드개는 기록된 문서들, 즉 "편지들을 발송했다"(יִשְׁלַח סְפָרִים). 기록으로 부림절을 아무리 선명하게 보존해도 수산의 서고에만 머문다면 무슨 소용인가? 발송은 개인적인 경험이 공동체 전체의 것으로 바뀌는 것, 지역적인 사건이 민족적인 기념일로 확장되는 것, 자발적인 축제가 의무적인 명절로 전환되는 것을 의미한다. 그래서 모르드개는 서기관을 움직였다. 그들은 하나의 편지를 동시에 베껴 쓰기 시작했다. 하만의 조서와 새로운 조서의 작성으로 숙달된 그들의 손끝에서 무수히 많은 편지들이 태어났다. 그것을 받은 전령들이 동쪽으로, 서쪽으로, 남쪽으로, 북쪽으로 서둘러 출발했고 각각의 목적지에 도착했다. 저자는 수신자의 지리적인 범위를 강조한다. 편지들은 예외 없이 "모든" 곳으로, 제국의 전 영토에 해당되는 "127개 지방"으로, "가까운 자들과 먼 자들" 모두에게 전해졌다. 이로써 인도, 에티오피아, 페르시아 중심부, 메디아, 바벨론 평원에 흩어져 있는 모든 유다인은 각기 다른 언어를 쓰고 각기 다른 관습을 가지고 각기 다른 옷을 입었으나 같은 날, 같은 이유로, 같은 방식으로 부림절의 축제에 참여하게 된다.

편지를 보낸 모르드개는 문서가 아니라 민족의 정체성을 발송한 것이었다. 제국의 각지에서 자신의 정체성에 흔들리던 모든 유다인은 편지를 받은 이후에 자신이 바벨론 사람이나 인도 사람이나 메디아 사람이 아니라 유다 민족이고 부림절을 지키는 모르드개와 에스더의 동포라는 사실을 확인한다. 편지가 도착할 때마다 민족이 다시 태어났다. 한 통의 편지가, 한 사람의 결단이, 한 번의 발송으로 영원을 만들었다. 진실로 경험을 기록하는 것은 역사화요, 기록을 발송하는 것은 보편화요, 발송을 통해 제도를 만드는 것은 영속화다.

²¹이는 그들이 아달월 십사일과 그달 십오일을 해마다 지키는 자들이 되도록
그들 위에 확립하기 위함이다

이 구절은 부림절 제도화의 규범적 완성을 묘사한다. 20절이 문서의 작성과 발송의 행위라면, 21절은 그 문서의 영혼이고 내용의 노래이고 목적의 불꽃이다. 부림절의 제정은 제안이나 권유가 아니라 법적 구속력을 갖는 제도적인 확립, 제도의 뿌리가 백성의 땅에 깊이 박히는 확립이다. 그래서 저자

는 "그들 위에"(עֲלֵיהֶם)라는 말로 백성에게 의무의 부과를 명시한다. 자발적인 기쁨을 존중하는 동시에 그 기쁨을 의무로서 "확정한다"(לְקַיֵּם). 피엘(Piel)의 형태로 기록된 이 동사는 그저 "세우다"가 아니라 "확고히 세우다"를 의미한다. 이처럼 강한 의무는 감정과 무관하게 지켜지고 기분과 상관없이 수행되고 개인의 변덕도 훌쩍 초월한다. 그런데도 억압의 쇠사슬이 아니라 은총의 망토이며, 하나님의 손이 백성의 어깨를 감싸는 포옹이며, 망각의 강물 속에서도 영원성을 지키는 방패였다. 그리고 모르드개는 "아달월 십사일과 그 달 십오일"을 부림절로 규정한다. 이는 지방의 유다인이 14일에 잔치했고 수산의 유다인은 15일에 안식했기 때문이다. 여기에는 획일성을 거부하는 지혜와 다양성을 포용하는 통합의 정신이 돋보인다. 부림절은 수산 성읍의 독창이 아니라 각 지방의 음색을 존중하는 합창이다. 하루로 몰아서 기념의 극대화를 도모하지 않고 실제로 이틀을 싸웠다는 역사적 사실을 왜곡하지 않고 진실을 있는 그대로 제도 안에 반영했다.

"해마다"(בְּכָל־שָׁנָה וְשָׁנָה), 직역하면 "모든 해와 해에"로 번역된다. 이 히브리어 강조법은 부림절이 한 번 기념하고 끝나는 행사가 아니라 영원히 반복되는 구원의 기억임을 강조한다. 인간의 역사는 직선처럼 흐르지만 신앙의 시간은 원처럼 회전한다. 해마다 절기를 지키는 반복의 효능은 다양하다. 몸이 부림절을 기억한다. 손이 음식을 준비하고 입이 메길라를 낭독하고 발이 춤을 추고 귀가 이야기를 소비한다. 파블로프 효과처럼, 아달월이 되면 유다인의 마음도 움직인다. 기대감이 생기고 기쁨이 밀려오고 감사가 솟아난다. 생각하지 않아도, 의도하지 않아도, 반복되면 감정이 자동으로 반응한다. 매년 같은 날에 같은 일을 반복하면 전 세계의 유다인은 하나의 리듬으로 움직이며 그들에게 무언의 연대가 생기고 보이지 않는 끈이 형성된다. 그리고 반복되면 자녀들이 학습한다. 아이는 부림절 이야기를 외우고 청소년은 그 의미를 생각하고 청년은 적용을 고민한다. 해가 쌓일수록 교육은 강화되고 깊어진다. 게다가 아버지의 부림절, 아들의 부림절, 손주의 부림절이 서로를 감싸며 세대를 이어준다. "해마다", 이 표현은 우리가 계속할 것이라는 약속이고 계속해야 한다는 명령이고 끝나지 않을 것이라는 예언이다. 한 번은 사건이고, 두 번은 우연이고, 세 번은 습성이고, 매년은 영원이다.

> ²²그날들에 유다인이 그들의 원수들로부터 안식하고,
> 그달이 그들에게 슬픔에서 기쁨으로, 애통에서 좋은 날로 뒤바뀐 그날들처럼,
> 그날들을 잔치와 기쁨의 날들로 만들고 사람이 그의 이웃에게 음식 선물을,
> 가난한 자들에게 선물들을 보내기 위함이다

"날들처럼"(כַּיָּמִים), 이 단어는 실질적인 사건과 제도적인 기념의 간극을 상쇄한다. 부림절은 역사 속에서 원수들의 위협에서 벗어난 유다인의 실질적인 "안식," 슬픔에서 벗어난 실질적인 "기쁨," 애통에서 일어선 실질적인 "좋은 날"을 하나도 가감하지 않고 그대로 담아내야 한다. 그러나 절기는 나이가 들면 살아 있던 이야기가 형식으로 변질되고 뜨거운 체험도 의례로 퇴색되고 팔팔한 생명은 죽은 전통으로 굳어진다. 이러한 문제를 해결하기 위해 모드르개는 "~처럼"을 의미하는 한 단어(כְּ)를 사용한다. 우리가 이웃을 사랑할 때 예수님이 우리를 사랑하신 "것처럼"(καθὼς) 해야 하듯이, 아빕월의 부림절도 부림의 현장감을 그대로 살려서 기념해야 한다. 선조들이 경험한 것처럼 지금 이곳에서 경험하고, 그들이 느낀 것처럼 느끼고, 그들이 기뻐한 것처럼 기뻐해야 한다. 이것이 "처럼"의 마법이다. "처럼"은 칼끝이 멈춘 후 찾아온 평안, 울음이 멎고 터져 나온 웃음, 절망의 어둠을 뚫고 맞은 새벽의 빛, 그 모든 생생한 감정이 절기의 기념 속으로 들어오게 한다. 이는 과거를 현재로 데려오는 시간 여행이자 선조들의 심장 박동을 오늘날의 가슴에서 다시 뛰게 만드는 공감의 기술이다. 제도는 흔히 역사의 살을 도려내고 뼈만 꿰어 맞추지만 "처럼"의 부림절은 살점까지, 살점 위에 맺힌 땀까지, 그 땀 속

에 비친 햇살까지 고스란히 복제한다. "처럼"은 역사적인 사건의 무게를 제도적인 기념의 날개에 싣는 예술이다.

부림절의 "안식"은 어떻게 기념될 수 있을까? 당시 원수들의 모든 위협과 공포에서 완전히 자유롭게 된 것처럼 안식해야 한다. 이것은 추상적 평화도 아니고 관념적 안도도 아니며 대단히 실질적인 안식을 의미한다. 이를 위해서는 위협과 두려움이 더 이상 내 마음에 발붙이지 못하는 해방의 상태여야 한다. 부림절의 안식은 외적인 전쟁의 종결보다 내면의 전쟁이 멈추는 순간에 완성되기 때문이다. 내 마음의 하만도 제거해야 하고, 나를 억압하는 모든 것들이 사라져야 한다. 이를 위해서는 가슴에 새겨진 두려움의 가시가 뽑히는 고통, 마음속에 도사린 하만의 독초가 제거되는 출혈, 나를 억압하는 쇠사슬이 산산이 부서지는 그 실체적인 파괴를 감수해야 한다.

나아가 타인에 대해서도 내가 모든 종류의 칼을 내려놓는 게 필요하다. 부림절의 정신은 공동의 평화를 지향한다. 나만의 평화를 위해 타인의 불안을 조장하면 참된 안식에서 멀어진다. 우리 모두가 칼을 내려놓는 그 광경에서 피어난다. 모든 종류의 칼, 말의 칼날, 시선의 화살, 마음의 가시를 땅에 묻고 긴장의 실타래를 풀어내야 한다. 내가 상대의 위협이 되지 않는 사리에서, 우리가 서로를 방어할 필요가 없어지는 관계로 들어갈 때, 적의 얼굴이 사라지고 형제의 미소만 남을 그때에, 비로소 부림절은 공동의 안식으로 기념된다. 그런 안식이 확인되는 곳은 내 눈동자에 비치는 이웃의 눈동자요, 내 귀에 닿는 이웃의 숨소리요, 내 손바닥에 닿는 이웃의 체온이다. 나와 너 사이에서 증오가 이유를 잃고 경쟁이 목적을 잃고 미움이 존재의 자리를 잃는 순간, 인간은 다시 하나님의 안식 속으로 들어간다.

그리고 우리가 실제로 "슬픔에서 기쁨으로, 애통에서 좋은 날로" 바뀌어야 부림절은 기념된다. 그때, 좋은 날의 기쁨은 정중한 미소가 아니고 예의 바른 만족이 아니었다. 터져 나오는 웃음이고, 온몸으로 느끼는 감격이고, 참을 수 없는 환희였다. 폭발적인 기쁨의 경험이 유다인 전체를 강타했다. 그

래서 탈무드는 부림절에 포도주를 마시며 하만과 모르드개 두 사람을 구분
하지 못할 정도까지 취해야 한다고 강조한다. 이는 방종의 권장이 아니라 기
쁨의 강도가 극에 이르러야 함을 강조한다. 통제된 만족이 아니라 절제된 즐
거움이 아니라 억누를 수 없는 환희여야 한다. 이 환희는 장례식이 잔치로 바
뀐 날에, 죽음의 날이 생명의 날로 전환된 날에, 모든 것이 역전된 날에 솟구
치는 감정이다. 부림의 기념은 대충 비슷하게 흉내 내는 정도가 아니라 진짜
여야 한다. 진짜 안식하고 진짜 기뻐하고 진짜 좋은 날이어야 한다. 부림의
실재보다 덜해서도 안 되고 더해서도 안 되고 그때와 동일해야 한다. 오늘날
퇴색된 기념의 개념에서 벗어나야 한다.

부림을 기념하는 마지막 목적이 특이하다. 즉 "이웃에게 음식 선물을, 가난
한 자들에게 선물들을 보내기 위함이다." 전쟁의 승리를 기념하는 날이라면,
인간은 흔히 권력과 자부심을 드러내기 마련이다. 그러나 칼 대신 선물이, 승
리의 함성 대신에 나눔의 손길이 부림절의 마지막 장면을 장식한다. 이는 복수
의 완성이 아니라 사랑의 완성이다. 사랑의 대상으로 일반적인 "이웃"(רֵעַ)만이
아니라 가까이 있지는 않지만 "가난한 자들"(אֶבְיוֹנִים)도 언급된다. 이웃에게 음
식을 선물하는 것은 같은 수준의 사람, 동등한 관계, 상호적 우정 속에서 피어
나는 수평적 나눔이다. 가난한 자들에게 선물하는 것은 수직적 나눔이다. 잔치
를 벌일 돈이 없어서, 음식을 살 여력이 없어서, 이웃에게 선물을 보낼 수도 없
어서 기쁨이 아니라 부끄러움, 축제가 아니라 고통, 기념일이 아니라 상처로 부
림절을 맞이하는 자들에게 동등한 누림을 공유하는 것이 부림의 사랑이다.

에스더서 전체에서 "가난한 자들"이 언급된 것은 이곳이 유일하다. 대체
로 "가난한 자들"은 제국의 서사에서, 권력의 세임에서, 정치적 음모에서 배
제된다. 그러나 마지막 순간, 부림절을 제정하는 이 결정적인 순간에 갑자기
가난한 자들이 무대의 중심으로 등장한다. 기념과 사랑의 종착지는 "가난한
자들"이다. 나눔의 내용은 "선물들"(מַתָּנוֹת), 즉 하나의 선물이 아니라 다수의
선물임을 주목해야 한다. 나눔은 특정한 자만을 위한 선택적 자선이 아니라

과부에게, 고아에게, 병든 사람에게, 일할 수 없는 노인에게, 빚의 무게에 짓눌린 사람에게 나누는 보편적 자선이다. 이웃만 사랑하면 이기적인 사랑이고 가난한 자들만 돕는다면 의무적인 자선이다. 진정한 사랑은 이 둘을 다 포함한다. 사랑의 대상으로 친밀한 공동체가 전체 공동체로 확대될 때, 부림의 기쁨은 점점 넓어지고 나눔은 점점 깊어지고 사랑은 점점 포괄적이 된다.

놀랍게도 하만의 음모로 사망하고 멸망 당할 위기에 놓였던 유다인이 이제는 다른 가난한 자의 도우미가 된다. 이는 억눌린 자가 구원을 받았다면 이제 그는 다른 억눌린 자를 일으켜야 함을 가르친다. 이것은 "우리의 모든 환난 중에서 우리를 위로하사 우리로 하여금 하나님께 받은 위로로써 모든 환난 중에 있는 자들을 능히 위로하게 하시는 이"(고후 1:4)라는 바울의 가르침과 유사하다. 하나님은 언제나 위로의 은혜를 각 사람에게 주시지만 그 위로의 종착지는 그 사람을 넘어선다. 환난을 당한 자가 받는 은혜의 최종 수혜자는 언제나 자신이 아니라 타인이다. 이것이 은혜의 본질이다. 부림절의 유다인은 이런 은혜의 표본이다. 그들은 하만의 표적이 되었을 때 제국에서 죽은 자들로 여겨졌다. 어제까지 인사하던 이웃이 고개를 돌렸고 어제까지 함께 일하던 동료가 멀리했고 어제까지 물건을 팔았던 상인이 거래를 중단했다. 그들은 무력함과 억눌림을 겪었으며 배제도 경험했다. 일상을 침식하고 기쁨을 앗아가고 미래를 삭제하고 희망을 죽인 두려움도 체험했다. 그런데 어제까지 울부짖던 그들이 하나님의 은총으로 회복되자 오늘은 위로자가 되고 두려움에 떨던 그들이 보호자가 된다. 살아남은 자는 생명을 지키기 위해서가 아니라 생명을 나누기 위해 남겨진다. 구원의 진정한 목적은 자기 보존이 아니라 타인의 회복이다. 타인 중에서도 가장 가난한 자들의 회복이다. 물이 높은 곳에서 낮은 곳으로 흐르듯이, 하나님의 은혜는 가장 취약한 자의 필요를 적실 때 비로소 완성된다. 그런데 놀랍게도 줄수록 더 많이 채워지고, 나눌수록 더 풍성하게 되고, 베풀수록 더 충만하게 된다. 이것이 부림절의 신비이고 하나님 나라의 역설이고 은혜의 완성이다.

23유다인이 자기들이 이미 시작한 대로 또한 모르드개가 보낸 글대로 계속하여 행하였으니 24곧 아각 사람 함므다다의 아들 모든 유다인의 대적 하만이 유다인을 진멸하기를 꾀하고 부르 곧 제비를 뽑아 그들을 죽이고 멸하려 하였으나 25에스더가 왕 앞에 나아감으로 말미암아 왕이 조서를 내려 하만이 유다인을 해하려던 악한 꾀를 그의 머리에 돌려보내어 하만과 그의 여러 아들을 나무에 달게 하였으므로 26무리가 부르의 이름을 따라 이 두 날을 부림이라 하고 유다인이 이 글의 모든 말과 이 일에 보고 당한 것으로 말미암아 27뜻을 정하고 자기들과 자손과 자기들과 화합한 자들이 해마다 그 기록하고 정해 놓은 때 이 두 날을 이어서 지켜 폐하지 아니하기로 작정하고 28각 지방, 각 읍, 각 집에서 대대로 이 두 날을 기념하여 지키되 이 부림일을 유다인 중에서 폐하지 않게 하고 그들의 후손들이 계속해서 기념하게 하였더라

❖ ❖ ❖

23유다인은 자신들이 행하기 시작한 것, 그리고 모르드개가 그들에게 쓴 것을 수용했다 24곧 아각 사람 함므다다의 아들 하만은 모든 유다인을 대적하는 자로서 유다인에 대해 그들을 멸하려고 꾀하였고 부르, 즉 그 제비를 던져서 그들을 어지럽게 하고 멸하려고 했다 25그녀가 왕의 면전으로 들어갔을 때 그가 그 조서와 함께 말하였다 "그가 유다인에 대하여 계획했던 그의 악한 계획을 그의 머리 위로 돌아가게 하라 그와 그의 아들들을 나무 위에 매달아라" 26그러므로 그들이 부르의 이름을 따라 이날들을 부림이라 명명했다 그러므로 이 서신의 모든 말들과 이것에 관하여 그들이 본 것과 그들에게 닥친 것으로 말미암아 27유다인은 그들 자신과 그들의 후손과 그들에게 합류하는 모든 자들에게 이 두 날들을 지나가지 않고 그들의 기록대로 그들의 정한 때를 따라 해마다 행하기로 확정하고 수용했다 28이날들은 모든 세대와 세대에서, 가족과 가족마다, 지방과 지방마다, 성읍과 성읍마다 기억되고 행해질 것이며 이 부림의 날들은 유다인 가운데서 사라지지 않고 그것들의 기억은 그들의 씨로부터 끝나지 않으리라

영원한 기념일

23유다인은 자신들이 행하기 시작한 것,

그리고 모르드개가 그들에게 쓴 것을 수용했다

이 구절은 승리와 구원의 기념에 대한 유다인의 자발적인 수용과 제도화를 기술한다. 어떠한 갈등이나 논쟁도 없는 자발성과 공식성의 조화가 돋보인다. 부림의 기쁨은 유다인이 스스로 "시작했다"(הֵחֵלּוּ). 자발적인 기쁨은 제도적인 명령보다 먼저 도착했다. 하늘에서 먼저 내려왔다. 그래서 수산 궁의 잉크가 마르기도 전에 아달월 십사일과 십오일의 도성 거리에는 이미 유다인의 웃음이 범람했다. 이는 그들이 절멸의 칙령이 반전된 그날의 전율을, 하만의 교수대가 텅 빈 그 아침의 경이를, 살아남은 자들의 떨리는 포옹을 경험했기 때문이다. 기억은 명령되기 전에 이미 몸에 새겨졌고 감사는 제도의 옷을 입기도 전에 도성의 자욱한 공기로 바뀌었다. 명령은 기쁨을 낳을 수 없고 오히려 이 맑고 강렬한 자발성의 강물이 차갑고 견고한 제도의 제방을 필요로 했기에 지도자의 펜이 움직였다. 의무가 기쁨을 강요한 것이 아니라 기쁨이 의무를 자처했다. 자발성과 제도화는 서로를 완성한다. 백성의 기쁨이 지도자의 지혜를 만나 순간의 환희와 세대의 기억이 결혼한 것이 부림의 탄생이다. 왕의 칙령이 유다인을 살렸다면, 유다인의 기쁨은 부림을 창출했다. 하만이 던진 "부르"는 죽음을 낳았지만 유다인이 선택한 "부림"은 생명을 기념했다.

> 24곧 아각 사람 함므다다의 아들 하만은 모든 유다인을 대적하는 자로서
> 유다인에 대해 그들을 멸하려고 꾀하였고 부르,
> 즉 그 제비를 던져서 그들을 어지럽게 하고 멸하려고 했다

이 구절은 모르드개가 쓴 편지의 구체적인 내용을 소개한다. 부림절은 한 민족의 막연한 민간 풍속이 아니라 역사 속에서 하나님의 구원이 이루어진 사건을 기반으로 태어났다. 편지는 평범한 개인이 아니라 역사적 원수인 아말렉의 후예 하만의 정체성 언급으로 시작된다. 그는 "아각 사람 함므다다의 아들"이다. 그리고 그는 특정한 사람에 대한 개인적인 악의가 아니라 "모든 유다인을 대적하는"(צֹרֵר כָּל־הַיְּהוּדִים) 민족의 원수였다. 하만의 적개심은 우연한 위기가 아니었다. 한 개인의 변덕이나 일시적인 오해도 아니었다. 그것은 역사였다. 수백 년을 관통하여 흐르는 적대의 강이었고 세대를 넘어 보존되어 온 증오의 무늬였다. 그래서 하만의 대적은 모르드개 한 사람이 아니었다. 에스더 한 사람도 아니었다. 수산 성읍만의 유다인도 아니었다. 모든 유다인, 인도에서 구스까지, 백이십칠 지방의 모든 유나인, 이름을 가진 자든 이름 없는 자든, 부유한 자든 가난한 자들, 왕궁이든 변방이든, 그들 모두가 하만의 적이었다. 하만은 그저 하만이 아니었다.

하만은 유다인을 "멸하려고 꾀하였다"(חָשַׁב לְאַבְּדָם). 증오는 더 이상 감정의 안개가 아니었다. 건축가의 정밀한 청사진, 벽돌을 하나씩 촘촘하게 쌓아 건

물을 올리는 설계도로 변모했다. 계획은 혼돈을 질서로 바꾸는 마법이자 미래를 현재의 손아귀에 쥐는 폭력이다. 하만의 마음속에서 증오는 추상에서 구체로, 욕망에서 도구로, 마침내 정교한 도면의 단계로 돌입했다. 그는 감정을 넘어 악을 구상했다. 본능의 불길이 이성으로 가공된 칼날로 바뀌었다. 감정이 사라지고 마음의 도모만 남을 때 생각이 감정을 대신하고 논리가 양심을 대신한다. 분노는 철학이 되고 증오는 이치가 되고 파멸은 합리의 옷을 착용한다. 그의 증오는 단순히 죽이고자 함이 아니었다. 그것은 유다인의 있음 자체를 지도에서 지우려는 지리학적 꿈이었다. 이 꿈의 성취를 위해 하만은 계획서 위에 잉크를 이리저리 움직였다. 증오는 원래 메모를 좋아한다. 감정은 흔들려도 문자는 흔들리지 않으니까.

계획의 완성은 운명이다. 그래서 하만은 "부르, 즉 그 제비"(פּוּר הוּא הַגּוֹרָל)를 계획서에 투척했다. 우연의 거주지요 운명의 주사위인 그 "부르"는 유다인을 "어지럽게 하고 멸하기 위한"(לְהֻמָּם וּלְאַבְּדָם) 파멸의 날짜를 정하는 도구였다. "부르"의 던져짐은 인간이 스스로를 넘으려는 가장 순수한 몸짓이며, 계획의 완성을 위한 마지막 서명이며, 인간의 계산이 신의 영역에 발을 내딛는 방식이다. 공중으로 던져진 주사위는 잠시 자유롭다. 그러나 낙하하는 지점부터 다시 중력의 포로가 되어 돌아온다. 하만은 그 낙하를 자신의 자유로운 뜻이라고 믿었으나 사실은 운명이 그를 던진 것이었다. "부르"는 데굴데굴 굴러 아달월 십삼일에 머물렀다. 하만은 만족했다. 웃음도 쏟아졌다. 웃음은 계획의 끝에서 피는 꽃이요, 동시에 운명의 시작에서 피는 해골이다. 하만은 운명이 자기의 손안에 있다고 믿었으며 우연조차 자기가 통제할 수 있다고 생각했다. 그러나 제비를 굴리는 것은 사람의 손이지만, 그것이 멈추는 곳은 하나님의 섭리라는 사실에 무지했다.

모르드개는 이런 하만의 악의와 주사위 놀이를 고스란히 적시한다. 부림은 막연한 기쁨의 축제가 아니라 정확한 위기의 기록이고 역사적 사건의 기억이며, 추상적인 구원의 고백이 아니라 이름과 날짜와 계획이 명시된 구체적인 증언이기 때문이다. 부림의 문서는 "옛날 옛적에"로 시작하지 않고 칙령과 편지, 이름과 날짜, 계획과 반전이 고스란히 담긴 "아각 사람 함므다다의 아들 하만"으로 시작한다. 막연한 감사는 한 세대 안에 흐려지나 정확한 기억은 천 세대를 건넌다는 사실을 모르드개는 안다. 이로써 역사는 하만의 이름을 기억하고 유다인은 그 역사를 기념한다.

²⁵그녀가 왕의 면전으로 들어갔을 때 그가 그 조서와 함께 말하였다
"그가 유다인에 대하여 계획했던 그의 악한 계획을 그의 머리 위로 돌아가게 하라
그와 그의 아들들을 나무 위에 매달아라"

모르드개는 편지의 두 번째 내용으로 에스더의 활약과 왕의 신속한 조치를 기록한다. 이는 목숨을 걸고 왕 앞으로 나아간 에스더의 용기, 그리고 그 용맹한 여인의 매력에 빠진 왕의 서면 칙령을 통한 공식적인 반전의 기록이다. 칙령의 내용에는 하만을 가리키는 대명사가 다섯 번이나 등장한다. "그가 … 그의 악한 계획을 … 그의 머리 … 그와 그의 아들들" 등의 언급은 하만이 자초한 보응적 정의를 강조하고 있다. 모르드개는 왕의 반지로 가장 무거운 칙령을 작성해 본 사람이다. 단어 하나의 무게를 알고, 한 번과 다섯 번의 차이도 알고, 수동태와 능동태가 다르다는 것과 주어를 누구로 놓느냐에 따라 이야기의 의미가 완전히 바뀐다는 것을 아는 사람이다.

하만의 대명사를 다섯 번이나 반복한 것은 가해자가 재앙의 수령자가 되고, 계획의 주체가 심판의 객체가 되는 것, 즉 행위와 그 귀결 사이의 완벽한 고리를 보여주기 위함이다. 24절과 25절을 연결해서 보면, 유다인을 멸하려던 하만의 계획은 스스로 멸망하는 결과를 초래했고, 제비를 던져 날짜를 정했으나 그날은 하만의 처형일이 되었으며, 유다인을 나무에 매달려고 하였으나 하만과 그의 아들들이 거기에 매달렸고, 혼란과 멸절의 결과는 하만과

그 집안에 쏟아졌다. 우주에는 도덕의 중력이 작용한다. 그 중력은 선악을 가리지 않고 던진 것은 반드시 돌아오게 하는 탄력이다. 증오도 발행자의 체온을 기억하며 찾아온다. 지구는 둥글기 때문에 직선도 곡선이다. 타인에게 악을 아무리 직선처럼 똑바로 던져도 휘어진 곡선을 따라 자신에게 돌아온다. 하만과 그 가문의 몰락은 맹목적인 천벌이 아니라 하만 자신이 최대의 화력으로 설계한 형벌이 자신에게 돌아온 것이었다. 스스로 구축한 파괴의 논리가 자신에게 역류한 결과였다. 정의는 때때로 복잡한 행위를 거치지 않고 악인의 손에 쥐여준 파괴적인 도구를 회수하는 방식으로 집행된다.

모르드개는 편지에 "악을 행하지 말라"거나 "정의는 이긴다"라는 추상적인 교훈이나 격언을 쓰지 않고 구체적인 사람, 구체적인 행위, 그에 따른 구체적인 결과를 기입했다. 철학이 아니라 역사를, 원리가 아니라 사건을 담아냈다. 진실은 추상이 아니라 이름 속에 있기 때문이다. 그런데 자신의 이름은 한 글자도 언급하지 않고 스스로 배제했다. 역사책은 주어를 요구한다. 기념비는 이름을 새기고 승전가는 영웅을 찬양한다. 이것이 인간의 방식이다. 모르드개도 그런 역사의 문법을 이해하는 사람이다. 그런데도 편지의 주어로서 자신은 빼고 하만과 에스더와 왕만 거명한다. 에스더의 용기를 자신에게 빼돌리지 않고 그대로 기록했다. 에스더의 결단은 그녀의 것이었기 때문이다. 하만의 처형을 명한 권위를 자신의 것으로 만들지 않고 왕의 것이라고 기록했다. 왕의 결정은 그의 것이었기 때문이다. 모르드개가 아무것도 하지 않은 것은 아니었다. 그는 왕후에게 왕 앞으로 나아가야 한다고 가르쳤고, 금식을 요청했고, 칙령의 문구를 작성했고, 전령들을 파견했다. 그러나 편지에는 자신이 주어로 된 행위들을 모두 생략했다. 영원한 문장의 주어가 될 기회를 스스로 거부했다. 그의 머리에는 역사의 진정한 주어가 에스더도, 왕도, 자신도 아닌 어떤 분이라고 확신하지 않았을까? 에스더는 용감하고 예쁘지만 주어가 아니라 도구였다. 왕도 최고의 세속권을 가졌으나 주어가 아니라 도구였다. 당연히 모르드개 자신도 도구였다. 그는 자신의 이름을 뺌으로써 주어의 그 빈자리에 하나님을 모시려고 했다. 이는 "이 모든 일을 이루신 분은 따로 있다"는 침묵의 선언이고 "우리는 도구일 뿐"이라는 조용한 고백이다.

역사의 페이지에 이름을 남기고 싶은 것은 모든 사람의 욕망이다. 동굴 벽에 손도장을 찍고, 돌에 이름을 새기고, 기념비를 세우는 것은 인간의 오래된 충동이다. 이는 죽음이 우리를 지우기 전에 우리 스스로를 역사에 기록하고 싶은 욕구의 표출이다. 그런데 모르드개는 자신을 주어로 만드는 대신 사건을 주어로 만들었다. 특이한 종류의 겸손이다. "내가 구했다"가 아니라 "구원이 있었다"고 진술한다. 악당의 존재는 다섯 번이나 적으면서 자기 이름은 한 번도 쓰지 않는 것, 승리의 서사에서 자신을 지우는 것, 역사를 "내가 했어"라고 말하지 않고 "하나님이 하셨어"로 읽히도록 여백을 만드는 부림의 편지는 참으로 이상한 감동과 도전을 선사한다. 이것이 진정한 역사가의 겸손이다. 진실은 추상 너머에 있다지만 가장 큰 진실은 이름 너머에 있다는 사실을, 역사는 주어를 원하지만 가장 깊은 역사는 보이지 않는 주어를 알린다는 사실을 그의 편지는 역설한다.

> ²⁶그러므로 그들이 부르의 이름을 따라 이날들을 부림이라 명명했다
> 그러므로 이 서신의 모든 말들과 이것에 관하여
> 그들이 본 것과 그들에게 닥친 것으로 말미암아

저자는 유다인이 하만의 음모에 마침표로 사용된 도구 "그 부르(הפור)의 이름을 따라 부림(פורים)이라 명명"하는 방식으로 부림절의 명칭이 생겼음을 설명한다. "그 부르," 이 말은 불특정한 주사위가 아니라 하만이 던진 "그 주사위"를 가리킨다. 유다인은 "이날들"을 구원의 날, 역전의 날, 기적의 날 등의 이름이 아니라 적이 던지고 죽음을 예고한 "그 부르"의 이름을 선택했다. 적이 사용한 멸망의 도구를 구원의 축제 이름으로 삼는 것, 우연의 상징을 섭

리의 증거로 전환하는 것, 이는 기막힌 반전의 기념이다. 유다인의 후손은 "부림"이란 말을 들을 때마다 하만이 제비를 던졌다는 것을, 그 제비가 날짜를 정했다는 것을, 그러나 그 날짜는 하만과 그 가문이 멸망하는 날이 되었다는 정의로운 반전을 생생하게 기억한다. 가장 저주받은 것을 가장 축복받은 것으로 만드는 것, 가장 두려웠던 흉물을 가장 기뻐하는 상징으로 바꾸는 것, 적을 물리치는 것만이 아니라 적의 무기까지 빼앗아 그것을 자신의 것으로 만드는 것, 적이 사용한 저주의 상징을 가져와 그 의미를 완전히 뒤집는 것이 승리의 완성이다. 나아가 악인의 악한 계획은 정의의 부메랑이 되어 그에게 돌아간 것만이 아니라 그 계획의 표적에게 악이 선으로 바뀌는 은총의 부메랑이 되는 역설까지 이르러야 한다.

저자는 부림절의 삼중적인 근거를 제시한다. 첫째는 모르드개의 공식적인 서신(אִגֶּרֶת), 둘째는 유다인이 본 경험적인 증거(מָה רָאוּ), 셋째는 그들에게 일어난 체험적인 증거(מָה הִגִּיעַ אֲלֵיהֶם)이다. 문서적 지식, 시각적 지식, 체험적 지식으로 이루어진 부림절 기억의 삼중주는 유다인의 후손에게 가장 효과적인 형태의 교육을 제공한다. 문서적 지식은 신화가 되지 않도록 객관성을 보장한다. 문서는 객관성의 뼈대이며 그것은 스스로 춤추지 않지만 정지해 있음으로 춤의 경계를 유지한다. 시각적 지식은 추상이 되지 않도록 생생함을 보장한다. 눈은 양피지의 글자를 덮는 살점이다. 그것은 따뜻해서 차가운 글자를 끌어안고 떠는데 그 떨림이 바로 역사의 맥박이다. 체험적 지식은 입술이 아니라 심장이 발화한 언어로서 진실이 타인의 일이 되지 않도록 실존적인 의미를 보장한다.

유다인의 후손은 책이라는 부림절을 객관적인 문서로 "이런 일이 있었다"를 배우고, 부모의 입이라는 목격자의 증언으로 "나는 그것을 보았다"를 들으며, 축제에 참여하는 경험으로 "내게 일어난 일이다"를 체감하며 그 역사를 머리와 가슴과 온몸으로 재현한다. 이런 교육은 정보를 전달하는 것이 아니라 정체성을 전수하는 것이며, 과거를 가르치는 것이 아니라 현재를 형성하는 것이며, 이야기를 들려주는 것이 아니라 삶을 빚어내는 교육이다. 부림절은 문서로 읽은 진실과 눈으로 본 진실과 몸으로 겪은 진실, 이 세 겹의 진실들이 촘촘히 엮여 하나의 기억을 수놓은 특별한 직물이다. 가장 견고한 기억은 하나의 강력한 서사가 아니라 서로를 지지하는 여러 겹의 다른 서사들이 만들어내는 공명 속에서 탄생한다.

> ²⁷유다인은 그들 자신과 그들의 후손과 그들에게 합류하는 모든 자들에게
> 이 두 날들을 지나가지 않고 그들의 기록대로 그들의 정한 때를 따라
> 해마다 행하기로 확정하고 수용했다

유다인은 자발적인 판단으로 부림절의 제도화와 영속성을 추구한다. 부림절 제정은 왕의 칙령이나 고위직의 지시가 아닌 영혼의 자발적 춤이었다. 강요된 법도가 아니라 그들 스스로 작사하고 작곡한 노래였다. 부림절 준수의 대상은 세 부류로 구성된다. 세 부류에서 확인되는 부림의 본질은 자발의 뿌리, 전승의 줄기, 보편의 꽃잎이다. 먼저 "그들 자신에게"(עֲלֵיהֶם), 이는 부림절의 자발적인 확립과 수용을 의미한다. 부림절 준수는 외부에서 강요된 짐이 아니라 고통과 죽음의 문턱을 넘은 자들이 자신에게 스스로 부과한 영적인 약속이다. 그리고 자신이 먼저 본을 보이지 않는다면, 자신에게 먼저 적용하지 않는다면, 법의 효력은 상실된다.

그리고 "그들의 후손에게"(עַל־זַרְעָם), 이는 세대 간 전승의 중요성을 가르친다. 정체성의 끈이 끊어지는 곳에서 민족은 와해된다. 그러나 세대가 세대에게 부림절을 전할 때, 하만의 악에도 굴하지 않고 오히려 구원을 받고 보이지 않는 섭리를 믿는 신앙의 자녀라는 정체성의 끈은 영원히 이어진다.

그리고 "그들에게 합류한 모든 자들에게"(עַל כָּל־הַנִּלְוִים עֲלֵיהֶם), 이는 부림절 당시에도 유다인이 되고자 한 자들이 많았던 것처럼 이후에도 개종하는 모

든 자들을 포함하는 부림절 준수의 보편성을 강조한다. 얼마나 놀라운 포용인가! 혈통으로 태어나지 않았어도, 신앙으로 유다인의 정체성을 선택한 자에게도, 이 기념은 개방되어 있다. 스스로 기억하며 자손을 가르치며 타자를 받아들일 때, 유다인의 역사는 인간 전체의 역사로 번역된다. 혈통의 경계를 초월하는 복음의 보편성은 이렇게 피어난다. 이로써 부림의 기쁨은 특정한 민족의 전유물이 아니라 악의 위협에서 벗어난 인류 보편의 정의 실현을 기념하는 축제로 확장된다.

부림절 준수의 원칙은 세 가지로 제시된다. 첫째는 "그들의 기록대로"(כִּכְתָבָם), 이는 부림절 준수의 정확성을 강조하고 자의적 해석을 막는 방파제다. 기록은 시간의 역사서가 아니라 기억의 계약서다. 하나님의 행위가 인간의 문장 안으로 들어온 현장이다. 시간의 침묵 속에서도 사라지지 않는 문자의 언약이다. 그러한 기록을 벗어나 우리의 기분대로, 우리의 편의대로, 우리의 해석대로 부림절을 지키면 언약이 무너진다. 신학적인 면에서 기록에 따른다는 말은 계시의 충분성을 증언한다. 하나님은 당신의 뜻을 기록으로 남기셨다. 그 기록은 완전하고 명료하고 충분하다. 우리는 그 기록을 더하거나 빼지 말고 있는 그대로 순종해야 한다. 문자는 기억의 감옥이 아니라 자유의 놀이터다. 문자는 이탈과 오류의 불안에서 해방된 부림절 누림을 제공하기 때문이다.

둘째는 "그들의 정한 때를 따라"(כִּזְמַנֵּיהֶם), 이는 아빕월 십사일과 십오일의 부림절 준수를 가리킨다. 정한 때를 따르려면, 시간의 신성함에 대한 인식이 필요하다. 시간의 히브리 개념에는 질이 있는데, 어떤 날은 거룩하고 어떤 순간은 영원하며 어떤 때는 하나님의 시간으로 채워진다. 부림절의 날짜는 그냥 편리한 날로 선택된 것이 아니라 역사 속에 각인된 시점이다. 부림절은 우리가 편할 때에, 여유로울 때에, 생각날 때에 지키는 것이 아니라 정해진 때에 기념해야 한다. 이것이 하나님의 주권적인 시간표를 인정하는 경건이다. 이것은 또한 공동체의 동시성을 창조한다. 전 세계의 유다인이 같은 달, 같은 날, 같은 시간에 부림절을 지키면 서로 보지도 못하고 멀리 떨어져 있어도 하나의 공동체가 된다. 이처럼 정한 때를 따르는 것은 역사의 의미를 인정하고 하나님의 섭리를 존중하고 공동체의 일치를 실천하는 신앙이다.

셋째는 "해마다"(בְּכָל־שָׁנָה וְשָׁנָה), 이는 세월이 흘러도 부림절 준수가 끊어지지 않도록 망각의 해독제를 제공한다. 반복은 영속의 명세이며 유한한 삶이 무한의 고리에 묶이는 역설이다. 부림은 한 번의 승리가 아니라 매년의 기적이다. 인간은 망각의 존재이기 때문에 가장 강렬했던 경험도 시간이 흐르면 흐려진다. 심지어 구원조차 일상에 파묻히면 망각된다. 그래서 매년 반복되는 의식이 필요하다. 해마다의 반복은 평범한 재연이 아니라 갱신이다. 이는 해마다 돌아오는 순환적인 시간관과 새로운 세대가 지키는 직선적인 시간관의 아름다운 통합이다. 정해진 날에 정해진 규정을 따라 해마다 부림절을 지키는 것은 마치 시간의 성례전과 같다.

> ²⁸이날들은 모든 세대와 세대에서, 가족과 가족마다, 지방과 지방마다,
> 성읍과 성읍마다 기억되고 행해질 것이며 이 부림의 날들은 유다인 가운데서
> 사라지지 않고 그것들의 기억은 그들의 씨로부터 끝나지 않으리라

이 구절은 앞에서 언급된 법령의 반복이 아니라 그 기억의 영속성을 신학적 언어로 선언하는 절정이다. "사라지지 않고 … 끝나지 않으리라," 이 부정형 동사들은 이 구절 전체가 일종의 서약임을 나타낸다. 이는 망각에 대한 선전포고, 혹은 기억의 불멸성에 대한 확신이다. "기억되는"(נִזְכָּרִים), 이 니팔 분사형 동사는 의지적 회상 이전에 기억이 이미 살아있는 상태를 묘사한다. 그리고 "행해지는"(נַעֲשִׂים), 이것도 니팔 분사로서 기억이 몽롱한 관념이 아니라 몸으로 실천되는 행위임을 보여준다. 기억하는 것과 행하는 것이 하나의 문장 안에 나란히 있다는 사실은 히브리적 사유의 핵심을 드러낸다. 즉 기억은

기념비에 새기는 것이 아니라 몸이 반복하는 행위 속에 스며든다. 신약으로 넘어오면, 예수님이 유월절을 변형시켜 제정하신 성찬식이 떠오른다. "이를 행하여 나를 기억하라"(눅 22:19). 여기에도 기억과 행위는 연동되어 있다.

"모든 세대와 세대에서," 이는 시간의 무한한 연속성을 표현한다. "가족과 가족마다, 지방과 지방마다, 성읍과 성읍마다," 이는 인간 공동체의 모든 층위를 망라한다. 기억은 특정 엘리트의 전유물이 아니라 공동체의 가장 작은 단위까지 보존해야 한다는 선언이다. 하나님의 섭리에 대한 인식은 사적 경건의 영역에만 국한되는 것이 아니라 공동체의 정체성을 형성하는 공적 신학의 차원이다. 나아가 카이퍼는 하나님의 은혜가 교회라는 특수한 영역에만 국한되지 않고, 문화와 사회와 역사 전체를 통해 흘러가야 한다고 주장한다. 이는 우리가 구원의 은총을 받은 이후에는 교회의 테두리 안에만 머무르지 않고 세상의 빛과 소금이 되도록 은총의 담지자가 되어 땅끝까지 이르러야 한다는 것과 맥락이 같은 주장이다.

"이 부림의 날들은 유다인 가운데서 사라지지 않고(יַעֲבֹר אֹל) 그것들의 기억은 그들의 씨로부터 끝나지 않으리라(יָסוּף אֹל)." 이는 기억의 세대가 끊어지지 않을 것이라는 희망이 아니라 확신이며, 기도가 아니라 예언이다. 이는 시간이라는 거대한 망각의 강물에 맞서고 역사라는 무자비한 지우개에 저항하는 도전이 토해낸 표현이다. 바벨론도 무너졌고 바사와 메데도 무너졌고 로마도 무너졌다. 찬란했던 문명들도 먼지가 되고 고고학의 삽 아래에서 겨우 무늬만 발견된다. 위대한 왕들의 이름도 잊고 화려했던 궁전들도 폐허로 돌아갔다. 그러나 "부림의 날들"은 사라지지 않고 기억된다. 유다인의 모든 씨로부터 단절되지 않고 오히려 계속해서 기념된다. 포로 출신의 유다인이 뭐라고 제국들과 문명들과 왕들도 사라지는 마당에 유다인의 이름은, 그들의 구원은, 그들의 축제는 종말까지 이르는가? 답은 간단하다. 부림절은 인간이 만든 축제가 아니기 때문이다.

모든 문명과 제국과 왕위와 도시와 건물은 사람이 만들지만 구원의 역사는 오직 하나님만 이루신다. 사람이 만든 것은 사람과 함께 사라지나 하나님이 행하신 일은 영원하다. 역사 속에는 각 나라의 기념일이 대단히 많았지만 사라졌다. 그러나 부림절은 2,500년이 넘도록 살아있다. 바벨론 포로기를 겪고, 로마의 핍박을 받고, 중세의 박해를 당하고, 근대의 동화 압력을 받고, 현대의 세속화 유혹도 받았지만 여전히 부림절은 매년 아달월에 돌아온다. 이것은 기적이다. 하늘에서 불이 내려오는 극적인 기적이 아니라 한 세대가 다음 세대에게 조용히 전승하는 지속의 기적이다. "사라지지 않고 … 끝나지 않으리라," 두 번의 이중 부정은 평범한 부정이 아니라 강력한 부정이다. 첫째 부정은 부림절의 능동적인 지속을 강조하고 둘째 부정은 모든 소멸의 시도에 대한 저항을 강조한다.

²⁹아비하일의 딸 왕후 에스더와 유다인 모르드개가 전권으로 글을 쓰고 부림에 대한 이 둘째 편지를 굳게 지키게 하되 ³⁰화평하고 진실한 말로 편지를 써서 아하수에로의 나라 백이십칠 지방에 있는 유다 모든 사람에게 보내어 ³¹정한 기간에 이 부림일을 지키게 하였으니 이는 유다인 모르드개와 왕후 에스더가 명령한 바와 유다인이 금식하며 부르짖은 것으로 말미암아 자기와 자기 자손을 위하여 정한 바가 있음이더라 ³²에스더의 명령이 이 부림에 대한 일을 견고하게 하였고 그 일이 책에 기록되었더라

❖ ❖ ❖

²⁹아비하일의 딸 에스더 왕후와 유다인 모르드개가 부림의 이 두 번째 서신을 확립하기 위해 모든 권세로 작성했다 ³⁰그는 아하수에로 왕국의 백이십칠 지방의 유다인들 모두에게 평화와 진리의 말들로 된 편지들을 발송했다 ³¹이는 유다인 모르드개와 왕후 에스더가 그들을 위하여 그들의 금식과 애통의 규례들을 확립한 것처럼, 그들이 자신들과 후손들을 위하여 확립한 것처럼, 이 부림의 날들을 그들의 지정된 기간에 확립하기 위함이다 ³²에스더의 명령은 이 부림의 규례들을 확립했고 편지로 기록됐다

입법자 에스더

²⁹아비하일의 딸 에스더 왕후와 유다인 모르드개가
부림의 이 두 번째 서신을 확립하기 위해 모든 권세로 작성했다

부림절 준수를 위해 유다인들 모두에게 첫 번째 서신이 보내어진(에 9:20-28) 후 에스더와 모르드개는 "두 번째 서신"(אִגֶּרֶת הַשֵּׁנִית)을 작성했다. 이는 부림절 확립의 이중적인 화증이다. 첫째 서신은 구원의 사건을 공포하고 자발적인 수용을 이끌어낸 것이라면, 둘째 서신은 그 축제의 영원한 불가침성 확보를 위한 최종적인 봉인이다. 기억의 문을 두 번 잠그는 행위이자, 구원의 진실을 다시 새기는 언약의 몸짓이다. 과연 부림절은 이중의 잉크가 필요할 정도로 그렇게도 중요한가? 너무도 강한 규정이 하나님의 이름이 한 번도 언급되지 않은 책에서 확립되는 것은 대단히 기이하다. 토라에는 하나님의 이름이 수천 번 새겨지고 시편은 그 이름을 노래하고 선지서는 그 이름으로 심판하고 위로한다. 이런 책들과는 달리, 에스더서 안에는 아도나이, 엘로힘, 여호와도 없고 그 이름의 그림자도 없다. 그런데도 유다인의 전

통에 가장 강력한 종교적 규정이 이 책에 새겨진다.

왜 그러한가? 하나님의 이름이 없기 때문에 두 겹의 기록이 필요했다. 그분의 이름을 부를 수 없었기에, 그분의 행하심을 더욱 또렷하게 기록해야 했다. 그분의 음성이 들리지 않았기에 손길의 흔적을 더욱 세밀하게 추적해야 했다. 어쩌면 하나님의 이름도 없는 이 절기가 보이지 않는 하나님을 가장 생생하게 보여주는 날인지도 모르겠다. 하나님의 이름이 없다는 것은 그분의 부재가 아니라 오히려 어떤 순간에도 제한되지 않으시는 그분의 보편적 임재를 의미한다. 이런 침묵의 하나님을 증거하기 위해 에스더와 모르드개가 첫째 서신에서 사건의 역사적 확증을, 둘째 서신에서 섭리의 신앙적 확증을 의도했을 가능성이 크다. 부림절에 구원은 우리에게 사실과 의미의 이중주로 다가온다. 진실로 부림절은 하나님의 현현에 대한 새로운 문법이다. 하나님을 직접 호명하지 않고서도 그분의 구원을 가장 견고하게 기념하고 기억하는 방식이다. 하나님은 때로 가장 겸손하게, 가장 은밀하게, 우리의 기억과 공동체의 삶 속에 당신의 가장 생생한 초상을 새기신다.

두 사람은 "부림의 이 두 번째 서신을 확립하기 위해 모든 권세(כָּל־תֹּקֶף)"를 사용했다. 모세의 표현을 빌리자면 목숨을 다하고 힘을 다하고 마음을 다하고 뜻을 다하듯이 최대치의 화력을 부림절 확립에 퍼부었다. 이는 왕국의 확장이나 군사력의 증강이나 개인적인 영광을 위함이 아니었다. 절기 하나를 확립하기 위한 것이었다. 위대한 제국의 왕비와 총리가 가진 모든 권세를, 모든 정치적 영향력을, 모든 도덕적 무게를, 단지 축제의 제도화에 소비하는 것이 과연 합당한가? 그러나 그들은 이것이 가장 중요한 일이라는 사실을 확신했다. 권력도 잠깐이고 페르시아 제국도 언젠가는 무너지고 왕좌도 언젠가는 다른 이에게로 넘어가고 왕비의 자리와 총리의 지위도 영원하지 않기 때문이다. 하나님 사랑에 대한 모세의 방식처럼, 두 사람도 이 절기의 중요성을 이성으로 이해했고 구원의 감격을 감정으로 느꼈으며 의지적인 제도화의 결심까지 이르렀다. 그들은 법적 구속력을 가진, 왕실의 인장이 찍힌, 역사

책에 기록된, 부인할 수 없는 부림절을 제대로 만들고자 했다. 두 사람이 보여준 이런 모습은 하늘에서 주어진 은사와 권세와 지위 사용법의 정석이다.

이 구절에서 주목하고 싶은 것은 "쓰다"라는 동사가 여성형 단수 즉 "그녀가 썼다"(וַתִּכְתֹּב)라는 사실이다. 저자는 두 명의 주어와 상응하는 복수형을 쓸 수도 있었는데 여성형 단수를 선택했다. 이로써 저자는 모르드개가 첫째 서신을 쓰고 에스더가 둘째 서신을 썼다고 암시한다. 물론 둘째 서신의 작성에 모르드개의 조언이 있었을 가능성이 높다. 이것은 두 서신 작성의 역할 분담이 아니라 권위의 전환이다. 더 정확하게 말한다면, 권위의 완성이다. 고대 세계에서 쓴다는 것은 글자를 종이에 옮기는 행위가 아니라 권위의 행사였다. 에스더가 펜을 들었다는 것은, 두 작성자의 이름 중에서 먼저 거명이 되었다는 것은, 그녀가 더 이상 양부의 그늘에 있지 않고 더 이상 왕의 총애에만 의존하지 않음을 의미한다. 그녀는 이제 당당한 주어가 되어 자신의 이름으로, 자신의 권위로, 자신의 목소리로 쓴다. 명령형 어조와 왕의 인장과 뼈처럼 단단한 남성의 필체와는 달리, 여성형의 아름다운 곡선으로 쓴다.

모르드개의 편지는 민족 내부에서 나온 것이었다. 그러나 에스더는 하닷사와 에스더의 이중 정체성을 가지고 있어서 민족의 구성원인 동시에 황제의 아내로서 왕실 내부의 사람이다. 그가 왕실의 언어로 쓴 편지는 왕실의 권위를 가진 유다인이 제국의 행정 체계를 통해 자신의 민족에게 보내는 성격의 서신이다. 게다가 고대 제국은 가부장적 세계였다. 그런 남성 중심적인 권력 구조 속에서 한 여성이 펜을 들고 민족의 미래를 규정했다. 이것은 여성형 동사의 조용한 혁명이다. 이는 구원의 도구가 사회적 기대를 따르지 않는다는 것, 때로는 가장 연약해 보이는 위치에서 가장 강력한 권위가 나온다는 것을 가르친다. 고아였고 포로였고 여자였던 소수 민족 출신의 에스더가 제국을 바꾸었고 민족을 구원했고 영원한 절기를 확립했다. 두 사람의 두 서신은 조화롭다. 민족 지도자의 권위와 왕실의 권위가 악수하고, 남성의 목소리와 여성의 목소리가 휘감기고, 내부자의 호소와 경계를 넘는 선포가 협업하기 때문이다. 하나의 기록자, 하나의 편지로는 부족하다. 두 사람이 함께 각자의 고유한 권위를 가지고 각자의 고유한 목소리로 하나의 절기를 확립했다.

³⁰그는 아하수에로 왕국의 백이십칠 지방의 유다인들 모두에게
평화와 진리의 말들로 된 편지들을 발송했다

에스더가 주어로 작성한 편지들을 모르드개가 "발송했다"(יִשְׁלַח). 아름다운 협력이다. 에스더의 리더십과 모르드개의 겸손이 조화롭다. 리더십은 홀로 높아지는 것이 아니라 자신의 자리를 비워 타인의 빛을 드러내는 기술이다. 겸손은 침묵하는 것이 아니라 자신의 손을 통로로 내어주는 섬김이다. 두 사람은 각자의 자리에서 한 몸처럼 움직였다. 제국에서 가장 중요한 권위의 두 축이 공조했다.

부림절의 유례와 규례가 담긴 모르드개의 편지와는 달리, 에스더가 작성한 편지에는 "평화와 진리의 말들"(דִּבְרֵי שָׁלוֹם וֶאֱמֶת)이 들어갔다. 규례가 아니라 메시지를, 법이 아니라 선포를, 방법이 아니라 의미를 담은 편지였다. 모르드개가 "무엇"을 말했다면 에스더는 "왜"를 설명한다. 그가 구조를 세웠다면, 그녀는 거기에 영혼을 주입한다. "평화의 말들"은 전쟁의 종식을 알리는 선언이다. 더 이상 죽일 필요가 없어졌고, 더 이상 두려워할 필요가 없어졌다. 에스더는 이제 제국의 언어로, 왕비의 권위로, 모든 유다인의 지도자로 샬롬을 공포한다. 관계의 회복, 공동체의 온전함, 정의가 실현된 질서, 하나님의 통치가 드러난 상태를 뜻하는 샬롬은 새로운 질서의 확립을 가리킨다. 하만의 칙령에 담긴 무고한 자들의 죽음, 정의의 왜곡, 거짓 고발에 기반한 학살은 모두 샬롬의 반대였다. 그 반대의 무질서를 에스더는 새로운 칙령으로 뒤집는다. 고대 세계에서 전쟁은 남성의 언어였다. 그러나 평화는 여성의 언어였다.

제국의 모든 유다인은 주로 유다 지파와 베냐민 지파로 구성되어 있다. 에스더의 이 편지로 말미암아 두 지파의 모든 역사적 얽힘, 대립과 상처가 치유된다. 야곱의 시대에 유다는 베냐민을 구했으나, 사사들의 시대에는 그 유다가 베냐민을 공격했다. 사울의 시대에는 베냐민이 유다를 괴롭혔고 왕국이 둘로 찢어진 뒤에는 그 두 지파가 결합했다. 그들의 관계는 구원과 공격, 사랑과 질투, 형제애와 경쟁의 교차였다. 그러나 에스더의 시대에는 베냐민 사람 에스더에 의해 두 지파는 샬롬에 도달한다. 유다가 구원의 이름을 열었고 베냐민이 그 이름의 의미를 완성한다. 이는 열두 지파를 시작한 야곱이 각지파에게 축복의 말들을 전한 이후로 더 보강된 "평화"의 말들이다. 야곱의 축복은 각 지파의 역할을 규정했고 에스더는 지파들의 관계를 규정한다. 베냐민의 딸이 유다인 모두에게 쓴 편지는 야곱의 축복을 완성하는 역사의 마지막 화음이며, 천년 서사의 신학적 완성이다. 이것은 두 지파만의 이야기가 아니라 온 인류의 모든 족속 중에서 하나님의 나라로 편입된 모든 이스라엘 백성의 관계와 샬롬을 상징한다.

에스더의 편지는 "진리의 말들"도 모든 유다인과 공유한다. 에스더서 안에는 거짓과 속임수가 가득했다. 와스디가 폐위된 이유가 과장되는 것(1:16-20), 에스더가 정체성을 숨겨야만 했던 것(2:10, 20), 하만이 거짓으로 고발한 것(3:8-9), 모르드개의 공로가 잊히는 것(6:1-3) 등, 진실은 숨겨지고 왜곡되고 잊혔다. 그러나 결국 진실이 드러났다. 하만의 음모가 폭로되고(7:3-6), 에스더의 정체가 밝혀지고(7:3-4), 모르드개의 충성이 기억되고(6:2-3; 10:2), 역사의 진실이 기록된다(10:2). 이 모든 것은 신화가 아니고 과장이 아닌 실제로 일어난 사실이다. 그래서 날짜가 기록되고 장소가 명시되고 숫자가 세심하게 보존된다. 에스더 이야기는 신화적 서사가 아니라 역사적 증언이다. 진리는 에스더가 왕후로 책봉되는 처음부터 위기와 반전들의 중간을 지나 구원과 축제라는 이야기의 나중까지 관통한다. "진리의 말들"은 이것을 확증한다.

모르드개의 편지가 역사의 뼈를 세웠다면 에스더의 편지는 그 뼈 위로 살점을 얹었으며, 검은 잉크로 쓰인 규례는 흐르는 피를 멈추게 하였지만 에스더가 잡은 붓끝에서는 하얀 비둘기 같은 평화가 날개를 펴고 진실이 그 날개 아래에서 호흡한다. 그녀는 더 이상 반격의 칼날이 아닌 입맞춤의 문장을 썼고 그 문장은 왕의 법전이 아닌 인간의 가슴속에 새겨지게 했다. "평화와 진리"라는 두 단어로 인해 역사는 그날 이후로 죽이려는 손아귀 대신 살리려는 손길을 기억하게 되었고 유다인의 달력은 피의 문양 위에 하얀 비둘기를 덧입혔다. 에스더는 왕후의 권세로 쓴 것이 아니라 한 여인의 믿음으로 썼고 그 믿음은 진리가 폭력보다 오래 산다는 사실을 강조한다.

31이는 유다인 모르드개와 왕후 에스더가 그들을 위하여 그들의 금식과
애통의 규례들을 확립한 것처럼, 그들이 자신들과 후손들을 위하여 확립한 것처럼,
이 부림의 날들을 그들의 지정된 기간에 확립하기 위함이다

이 구절은 부림절이 하향적인 명령과 상향적인 수용의 쌍방성, 권위적인 의무와 자발적인 수용으로 확립된 절기임을 명시한다. 부림절의 이런 이중성은 "~처럼"(כַּאֲשֶׁר)과 "확립하다"(קוּם)가 두 번씩 반복되는 문법적인 독특성에 나타난다. 즉 부림절은 모르드개와 에스더의 명령에 근거한 외부적 권위가 "확립한 것처럼," 유다인들 자신의 자발적인 서약에 근거한 내부적 수용으로 "확립한 것처럼" 지켜져야 한다. 권위와 의미, 공식성과 헌신, 법적 지위와 자발성, 역사적 기록과 내면화, 보편성과 생명력이 만나면 마법이 일어난다. 위의 것만 있으면 메마른 법률이고, 아래의 것만 있으면 흐릿한 관습이다. 위에서의 명령과 밑에서의 수용은 제국의 문화와 가치를 능가한다. 고대 세계에서 왕은 명령하고 백성은 순종했다. 총리가 칙령을 내리면 신민은 질문하지 않고 토론하지 않고 그저 복종했다. 그러나 유다인이 자신들을 위하여 규정을 확립하는 것은 다른 언어였다. 명령받는 자의 언어가 아니라 선택하는 자의 언어였고, 강요당한 자의 언어가 아니라 서약하는 자의 언어였다. 부림절의 제정에서 유다인은 일

방적인 명령이 아니라 쌍방적인 동의의 문화를 확립했다. 이것은 고대 이스라엘 백성에게 낯설지 않은 문화였다. 하나님의 방식을 반영하기 때문이다. 즉 하나님의 말씀을 "우리가 다 행"할 것이라(출 19:8)는 모세의 기록처럼, 그 백성은 왕만이 아니라 하나님에 대해서도 자발적인 수용의 주체였다.

"자신들을 위하다"라는 말의 원문(עַל־נַפְשָׁם)을 직역하면 "그들의 생명 위에"로 번역된다. 당시의 유다인은 의례의 외적 준수가 아니라 존재론적 차원의 헌신과 목숨을 건 서약으로 부림절을 수용했다. 29-30절은 지도자의 행위를 다루지만, 31절은 백성들의 깊은 헌신을 드러낸다. 이것은 하나님께 드려지는 예배의 본질도 가르친다. 참된 예배는 생명을 걸고 드리는 응답이며, 의무의 수행이 아니라 존재의 봉헌이기 때문이다. 하나님은 유다인의 생명을 살렸고 그들은 다시 그 생명을 하나님께 헌납한다. 이렇게 생명 위에 세워진 이 서약은 혈통을 따라 전승되며 각 세대는 부림절을 맞을 때마다 조상들의 그 결단을 자신의 "네페쉬 위에" 다시 각인한다.

그리고 부림절을 "그들의 자손 위에"(וְעַל־זַרְעָם) 확립했다. 이 표현은 시간의 수평선을 횡단하는 신학적 선언이다. 부림절의 수용은 한 세대만의 결정이 아니라 대를 이어가는 언약적 헌신이며 부모가 사녀에게 부과하는 의무이기 때문에 이 표현은 세대 간 전승의 명시적 확립이다. 이것은 의무의 전승이 아니라 은혜의 연속이며 기억의 계보였다. 오히려 망각은 중립적인 상태가 아니라 존재의 손상이다. 부림절을 지키지 않는 세대는 자기 정체성의 본질적인 층위를 상실한다. 그러므로 부모가 자녀에게 부림절을 전승하는 것은 권위의 행사가 아니라 자녀를 지키는 사랑의 실천이다. 각 세대는 자신들이 마지막 세대가 아님도 인식한다. 이것은 희망의 신학이다. 자손에게 무언가를 전승하는 것은 미래가 있다는 반증이기 때문이다. 절멸의 위기를 겪은 민족이 세대 간 전승을 확립하는 것은 생존을 넘어 번성에 대한 기대도 드러낸다. 한 세대가 눈물로 기억한 사건을 다음 세대가 웃음으로 기념하고 다시 그다음 세대가 찬양으로 이어간다. 부림절은 그 거룩한 계승의 표징이다.

이 구절에서 특이하게 추가된 규례는 "금식과 애통"(הַצֹּמוֹת וְזַעֲקָתָם)이다. 22절에서 저자는 아달월을 슬픔이 기쁨으로, 애통이 잔칫날로 변한 달이라고 선포했다. 그런데 31절은 이 기쁨의 한복판에 금식과 애통을 삽입한다. 잔치가 벌어지는 날에 금식을, 기쁨이 넘치는 날에 애통을, 선물이 오가는 날에 절규를 지시한다. 이는 마치 결혼 예식장에 애도의 검은 옷을 입고 들어가는 것처럼, 축제의 해맑은 리듬에 묵념의 박자를 끼워 넣는 것처럼 어색하다. 그러나 금식과 애통이 없다면 부림절은 흥청대는 술 파티가 될 위험성도 있다. 역사적 맥락을 잃어버린 축제로, 감사 없는 방종으로 변질되기 쉽다. 금식과 애통은 구원이 오기 전의 절망을, 반전이 일어나기 전의 어둠을, 생명이 회복되기 전의 죽음을 기억나게 한다. 동시에 금식은 무력함의 고백이고 애통은 전적인 의존의 표현이다. 이로써 유다인은 자신들의 승리를 자축하는 대신 자신들의 연약함을 인정한다. 이로써 공감도 훈련한다. 잔치 벌이는 자가 금식하는 것은 배부른 자가 굶주린 자를 기억하고, 기쁨을 누리는 자가 애통하는 것은 구원받은 자가 여전히 고통 속에 있는 자를 기억하는 방식이다. 동시에 금식과 애통은 기쁨을 누리되 방심하지 말고, 축하하되 교만하지 말며, 잔치를 벌이되 은혜를 잊지 말라고 가르친다. 이처럼 기쁨과 애통, 잔치와 금식이 모순되지 않음을 깊은 신앙은 이해한다. 진정한 구원은 죽음을 통과한 생명이고, 진정한 기쁨은 애통을 품은 희열이다. 이처럼 부림절은 균형의 철학을 속삭인다. 삶은 빛과 어둠의 직조이고 승리와 상실의 고리라고 가르친다.

32에스더의 명령은 이 부림의 규례들을 확립했고 편지로 기록됐다

이 구절은 "부림의 규례들"이 확립되고 "문서로" 기록된 것이 "에스더의 명령"(מַאֲמַר אֶסְתֵּר)에 의한 것이라고 설명한다. 여기에는 모르드개 및 유다인이 사라지고 에스더 홀로 부림절 규례의 최종 확정자로 등장한다. 지금까지 저

자는 에스더를 왕후로, 중보자로, 민족의 구원자로 묘사했다. 그런데 여기서 그녀는 율법 제정자로 승격된다. 에스더서 전체는 와스디가 왕명을 거부하여 폐위되는 것으로 시작된다. 그런데 9장 32절에서 에스더는 왕명에 순종하는 왕후를 넘어서 자신의 명령으로 민족의 규례를 확정하는 입법자가 된다. 이는 완전한 반전이자 에스더 개인의 정체성 변화의 정점이다. 드보라가 재판석에 서고 군대를 지휘하고 선지자의 직무를 수행한 것처럼 이것은 구약에서 극히 희귀한 현상이다. 하나님이 주신 토라를 받아 기록하고 선포하는 것은 모세의 일이었다. 모세 외에는 왕들, 제사장들, 선지자들 중에 그 누구도 새로운 규례를 세우는 권위는 행사하지 못하였다. 그들은 율법의 제정이 아니라 제정된 율법을 해석하고 적용했다. 남성 중심의 고대 근동 사회에서, 심지어 성경 안에서도 모든 유다인이 순응해야 하는 종교적 규례를 여성이 단독으로 확정하고 문서로 기록되게 하는 권위를 행사하는 것은 혁명적인 사건이다.

이 사건이 의미하는 바는 무엇인가? 첫째, 진정한 권위는 경험, 지혜, 헌신, 그리고 무엇보다 하나님의 섭리 안에서 수행된 역할에서 비롯된다. 에스더는 금식을 주도했고 목숨을 걸었고 하만을 꺾었고 왕의 마음을 돌려 민족을 구원했다. 부림절의 실질적인 창조자는 그녀였다. 그러므로 부림절을 확정할 권위도 그녀에게 있다. 둘째, 경험이 신학을 형성한다. 에스더는 추상적인 교리를 만든 것이 아니라 자신이 살아낸 구원의 드라마를 제도로 번역했다. 그녀가 명령한 금식은 그녀가 실제로 주도했던 사흘의 금식이고, 그녀가 확정한 부림절의 잔치는 그녀가 왕과 하만을 초대했던 바로 그 연회의 기억이다. 부림절은 마치 에스더의 신학적 자서전과 같다. 셋째, 이것은 하나님의 조용한 승인이다. 하나님은 직접 자신을 드러내지 않으시고 역사의 무대에 에스더를 올리셨다. 직접 말씀하시지 않고 그녀를 통해 말씀하셨다. 직접 명령하지 않으시고 그녀의 명령으로 명하셨다. 넷째, 이것은 공동체의 인정이다. 에스더의 명령은 거부되지 않고 논쟁되지 않고 수정되지 않고 수용과 기록과 보존으로 이어졌다. 이는 그녀의 권위에 대한 공동체의 승인을 의미한다.

¹아하수에로 왕이 그의 본토와 바다 섬들로 하여금 조공을 바치게 하였더라 ²왕의 능력 있는 모든 행적과 모르드개를 높여 존귀하게 한 사적이 메대와 바사 왕들의 일기에 기록되지 아니하였느냐 ³유다인 모르드개가 아하수에로 왕의 다음이 되고 유다인 중에 크게 존경받고 그의 허다한 형제에게 사랑을 받고 그의 백성의 이익을 도모하며 그의 모든 종족을 안위하였더라

❖ ❖ ❖

¹아하수에로 왕이 땅과 바다의 섬들에 조공을 부과했다 ²그의 권세와 능력에 의한 모든 행적과, 왕이 높여준 모르드개의 위대함 이야기의 기술, 그것들은 메대와 바사 왕들의 연대기에 기록되지 않았느냐 ³이는 유다인 모르드개가 아하수에로 왕에게 둘째이고 유다인에게 위대하고 그의 허다한 형제에게 호의를 얻고 그의 백성을 위해 선을 추구하고 그의 모든 자손에게 평화를 말하는 자였기 때문이다

30 유다라는 이름

¹아하수에로 왕이 땅과 바다의 섬들에 조공을 부과했다

숨 가쁜 음모와 반전, 그리고 극적인 구원 이야기가 지나간 자리에 평온함
이 찾아온다. 10장은 마치 폭풍 후의 고요처럼 안정과 질서가 회복된 세계
를 조용히 그려낸다. 먼저 아하수에로 왕의 광대한 통치와 안정된 권력을
언급한다. 그는 "땅과 바다의 섬들(הָאָרֶץ וְאִיֵּי הַיָּם)에 조공을 부과했다." 여기
에서 "땅과 바다의 섬들"은 사람의 발자국이 닿을 수 있는 모든 영역, 즉 대
지의 끝없는 평원부터 산맥의 험준한 등성과 바다의 파도만 찾아가는 외로
운 섬들까지 포괄한다. 다소 과장된 이 표현에 따르면, 당시의 페르시아 제
국은 하나님의 손길처럼 세상의 모든 모퉁이를 품으려고 드리운 거대한 망
토였다. "조공(貢)을 부과"한 것은 중앙 정부가 변방까지 완벽하게 장악하고
있음을 증거한다. 하만의 음모와 그에 따른 내전 위기가 왕의 권위를 훼손
하지 않고 오히려 제국을 더욱 공고하게 했다. 세금을 거둔다는 것은 반란
이나 분열의 움직임이 전혀 없음을 의미한다. 이는 전쟁이나 기근이 아닌

평화의 시기만이 이런 안정적 세입을 가능하게 하기 때문이다. 연약한 땅과 바다의 섬들에 조공을 요구하는 것은 제국주의 시대의 병폐일 수 있겠으나 에스더서 문맥 안에서는 번영과 안정을 의미한다.

이 구절은 또한 하나의 질서 아래 통합된 세계를 보여준다. "땅과 바다의 섬들"은 중심과 주변의 구분을 표시하는 동시에 하나의 체계 안에 통합되어 있음을, 또한 통일성과 다양성의 공존을 나타낸다. 세계는 이처럼 한 권의 서사시로 접혔고 그 서사시의 표지에는 안정과 평화라는 글자가 새겨졌다. 고대 사상에서 왕의 통치는 하나의 정치력을 넘어 천상적 질서의 지상적 반영을 의미한다. 그리고 땅과 바다라는 창조의 기본적인 요소들이 왕의 통치 아래에 있다는 것은 온 세상의 혼돈이 질서로 전환된 회복을 상징한다. 하만의 음모가 우주적 혼돈의 침투라면, 그의 패배는 질서의 승리였다. 하만의 패배는 유다인의 승리와도 결부되어 있다. 이는 특수한 민족의 승리가 제국 전체의 보편적 질서와 양립함을 보여준다. 나아가 한 민족의 생존권이 더 큰 정치 공동체의 안정과 모순되지 않는다는 사실을 드러낸다. 정의로운 소수자 보호가 오히려 제국의 안정을 강화한다.

라바누스는 "땅과 바다의 섬들"을 예수님의 통치와 연결한다. 우리 주님만이 "하늘과 땅에 속한 권세"를 가지셨고 "바다와 그 모든 심연 속"의 권세까지 가지셨기 때문이다(Rabanus, 670). 게다가 다윗이 메시아를 바다에서 바다까지, 강에서 땅끝까지 다스리는 분, "섬의 왕들이 조공을 바치"는 분으로 묘사하기 때문이다(시 72:8-10). "땅과 바다"라는 과감한 표현은 세속의 왕 하나가 감당할 수 없는 권세를 가리킨다. 인간의 발이 닿지 못하는 바다의 심연까지, 바다로 둘러싸여 홀로 떠 있어서 세상의 끝처럼 보이는 고립된 섬마저도, 잊힌 듯한 변방에도, 땅만이 아니라 하늘까지 권세가 미치고 하늘과 땅과 바다에 감사와 경외라는 신성한 조세를 부과할 수 있는 유일한 분은 그리스도 예수밖에 없다. 이처럼 1절은 메시아의 이름이 언급되지 않았으나 은밀하게 암시하는 절묘한 구절이다. 이 구절의 암시에 근거할 때, 제국의 둘째인 모르드개가 주군으로 섬긴 분은 어쩌면 세속의 왕이 아니라 하늘의 왕인지도 모르겠다.

하나님의 백성이 평화를 회복한 이후에 제국의 번영과 안정이 있었다는 것은 섭리의 큰 그림을 보여준다. "땅의 모든 족속이 너로 말미암아 복을 얻을 것이라"(창 12:3)는 하나님의 언약은 아브라함 가족이 우르의 모래를 벗어나 하란의 언덕을 넘던 그날에 심어진 운명의 씨앗이다. 이는 영적인 세계의 법칙이다. 하나님의 백성이 번성하면 세상도 덩달아 환희의 잇몸을 드러낸다. 부흥은 "주의 말씀이 힘이 있어 흥왕하여 세력을 얻"는 것이듯이(행 19:20), 신앙의 흥왕도 열방의 부흥을 견인한다. 신앙은 사적인 안식이 아니라 우주적 번영의 근원이다. 성경의 서사 속에서 하나님은 믿음의 한 사람, 경건한 한 민족의 회복을 통해서 온 세상의 안녕을 비추신다. 이스라엘 백성의 선택은 배타적 특권이 아니라 보편적 축복이다. 믿음의 조상에게 주어진 그 언약은 에스더의 눈물이 흘러내린 궁전에서 열매를 맺었고, 유다의 눈물과 절규가 마른 자리에서 제국의 평화가 피어났다. 구원이 한 민족의 경계를 넘어 제국 전체의 안정으로 확장될 때 우리는 섭리의 깊은 강줄기를 본다. 하나님은 중심에서 변두리로, 보이지 않는 믿음의 회복에서 눈에 보이는 세계의 번영으로 거니신다.

믿음의 사람 모르드개, 그가 왕의 오른편에 서서 하나님을 경외하는 지혜로 국정을 보좌할 때, 그 지혜는 제국 전체의 정의와 질서로 퍼져나갔다. 이는 한 개인이나 한 민족의 성공이 아니라 하나님이 의로운 통로를 통해 흘려보내시는 복이 열방을 적시는 과정이다. 유다인의 평화가 제국의 안정을 가져온 것이 아니라 하나님이 당신의 백성을 통해 온 세계에 복을 베푸신 결과였다. 반대로, 하나님의 백성이 억압을 받고 위협을 당하면 온 사회가 혼란과 불안과 두려움에 시달린다. 이는 유다인 멸망의 조서가 반포된 수산성의 혼돈이 예증한다. 하나님의 통로가 막히면 복의 흐름도 끊어진다. 이는 유다를 저주하는 자가 저주를 받고 축복하는 자가 축복을 받는 원리의 발현이다.

²그의 권세와 능력에 의한 모든 행적과, 왕이 높여준 모르드개의 위대함
이야기의 기술, 그것들은 메대와 바사 왕들의 연대기에 기록되지 않았느냐

　　역사는 권력자의 것이며 고대 제국의 연대기는 왕들의 정복과 건축, 그들의 영광과 위엄을 기록하기 위해 존재했다. 거기에는 왕조의 정통성을 증명하고 후대에 전할 만한 업적들만 새겨졌다. 그러므로 "메대와 바사 왕들의 연대기"에 아하수에로 왕의 "권세와 능력에 의한 모든 행적"이 기록된 것은 당연하다. 그러나 모르드개 이야기가 그곳에 들어간 것은 특이하다. 우연한 등재가 아니라 역사 문법의 전복이다. 왕실 연대기는 신하의 업적을 기록하는 문서가 아니기 때문이다. 하물며 이방인, 포로로 끌려온 민족의 후손, 한때 대역죄로 고발당할 뻔한 유다인의 이야기를 기록하는 곳은 더더욱 아니었다. 이 "연대기"는 국가의 권위와 공식적인 역사관을 담은 제국의 공증서와 같은 역할을 수행한다. 그런데 거기에 모르드개 이야기가 왕의 권세와 나란히, 동등한 무게로, 영구적인 기록으로 남았다는 것은 그의 지위와 업적이 제국 차원에서 인정받았음을 증거한다. 이는 주변의 이야기를 역사의 중심으로 옮겨 놓은 사건이고, 낮은 자의 기록이 제국의 언어로 공증된 순간이다. 이는 또한 부림의 사건이 민족의 설화가 아니라 역사적 사실임을 나타낸다. 유다인의 구원이 비공식적 사건이 아니라 공적인 제국사의 한 페이지가 되었음을 보여준다. 이것은 하늘의 계획이 땅의 연대기를 수정한 사건이다. 보이지 않는 손이 역사의 펜을 움직이고 있다.

　　연대기에 기록된 내용은 "왕이 높여준 모르드개의 위대함(גְּדֻלַּת מָרְדְּכַי) 이야기"다. 그의 위대함은 제국의 공적인 연대기에 기록되어 후손의 기억에 길이 보존될 필요가 있을 정도로 위대했기 때문이다. 그는 유다인의 구원에 기여한 것만이 아니라 제국에도 위대하게 유익한 신하였다. 고대 세계에서 위대함은 정복한 땅의 넓이로, 쌓아 올린 궁전의 높이로, 무찌른 적의 수로 측정된다. 그러나 모르드개의 위대함은 고대 왕들의 위대함과 다른 것이었다.

그것은 한 민족을 멸망에서 구해낸 용기, 제국을 혼란에서 질서로 이끈 지혜, 왕에게 올바른 판단을 내리게 만든 영향력에 있다. 파괴가 아니라 보존, 정복이 아니라 화해, 지배가 아니라 섬김의 위대함 때문에 연대기의 페이지를 차지했다. 이는 또한 진정한 위대함의 의미, 즉 칼보다 지혜가 더 귀하고, 전쟁보다 평화가 더 위대하며, 권력보다 정의의 가치가 더 크다는 것을 제국이 인정한 사건이다.

> 3이는 유다인 모르드개가 아하수에로 왕에게 둘째이고 유다인에게 위대하고
> 그의 허다한 형제에게 호의를 얻고 그의 백성을 위해 선을 추구하고
> 그의 모든 자손에게 평화를 말하는 자였기 때문이다

이 마지막 구절은 모르드개가 제국의 연대기에 기록된 이유, 즉 그 위대함의 구체적인 내용을 설명한다. 먼저 "유다인 모르드개"(מָרְדֳּכַי הַיְּהוּדִי), 그의 공식 명칭이다. "유다인," 이 호칭은 한때 모르드개, 에스더, 그리고 제국의 127개 지방에 있는 모든 유다인의 금기였다. 하만의 조서 앞에서는 그 호칭이 죽음의 낙인이며 사형선고였다. 그런데 에스더 이야기의 마지막 구절에서 그 금기는 명예로 바뀌었다. 숨겨야 할 정체성이 공식 칭호가 되었고 죽음의 표식이 위대함의 표지로 바뀌었다. 이는 참으로 완전하고 철저한 구원이다. 하나님은 당신의 백성을 숨겨서 구원하지 않으시고 그들의 정체성을 지워서 보호하지 않으신다. 오히려 가장 밝은 곳에 두시고 가장 높은 곳에 새기신다. 수치를 영광으로, 약함을 강함으로, 멸시를 존귀로 바꾸신다. "유다인"의 정체성이 모르드개가 연대기에 들어간 이유라는 사실은 하나님의 백성이란 정체성은 세상에서 성공하기 위해 버려야 할 짐이 아니라 세상을 축복하는 통로라는 고대의 언약을 입증한다. 동화가 아니라 정체성의 고수가 그를 위대하게 만들었다. 타협이 아니라 신실함이 그를 드높였다. 숨는 것이 아니라 드

러내는 것이 그를 구원했다. 오늘날 "교회"라는 이름의 드러남은 어떠한가?

"유다인," 이 단어의 표면에는 그저 한 민족의 표식처럼 보이지만 사실은 하나님의 이름이 사라진 이 책의 모든 페이지 속에서 보이지 않는 손길의 서명이며 신의 대리 표기였다. 사라진 신의 발자국인 동시에 현현의 문이었다. 모세는 이스라엘 백성을 가리켜 "여호와의 이름이 너를 위하여 불"린다고 표기했고(신 28:10), 예레미야 선지자도 "우리가 주의 이름으로 일컬음을 받는 자"라고 고백했다(렘 14:9). 하나님은 당신의 백성과 분리될 수 없도록 결부되어 있다. 게다가 "유다인"의 기원인 유다가 출생할 때 그의 어머니인 레아가 "내가 이제는 여호와를 찬송하리로다"(창 29:35)고 고백하며 그의 이름을 "찬양하다," 즉 "야다"(יָדָה)에서 유래한 "유다"(יְהוּדָה)로 명명했다. 하나님은 자기 백성을 "내가 나를 위하여 지었나니 나를 찬송하게 하려 함"이라고 밝히셨다(사 43:21). "유다"는 출생과 선택의 근원적인 목적이 담긴 이름이다. 찬양의 마땅함에 있어서는 백성만이 아니라 "모든 열방들"과 "모든 백성들"도 찬양해야 하고(롬 15:11) 천지와 모든 만물도 찬양해야 한다(시 148:2-10). 이처럼 찬양의 운율로 새겨진 "유다"라는 이름은 모든 것을 포괄하다. 그래서 하나님은 "유다 온 집"(כָּל־בֵּית יְהוּדָה)을 "내 이름과 명예와 영광이 되게" 하셨다고 밝히셨다(렘 13:11). 이처럼 "유다"는 하나님의 이름, 하나님의 백성, 하나님을 예배하는 자들, 하나님의 언약 속에 사는 자들을 의미하고 만유를 포괄한다. "아브라함의 하나님, 이삭의 하나님, 야곱의 하나님, 유다의 하나님," 그리고 "우리 각자의 하나님"이 바로 그분의 이름이다. 신약의 표현을 빌리자면, 교회는 예수님의 이름이다. 예수님은 자신과 교회를 동일한 존재로 여기셨다. 즉 사울이 교회를 핍박했을 때에 자신을 "네가 박해하는 예수"라고 밝히셨다(행 9:5). 교회는 예수님의 이름으로 존재하고 산다.

"유다인," 이는 보이지 않으시는 하나님의 가시적인 표현이다. 당신의 이름으로 나타나지 않으시고 당신의 백성을 통해 계시며, 직접 말씀하지 않으시고 유다인의 행동과 생존을 통해 말씀하신다. 하나님의 부재는 실질적인 부재가 아니라 다른 종류의 임재이고, 하나님의 침묵은 실질적인 침묵이 아니라 다른 언어의 말씀이다. 그 임재와 말씀의 매체는 바로 "유다인," 즉 하나님의 백성이다. 하나님은 당신의 백성 안에, 그들의 정체성 속에, 그들의 신실함 속에, 그들의 용기 속에 거하신다. 에스더서 전체는 분명히 아하수에로 왕 이야기, 하만 이야기, 에스더 이야기, 모르드개 이야기, 유다인 이야기다. 그러나 부재 속의 임재로, 침묵 속의 웅변으로, 숨으심 속에 가장 선명한 보이심을 통해 하나님은 에스더서 안에, 모든 서사의 중심에, 처음부터 나중까지 거하시고 행하셨다.

유다인 모르드개가 왕실의 연대기에 기록된 구체적인 이유는 다섯 가지로 요약된다. 첫째, 그는 제국의 "왕에게 둘째"(מִשְׁנֶה)이기 때문이다. 그는 제국의 2인자였다. 그런데 고대 제국에서 차석의 자리는 권력의 정점 바로 아래, 모든 결정이 흘러가는 통로이자 모든 영향력이 집중되는 지점을 의미했다. 이 지위가 중요한 것은 권력 그 자체 때문이 아니라 페르시아 국가라는 거대한 기계가 이제 다른 방향으로 작동하기 시작했기 때문이다. "둘째"라는 표현도 중요하다. 그는 왕을 제거하고 권력을 찬탈하여 자신이 왕이 되려고 하지 않았고 적절한 위치에서 왕을 보좌하며 제국을 위해 봉사했다. 진정한 위대함은 가장 높은 자리를 차지하는 것이 아니라 주어진 자리에서 최선을 다하는 것임을 첫째 이유가 드러낸다. 그의 둘째 됨은 인간의 권력 회랑에서 하나님의 질서를 숨 쉬게 하는 제단이며 이름 없는 신의 속삭임을 제국의 천둥으로 바꾸는 시의 결정적인 행이었다.

둘째, 그는 "유다인에게 위대한 자(גָּדוֹל)"이기 때문이다. 그는 제국의 권력자가 되었지만 유다인을 잊지 않고 그들에게 위대했다. 사실 고대 세계에서 권력을 얻은 소수자가 자기 민족을 배반하는 경우는 빈번했다. 동화의 유혹도 강력했다. 더 큰 세계로 편입되기 위해 작은 정체성을 버리는 것이 이익처럼 보이기 때문이다. 그러나 모르드개는 권력을 얻은 후에도, 아니 권력을 얻었기 때문에 자기 백성에게 더욱 충실했다. 위대함은 칭호가 아니라 공동체의 신뢰에서 비롯된다. 유다인이 보기에 그는 진실로 위대한 영웅이다. 공동체가 그를 위대하게 여긴 이유는 그의 말보다 그의 삶이 더 큰 울림을 주었기 때문이다. 목숨을 다해 그들을 구해주고 그들에게 유익을 주었기 때문만은 아니었다. 이방인의 나라에서 유다인의 정체성, 즉 하나님의 백성으로 당당하게 살아가는 삶의 모델도 제시했기 때문이다. 세상의 크기가 아니라 신앙의 깊이가 사람을 위대하게 조각한다.

셋째, 그는 "그의 허다한 형제에게 호의를 얻는 자(רָצוּי)"이기 때문이다. 그는 위대함 때문에 유다인의 존경만 받지 않고 사랑까지 받은 사람이다. 권력자가 존경을 받는 것은 어렵지가 않다. 두려움도 존경처럼 보일 수 있기 때문이다. 그러나 사랑까지 받는 비결은 무엇인가? "허다한 형제에게," 바로 이 문구에서 발견된다. 강요할 수 없고 권력으로 살 수도 없는 사랑은 진정성의 결실이다. "허다한 형제에게" 그런 사랑을 받았다는 것은 그가 유다인들 위에 군림하는 통치자가 아니라 그들을 여전히 동등하고 인격적인 형제로 따뜻하게 여겼음을 의미한다. 그는 명령하지 않고 설득했고, 지배하지 않고 동행했다. 게다가 그는 유다인을 멀리하지 않고 같은 고난을 겪은 동족으로, 같은 하나님을 섬기는 가족으로 대우했다. 이런 태도가 허다한 형제의 사랑을 불러일으켰다. 권력은 존경을 가져올 수 있지만 사랑은 오직 겸손과 연대에서 온다. 그러나 높은 자리에 오르고 큰 권력을 쥐어도 동료들을 여전히 동등한 형제로 대하는 것이 얼마나 어려운가? 이런 겸손과 연대의 태도 유지에 있어서 우리는 모드르개, 나아가 예수님을 본받아야 한다. 그분은 창조주와 구세주와 심판주가 되셨어도 여전히 우리를 형제라 부르기를 부끄럽게 여기지 않으셨다(히 2:11).

넷째, 그는 "그의 백성을 위해 선을 추구하는 자(דֹּרֵשׁ טוֹב)"이기 때문이다. 모르드개 한 사람만이 아니라 바울은 우리가 "그리스도 예수 안에서 선한 일을 위하여 지으심을 받은 자"(엡 2:10)라고 선언한다. 예수님이 우리를 위해 죽으신 이유도 "선한 일을 열심히 하는 자기 백성이 되게 하려 하심"이다(딛

2:14). "모든 성경이 하나님의 감동으로 된 것"도 우리로 하여금 "온전하게 하며 모든 선한 일을 행할 능력을 갖추게 하려 함이라"(딤후 3:16-17)고 바울은 강조한다. 자신이 아니라 타인을 위하여 선을 추구하는 모르드개는 예수님의 죽으심과 창조와 성경의 목적에 충실하다.

여기에서 "추구하다"는 능동 분사 동사로서 지속적인 행동과 적극적인 자세를 나타낸다. "추구"라는 말 자체가 안락한 자리에 안주하지 않는 선의 끊임없는 탐색을 의미한다. 그는 높은 관직에 앉아서 백성의 민원을 기다리고 수동적인 자세로 그것을 수습하는 관료가 아니었다. 선의 추구라는 것은 하루를 사는 것이 아니라 백 년을 내다보는 눈빛이다. 그런 눈으로 모르드개는 일회성 선행이 아니라 계속해서 백성의 복지를 추구했다. "선"이라는 단어는 그의 행정이 법과 효율의 차원이 아니라 도덕의 차원에 닻을 내리고 있음을 증거한다. 선은 도덕적인 선함만이 아니라 복지와 번영과 평화와 축복도 포괄한다. 그는 자기 백성의 총체적인 웰빙을 추구했다. 그는 자신의 안락과 번영을 위한 용도로 차석의 권력을 사용하지 않고 매일 어떻게 하면 백성에게 더 나은 삶을 제공할 수 있을지를 고민하고 방법을 찾으면 곧장 추진하기 위해 사용했다. 그는 진정한 권력자인 동시에 자기 백성을 섬기는 종이었다.

다섯째, 그는 "평화를 말하는 자(דֹּבֵר שָׁלוֹם)이기 때문이다." 그의 입에서 나오는 말은 모두 "평화"였다. 이는 화해의 언어였다. 구원은 보복의 언어가 아니라 평화의 언어로 종결된다. "말하다"의 분사형이 암시한 것처럼, 모르드개는 한 번이나 두 번이 아니라 끊임없이 "평화"를 말하였다. 이는 그가 분열이 아니라 화합을, 두려움이 아니라 안전을, 혼란이 아니라 질서를 호위하는 신하임을 의미한다. 게다가 그는 "그의 모든 자손에게"(לְכָל־זַרְעוֹ) 평화를 말하였다. 야곱은 열두 지파에게 축복을 말하였고(창 49:28) 모르드개는 모든 자손에게 평화를 말하였다. 이는 그의 비전이 현재에 머물지 않고 다음 세대까지 닿았음을 보여준다. 그의 정책은 단기적인 이익이 아니라 장기적인 안정을 추구했다. 자기 세대만 구원하는 것이 아니라 후손들이 평화 속에서 살아갈 기반을 마련했다. 말은 창조로 이어진다. 생각을 현실로 바꾸는 마법이다. 차석의 권력으로 평화를 계속해서 말하면 실제로 평화가 제국의 정책이 되고 백성의 삶으로 실현된다.

모르드개가 평화를 말한 대상은 단수형 유다 "자손"이다. 이는 유다인의 후손 각각을 의미하고 시대에서 시대로, 세대에서 세대로 이어질 유다 민족 전체를 의미한다. 평화는 모르드개 시대의 유다인에게 국한되지 않고 아직 태어나지 않은 수천 년의 후손들을 향한 평화였고 역사 끝까지 지속될 평화였다. 단수형 "자손"은 더 깊은 곳을 가리킨다. 성경에서 이 단어는 특별한 후손, 즉 약속된 그 씨를 암시하기 위해 사용된다. 하나님과 아브라함 사이의 영원한 언약이 세워질 때에 사용된 "너의 자손"에 대해(창 17:19) 바울은 "여럿을 가리켜" 복수형인 "그 자손들"이 아니라 단수형인 "오직 한 사람," 즉 그리스도 예수를 가리켜 "네 자손이라 하셨"다(갈 3:16)고 해석한다. 모르드개가 말한 평화의 대상인 "자손"도 예수님을 은밀하게 가리킨다. 엄밀하게 말하면, 예수님만 가리킨다. 그러나 그분은 평화의 수혜자가 아니라 바울의 말처럼 존재 자체가 "우리의 화평"(엡 2:14)인 분이시다. 말씀이신 그분은 그 자체로 "평화"라는 말이시다. 평화인 동시에 "평강의 왕"이시다(사 9:6). 에스더서 서사는 이런 "평화" 이야기로 종결된다. 모르드개는 복수의 반대말인 평화를 말했지만 영적인 면에서는 "모든 자손에게" 예수라는 평화를 증거한 것이었다.

에스더 이야기의 신학적인 손가락은 아말렉과 이스라엘 사이의 전쟁 이야기가 아니라 평화 이야기를, 유다인 이야기가 아니라 예수님 이야기를 지긋이 가리킨다. 이는 비록 하나님의 이름이 한 번도 등장하지 않는 책이지만 하나님의 임재와 섭리를 가장 선명하게 드러내고, 한 민족의 구원을 말하면서 구원의 궁극적인 주체이신 예수님을 예언하며, 유다인의 모든 자손에게 평화를 말하지만 평화 자체이고 평강의 왕이신 분을 계시하기 때문이다. 이 책은 완전함과 온전함을 의미하는 샬롬, 하나님이 창조하신 세계의 본래적인 상태, 하나님이 회복하실 세계의 최종적인 상태를 가리키는 평화를 세상 끝 날까지, 땅끝까지, 믿음의 "모든 자손에게" 배달한다. 성경 역사서의 마지막에 위치한 이 책이 "평화를 말하는 자"로 끝난다는 것은 이야기가 끝났다는 의미가 아니라 더 위대한 평화의 이야기가 시작되고 있다는 신호이며, 에스더 시대의 평화는 이어지는 예수님 시대의 영원한 평화를 예비하고 복음서의 시작을 예고한다.

연대기 기록의 다섯 이유들은 모르드개의 생애를 넘어, 구원의 시간 자체를 압축한 하나의 신학이다. 모르드개는 높은 지위에 있었지만, 자신의 뿌리를 잊지 않았으며, 백성의 사랑까지 받았으며, 실제적인 선을 계속해서 추구했고, 미래 세대를 위한 평화의 유산까지 마련했다. 권력 속의 겸손, 위대함 속의 신실함, 지도자의 사랑, 선의 지속적인 탐구, 그리고 평화의 언어는 진정한 위대함이 꽉 찬 개념이다. 이는 그가 제국의 신하가 아니라 역사의 제사장과 같음을 보여준다. 그의 이름이 연대기에 남은 까닭은 그가 권력을 사용한 자가 아니라 권력을 정화한 자였기 때문이다.

에스더서 전체는 놀랍게도 하나님 이야기다. 보이지 않으시는 하나님의 보이는 구원 이야기다. 하나님의 이름은 한 번도 나타나지 않았지만 그분의 임재와 손실은 모든 페이지에 새겨졌다. 우연처럼 보이는 사건들, 즉 왕의 불면증, 에스더의 왕후 책봉, 모르드개의 공로 발견 등은 사실 정교하게 짜인 섭리의 직조였다. 하나님은 말씀하시지 않았지만 결코 부재하지 않으셨고 숨어 계셨지만 결코 일하기를 멈추지 않으셨다. 하만의 음모로 하나님의 언약 백성이 역사에서 지워질 수도 있었지만 에스더의 용기와 모르드개의 지혜를 통해, 그리고 그 모든 것 배후에서 일하시는 하나님의 섭리를 통해, 죽음은 생명으로, 애곡은 기쁨으로, 멸망은 구원으로 바뀌었다. 그런데 결말은 생존을 넘어선다. 유다인은 구원을 넘어 존귀하게 되었고 유다인의 정체성은 수치의 표식이 아니라 영광의 칭호로 바뀌었다. 더 나아가 제국 전체가 안정과 번영을 누렸기 때문에 아브라함 언약처럼 하나님의 백성이 열방의 축복으로 확장된 것이었다. 유다인의 구원 이야기의 끝은 복수의 지속적인 연쇄가 아니라 모든 자손의 평강이다. 이것은 신약의 모든 서신들이 가리키는 구원의 궁극적인 목적이다. 일시적인 위기의 해결이 아니라 완전하고 지속적인 샬롬의 회복이다. 이 평화는 역사적인 현실만이 아니라 장차 오실 평강의 왕도 예표한다. 예수님을 향해 열려 있는 이 결말이 아름답다. 이 책은 여기에서 끝나지만 평화 이야기는 계속된다. 스스로 감추시는 하나님은 지금도 역사 속에서 일하시고, 당신의 백성을 통해 자신을 보이시며, 모든 것을 평화로 이끄신다.

E

부록 : 에스더서 사역 | 한병수

1장

1 이 일은 아하수에로의 때에 일어났다 그 아하수에로는 인도에서 구스까지 백이십칠 지방을 다스렸다

2 그 시절에 아하수에로는 수산 성에 있는 왕좌에 앉았고

3 통치의 삼 년 차에 그는 그의 모든 대신과 신하를 위하여 잔치를 베풀었고 바사와 메대의 장수와 각 지방의 귀족들과 대신들은 그의 얼굴을 향하였다

4 그는 많은 날 곧 백팔십 일 동안에 영화로운 자기 왕국의 풍요함과 아름다운 자기 위엄의 영예를 드러냈다

5 이날들이 끝나고 왕이 또 수산 성에서 발견되는 큰 자로부터 작은 자까지 모든 백성을 위하여 왕궁 정원의 뜰에서 칠 일 동안 잔치를 베풀었다

6 백색 아마포와 청색 휘장이 가는 베와 자주색 줄에 매어 은 고리와 대리석 기둥들 위에 걸렸고 금과 은으로 된 의자들은 화반석, 백석, 운모석, 흑석으로 된 바닥에 놓였고

7 금으로 된 잔들로 마시게 하였는데 그 잔들은 다른 잔들과 달랐으며 왕의 손아귀에 있는 왕실의 포도주는 아주 풍부했다

8 마심에는 법을 따르지만 강요함은 없었는데 이는 왕이 그의 집에 있는 모든 담당 관리에게 [명하여] 각 사람이 마음대로 하도록 정하였기 때문이다

9 왕후 와스디도 아하수에로 왕에게 속한 왕실 궁궐에서 여자들의 잔치를 베풀었다

10 왕의 마음이 포도주로 좋아진 일곱째 날에 아하수에로는 왕의 면전에서 섬기는 므후만, 비스다, 하르보나, 빅다, 아박다, 세달, 가르가스 일곱 내시에게 명하였다

11 왕실 면류관을 쓴 왕후 와스디를 왕의 면전으로 데려와 백성과 고관들이 그녀의 미모를 보게 하라고 하였는데 이는 왕후의 용모가 아름답기 때문이다

12 그러나 왕후 와스디는 내시들의 손으로 [전달된] 어명을 따라서 오기를 거절하니 왕이 심히 노하였고 그의 속에서는 진노가 타올랐다

13 왕은 정세를 아는 지혜로운 자들에게 말하였다 이는 왕의 발언이 법과 판결을 아는 자들 앞에 있는 게 관례이기 때문이다

14 그에게 가까운 자는 가르스나, 세달, 아드마다, 다시스, 메레스, 마르스나, 므무간 즉 바사와 메대의 일곱 고관들로, 왕의 얼굴을 보는 자들이고 제국에서 첫째 자리에 앉은 자들이다

15 "법대로 하면 왕후 와스디에 대하여 무엇을 조치해야 하나?" 이는 그녀가 내시

들의 손으로 [전달한] 아하수에로 왕의 명령을 준행하지 않았기 때문이다

16 므무간이 왕과 대신들 앞에서 말하였다 "왕후 와스디는 왕에게만 잘못한 것이 아니라 아하수에로 왕의 모든 지방에 있는 모든 대신들과 모든 백성에게도 잘못한 것입니다

17 이는 왕후의 행위가 모든 여인들에게 퍼지면 아하수에로 왕이 오라고 명하여도 왕후 와스디는 그의 면전으로 오지 않았다고 그들이 말하면서 그들도 그들의 눈으로 그들의 주인들을 멸시하게 될 것이기 때문입니다

18 이날에 왕후의 일을 들은 바사와 메대의 귀부인들은 왕의 모든 대신에게 말할 것입니다 그러면 멸시와 분노가 가득할 것입니다

19 만일 왕에게 좋으시면 와스디가 아하수에로 왕의 면전으로 나오지 못하도록, 그리고 그 왕후의 자리를 그녀보다 아름다운 다른 여인에게 주도록 왕께서는 왕의 조서를 내리시고 그것이 바사와 메대의 법률에 기록되어 변개함이 없게 하십시오

20 왕의 포고령이 광대한 왕국 전역에 들려져서 큰 자로부터 작은 자까지 모든 여인들이 그들의 주인들을 존경할 것입니다"

21 그 말이 왕과 대신들의 눈에 좋게 여겨졌고 왕은 므무간의 말대로 행하였다

22 그는 모든 남자가 자기 집에서 통치하는 자와 자기 민족의 언어대로 말하는 자가 되게 하려고 모든 지방들에 문서들을 보내되 각 지방마다 그 글자대로, 각 민족마다 그 언어대로 [발송했다]

2장

1 이러한 일들 이후에 아하수에로 왕의 분노가 그쳤을 때 그는 와스디와 그녀가 행한 것과 그녀에게 선고된 것을 기억했다

2 왕의 시종인 소년들이 말하였다 "왕을 위하여 아름다운 용모의 처녀 소녀들을 찾게 하십시오

3 즉 왕은 자신의 왕국의 모든 지역에서 관리들을 임명하게 하시고 그들로 아름다운 용모의 모든 처녀 소녀를 수산 성 여인들의 집으로 소집하게 하시고 여인들을 감독하는 왕의 내시 헤개의 손에 [넘겨] 그녀들의 미용품을 주게 하십시오

4 왕의 눈에 좋은 소녀가 와스디 대신에 왕후가 될 것입니다" 그 일이 왕의 눈에

좋게 여겨져서 그렇게 행하였다

5 수산 성에 한 유다 사람이 있는데 그의 이름은 모르드개, 그는 기스의 아들 시
  므이의 아들 야일의 아들이며 베냐민 사람이다

6 그는 바벨론 왕 느부갓네살이 사로잡아 간 유다 왕 여고냐와 함께 사로잡아 보
  낸 포로들과 더불어 예루살렘에서 사로잡혀 갔다

7 그리고 그는 그의 삼촌의 딸인 하닷사 즉 에스더를 양육하는 자가 되었는데 이
  는 그녀에게 아버지와 어머니가 없었기 때문이다 그녀는 외모가 아름답고 용모
  가 좋은 소녀였다 모르드개는 그녀의 아버지와 그녀의 어머니가 죽었을 때 그
  녀를 딸로서 자기에게 데려갔다

8 왕의 명령과 조서가 반포되고 많은 소녀들이 수산 성 헤개의 수하로 소집된 때
  에 에스더도 왕궁으로, 여자들을 주관하는 헤개의 수하로 잡혀갔다

9 그 소녀가 그의 눈에 좋게 보였고 그의 면전에서 호의를 얻었기에 그는 그녀의
  미용품과 몫을 그녀에게 주려고, 왕궁에서 그녀에게 어울리는 일곱 궁녀들을
  주려고 서둘렀다 그리고 그녀와 그녀의 궁녀들은 더 좋은 여인들의 집으로 옮
  겨졌다

10 에스더는 자신의 백성과 출신을 말하지 않았는데 이는 모르드개가 알리지 말라
  고 그녀에게 명하였기 때문이다

11 모르드개는 날마다 에스더의 평안과 그녀에게 무슨 일이 생길지를 알기 위하여
  여인들의 집 마당 앞에서 거닐었다

12 각 소녀가 아하수에로 왕에게 들어갈 차례가 이르렀을 때, 곧 그녀에게 정해진
  여인들의 규례대로 열두 달이 지난 후였으니, 이는 그렇게 그들의 단장하는 날
  들이 여섯 달은 몰약 기름으로, 여섯 달은 향품과 여인들의 화장품과 더불어 채
  워졌기 때문이다

13 이런 방식으로 소녀가 왕에게 나아갈 때에는 그녀가 말한 모든 것이 여자들의
  집에서 왕의 집까지 그녀와 함께 가도록 그녀에게 주어졌다

14 그녀가 저녁에는 갔다가 아침에는 첩들을 관리하는 왕의 내시 사아스가스의 수
  하에 있는 여인들의 둘째 집으로 돌아왔다 만약 왕이 그녀를 기뻐하여 그녀의
  이름이 불리지 않는다면 그녀가 다시는 왕에게로 나아가지 못하였다

15 모르드개의 삼촌 아비하일의 딸 곧 모르드개가 자기의 딸로 삼은 에스더가 왕
  에게 나아갈 차례가 이르렀을 때 그녀는 한 마디도 구하지 않고 오직 여자들을
  관리하는 왕의 내시 헤개가 말하는 것만 [구했는데] 에스더는 그녀를 보는 모

든 자들의 눈에서 호의를 얻게 되었다

16 그녀는 아하수에로 왕에게, 그의 왕궁으로 취해졌다 때는 그의 통치 제칠 년 시월 곧 데벳 월이었다

17 왕이 에스더를 모든 여자보다 더 사랑하여 그녀가 그의 면전에서 은총과 인애를 모든 처녀보다 더 얻었으며 왕이 그녀의 머리에 왕국의 관을 씌우고 와스디 대신에 그녀를 왕후로 책봉했다

18 그리고 왕은 그의 모든 방백들과 신하들을 위해 큰 잔치를 베풀었다 이는 에스더 잔치였다 그는 지방들을 위한 면세를 시행하고 왕의 손으로 선물도 하사했다

19 처녀들을 두 번째로 모을 때에 모르드개는 왕의 문에 앉았다

20 에스더는 모르드개가 명령한 대로 그녀의 혈육과 민족을 알리지 않았는데, 그녀가 그의 손 아래에서 양육 받던 날처럼 모르드개의 말을 행하였다

21 그 무렵에 모르드개가 왕의 문에 앉았을 때 문을 지키던 자들 중 왕의 두 내시 빅단과 데레스가 분노하며 아하수에로 왕에게 손을 뻗으려고 꾀하였다

22 그리고 그 일이 모르드개에게 알려졌고 그는 에스더 왕후에게 고하였다 그리고 에스더는 모르드개의 이름으로 왕에게 아뢰었다

23 그 사건이 조사되고 밝혀져서 그들 둘은 나무에 매달렸다 그 일은 왕 앞에서 연대기 책에 기록되었다

3장

1 이 일들이 지나고 아하수에로 왕은 아각 사람 함므다다의 아들 하만을 존귀하게 하였으며 그를 높여서 그의 지위를 그와 함께 있는 모든 대신들 위에 두었다

2 왕의 성문 안에 있는 왕의 모든 신하들은 하만에게 무릎을 꿇고 절하였다 이는 왕이 그에게 그렇게 하라고 명하였기 때문이다 그러나 모르드개는 무릎을 꿇지도 아니하고 절하지도 아니했다

3 왕의 성문 안에 있는 왕의 신하들이 모르드개에게 말하였다 "어찌하여 너는 왕의 명령을 어기느냐?"

4 그들은 날마다 그에게 말했으나 그는 그들을 듣지 아니했다 그들은 하만에게 고하였다 이는 모르드개의 말들이 무사할 수 있는지를 보기 위함이다 왜냐하면 그가 그들에게 자신의 유다인 됨을 밝혔기 때문이다

5 하만은 모르드개가 자신에게 무릎을 꿇지도 아니하고 절하지도 아니함을 보고 하만은 분노로 가득했다

6 그는 단지 모르드개만 해치는 것을 그의 눈으로 경멸했다 이는 그들이 그에게 모르드개의 민족을 알렸기 때문이다 그래서 하만은 아하수에로의 온 왕국에 있는 모든 유다인들 즉 모르드개의 민족 멸하기를 꾀하였다

7 아하수에로 왕 제십이년 첫째 달 곧 니산월에 부르 곧 제비가 하만 앞에서 날에서 날로, 달에서 달로 던져졌다 열두째 달 즉 아달월로 정해졌다

8 하만이 아하수에로 왕에게 말하였다 "당신의 나라 각 지방에 있는 백성들 가운데에 흩어지고 분리되어 거하는 한 민족이 있습니다 그들의 법들은 모든 민족들과 달라서 그들은 왕의 법들을 행하지 않습니다 그들을 내버려 두는 것은 왕에게 유익하지 않습니다

9 만일 왕에게 좋으시면 그들을 멸하라는 것이 기록되게 하십시오 그러면 제가 은 일만 달란트를 일 맡은 자들의 손 위에 달아주어 왕의 금고 안으로 가져가게 할 것입니다"

10 왕이 반지를 자기 손에서 빼어 유다인을 대적하는 자 하만 즉 아각 사람 함므다다의 아들에게 건네었다

11 그리고 왕이 하만에게 말하였다 "그 은과 그 백성이 너에게 주어졌다 네 눈에 좋을 대로 그들에게 행하여라"

12 첫째 달, 그달 십삼일에 왕의 서기관이 소집되고 하만이 왕의 총독과 각 지방을 관장하는 관리와 각 민족의 방백에게 명령한 모든 것들이 각 지방의 문자대로, 각 백성의 언어대로 기록되되 아하수에로 왕의 이름으로 기록되었고 왕의 반지로 봉해졌다

13 조서들은 전령들의 손으로 왕의 모든 지방에 보내지게 했다 열두째 달 아달월 십삼일 하루 동안 모든 유다인들, 즉 소년에서 노인까지, 아이들과 여자들을 멸하고 죽이고 말살하고 그들의 재산을 빼앗도록!

14 이 조서의 사본은 모든 지방과 지방에 법으로 주어지고 모든 민족에게 알려지게 하여 이날을 위하여 준비되게 했다

15 전령들이 왕의 명령으로 인하여 서둘러 나갔고 그 법이 도성 수산에 반포되게 했다 왕과 하만은 [축배를] 마시려고 앉았으나 수산 성읍은 혼란에 휩싸였다

4장

1 모르드개는 이루어진 모든 일을 인지했다 모르드개는 자신의 옷들을 찢고 베옷과 재를 덮어쓰고 그 도시의 중앙으로 나아갔다 크고 쓰라린 외침으로 통곡했다

2 그는 왕의 문 앞에까지 왔다 이는 굵은 베옷을 입고는 왕의 문으로 들어갈 수 없었기 때문이다

3 왕의 말과 그의 법이 도달한 모든 지방과 지방에서 유다인들에게 큰 슬픔과 금식과 울음과 통곡이 있었으며 굵은 베옷과 재가 많은 이들에게 뿌려졌다

4 에스더의 여종들과 그녀의 내시들은 그녀에게 와서 알렸고 왕후는 너무나도 괴로웠다 그래서 그녀는 모르드개에게 입히고 그의 베옷을 그에게서 벗기려고 옷을 보냈으나 그는 받지 아니했다

5 에스더는 왕의 내시들 중에서 그녀의 앞에 세워둔 내시 하닥을 불러서 모르드개에 관하여 이것이 무슨 일이며 무엇 때문인지 알아볼 것을 명하였다

6 하닥이 모르드개에게, 즉 왕의 문 앞에 있는 성읍의 광장으로 나아갔다

7 모르드개는 자기에게 일어난 모든 것과 하만이 유다 사람들을 멸하려고 왕의 금고에 바친다고 말한 은의 정확한 액수를 그에게 말하였다

8 그리고 수산에서 그들을 멸하기 위하여 반포된 그 법령 문서의 사본을 그에게 주었는데 이는 에스더에게 보여주고 그녀에게 알리고 또 그녀로 하여금 왕에게 나아가 그에게 간청하고 그 앞에서 그녀의 민족을 위하여 구하라고 명령하기 위함이다

9 하닥이 와서 에스더에게 모르드개의 말들을 알리니

10 에스더가 하닥에게 말하였다 그리고 모르드개에게 [알리라고] 그에게 명하였다

11 "왕의 모든 신하들과 왕의 각 지방 백성은 남자나 여자나 누구든지 부름을 받지 아니하고 안뜰에 있는 왕에게 나아가면 죽임을 당하고 오직 왕이 그에게 황금 홀을 내밀어야 산다는 하나의 법을 알고 있습니다 그런데 제가 부름을 받아 왕에게 나아가지 못한 지가 삼십 일입니다"

12 그는 에스더의 말들을 모르드개에게 전하였다

13 모르드개가 에스더에게 회신하기 위해 말하였다 "너는 왕궁에 있으므로 모든 유다인들 가운데서 네가 피할 수 있다고 네 마음속으로 생각하지 마라

14 만일 네가 이때에 침묵하고 침묵하면 유다인을 위한 놓임과 구원은 다른 데로 말미암아 나겠지만 너와 네 아버지의 집은 망하리라 네가 왕궁까지 이르게 된

것이 어쩌면 이러한 때를 위함이 아닌지 누가 알겠느냐?"

15 에스더가 모르드개에게 회신하기 위해 말하였다

16 "당신은 가서 수산에 있는 모든 유다인을 모으고 저를 위하여 금식해 주십시오 밤낮 삼 일을 먹지도 말고 마시지도 마십시오 이런 식으로 저와 저의 시녀들도 금식할 것입니다 그렇게 한 후에 제가 규례를 어기고 왕에게 나아갈 것입니다 제가 죽었다면 제가 죽은 것입니다"

17 모르드개는 가서 에스더가 그에게 명령한 대로 다 행하였다

5장

1 제삼 일이 되어서 에스더는 왕후의 예복을 입고 왕궁의 안뜰 곧 왕의 집 맞은편에 섰다 왕은 왕의 집 입구 맞은편에 있는 그의 왕좌에 앉았는데

2 왕이 뜰에 선 왕후 에스더를 보았을 때 그녀는 그의 눈에서 은혜를 입었고 왕은 자신의 손에 있는 황금홀을 에스더에게 내밀었다 에스더는 다가가서 그 홀의 머리를 건드렸다

3 왕이 그녀에게 말하였다 "왕후 에스더여 무엇이 그대를 위한 것인가? 무엇이 그대의 요청인가? 내가 왕국의 절반이라 할지라도 그대에게 주겠노라"

4 에스더가 말하였다 "만일 왕에게 좋으시면 제가 오늘 당신을 위하여 마련한 잔치에 왕과 하만이 와 주십시오"

5 왕이 말하였다 "에스더가 말한 대로 행하도록 하만으로 하여금 서두르게 하라" 이에 왕과 하만은 에스더가 마련한 잔치에 들어왔다

6 포도주 잔치에서 왕이 에스더에게 말하였다 "그대의 청원이 무엇이냐? 그대에게 주어질 것이다 그대의 요청이 무엇이냐? 왕국의 절반이라 할지라도 이루어질 것이다"

7 에스더가 대답하여 말하였다 "저의 청원과 저의 요청은,

8 만일 제가 왕의 눈에 은혜를 입었다면, 만약 왕께서 제 요청을 들으시고 제 요구를 행하시는 것을 좋게 보신다면, 제가 왕과 하만을 위하여 마련한 잔치에 오시는 것입니다 그러면 내일 제가 왕의 말씀대로 행할 것입니다"

9 그날에 하만이 기뻐하며 마음이 좋아서 나왔는데 하만이 왕의 문에서 모르드개를 보았을 때 그가 자기 앞에서 일어나지 않고 움직임도 없어서 하만이 모르드

개 때문에 분노가 가득했다

10 그러나 하만은 자신을 억제하고 자기 집으로 가서 사람을 보내어 자신의 친구들과 자기 아내 세레스를 데려오게 했다

11 하만은 그들에게 자기 재물의 영광과 자신의 많은 아들들과 왕이 자신을 크게 하고 왕의 고관들과 신하들 위에 높인 모든 것을 자세히 말하였다

12 하만이 또 말하였다 "심지어 왕후 에스더가 자신이 마련한 잔치에 왕과 함께 오게 한 자는 오직 나를 제외하고 아무도 없었으며 내일도 나는 왕과 함께 초대를 받았어

13 그런데 내가 왕의 문에 앉아 있는 모르드개 그 유다인을 보는 모든 순간마다 이 모든 것이 내게는 무가치해"

14 그의 아내 세레스와 그의 모든 친구들이 그에게 말하였다 "높이가 오십 규빗 되는 나무를 세우시고 아침에 왕에게 말하셔서 모르드개를 그 위에 매달게 하십시오 그리고 왕과 함께 잔치에 즐겁게 가십시오" 그 말이 하만의 눈에 좋게 여겨져서 그가 그 나무를 만들었다

6장

1 그 밤에 왕의 잠이 달아나서 그는 기념들의 책, 즉 연대기를 가져오라 명하였다 그리고 그것들이 왕 면전에서 읽히고 있었는데

2 거기에서 발견된 기록은 문을 지키던 자들 중에 아하수에로 왕을 해치려고 꾀하던 왕의 두 내시 빅다나와 데레스에 대하여 모르드개가 알린 것이었다

3 왕이 말하였다 "이 일에 대하여 모르드개에게 무슨 명예와 영광을 주었느냐?" 왕을 섬기는 젊은 시종들이 말하였다 "그에게 주어진 게 아무것도 없습니다"

4 왕이 말하였다 "뜰에 누가 있느냐?" 그리고 하만이 자기가 세운 나무에 모르드개 매달기를 왕에게 말하려고 왕의 집 바깥뜰로 들어왔다

5 왕의 시종들이 그에게 말하였다 "보십시오 하만이 뜰에 서 있습니다" 왕이 말하였다 "그를 들어오게 하라"

6 하만이 들어왔고 왕이 그에게 말하였다 "왕이 존귀하게 하기를 기뻐하는 사람을 위하여 무엇을 해야 하겠느냐?" 하만이 자신의 마음속에서 말하였다 '왕께서 나보다 더 존귀하게 하시기를 기뻐하는 자가 누구겠어?'

7 하만이 왕에게 말하였다 "왕께서 존귀하게 하시기를 기뻐하신 사람,

8 왕께서 입으시는 왕복과 왕께서 타시고 그 머리에 왕관이 놓인 말을 가져오게 하십시오

9 그 옷과 그 말을 왕의 귀족 신하들 중 한 사람의 손에 주게 하십시오 그리고 왕께서 존귀하게 하시기를 기뻐하신 그 사람에게 입히게 하시고 그 말 위에 그를 태우게 하십시오 그리고 '왕이 존귀하게 하시기를 기뻐하신 사람에게 이렇게 행하여질 것이라'고 도성의 광장에서 그 앞에서 외치게 하십시오"

10 왕이 하만에게 말하였다 "너는 서둘러라 네 말대로 왕복과 말을 취하여라 왕의 문에 앉아있는 모르드개, 그 유다인에게 그렇게 행하여라 네가 말한 모든 것에서 하나도 빠뜨리지 말라"

11 하만이 왕복과 말을 취하여서 모르드개에게 입히고 도성의 광장에서 태우며 그 앞에서 외쳤다 "왕이 존귀하게 하시기를 기뻐하는 사람에게 이렇게 행하여질 것이다"

12 모르드개는 왕의 문으로 돌아갔고 하만은 슬퍼하며 머리를 덮은 채 자신의 집으로 밀려났다

13 하만은 자신에게 일어난 모든 것을 자기 아내와 자신의 모든 친구에게 자세히 말하였다 그리고 그의 지혜로운 자들과 그의 아내 세레스가 그에게 말하였다 "만일 당신이 그 앞에서 넘어지기 시작한 모르드개가 유다인의 씨로부터 나왔다면 당신은 그를 이기지 못할 것입니다 오히려 당신은 그의 앞에서 넘어지고 또 넘어질 것입니다"

14 그들이 아직 그와 말하고 있는 중에 왕의 내시들이 이르렀다 그들은 에스더가 마련한 그 잔치로 하만을 데려가기 위해 재촉했다

7장

1 왕과 하만이 왕후 에스더와 함께 마시려고 왔다

2 둘째 날의 포도주 잔치에서 왕은 다시 에스더에게 말하였다 "그대의 청원이 무엇이냐? 왕후 에스더여, 그것을 너에게 이루겠다 그대의 요청이 무엇이냐? 왕국의 절반이라 할지라도 그것을 행하겠다"

3 왕후 에스더가 대답하며 말하였다 "왕이시여, 제가 만일 왕의 눈에 은혜를 입었

다면, 만일 왕에게 좋으시면, 제 청원대로 제 생명을, 제 요청대로 제 민족을 저에게 주옵소서

4 이는 저와 제 민족이 죽임과 도륙함과 진멸함을 당하도록 우리가 팔렸기 때문인데 만약 우리가 남종들과 여종들로 팔렸다면 제가 잠잠했을 것입니다 왜냐하면 그 괴로움이 왕의 손해에 미치지는 못할 테니까요"

5 아하수에로 왕이 말하였고 에스더 왕후에게 말하였다 "감히 이처럼 행하려는 마음이 가득한 자가 누구이며 그자는 어디에 있느냐?"

6 에스더가 말하였다 "괴롭히는 사람이요 적대적인 자는 하만, 이 악한 자입니다" 이에 하만은 왕과 왕후의 면전에서 두려움에 휩싸였다

7 왕이 분노 속에서 일어났다 포도주의 잔치에서 궁전의 정원으로 [갔다] 그러나 하만은 에스더 왕후로부터 자신의 목숨을 위하여 구걸하기 위해 섰다 이는 왕에게서 자신을 향한 재앙이 결정된 것을 그가 보았기 때문이다

8 왕이 궁전의 정원에서 포도주 잔치의 집으로 돌아왔다 하만이 에스더가 누운 침상 위에 엎드려져 있자 왕이 말하였다 "심지어 나와 함께한 집에서 왕후를 겁탈까지 하려는 것이냐?" 이 말이 왕의 입에서 나가자 하만의 얼굴이 뒤덮였다

9 하르보나, 내시들 중의 하나가 왕 앞에서 말하였다 "심지어 왕에게 선하게 말하였던 모르드개를 위해 하만이 만든 나무를 보십시오 그것은 하만의 집에 세워져 있으며 오십 규빗으로 높습니다" 왕이 말하였다 "너희는 그를 그 위에 매달아라"

10 그러자 그들은 모르드개를 위하여 하만이 준비한 그 나무에 하만을 매달았다 그리하여 왕의 분노가 달래졌다

8장

1 그날에 아하수에로 왕이 유다인을 괴롭힌 하만의 집을 에스더 왕후에게 선사했다 그리고 모르드개가 왕의 면전으로 왔다 이는 그가 그녀에게 어떤 [존재인지] 그녀가 아뢰었기 때문이다

2 왕은 하만에게서 빼앗은 자신의 반지를 빼서 모르드개에게 주었고 에스더는 모르드개를 하만의 집 위에 세웠다

3 에스더는 다시 왕의 면전에서 간절히 말하였고 그의 발 앞에 엎드렸다 유다인

에 대하여 꾸민 아각 사람 하만의 악함과 그의 계략을 제거해 달라고 그녀가 울며 그에게 간청했다

4 왕이 에스더를 향하여 황금홀을 내밀었다 에스더는 일어나서 왕의 면전에서 섰다

5 그녀가 말하였다 "만일 왕에게 좋게 여겨지고, 만일 제가 그의 면전에서 은혜를 얻었고 그 일이 왕 앞에 적합하고 제가 그의 눈에 좋게 보인다면, 왕의 모든 지방에 있는 유다인을 파멸하기 위해 쓴 아각 사람 함므다다의 아들 하만의 계책인 그 문서들을 철회하게 하는 [조서가] 기록되게 해 주십시오

6 왜냐하면 제가 제 민족에게 닥치는 재앙을 어찌 능히 보겠으며 제 혈육의 멸망을 어찌 볼 수 있습니까?"

7 아하수에로 왕이 왕후 에스더와 유다인 모르드개에게 말하였다 "보라 내가 하만의 집을 에스더에게 주었으며 그를 나무 위에 매달았다 이는 그가 유다인을 해하려고 했기 때문이다

8 너희는 유다인에 관하여 너희 눈에 좋게 여겨지는 대로 왕의 이름으로 기록하고 왕의 반지로 인봉하라 이는 왕의 이름으로 기록되고 왕의 반지로 인봉된 문서는 되돌릴 수 없기 때문이다"

9 그때 시완월, 즉 삼월 스물셋째 날에 왕의 서기관이 소집되고 모르드개가 명령한 모든 것을 따라 [조서가] 기록됐다 인도에서 구스까지 이르는 백이십칠 지방의 유다인과 대신과 지방관과 관원에게, 각 지방의 문자대로, 각 민족의 언어대로, 유다인에 대해서는 그들의 문자와 그들의 언어대로!

10 그가 아하수에로 왕의 이름으로 쓰고 왕의 반지로 봉인했다 말 타고 달리는 전령들의 손으로 문서들을 보냈는데 그들은 왕실에서 길러진 빠른 왕실용 준마를 타는 자들이다

11 왕이 모든 각각의 성읍에 있는 유다인을 향해 허락한 것은 그들이 그들의 생명을 위해 모이고 맞서는 것, 그들을 괴롭히는 백성과 지방의 모든 세력 및 아이들과 여자들도 멸하고 죽이고 말살하는 것, 그리고 그들의 재산을 탈취하는 것이었다

12 아하수에로 왕의 모든 지방에서 열두째 달, 그 아달월의 열셋째 날 하루 동안!

13 이는 그 문서의 사본이 모든 각각의 지방에서 법령으로 주어지기 위함이고, 모든 백성에게 공개되고 이날을 위하여 준비된 유다인이 그들의 원수들을 복수하기 위함이다

14 전령들, 즉 왕실의 급파용 준마인 말을 타고 왕의 명령으로 인해 서두르고 재촉

된 자들이 나갔고 그 조서는 도성 수산에서 반포되었다

15 모르드개가 청색과 흰색의 왕실 의복으로, 그리고 큰 금관으로, 그리고 세마포와 자주색의 겉옷으로 왕 앞에서 나왔는데 수산 성읍은 환호하며 기뻐했다

16 유다인에게는 빛과 기쁨과 환희와 존귀,

17 즉 왕의 명령과 그의 법이 닿은 모든 각각의 지방과 모든 각각의 성읍에서 유다인의 기쁨과 환희, 그리고 잔치와 경축일이 있었고, 그 땅의 백성들 중 많은 자들이 유다인이 되었으니 이는 유다인에 대한 두려움이 그들 위에 떨어졌기 때문이다

9장

1 열두 번째 달 곧 그 아달월 십삼일에, 왕의 말과 그의 법이 시행되기 위해 도달한 그날에, 유다인의 원수들이 그들을 지배하는 것을 기대한 그날에, 오히려 그것이 반전되어 유다인이 자신들을 미워하는 자들을 지배했다

2 유다인이 자기들을 해치려는 자들을 공격하기 위해 아하수에로 왕의 모든 지방들의 성읍들에 모였는데 아무도 그들 앞에 맞서지 못하였다 이는 그들에 대한 두려움이 모든 백성 위에 떨어졌기 때문이다

3 지방들의 모든 고관들과 총독들과 방백들과 왕에게 속한 직무를 수행하는 자들이 유다인을 높여주니 이는 모르드개에 대한 두려움이 그들 위에 떨어졌기 때문이다

4 즉 모르드개가 왕의 궁전에서 크고 그의 명성이 모든 지방에 퍼지고 있었기 때문이고 그 사람 모르드개가 커져가고 있었기 때문이다

5 유다인이 칼의 타격과 살육과 멸망으로 그들의 모든 원수들을 쳤다 그리고 그들을 미워하는 자들에게 그들의 뜻대로 행하였다

6 그리고 유다인이 수산 성읍에서 오백 명의 사람을 죽이고 멸하였다

7 또 바산다다와 달본과 아스바다와

8 보라다와 아달리야와 아리다다와

9 바마스다와 아리새와 아리대와 왜사다

10 곧 함므다다의 아들 유다인의 대적 하만의 열 아들들을 그들이 죽였으나 노획물에 그들의 손을 뻗지는 아니했다

11 그날에 수산 성읍에서 죽임당한 자들의 수효가 왕의 면전으로 왔다

12 이에 왕이 에스더 왕후에게 말하였다 "유다인이 수산 성읍에서 오백 명의 사람과 하만의 열 아들들을 죽이고 멸하였다 왕의 나머지 지방들 안에서는 그들이 무엇을 했겠느냐? 그대의 청원이 무엇이냐? 그것이 그대에게 주어질 것이다 그대의 요청은 또 무엇이냐? 그것이 행하여질 것이다"

13 이에 에스더가 말하였다 "만일 왕에게 좋으시면 내일도 수산에 있는 유다인이 오늘의 규례대로 행하게 해주시고 하만의 열 아들들을 그 나무 위에 매달게 해주십시오"

14 왕은 그렇게 행하도록 말하였고 수산에 법령을 반포했다 그리고 그들이 하만의 열 아들들을 매달았다

15 수산에 있는 유다인은 아달월 십사일에도 모였으며 삼백 명의 사람을 죽였으나 전리품에 자신들의 손을 뻗지는 아니했다

16 왕의 지방들에 있는 나머지 유다인도 자신들의 생명을 위해 맞서고 자신들의 원수들로부터 안식을 얻으려고 모였으며 자신들을 미워하는 자들 중에서 칠만 오천 명을 죽였으나 전리품에 자신들의 손을 뻗지는 아니했다

17 아달월 십삼일에, 그리고 그달 십사일에 그들이 안식했고 그날을 잔치와 기쁨의 날로 만들었다

18 그리고 수산에 있는 유다인은 그달 십삼일과 십사일에 모였고 그 십오일에 안식하며 그날을 잔치와 기쁨의 날로 만들었다

19 이러한 이유로 성벽 없는 유다인들 즉 성벽 없는 성읍들에 사는 자들은 아달월 십사일을 기쁨과 잔치와 명절, 그리고 사람이 그의 친구에게 음식 선물 보내기 [의 날]로 만들었다

20 모르드개가 이러한 일들을 기록하고 아하수에로 왕의 모든 지방들에 있는 모든 유다인들, 즉 가까운 자들과 먼 자들에게 편지들을 발송했다

21 이는 그들이 아달월 십사일과 그달 십오일을 해마다 지키는 자들이 되도록 그들 위에 확립하기 위함이다

22 그날들에 유다인이 그들의 원수들로부터 안식하고, 그달이 그들에게 슬픔에서 기쁨으로, 애통에서 좋은 날로 뒤바뀐 그날들처럼, 그날들을 잔치와 기쁨의 날들로 만들고 사람이 그의 이웃에게 음식 선물을, 가난한 자들에게 선물들을 보내기 위함이다

23 유다인은 자신들이 행하기 시작한 것, 그리고 모르드개가 그들에게 쓴 것을 수

용했다

24 곧 아각 사람 함므다다의 아들 하만은 모든 유다인을 대적하는 자로서 유다인에 대해 그들을 멸하려고 꾀하였고 부르, 즉 그 제비를 던져서 그들을 어지럽게 하고 멸하려고 했다

25 그녀가 왕의 면전으로 들어갔을 때 그가 그 조서와 함께 말하였다 "그가 유다인에 대하여 계획했던 그의 악한 계획을 그의 머리 위로 돌아가게 하라 그와 그의 아들들을 나무 위에 매달아라"

26 그러므로 그들이 부르의 이름을 따라 이날들을 부림이라 명명했다 그러므로 이 서신의 모든 말들과 이것에 관하여 그들이 본 것과 그들에게 닥친 것으로 말미암아

27 유다인은 그들 자신과 그들의 후손과 그들에게 합류하는 모든 자들에게 이 두 날들을 지나가지 않고 그들의 기록대로 그들의 정한 때를 따라 해마다 행하기로 확정하고 수용했다

28 이날들은 모든 세대와 세대에서, 가족과 가족마다, 지방과 지방마다, 성읍과 성읍마다 기억되고 행해질 것이며 이 부림의 날들은 유다인 가운데서 사라지지 않고 그것들의 기억은 그들의 씨로부터 끝나지 않으리라

29 아비하일의 딸 에스더 왕후와 유다인 모르드개가 부림의 이 두 번째 서신을 확립하기 위해 모든 권세로 작성했다

30 그는 아하수에로 왕국의 백이십칠 지방의 유다인들 모두에게 평화와 진리의 말들로 된 편지들을 발송했다

31 이는 유다인 모르드개와 왕후 에스더가 그들을 위하여 그들의 금식과 애통의 규례들을 확립한 것처럼, 그들이 자신들과 후손들을 위하여 확립한 것처럼, 이 부림의 날들을 그들의 지정된 기간에 확립하기 위함이다

32 에스더의 명령은 이 부림의 규례들을 확립했고 편지로 기록됐다

10장

1 아하수에로 왕이 땅과 바다의 섬들에 조공을 부과했다

2 그의 권세와 능력에 의한 모든 행적과, 왕이 높여준 모르드개의 위대함 이야기의 기술, 그것들은 메대와 바사 왕들의 연대기에 기록되지 않았느냐

3   이는 유다인 모르드개가 아하수에로 왕에게 둘째이고 유다인에게 위대하고 그
     의 허다한 형제에게 호의를 얻고 그의 백성을 위해 선을 추구하고 그의 모든 자
     손에게 평화를 말하는 자였기 때문이다